2013

广西调查年鉴

GUANGXI SURVEY YEARBOOK

国家统计局广西调查总队 编

Compiled by Survey Office of the National Bureau of Statistics in Guangxi

中国统计出版社

China Statistics Press

图书在版编目（CIP）数据

广西调查年鉴. 2013：汉英对照/ 国家统计局广西调查总队编. —北京：中国统计出版社，2013.9

ISBN 978-7-5037-6969-6

Ⅰ. ①广…　Ⅱ. ①国…　Ⅲ. ①统计资料—广西—2013—年鉴—汉、英　Ⅳ. ①C832.67-54

中国版本图书馆CIP数据核字（2013）第217711号

广西调查年鉴—2013

作　　者/ 国家统计局广西调查总队
责任编辑/ 佘竞雄　施先文　莫小峰
封面设计/ 张海燕
出版发行/ 中国统计出版社
地　　址/ 北京市丰台区西三环南路甲6号　邮政编码/100073
电　　话/ 邮购（010）63376909　书店（010）68783171
网　　址/ http://csp.stats.gov.cn
印　　刷/ 广西民族印刷包装集团有限公司
经　　销/ 新华书店
开　　本/ 890mm × 1240mm　1/16
字　　数/ 980千字
印　　张/ 28.25　彩页7
版　　别/ 2013年9月第1版
版　　次/ 2013年9月第1次印刷
定　　价/ 300.00元

如有印装差错，由本社发行部调换。

《广西调查年鉴—2013》

编委会和编辑工作人员

GUANGXI SURVEY YEARBOOK-2013

EDITORIAL BOARD AND STAFF

编 者 说 明

一、《广西调查年鉴-2013》是国家统计局广西调查总队编辑出版的大型资料性年刊，本年鉴收录了2008—2012年全自治区农村、城市和企业等方面的各项统计调查数据，以及全国重要年份和中国及世界部分国家和地区主要社会经济指标。

二、全书内容分为5个篇章，即：1.综合；2.人民生活；3.价格调查；4.农业农村；5.企业调查；附录一.全国及各省市区主要统计调查指标；附录二. 中国及世界部分国家和地区主要社会经济指标。为方便读者使用，主要篇章末附有《主要统计指标解释》。

三、资料中所使用的度量衡单位均采用国际统一标准计量单位。

四、本年鉴总量指标计算所采用的价格均为现行价格。

五、本年鉴部分数据合计数或相对数由于单位取舍不同产生的计算误差均未作机械调整。

六、本年鉴中中国及世界部分国家和地区统计资料由国家统计局国际统计信息中心提供，广西调查总队进行编辑。（注：中国数据除国土面积外，均未包括中国台湾省、香港特别行政区和澳门特别行政区。）

七、资料中部分药品、化学、矿产品名称采用中文汉语拼音拼写。

八、符号使用说明：

"…"表示数据不足本表最小计量单位数；

"#"表示其中的主要项；

"—"表示没有、不详或未掌握该项数据；

"①"表示本表下有注解。

九、在本年鉴的编辑过程中，得到了许多单位和同志的大力支持，在此我们深表谢意。限于我们的水平，年鉴中的错误和不足之处在所难免，恳请广大读者给予批评指正。

Editor's Explanatory Notes

Ⅰ. Guangxi Survey Yearbook-2013 is an annual statistics survey publication Survey Office of the National Bureau of Statistics in Guangxi was founded. The Yearbook has various statistical survey data about agriculture, city and enterprises as Main Social and Economic Indicators of China and Other Countries/Areas.

Ⅱ. The yearbook contains the following five chapters: 1.General Survey; 2. People's Livelihood; 3. Price Survey; 4. Agriculture and Rural Areas 5. Enterprises Survey; Appendix I. Main Statistical Survey Indicators by Province, Municipality and Autonomous Region; Appendix II. Main Social and Economic Indicators of China and Other Countries/Areas. Main Chapters are Equipped with Explanatory Notes of Main Statistical Indicators at the end.

Ⅲ. The units of measurement used in this yearbook are internationally standard measurement units.

Ⅳ. The computation of all the gross indicators in the Yearbook is equipped with current prices.

Ⅴ. The data about Ili Kazak Autonomous Prefecture in the present Xinjiang Survey Yearbook covers counties (cities) direct under Ili Prefecture, Tacheng Prefecture and Altay Prefecture.

Ⅵ. The Yearbook in China and Other Countries/Areas Countries statistics from the National Bureau of Statistics International Statistical Information Center, Guangxi Survey Organization for editing. (Note: All data of China do not cover Taiwan Province, Hong Kong SAR and Macao SAR except data for the surface area.)

Ⅶ. Some of the materia medica, chemistry, mining product is adopted by Chinese spelling translation.

Ⅷ. Description of signs or symbols in the yearbook:

"…" for data with insufficient decimal place;

"#"stands for interim item;

"-" for absence of data indicators or ignorance of them;

"①"indicates footnotes at the end of the table.

Ⅸ. During the editions of this yearbook, we have won wide support from many departments and comrades, and we deeply thanks for this all. Based on our limited level, perhaps there are some mistakes in the book, we welcome all candid comments and criticism from our readers.

2012年7月31日，自治区党委常委、政府副主席林念修（右一）专程听取总队长邹伟忠（左一）工作汇报

2012年8月27日，自治区党委常委、政府副主席林念修（左二）在广西调查总队总队长邹伟忠（右二）、自治区统计局副局长黄卫东（右一）陪同下向国家统计局副局长张为民（左一）汇报工作

2012年7月16日，总队长邹伟忠（右排一）向自治区人民政府副主席陈章良（左排一）汇报粮食产量和贫困监测调查工作

2012年9月18日，国家统计局副局长张为民（右二）在广西调查总队长副总队长何永东（右三）陪同下到合浦调研

2012年12月2日，国家统计局副局长徐一帆（前排中）在广西调查总队总队长邹伟忠（前排左一）陪同下到总队遥感技术统计调查监测基地视察工作

2012年10月12日上午，自治区人民政府召开全区统计调查业务改革工作电视电话会议

国家统计局广西调查总队

2012年8月22日下午，总队在南宁召开纪念新中国政府统计机构成立60周年暨庆祝第三届“中国统计开放日”座谈会

2012年，国家统计局广西调查总队在国家统计局和自治区党委、政府的正确领导下，认真贯彻落实全国统计工作会议、自治区经济工作会议精神和党的“十八大”精神，以科学发展观为统领，以推进规范统一、改革创新、公开透明为主线，以“六个抓”为切入点，扎实开展“管理提升年”活动，真抓实干、开拓进取，有力地推动了全区调查事业的新发展。

抓管理，实现了“四个提升”。

2012年9月22日，总队长邹伟忠和副总队长杨锡虹视察第九届中国东盟博览会参会人士满意度调查工作

“管理提升年”主题活动的扎实开展，提升了人事、财务、行政和业务管理水平。人事管理方面，队伍结构得到优化，干部活力进一步激发。财务管理方面，预算编制的科学性和精确性进一步提高，财务工作更加规范。行政管理方面，规章制度进一步完善，政务管理得到加强。业务管理方面，规范化建设深入开展，数据质量稳步提高。

各基层队也围绕“管理

2012年12月5日,总队在百色纪念馆举行党组民主生活会主题实践活动

提升年”提出的目标，制定具体实施方案，细化措施，狠抓落实，管理水平明显提高。

抓业务，提高了数据质量。

一是严格执行制度，完成常规调查。全系统牢固树立调查队意识和国家队意识，坚持独立调查、独立上报，完成了国家统计局部署的21项常规调查和6项专项调查。

二是推进规范统一，加强质量控制。修订和完善了业务规范化流程，增加了数据质量控制办法。各基层队也严格按照总队的要求，规范开展各项调查业务。

三是注重新技术应用，提高工作效率。加大信息化建设投入，工业生产者价格、采购经理和部分服务业抽样调查联网直报运行顺畅，居民消费价格指数（CPI）手持数据采集系统和集贸市场价格手持采集系统顺利铺开，农业调查数据质量监控系统进一步完善。

四是加强协调，三项业务改革扎实推进。通过与自治区统计局沟通协商，制定下发了《广西分市县住户调查实施办法》，理顺了局队分市县住户调查的工作关系。及时汇报，争取支持，自治区人民政府就三项调查业务改革下发了三个文件、一个会议纪要、一个明传电报，并召开电视电话会议进行全面部署。与自治区统计局联合创办了《工作简报》，推动改革深入开展。目前，新的住户调查

2012年12月6日，总队领导到百色市长乐乡石平村扶贫点考察慰问暨宣讲十八大精神

2013年6月13日，总队长邹伟忠（前排右三）、副总队长梁开光（第二排左二）到灵山县检查指导“美丽广西清洁乡村”联系点清洁工作情况

2013年6月5日下午，副总队长何永东（左三）到百色检查指导一体化住户记账工作。图为何永东一行深入百色右江区东合小区亲切看望记账户，查看记账情况

2013年5月8日，副总队长梁开光（左二）深入梧州六堡茶生产企业——梧州茶厂调研，实地了解工业生产者价格调查企业直报系统的使用情况

监测体系初步建立，新调查户已正式记账；国定贫困县农村贫困监测调查业务顺利接收，并按照自治区人民政府的要求将调查范围扩大到区定贫困县；县级粮食产量抽样调查网点落实工作基本完成。

抓法制，凸显了保驾护航作用。

发挥支撑保障作用。严格执行统计报表“双签收”、统计事务告知、调查资料签领登记等制度，对迟报或提供不真实、不完整统计资料的企业及时催报、查询，建立各处室统计执法联系人制度，努力发挥法制对调查工作的支撑保障作用。

不断提高执法水平。查处统计违法行为，年内共对316家单位开展了统计执法检查，发现统计违法行为86起，立案查处案件54件，结案15件。启动执法案卷评查工作，对各市队2011年查处的统计违法行为案件进行审查，查找问题，积累经验，努力提高统计执法办案质量。规范调查项目管理。管理好总队统计调查项目，制定了城乡住户一体化调查等5个项目调查方案，并通过了国家统计局审批。加强对市县队申报的地方调查项目的审查和管理，保障基层队合法开展统计调查活动。

2013年3月28日，总队纪检组长李建茂（右二）到来宾忻城县城关镇思耕村检查指导住户一体化记账情况

抓保障，促进了全系统高效运转。

一是抓好行政管理。修订会议管理制度，减少集中开会次数，切实减轻基层队负担。制定总队机关处室行政工作管理规范，进一步规范行政事务管理。充分发挥政务信息的指导作用，全年共编发政务信息1824篇，其中获国家统计局内网采用131篇，比上年增加41篇。

二是抓好财务管理。争取国家统计局支持，大部分市县队的津补贴标准得到提高。开展调查项目支出定额标准建设，推行公务卡改革，加强内部审计，提高财务管理规范化水平。积极争取地方支持，自治区人民政府落实了三项业务改革工作经费，绝大部分基层队也得到了当地政府经费支持。

三是改善办公条件。南宁调查数据资料管理综合楼（广西遥感技术统计调查监测基地）项目如期开工。百色队、崇左队新增了办公用房，鹿寨队、博白队搬入新办公楼，贵港、平乐、都安队对原办公楼层进行了扩建，部分基层队装修了办公室。

四是加快信息化建设。进一步完善视频会议系统，实现了工作部署和业务培训的功能。建立依托自治区人民政府网站统一平台上的调查总队独立站点，并按规定发布政府公开信息。组建了广西居民消费价格指数（CPI）集团通讯平台，方便查询和指导工作。完成了总队网络舆情监测系统招标。初步规划了新办公楼的机房建设。基层队的信息化建设也有新进展，如柳州队接入由市政府支持的100M移动光纤网，正式开通经过备案的柳州调查队调查信息外部网站；鹿寨队依托鹿寨政府门户网站顺利完成了外网的改版工作。

2013年5月8日下午，副总队长杨锡虹（左二）率调研组一行4人到合浦县廉州镇冲口社区生猪养殖户调查点了解生猪养殖销售情况

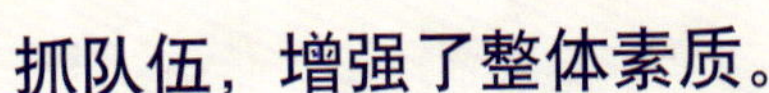

抓队伍，增强了整体素质。

一是加大干部培养和选拔力度。继续采取“上派下挂”和“一对一”方式，开展干部交流。推行竞争上岗，配齐基层队领导班子。招录和选调公务员63人，充实基层队力量。举办各层次的领导干部培训班、研修班，继续开展新公务员《统计学原理》和《基础会计》两门课程培训及考试。

二是加强廉政建设。全面落实党风廉政建设责任制，把党风廉政建设和统计调查重点工作紧密结合，部署全系统党风廉政建设和反腐败工作。开展廉政风险防控建设，进一步规范权力运行。狠抓党风廉政教育，大力弘扬统计核心价值观。坚持纪检监察员列席有关会议制度，充分发挥纪检监察部门的作用。继续加强纪检监察干部队伍建设，提高纪检监察干部的整体素质和能力。

2013年6月13日，总队长邹伟忠（左四）、副总队长梁开光（左三）到浦北调研城乡住户一体化记账情况

三是强化统计文化建设。开展评优活动，评选出“广西调查队系统先进集体”12个、“广西调查队系统先进工作者”58名。举办全系统第五届职工运动会和总队机关第三届职工运动会，丰富职工文体活动。

抓服务，赢得了各界好评。

承接地方委托调查。先后完成了自治区党委、政府及有关部门委托的8项专项调查，得到充分肯定。部分基层队承担或参与了当地的绩效考评、党风廉政建设等调查项目。

信息工作保持良好势头。全年共编发《调查信息》516篇，《调查报告》155篇。其中，国家统计局采用39篇次，“中办”、“国办”采用11篇次，国家领导批示5篇次，自治区党委、政府采用237篇次，自治区领导批示14篇次。在自治区党委办公厅、自治区政府办公厅信息工作考核中分别名列第四名和第八名。

抓好经济形势分析。加强进度分析，形成综合分析报告报送自治区政府，供领导参考。抓好专题分析，围绕党委、政府的中心工作和重点、热点问题，组织开展快速调查，为党委和政府提供第一手资料。

提供咨询意见。全年多次参加自治区政府及有关部门组织召开的经济形势分析会，为各有关单位提供大量的分析材料、调查数据和工作建议，获得好评。

2013年6月13日，总队长邹伟忠（左二）、副总队长梁开光（左三）到浦北调研农民增收和粮食生产形势

开发利用数据资料。与国家统计局国际统计信息中心联合编辑出版《中国—东盟国家统计手册》，完成《广西经济社会调查报告2011》、《广西调查年鉴2012》、《广西调查季度资料》等常规资料的编辑出版工作，编印2011年度《调查信息》、《调查报告》和《总队经济类课题》，参与完成《广西年鉴2011》、《广西统计年鉴》等重要文献资料的组稿编辑工作。

城镇居民家庭人均可支配收入（元）

Per Capita Disposal Income of Urban Households (RMB)

农村居民家庭人均纯收入（元）

Per Capita Net Income of Rural Households (RMB)

城镇居民家庭人均消费支出（元）

Per Capita Consumer Expenditure of Urban Households (RMB)

农村居民家庭人均生活消费支出（元）

Per Capita Living Expenditure of Rural Households (RMB)

城镇居民家庭人均住房面积（平方米）

Per Capita Floor Space of Urban Households (sq.m)

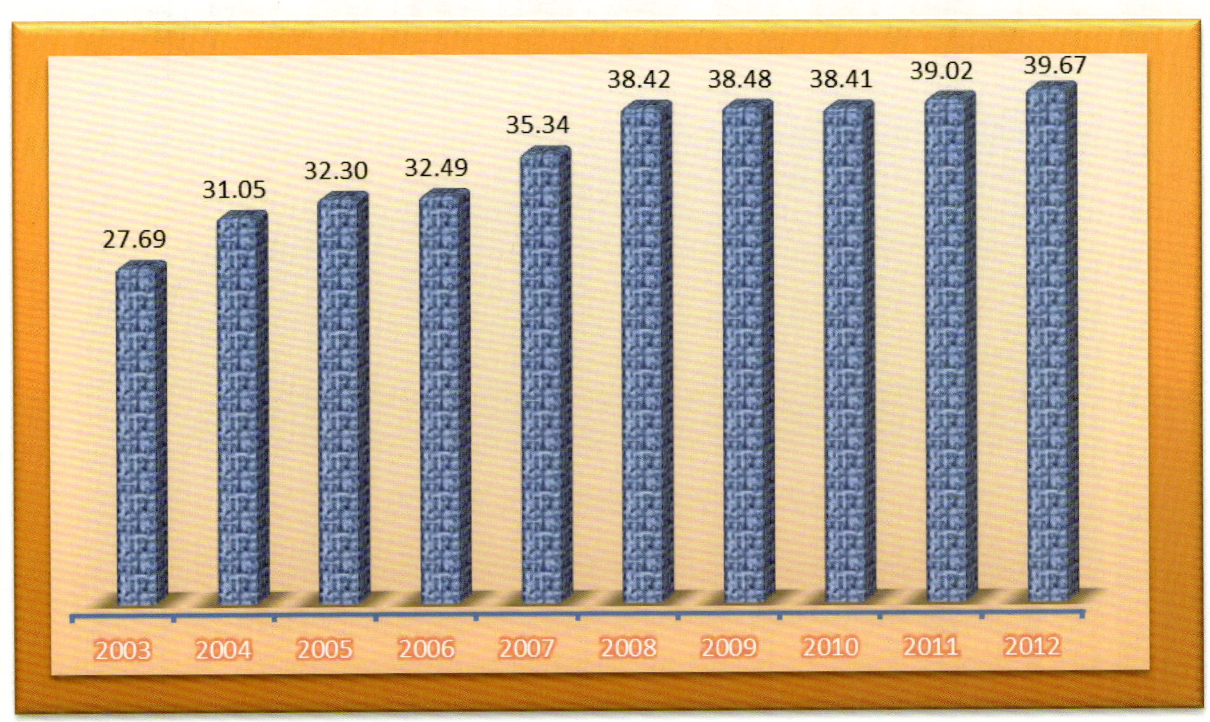

农村居民家庭人均住房面积（平方米）

Per Capita Floor Space of Rural Households (sq.m)

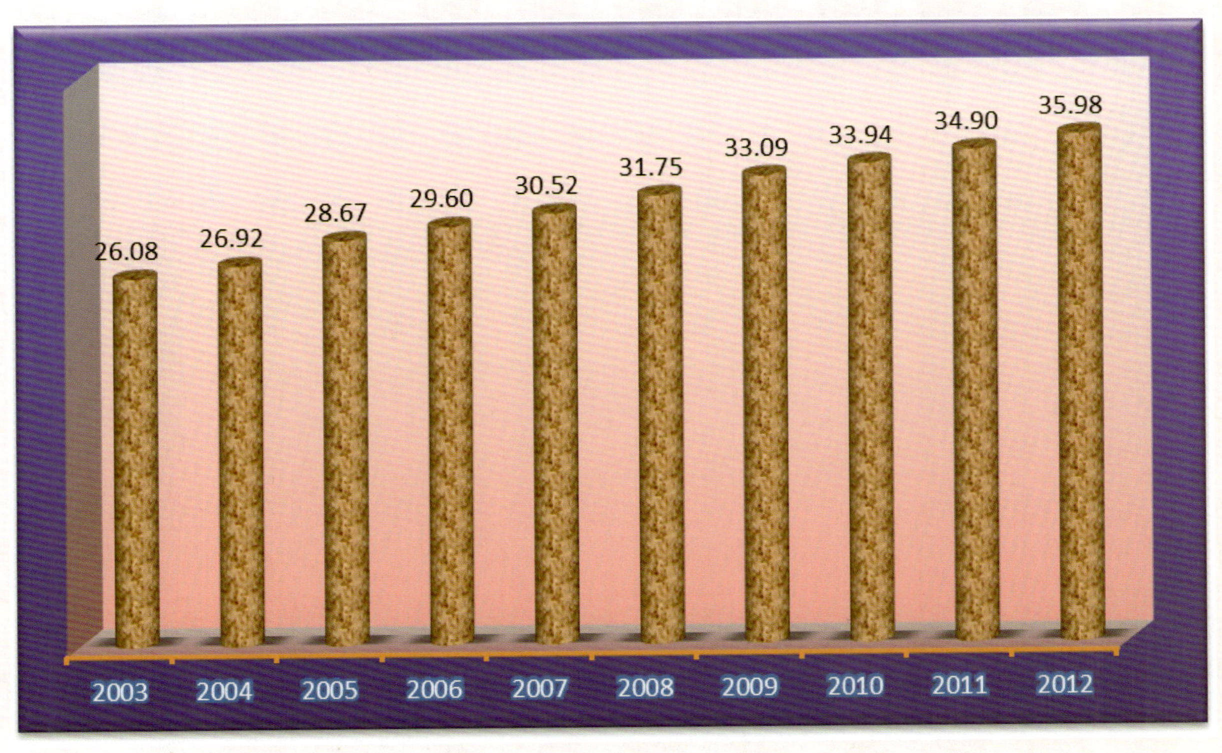

全区居民消费价格指数（上年=100）

Consumer Price Indices of Households (Preceding Year=100)

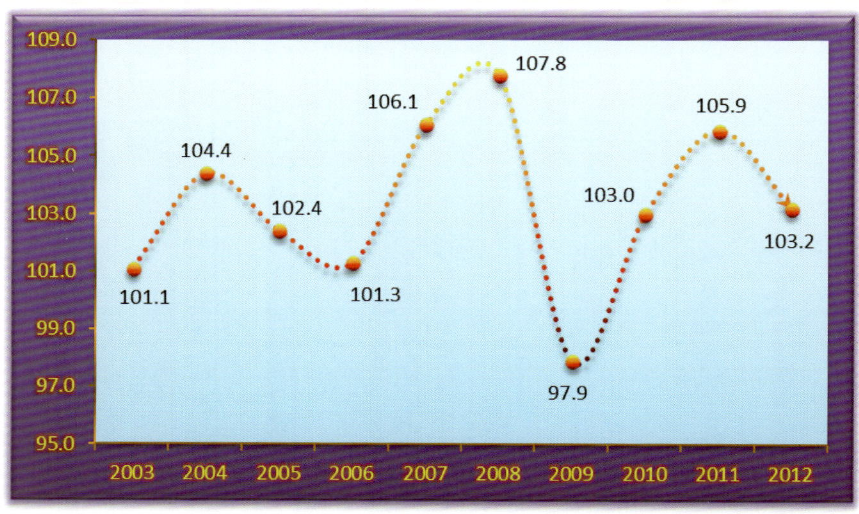

城市居民消费价格指数（上年=100）

Consumer Price Indices of Urban Households (Preceding Year=100)

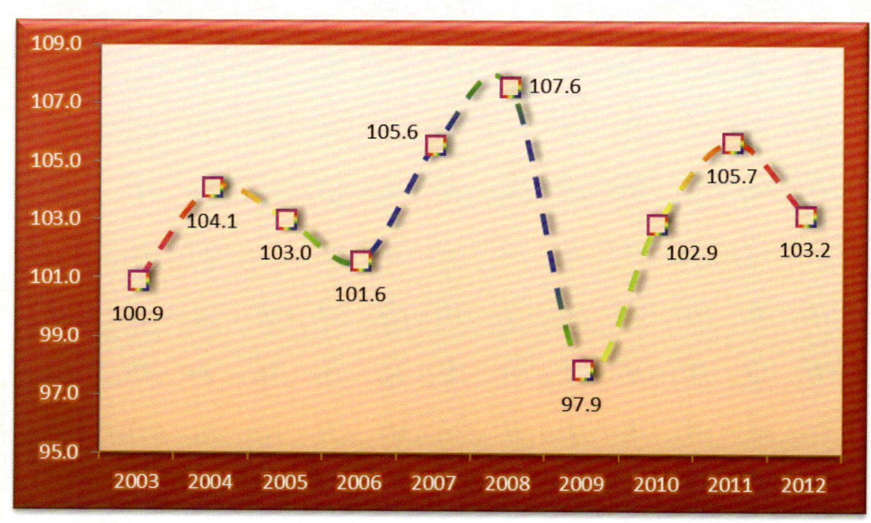

农村居民消费价格指数（上年=100）

Consumer Price Indices of Rural Households (Preceding Year=100)

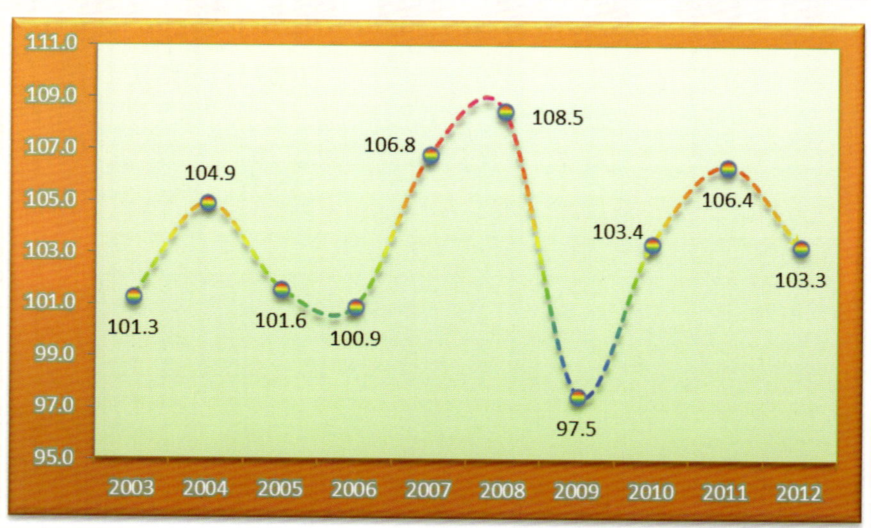

全区商品零售价格指数（上年=100）

Retail Price Indices of Province（Preceding Year=100）

城市商品零售价格指数（上年=100）

Retail Price Indices of Urban Households（Preceding Year=100）

农村商品零售价格指数（上年=100）

Retail Price Indices of Rural Households（Preceding Year=100）

工业产品出厂价格指数（上年=100）

Ex-Factory Price Indices of Industrial Products (Preceding Year=100)

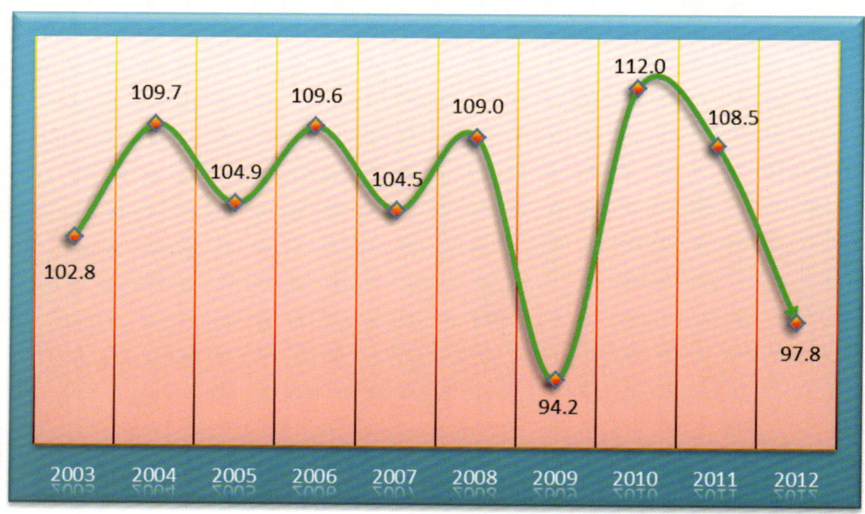

原材料、燃料、动力购进价格指数（上年=100）

Indices of Purchasing Prices of Raw Materials, Fuels and Power (Preceding Year=100)

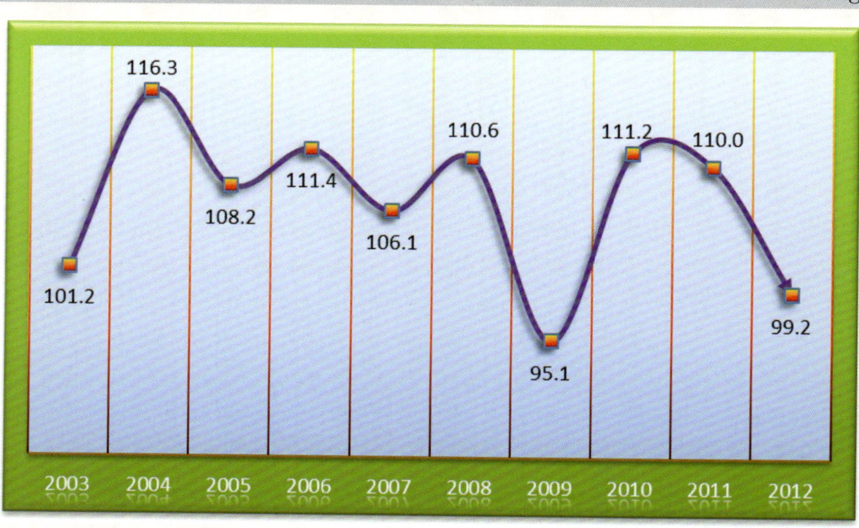

固定资产投资价格指数（上年=100）

Price Indices of Investment in Fixed Asset (Preceding Year=100)

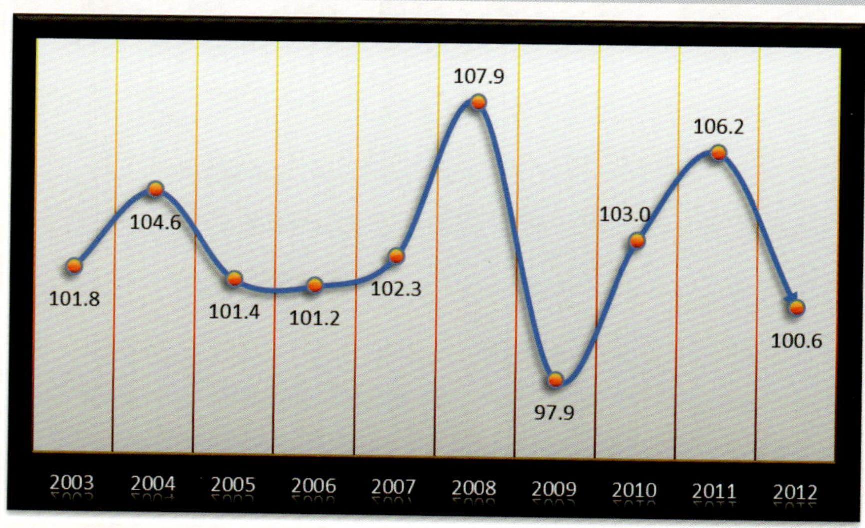

农业生产资料价格指数（上年=100）

Price Indices of Farming Production Material (Preceding Year=100)

农产品生产价格指数（上年=100）

Indices of Producers' Prices for Farm Products (Preceding Year=100)

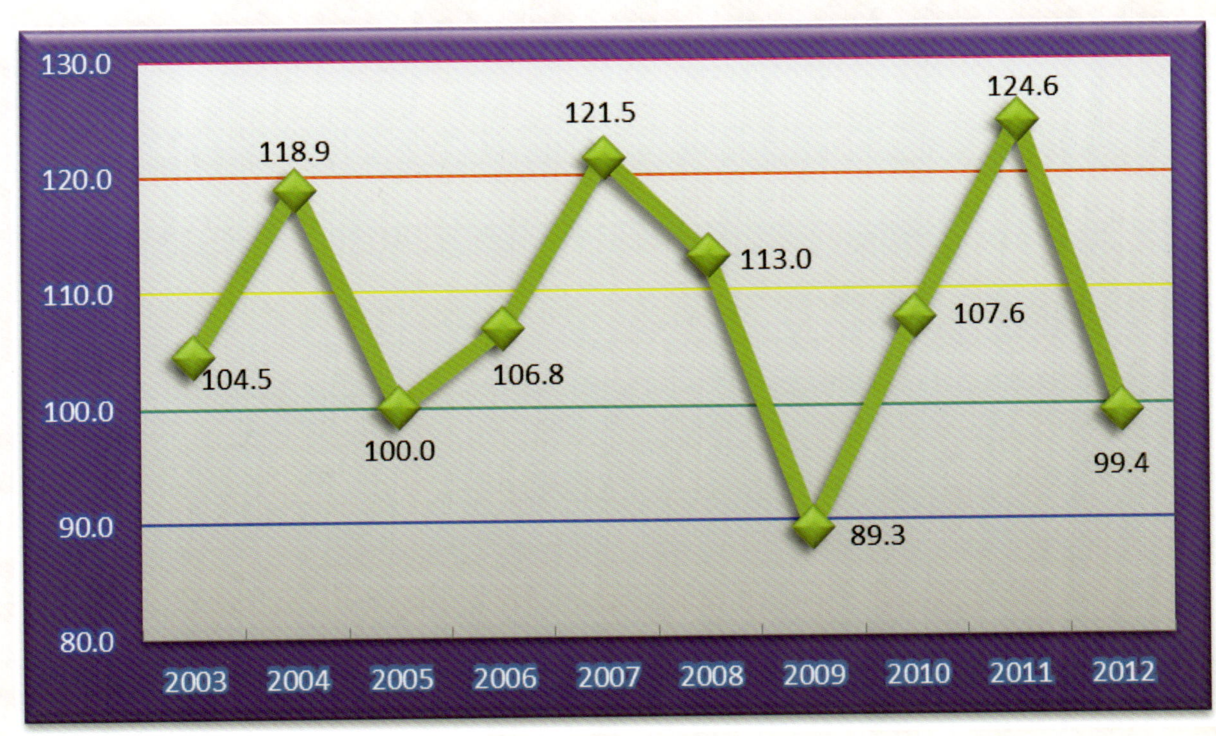

2012年全区居民消费价格指数（上年同期=100）

Consumer Price Indices by Each Month (2012) (Preceding Year=100)

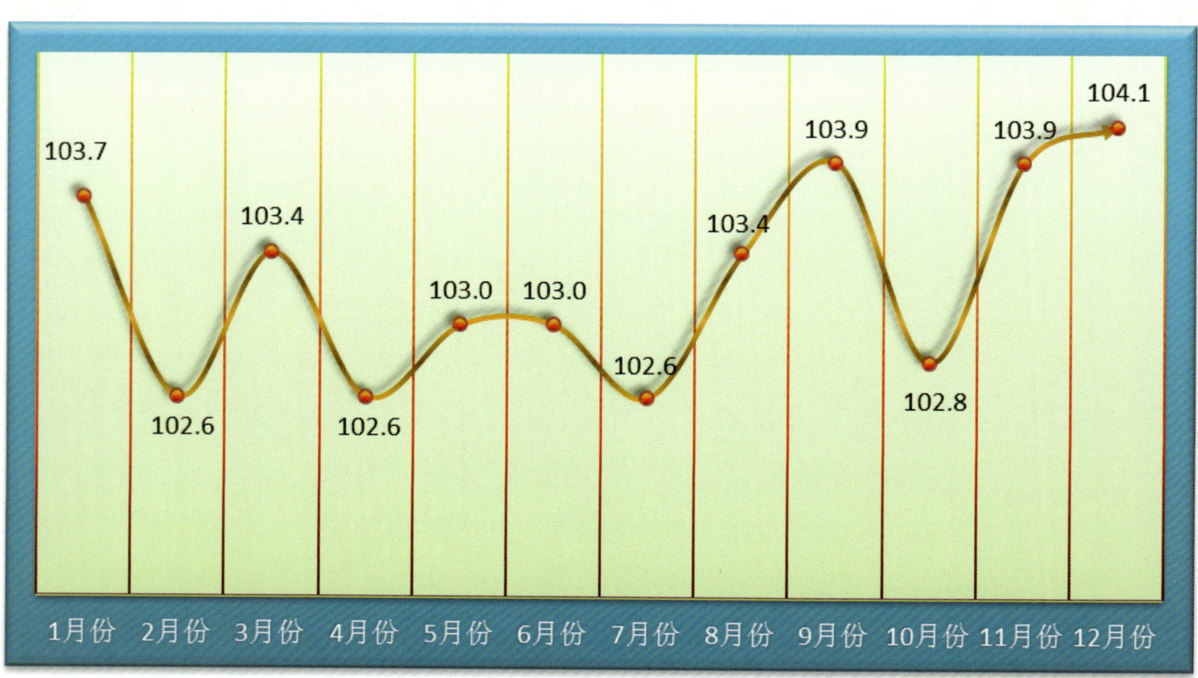

2012年全区工业产品出厂价格指数（上年同期=100）

Ex-Factory Price Indices of Industrial Products by Each Month (2012)
(Preceding Year=100)

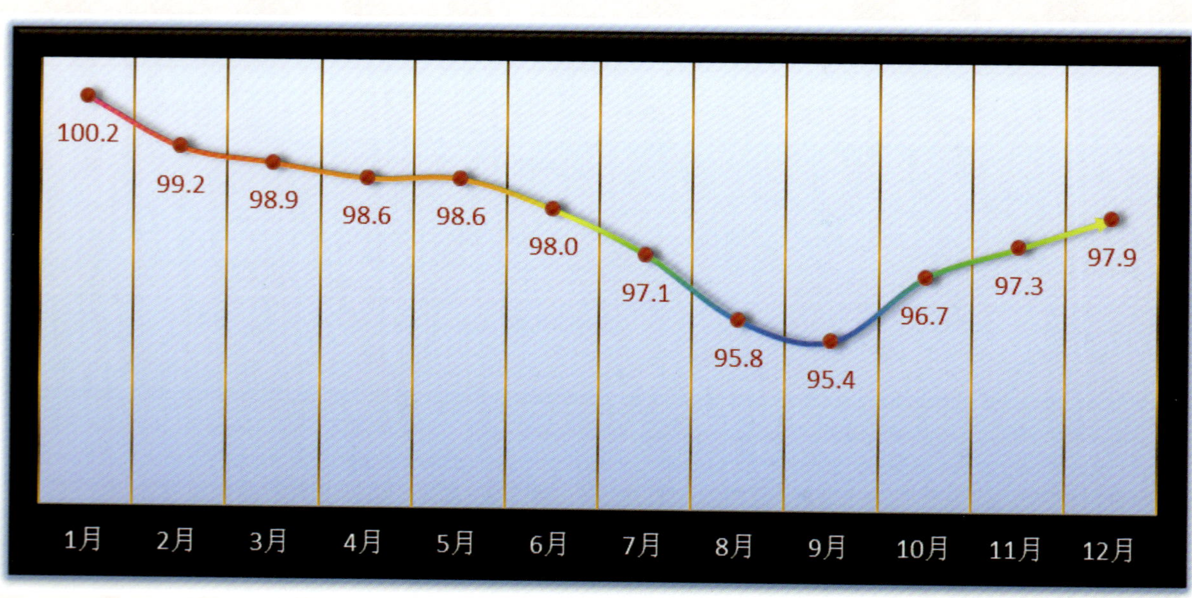

目 录

CONTENTS

第一篇 综 合
Chapter 1 General Survey

第二篇 人民生活
Chapter 2 People's Livelihood

第三篇 价格调查
Chapter 3 Price Survey

第四篇 农村农业
Chapter 4 Agriculture and Rural Areas

第五篇 企业调查
Chapter 5 Enterprises Survey

附录一：全国及各省市区主要统计调查指标

APPENDIX I Main Statistical Survey Indicators by Province, Municipality and Autonomous Region

附录二：中国及世界主要国家和地区经济、社会统计指标
APPENDIX II Main Social and Economic Indicators of China and Other Countries/Areas

第一篇　综　合

Chapter 1　General Survey

1-1 2012年广西城镇居民生活调查报告

2012年广西城镇居民收入消费较快增长

2012年，在各地党委政府的领导下，广西出台并贯彻落实多项增资政策，努力提高城镇居民的工资收入，改善微小企业的经营环境，建立健全社会保障体系，严格控制物价，使城镇居民收入和支出实现稳步增长。

一、四大项收入全面增长，人均可支配收入突破20000元

据调查，2012年广西城镇居民人均家庭总收入23209元，比上年增长11.3%。其中，人均可支配收入突破20000元大关，达21243元，比上年名义增长12.7%，增幅比上年提高2.2个百分点；剔除价格因素后，实际增长9.2%，较上年提高4.7个百分点。其中工资、经营、财产和转移四大项收入全面增长。

从收入的四项构成看，工资性收入、转移性收入对家庭总收入增长的作用明显，二者对家庭总收入增长的贡献率分别达到48.4%和31.7%。

表1 2012年广西城镇居民家庭收入情况表

指标名称	2011年（元）	2012年（元）	同比涨跌（±%）	对总收入增长的贡献率（%）	构成（%）
人均家庭总收入	20846	23209	11.3	100.0	100.0
其中：可支配收入	18854	21243	12.7		
（一）工资性收入	13550	14693	8.4	48.4	63.3
（二）经营净收入	1700	2132	25.4	18.3	9.2
（三）财产性收入	845	884	4.6	1.6	3.8
（四）转移性收入	4751	5500	15.8	31.7	23.7

（一）增资政策推动，工资性收入增长8.4%

2012年广西城镇居民家庭人均工资性收入14693元，比上年增长8.4%。其中，人均工资及补贴收入14228元，增长7.5%。工资性收入增长的主要影响因素有：

1.最低工资标准提高。根据《广西壮族自治区人民政府关于调整全区职工最低工资标准的通知》规定，从2012年1月起，广西最低工资标准再次提高，不同类别适用地区最低工资增加了125元～180元。

2.部分企业提高职工工资，并发放大额奖金。据调查，广西部分大型企业从2012年1月份起，较大幅度地提高了在职职工的工资水平，如南宁铁路员工工资平均上涨600元；一些效益好的钢铁企业在春节前给职工发放数额比上年大的年终奖金，人均3000～6000元不等。

3.市、县（市、区）机关和事业单位补发

2010年或发放2011年绩效奖。据调查，2012年年初广西各地机关和事业单位普遍在春节前给职工补发2010年或发放2011年绩效奖，发放的标准比以往有所提高。

4.新个人所得税的实行。据调查，由于执行了新的个税标准，2012年广西城镇居民缴纳的来自工资性收入的个税支出人均为58元，较去年减少个税支出59元，减幅达50.6%。

5.事业单位收入“属地化”实现同城同酬。从2012年1月1日起，自治区直属事业单位绩效工资执行“属地化”标准，即自治区直属事业单位在职人员绩效工资水平控制线，可按单位所在地政府规定的标准执行，人均工资水平均有较大幅度提高。

6.广西发布2012企业工资指导线。2012年10月，广西人社厅发布广西2012年度企业工资指导线，企业职工工资可参照指导线进行增长，其中基准线为13%，上线为22%。同时还规定对于经济效益下降或亏损的企业，应维持原有的工资水平（即不能降工资），且职工在法定工作时间内提供正常劳动后，企业支付给职工的工资不得低于当地最低工资标准。

（二）养老（退休）金标准提高，转移性收入增长15.8%

2012年广西城镇居民家庭人均转移性收入5500元，比上年增长15.8%。其中，人均养老金或离退休金收入4507元，增长15.6%。转移性收入增长的主要影响因素有：

1.企业退休人员提高养老金标准。广西执行国家人力资源和社会保障部、财政部调整企业退休人员基本养老金政策，从2012年1月1日起，全区企业退休人员提高养老金标准，每人每月增加基本养老金115元，从5月起陆续发放到位并覆盖全区。

2.广西城镇居民社会养老保险实现制度全覆盖。广西城镇居民社会养老保险于2012年1月1日起实现制度全覆盖，比国家要求提前半年实现。截止2012年9月底，广西城镇居民养老保险已有29.84万人参保。

3.广西提高失业保险金发放标准。根据广西人社厅《关于调整全区失业保险金标准的通知》（桂人社发〔2012〕12号）要求，从2012年1月起，按照各地最低工资标准的70%～99%幅度调整在领失业人员失业保险金标准。

4.广西事业单位发放退休人员生活补贴。2012年广西区直事业单位退休人员生活补贴执行属地标准，截至2012年11月上旬，自治区本级事业单位已补发2010年、2011年区直事业单位4.59万退休人员的生活补贴5.41亿元；2012年区直事业单位2.89万退休人员的生活补贴2.42亿元。

（三）多项政策扶持，经营净收入增长25.4%

受政策推动和居民家庭经营活动增加的双重影响，2012年广西城镇居民家庭人均经营净收入2132元，比上年增长25.4%。有利于城镇居民经营净收入增长的因素有：

1.广西再次上调个体私营经济的增值税和营业税起征点。据了解，自2011年7月广西上调营业税起征点以来，2012年5月再次上调个体私营经济的增值税和营业税的起征点，起征点（不含房屋租赁财产性收入）由原来的5000元提高到2万元，减少了个体私营经济的经营负担，有效降低经营成本。这一政策的实施，将新增受惠个体工商户（个人）约10余万户，每年为个体工商户（个人）减轻税收负担约6.72亿元。

2.自治区政府开展“广西2012中小企业服务年”活动显成效。广西通过给中小企业发放资本金补助金等活动，着力改善个体私营经济的发展环境；深入实施“引金入桂”战略，积极引进股份、城市商业、村镇银行等多种类型的金融服务机构，帮助解决中小企业融资难等问题，并增加企业的授信申请批准率，有力扶持了中小企业发展，有利于促进城镇居民经营净收入增加。

3.旅游业推动从事餐饮和旅游等经营活动的家庭经营净收入提高。据自治区旅游部门初步统计，2012年广西旅游业继续保持较快增长趋势，全年接待入境过夜游客约340万人次，增长12.3%，国际旅游外汇收入12亿美元，增长14%；旅游总收入1628亿元，增长27.4%，旅游总人数2.08亿人次，增长18.4%。

4.广西“1＋X”模式扶持微型企业。2012年，自治区政府继续贯彻落实《广西壮族自治区人民政府关于大力发展微型企业的若干意见》（桂政发〔2011〕21号），采取“1+X”模式进行扶持，即在“投资者出一点”的基础上，采取“财政补一点、税收返一点、金融机构贷一点、规费减一点、职能部门帮一点”等方式，从财政、税收、融资等多方面有力促进了广西微型企业的健康发展。

（四）受宏观经济形势影响，财产性收入增长4.6%

主要增收原因是城镇居民房屋出租收入大幅增加，人均出租房屋收入达659元，比上年增加30.7%。但由于受宏观经济形势影响，城镇居民人均股息与红利收入仅48元，较去年同期大幅下降64.7%。受两者共同影响，2012年广西城镇居民家庭人均财产性收入884元，仅增长4.6%。

二、各类支出保持较快增长

2012年广西城镇居民各类消费支出全面增长，转移性支出、购房支出等非消费性支出也较快增加。

（一）生活消费性支出全面增长

2012年广西城镇居民家庭人均消费支出14244元，比上年增长10.9%，呈较快增长态势。八大类消费全面增长，其中增幅前三位的分别是家庭设备用品及服务、其他商品和服务、医疗保健支出。

从增长点看，食品、家庭设备用品及服务、居住和衣着支出是带动消费增长的主要力量，分别拉动人均消费支出增长3.7个、1.9个、1.1个和1个百分点。

表2　2012年广西城镇居民家庭消费情况表

指标名称	2011年（元）	2012年（元）	同比涨跌（±%）	拉动消费性支出增减（百分点）	构成（%）
人均消费支出	12848	14244	10.9		100.0
1. 食品	5074	5553	9.4	3.7	39.0
2. 衣着	1019	1146	12.5	1.0	8.1
3. 居住	1238	1377	11.3	1.1	9.7
4. 家庭设备用品及服务	885	1125	27.2	1.9	7.9
5. 医疗保健	779	884	13.4	0.8	6.2
6. 交通和通讯	2001	2089	4.4	0.7	14.6
7. 教育文化娱乐服务	1503	1626	8.2	1.0	11.4
8. 其它商品和服务	349	444	27.1	0.7	3.1

1.食品消费结构继续升级，恩格尔系数下降。2012年广西城镇居民人均食品消费支出5553元，增长9.4%，拉动总消费支出增长3.7个百分点。其中人均购买粮食支出占食品支出的比重为6.7%，较上年下降0.5个百分点，而人均购买肉类、水产品类和干鲜瓜果类的比重均比上年上升。城镇居民对主食类的消费需求日益下降，更注重营养均衡和健康饮食，表明居民食品消费结构继续升级。城镇居民家庭恩格尔系数（食品支出占消费支出的比重）继续下降，为39.0%，比上年降低0.5个百分点。

2.受消费政策刺激，家庭设备用品及服务支出快速增长。2012年广西城镇居民人均家庭设备用品及服务支出1125元，增长27.2%，增幅在八大类消费中居第一位；其中人均耐用消费品支出532元，增长36.8%。家庭设备用品及服务支出快速增长主要是受家电下乡政策、家电节能补贴政策影响。此外，城镇居民改善居住环境的意愿提高，更加重视房屋装潢，也相应增加了对家电产品的需求。

3.奢侈品消费量增加，其他商品和服务支出快速增长。2012年广西城镇居民人均其他商品和服务支出444元，增长27.1%，增幅在八大类消费中居第二位。主要是由金银珠宝饰品、化妆品等商品类支出和美容等服务性支出快速增长带动。其中：人均金银珠宝饰品73元，比上年增加1倍多。受海关下调进口化妆品税率等因素影响，从二季度开始人均化妆品支出保持快速增长态势，全年人均支出达到101元，增长16.5%；此外，人均美容费支出的增幅也达到26.3%。

4.保健意识增强，医疗保健支出增长。2012年广西城镇居民人均医疗保健支出884元，比上年增长13.4%。其中，人均药品费、医疗费分别增长13.0%和12.2%。医疗保健支出增长的主要原因：一是随着生活水平提高，人们保健意识增强；二是医药类价格上涨带动医药消费增加。

5.时尚化倾向明显，衣着消费支出增长。随着可支配收入的增加，近年来城镇居民衣着消费的时尚化倾向日益明显，购买服装鞋帽时更注重品牌和款式，购买档次提升。2012年广西城镇居民人均衣着消费支出1146元，比上年增长12.5%。其中，人均服装和鞋类消费支出金额分别增加12.3%和15.1%，服装、鞋类的购买单价分别比上年同期提高3.2%和11.1%。

6.住房和水电燃料支出增加，居住类支出增长。受阶梯电价政策的实施和居民改善居住环境的影响，2012年广西城镇居民人均居住类支出1377元，比上年增长11.3%。其中，城镇居民人均用电支出达421元，增长13.9%，人均住房装潢支出达383元，增长8.8%。

7.教育旅游支出增加，教育文化娱乐服务支出增长。2012年广西城镇居民人均教育文化娱乐服务支出1626元，比上年增长8.2%。其中，教育和文化娱乐服务分别比上年增加21.0%和8.5%，特别是非义务教育费用、托幼费和培训费用快速增长，分别增长13.1%、19.0%和40.8%。

（二）非消费性支出大幅增加

1.转移性支出较快增长。2012年广西城镇居民人均转移性消费支出为2371元，比上年增长13.4%。一是人情随礼支出不断增加带动捐赠支出快速增长。人均捐赠支出为1410元，增幅达22.3%。二是学生在外就学的学费和生活费涨幅较大，城镇居民教育成本增加。人均在外就学子女费用为524元，增幅达19.7%。

2.购房建房支出增加。2012年广西城镇居民人均购建房支出为397元，增幅达12.7%；其中购房支出为390元，增幅12.4%。

三、政策建议

（一）出台增资政策，提高广西城镇居民工资性收入

工资性收入是广西城镇居民收入的最大组成部分，对可支配收入的贡献率越来越大。适时出台增资政策，继续提高最低工资指导标准，引导企业提高单位职工工资，优化收入分配方案，增加城镇居民的工资性收入是确保可支配收入稳步增长的关键。

（二）继续严格执行广西扶持小型微型企业健康发展政策措施

随着劳动力成本提高和原材料价格上涨等压力，中小企业的利润空间不断被压缩，各级政府要严格执行关于中小企业在税收、贷款和人才培养等方面的优惠政策，改善中小企业的经营环境，推动城镇居民收入较快增长。

（三）正确引导城镇居民理性投资，提高财产性收入

2012年广西城镇居民的股息和红利收入较去年同期大幅下降，利息收入与去年同期相比大幅增加。这说明了城镇居民缺乏有效的投资理财渠道，不得不把钱存入银行以规避风险。政府应当改善投资环境，正确引导城镇居民理性投资，提高居民的财产收入。

（四）继续提高企业养老金发放标准，增加转移性收入

2012年广西城镇居民养老金或离退休金占转移性收入的八成，是拉动转移性收入增长的主要因素。因此，建议政府在经济形势平稳，企业利润增长的前提下，继续提高企业养老金发放标准，增加城镇居民的转移性收入。

（五）关注城镇居民在教育方面的负担

2010—2012年广西城镇居民在教育方面的消费支出，特别是在非义务教育费和托幼费上的支出，每年的涨幅都在10%以上，城镇居民在教育方面的负担日益扩大。为保障城镇居民的生活水平，应加大在教育方面的扶持，增加在九年义务教育以外，特别是学前儿童教育方面的政府投入，以降低城镇居民的教育支出。

1-2　2012年广西农村居民生活调查报告

2012年广西农村居民人均纯收入实增11.2%　创21年来新高

2012年，广西各级党委政府在复杂的国内外经济环境下，牢牢把握稳中求进的总基调，贯彻落实好各项强农惠农富农政策，切实抓好农业生产，夯实农民增收基础，取得显著成效。2012年广西农民人均纯收入实增11.2%，创21年来新高；生产生活支出增长保持良好态势。

一、2012年广西农民增收工作成效突出

（一）农民收入增长的主要情况

1.农民纯收入实际增长创21年来新高。2012年广西农民人均纯收入6008元，跨越6000元大关，比上年名义增长14.8%，增幅高于全国平均水平1.3个百分点，排全国第七位，西部第五位；扣除物价因素影响，2012年广西农民人均纯收入实际增长11.2%，增幅高于全国平均水平0.5个百分点，为1991年以来最高（详见下图）。

2.两个“收入相对差距”进一步缩小。一是城乡收入相对差距（收入比）进一步缩小。2012年广西农民人均纯收入实际增幅高于城镇居民2个百分点，增幅连续三年高于城镇居民。城乡居民收入比3.54：1（以农民人均纯收入为1），较2010、2011年的3.76：1、3.60：1持续缩小。二是农民高低收入相对差距也在缩小。按照收入五等份分组，2012年广西农民20%最高收入组与20%最低收入组的纯收入比值为5.80：1（以20%最低收入居民收入为1），比2011年的6.25：1回落0.45个百分点。

3.“三大项收入”增幅超全国平均水平。2012年广西农民人均工资性收入、人均财产性

1990年以来广西农民纯收入名义与实际增幅变动对比情况图

（单位：%）

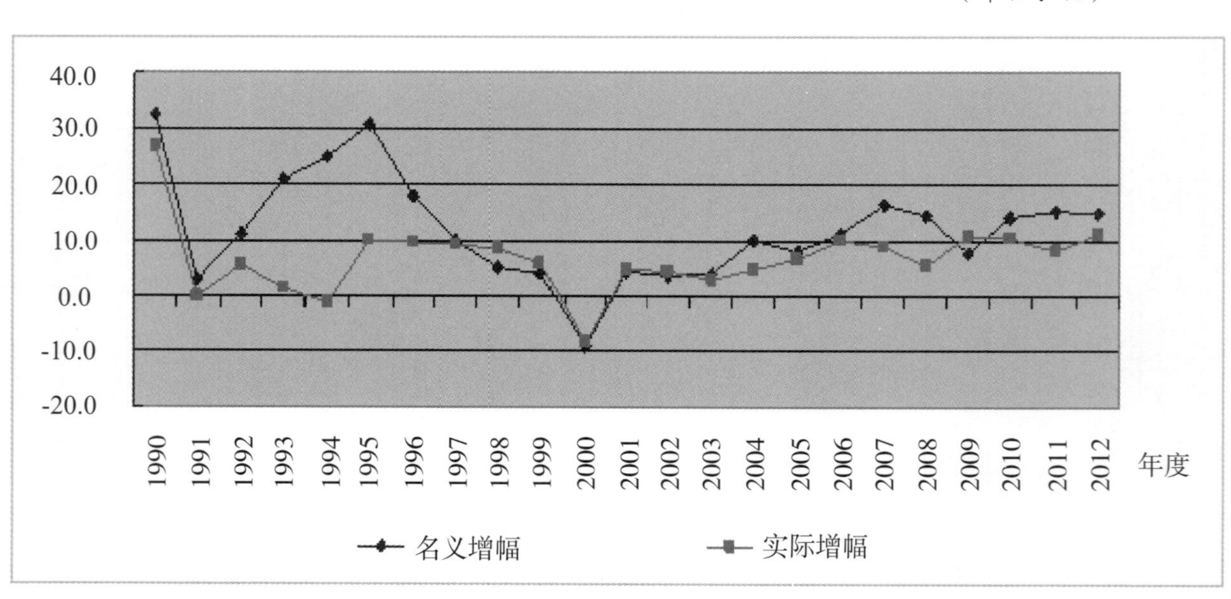

收入和转移性收入等三项收入大幅增长，增幅分别高于全国平均水平7.1、21.7和8.9个百分点。家庭经营纯收入的增幅低于全国平均水平2.2个百分点，占纯收入比重53.8%，家庭经营收入贡献率下降。

（二）拉动农民收入大幅增长的主要因素

1.工资性收入快速增长，成为增收第一动力。2012年广西农民人均工资性收入2246元，增加426元，增长23.4%，拉动纯收入上涨8.1个百分点，是2012年广西农民增收的第一动力。主要表现在三个方面：

一是本地非农务工人数增加，外出稳定务工时间增加。据农民工监测调查，至四季度末，广西农民在本乡地域内非农务工人数比上年增长7.2%。外出到乡外的务工人数虽小幅下降1.5%，但人均稳定务工时间增加了3.8%。

二是务工工资水平持续上涨，特别是较高收入水平的人数增加较快。2012年广西最低工资标准平均上调22%左右，同时全国有24个省市上调最低工资标准，刺激了务工工资水平相应提高。农民工监测调查显示，2012年广西农民在乡内本地务工平均月工资水平为1532元，到乡镇以外外出务工平均月工资水平为1952元，比上年分别增长11.9%、14.7%。

三是物价上涨水平低于工资涨幅，外出务工农民结余增多。2012年全国和广西的居民消费价格涨幅相对温和，而务工工资水平持续多年上涨，让外出务工农民结余增多，促进对家庭的寄带回增长。据农民工监测调查显示，2012年，广西外出农民寄带回收入人均增加32.5%，促进了农户家庭人均工资性收入的快速增长。

2.家庭经营发展平稳，收入稳中有进。2012年广西农民家庭经营纯收入3235元，增加227元，增长7.5%，拉动纯收入上涨4.3个百分点。其中，第一产业纯收入2826元，增加138元，增长5.2%；二三产业纯收入409元，增加88元，增长27.5%（详见下表）。主要表现在：

表1　2012年广西农民人均家庭经营纯收入情况表

指标名称	单位	本年	上年	比上年±	增幅（%）
家庭经营纯收入	元	3235	3008	227	7.5
1. 第一产业纯收入	元	2826	2688	138	5.2
（1）农业收入	元	1963	1804	159	8.8
（2）林业收入	元	150	161	-11	-6.8
（3）牧业收入	元	639	670	-30	-4.5
（4）渔业收入	元	73	52	21	39.8
2. 非农产业纯收入	元	409	320	88	27.5
A. 第二产业纯收入	元	82	62	20	31.4
B. 第三产业纯收入	元	327	258	69	26.6

一是部分农产品增产，农业收入平稳增长。①受益于2011—2012榨季价量增加，糖料蔗收入保持高增长。2012年农民糖料蔗产量人均1769公斤，增加277公斤，增长18.6%；人均糖料蔗收入898元，增加160元，增21.8%。②水果、油料增产增收。2012年夏秋以来，广西气候条件良好，香蕉、柑橘、葡萄等多品种水果和油料丰产丰收。其中，人均水果产量59公

斤，增长34.3%。加上商贸部门加大了芒果等优质水果的推介力度，使优质水果出售价有了大幅提升，农民人均水果收入149元，增23.4%。人均油料产量11公斤，增长20.9%，出售收入人均24元，增长16.5%。

二是渔业投入初见成效，渔业收入快速增加。近年来，在中央财政支持下，广西各级渔业生产职能部门持续加大人工放流鱼虾等渔业种苗的工作力度，加强对龟鳖、罗非鱼等特色养殖的推广和标准化技术指导，渔业持续投入的积累逐步见成效。2012年我区农民出售鱼、虾数量比上年人均增加了1.1公斤和0.9公斤，渔业纯收入人均73元，比上年增收21元，增长39.8%。

三是部分牧业产品收入上涨。①蚕茧出售收入增加。2012年广西蚕茧价格回升和秋蚕产量增加，促进农民人均增收39元。②家禽、牛羊等出售收入增加。2012年以来，广西多个地区大力发展林下养殖禽类，放养禽类出售价高、收益好，虽然农民家庭家禽人均出售量略降1.4%，但由于出售均价上涨9.6%，促进农民人均增收11元。此外，牛羊肉价格分别上涨20.2%、24.9%，促农民人均增收16元。

四是林业产业布局效果初显。2012年广西农民人均出售油茶籽0.8公斤，增1.6倍；出售收入人均7元，增2.6倍。此外，作为广西林业推广品种之一的板栗种植也获得较好经济效益，农民人均出售量2.4公斤，增1.7倍，出售收入人均14元，增长2.2倍。

五是非农产业收入持续快速增长。随居民收入连年增长，加上一系列惠农创业扶持政策的实施和引导，农户发展二、三产业的积极性增强，非农产业收入连续四年快速增长。2012年广西农民非农产业人均纯收入达409元，增长27.5%；占家庭经营纯收入的比重为12.6%，较上年上升1.9个百分点；二、三产业人均纯收入分别增加20元、69元，增长31.5%、26.6%。

3.政策力度大，转移性、财产性收入双双高增长。2012年，广西各级政府以及相关部门针对广西农民财产、转移性收入长期低于全国平均水平的状况，采取得力措施，加大财政扶持，大力推进和落实各项原有支农惠农强农政策，如全面铺开新型农村养老保险，比全国提前半年完成新农保全面覆盖；提高农村低保等补贴标准，并新增茅草树皮房改造、农房保险等多项地区性惠农补贴；开展兴边富民行动大会战等，农民转移性、财产性收入增幅双双超人均纯收入增幅两倍以上。2012年农民人均财产性纯收入54元，增加13元，增长30.7%；转移性纯收入人均473元，增加111元，增长30.8%。上述主要因素共同作用，拉动农民人均纯收入上涨2.4个百分点。

（三）当前制约农民增收的不利因素

1.牧业收入下降4.5%。一是生猪出售价降减收。受2011年出售价翘尾因素影响，占牧业第一权重的产品生猪全年平均出售价比上年下降7.4%，虽然出售量人均增5.4%，但农民来自生猪出售的收入人均下降13元，微跌2.4%。二是牧业费用上涨拉低纯收入。受饲料价格大涨等因素影响，牧业生产费用上涨幅度高于总收入增幅5.4个百分点，致牧业纯收入下降4.5%。

2.林业收入减少6.8%。林业收入下降的主要原因有两个方面：一方面是受早春长时低温阴雨天气影响，竹、木材采伐不便，出售量下降；春八角等林产品无法及时收摘，价格下跌，林业副产品收入比上年大幅下降。另一方面是松脂等林产品价格持续下跌，广西部分产区缺乏收采积极性。

3.粮食、蔬菜等大宗农产品收入减少。2012年广西粮食创七年来总产量最高水平，农民家庭人均稻谷产量348公斤，增长4.9%。粮食产量虽增长，但受越南等地进口稻谷冲击，广西粮食收购价低于农户预期，农户惜售，结存增多，粮食出售量比上年下降9%，收入下降4.4%。受早春低温阴雨天气影响，全年蔬菜产量下降14.9%，出售收入下降7.5%。

4.白糖价格下行影响糖料蔗拉动作用。2012—2013榨季，受国际白糖期货价下行影响，广西糖蔗预定收购价格微降，糖厂收购进度也变慢。2012年，糖料蔗出售数量人均1769公斤，虽比上年增长了18.7%，但只比前三季度的1532公斤增加237公斤，新榨季以来出售比上年同期明显减少，对全年纯收入的拉动作用明显下降。

5.非农产业收入占比仍然过低。家庭经营收入中，广西农民家庭的一产比重仍高达87.4%，比2011年全国平均占比高9.2个百分点，受农产品价格波动的影响较大。2012年，大宗农产品如糖料蔗、生猪等价格疲软甚至下降，家庭经营纯收入受价格因素影响增幅较低。

二、生产投资增长保持良好态势

2012年广西农民人均家庭经营费用支出2133元，增加133元，增长6.6%；购置生产性固定资产支出234元，增加18元，增长8.4%。增幅平稳，态势良好。

表2　2012年广西农民人均家庭经营费用支出情况

指标名称	单位	本年	上年	比上年±	增幅(%)
家庭经营费用支出	元	2133	2000	133	6.6
1. 第一产业生产费用支出	元	1935	1832	103	5.6
（1）农业生产费用支出	元	973	940	33	3.5
（2）林业生产费用支出	元	32	26	6	23.2
（3）牧业生产费用支出	元	869	807	63	7.8
（4）渔业生产费用支出	元	61	60	1	1.7
2. 第二产业生产费用支出	元	61	52	9	17.2
3. 第三产业生产费用支出	元	136	116	20	17.6

（一）二三产业生产费用与收入保持同步快速增长

近四年来，广西农民投资二、三产业热度较高，主动增加投资生产支出，投向主要是制造业、批零贸易业和交通运输业。

（二）林业、牧业生产投入保持增势

2012年广西林业、牧业部分主要产品价格下降，影响了农民的纯收入增长，但是农民在林、牧业的生产投入保持增长态势。据调查，林业生产投入增长较快是由于完成林权确认和林业产业布局引导，虽2012年早春低温气候影响林业收入下降，但林业投资长期效益看好，投资积极性上升。牧业生产费用增加一方面是由于生产资料价格尤其是饲料价格持续上涨；另一方面是农民家庭对年内生猪价格波动心态较平稳，生产投入虽较谨慎但未出现大幅缩减存栏的情况。

（三）生产性固定资产投向有利非农经营发展

2012年广西农民家庭人均购置生产性固定资产支出234元，增加18元，增长8.4%，在上年大增41.6%的基础上继续保持较快增长。2011年

受牧业生产比较效益高影响，生产性固定资产投资投向主要是牧业产品畜及生产用房。2012年，由于政府加大农机具购置补贴力度，农民家庭生产性固定资产投资主要投向农林牧业机械和工业机械。经过两年积累，农民人均生产性固定资产原值比2010年增加1055元，增长66.3%，其中以制造业、交通运输业、批零贸易业和其它服务业原值增长最为显著。随着生产性固定资产的增加，农民发展二、三产业的能力逐步加强，有利非农经营长期发展。

三、生活消费支出保持较快增长

2012年广西农民人均生活消费支出4878元，增加667元，增长15.8%，保持较快增长，八大类消费“七增一减”，农民家庭的生活品质进一步改善。“七增”按增幅高低排序为：其它商品及服务类消费增41.2%、医疗保健增27.5%、衣着增26.3%、居住增17.9%、交通通讯增17.7%、家庭设备用品增13.7%、食品增13.1%；“一减”为文教娱乐费用支出比上年下降2.0%。

调查数据显示，农民家庭的家电消费、在外用餐、医疗保健、居住、购买首饰、美容美发等费用支出快速增长，而食品消费增幅较低，恩格尔系数持续下降至42.8%。可见生活消费能保持较快增长除生活成本上涨压力外，主要还是受农民家庭改善生活品质的意愿影响，享受型商品和休闲性消费比例增长幅度较高。从支出的绝对值上看，人均享受型商品和休闲性消费支出仍然较低，消费尚有较大的提升空间。

四、促进农民持续增收的几点建议

（一）推进产业结构调整，构筑和壮大产业体系

推进农业科技创新，加大农业科研投入，为特色农业和现代农业发展提供技术支撑。继续深化特色农业和现代农业产业布局，推动农产品逐步多样化、优质化。抓好特色优势农业产业化，促进其做强做大，培育产业集群，延伸产业链，挖掘产品深加工附加值。

（二）持续增加农民财产性和转移性收入

逐步建立完善农村土地流转等相关政策法规，推进农村土地有序流转和集约利用；继续加大农业机械购置和用油补贴，鼓励农民增加生产性固定资产，引导和建立生产租赁市场，从而增加农民的财产性收入。持续加大财政转移支付补贴力度，确保各项强农惠农补贴政策落实，完善农村社会保障体系建设，促进农民转移性收入稳步增长。

（三）拓宽就业渠道，大幅提高工资性收入

加快中小城镇、县域经济发展步伐，调整产业布局，增加农民就近就业渠道，大幅提高农民本乡地域劳务收入。提高最低工资标准，抓好劳资维权和就业指导服务，切实保障农民工的合法权益。建立培训、就业和维权三位一体的工作机制，提高劳动力输出素质，扩大劳动力输出规模，有效增加农民外出务工收入。

1-3 2012年广西居民消费价格调查报告

2012年广西居民消费价格上涨3.2% 较好完成控价目标

据调查统计，2012年广西居民消费价格（CPI）比上年上涨3.2%，涨幅比上年回落2.7个百分点，低于上涨4%的物价调控目标。其中：食品价格上涨5.2%，非食品价格上涨2.2%；消费品价格上涨3.5%，服务项目价格上涨2.6%。

一、居民消费价格变动总体情况

（一）八大类商品及服务价格全面上涨

调查的八大类商品及服务价格呈现全面上涨的态势，涨幅最大的是食品类，上涨5.2%；其余各类价格涨幅分别为：烟酒类3.1%、衣着类3.6%、家庭设备用品及维修服务类1.1%、医疗保健和个人用品类2.0%、交通和通信0.2%、娱乐教育文化用品及服务类1.5%和居住类3.7%。

（二）各月同比涨幅波动较大

各月CPI同比涨幅分别为3.7%、2.6%、3.4%、2.6%、3.0%、3.0%、2.6%、3.4%、3.9%、2.8%、3.9%和4.1%，呈“两头高中间低”的波动性上涨，12月同比涨幅最高（见图1）。

图1 2012年广西居民消费价格各月同比指数走势图

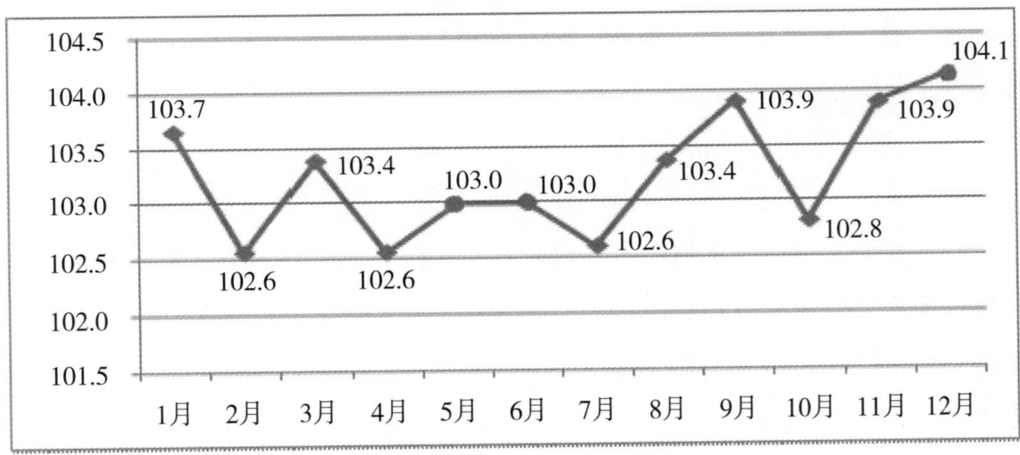

（三）各月环比涨跌互现

除1月因2011年调控及春节影响，CPI环比涨幅为3.2%外，其他月份CPI环比在-0.5%和0.4%之间波动（见图2）。

（四）涨幅高于全国平均水平

2012年广西CPI涨幅比全国平均水平2.6%高出0.6个百分点，按涨幅由高到低排列，在31个省（市、区）中，与海南、黑龙江并列第四位。从八大类看，广西各大类走势与全国趋势一致，但食品、烟酒及用品类、衣着、交通和通信、娱乐教育文化用品及服务、居住涨幅分别大于全国0.4、0.2、0.5、0.3、1.0和1.6个百分点，家庭设备服品及维修服务涨幅低于全国0.8个百分点，医疗保健和个人用品类涨幅与全国持平。

图2　2012年广西居民消费价格各月环比指数走势图

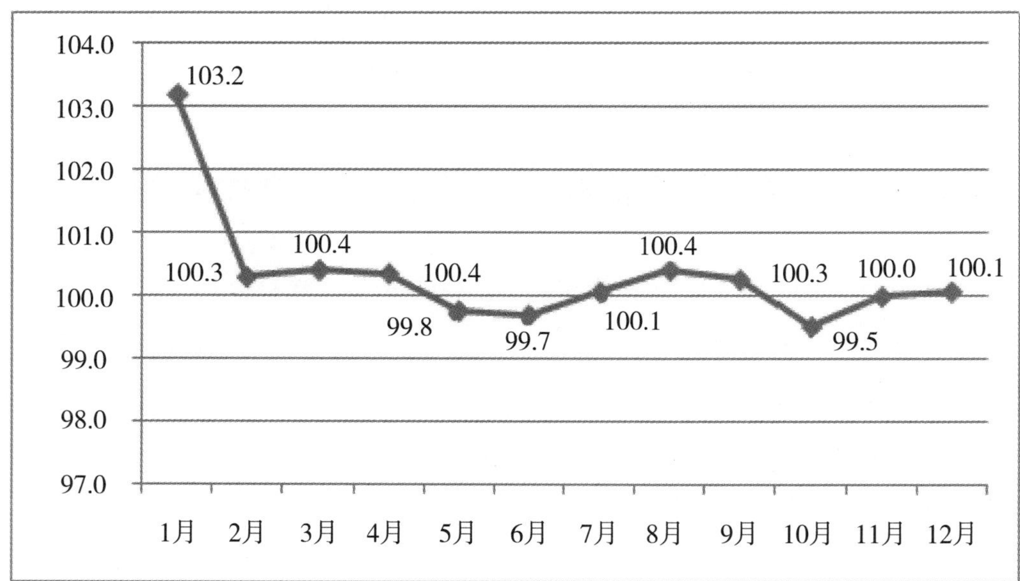

二、主要商品及服务价格走势与特点

（一）食品类价格影响程度居首位

食品类价格上涨5.2%，对居民消费价格总水平变动的影响程度约56.3%，在各类商品和服务中居第一位。其中与居民生活息息相关的主副食品价格多数上涨，如：粮食价格上涨3.8%、食用植物油上涨9.9%、牛肉上涨37.8%、羊肉上涨26.1%、禽上涨3.5%、水产品上涨4.9%、鲜菜上涨19.0%、糖上涨3.9%、液体乳及乳制品上涨3.3%、在外用膳食品上涨8.3%；猪肉、鲜蛋和鲜瓜果价格则分别下降4.8%、3.1%和1.9%。具体来看，主要是以下几类食品价格影响食品类价格变动。

1.鲜菜价格高位运行。受异常天气多以及人工费、化肥费、农药费、排灌费等生产和运输成本上涨影响，2012年广西鲜菜价格涨多跌少，有7个月出现不同程度环比上涨，其中1月和3月分别环比上涨16.0%和10.7%，拉高了今年以来的整体价格价位。全年鲜菜比上年上涨19.0%，影响居民消费价格总水平上涨0.6个百分点，影响程度为18.8%。

2.猪肉价跌牛羊肉价猛涨。受生猪生产周期性波动影响，2012年3−5月肉类价格连续三个月环比大幅下降，虽后期小幅反弹，但全年价格仍比上年下降4.8%。与此相反，前几年稳中趋升的牛肉和羊肉价格受供应量减少、养殖成本高及需求不断增长的影响，分别比上年上涨37.8%和26.4%，涨幅为近年来最高水平。

3.在外用膳食品、调味品、食糖等副食品价格涨势依然。其中在外用膳食品价格上涨8.3%，糖类价格上涨3.9%，茶叶及饮料价格上涨3.8%，糕点饼干面包价格上涨4.1%、液体乳及乳制品价格上涨3.3%。原材料价格上涨及生产成本增加是主要原因。

4.粮、油类价格稳中趋升。受国家多次上调粮食收购价格及国际粮油价格高位运行影响，粮食、油脂类价格继续保持稳中趋升的运行态势，全区粮食价格比上年上涨3.8%，油脂价格上涨8.2%

5.水产品价格继续上涨。受养殖及捕捞成本增加影响，水产品价格在前两年以两位数幅度上涨的基础上继续上扬，比上年上涨4.9%。

（二）服务项目价格涨幅较大

受政策性因素及劳动力成本上涨拉动影

响，全区服务项目价格上涨2.6%，比2011年涨幅高0.7个百分点。调查的58种基本分类中，价格上涨的有52种。其中家庭服务价格上涨12.1%，衣着加工服务费上涨9.5%，个人服务上涨5.6%，城市间交通费上涨4.3%，学前教育上涨11.0%，文娱费上涨8.6%，旅游价格上涨2.8%，水、电、燃料价格上涨8.2%。

（三）工业品价格涨多跌少

受原材料及劳动力价格上涨影响，工业品价格比上年上涨1.9%，涨幅与上年持平。其中，酒类价格上涨5.5%，衣着价格上涨3.6%，家具价格上涨2.4%，清洁类化妆品上涨3.9%，文化娱乐用品类价格上涨3.7%，汽油和柴油价格分别上涨2.8%和3.1%，中药材及中成药上涨3.4%。技术革新加快导致电子产品价格下降明显。其中，通信工具价格下降9.2%，文娱耐用消费品价格下降5.5%，家庭设备价格下降0.7%。

三、影响物价上涨的因素分析

（一）新涨价因素左右物价上涨幅度

据测算，在2012年广西居民消费价格3.2%的涨幅中，新涨价因素为4.0个百分点，2011年价格滞后影响幅度为-0.8百分点（即翘尾因素），新涨价因素基本左右了物价上涨幅度。

（二）政策性商品价格对CPI影响较大

一是2011年受调控商品和服务的价格在2012年恢复性上涨，形成比较大的新涨价因素。2011年，为减轻物价上涨压力，广西各级政府连续出台物价调控措施，包括推出平价粮油、猪肉，降低100多项医疗检查费、景点门票、有线电视初装费，月租费，公房房租、液化石油气和减收污水处理费和丰水期电价延长等。1—2月份这些措施陆续结束，受此影响，1月、2月居民消费价格环比出现较大幅度上涨。据测算，2011年物价调控滞后影响对今年形成约1.0个百分点的新涨价因素。二是2012年部分政策性商品调价推高价格水平。如污水处理费大幅上涨、阶梯电价实施导致电价上涨，以及学前教育费用大幅上涨等。

（三）成本上涨对价格的推动作用明显

1.流通环节成本上涨影响明显。当前，商品成本在总成本中占很大比重，在鲜活农产品成本中最为明显。主要表现在：一是农产品远距离运输消耗的成品油及过路费。受国际原油价格高位波动影响，国家2012年8次调整成品油价格，其中4次上调，4次下调，汽、柴油价格在3月份创历史新高。油价上涨致使运输成本增加，助推部分消费品及运输服务项目价格上涨。二是城市房租等不断上涨，增加了农产品的存储和销售费用。三是相关从业人员的人工成本和生活成本也在不断上涨。农产品生产受供需影响会呈现出短期波动，而流通环节的批发商和经销商的经营成本始终是只升不降，也是造成“菜贱伤农，菜贵伤民”的主要原因。2012年全区鲜菜价格比上年上涨19.0%，影响CPI上涨0.6个百分点，成为拉动CPI和食品价格上涨的主要因素。

2.生产要素价格提高推动。一是农业生产资料价格大幅上涨。受能源等资源类产品价格上涨的影响，近年来，化肥、农药等农资价格总体呈上涨态势。农业生产资料价格在承接上年上涨12.2%的基础上，继续上涨3.9%；二是用工成本大幅上涨。随着工业化和城镇化发展进程加快，能源基础性原材料、土地和劳动力资源聚集，劳动力需求不断扩大，用工成本不断攀升。2010年全国有30个省（市、区）提高了劳动者最低工资标准，平均涨幅为22.8%；2011年有24个省（市、区），平均涨幅为22%；2012年2月，广西区人民政府办公厅再次发布《广西壮族自治区人民政府关于调整广西职工最低工资标准的通知》，调整之后，根据类别和适用地区的不同，最低工资增加了125元～180元不等，非全日制职工最低小时工资标准也水涨船高，如南宁市每月最低工资标准提高了22%。

3.资源性产品价格上涨加大生产和生活成本。在资源性产品价格上涨方面，主要是电力、成品油、水的价格上涨。由于2012年国内稳步推进成品油价格、阶梯用电，阶梯用水，污水处理费等改革，相关产品价格出现上涨，据统计，水、电、燃料上涨合计直接影响居民消费价格总水平上涨约0.4个百分点。资源型产品价格上调不但直接影响CPI上涨，对CPI间接影响更为深远，因为能源价格上涨不但增加了商品及服务的生产成本以及流通成本，加大了价格总水平上涨的压力，同时资源型商品价格上涨，容易形成价格上涨的导向和预期，产生滞后的涨价效应。

四、2013年走势判断

纵观当前国内外形势，推动价格上涨的因素依然较多，尤其是食品价格回升，CPI的“猪周期”可能再现，加上全球性宽松的货币政策、未来国际大宗商品价格上涨的风险仍然存在，国内劳动力成本上涨、资源品价格改革带来的资源品价格上升及城镇化导致的土地成本上涨等结构性通胀因素将中长期存在，这些因素将推高物价涨幅，但受限于经济增长放缓，供求关系尚未彻底改观，综合考虑以上各种因素，初步判断2013年物价将延续之前的上行态势。

1-4 2012年广西工业生产者出厂价格调查报告

2012年广西工业生产者出厂价格呈现下降态势

据国家统计局广西调查总队调查，2012年广西工业生产者出厂价格（PPI）较上年下降2.2%，在连续两年上涨后再次下降。2012年广西PPI降幅位列全国第11位，降幅高于全国平均水平0.5个百分点，比云南、贵州、四川、重庆分别高0.1、3.2、0.8和2.1个百分点。

一、PPI总体运行情况

（一）分月看，PPI下降时间长达11个月，四季度降幅有所收窄

分月看，2012年广西工业生产者出厂价格除1月份同比上涨0.2%外，2—12月同比均呈下降走势，分别下降0.8%，1.1%，1.4%，1.4%，2.0%，2.9%，4.2%，4.6%，3.3%，2.7%和2.1%。全年下降月份达11个月，第四季度降幅开始逐渐收窄。

（二）分类看，重工业降幅高于轻工业，生产资料降幅高于生活资料

从轻重工业分类看，轻重工业产品出厂价格双双下降，其中轻工业产品较上年下降1.4%，重工业产品下降2.5%，重工业降幅高轻工业。从生产生活资料分类看，生产资料类产品出厂价格较上年下降2.6%，生活资料类产品出厂价格下降1.0%，生产资料降幅高于生活资料。

（三）分行业看，大类行业下降面较窄，下降行业降幅不大

从大类行业分组来看，广西所调查的35个大类行业中，产品出厂价格较上年下降的行业有13个，下降面为37.1%。13个产品出厂价格下降的行业中仅有一个行业降幅达到两位数。其中，降幅排名前三位的行业分别为黑色金属冶炼及压延加工业下降11.9%，化学原料及化学制品制造业下降7.6%，有色金属冶炼及压延加工业下降7.6%。其余下降的行业降幅均未超过5个百分点。

（四）分部门看，重要工业部门降多涨少

从15个工业部门分类看，广西5个重要工业部门中，电力工业产品出厂价格较上年上涨6.3%，机械工业与上年持平，冶金工业下降9.1%，化学工业下降4.2%，食品工业下降2.5%，呈降多涨少态势。

（五）分购销价格看，出厂价格降幅大于购进价格降幅

2012年广西工业生产者价格继续延续了上年的涨幅“高进低出”状态，2012年广西工业生产者购进价格下降0.8%，降幅比出厂价格少1.4个百分点，购销倒挂已经成为多年来始终困扰广西工业发展的顽疾。

二、部分主要行业产品出厂价格走势情况

（一）食糖价格持续走低

2012年广西制糖类产品出厂价格较上年下降9.7%。除1月份同比上涨1.1%外，2—6月各月同比分别下降1.4%，2.7%，4.9%，5.4%，6.0%。三季度下降速度加快，7、8、9月制糖类产品同比分别下降9.2%，15.4%和18.3%，降

幅扩大到两位数，其中9月份降幅创下2008年9月以来最大降幅。四季度继续低位徘徊，10、11、12月同比分别下降18.2%，16.8%和17.4%。

（二）黑色金属价格降幅达到两位数

2012年广西黑色金属冶炼及压延加工业产品出厂价格下降11.9%，是35个大类行业中唯一降幅达到两位数的行业。1—12月各月同比分别下降2.6%，7.2 %，7.5%，7.3%，9.4%，11.9%，13.5%，17.6%，20.3%，18.4%，13.4%，12.3%，呈现各月全部下降，前三季度同比降幅不断扩大，6月份达到两位数降幅，9月份达到2009年11月以来最高降幅，四季度降幅逐渐收窄的走势。

（三）有色金属价格全面下降

2012年广西有色金属冶炼及压延加工业产品出厂价格下降7.6%，各类有色金属呈现全面下降态势。其中常用有色金属冶炼产品出厂价格下降8.4%，贵金属冶炼产品下降9.2%。常用有色金属矿采选产品下降2.1%。各种常用有色金属冶炼产品中，锡冶炼产品下降17.2%，锑冶炼产品下降15.1%，铜冶炼产品出厂价格下降14.3%，铅锌冶炼产品下降9.6%，铝冶炼产品下降3.2%。

（四）水泥价格先降后升

2012年广西水泥制造产品出厂价格下降10.8%，呈前三季度低位徘徊，四季度快速回升走势。由于房地产投资减少，市场需求萎靡，2012年前三季度水泥价格出现大幅度下降，1—9月各月广西水泥制造产品出厂价格同比分别下降10.5%，13.4%，10.7%，8.6%，11.8%，12.7%，12.4%，18.7%，20.5%，除4月份外其余各月同比降幅均达到两位数，9月份降幅达到20个百分点。四季度随着基建项目加快推进，旺季到来使水泥价格快速回升，10、11月降幅快速缩小，同比分别下降8.6%，1.6%；12月实现由降转升，同比上涨2.3%。

三、影响PPI运行的主要因素

（一）国际因素影响

1.世界经济复苏缓慢与反复导致外需萎缩，影响工业品价格下降。由于2012年欧洲债务危机不断恶化，美日两国经济复苏乏力，外需大幅减少。一方面直接导致广西出口增速放缓，工业品外销困难，企业为促进外销或转为内销争取国内市场而不得不下调产品价格。另一方面国内下游产业出口困难生产减少也使得广西中上游产品销售不畅，价格降低。

2.国际市场工业品价格联动使广西工业品价格下降。随着世界经济一体化的深化和国内市场逐步开放，国内各类大宗商品价格走势与国际市场的联系日渐紧密，价格联动效应十分明显，受全球供求因素的影响越来越大。由于国际工业品市场萎靡价格下跌，2012年广西的有色金属、钢材、食糖和基础化工原材料等产品受此影响也随之下降。

（二）国内经济因素影响

全球经济开始衰退的大背景下，我国出口大幅度减少，固定资产投资中最重要的部分之一房地产投资也由于政策调控影响大大减少，在内需消费不可能迅速增长的情况下，经济增速不可避免的有所放缓。国内制造业受到世界经济衰退的影响尤为严重，导致工业品市场低迷，市场竞争激烈产品价格不断下降。

（三）区内因素影响

1.区内经济放缓。一是广西固定资产投资增速放缓影响钢材、水泥、有色金属等主要基建材料需求，价格下降。二是工业增速放缓，工业品的生产和消耗减少，市场活跃度降低，企业产品库存积压，资金压力增大，产品价格下调。

2.产品定价权缺失。广西作为全国重要的食糖、有色金属和钢材生产基地，产量占全国比重份额较大，但是由于销售市场建设滞后，这些产品的集中交易市场大多没有落在广西区内而是分布在郑州、上海等的工业品交易中心，价格受到国内外期货市场的影响严重。如食糖价格主要由郑糖交易中心价格决定，有的有色金属销售价格甚至直接以上海有色金属交易网价格为准。企业在产品销售定价方面没有主导权，对于外部降价压力抵抗承受能力微弱，当产品定价低于成本时，只能采取减产、停产，惜售囤积等措施应对。

3.重要行业产品价格下降。广西产业结构主要以矿产、能源、黑色金属、有色金属和食糖等工业原料或中间产品为主，这些产品价格变动对广西PPI影响重大。2012年农副食品加工业，黑色金属冶炼及压延加工业，有色金属冶炼及压延加工业，化学原料及化学制品制造业四大主要行业产品出厂价格下降共拉动总指数下降达3.1个百分点，是广西PPI在多数行业上涨的情况下仍然总水平下降的重要原因之一。

4.原材料价格下降拉动产品出厂价格下降。2012年广西工业生产者购进价格下降0.8%，9大类原材料除燃料、动力类和农副产品类价格上涨外，其余7大类价格均呈下降走势。成本下降因素对产品出厂价格下降起到了拉动作用。

四、2013年广西PPI走势分析

从国际方面看，在采取一系列应对措施后，欧洲债务危机的恶化趋势得到了遏止，欧盟经济有可能有所好转。美国在“财政悬崖”问题暂时解决后，市场信心得以增强，经济加快复苏。此外，2012年四季度开始美日等多国接连推出货币宽松政策，对经济复苏起到了一定的作用。

从国内方面看，2012年下半年国家发改委加快了各地项目审批速度，连续保持较高的项目批复数量。基建项目加码，各地项目加快推进的刺激作用已经在2012年四季度显现，GDP连续七个季度下滑的走势终结。

从广西的情况看，2012年广西PPI降幅不是很大，四季度降幅开始缩小，且多数行业产品较上年仍是上涨走势。如，四季度钢材、水泥价格回升明显，预计2013年将从2012年的低位徘徊转为上涨态势。食糖价格由于新榨季继续高产，预计2013年上半年仍将处于下降走势，下半年走势取决于2013/2014榨季产量情况。有色金属价格走势很大程度决取于世界经济走势的变化，受国际市场影响较大。

总体来说，2013年在国际国内经济均有望向好的形势下，广西PPI预计将恢复上涨，上涨幅度则取决于经济恢复程度和重要产品需求回升状况。

1-5 2012年广西工业生产者购进价格调查报告

2012年广西工业生产者购进价格持续下行

受欧债危机和世界经济增速放缓影响，2012年我国经济发展面临诸多困难，经济增长速度放缓，需求不足导致广西工业生产者购进价格结束持续两年的上涨局面，从一季度开始持续下跌，全年比上年下降0.8%。

一、总体运行情况

（一）各月同比持续下行，环比小幅波动

各月同比持续下行。1、2月份同比分别上涨2.0%、0.8%，购进价格虽然上涨，但涨幅逐渐回落。自3月份开始，价格指数步入下降区间，连续10个月处于下行通道，3—12月各月分别下降0.3%、1.2%、0.6%、0.5%、1.1%、1.7%、2.0%、1.5%、1.9%、1.9%。

月度环比呈小幅波动态势。1、2月份环比分别下降0.1%、0.2%，3—4月持平，5—9月各月分别下降：0.4%、0.5%、0.5%、0.3%、0.2%。10月份后，随着经济运行的逐步企稳，环比价格缓慢回升，10、11、12月分别上涨0.1%、0.1%、0.1%。具体如表1：

表1 2012年广西工业生产者购进价格总指数走势图

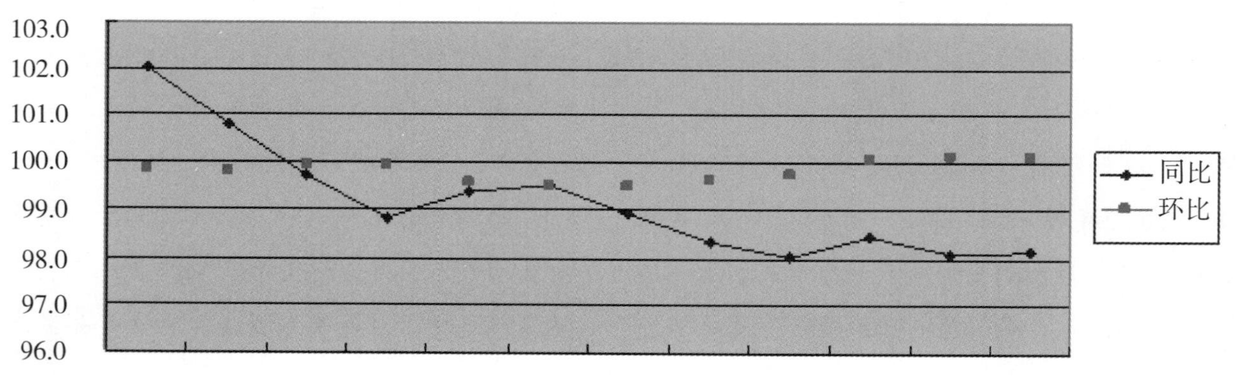

（二）九大类购进价格“2升7降”

调查的九大类原材料中，只有2个大类购进价格上升，其余7个大类下降。其中，燃料、动力类上涨4.0%，农副产品类上涨1.3%；黑色金属材料类下降4.8%、有色金属材料及电线类下降4.8%、化工原料类下降1.7%、木材及纸浆类下降2.5%、建筑材料及非金属类下降1.7%、其它工业原材料及半成品类下降1.5%、纺织原料类下降7.9%。具体情况见表2：

（三）近六成行业大类购进价格下跌

调查的39个行业大类中，购进价格上涨的有14个，持平的有2个，下降的有23个，下降面达59%，与2011年相比扩大51.3个百分点。降幅较大的行业大类有：农、林、牧、渔服务业、化学纤维制造业、黑色金属矿采选业、渔业，降幅达两位数，分别比上年下降19.1%、

表2　2012年工业生产者购进价格变动情况

项目名称	2011年	2012年	涨幅回落幅度
总指数（IPI）	10.0	-0.8	10.8
燃料、动力类	5.5	4.0	1.5
黑色金属材料类	7.7	-4.8	12.5
有色金属材料及电线类	14.5	-4.8	19.3
化工原料类	16.5	-1.7	18.2
木材及纸浆类	8.6	-2.5	11.2
建筑材料及非金属类	9.5	-1.7	11.2
其它工业原材料及半成品类	7.0	-1.5	8.5
农副产品类	15.9	1.3	14.6
纺织原料类	19.5	-7.9	27.3

15.1%、10.7%、10.0%；饮料制造业、废弃资源和废旧材料回收加工业、纺织业、电气机械及器材制造业、造纸及纸制品业、林业、有色金属冶炼及压延加工业、金属制品业，分别比上年下降9.3%、8.2%、7.9%、7.8%、7.0%、5.8%、5.7%、5.7%。

（四）价格降幅小于全国平均水平

2012年广西工业生产者购进价格下降幅度小于全国平均水平1个百分点，排在全国第18位，比降幅最大的省份少4.5个百分点。

二、主要产品购进价格呈下降态势

（一）铁矿石和钢材价格全面下跌

受全球经济不景气和国家房地产调控政策影响，钢材市场需求疲软，加之产能过剩，钢材价格持续下跌，作为原材料的铁矿石价格也有所下降。2012年铁矿石购进价格比上年下降13.6%，其中9月份跌幅最大，同比下降37.5%。受铁矿石价格下跌和产能过剩影响，2012年钢材购进价格比上年下降3.6%。主要产品中，下降幅度最大的产品有：厚钢板、热轧薄宽钢带、线材（盘条）、中板、合金钢钢坯，分别比上年下降9.2%、9.1%、8.0%、7.2%、7.2%。分月看，与上年相比，1—2月各月分别上涨2.1%和0.5%，从3月份开始价格持续下降，且降幅不断扩大，3—12月各月分别下降：0.6%、1.2%、2.0%、3.0%、4.1%、5.7%、7.7%、7.7%、7.1%、6.0%。

（二）有色金属产品价格持续下跌

由于产能过剩和下游消费需求不足，2012年有色金属矿采选业产品购进价格高开低走，持续下跌，全年比上年下降3.7%，其中铅矿、锌矿和锡矿购进价格分别下降3.4%、15.6%和17.6%。分月看呈V字型走势，1—3月购进价格同比上涨，涨幅逐月缩小，4月份开始由升转降，降幅不断扩大，8月份触底后开始缓慢回升，降幅逐月收窄。有色金属冶炼及压延加工业产品从年初开始持续下跌，全年下降5.7%，其中常用有色金属粗铜、铅、商品粗锌、钴、锡、锑购进价格分别比上年下降21.4%、4.0%、9.8%、13.5%、3.8%、16.3%。

（三）水泥价格波动下降，低位徘徊

由于经济增速减慢，固定资产投资增

速放缓，2012年广西水泥购进价格比上年下降7.9%。从主要产品看，强度等级水泥下降6.8%，通用硅酸盐水泥下降13.3%，硅酸盐水泥熟料下降19.4%。分月看，与上年相比呈波动下降走势，1—4月各月分别下降10.4%、11.0%、2.1%、0.2%，降幅逐月缩小。从5月份开始价格继续下行，降幅持续扩大，5—9月各月分别下降3.3%、6.0%、7.3%、13.6%、14.6%。随着四季度经济逐步回暖，水泥价格也企稳回升，10—12月各月分别下降10.7%、7.1%、7.0%，降幅逐渐缩小。

（四）松香、松节油价格下降幅度大

由于松香及松节油等林产化学产品市场需求疲软，从2011年四季度开始价格大幅下跌。2012年广西松香及松节油购进价格下降幅度大，但回升势头迅猛，全年降幅分别达35.0%和33.8%。松香1—12月各月购进价格同比分别下降46.6%、44.7%、46.3%、44.8%、42.1%、36.0%、36.3%、30.2%、29.2%、16.0%、3.4%、0.7%，降幅逐步缩小。松节油1—11月各月购进价格同比分别下降45.3%、45.4%、41.7%、44.0%、43.9%、37.2%、33.9%、34.5%、26.2%、18.7%、3.6%，12月止跌回升，同比上涨7.2%。

（五）食糖价格持续低迷

由于2011/2012榨季全球食糖增产，而需求相对萎缩，导致全球食糖市场供给过剩，国际糖价下行。受国内增产和国际糖价低迷的双重挤压，国内食糖价格持续下跌。2012年广西食糖购进价格比上年下降6.5%。分月看，与上年相比，1月上涨0.6%，从2月开始由升转降，结束了自2009年5月以来持续上涨的局面，价格持续下跌，2—12月各月分别下降2.1%、4.6%、1.9%、5.6%、5.7%、7.1%、9.5%、10.7%、10.5%、9.8%、9.6%。

三、影响价格变动的主要因素

（一）国际大宗商品价格下降

2012年，国际金融危机和欧债危机的影响仍在持续，全球经济低迷，国际市场工业品价格弱势运行，大宗商品价格跌多升少，焦炭、铁矿石、钢铁、有色金属等主要工业品价格大幅下跌。随着全球经济一体化的深入，国际市场中的波动对国内市场和PPI价格变动的影响作用越来越明显，随着国际大宗商品价格下降，国内相关产品价格也随之下降。

（二）经济增速放缓

从国内看，受美国经济增长乏力，欧洲债务危机继续恶化的影响，新兴市场国家经济减速，导致我国出口增速大幅回落。2012年全年国际贸易进出口总额增长6.2%，增速比上年回落16.3个百分点；国内生产总值比上年增长7.8%，增速比上年回落1.4个百分点。经济增速放缓，影响工业产品需求，工业生产者购进价格下降。

从广西看，投资增速回落，2012年前三季度全区固定资产投资同比增长25.9%，增速比上年回落2.7个百分点。其中，房地产开发投资同比增长2.8%，比上年同期回落26.6个百分点。固定资产投资增速放缓使钢材、水泥、有色金属等主要基建材料需求减少，价格下降。

（三）国家宏观调控政策的影响

2012年国家继续从严强化对房地产的政策调控，对广西工业生产者购进价格下跌的影响大而深远，同时随着家电汽车消费的优惠政策在年初取消，以及国家加大了对高能耗企业进行关停并转，整个经济处于深度调整阶段，投资需求下降，工业品价格回落。

（四）市场需求明显不足

从国际市场需求看，大宗商品采购大幅减少，而且初级产品采购地向成本更低廉的东南亚转移。从国内市场需求看，经济增速明显放缓，且下行压力增大，经济的不确定性导致市场需求也在下降。同时由于产业结构不合理，前两年的高增长使部分行业和企业产能过度扩张，库存维持在较高水平，供大于求。在市场需求不足和高库存的双重压力下，为了消化库存，企业只能降价出售，价格下跌。

四、2013年走势分析

2013年，受全球经济趋稳回升以及流动性宽松影响，国际需求有望增加，国际大宗商品价格可能将会上行，铁矿石、钢材、有色金属等主要工业品价格也会随之上升。同时我国在稳增长政策以及政府换届效应的带动下，经济呈企稳回升态势，国内生产需求将缓慢回升，工业生产和需求也逐步复苏，将推动企业回补原材料库存和增加需求，加上制造业去库存接近尾声，企业库存优化进程加快，市场供需矛盾得到缓解。随着经济企稳回升，工业品价格将呈回升态势，但经济复苏还不够稳固，决定了价格存在波动性，预计2013年工业生产者购进价格将缓慢波动回升。

1-6 2012年广西农产品生产价格调查报告

2012年广西农产品者价格变动情况分析

据广西调查总队对全区35个市、县（市、区）内739个农产品生产者单位（大户）和普通农户的调查，2012年广西农产品生产者价格呈持平略降的态势，全年农产品生产者价格总指数为99.36，比上年下降0.64%；分季度看，第1—4季度指数分别为107.21、102.89、100.34和94.86，呈逐季回落的态势。

一、2012年农产品生产价格变动特点

（一）农业产品价格“两跌八涨”

2012年广西农业（种植业，下同）产品生产者价格指数为107.16，比上年上涨7.16%。分品种看，农业产品价格跌少涨多，在调查的10个农业产品类别呈“两跌八涨”的态势，除了薯类、油料价格分别下降10.61%和0.47%外，谷物、豆类、生麻、糖料、未加工烟叶、蔬菜及食用菌、水果及坚果、茶及饮料原料分别上涨2.36%、3.51%、14.82%、4.72%、16.58%、15.88%、10.79%和2.70%。

2012年粮食（谷物）价格总体上涨，分季度看，第1—2季度谷物价格指数分别为110.05、107.44，涨幅逐季收窄，第三季度指数为 99.52，比上年下跌0.48%，第四季度价格指数为101.84，同比上涨1.84%，比上一季度略有反弹。总体看，谷物价格比上年上涨2.36%，其中：稻谷、玉米价格分别上涨1.61%和4.6%。

（二）林业产品价格“冬春涨，夏秋跌”

2012年广西林业产品生产者价格指数为99.39，比上年下跌0.61%，其中：木材采伐产品和林产品分别下跌0.57%和26.96%，竹材采伐产品上涨4.80%。分季度看，第1—4季度林业产品价格指数分别为106.97、97.50、94.26、103.29，第一、第四季度分别上涨6.97%和3.29%，第二、第三季度下跌2.5%和5.74%，呈“冬春涨，夏秋跌”的态势。

（三）牧业产品价格跌幅较大

2012年广西牧业产品生产者价格指数为92.46，比上年下跌7.54%。其中活牲畜和畜禽产品分别下跌9.14%和2.06%，活家禽上涨7.03%。分季度看，第1—4季度牧业产品价格指数分别为110.76、88.08、96.56、90.10，除今年第一季度价格上涨10.76%外，第2—4季度的价格均呈下跌的趋势，下跌幅度分别为11.92%、3.44%和9.90%。

受上年猪价高、效益好等原因的影响，2012年养殖户养猪积极性较高，生猪生产发展势头较好，与上年比，猪肉供应紧张、价格居高的状况得到有效缓解，市场猪肉供应充足，猪价大幅下滑，据调查，2012年猪价同比下跌9.19%；分季度看，第1—4季度猪价指数分别为112.9、87.32、94.80、85.36，猪价在春节过后，呈大幅下跌的趋势。

山羊、活鸡、活鸭的价格则呈上涨的趋势，据调查，2012年这三类畜禽价格分别上涨25.26%、6.80%和7.78%，其中山羊的价格同比增幅较大，主要原因是山羊饲养周期长，货源有限，加上地方美食节的举办助推了山羊价格。

（四）渔业产品价格小幅下跌

2012年广西渔业产品生产者价格指数为97.65，比上年下跌2.35%。其中淡水养殖产品和淡水捕捞产品分别下跌4.11%和0.22%，海水捕捞产品则上涨4.25%。

二、农产品价格变动的主要原因

（一）大宗农产品获得好收成

2012年广西各地认真贯彻落实中央和自治区强农惠农政策，采取有力措施，狠抓农业生产，加上气象气候等各种自然条件好于上年，农民种养积极性高，绝大部分农产品获得丰收，粮食、生猪、糖料蔗、水产品、水果等大宗农产品产量增加，市场供给充足，价格回落。

（二）小生产与大市场的矛盾突出

目前，我国农业生产仍以分散经营为主，小农户与大市场矛盾突出，市场对接面临诸多困难，受利益驱动，农产品价格上涨时农户会盲目扩大规模，价格走低时又一轰而散，农产品生产波动较大，价格急剧波动。如受上年猪价大涨、养猪效益好原因的影响，今年养殖户扩大规模，大量补栏，导致2012年生猪出栏量大增，猪肉产量多，猪价下跌在所难免。

三、应对农产品价格波动的几点建议

（一）加强对农业生产的宏观调控

农产品是市场上供求关系最不稳定、价格波动最大的产品，大宗农产品价格的大幅波动将威胁宏观经济的稳定运行。近年来，农产品总体价格呈上涨趋势，是农民收入增加的主要原因，但是农产品价格的频繁波动，对农业平稳较快发展带来不利的影响；如近年来生猪、水果、蔬菜价格上演的“过山车”行情，对农业生产带来较大的冲击，“一哄而上，一轰而散”、“卖难”、“增产不增收”等现象时常发生，一些没有经验、缺乏市场风险判断的农户，经济损失惨重，影响了正常的农业生产。因此，在农业尚未普遍实现产业化经营的条件下，政府应加强对农业生产的调控，特别是要加强对与人民生活密切相关，对宏观经济平稳运行影响较大的大宗农产品生产供应的调控。大力改善农业生产的基础条件，在抓好粮食、生猪、家禽、糖料蔗、水果、蔬菜等农产品的生产的同时，做好引导，做好生产和消费的监测预警，建立健全农产品产业链，做好农产品产区和销区的有效对接，确实解决农产品在增产年份出现的“卖难”问题，避免农产品滞销在田间地头，确保这些关系国计民生农产品的供求基本平衡，从根本上破解农产品价格大起大落现象，稳定农产品价格。

（二）完善农产品价格调控机制

完善农产品市场调控体系，稳步提高粮食最低收购价，改善其他主要农产品价格保护办法，充实主要农产品储备，优化农产品进出口和吞吐调节机制，保持农产品价格合理，理顺比价关系，充分发挥市场价格对增产增收的促进作用，有效地保护农民利益，确保农产品供应的稳定有序。

（三）加大支农投入力度

继续增加财政支农投入，加大涉农补贴力度，扩大补贴范围，提高补贴标准，完善补贴方式。建立农资价格上涨与对农民补贴挂钩机制，保护和调动农民生产积极性。

（四）加快农业的现代化发展

分散经营的传统农业，是市场竞争的弱者，农业只有实现规模性的经营，市场化的运作才能有效应对市场变化，要积极探索发展广西现代农业的可行途径，大力发展规模经营，加快农业产业化的发展。

1-7 2012年广西规模以下工业调查报告

2012年广西规模以下工业发展趋稳

2012年，广西规模以下工业企业积极应对国内外需求放缓、库存增加等带来的严峻挑战，依托国家和自治区各级政府出台的一系列利好政策，主动调整发展策略，增强自身造血功能，全区规模以下工业发展趋稳。但受用工成本上升、资金拖欠严重、政策受惠面低等影响，规模以下工业企业生产经营仍存诸多困难，发展基础仍需进一步巩固。

一、规模以下工业生产运行主要特征

1.生产逐步趋稳。从全年走势看，一季度，受国内经济下行压力以及区内龙江河镉污染事件影响，小微企业特别是涉重金属企业关停增多。随着自治区强化环境倒逼机制，加上各级政府出台的各项壮小扶微政策的逐步发力，从二季度开始规模以下工业发展企稳，四季度增速加快。全年规模以下工业增加值可比价增速为5.2%，比上半年和前三季度均加快0.9个百分点，比一季度加快1.6个百分点。从个体现价发展速度看，1—12月增速最高，达5.9%，分别比1—3月、1—6月和1—9月提高2.7、1.3和2.4个百分点。

2.企业盈利面逐季扩大。2012年全区规模以下工业企业主营业务收入比上年增长6.6%，增速比前三季度提高1.8个百分点。实现营业利润27.6亿元，比上年增长10.95%。企业盈利面达到85.7%，较1—3月、1—6月和1—9月分别提高0.2、0.8和1.2个百分点，较上年同期扩大2.2个百分点。

3.企业税收负担减轻。随着国家和自治区出台的各项扶持小微企业的金融财税政策逐步落实，2012年规模以下工业企业缴纳税金总额比上年减少19.88%；缴纳税金占主营业务收入的比重为3.86%，比上年下降1.28个百分点。

4.出口形势好转，降幅收窄。受外需不足影响，出口仍较疲软，2012年出口产品销售收入比上年下降27.05%，但形势有所好转，降幅不断收窄，比1—3月、1—6月和1—9月分别缩小8.3、7.9和4.3个百分点。

5.部分行业经营回暖。一是水力发电行业收入增长。据测算，2012年全区规模以下水力发电行业主营业务收入比上年增长35.9%。以全州县为例，调查的25家水电企业主营业务收入比上年增长43.6%，全部实现盈利。主要是2012年雨水充足，产能大幅提升，同时政府政策性调价有利于企业收入增加。二是水的生产和供应业收入增长。据测算，2012年水的生产和供应业主营业务收入增长33.7%。主要是气候条件较好，水资源有保证，同时水价提升，水厂收益较好。如象州县水价增长了20%，供水企业营业利润大幅增加；防城港市群峰水利有限公司将工业用水价格由0.3元/立方提高到0.85元/立方，企业营业利润首次扭亏为盈。

二、四大突出因素制约

（一）用工成本攀高

问卷调查结果显示，有40.6%的被调查企业表示“用工成本上升快”是当前面临的最突出

问题，在几类问题中居首。主要是职工薪酬上升所致，据调查，2012年全区规模以下工业企业应付职工人均薪酬比上年上涨3.5%。虽然小微企业工资待遇有不同程度提高，但招工仍较困难。有18.5%的企业表示“招工难”是当前企业面临的最突出问题，9.7%的被调查企业四季度有招工需求但没招到所需员工。部分对技术性要求较高的企业一线工人缺口达40%以上，小微企业因招工不足或技术人员、熟练工人流失只好压缩生产规模，有的企业新购进的设备不能正常使用，只能高薪聘请专业技术人员，加重了企业负担。

（二）政策受惠面窄

近年来，国家和自治区各级政府相继出台一系列支持小微企业发展的财税、金融政策，但是部分地区在落实政策措施方面办法不多，执行不力而导致小微企业享受相关优惠扶持政策比率偏低。据对547家小微工业企业调查，仅有11.7%的企业享受到减半征收企业所得税政策，有2.7%的企业曾得到“国家中小企业发展基金”的支持。特别是有色金属行业，虽然2012年自治区出台环境倒逼机制推动产业转型升级，但涉重金属小微企业由于自身规模小、资金条件弱、整改不达标，不仅难以享受扶持政策，还陷入关停并转境地，有的企业全年仅生产1个月，大部分无法复工，导致有色金属行业生产大幅下滑。其中，有色金属矿采选业、有色金属冶炼和压延加工业主营业务收入比上年分别下降39.2%和34%。此外，黑色金属冶炼和压延加工业、黑色金属矿采选业的主营业务收入降幅也均在10%以上。

（三）融资难较突出

当前小微企业仍存在不同程度的贷款难问题，有14.08%的被调查企业反映融资难是当前面临的最突出问题。在调查的547家企业中，有39.85%的企业有借款需求，其中：有5.5%的企业能全部借到所需款项，17.89%的企业大部分借到，19.72%的企业借到少部分，仍有56.88%的企业没能借到。大部分企业通过银行融资，部分企业由于担保能力不足、手续繁琐等原因选择民间借款融资，民间借款成本不断上升。据贵港反映，2012年民间借款利息大多维持在月息4%左右，与上年的月息2%相比上涨了一倍，企业难以承担；小部分企业从银行获得资金，也要支付一定的手续费和人情费，借款费用也比其他企业要高得多，有的企业由于借款利息过高，所获利润不够支付利息，被迫关闭。

（四）资金紧张拖欠加重

资金紧缺问题一直都是小微企业的难题，企业生产投资、发放工资、扩大生产规模都需要大量周转资金。问卷调查显示，虽然有57.4%的被调查企业2012年四季度流动资金基本正常，但仍有28.3%的企业流动资金“紧张”，12.4%的企业流动资金“很紧张”，而表示“资金宽裕”的企业仅占1.8%。因流动资金偏紧问题的大范围存在，小微企业间互相拖欠资金问题更加突出。据测算，2012年全区规模以下工业企业应收账款高达48.6亿元，比上年上涨21.6%，比前三季度提高8.6个百分点。主要是市场需求不足，订单额减少，产品销售受阻，资金流转困难。据测算，2012年规模以下工业企业期末剩余订单额比上年下降11.36%。由于需求不足，产品积压严重，企业产品出厂价格不断下降，但人工成本、财务等运营成本却不断上升，企业利润空间受到进一步挤压，部分企业甚至因此亏损。

三、企业对下季的预期判断

据对547家规模以下工业样本企业的问卷调

查，针对2012年四季度综合经营状况，75.9%的企业认为企业生产经营正常。从企业对2013年一季度生产增速的预期看，9.7%的企业预计生产增速将加快，62.2%的企业预计持平，28.1%的企业预计减缓。

四、几点建议

（一）加大扶持政策落实力度

近年来，虽然各级政府出台了一系列扶持小微企业发展的政策措施，但政策效果还未发挥显著作用，与企业的期盼还有一定差距，因此应加大政策落实的力度。一是加大政策宣传的深度和广度，提高宣传效率，使小微企业能够及时充分了解政策、利用政策；二是进一步细化扶持政策的实施细则和配套措施，增强基层部门政策操作水平；三是加大对政策落实情况的检查力度，提高行政效率。

（二）缓解企业流动资金缺口

应积极引导企业通过银行借贷、民间借贷、自筹资金等多渠道解决流动资金缺口；构建金融机构与小微企业的沟通平台，多给予企业指导性意见，降低企业融资风险；引导企业主动参与中小企业信用体系建设，不断增强自身信用意识，规范财务制度，加大信息披露力度，增强还贷能力，融洽银企关系，改变企业融资困局。

（三）推动企业结构调整

目前广西小微工业企业技术水平、生产设备比较落后，多数企业至今还停留在小作坊的生产阶段，产品的技术含量低，附加值低，市场竞争力不强，抗风险能力弱等自身不足已经迫使小微企业不得不转型升级、提高核心竞争力。因此，要大力支持和扶持小微企业技术改造，提高小微企业自主创新能力，鼓励中小企业走“专、精、特、新”发展路子，加快企业的技术改造与设备更新，增强企业发展后劲，提高市场核心竞争能力。

（四）合力化解企业招工难题

一是坚持科学化管理，规范用工行为。应出台相关政策，深入推进户籍制度改革，清除农民工进城务工的体制、政策性障碍，杜绝身份歧视，使农民工在医保、子女入学入托等方面与城镇居民享受同等待遇。二是进一步规范企业管理，积极构建和谐稳定的企业劳动关系。依法保障职工的合法权益，提高职工福利待遇水平，为职工提供良好工作环境，创造良好的生活娱乐环境；加强企业文化建设，增强企业凝聚力，使企业长期健康发展。三是要利用春节农民工返乡高峰举办形式多样的招聘活动，为用工企业和求职者搭建供需交流平台；对用工需求量大的新项目，帮助企业组织专场招聘会或赴外地招聘。

1-8 2012年广西粮食生产调查报告

2012年广西粮食总产量增长3.85%

2012年，在自治区党委和政府的领导下，全区各级围绕粮食安全战略，采取各项有力有效措施狠抓粮食生产，全年粮食生产取得了总产量增长3.85%，单产再创历史新高的好成绩。

一、全年粮食生产形势喜人

（一）粮食总产量增长3.85%

2012年，广西全年粮食总产量达到1484.9万吨，比上年增加55万吨，增长3.85%；其中稻谷总产量为1142万吨，比上年增加57.9万吨，增长5.34%，玉米总产量为250.6万吨，比上年增加5.88万吨，增长2.40%。

（二）粮食单产再创历史新高

根据广西主要粮食品种早稻、中稻、晚稻、玉米单产放样实测调查和其余粮食作物产量现场实地非实测调查结果，2012年广西粮食平均亩产为每公顷4838.2千克，比上年增加184.7千克，增长3.97%。广西粮食平均亩产是1949年以来的最高水平。

（三）粮食播种面积基本稳定

2012年广西粮食播种面积为3069.1千公顷，比上年减少3.8千公顷，减少0.12%。其中稻谷、豆类播种面积减少，稻谷播种面积为2057.6千公顷，比上年减少21.0千公顷，减少1.01%，豆类播种面积为154.5千公顷，比上年减少14.3千公顷，减少8.47%；但玉米、薯类播种面积增长，玉米播种面积为580.5千公顷，比上年增加14.6千公顷，增长2.58%，薯类播种面积为255.9千公顷，比上年增加17.6千公顷，增长7.39%。

（四）夏粮早稻秋粮产量全面增长

1.夏收粮食总产量增长7.1%。据夏收粮食产量调查结果，2012年广西夏收粮食总产量为29万吨，比上年增加1.92万吨，增长7.1%。夏粮产量增长的根本原因是由于播种面积增长，据播种面积调查结果，2012年夏粮作物播种面积增长9.77%。

2.早稻产量增长2.73%。据早稻实测调查推算，2012年广西早稻总产量为544.9万吨，比上年增加14.5万吨，增长2.73%，早稻产量增长的根本原因是早稻单产提高，2012年早稻平均亩产为每公顷5860.4千克，比上年增加225.5千克，增长4.0%，由于单产提高而增加的产量约21.2万吨， 2012年早稻平均亩产是2001年以来的最高水平。

3.秋粮产量增长4.42%。根据秋粮实测作物实割实测调查和秋粮非实测作物产量现场实地调查推算汇总，2012年广西秋粮总产量为911.0万吨，比上年增加38.6万吨，增长4.42%；秋粮平均亩产为每公顷4457.5千克，比上年增加190.4千克，增长4.46%，秋粮总产量增长的根本原因是秋粮单产提高，由于单产提高而增加的产量约为38.9万吨。

（1）晚稻实测产量。2012年广西晚稻总产量为509.7万吨，比上年增加37.8万吨，增长8.0%。晚稻产量增长的根本原因是晚稻单产在2011年减产7.97%的基础上实现恢复性增长，单产超过2010年水平，再创历史新高，2012年晚稻平均亩产为每公顷5205.0千克，比上年增加420.0千克，增长8.78%，由于单产提高而增加的产量约为41.4万吨，晚稻平均高产创历史最高水平。

（2）中稻实测产量。2012年广西中稻总产量为87.5万吨，比上年增加5.7万吨，增长6.97%。中稻产量增长的根本原因是中稻单产提高，2012年中稻平均亩产为每公顷5881.5千克，比上年增加466.5千克，增长8.61%，由于单产提高而增加的产量约为7.0万吨。

（3）秋收玉米实测产量。2012年广西秋收玉米总产量为247.3万吨，比上年增加4.9万吨，增长2.01%。秋收玉米产量增长的根本原因是由于播种面积增长，据播种面积调查结果，2012年秋收玉米播种面积增加12.3千公顷，增长2.2%。由于播种面积增加而增加的产量约为5.3万吨；秋收玉米平均亩产为每公顷4317千克，比上年下降9.0千克，下降0.21%，由于单产下降而减少的产量约为0.5万吨。详见下表。

2012年粮食产量情况表

	2012年			2012年比2011年增减%		
	播种面积（千公顷）	每公顷产量（千克）	产量（万吨）	播种面积	亩产	产量
全年合计	3069.1	4838.2	1484.9	-0.12	3.98	3.85
一、夏收	95.5	3037.5	29.0	9.77	2.40	7.10
二、早稻	929.8	5860.4	544.9	-1.22	4.00	2.73
三、秋收粮食合计	2043.7	4457.6	911.0	-0.04	4.46	4.42
其中：玉米	572.9	4317.0	247.3	2.20	-0.21	2.01
中稻	148.6	5881.5	87.5	-1.59	8.61	6.97
晚稻	979.2	5205.0	509.7	-0.72	8.78	8.00

（4）其他秋收粮食产量。根据秋粮非实测作物产量现场实地调查数据推算汇总，2012年其他秋粮总产量为67万吨，比2011年减少9.3万吨，减少12.18%。

二、2012年粮食增长的原因分析

（一）加大对粮食生产的支持力度

一是粮食订单直补政策。2012年广西继续执行粮食订单直补政策，粮食直补资金达2亿元；二是农资综合补贴。2012年，中央财政下达广西农资综合直补资金达29.93亿元，实际种植水稻、玉米的农户均享受补贴；三是农机购置补贴。补贴范围覆盖到广西所有县（市、区）和各国有农垦农场；四是良种补贴。早稻、玉米、晚稻每亩补贴均为15元，玉米、小麦每亩补贴10元；五是粮食最低收购价政策。2012年，国家进一步提高粮食最低收购价，每100斤早籼稻、中晚籼稻收购价分别为120元和125元，提高了17.65%和16.82%；六是早稻集中育秧补贴。国家在农业生产救灾资金中安排给广西集中育秧补助专项资金0.15亿元；七是测土配方施肥补贴。广西推广测土配方施肥面积5500万亩，免费为农户进行土壤检测，发放施肥建议卡，提供配方施肥技术指导服务。

（二）依靠科技进步促进粮食单产再创新高

一是“多播一斤种、增收百斤粮”重大示

范工程取得成效。2012年广西大力推进“多播一斤种、增收百斤粮”工程，促进稻谷、玉米等粮食作物合理密植，提高播插质量，保证基本苗，确保有效穗（株）数，有效提高粮食单产。二是以良种工程为突破口，促进谷物单产全面提高。广西狠抓以杂交稻、超级稻为代表的稻谷优良品种和以正大系列、迪卡系列为代表的玉米优良品种的推广和普及，种植比重上升，有效地促进单产全面提高。三是大力示范推广粮食作物良种良法栽培技术。在大力推广高产优质良种的基础，广西着力良种良法，推广免耕抛秧技术，测土配方施肥，水气平衡，实施良种良法，防虫治病防灾减灾等现代粮食生产技术，为单产稳定和进一步提高提供技术保障。四是大力推进粮食高产创建工作，高产创建覆盖面扩大，有效促进单产逐步提高。五是大力推广测土配方施肥技术，有利于粮食单产提高。六是病虫害防控扎实有效，实现了虫口夺粮。

（三）禾苗长势良好

一是晚稻插秧进度总体上快于上年。据农业部门生产进度统计（下同），晚稻插秧进度同比提前7—10天，有利于避过可能出现的寒露风天气，为晚稻单产提高打下基础；二是禾苗长势好于上年。2012年早稻一、二类禾苗面积占早稻总面积的91.5%，比上年提高1.27个百分点；晚稻一、二类禾苗比例达到88.12%，比上年提高3.02个百分点。俗话说：“秧好半年禾”，秧苗素质好、禾苗长势好，为广西早、晚稻增产丰收打下了良好基础。

（四）农业气象利于粮食生产

2012年，广西农业气象条件总体好于上年，气温、雨水、日照比较正常，气候适宜，有利于粮食作物的生长，在粮食生产的关健时期，没有发生大范围的严重旱灾、洪涝、寒露风、病虫害等自然灾害天气，为粮食丰收提供了好的气候环境。

1-9 2012年广西服务业小微企业监测调查报告

2012年广西服务业小微企业监测调查报告

为反映广西服务业小微企业的经营状况、经营环境，为政府宏观经济政策提供参考依据，国家统计局广西调查总队在全区开展了服务业小微企业监测调查，调查结果显示，2012年，广西服务业小微企业呈良性发展，在解决社会就业、促进社会稳定和谐方面的贡献突出，但存在的问题不容忽视。

一、调查基本情况

服务业小微企业监测调查采用目录抽样方法，从全区范围内抽取了包括10个服务业行业门类34150家小微企业中的样本企业1239家，调查样本企业分布于各类行业、各经济类型、各地市中。

1.调查企业的行业分布：交通运输、仓储和邮政业263家，信息传输、软件和信息技术服务业91家，房地产业131家，租赁和商务服务业130家，科学研究和技术服务业135家，水利、环境和公共设施管理业75家，居民服务、修理和其他服务业110家，教育78家，卫生和社会工作42家，文化、体育和娱乐业184家。

2.调查企业经济类型分布：国有企业118家，集体企业35家，股份合作企业20家，国有独资公司11家，外商投资企业17家、私营企业702家、其他企业336家。

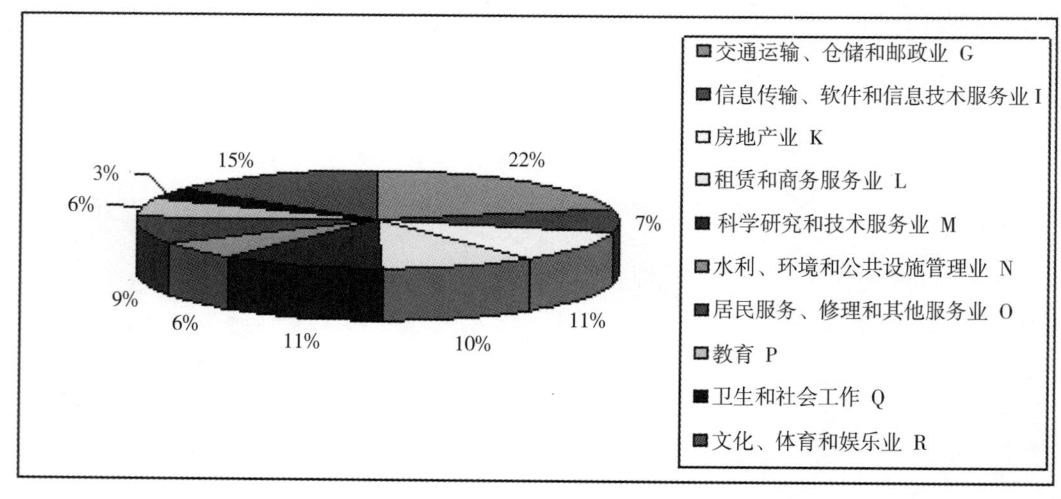

二、企业总体经营情况

2012年，广西服务业小微企业已经初步形成一定的经营规模，但普遍存在成本高、效益差、资金紧张等状况。

（一）经营规模初步形成

1.企业资产规模较大。调查企业资产总计189.65亿元，户均为1530.6万元，其中，私营企业户均为580.4万元；企业固定资产原价为39.79亿元，户均为321.2万元，其中私营企业户均为146.6万元。84.9%的样本企业认为自己处于创业或发展阶段，企业规模呈现进一步扩大的趋势。

2.企业营业收入规模初显。调查企业营业收入为41.59亿元，户均营业收入335.68万元，其中，私营企业户均为265.1万元，64%的企业本期营业收入比上年增加或持平。从各市情况看，企业户均营业收入最多的是钦州市，达1302万元，最低的是梧州市，为168万元。

3.企业吸纳就业能力较强。企业从业人员平均人数为25181人，户均20人，其中，私营企业户均从业人员为18人。户均从业人员最多的行业是房地产服务业，水利、环境和公共设施管理业，卫生和社会工作，分别达到30人，29人，26人。从各市情况看，户均从业人员最多的是钦州市，达32人，最低的是河池市，为16人。

（二）企业盈利能力较弱

1.企业成本费用过高。企业成本费用过高。调查企业营业成本27.76亿元，三费合计12.01亿元，成本费用收入率达95.6%。58.4%企业营业成本比上年上升。对于企业成本变动的主要影响因素，15.1%企业是原材料价格，28.5%企业是劳动力成本。61%调查企业认为用工成本上涨过快，其中，私营企业占57.4%。企业户均支付工资薪酬55.9万元，占户均营业收入的16.7%。

2.企业亏损面较大。调查企业营业亏损额为6326万元，有551家样本亏损，亏损面达44.5%，其中，私营企业亏损面为41.7%。企业本期收益与上年相比，29.4%企业是盈利减少，22.9%企业是亏损增加。对于企业盈利变动的主要影响因素，34.1%企业是业务量，30.4%企业是成本费用。

3.市场需求不足。32.8%调查企业认为市场需求不足，其中，私营企业占54.1%。由于企业市场份额变小了，企业面临的市场竞争愈发激烈。

4.招工难。25%企业本期对劳动力的需求比上年增加，59.5%持平。企业人均年薪2.75万元，而私营企业人均年薪仅2.5万元，职工工资低、缺乏保障致使企业招工难，29.22%调查企业认为招工难，其中，私营企业占65.5%。

5.企业纳税负担较轻。企业纳税负担较轻。调查企业缴纳税金1.59亿元，户均12.8万元，企业总体税负为3.8%。其中，私营企业户均为9.8万元，总体税负为3.7%。调查企业中，有27%的企业享受税收优惠政策，7.91%企业为免税企业。

（三）企业资金状况趋紧

1.企业资金紧张。32.12%调查企业认为流动资金比上年紧张，59.56%企业认为一般，8.31%企业认为充足，其中，流动资金紧张的私营企业占61.6%。

2.企业银行贷款比重偏低。在发生融资行为的270家调查企业中，232家企业认为融资困难，占85.9%，其中，私营企业占65.1%。从资金主要来源看，通过银行贷款的调查企业占12.35%，民间借贷占11.3%，专项资金占5.08%，其他渠道占71.27%。其中，私营企业分别占12.5%、14.1%、4.3%、69.1%。

3.企业应收未收款增加。21.95%调查企业应收未收款比上年增加，其中，私营企业占55.9%，30.19%的企业应收未收款持平，16.23%的企业减少，33.9%的企业没有应收未收款。在应收未收款增加的企业中，53.7%的企业是因为欠款方资金紧张，15.4%是因为欠款方故意拖欠，30.9%是其他原因。

三、分行业企业运行情况

（一）面向生产的服务业行业发展势头较好

1.科学研究和技术服务业：广西重视高新

科技的引进或研发，不断增加科研投入，科学研究和技术服务业企业资金相对充足，经营状况稳定，调查企业户均实现营业收入538.6万元，65.9%的企业营业收入增长或持平，81.5%的企业没有融资需求。

2.水利、环境和公共设施管理业：调查企业户均实现营业收入532.5万元，其中，公共设施管理业企业户均营业收入609.1万元。有69.3%水利、环境和公共设施管理业企业营业收入比上年增长或持平，其中，87.5%水利管理企业和75%生态保护和环境治理企业营业收入比上年增长或持平。有58.33%生态保护和环境治理业企业享受政府的税收优惠政策。

3.信息传输、软件和信息技术服务业：调查企业户均实现营业收入503.8万元，63.7%企业营业收入增长或持平，体现了较强的竞争力，主要得益于三方面因素：一是市场需求扩大，二是地域和人才的集中，三是政府政策的支持，有40.66%企业享受政府税收优惠政策。

4.交通运输、仓储和邮政业：调查企业户均实现营业收入453万元，62.4%的企业营业收入增长或持平，其中，有44.4%仓储业，41.0%邮政业，31.4%运输业，23.1%装卸搬运和运输代理业企业营业收入是增长的。

5.租赁和商务服务业：调查企业户均实现营业收入234万元，63.8%的企业营业收入增长或持平，其中，有18.42%租赁业，40.22%商务服务业企业营业收入是增长的。

（二）面向民生的服务业行业平稳发展

1.教育业：教育业收费提高，营业收入增加，获利能力业显著增强，调查企业户均实现营业收入192.7万元，实现利润39.4万元，利润率达20.4%。76.9%的企业营业收入比上年增长或持平，88.46%的企业服务收费价格比上年增长或持平。教育业中的幼儿教育、驾驶培训发展比较迅猛。

2.物业管理、房地产中介服务业：调查企业户均实现营业收入202.4万元，74%企业营业收入比上年增加或持平，其中，有36.3%物业管理服务业，29.4%房地产中介服务业企业营业收入是增长的。

3.卫生和社会工作：卫生和社会工作服务业小微企业，如采血站、卫生所、福利院等，因为有政府支持，虽然经营规模小，但经营情况良好。调查企业户均实现营业收入233.7万元，71.4%企业营业收入比上年增长或持平。57.14%企业享受政府税收优惠政策，52.38%企业是免税企业。

4.居民服务、修理和其他服务业：支撑居民服务、修理业和其他服务业上行因素依然强劲。一是城镇化进程的不断加快，城市人口的不断增加；二是居民收入水平持续提高；三是服务的专业化、品质不断提升。调查企业户均实现营业收入267万元，61.8%的企业营业收入增长或持平，其中，有22.2%居民服务业，21.3%修理业，38.9%其他服务业企业营业收入是增长的。

5.文化、体育和娱乐业：文化艺术业、体育市场需求膨胀迅速，娱乐业小微企业市场份额减少，竞争激烈。调查企业户均实现营业收入147.3万元，50%的企业营业收入比上年增长或持平，其中，有34.2%文化艺术业，32.1%体育业，9.32%娱乐业企业营业收入是增长的。

四、发展服务业小微企业的意见和建议

1.加大政策的落实力度。66.7%的小微企业建议政府加大政策的落实力度。据企业反映，有些行业的税收优惠政策基本没有（如网吧），而有些企业负责人也不知道怎么申请优

惠政策，使得企业一直游离在政府优惠政策视线之外。

2.减免税费。62.7%的小微企业建议政府减免税费。虽然从总体来看，小微企业的税赋较轻，但是由于政府对部分小微企业采取定额税制度，企业的实际纳税压力较大。

3.加强引导和市场开拓。32.28%的小微企业建议政府加强指导和市场开拓，带领企业积极的扩大市场需求，促进企业进一步发展。在营业收入增加或减少的企业中，46.8%的企业认为是市场需求因素导致的。

4.进一步加大公共服务力度。23.5%的小微企业建议政府进一步加大公共服务的力度。政府应该多为企业办实事，而非只收费不作为。21.5%的企业反应2012年政府的收费增加了，仅有8.4%的企业认为政府的收费减少了。

5.控制部门收费。21.47%调查企业认为有关部门对企业的收费增加，其中，私营企业占39.8%，70%企业认为持平，8.39%企业认为减少。

1-10 地区生产总值（1978—2012年）

Gross Domestic Product（1978—2012）

本表按当年价格计算
Data in this table are calculated by current prices.
单位：亿元

年份 Year	地区生产总值 Gross Domestic Product	第一产业 Primary Industry	第二产业 Secondary Industry	工业 Industry	建筑业 Construction	第三产业 Tertiary Industry	人均地区生产总值（元/人） Per Capita GDP（yuan/person）
1978	75.85	31.01	25.81	23.29	2.52	19.03	225
1979	84.59	37.57	27.98	25.12	2.86	19.04	246
1980	97.33	44.07	30.79	27.78	3.01	22.47	278
1981	113.46	52.58	33.01	29.71	3.30	27.87	317
1982	129.15	63.15	34.72	30.98	3.74	31.28	354
1983	134.60	63.59	37.09	32.39	4.70	33.92	363
1984	150.27	66.26	43.26	36.97	6.29	40.75	399
1985	180.97	77.49	54.69	45.92	8.77	48.79	471
1986	205.46	85.62	69.03	58.41	10.62	50.81	525
1987	241.56	99.94	81.79	70.96	10.83	59.83	607
1988	313.28	118.25	100.69	86.38	14.31	94.34	770
1989	383.44	149.98	109.97	97.11	12.86	123.49	927
1990	449.06	176.77	118.45	104.79	13.66	153.84	1066
1991	518.59	195.17	141.02	123.66	17.36	182.40	1211
1992	646.60	233.03	187.48	161.44	26.04	226.09	1490
1993	871.70	250.11	321.10	273.03	48.07	300.49	1982
1994	1198.29	333.79	469.81	404.59	65.22	394.69	2675
1995	1497.56	453.15	535.86	461.25	74.61	508.55	3304
1996	1697.90	534.88	587.37	503.32	84.05	575.65	3706
1997	1817.25	582.74	614.07	524.49	89.58	620.44	3928
1998	1911.30	586.70	667.29	561.34	105.95	657.31	4346
1999	1971.41	567.72	682.34	570.76	111.58	721.35	4444
2000	2080.04	557.38	732.76	612.33	120.43	789.90	4652
2001	2279.34	576.34	771.18	639.55	131.64	931.82	5058
2002	2523.73	601.99	846.89	699.15	147.74	1074.85	5558
2003	2821.11	658.78	984.08	813.79	170.29	1178.25	6169
2004	3433.50	817.88	1253.70	1044.80	208.90	1361.92	7461
2005	3984.10	912.50	1510.68	1264.84	245.84	1560.92	8590
2006	4746.16	1032.47	1878.56	1592.33	286.23	1835.12	10121
2007	5823.41	1241.35	2425.29	2090.10	335.19	2156.76	12277
2008	7021.00	1453.75	3037.74	2627.39	410.35	2529.51	14652
2009	7759.16	1458.49	3381.54	2863.84	517.70	2919.13	16045
2010	9569.85	1675.06	4511.68	3860.46	651.22	3383.11	20219
2011	11720.87	2047.23	5675.32	4851.37	823.95	3998.33	25326
2012	13035.10	2172.37	6247.43	5279.26	968.17	4615.30	27951.71

1-11 财政、金融（1978—2012年）

Government Finance & Financial Intermediation（1978—2012）

单位：亿元 （100 million yuan）

年份 Year	财政 Finance			金融 Banking		
	总收入 Total Revenue	总支出 Total Expenditure	收支差额 Income & Expenditure Balance	各项存款年底余额 Total Saving Deposit Balance	各项贷款年底余额 Total Loan Balance	城乡居民储蓄存款年底余额 Urban and Rural Savings Deposits
1978	14.32	20.78	-6.46			
1979	12.05	20.60	-8.54			
1980	12.58	17.44	-4.86			
1981	12.73	16.04	-3.32			
1982	13.03	17.44	-4.41			
1983	13.58	18.84	-5.26			
1984	13.47	23.06	-9.59			
1985	20.18	29.75	-9.57	94.96	118.38	34.23
1986	25.23	42.22	-16.99	124.85	152.47	48.40
1987	30.54	47.70	-17.16	160.54	186.26	67.64
1988	33.89	53.27	-19.39	165.67	210.61	81.73
1989	41.41	57.74	-16.33	211.22	277.75	107.35
1990	46.83	65.00	-18.17	271.17	326.29	152.29
1991	55.92	71.61	-15.69	351.85	389.76	201.39
1992	61.20	78.48	-17.28	501.66	499.20	277.02
1993	95.93	107.49	-11.56	662.74	664.72	406.04
1994	62.26	124.93	-62.67	915.24	835.52	572.34
1995	79.44	140.59	-61.15	1152.32	1055.67	735.50
1996	90.51	157.01	-66.50	1361.17	1203.41	884.55
1997	99.16	170.83	-71.68	1568.83	1423.48	1013.14
1998	119.67	198.36	-78.69	1792.10	1516.49	1150.08
1999	133.56	224.98	-91.41	2010.14	1719.19	1257.26
2000	147.05	258.49	-111.43	2269.06	1613.25	1374.42
2001	178.67	351.65	-172.98	2518.94	1764.05	1538.95
2002	186.73	419.86	-233.13	2784.14	1941.07	1736.60
2003	203.66	443.60	-239.94	3175.34	2320.66	1971.66
2004	237.77	507.47	-269.70	3673.19	2759.65	2240.11
2005	283.04	611.48	-328.44	4202.84	3056.86	2561.34
2006	342.58	729.52	-386.94	4971.86	3595.25	2946.22
2007	418.83	985.94	-567.12	5749.94	4287.79	3185.28
2008	518.42	1297.11	-778.69	7024.10	5066.68	3851.95
2009	620.99	1621.82	-1000.83	9583.13	7268.41	4686.20
2010	771.99	2007.59	-1235.60	11746.77	8867.52	5702.43
2011	947.72	2545.28	-1597.56	13527.97	10646.43	6682.21
2012	1166.06	2985.23	-1819.16	15966.65	12355.52	8042.23

1-12 人口（1978—2012年）

Population（1978—2012）

单位：万人 （10 000 persons）

年份 Year	总户数（万户）Total Households（10 000 households）	总人口（年末）Total Population（year-end）	按性别分 By Sex		按城乡分 By Residence		人口密度（人/平方公里）Population Density（person/sq.km）
			男性 Male	女性 Female	城镇人口 Urban Population	乡村人口 Rural Population	
1978	661	3402	1753	1649			144
1979	666	3470	1786	1684			
1980	676	3538	1822	1716			149
1981	694	3613	1862	1751			
1982	706	3684	1902	1782			
1983	718	3733	1930	1803			
1984	734	3806	1970	1836			
1985	757	3873	2005	1868			164
1986	783	3946	2044	1902			
1987	808	4016	2082	1934			
1988	831	4088	2119	1969			
1989	867	4150	2152	1998			
1990	896	4242	2205	2037	641	3601	179
1991	918	4324	2250	2074			183
1992	950	4380	2285	2095			185
1993	973	4438	2317	2121			187
1994	997	4493	2346	2147			190
1995	1020	4543	2377	2166	838	3705	192
1996	1040	4589	2398	2191			194
1997	1069	4633	2421	2212			196
1998	1092	4675	2442	2233			198
1999	1110	4713	2463	2250			199
2000	1140	4751	2484	2267	1337	3414	201
2001	1178	4788	2506	2282	1350	3438	202
2002	1197	4822	2521	2301	1365	3457	204
2003	1235	4857	2542	2315	1411	3446	205
2004	1285	4889	2559	2330	1550	3339	206
2005	1329	4925	2587	2338	1567	3093	208
2006	1374	4961	2612	2349	1635	3084	209
2007	1416	5002	2634	2368	1728	3040	201
2008	1459	5049	2659	2390	1838	2978	203
2009	1499	5092	2681	2411	1904	2952	205
2010	1347	5159	2708	2451	1849	2761	195
2011	1359	5199	2730	2469	1942	2703	196
2012	1361	5240	2759	2481	2038	2644	197

1-13 行政区划（2012年底）

Division of Administrative Areas（End of 2012）

单位：个 (unit)

市	City	市 City	地级市 Cities at Pefecture Level	县级市 Cities at County Level	县 County	市辖区 Districts under the Jurisdiction of Cities
全区合计	Total	21	14	7	68	34
南宁市	Nanning	1	1		6	6
柳州市	Liuzhou	1	1		6	4
桂林市	Guilin	1	1		12	5
梧州市	Wuzhou	2	1	1	3	3
北海市	Beihai	1	1		1	3
防城港市	Fangchenggang	2	1	1	1	2
钦州市	Qinzhou	1	1		2	2
贵港市	Guigang	2	1	1	1	3
玉林市	Yulin	2	1	1	4	1
百色市	Baise	1	1		11	1
贺州市	Hezhou	1	1		3	1
河池市	Hechi	2	1	1	9	1
来宾市	Laibin	2	1	1	4	1
崇左市	Chongzuo	2	1	1	5	1

市	City	镇 Towns	乡 Township	街道办事处 Street Communities	居民委员会 Neighborhood Committees	村民委员会 Village Committees
全区合计	Total	715	411	117	1791	14345
南宁市	Nanning	86	16	25	352	1395
柳州市	Liuzhou	43	43	31	271	938
桂林市	Guilin	67	66	13	228	1654
梧州市	Wuzhou	53	5	9	145	862
北海市	Beihai	21	2	7	85	342
防城港市	Fangchenggang	14	10	2	40	282
钦州市	Qinzhou	57		7	80	950
贵港市	Guigang	53	19	2	78	1074
玉林市	Yulin	98	4	8	117	1361
百色市	Baise	59	74	2	69	1803
贺州市	Hezhou	45	12	4	48	707
河池市	Hechi	52	86	1	146	1499
来宾市	Laibin	30	36	3	44	724
崇左市	Chongzuo	37	38	3	88	754

主要统计指标解释

地区生产总值（原国内生产总值） 是指一个地区所有常住单位在一定时期内生产活动的最终成果。地区生产总值有三种表现形态，即价值形态、收入形态和产品形态。从价值形态看，它是所有常住单位在一定时期内所生产的全部货物和服务价值超过同期投入的全部非固定资产货物和服务价值的差额，即所有常住单位的增加值之和；从收入形态看，它是所有常住单位在一定时期内所创造并分配给常住单位和非常住单位的初次分配收入之和；从产品形态看，它是最终使用的货物和服务减去进口货物和服务。在核算中， 地区生产总值的三种表现形态表现为三种计算方法，即生产法、收入法和支出法。三种方法分别从不同的方面反映地区生产总值及其构成。根据国家统计局有关我国GDP核算和数据发布制度的规定，广西国内生产总值自2004年起更名为“广西生产总值”，简称“广西GDP”。

三次产业 是根据社会生产活动历史发展的顺序对产业结构的划分，产品直接取自然界的部门称为第一产业，对初级产品进行再加工的部门称为第二产业，为生产和消费提供各种服务的部门称为第三产业。

我国的三次产业划分是:

第一产业:农业(包括种植业、林业、牧业和渔业)。

第二产业:工业(包括采掘业，制造业，电力、煤气及水的生产和供应业)和建筑业。

第三产业:除第一、第二产业以外的其他各业。由于第三产业包括的行业多，范围广，根据我国的实际情况，第三产业又分为两大部分:一是流通部门，二是服务部门。

财政收入 是指国家财政参与社会产品分配所取得的收入，是实现国家职能的财力保证。财政收入所包括的内容几经变化，目前主要包括：（1）各项税收，包括增值税、营业税、消费税、土地增值税、城市维护建设税、资源税、城市土地使用税、印花税、房产税、车船使用税、屠宰税、个人所得税、企业所得税、关税、契税、农牧业税和耕地占用税等。（2）专项收入：包括征收排污费收入、城市水资源费收入、教育费附加收入、矿产资源补偿费收入。（3）其他收入，包括国有资产经营收益、国有企业计划亏损补贴、基本建设贷款归还收入、基本建设收入、罚没收入、行政性收费收入、其他收入等。

财政支出 是指国家为行使其职能，对筹集的财政资金进行有计划的分配使用的总称。国家财政支出，体现政府的活动范围和方向，反映财政资金的分配关系。财政支出主要包括：（1）基本建设支出；（2）企业挖潜改造资金；（3）地质勘探费；（4）科技三项费用；（5）流动资金；（6）支援农村生产支出；（7）农林水利气象等部门的事业费；（8）工业交通等部门事业费；（9）商业部门事业费；（10）城市维护费；（11）文教卫生事业费；（12）科学事业费；（13）其他部门事业费；（14）抚恤和社会福利救济费；（15）国防支出类；（16）行政管理费；（17）公检法支出；（18）价格补贴支出；（19）支援不发达地区支出；（20）专项支出；（21）农业综合开发支出；（22）行政事业单位离退休经费；（23）其他支出等。

存款 指企业、机关、团体或居民根据资金必须收回的原则，把货币资金存入银行或其他信用机构保管并取得一定利息的一种信用活动形式。根据存款对象的不同可划分为企业存款、财政存款、机关团体存款、基本建设存款、城镇储蓄存款、农村存款等科目。它是银行信贷资金的主要来源。

贷款 指银行或其他信用机构根据资金必须归还的原则，按一定利率，为企业、个人等提供资金的一种信用活动形式。我国银行贷款分为流动资金贷款、固定资产贷款、城乡个体工商户贷款以及农业贷款等科目。

户数 包括家庭户(含单身独居)和集体户。

人口数 指一定时点、一定地区范围内有生命的个人的总和。

市镇人口 指市人口和县辖镇人口。

乡村人口 指县辖乡的全部人口。

Explanatory Notes on Main Staistical Indicators

Gross Domestic Product(GDP) refers to the final products of all resident units in a region during a certain period of time. Gross domestic product is expressed in three different forms, i.e. value added, income, and products respectively. The form of value added refers to the total value of all products and services produced by all resident units during a certain period of time minus total value of input of materials and services of the nature of non-fixed assets of the summation of the value added of all resident units; the form of income includes all the income created by all resident units and distributed primarily to all resident and non-resident units; the form of products refers to all final goods and services minus imports of goods and services. In the practice of national accounting, gross domestic product is calculated with three approaches, i.e. product approach, income approach, and expenditure approach respectively to reflect gross domestic product and its composition from different aspects.

Three Industries Industry structure has been classified according to the historical sequence of development. Primary industry refers to extraction of natural resources; secondary industry involves processing of primary products; and tertiary industry provides services of various kinds for production and consumption. Industry in China comprises:

Primary industry: agriculture (including farming, forestry, animal husbandry and fishery).

Secondary industry: industry (including mining and quarrying, manufacturing, and electricity, gas and water production and supply).

Tertiary industry: all other industries not included in primary or secondary industry. Since tertiary industry includes various trades and is with extensive coverage, it is divided into 2 parts according to our country's actual situation: circulation department and service department.

Government Revenue refers to the revenue of the government finance by means of participating in the distribution of the social products, which are the financial resources for ensuring the government to function. The contents of government revenue have been changed several times. Now it includes the following main items: (1) Various tax revenues, including value added taxes, business tax, consumption tax, land value added tax, tax on city maintenance and construction, resources tax, tax on use of urban land, stamp tax, tax on real estate, tax on the use of vehicles and ships, slaughter tax, personal income tax, enterprise income tax, tariff, contract tax, tax on agriculture and animal husbandry and tax on occupancy of cultivated land, etc. (2) Special income: including revenue collected from imposing fee on sewage treatment, revenue collected from imposing fee on urban water resources, extra-charges for education, and revenue collected from imposing fee on mine resources. (3) Other revenues, including profits from management of state-owned assets, subsidies to loss-making state-owned enterprise, revenue from the repayment of capital construction loan, revenue from capital construction, penalty, administration income and other incomes.

Government Expenditure refers to the (1) Expenditure for capital construction; (2) Innovation funds of the enterprises; (3) Geological prospecting expenses; (4) Expenditures for science and technology promotion; (5) Circulating funds; (6) Expenditure for supporting rural production; (7) Operating expenses of the departments of farming, forestry, water conservancy and meteorology etc; (8) Operating expenses of the departments of industry, transport; (9) Operating expenses of the department of commerce;

(10) Expenditure for city maintenance; (11) Operating expenses of the departments of culture, education and public health; (12) Operating expenses of the department of science; (13) Operating expenses of the other departments; (14) Pension for the disabled or for the families of the bereaved and relief funds for social welfare; (15) Expenditures for national defense; (16) Administrative expenses (17) Expenditure for public security agency, procurator agency and court of justice; (18) Expenditure for price subsidies; (19) Expenditure for supporting under-developed areas; (20) Special expenditure; (21) Expenditure for comprehensive development of agriculture; (22) Expenditure for retired persons in administrative department; (23) Other expenditures.

Deposit is a form of credit by which enterprises, institutions, organizations or residents can put money into banks and other credit institutions for safekeeping and interest earning under the principle of free withdrawal. According to different depositors, deposits are divided into enterprise deposits, treasury deposits, deposits of government agencies and organizations, capital construction deposits, urban savings deposits, rural deposits and other deposits. Deposits are major sources of the credit funds of banks.

Loan is a form of credit by which banks and other credit institutions provide funds at certain interest rate to enterprises and individuals in the light of the principle of unconditional repayment. Loans from Chinese banks include circulating capital loans, fixed assets loans, loans to urban and rural individuals engaged in industrial and commercial business and agricultural loans.

Households include family household (including single household) and collective households.

Total Population refers to the total number of people alive at a certain point of time within a given area.

Urban Population refers to city population and town population.

Country Population refers to the total population under the jurisdiction of country.

第二篇 人民生活

Chapter 2 People's Livelihood

2-1 城镇居民家庭人均收支及恩格尔系数（1980—2012年）

Per Capita Annual Income and Expenditure & Engle's Coefficient of Urban Households（1980—2012）

年 份 Year	城镇居民家庭人均可支配收入 Per Captita Annual Disposable Income of Urban Households		城镇居民家庭人均消费性支出 Average Urban Household Consumption Expenditure		恩格尔系数（%） Engel's Coefficient（%）
	绝对数（元） Value（yuan）	比上年±% Growth Rate Over Preceding Year（%）	绝对数（元） Value（yuan）	比上年±% Growth Rate Over Preceding Year（%）	
1980	114		103		57.4
1981	429		423		58.7
1982	427	-0.6	442	4.5	60.4
1983	444	4.1	466	5.3	61.4
1984	563	26.8	542	16.4	57.9
1985	683	21.4	664	22.5	56.6
1986	784	14.7	740	11.4	58.0
1987	899	14.7	861	16.4	59.1
1988	1159	28.9	1198	39.2	54.6
1989	1304	12.5	1296	8.2	59.3
1990	1448	11.0	1338	3.2	58.6
1991	1614	11.4	1584	18.4	55.3
1992	2104	30.4	1740	9.9	55.9
1993	2895	37.6	2303	32.4	53.7
1994	3981	37.5	3327	44.5	50.4
1995	4792	20.4	4046	21.6	51.0
1996	5033	5.0	4339	7.3	50.4
1997	5110	1.5	4453	2.6	47.5
1998	5412	5.9	4381	-1.6	46.3
1999	5620	3.8	4587	4.7	44.3
2000	5834	3.8	4852	5.8	39.9
2001	6666	14.3	5225	7.7	37.7
2002	7315	9.8	5413	3.6	40.7
2003	7785	6.4	5763	6.5	40.0
2004	8177	5.0	5862	1.7	44.0
2005	8917	9.0	6424	9.6	42.5
2006	9899	11.0	6792	5.7	42.1
2007	12200	23.2	8151	20.0	41.7
2008	14146	16.0	9627	18.1	42.4
2009	15451	9.2	10352	7.5	39.9
2010	17064	10.4	11490	11.0	38.1
2011	18854	10.5	12848	11.8	39.5
2012	21243	12.7	14244	10.9	39.0

注：1. 1980年度数据仅为第四季度，2. 1992年前可支配收入为生活费收入。

Note:The fourth quarter of the year 1980 only a few degrees,1992 disposable income beforeDisposable Income for Living Expenses Income.

2-2 城镇居民家庭基本情况（2012年）

项　目	Item	合　计 Total	最低收入户（10%） Lowest Income Households（first decile group）
调查户数（户）	Households Surveyed（household）	1340	136
家庭居住人口数（人/户）	Household Size（person/household）	3.04	3.30
现住房总建筑面积（平方米/人）	Total Floor Space for Current Housing（sq.m/person）	39.67	23.70
现住房屋总使用面积（平方米/人）	Total Utility Space for Current Residence（sq.m/person）	29.83	17.82
房屋产权（%）	House Property Right（%）		
租赁公房	Rental Public Housing	4.58	16.27
租赁私房	Rental Privately Owned Housing	2.21	1.78
原有私房	Original Privately Owned Housing	22.60	20.96
房改私房	Privately Owned House After Housing Reform	38.41	44.61
商品房	Commidity House	26.57	13.86
其他	Others	5.63	2.53
住宅建筑式样（%）	House Styles（%）		
单栋住宅	One-family House	19.31	17.92
四居室	Four Room Flat	7.78	2.04
三居室	Three Room Flat	35.00	15.15
二居室	Two Room Flat	30.50	41.26
一居室	One Room Flat	2.64	12.59
普通楼房	OrdinaryBuildings	3.31	4.71
平房及其他	One-storey House	1.47	6.34
建筑年份（户）	Construction year（household）	16.02	22.64
装修状况（%）	Decoration Situation		
有装修	Decoration	62.43	38.76
# 最近一次装修花费（元/户）	# Most Recent Renovation Cost（yuan/household）	25083.53	6666.91
未装修	No Decoration	37.57	61.24
现有住房按市场价估计值（元/户）	Existing Housing at Market Value Estimates（yuan/household）	356926.14	215775.77
租赁房房租（元/户）	Rental Housing Rent（yuan/household）	23.89	32.67
购房总金额（元/户）	Purchase House Total Amount of Money（yuan/household）	83217.30	39231.59
购房实际支出金额（元/户）	Actual Expenditures for Purchase Amount（yuan/household）	77391.92	36717.63

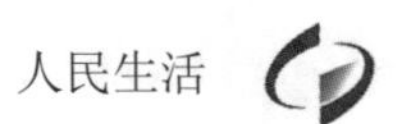

Basic Conditions of Urban Households（2012）

按收入等级分 Grouped by Percentile of Households							
# 困难户（5%）Poor Households（first five percent group）	低收入户（10%）Low Income Households（second decile group）	中等偏下户（20%）Lower Middle Income Households（second quintile group）	中等收入户（20%）Middle Income Households（third quintile group）	中等偏上户（20%）Upper Middle Income Households（fourth quintile group）	高收入户（10%）High Income Households（ninth decile group）	最高收入户（10%）Highest Income Households（tenth decile group）	# 更高收入户（5%）Higher Income Households（five percent）
68	133	267	266	269	134	135	67
3.40	3.43	3.37	3.07	2.87	2.55	2.69	2.63
22.14	31.06	37.37	37.32	44.68	50.64	54.61	55.67
16.65	23.35	28.10	28.06	33.59	38.08	41.06	41.86
16.88	11.83	2.41	5.62	0.77	1.03	2.00	1.92
1.58	3.54	3.03	0.97	3.29	1.40	0.95	
30.15	24.06	30.38	18.46	19.44	25.98	19.15	18.11
37.28	33.62	35.10	38.89	42.08	36.32	36.70	35.81
9.49	19.40	25.93	27.42	27.90	32.57	34.20	34.07
4.62	7.54	3.14	8.63	6.51	2.70	7.00	10.10
22.09	22.87	24.65	15.10	18.30	20.38	16.60	9.90
0.53	2.59	3.59	8.39	9.55	14.08	13.10	21.25
12.67	23.85	27.97	40.10	40.67	43.14	44.11	42.15
33.49	37.03	35.33	29.21	28.48	21.35	23.49	23.15
11.86	6.98	2.05	1.85	0.18		0.95	
7.36	2.76	5.97	3.28	2.70	1.05	1.50	3.04
12.00	3.92	0.43	2.08	0.11		0.25	0.51
22.76	18.60	16.77	16.33	14.45	13.34	12.19	11.96
34.08	55.37	61.31	58.97	67.39	70.45	79.63	88.11
3222.77	11944.86	20479.23	19952.94	28087.19	34581.96	56178.35	75451.92
65.92	44.63	38.69	41.03	32.61	29.55	20.37	11.89
203039.23	246908.76	400280.16	288455.55	385017.25	425133.03	504050.73	561834.47
31.24	30.44	20.08	18.10	41.93	10.47	4.73	3.83
28246.36	52751.01	63866.52	93010.93	98817.53	93964.04	121953.40	149246.90
27266.93	52105.33	60596.86	84033.99	91459.88	89634.89	111334.00	133580.16

2-2 续表 1

项 目	Item	合 计 Total	最低收入户（10%） Lowest Income Households（first decile group）
饮水情况（%）	Drinking Water（%）		
自来水	Tap Water	86.49	88.89
矿泉水	Mineral Water	7.00	4.74
纯净水	Pure Water	6.44	5.59
井、河水	Well or River Water	0.02	0.24
其他	Others	0.05	0.55
用水情况（%）	Wataer Utilization（%）		
独用自来水	Privater Tap Water	99.72	99.76
公用自来水	Public Tap Water	0.26	
井、河水	Well or River Water		
其他	Others	0.02	0.24
卫生设备（%）	Sanitary Install ation（%）		
无卫生设备	Withour Sanitary Installation	0.04	0.47
有厕所浴室	With Toilet and Bathroom	97.75	88.78
有厕所无浴室	Only With Toilet	1.13	6.18
公用	Pulic Toilet and Bathroom	1.08	4.56
取暖设备（%）	Warming Facility（%）		
无取暖设备	No Warming Facility	41.63	65.02
空调设备	Air-conditioned	35.24	21.08
暖气	Central Heating		
其他	Others	23.13	13.90
炊用燃料使用情况（%）	Cooking Fuel（%）		
煤炭	Coal	0.87	4.04
罐装液化石油气	Canned Liquified Petroleum Gas	79.01	75.99
管道液化石油气	Pipeline Liquified Petroleum Gas	1.16	1.13
管道煤气	Pipeline Gas	4.74	6.52
管道天然气	Pipeline Natural Gas	7.12	1.13
柴油	Derv		
其他燃料	Others Fuel	7.10	11.18
通信设备使用情况	Communications Facilities		
固定电话（部/百户）	Fixed-line Telephone（set/100 household）	58.23	34.06
移动电话（部/百户）	Mobile Phone（set/100 household）	237.15	202.46
接入互联网的计算机（台/百户）	Network-connected Telephone（set/100 household）	81.49	30.21

continued

按收入等级分 Grouped by Percentile of Households							
# 困难户 (5%) Poor Households (first five percent group)	低收入户 (10%) Low Income Households (second decile group)	中等偏下户 (20%) Lower Middle Income Households (second quintile group)	中等收入户 (20%) Middle Income Households (third quintile group)	中等偏上户 (20%) Upper Middle Income Households (fourth quintile group)	高收入户 (10%) High Income Households (ninth decile group)	最高收入户 (10%) Highest Income Households (tenth decile group)	# 更高收入户 (5%) Higher Income Households (five percent)
91.01	91.94	88.50	87.70	82.54	88.05	79.58	73.03
3.22	3.50	6.83	5.52	11.95	3.31	9.24	12.60
4.19	4.56	4.67	6.78	5.51	8.64	11.18	14.38
0.48							
1.11							
99.52	99.56	100.00	98.89	100.00	100.00	100.00	100.00
	0.44		1.11				
0.48							
0.95							
82.73	96.42	98.05	98.03	99.53	99.69	99.75	99.49
7.88	2.29	1.00	0.31	0.29	0.31	0.25	0.51
8.44	1.29	0.95	1.66	0.18			
65.66	58.76	49.45	41.01	34.63	22.34	29.64	27.23
19.03	22.59	28.58	34.88	40.39	37.78	59.62	63.44
15.31	18.66	21.97	24.10	24.98	39.88	10.75	9.34
5.86	1.02	0.36	0.53	0.31	0.85	0.72	1.47
71.61	88.60	78.08	80.69	79.88	74.69	74.61	65.33
2.28	2.29	2.93		0.94	0.85		
7.70	1.36	3.61	7.09	2.79	8.93	2.58	2.61
	0.41	5.98	7.51	6.74	9.85	18.04	23.73
12.55	6.31	9.03	4.18	9.33	4.84	4.05	6.87
33.23	51.23	56.76	60.33	60.57	68.69	67.64	64.75
190.23	225.03	230.31	245.52	241.43	244.32	258.52	257.56
23.72	61.05	68.23	79.29	99.45	95.93	121.04	124.52

2-2 续表 2

项 目	Item	合 计 Total	最低收入户（10%） Lowest Income Households（first decile group）
其它住房情况（套/户）	Other Housing Condition（set/household）	0.30	0.05
出租房（套/户）	Rental Housing（set/household）	0.22	0.03
建筑面积（平方米/户）	Building area（sq.m/household）	23.49	1.27
偶尔居住房（套/户）	Occasionally Living Room（set/household）	0.04	0.02
建筑面积（平方米/户）	Building area（sq.m/household）	4.04	1.66
其它用途房（套/户）	Other Uses Room（set/household）	0.03	
建筑面积（平方米/户）	Building area（sq.m/household）	3.26	0.41
家庭人口数（人/户）	Family Population（person/household）	3.06	3.32
家庭类型（世代层次）（%）	Family Type（Generation Level）（%）		
单身户	Single Households		
一对夫妇户	A Couple Households		
两代人单亲	Two Generations Single		
两代人一个小孩	Two, A Child		
两代人两个小孩	Two, two Children		
两代人多个小孩	More than two Generations of Children Who		
与父母	Parents		
三代人	Three generations		
其他	Others		
人口就业情况	Employment Situation of Population		
有收入者人数	Income Earner	2.26	1.94
就业人口数	Number of the Employed	1.63	1.46
国有经济单位职工人数	Employees in the State-owned Enterprises	0.85	0.42
城镇集体经济单位职工人数	Employees in Urban Collective Economy	0.04	0.03
其他各种经济类型单位职工	Employees in Other Forms of Economy	0.17	0.15
城镇个体经营者人员数	Rural Self-employed Individual	0.22	0.41
城镇个体被雇人员数	Population Hired by Rural Self-employed Individual	0.25	0.31
离退休再就业人员数	Number of the Retired and Reemployed	0.04	
其他就业人员数	Other Employed Population	0.07	0.14
离退休人数	Number of the Retired	0.59	0.31
其他有收入者人数	Number of Other Income Earner	0.05	0.17
无收入者人数	Number of persons with no Income	0.80	1.37

continued

按收入等级分 Grouped by Percentile of Households							
# 困难户（5%）Poor Households（first five percent group）	低收入户（10%）Low Income Households（second decile group）	中等偏下户（20%）Lower Middle Income Households（second quintile group）	中等收入户（20%）Middle Income Households（third quintile group）	中等偏上户（20%）Upper Middle Income Households（fourth quintile group）	高收入户（10%）High Income Households（ninth decile group）	最高收入户（10%）Highest Income Households（tenth decile group）	# 更高收入户（5%）Higher Income Households（five percent）
0.02	0.13	0.23	0.22	0.41	0.36	0.67	0.76
	0.08	0.18	0.15	0.32	0.28	0.49	0.60
	3.94	21.29	14.05	36.23	21.22	61.19	86.76
0.02	0.02	0.03	0.04	0.05	0.05	0.09	0.11
1.68	1.25	3.30	3.28	4.94	4.67	9.14	11.76
	0.03	0.01	0.03	0.04	0.04	0.09	0.05
	2.22	0.68	4.00	3.37	2.74	10.92	6.86
3.44	3.44	3.38	3.10	2.89	2.60	2.70	2.65
1.98	2.29	2.35	2.34	2.30	2.12	2.30	2.27
1.50	1.56	1.65	1.56	1.65	1.65	1.87	2.00
0.38	0.56	0.55	0.84	0.99	1.24	1.39	1.48
0.03	0.06	0.05	0.04	0.03	0.04	0.01	
0.12	0.14	0.21	0.16	0.19	0.10	0.16	0.20
0.44	0.19	0.30	0.21	0.17	0.10	0.14	0.17
0.34	0.45	0.39	0.23	0.17	0.11	0.11	0.10
	0.03	0.04	0.02	0.07	0.03	0.05	0.04
0.19	0.13	0.10	0.06	0.04	0.04		0.01
0.22	0.62	0.65	0.75	0.63	0.44	0.42	0.27
0.25	0.10	0.05	0.03	0.02	0.02	0.01	
1.46	1.16	1.03	0.76	0.59	0.48	0.40	0.38

2–3 城镇居民家庭人均收入与支出情况（2012年）

单位：元

项 目	Item	总平均 Total Average	最低收入户（10%） Lowest Income Households （first decile group）
家庭总收入	**Total Income**	**23209.41**	**8709.43**
# 可支配收入	# Disposable Income	21242.80	7660.32
工资性收入	Wages Income	14693.47	4810.19
工资及补贴收入	Income and Subsidies	14228.25	4535.38
其他劳动收入	Other Labor Income	465.22	274.81
经营性收入	Net Operation Income	2131.79	1709.26
财产性收入	Property Income	883.71	105.24
利息收入	Interest Income	62.80	1.04
股息与红利收入	Dividend and Bonus	48.33	0.89
保险收益	Insurance Proceeds	1.20	
其它投资收入	Income from Other Investments	99.55	
出租房屋收入	Rental Income	658.95	103.25
知识产权收入	Intellectual Property Income	2.94	
其他财产性收入	Other Property Income	9.95	0.06
转移性收入	Transferred Income	5500.43	2084.75
养老金或离退休金	Pensions and Retirement Pay	4507.47	1507.39
社会救济收入	Social Relief	23.59	137.87
辞退金	Dismiss Pensions	44.02	
赔偿收入	Compensation Income	4.59	8.13
保险收入	Insurance	16.96	72.00
# 失业保险金	# Unemployment Insurance	9.95	72.00
赡养收入	Supporting Income	201.17	44.57
捐赠收入	Donation	272.90	150.12
提取住房公积金	Withdraw House Accumulation Fund	159.36	
其他转移性收入	Other Transferred Income	112.25	11.30
出售财物收入	**Property Sale Income**	**14.70**	**13.06**
出售住房收入	House Sale Income		
出售其他物品收入	Other Atriclese Sale Income	14.70	13.06
借贷收入	**Lending and Loaning Income**	**7039.81**	**2527.38**
提取储蓄存款	Saving Deposit	6687.67	2417.86
借入款	Borrowed funds	128.12	109.52
收回借出款	Recall ed Loan	14.14	
收回储蓄性保险本	Recall ed Endowment Assurance	0.21	
兑售有价证券	Against the Sale of Securities	11.63	
收回投资本金	Recalled Original Capital of Investment		
住房贷款	Accomadation Loan	157.31	
汽车贷款	Automobile Loan	12.73	
教育贷款	Rerurned Education Loan		
其他贷款	Other Loans	6.46	
其他借贷收入	Other Income on Loan	21.55	

Per Capita Income and Expenditures of Urban Households（2012）

（yuan）

按收入等级分 Grouped by Percentile of Households							
# 困难户（5%）Poor Households（first five percent group）	低收入户（10%）Low Income Households（second decile group）	中等偏下户（20%）Lower Middle Income Households（second quintile group）	中等收入户（20%）Middle Income Households（third quintile group）	中等偏上户（20%）Upper Middle Income Households（fourth quintile group）	高收入户（10%）High Income Households（ninth decile group）	最高收入户（10%）Highest Income Households（tenth decile group）	# 更高收入户（5%）Higher Income Households（five percent）
7259.20	**12514.46**	**15928.34**	**20763.05**	**26831.57**	**34717.50**	**54021.53**	**64773.80**
6289.12	11321.92	14618.66	19100.83	24475.84	31539.88	50127.11	59955.41
4153.63	7879.77	9094.71	12561.98	17031.08	24257.90	36041.78	42911.73
3737.64	7338.51	8785.12	12339.99	16781.15	23759.53	33974.51	39914.74
415.99	541.26	309.60	221.99	249.93	498.38	2067.27	2997.00
1462.84	946.08	1862.96	1872.40	2080.17	2159.60	5435.08	8798.60
1.74	44.30	513.73	361.29	904.16	1277.20	4458.68	5694.76
		21.66	35.20	34.68	92.26	412.89	693.00
1.74	4.86	5.45	29.68	42.24	119.43	235.52	291.60
				5.82			
	1.41	12.80	29.75	91.81	161.23	662.21	833.78
	38.03	470.50	259.20	729.07	904.28	3021.48	3752.14
			6.16			20.18	41.90
		3.33	1.29	0.53		106.39	82.33
1640.99	3644.31	4456.94	5967.38	6816.16	7022.80	8085.99	7368.71
907.36	3286.77	3897.76	5253.02	5586.37	4989.18	5954.49	4570.42
214.82	15.25	17.41	18.25	2.05	6.20	1.11	
		1.00			427.41		
				18.38			
68.82		18.91	14.69	3.67	19.33	2.64	
68.82		5.69	1.24	3.67	6.37		
72.97	104.48	186.67	145.55	342.03	317.06	183.17	344.49
214.23	94.02	166.32	226.90	240.64	592.50	694.33	923.04
		15.61	11.45	261.96	192.82	959.40	1258.34
13.12	5.56	15.75	142.11	193.59	289.82	106.40	86.49
24.33	**5.06**	**2.27**	**1.19**	**38.80**	**20.30**	**25.42**	**48.56**
24.33	5.06	2.27	1.19	38.80	20.30	25.42	48.56
1899.70	**3478.36**	**4022.65**	**5960.15**	**9544.51**	**10668.19**	**16084.51**	**19097.25**
1802.80	3306.73	3968.72	5498.45	9180.72	10535.20	14518.01	17644.78
96.90	161.29	40.30	57.88	197.05	1.68	484.03	565.00
		0.42		13.75	84.56	30.55	63.28
			1.02				
			15.26			102.15	212.06
			329.80	132.16		755.99	262.26
					42.63	100.15	207.90
	10.34	5.00	1.17	7.93	4.11	25.22	
		8.21	56.57	12.89		68.39	141.97

2-3 续表

单位：元

项目	Item	总平均 Total Average	最低收入户（10%） Lowest Income Households （first decile group）
家庭总支出	**Total Expenditures**	**18889.23**	**8337.47**
消费支出	Expenditure for Consumption	14243.98	6691.04
# 服务性消费支出	# Consumption Expenditures in Service	3449.47	1537.91
通过互联网购买商品或服务	Purchase of Goods by Internet	86.39	2.24
食品	Food	5552.56	3466.46
衣着	Clothing	1146.46	372.37
居住	Residence	1377.26	656.10
家庭设备用品及服务	Household Facilities Articles and Services	1125.39	290.63
医疗保健	Medicine and Medical Services	883.56	432.72
交通和通信	Traffic and Communications	2088.64	549.62
教育文化娱乐服务	Education, Culture and Recreation Articles and Services	1626.05	818.87
杂项商品和服务	Miscellanecus Commodities and Services	444.06	104.28
购房与建房支出	Expenditure on House-purchase and Building	396.77	69.07
购房	House-purchase	389.72	
建房	House Building	7.06	69.07
转移性支出	Tranferred Expenditure	2371.29	673.67
交纳的个人收入税	Paid Individual Income Tax	62.03	0.75
捐赠支出	Donation	1410.26	358.68
购买彩票	Purchase of Lottery	8.77	0.51
赡养支出	Support Expenditure	739.19	296.71
各种非储蓄性保险支出	Non-saving Insurance	85.85	4.68
其他转移性支出	Other Transferredred Expenditure	65.19	12.34
财产性支出	Property Expentidure	130.72	8.70
非生产性利息支出	Payout of the Non-Productive Interests	119.97	8.70
其他	Others	10.75	
社会保障支出	Social Security Expentidure	1746.47	894.98
个人交纳的养老基金	Personal Paid Pension Fund	579.57	599.29
个人交纳的住房公积金	Personal Paid Housing Accumulation Fund	860.40	128.96
个人交纳的医疗基金	Personal Paid Medical Care Fund	242.86	141.52
个人交纳的失业基金	Personal Paid Unemployment Fund	54.25	23.79
其他社会保障支出	Others	9.40	1.43
借贷支出	**Lending and Loaning Expenditures**	**11278.69**	**2640.12**
存入储蓄款	Savings	10320.43	2574.35
借出款	Lended Funds	22.69	0.20
归还借款	Rreturned Loan	133.77	10.17
储蓄性保险支出	Endowment Assurance Expentidure	119.77	41.64
购买有价证券	Purchase of Securities	15.21	
其它投资支出	Other Investment Expenditure	47.87	
归还住房贷款	Returned Accomadation Loan	550.53	13.76
归还汽车贷款	Returned Automobil Loan	30.56	
归还教育贷款	Returned Education Loan	1.28	
归还其它贷款	Returned Others Loan	13.31	
其他借贷支出	Others	23.27	

continued

(yuan)

按收入等级分 Grouped by Percentile of Households							
# 困难户（5%） Poor Households（first five percent group）	低收入户（10%） Low Income Households（second decile group）	中等偏下户（20%） Lower Middle Income Households（second quintile group）	中等收入户（20%） Middle Income Households（third quintile group）	中等偏上户（20%） Upper Middle Income Households（fourth quintile group）	高收入户（10%） High Income Households（ninth decile group）	最高收入户（10%） Highest Income Households（tenth decile group）	# 更高收入户（5%） Higher Income Households（five percent）
7340.29	**10751.74**	**12837.46**	**17012.92**	**23712.01**	**27358.46**	**38320.99**	**47721.49**
5794.55	8580.57	10192.44	12963.83	17825.01	19824.08	27387.99	35499.76
1274.45	1967.52	2242.57	3014.72	4346.59	5074.32	7314.36	9941.16
	19.81	8.88	56.24	145.88	191.26	255.02	51.34
3114.47	4130.08	4852.58	5657.44	6382.27	6816.60	7594.86	8632.47
299.60	508.72	695.36	1007.06	1494.68	2005.54	2364.32	2760.36
626.98	760.71	1035.16	1136.34	1882.19	1232.09	3331.04	5028.59
223.27	478.09	698.03	832.60	1664.28	1942.31	2322.19	2992.96
259.58	613.64	709.70	913.48	946.59	1265.35	1471.95	1480.08
422.61	893.29	930.25	1620.23	2848.07	3227.24	6069.75	8878.38
786.60	1015.46	1046.26	1430.87	2080.48	2272.28	3304.28	4344.68
61.44	180.58	225.10	365.81	526.45	1062.67	929.61	1382.24
	76.79	79.84	508.16	464.36		2000.00	1645.95
	76.79	79.84	507.01	464.36		2000.00	1645.95
			1.15				
725.31	1020.74	1356.00	1941.98	3130.69	4391.10	5193.63	6075.00
	9.12	10.56	36.26	63.82	88.68	350.60	527.59
234.31	698.82	987.88	1360.70	1790.95	2315.00	2618.46	3168.87
0.11	0.77	9.09	13.02	8.82	15.96	7.96	1.11
478.26	293.48	296.99	464.95	1027.47	1661.69	1711.79	1594.68
4.15	8.35	20.06	42.24	119.67	131.20	404.13	637.70
8.47	10.21	31.41	24.81	119.96	178.57	100.70	145.05
	28.44	47.59	128.38	167.51	242.83	379.99	395.92
	24.06	45.42	116.26	163.77	203.74	348.56	377.43
	4.39	2.17	12.13	3.74	39.09	31.44	18.49
820.42	1045.18	1161.59	1470.56	2124.43	2900.46	3359.37	4104.86
558.78	519.16	512.98	469.80	602.99	878.27	635.56	903.61
91.77	326.03	397.56	683.54	1189.25	1582.60	2240.61	2546.77
144.66	161.21	201.61	264.31	255.86	339.44	359.33	468.29
24.82	32.61	43.50	42.74	71.32	91.20	83.18	118.77
0.39	6.18	5.94	10.18	5.01	8.95	40.69	67.43
1636.08	**5075.87**	**7037.95**	**9527.79**	**12869.71**	**17751.93**	**31776.70**	**36357.73**
1615.75	4893.97	6708.26	8915.45	11933.20	15580.53	27875.54	32221.98
0.40		0.51	30.90	1.10	115.10	51.06	106.00
7.90	28.23	33.96	109.77	99.14	296.29	597.11	851.67
12.04	7.88	63.66	106.66	127.55	319.63	251.75	368.53
		18.59	4.48	25.07	31.12	25.23	7.31
	6.98	9.62	33.62	6.35	232.88	157.87	291.17
	137.00	198.21	308.97	642.39	1003.08	2356.04	1679.22
			12.65	14.28	125.88	145.45	301.94
						15.35	
		1.53	3.57	1.01	6.66	136.33	283.01
	1.81	3.62	1.73	19.63	40.76	164.96	246.90

2-4 城镇居民家庭人均消费支出情况（2012年）

单位：元

项 目	Item	总平均 Total Average	最低收入户（10%） Lowest Income Households（first decile group）	# 困难户（5%） Poor Households（first five percent group）
消费支出	**Total Consumption Expenditure**	**14243.98**	**6691.04**	**5794.55**
# 服务性消费支出	# Consumption Expenditures of Service	3449.47	1537.91	1274.45
食品	**Food**	**5552.56**	**3466.46**	**3114.47**
粮油类	Grain and Oil	637.95	533.42	536.52
粮食	Grain	387.45	344.47	353.73
大米	Rice	225.33	213.42	224.57
面粉	Flour	6.03	4.19	3.74
其它粮食及制品	Others Grain & Products	156.09	126.85	125.42
淀粉及薯类	Starches and Tubers	37.30	30.52	27.29
干豆类及豆制品	Bean and Its Products	69.62	56.16	54.00
油脂类	Oil or Fat	143.58	102.26	101.50
食用植物油	Edible Oil	139.71	100.20	98.90
食用动物油	Consumption of Animal Oil	3.87	2.06	2.60
肉禽蛋水产品类	Poutry, Eggs and Quatic Products	2079.01	1401.77	1288.15
肉类	Meat	1111.97	758.09	722.81
猪肉	Pork	803.63	599.75	573.98
牛肉	Beef	155.48	86.52	85.28
羊肉	Lamb	31.15	11.07	8.51
其它肉及制品	Others Stewed & Products	121.70	60.75	55.04
禽类	Poultry	505.64	364.32	324.53
鸡	Chicken	294.74	220.73	189.44
鸭	Duck	113.65	86.46	80.04
其它禽类及制品	Others Poultry Processed & Products	97.24	57.12	55.05
蛋类	Eggs	83.19	61.06	53.88
鲜蛋	Fresh Eggs	77.47	57.03	51.05
蛋制品	Eggs Processed Products	5.72	4.03	2.83
水产品类	Aquatic Products	378.22	218.30	186.93
鱼	Fish	241.54	151.67	135.39
虾	Shrimp	37.15	18.33	15.40
其它水产品及制品	Others Aquatic & Products	99.54	48.30	36.13
蔬菜类	Vegetables	521.24	441.06	416.59
鲜菜	Fresh Vegetables	465.79	398.80	381.94
干菜	Dried Vegetables	29.44	19.64	16.23
菜制品	Vegetable Products	26.01	22.62	18.42

Per Capita Consumption Expenditure of Urban Households（2012）

（yuan）

按收入等级分 Grouped by Percentile of Households						
低收入户（10%）Low Income Households（second decile group）	中等偏下户（20%）Lower Middle Income Households（second quintile group）	中等收入户（20%）Middle Income Households（third quintile group）	中等偏上户（20%）Upper Middle Income Households（fourth quintile group）	高收入户（10%）High Income Households（ninth decile group）	最高收入户（10%）Highest Income Households（tenth decile group）	# 更高收入户（5%）Higher Income Households（five percent）
8580.57	**10192.44**	**12963.83**	**17825.01**	**19824.08**	**27387.99**	**35499.76**
1967.52	2242.57	3014.72	4346.59	5074.32	7314.36	9941.16
4130.08	**4852.58**	**5657.44**	**6382.27**	**6816.60**	**7594.86**	**8632.47**
585.46	611.11	671.25	669.28	698.79	657.59	651.97
363.80	366.12	407.94	407.04	419.35	381.95	375.35
222.26	230.29	233.03	228.90	220.75	208.94	202.56
3.90	4.14	5.05	8.87	10.52	5.22	6.63
137.63	131.69	169.86	169.27	188.08	167.79	166.16
27.49	35.04	38.11	38.39	47.36	45.56	45.18
61.76	62.95	70.75	75.23	84.83	76.19	72.81
132.42	147.00	154.45	148.61	147.25	153.89	158.62
127.31	143.95	149.43	145.24	140.67	152.33	157.89
5.11	3.05	5.02	3.37	6.58	1.56	0.73
1800.45	2011.44	2169.54	2245.64	2231.23	2561.46	2708.41
1013.62	1069.23	1151.19	1221.89	1174.05	1310.83	1336.09
764.34	774.90	835.91	876.04	814.05	892.86	901.40
129.39	144.38	141.78	180.15	199.82	213.64	237.66
19.75	31.97	30.87	33.83	39.23	50.66	66.62
100.14	117.98	142.63	131.86	120.95	153.68	130.40
435.35	494.24	533.26	521.54	556.03	616.51	686.34
244.62	290.32	305.16	309.84	324.12	354.37	387.22
103.86	107.02	121.05	111.32	127.11	145.17	174.66
86.87	96.91	107.05	100.38	104.80	116.97	124.46
69.88	73.96	88.62	94.36	92.99	95.27	97.24
65.38	69.09	81.35	88.84	86.62	88.09	94.18
4.50	4.87	7.27	5.52	6.37	7.18	3.07
281.60	374.01	396.46	407.85	408.16	538.84	588.74
189.84	239.26	245.57	249.06	263.65	359.61	375.21
25.01	35.90	41.57	42.87	37.73	51.40	67.71
66.75	98.85	109.32	115.92	106.79	127.83	145.82
460.58	496.93	542.28	555.68	535.00	595.56	613.16
419.84	443.46	484.20	492.96	472.26	535.34	545.55
19.08	25.04	29.58	35.20	40.42	36.27	45.96
21.66	28.43	28.50	27.51	22.32	23.95	21.66

2-4 续表 1

单位：元

项　目	Item	总平均 Total Average	最低收入户（10%） Lowest Income Households（first decile group）	# 困难户（5%） Poor Households（first five percent group）
调味品	Flavoring	45.74	32.78	30.16
糖烟酒饮料类	Suger, Tobacco, Wine and Beverages	390.13	193.11	186.95
糖类	Carbohydrate Products	60.04	32.06	34.91
烟草类	Tobacco	164.41	93.38	103.71
酒类	Liquors	101.00	41.21	28.55
白酒	Liquors	66.50	19.13	14.95
果酒	Wine	6.25	2.04	1.39
啤酒	Beer	14.27	13.05	7.50
其他酒	Others	13.97	6.99	4.71
饮料	Beverage	64.68	26.46	19.77
碳酸饮料	Carbonated Beverages	2.80	2.45	2.24
瓶装饮用水	Bottled Drinking Water	16.07	3.44	1.89
茶叶	Tea	14.82	5.56	3.04
其他饮料	Other Beverages	30.99	15.01	12.61
干鲜瓜果类	Dried and Fresh Melons and Fruits	406.75	198.81	173.88
鲜果	Fresh Fruits	277.69	138.26	121.55
鲜瓜	Fresh Melons	34.83	18.34	15.57
其它干鲜瓜果类及制品	Others Melon and Fruits & Products	94.23	42.21	36.76
糕点、奶及奶制品	Pastry, Milk and Milk Products	289.63	138.51	93.53
糕点	Pastry	100.08	45.01	39.85
奶及奶制品	Milk and Its Products	189.55	93.49	53.68
鲜乳品	Fresh milk	112.10	51.00	40.30
奶粉	Milk Powder	49.16	29.92	3.42
酸奶	Sour Milk	9.02	4.38	2.98
其他奶制品	Other Dairy Products	19.27	8.20	6.97
其他食品	Others Food	56.13	21.32	18.41
饮食服务	Food Service	1125.96	505.68	370.28
食品加工服务费	Food Processing Cost	2.09	0.22	0.30
在外饮食	Dinars	1123.88	505.46	369.98
非食品类	**Non-food**			
衣着	**Clothing**	**1146.46**	**372.37**	**299.60**
服装	Garments	874.12	273.56	221.60
衣着材料	Clothing Material	6.40	4.16	1.71

continued

(yuan)

按收入等级分 Grouped by Percentile of Households						
低收入户（10%） Low Income Households (second decile group)	中等偏下户（20%） Lower Middle Income Households (second quintile group)	中等收入户（20%） Middle Income Households (third quintile group)	中等偏上户（20%） Upper Middle Income Households (fourth quintile group)	高收入户（10%） High Income Households (ninth decile group)	最高收入户（10%） Highest Income Households (tenth decile group)	# 更高收入户（5%） Higher Income Households (five percent)
31.73	42.38	51.40	53.69	49.31	48.40	51.88
201.71	313.93	397.97	534.22	520.86	501.41	558.81
41.53	40.78	69.13	75.00	79.85	79.47	62.31
65.03	131.32	164.22	251.05	206.61	183.75	202.63
51.29	87.73	101.63	126.91	140.67	149.67	193.35
28.15	44.55	74.29	85.04	99.17	117.81	147.16
1.37	4.60	4.12	9.72	9.57	13.72	25.34
14.39	13.06	12.00	19.79	17.13	6.99	10.97
7.38	25.52	11.22	12.37	14.80	11.16	9.88
43.86	54.09	62.98	81.26	93.73	88.52	100.53
3.98	2.22	2.79	2.88	2.72	3.16	2.93
14.43	13.51	14.13	17.69	26.50	27.21	31.99
4.81	10.64	15.71	18.15	28.87	20.45	22.50
20.65	27.72	30.35	42.54	35.63	37.70	43.11
246.66	330.79	399.43	497.99	593.48	595.06	640.78
175.46	232.00	270.81	330.15	396.77	418.73	443.26
21.63	27.01	35.32	48.00	49.49	37.76	37.42
49.57	71.78	93.30	119.84	147.22	138.57	160.09
194.24	228.03	285.88	384.03	373.60	407.77	484.38
57.57	83.54	98.00	125.38	146.48	142.54	166.24
136.68	144.49	187.87	258.65	227.12	265.22	318.14
73.82	79.68	107.96	164.57	148.04	146.73	184.67
41.19	38.24	54.42	56.66	43.67	83.88	95.12
4.46	8.28	6.83	12.07	12.33	15.52	18.52
17.21	18.29	18.66	25.34	23.09	19.10	19.84
34.44	48.45	64.28	60.84	82.89	77.92	96.24
574.81	769.53	1075.42	1380.91	1731.43	2149.69	2826.84
0.67	1.45	2.17	2.43	2.21	6.34	2.34
574.14	768.08	1073.25	1378.47	1729.23	2143.35	2824.50
508.72	**695.36**	**1007.06**	**1494.68**	**2005.54**	**2364.32**	**2760.36**
369.44	512.39	772.61	1137.47	1564.33	1831.41	2145.31
4.01	3.51	7.53	9.08	8.77	6.74	8.54

2-4 续表 2

单位：元

项 目	Item	总平均 Total Average	最低收入户（10%） Lowest Income Households（first decile group）	# 困难户（5%） Poor Households（first five percent group）
鞋类	Shoes	232.39	81.33	68.06
其他衣着用品	Other Clothing Articles	27.39	12.27	8.11
衣着加工服务费	Clothes Processing Service Cost	6.17	1.05	0.12
家庭设备用品及服务	**Household Facilities, Articles and Service**	**1125.39**	**290.63**	**223.27**
耐用消费品	Durable Consumer Goods	531.67	93.03	72.94
家具	Furniture	192.84	16.60	22.54
家庭设备	Household Facilities	336.27	76.34	50.23
洗衣机	Washing Machine	36.32	10.20	8.13
电冰箱	Refrigerator	45.61	24.68	16.16
微波炉	Microwave Oven	6.51	1.32	1.98
空调器	Air Conditioner	71.29	5.93	11.54
淋浴热水器	Shower Water Heaters	43.00	10.45	4.39
消毒碗柜	Xiaodaiwangui	5.80	1.19	
洗碗机	Dishwashers			
其他	Others	127.73	22.57	8.03
室内装饰品	Interior Decorations	38.79	0.03	
床上用品	Bed Articles	104.63	23.81	16.21
家庭日用杂品	Daily Use Household Articles	369.54	165.53	126.21
家具材料	Furniture Material	2.11	0.20	
家庭服务	Household Service	78.64	8.04	7.91
家政服务	Domestic Service	54.29	1.70	1.41
加工维修服务费	Processing Maintenance Services	24.34	6.34	6.50
医疗保健	**Health Care and Medical Services**	**883.56**	**432.72**	**259.58**
医疗器具	Medical Appliances	5.72	2.97	2.92
保健器具	Constitutional Appliances	14.53	0.06	0.02
药品费	Medicine Expense	436.09	234.43	151.70
滋补保健品	Nourishing Healthful Products	90.18	22.70	9.67
医疗费	Medical Care Expense	328.08	170.27	95.19
其他	Others	8.94	2.29	0.08
交通和通讯	**Transport and Communications**	**2088.64**	**549.62**	**422.61**
交通	Transport	1448.53	201.35	149.30
家庭交通工具	Household Transportation	721.91	77.61	62.04
摩托车	Motor	18.04	30.32	35.38

continued

(yuan)

按收入等级分 Grouped by Percentile of Households						
低收入户 (10%) Low Income Households (second decile group)	中等偏下户 (20%) Lower Middle Income Households (second quintile group)	中等收入户 (20%) Middle Income Households (third quintile group)	中等偏上户 (20%) Upper Middle Income Households (fourth quintile group)	高收入户 (10%) High Income Households (ninth decile group)	最高收入户 (10%) Highest Income Households (tenth decile group)	# 更高收入户 (5%) Higher Income Households (five percent)
120.20	158.32	200.01	303.39	379.82	450.74	505.61
13.39	16.13	21.67	39.19	40.49	58.57	72.90
1.68	5.00	5.24	5.56	12.14	16.87	28.01
478.09	**698.03**	**832.60**	**1664.28**	**1942.31**	**2322.19**	**2992.96**
205.60	326.35	371.90	945.61	726.99	1075.21	1542.95
38.82	70.89	93.37	337.03	332.28	601.91	918.30
166.78	255.27	276.64	600.61	394.71	467.59	613.29
26.47	31.87	39.75	49.96	47.41	34.37	67.86
25.34	25.58	36.10	97.89	56.36	25.11	46.60
8.61	7.28	7.58	7.73	4.55	5.07	6.87
58.64	43.96	43.76	144.54	90.81	93.61	130.65
9.97	37.59	28.71	65.73	25.40	134.64	178.69
2.35	7.65	3.36	9.78	3.05	10.33	21.43
35.40	101.35	117.38	224.97	167.14	164.47	161.18
4.30	12.98	16.50	72.18	100.56	85.70	139.73
45.82	66.02	73.60	122.45	254.35	213.67	252.49
212.86	263.63	331.80	435.36	601.64	704.33	792.10
0.59	0.38	2.20	0.59	11.39	2.64	4.07
8.93	28.68	36.60	88.09	247.39	240.64	261.62
4.88	6.60	16.84	45.13	217.92	206.25	222.83
4.06	22.08	19.76	42.96	29.47	34.39	38.79
613.64	**709.70**	**913.48**	**946.59**	**1265.35**	**1471.95**	**1480.08**
0.64	4.60	7.22	4.88	3.11	19.47	30.83
0.03	4.16	55.19	2.22	10.61	10.84	17.44
341.70	351.38	464.89	467.65	637.37	601.83	608.88
42.20	102.98	79.97	109.86	107.44	150.69	131.27
223.65	243.32	300.75	359.61	474.04	658.62	671.69
5.43	3.27	5.45	2.36	32.78	30.50	19.96
893.29	**930.25**	**1620.23**	**2848.07**	**3227.24**	**6069.75**	**8878.38**
499.41	417.02	1026.10	2087.39	2346.95	4957.19	7604.68
293.97	69.12	545.56	1103.85	1034.03	2713.67	4574.95
		19.61	12.23		102.33	43.51

2-4 续表 3

单位：元

项 目	Item	总平均 Total Average	最低收入户（10%）Lowest Income Households（first decile group）	# 困难户（5%）Poor Households（first five percent group）
助力车	Moped	55.02	38.51	25.28
家用汽车	Domestic Car	635.77		
其他交通工具	Other Modes of Transport	13.07	8.78	1.37
车辆用燃料及零配件	Fuel and Accessories for Vehicle	356.92	32.79	21.64
燃料	Fuel	316.28	20.43	10.54
零配件	Accessories	31.52	12.14	10.89
其他	Others	9.12	0.21	0.21
交通工具服务支出	Transport Services Spending	175.52	26.28	21.12
维修费	Maintenance Costs	45.40	9.40	6.81
车辆使用税费	Vehicles Using Tax	104.77	2.19	2.16
其它车辆使用费用	Other Vehicles Cost	25.35	14.70	12.14
交通费	Transport	194.19	64.68	44.51
飞机	Aircraft	29.66		
火车	Train	36.63	11.62	10.70
长途汽车	Long-distance Coach	68.21	27.91	16.17
市内公共交通	City Bus Transport	24.96	12.46	13.82
出租汽车费	Taxi Fees	18.73	7.02	2.14
其他交通费	Other Traffic Charges	16.00	5.66	1.68
通信	Communication	640.12	348.28	273.31
通信工具	Communication Tools	127.15	49.76	27.95
电话机	Telephone	2.59	10.40	
移动电话	Mobile Telephone	119.78	37.37	26.91
其他通信工具	Other Communications Tools	3.63	0.84	0.88
通信服务	Communication Service	512.97	298.52	245.36
电信费	Communications	503.71	294.56	244.62
邮费	Postage	3.33	0.53	0.29
其他	Others	5.94	3.43	0.45
教育文化娱乐服务	**Recreation, Education and Cultural Services**	**1626.05**	**818.87**	**786.60**
文化娱乐用品	Recreation, and Cultural Facilities	424.81	164.77	147.70
彩色电视机	Color TV	93.61	26.82	3.61
家用电脑	Home Computer	86.91	66.84	78.83
整机电脑	Unit Computer	70.23	55.97	64.69

continued

(yuan)

按收入等级分 Grouped by Percentile of Households						
低收入户（10%）Low Income Households（second decile group）	中等偏下户（20%）Lower Middle Income Households（second quintile group）	中等收入户（20%）Middle Income Households（third quintile group）	中等偏上户（20%）Upper Middle Income Households（fourth quintile group）	高收入户（10%）High Income Households（ninth decile group）	最高收入户（10%）Highest Income Households（tenth decile group）	# 更高收入户（5%）Higher Income Households（five percent）
37.38	54.85	69.51	51.71	55.40	68.51	96.98
254.03		441.34	1031.18	965.13	2509.78	4411.36
2.56	14.27	15.09	8.72	13.50	33.05	23.10
101.56	181.25	218.82	453.71	685.39	1173.47	1647.35
64.17	157.82	192.02	405.05	612.35	1078.84	1545.51
33.46	21.49	24.48	40.09	30.77	73.80	86.56
3.94	1.94	2.31	8.57	42.27	20.83	15.28
33.29	46.91	104.70	246.89	349.23	622.86	791.48
13.89	18.49	43.07	44.49	73.49	165.57	196.00
7.99	17.69	44.37	171.82	210.81	408.35	534.45
11.40	10.73	17.27	30.58	64.94	48.94	61.04
70.59	119.75	157.02	282.93	278.30	447.19	590.89
0.05	10.38	9.84	46.26	22.73	163.52	271.78
12.31	17.30	23.80	61.90	74.82	65.07	61.85
24.29	51.63	62.38	98.20	107.85	100.75	118.19
18.09	20.53	24.16	30.63	27.82	43.34	50.17
7.57	10.87	11.62	27.26	30.33	47.36	67.76
8.27	9.03	25.23	18.68	14.73	27.15	21.14
393.88	513.23	594.13	760.68	880.29	1112.55	1273.70
52.12	85.07	85.21	182.08	211.00	275.84	303.44
1.26	0.46	1.67	3.65	0.20	2.72	4.17
48.36	82.28	78.21	170.98	204.77	265.67	290.98
2.07	1.07	4.91	4.58	5.84	6.96	7.98
341.76	428.16	508.92	578.60	669.28	836.72	970.26
336.47	421.91	498.48	572.93	643.65	823.12	955.01
2.88	2.61	1.58	2.43	10.24	6.92	7.75
2.41	3.64	8.86	3.25	15.39	6.68	7.50
1015.46	**1046.26**	**1430.87**	**2080.48**	**2272.28**	**3304.28**	**4344.68**
135.01	256.63	288.94	580.57	644.61	1170.55	1300.71
27.67	47.90	74.65	204.63	133.88	87.09	92.47
27.60	64.96	65.62	85.91	161.80	197.97	113.91
13.83	53.90	53.67	67.47	127.03	172.13	91.65

2-4 续表 4

单位：元

项 目	Item	总平均 Total Average	最低收入户（10%） Lowest Income Households（first decile group）	# 困难户（5%） Poor Households（first five percent group）
计算机外部设备	Computer Peripheral Equipment	8.09	9.92	14.13
各种零配件及耗材	Various Parts & Supplies	8.58	0.95	0.01
组合音响	Machines	0.90	2.03	
摄像机	Cameras	0.41		
照相机	Cameras	35.33	1.91	0.05
钢琴	Piano	6.03		
其他中高档乐器	Other Middle-grade Instruments	2.78		
健身器材	Fitness Equipment	2.03		
电子辞典	Electronic Dictionary	1.68		
音像制品及软件	Audio-video Products and Software	4.62	0.71	0.15
体育用品	Sports	6.36	0.95	1.45
书报杂志	Newspapers and Magazines	72.69	20.87	20.19
纸张文具	Paper Stationery	15.26	10.19	10.23
其他文娱用品	Other Cultural Items	96.20	34.45	33.19
文化娱乐服务	Recreation, and Culrural Service	521.37	122.70	90.15
参观游览	Tourists	42.56	16.57	17.00
健身活动	Fitness Activities	11.34	0.18	0.02
团体旅游	Tourist Groups	342.94	52.78	24.51
其它文娱活动	Other Cultural Activities	115.57	49.58	45.60
文娱用品修理服务费	Civic Supplies Repair Services	8.96	3.60	3.02
教育	Education	679.88	531.40	548.75
教材	Text-book	29.80	40.54	45.07
课本及参考书	Textbooks and Reference Books	20.40	33.57	41.22
教育软件	Educational Software	0.19	0.06	0.11
其它教材	Other Materials	7.88	6.01	2.44
教育费用	Education Expense	650.08	490.85	503.67
非义务教育学杂费	Non-compulsory Education Fees	214.53	211.91	179.81
义务教育学杂费	Compulsory Fees	29.12	48.61	76.12
托幼费	Nurseries Charges	110.66	57.86	75.75
成人教育费	Adult Education Fees	48.17	37.24	25.48
家教费	Tutor Fee	12.49	1.21	0.01
培训班	Courses	177.65	47.89	49.69
学校住宿费	Boarding Schools	17.89	28.97	27.39
其他	Others	33.48	52.15	61.08

continued

(yuan)

按收入等级分 Grouped by Percentile of Households						
低收入户 (10%) Low Income Households (second decile group)	中等偏下户 (20%) Lower Middle Income Households (second quintile group)	中等收入户 (20%) Middle Income Households (third quintile group)	中等偏上户 (20%) Upper Middle Income Households (fourth quintile group)	高收入户 (10%) High Income Households (ninth decile group)	最高收入户 (10%) Highest Income Households (tenth decile group)	# 更高收入户 (5%) Higher Income Households (five percent)
6.03	4.28	3.63	7.47	20.45	15.06	6.35
7.75	6.78	8.32	10.97	14.31	10.78	15.92
0.10		0.20	0.47	0.30	6.21	0.82
		2.01				
11.40	9.95	10.15	22.96	43.82	247.62	86.11
			21.42		19.36	8.26
	4.07	1.16	5.53		6.75	9.05
	7.29			3.44	2.10	
	1.28	1.16	1.13	4.98	5.28	10.97
2.01	1.67	2.44	12.17	5.54	5.20	9.64
1.11	2.99	5.14	12.52	4.12	17.89	31.94
17.98	36.80	44.00	67.36	78.83	363.43	686.47
9.38	10.69	17.19	22.14	18.65	13.78	16.41
37.75	69.04	65.23	124.33	189.24	197.85	234.66
263.34	258.15	464.80	695.05	865.43	1238.77	1951.16
27.09	21.79	28.77	63.33	80.95	78.27	95.26
0.54	8.12	17.81	15.34	16.69	13.24	15.66
158.25	147.32	306.07	428.81	585.61	970.45	1603.98
72.51	72.92	103.29	175.06	169.19	167.78	224.77
4.95	8.00	8.86	12.50	12.99	9.04	11.50
617.11	531.48	677.12	804.86	762.23	894.95	1092.82
24.78	39.69	26.22	27.65	19.80	24.86	28.59
17.96	20.69	16.69	20.21	17.23	20.40	27.54
0.09	0.04	0.03	0.11	0.15	1.45	0.53
2.51	16.33	8.78	6.92	2.16	2.80	0.09
592.33	491.79	650.90	777.21	742.43	870.09	1064.23
131.87	189.73	279.86	260.85	121.27	218.92	147.65
44.19	24.55	26.64	29.35	17.41	19.24	15.47
221.44	97.77	82.69	115.93	93.83	148.71	213.61
40.51	14.03	49.02	54.89	77.63	99.89	139.12
17.59	8.73	2.72	28.66	14.86	10.04	17.84
103.18	118.77	147.74	225.42	373.68	279.84	425.41
5.18	6.43	14.71	10.44	23.26	67.76	72.48
20.52	23.25	37.20	51.26	18.48	17.62	15.87

2-4 续表 5

单位：元

项　目	Item	总平均 Total Average	最低收入户（10%） Lowest Income Households（first decile group）	# 困难户（5%） Poor Households（first five percent group）
居住	**Residence**	**1377.26**	**656.10**	**626.98**
住房	Accomadation	498.69	59.78	63.42
租赁房房租	Rental Housing Accommodation	42.90	54.74	55.92
住房装潢支出	Housing Expenditure Decorating	383.03	0.59	
维修用建筑材料	Maintenance Materials	57.90	2.31	3.35
其他	Others	14.85	2.13	4.15
水电燃料及其他	Water, Electricity and Other Fuels	804.54	579.69	550.07
水	Water	118.82	92.57	79.23
电	Electricity	421.28	293.11	271.97
燃料	Fuels	246.57	191.59	195.22
煤炭	Coal	1.37	3.76	6.56
罐装液化石油气	Canned Liquified Petroleum Gas	194.58	174.05	182.47
管道液化石油气	Pipeline Liquified Petroleum Gas	1.14		
管道煤气	Pipeline Gas	12.94	6.43	4.26
管道天然气	Pipeline Natural Gas	24.26	6.71	1.59
柴油	Derv	0.01		
其他燃料	Others Fuel	12.27	0.64	0.34
其他	Others	17.88	2.42	3.65
居住服务费	Esidence Service Fees	74.02	16.62	13.49
物业管理费	Property Management Fees	37.72	11.62	9.84
维修服务费	Maintenance Services	14.76	1.70	1.86
其它	Others	21.54	3.31	1.79
杂项商品和服务	**Miscellaneous Commodities and Services**	**444.06**	**104.28**	**61.44**
杂项商品	Miscellaneous Commodities	295.76	73.31	49.73
金银珠宝饰品	Gold and Silver Jewelry	72.53	3.08	2.23
手表	Watches	7.52	6.40	2.95
理发美容用具	Barber Beauty Appliances	2.77	0.53	0.56
化妆品	Cosmetic Products	100.59	23.16	16.25
其他杂品	Other Groceries	112.36	40.14	27.74
服务	Services	148.30	30.97	11.71
旅馆住宿费	Hotel Accommodations	27.98	2.62	0.75
理发洗澡费	Barber Bathing	18.73	8.77	8.78
美容费	Beauty	45.68	3.61	0.90
其他服务	Other Services	55.91	15.97	1.29

continued

(yuan)

按收入等级分 Grouped by Percentile of Households						
低收入户 (10%) Low Income Households (second decile group)	中等偏下户 (20%) Lower Middle Income Households (second quintile group)	中等收入户 (20%) Middle Income Households (third quintile group)	中等偏上户 (20%) Upper Middle Income Households (fourth quintile group)	高收入户 (10%) High Income Households (ninth decile group)	最高收入户 (10%) Highest Income Households (tenth decile group)	# 更高收入户 (5%) Higher Income Households (five percent)
760.71	**1035.16**	**1136.34**	**1882.19**	**1232.09**	**3331.04**	**5028.59**
125.43	248.15	295.79	882.90	220.26	1970.82	3394.31
89.48	42.96	34.03	17.81	43.74	55.70	102.37
19.90	157.08	208.84	744.04	137.78	1662.08	2988.94
12.45	46.34	48.42	110.25	24.97	140.79	208.47
3.60	1.78	4.49	10.79	13.76	112.25	94.53
614.08	737.15	798.46	865.61	945.90	1155.03	1344.79
92.93	110.55	112.06	125.53	139.58	175.53	226.04
307.20	379.85	401.34	458.94	510.17	657.90	750.28
205.32	239.26	271.03	251.62	265.69	283.48	307.92
0.84	0.85	0.26	0.17	5.46	1.14	0.80
183.93	185.73	220.34	209.28	170.90	183.61	159.27
3.14	1.71	0.30	0.56	2.94		
5.51	12.58	14.81	10.56	13.16	31.39	48.19
1.85	21.30	17.75	22.83	57.34	57.82	85.34
		0.05				
10.04	17.09	17.51	8.22	15.89	9.51	14.31
8.63	7.48	14.03	29.52	30.47	38.11	60.55
21.20	49.86	42.09	133.68	65.92	205.20	289.49
15.85	25.04	28.99	39.16	48.52	130.52	175.46
0.29	15.89	7.61	37.59	5.86	16.64	6.83
5.06	8.93	5.49	56.93	11.54	58.03	107.20
180.58	**225.10**	**365.81**	**526.45**	**1062.67**	**929.61**	**1382.24**
155.01	145.42	278.48	354.59	658.20	550.75	772.45
16.31	15.50	23.50	109.24	281.52	135.00	234.05
0.80	12.91	2.57	4.75	23.13	3.20	6.50
0.42	1.64	1.69	2.28	11.15	4.56	5.58
42.37	51.13	90.94	137.55	196.45	198.56	251.23
95.11	64.26	159.77	100.77	145.95	209.43	275.08
25.57	79.68	87.33	171.87	404.47	378.86	609.79
8.95	10.50	14.77	47.37	62.51	65.77	113.91
5.91	16.01	13.29	23.77	32.82	35.95	58.45
5.57	11.02	33.37	46.19	180.92	91.74	132.03
5.13	42.14	25.90	54.54	128.21	185.41	305.40

2-5 城镇居民家庭人均购买商品数量（2012年）

项 目	Item	总平均 Total Average	最低收入户（10%） Lowest Income Households（first decile group）	# 困难户（5%） Poor Households（first five percent group）
消费支出（元）	**Total Consumption Expenditure（yuan）**	**14243.98**	**6691.04**	**5794.55**
食品（元）	**Food（yuan）**	**5552.56**	**3466.46**	**3114.47**
粮油类（千克）	Grain and Oil（kg）			
粮食（千克）	Grain（kg）	68.21	67.07	69.75
大米	Rice	42.56	41.27	43.13
面粉	Flour	1.31	0.93	0.87
其他粮食及制品	Others Grain & Products	24.36	24.87	25.76
淀粉及薯类（千克）	Starches and Tubers（kg）	8.18	6.80	5.95
干豆类及豆制品（元）	Bean and Its Products（yuan）	69.62	56.16	54.00
油脂类（千克）	Oil or Fat（kg）	6.14	5.25	5.14
食用植物油	Edible Oil	5.89	5.09	4.92
食用动物油	Consumption of Animal Oil			
肉禽蛋水产品类（千克）	Poutry, Eggs and Quatic Products（kg）			
肉类（千克）	Meat（kg）	38.95	28.72	27.82
猪肉	Pork	31.57	24.65	23.98
牛肉	Beef	3.70	2.15	2.07
羊肉	Lamb	0.63	0.26	0.21
其他肉及制品	Others Stewed & Products	3.15	1.73	1.62
禽类（千克）	Poultry（kg）	19.67	15.37	13.74
鸡	Chicken	11.24	9.18	7.93
鸭	Duck	5.51	4.35	4.05
其他禽及制品	Others Poultry Processed & Products	2.99	1.90	1.81
蛋类（千克）	Eggs（kg）	6.55	5.10	4.53
鲜蛋	Fresh Eggs	6.19	4.86	4.36
蛋制品	Eggs Processed Products	0.36	0.24	0.18
水产品类（元）	Aquatic Products（yuan）	378.22	218.30	186.93
鱼（千克）	Fish（kg）	12.03	9.09	8.28
虾（千克）	Shrimp（kg）	0.92	0.50	0.43
其它水产品及制品	Others Aquatic & Products	3.56	1.96	1.63
蔬菜类（元）	Vegetables（yuan）	521.24	441.06	416.59
鲜菜（千克）	Fresh Vegetables（kg）	100.97	91.59	90.77
干菜（千克）	Dried Vegetables（kg）			
菜制品	Vegetable Products	26.01	22.62	18.42

Per Capita Annual Purchases of Commodities of Urban Households（2012）

按收入等级分 Grouped by Percentile of Households						
低收入户（10%）Low Income Households（second decile group）	中等偏下户（20%）Lower Middle Income Households（second quintile group）	中等收入户（20%）Middle Income Households（third quintile group）	中等偏上户（20%）Upper Middle Income Households（fourth quintile group）	高收入户（10%）High Income Households（ninth decile group）	最高收入户（10%）Highest Income Households（tenth decile group）	# 更高收入户（5%）Higher Income Households（five percent）
8580.57	**10192.44**	**12963.83**	**17825.01**	**19824.08**	**27387.99**	**35499.76**
4130.08	**4852.58**	**5657.44**	**6382.27**	**6816.60**	**7594.86**	**8632.47**
67.39	66.94	70.93	69.70	70.04	61.17	59.09
43.73	44.45	43.92	42.94	39.81	37.09	35.95
0.87	0.87	1.02	2.05	2.20	1.10	1.42
22.79	21.62	25.99	24.72	28.05	22.98	21.73
5.87	7.79	8.42	8.57	10.29	9.40	8.63
61.76	62.95	70.75	75.23	84.83	76.19	72.81
5.71	6.15	6.69	6.23	6.21	6.01	5.96
5.42	5.96	6.36	6.00	5.85	5.90	5.92
36.39	37.50	40.26	42.79	40.98	42.51	42.82
30.36	30.59	32.63	34.59	31.82	33.24	33.22
3.00	3.32	3.36	4.25	5.34	4.76	5.41
0.39	0.62	0.69	0.66	0.82	0.96	1.23
2.73	3.07	3.69	3.41	3.12	3.65	3.05
17.23	19.47	20.91	19.93	21.30	22.52	25.09
9.49	11.35	11.57	11.69	12.09	12.61	13.64
4.99	5.18	6.01	5.34	6.25	6.55	7.93
2.82	3.00	3.41	2.97	3.02	3.44	3.60
5.75	6.00	6.99	7.35	6.97	7.00	6.82
5.45	5.67	6.53	7.02	6.57	6.56	6.64
0.30	0.33	0.46	0.34	0.41	0.44	0.18
281.60	374.01	396.46	407.85	408.16	538.84	588.74
10.15	12.12	12.11	12.25	13.09	15.53	15.90
0.64	0.93	1.07	1.01	0.92	1.15	1.43
2.78	3.83	3.88	3.82	3.85	3.97	4.58
460.58	496.93	542.28	555.68	535.00	595.56	613.16
95.48	97.00	107.02	104.92	99.25	106.03	102.96
21.66	28.43	28.50	27.51	22.32	23.95	21.66

2-5 续表 1

项 目	Item	总平均 Total Average	最低收入户（10%） Lowest Income Households（first decile group）	# 困难户（5%） Poor Households（first five percent group）
调味品（元）	Flavoring（yuan）	45.74	32.78	30.16
糖烟酒饮料类（元）	Suger, Tobacco, Wine and Beverages（yuan）	390.13	193.11	186.95
糖类	Carbohydrate Products	60.04	32.06	34.91
烟草类	Tobacco	164.41	93.38	103.71
酒类（千克）	Liquors（kg）	5.12	3.68	2.77
白酒	Liquors	2.87	1.25	1.50
果酒	Wine	0.11	0.13	0.03
啤酒	Beer	2.13	2.29	1.24
其他酒	Others	0.01	0.01	0.01
饮料（元）	Beverage（yuan）	64.68	26.46	19.77
碳酸饮料（千克）	Carbonated Beverages（kg）	0.55	0.45	0.43
瓶装饮用水（千克）	Bottled Drinking Water（kg）	12.57	3.65	1.79
茶叶（千克）	Tea（kg）	0.14	0.07	0.04
其他饮料（元）	Other Beverages（yuan）	30.99	15.01	12.61
干鲜瓜果类（元）	Dried and Fresh Melons and Fruits（yuan）	406.75	198.81	173.88
鲜果（千克）	Fresh Fruits（kg）	45.03	25.40	24.28
鲜瓜（千克）	Fresh Melons（kg）	11.57	6.69	5.40
其他干鲜瓜果类及制品	Others Melon and Fruits & Products	94.23	42.21	36.76
糕点、奶及奶制品（元）	Pastry, Milk and Milk Products（yuan）	289.63	138.51	93.53
糕点（千克）	Pastry（kg）	4.04	1.82	1.57
奶及奶制品（元）	Milk and Its Products（yuan）	189.55	93.49	53.68
鲜乳品（千克）	Fresh milk（kg）	11.17	5.50	4.12
奶粉（千克）	Milk Powder（kg）	0.52	0.27	0.05
酸奶（千克）	Sour Milk（kg）	0.83	0.46	0.37
其他奶制品（元）	Other Dairy Products（yuan）	19.27	8.20	6.97
其他食品（元）	Others Food（yuan）	56.13	21.32	18.41
饮食服务（元）	Food Service（yuan）	1125.96	505.68	370.28
食品加工服务费	Food Processing Cost	2.09	0.22	0.30
在外饮食	Dinars	1123.88	505.46	369.98
非食品类（元）	**Non-food（yuan）**			
衣着（元）	**Clothing（yuan）**	**1146.46**	**372.37**	**299.60**
服装（件）	Garments（piece）	8.42	4.33	3.68
衣着材料（元）	Clothing Material（yuan）	6.40	4.16	1.71

continued

按收入等级分 Grouped by Percentile of Households						
低收入户（10%）Low Income Households（second decile group）	中等偏下户（20%）Lower Middle Income Households（second quintile group）	中等收入户（20%）Middle Income Households（third quintile group）	中等偏上户（20%）Upper Middle Income Households（fourth quintile group）	高收入户（10%）High Income Households（ninth decile group）	最高收入户（10%）Highest Income Households（tenth decile group）	# 更高收入户（5%）Higher Income Households（five percent）
31.73	42.38	51.40	53.69	49.31	48.40	51.88
201.71	313.93	397.97	534.22	520.86	501.41	558.81
41.53	40.78	69.13	75.00	79.85	79.47	62.31
65.03	131.32	164.22	251.05	206.61	183.75	202.63
3.91	4.22	5.25	6.61	6.85	4.34	5.98
1.65	2.10	3.38	3.60	4.41	3.20	4.18
0.05	0.07	0.11	0.15	0.10	0.11	0.19
2.21	2.02	1.75	2.85	2.35	1.02	1.60
	0.04		0.01			
43.86	54.09	62.98	81.26	93.73	88.52	100.53
0.94	0.45	0.52	0.57	0.49	0.50	0.52
10.45	13.44	10.13	14.22	16.63	20.37	23.51
0.06	0.14	0.17	0.17	0.19	0.13	0.12
20.65	27.72	30.35	42.54	35.63	37.70	43.11
246.66	330.79	399.43	497.99	593.48	595.06	640.78
30.73	40.26	45.20	52.23	63.11	56.74	54.38
7.25	9.39	11.98	16.14	15.46	10.83	10.37
49.57	71.78	93.30	119.84	147.22	138.57	160.09
194.24	228.03	285.88	384.03	373.60	407.77	484.38
2.47	3.67	4.01	5.00	5.59	5.22	5.09
136.68	144.49	187.87	258.65	227.12	265.22	318.14
7.22	8.27	10.86	15.63	15.22	14.53	17.60
0.84	0.27	0.41	0.63	0.58	0.99	0.59
0.37	0.78	0.63	1.11	1.11	1.35	1.61
17.21	18.29	18.66	25.34	23.09	19.10	19.84
34.44	48.45	64.28	60.84	82.89	77.92	96.24
574.81	769.53	1075.42	1380.91	1731.43	2149.69	2826.84
0.67	1.45	2.17	2.43	2.21	6.34	2.34
574.14	768.08	1073.25	1378.47	1729.23	2143.35	2824.50
508.72	**695.36**	**1007.06**	**1494.68**	**2005.54**	**2364.32**	**2760.36**
5.09	6.33	8.10	10.60	11.90	13.56	16.79
4.01	3.51	7.53	9.08	8.77	6.74	8.54

2-5 续表 2

项 目	Item	总平均 Total Average	最低收入户（10%）Lowest Income Households（first decile group）	# 困难户（5%）Poor Households（first five percent group）
鞋类（双）	Shoes（pair）	2.36	1.31	1.16
其他衣着用品（元）	Other Clothing Articles（yuan）	27.39	12.27	8.11
衣着加工服务费（元）	Clothes Processing Service Cost（yuan）	6.17	1.05	0.12
家庭设备用品及服务（元）	**Household Facilities, Articles and Service（yuan）**	**1125.39**	**290.63**	**223.27**
耐用消费品（元）	Durable Consumer Goods（yuan）	531.67	93.03	72.94
家具（元）	Furniture（yuan）	192.84	16.60	22.54
家庭设备（元）	Household Facilities（yuan）	336.27	76.34	50.23
洗衣机（台/百户）	Washing Machine（set/100 household）	5.37	2.04	1.40
电冰箱（台/百户）	Refrigerator（set/100 household）	5.18	3.43	3.80
微波炉（台/百户）	Microwave Oven（set/100 household）	2.52	1.37	2.28
空调器（台/百户）	Air Conditioner（set/100 household）	6.72	0.76	1.52
淋浴热水器（台/百户）	Shower Water Heaters（set/100 household）	9.68	5.85	3.62
消毒碗柜（台/百户）	Xiaodaiwangui（set/100 household）	2.36	0.76	
洗碗机（台/百户）	Dishwashers（set/100 household）			
其他（元）	Others（yuan）	127.73	22.57	8.03
室内装饰品（元）	Interior Decorations（yuan）	38.79	0.03	
床上用品（元）	Bed Articles（yuan）	104.63	23.81	16.21
家庭日用杂品（元）	Daily Use Household Articles（yuan）	369.54	165.53	126.21
家具材料（元）	Furniture Material（yuan）	2.11	0.20	
家庭服务（元）	Household Service（yuan）	78.64	8.04	7.91
家政服务	Domestic Service	54.29	1.70	1.41
加工维修服务费	Processing Maintenance Services	24.34	6.34	6.50
医疗保健（元）	**Health Care and Medical Services（yuan）**	**883.56**	**432.72**	**259.58**
医疗器具	Medical Appliances	5.72	2.97	2.92
保健器具	Constitutional Appliances	14.53	0.06	0.02
药品费	Medicine Expense	436.09	234.43	151.70
滋补保健品	Nourishing Healthful Products	90.18	22.70	9.67
医疗费	Medical Care Expense	328.08	170.27	95.19
其他	Others	8.94	2.29	0.08
交通和通讯（元）	**Transport and Communications（yuan）**	**2088.64**	**549.62**	**422.61**
交通（元）	Transport（yuan）	1448.53	201.35	149.30
家庭交通工具（元）	Household Transportation（yuan）	721.91	77.61	62.04
摩托车（辆/百户）	Motor（set/100 household）	0.79	1.39	1.40

continued

按收入等级分			Grouped by Percentile of Households			
低收入户（10%）Low Income Households（second decile group）	中等偏下户（20%）Lower Middle Income Households（second quintile group）	中等收入户（20%）Middle Income Households（third quintile group）	中等偏上户（20%）Upper Middle Income Households（fourth quintile group）	高收入户（10%）High Income Households（ninth decile group）	最高收入户（10%）Highest Income Households（tenth decile group）	# 更高收入户（5%）Higher Income Households（five percent）
1.55	2.06	2.29	2.88	3.41	2.95	3.37
13.39	16.13	21.67	39.19	40.49	58.57	72.90
1.68	5.00	5.24	5.56	12.14	16.87	28.01
478.09	**698.03**	**832.60**	**1664.28**	**1942.31**	**2322.19**	**2992.96**
205.60	326.35	371.90	945.61	726.99	1075.21	1542.95
38.82	70.89	93.37	337.03	332.28	601.91	918.30
166.78	255.27	276.64	600.61	394.71	467.59	613.29
3.89	3.73	5.99	8.20	6.65	3.72	7.07
3.81	3.23	4.24	10.25	3.95	3.86	7.12
4.31	3.22	2.90	2.36	1.09	1.90	1.93
6.87	4.83	4.95	11.27	6.95	9.01	12.46
5.37	10.43	7.82	12.88	7.54	15.20	17.45
1.49	2.94	1.37	4.63	1.02	2.09	4.26
35.40	101.35	117.38	224.97	167.14	164.47	161.18
4.30	12.98	16.50	72.18	100.56	85.70	139.73
45.82	66.02	73.60	122.45	254.35	213.67	252.49
212.86	263.63	331.80	435.36	601.64	704.33	792.10
0.59	0.38	2.20	0.59	11.39	2.64	4.07
8.93	28.68	36.60	88.09	247.39	240.64	261.62
4.88	6.60	16.84	45.13	217.92	206.25	222.83
4.06	22.08	19.76	42.96	29.47	34.39	38.79
613.64	**709.70**	**913.48**	**946.59**	**1265.35**	**1471.95**	**1480.08**
0.64	4.60	7.22	4.88	3.11	19.47	30.83
0.03	4.16	55.19	2.22	10.61	10.84	17.44
341.70	351.38	464.89	467.65	637.37	601.83	608.88
42.20	102.98	79.97	109.86	107.44	150.69	131.27
223.65	243.32	300.75	359.61	474.04	658.62	671.69
5.43	3.27	5.45	2.36	32.78	30.50	19.96
893.29	**930.25**	**1620.23**	**2848.07**	**3227.24**	**6069.75**	**8878.38**
499.41	417.02	1026.10	2087.39	2346.95	4957.19	7604.68
293.97	69.12	545.56	1103.85	1034.03	2713.67	4574.95
		1.74	0.49		2.18	1.03

2-5 续表 3

项 目	Item	总平均 Total Average	最低收入户（10%） Lowest Income Households（first decile group）	# 困难户（5%） Poor Households（first five percent group）
助力车（辆/百户）	Moped（set/100 household）	5.94	4.31	2.71
家用汽车（辆/百户）	Domestic Car（set/100 household）	2.45		
其他交通工具（元）	Other Modes of Transport（yuan）	13.07	8.78	1.37
车辆用燃料及零配件（元）	Fuel and Accessories for Vehicle（yuan）	356.92	32.79	21.64
燃料	Fuel	316.28	20.43	10.54
零配件	Accessories	31.52	12.14	10.89
其他	Others	9.12	0.21	0.21
交通工具服务支出（元）	Transport Services Spending（yuan）	175.52	26.28	21.12
维修费	Maintenance Costs	45.40	9.40	6.81
车辆使用税费	Vehicles Using Tax	104.77	2.19	2.16
其它车辆使用费用	Other Vehicles Cost	25.35	14.70	12.14
交通费（元）	Transport（yuan）	194.19	64.68	44.51
飞机	Aircraft	29.66		
火车	Train	36.63	11.62	10.70
长途汽车	Long-distance Coach	68.21	27.91	16.17
市内公共交通	City Bus Transport	24.96	12.46	13.82
出租汽车费	Taxi Fees	18.73	7.02	2.14
其他交通费	Other Traffic Charges	16.00	5.66	1.68
通信（元）	Communication（yuan）	640.12	348.28	273.31
通信工具（元）	Communication Tools（yuan）	127.15	49.76	27.95
电话机（部/百户）	Telephone（set/100 household）	3.22	3.22	
移动电话（部/百户）	Mobile Telephone（set/100 household）	30.76	13.32	11.94
其他通信工具（元）	Other Communications Tools（yuan）	3.63	0.84	0.88
通信服务（元）	Communication Service（yuan）	512.97	298.52	245.36
电信费	Communications	503.71	294.56	244.62
邮费	Postage	3.33	0.53	0.29
其他	Others	5.94	3.43	0.45
教育文化娱乐服务（元）	**Recreation, Education and Cultural Services（yuan）**	**1626.05**	**818.87**	**786.60**
文化娱乐用品（元）	Recreation, and Cultural Facilities（yuan）	424.81	164.77	147.70
彩色电视机（台/百户）	Color TV（set/100 household）	7.60	2.98	0.88
家用电脑	Home Computer	86.91	66.84	78.83
整机电脑（台/百户）	Unit Computer（set/100 household）	7.67	7.26	8.35

continued

按收入等级分 Grouped by Percentile of Households						
低收入户（10%）Low Income Households（second decile group）	中等偏下户（20%）Lower Middle Income Households（second quintile group）	中等收入户（20%）Middle Income Households（third quintile group）	中等偏上户（20%）Upper Middle Income Households（fourth quintile group）	高收入户（10%）High Income Households（ninth decile group）	最高收入户（10%）Highest Income Households（tenth decile group）	# 更高收入户（5%）Higher Income Households（five percent）
3.50	6.57	9.14	4.77	4.39	6.41	8.92
1.39		1.05	5.15	3.21	6.37	10.91
2.56	14.27	15.09	8.72	13.50	33.05	23.10
101.56	181.25	218.82	453.71	685.39	1173.47	1647.35
64.17	157.82	192.02	405.05	612.35	1078.84	1545.51
33.46	21.49	24.48	40.09	30.77	73.80	86.56
3.94	1.94	2.31	8.57	42.27	20.83	15.28
33.29	46.91	104.70	246.89	349.23	622.86	791.48
13.89	18.49	43.07	44.49	73.49	165.57	196.00
7.99	17.69	44.37	171.82	210.81	408.35	534.45
11.40	10.73	17.27	30.58	64.94	48.94	61.04
70.59	119.75	157.02	282.93	278.30	447.19	590.89
0.05	10.38	9.84	46.26	22.73	163.52	271.78
12.31	17.30	23.80	61.90	74.82	65.07	61.85
24.29	51.63	62.38	98.20	107.85	100.75	118.19
18.09	20.53	24.16	30.63	27.82	43.34	50.17
7.57	10.87	11.62	27.26	30.33	47.36	67.76
8.27	9.03	25.23	18.68	14.73	27.15	21.14
393.88	513.23	594.13	760.68	880.29	1112.55	1273.70
52.12	85.07	85.21	182.08	211.00	275.84	303.44
1.95	2.04	3.25	5.12	0.49	5.80	6.77
13.62	31.91	23.54	36.63	42.77	47.78	51.94
2.07	1.07	4.91	4.58	5.84	6.96	7.98
341.76	428.16	508.92	578.60	669.28	836.72	970.26
336.47	421.91	498.48	572.93	643.65	823.12	955.01
2.88	2.61	1.58	2.43	10.24	6.92	7.75
2.41	3.64	8.86	3.25	15.39	6.68	7.50
1015.46	**1046.26**	**1430.87**	**2080.48**	**2272.28**	**3304.28**	**4344.68**
135.01	256.63	288.94	580.57	644.61	1170.55	1300.71
2.99	4.22	8.31	15.27	5.91	5.99	7.32
27.60	64.96	65.62	85.91	161.80	197.97	113.91
1.57	6.98	5.38	8.57	11.16	13.41	8.50

2-5 续表 4

项 目	Item	总平均 Total Average	最低收入户（10%）Lowest Income Households（first decile group）	# 困难户（5%）Poor Households（first five percent group）
计算机外部设备	Computer Peripheral Equipment	8.09	9.92	14.13
各种零配件及耗材	Various Parts & Supplies	8.58	0.95	0.01
组合音响（台/百户）	Machines （set/100 household）	0.61	1.35	
摄像机（架/百户）	Cameras（set/100 household）	0.03		
照相机（架/百户）	Cameras （set/100 household）	2.94	0.99	
钢琴（架/百户）	Piano（set/100 household）	0.24		
其他中高档乐器（件/百户）	Other Middle-grade Instruments（piece/100 household）	0.57		
健身器材（件）	Fitness Equipment（piece）	0.30		
电子辞典（部）	Electronic Dictionary（set）	0.50		
音像制品及软件	Audio-video Products and Software	4.62	0.71	0.15
体育用品	Sports	6.36	0.95	1.45
书报杂志	Newspapers and Magazines	72.69	20.87	20.19
纸张文具	Paper Stationery	15.26	10.19	10.23
其他文娱用品	Other Cultural Items	96.20	34.45	33.19
文化娱乐服务（元）	Recreation, and Culrural Service（yuan）	521.37	122.70	90.15
参观游览	Tourists	42.56	16.57	17.00
健身活动	Fitness Activities	11.34	0.18	0.02
团体旅游	Tourist Groups	342.94	52.78	24.51
其它文娱活动	Other Cultural Activities	115.57	49.58	45.60
文娱用品修理服务费	Civic Supplies Repair Services	8.96	3.60	3.02
教育（元）	Education（yuan）	679.88	531.40	548.75
教材	Text-book	29.80	40.54	45.07
课本及参考书	Textbooks and Reference Books	20.40	33.57	41.22
教育软件	Educational Software	0.19	0.06	0.11
其它教材	Other Materials	7.88	6.01	2.44
教育费用（元）	Education Expense（yuan）	650.08	490.85	503.67
非义务教育学杂费	Non-compulsory Education Fees	214.53	211.91	179.81
义务教育学杂费	Compulsory Fees	29.12	48.61	76.12
托幼费	Nurseries Charges	110.66	57.86	75.75
成人教育费	Adult Education Fees	48.17	37.24	25.48
家教费	Tutor Fee	12.49	1.21	0.01
培训班	Courses	177.65	47.89	49.69
学校住宿费	Boarding Schools	17.89	28.97	27.39
其他	Others	33.48	52.15	61.08

continued

按收入等级分 Grouped by Percentile of Households						
低收入户（10%）Low Income Households（second decile group）	中等偏下户（20%）Lower Middle Income Households（second quintile group）	中等收入户（20%）Middle Income Households（third quintile group）	中等偏上户（20%）Upper Middle Income Households（fourth quintile group）	高收入户（10%）High Income Households（ninth decile group）	最高收入户（10%）Highest Income Households（tenth decile group）	# 更高收入户（5%）Higher Income Households（five percent）
6.03	4.28	3.63	7.47	20.45	15.06	6.35
7.75	6.78	8.32	10.97	14.31	10.78	15.92
		0.45	0.41	0.52	2.63	1.93
		0.17				
1.99	2.32	2.16	2.67	4.62	7.12	2.64
			0.41		1.58	0.58
	1.86	0.42			1.45	2.22
	0.49			0.75	1.30	
	0.48	0.45	0.47	1.76		
2.01	1.67	2.44	12.17	5.54	5.20	9.64
1.11	2.99	5.14	12.52	4.12	17.89	31.94
17.98	36.80	44.00	67.36	78.83	363.43	686.47
9.38	10.69	17.19	22.14	18.65	13.78	16.41
37.75	69.04	65.23	124.33	189.24	197.85	234.66
263.34	258.15	464.80	695.05	865.43	1238.77	1951.16
27.09	21.79	28.77	63.33	80.95	78.27	95.26
0.54	8.12	17.81	15.34	16.69	13.24	15.66
158.25	147.32	306.07	428.81	585.61	970.45	1603.98
72.51	72.92	103.29	175.06	169.19	167.78	224.77
4.95	8.00	8.86	12.50	12.99	9.04	11.50
617.11	531.48	677.12	804.86	762.23	894.95	1092.82
24.78	39.69	26.22	27.65	19.80	24.86	28.59
17.96	20.69	16.69	20.21	17.23	20.40	27.54
0.09	0.04	0.03	0.11	0.15	1.45	0.53
2.51	16.33	8.78	6.92	2.16	2.80	0.09
592.33	491.79	650.90	777.21	742.43	870.09	1064.23
131.87	189.73	279.86	260.85	121.27	218.92	147.65
44.19	24.55	26.64	29.35	17.41	19.24	15.47
221.44	97.77	82.69	115.93	93.83	148.71	213.61
40.51	14.03	49.02	54.89	77.63	99.89	139.12
17.59	8.73	2.72	28.66	14.86	10.04	17.84
103.18	118.77	147.74	225.42	373.68	279.84	425.41
5.18	6.43	14.71	10.44	23.26	67.76	72.48
20.52	23.25	37.20	51.26	18.48	17.62	15.87

2-5 续表 5

项 目	Item	总平均 Total Average	最低收入户（10%） Lowest Income Households（first decile group）	# 困难户（5%） Poor Households（first five percent group）
居住（元）	**Residence（yuan）**	**1377.26**	**656.10**	**626.98**
住房（元）	Accomadation（yuan）	498.69	59.78	63.42
租赁房房租	Rental Housing Accommodation	42.90	54.74	55.92
住房装潢支出	Housing Expenditure Decorating	383.03	0.59	
维修用建筑材料	Maintenance Materials	57.90	2.31	3.35
其他	Others	14.85	2.13	4.15
水电燃料及其他（元）	Water, Electricity and Other Fuels	804.54	579.69	550.07
水（吨）	Water（ton）	55.07	42.15	36.14
电（度）	Electricity（wh）	753.30	516.31	481.82
燃料（千克）	Fuels（kg）			
煤炭	Coal	1.22	3.91	6.69
罐装液化石油气	Canned Liquified Petroleum Gas	28.94	26.83	27.53
管道液化石油气	Pipeline Liquified Petroleum Gas	0.14		
管道煤气（立方米）	Pipeline Gas（cu.m）	4.95	3.05	0.88
管道天然气	Pipeline Natural Gas	5.93	1.64	0.48
柴油	Derv			
其他燃料（元）	Others Fuel（yuan）	12.27	0.64	0.34
其他	Others	17.88	2.42	3.65
居住服务费（元）	Esidence Service Fees（yuan）	74.02	16.62	13.49
物业管理费	Property Management Fees	37.72	11.62	9.84
维修服务费	Maintenance Services	14.76	1.70	1.86
其它	Others	21.54	3.31	1.79
杂项商品和服务（元）	**Miscellaneous Commodities and Services（yuan）**	**444.06**	**104.28**	**61.44**
杂项商品（元）	Miscellaneous Commodities（yuan）	295.76	73.31	49.73
金银珠宝饰品	Gold and Silver Jewelry	72.53	3.08	2.23
手表（只）	Watches（Only）	0.02	0.01	0.01
理发美容用具	Barber Beauty Appliances	2.77	0.53	0.56
化妆品	Cosmetic Products	100.59	23.16	16.25
其他杂品	Other Groceries	112.36	40.14	27.74
服务（元）	Services（yuan）	148.30	30.97	11.71
旅馆住宿费	Hotel Accommodations	27.98	2.62	0.75
理发洗澡费	Barber Bathing	18.73	8.77	8.78
美容费	Beauty	45.68	3.61	0.90
其他服务	Other Services	55.91	15.97	1.29

continued

按收入等级分 Grouped by Percentile of Households						
低收入户（10%）Low Income Households（second decile group）	中等偏下户（20%）Lower Middle Income Households（second quintile group）	中等收入户（20%）Middle Income Households（third quintile group）	中等偏上户（20%）Upper Middle Income Households（fourth quintile group）	高收入户（10%）High Income Households（ninth decile group）	最高收入户（10%）Highest Income Households（tenth decile group）	#更高收入户（5%）Higher Income Households（five percent）
760.71	**1035.16**	**1136.34**	**1882.19**	**1232.09**	**3331.04**	**5028.59**
125.43	248.15	295.79	882.90	220.26	1970.82	3394.31
89.48	42.96	34.03	17.81	43.74	55.70	102.37
19.90	157.08	208.84	744.04	137.78	1662.08	2988.94
12.45	46.34	48.42	110.25	24.97	140.79	208.47
3.60	1.78	4.49	10.79	13.76	112.25	94.53
614.08	737.15	798.46	865.61	945.90	1155.03	1344.79
42.14	52.13	51.50	57.68	64.59	83.63	109.10
542.78	674.19	715.64	821.72	935.71	1179.29	1333.93
0.79	0.23	0.22	0.15	5.39	0.97	0.69
26.79	26.31	34.14	30.61	24.95	28.60	24.95
0.19	0.09	0.07	0.09	0.66		
1.39	5.45	6.93	3.42	5.26	8.79	12.09
0.54	4.92	4.29	5.68	14.75	13.76	19.78
10.04	17.09	17.51	8.22	15.89	9.51	14.31
8.63	7.48	14.03	29.52	30.47	38.11	60.55
21.20	49.86	42.09	133.68	65.92	205.20	289.49
15.85	25.04	28.99	39.16	48.52	130.52	175.46
0.29	15.89	7.61	37.59	5.86	16.64	6.83
5.06	8.93	5.49	56.93	11.54	58.03	107.20
180.58	**225.10**	**365.81**	**526.45**	**1062.67**	**929.61**	**1382.24**
155.01	145.42	278.48	354.59	658.20	550.75	772.45
16.31	15.50	23.50	109.24	281.52	135.00	234.05
0.02	0.01	0.03	0.01	0.02		
0.42	1.64	1.69	2.28	11.15	4.56	5.58
42.37	51.13	90.94	137.55	196.45	198.56	251.23
95.11	64.26	159.77	100.77	145.95	209.43	275.08
25.57	79.68	87.33	171.87	404.47	378.86	609.79
8.95	10.50	14.77	47.37	62.51	65.77	113.91
5.91	16.01	13.29	23.77	32.82	35.95	58.45
5.57	11.02	33.37	46.19	180.92	91.74	132.03
5.13	42.14	25.90	54.54	128.21	185.41	305.40

2-6 城镇居民家庭平均每百户耐用消费品拥有量（2012年）

项　目	Item	总平均 Total Average	最低收入户（10%） Lowest Income Households（first decile group）	#困难户（5%） Poor Households（first five percent group）
摩托车（辆）	Motorcycle（set）	47.16	28.98	22.96
助力车（辆）	Man-drawn Vehicle（set）	63.51	72.59	67.65
家用汽车（辆）	Household Automobile（set）	22.24	4.90	7.70
洗衣机（台）	Washing Machine（set）	98.33	85.76	81.58
电冰箱（台）	Refrigerator（set）	100.34	82.48	80.30
彩色电视机（台）	Color TV（set）	136.68	110.73	111.06
家用电脑（台）	Household Computer（set）	98.44	45.34	38.43
组合音响（套）	Hi-Fi Stereo Component System（set）	36.20	14.61	4.92
摄像机（架）	Video Camera（set）	7.48	2.12	
照相机（架）	Camera（set）	50.86	18.41	16.21
钢琴（架）	Piano（set）	1.23		
其他中高档乐器（件）	Other Medium Upscale Musical Instrument（piece）	6.55	0.99	1.99
微波炉（台）	Microwave Oven（set）	72.54	39.53	32.97
空调器（台）	Air Conditioner（set）	138.96	51.35	49.19
淋浴热水器（台）	Shower（set）	110.81	95.01	91.19
消毒碗柜（台）	Disinfectant Machine（set）	71.86	35.92	23.86
洗碗机（台）	Dishwasher（set）	0.69		
健身器材（套）	Healthy Equipment（set）	4.61		
普通电话（部）	Telephone（set）	58.23	34.06	33.23
移动电话（部）	Hand Telephone（set）	237.15	202.46	190.23
接入有线电视电视机（台）	Cable Television（set）	100.02	78.82	81.98
接入互连网计算机（台）	Network-connected Computers（set）	81.49	30.21	23.72
接入互连网移动电话（部）	Network-connected Hand Telephone（set）	27.42	11.50	2.46

Ownership of Major Durable Consumer Goods Per 100 Urban Households（2012）

按收入等级分 Grouped by Percentile of Households						
低收入户（10%）Low Income Households（second decile group）	中等偏下户（20%）Lower Middle Income Households（second quintile group）	中等收入户（20%）Middle Income Households（third quintile group）	中等偏上户（20%）Upper Middle Income Households（fourth quintile group）	高收入户（10%）High Income Households（ninth decile group）	最高收入户（10%）Highest Income Households（tenth decile group）	# 更高收入户（5%）Higher Income Households（five percent）
47.58	53.72	53.45	49.17	39.99	42.18	45.69
65.26	71.26	61.17	67.64	52.00	47.88	55.20
7.06	13.26	15.70	26.04	35.61	59.17	67.73
91.40	98.04	100.51	98.78	103.97	104.60	110.11
92.49	102.31	100.74	102.25	106.78	107.48	112.43
118.52	130.43	134.53	150.57	140.51	158.78	168.90
77.58	90.90	97.78	112.90	110.30	136.80	149.94
28.64	29.03	35.51	38.55	50.85	55.58	57.45
2.85	4.95	9.51	9.53	6.98	13.54	17.16
36.70	38.67	51.05	64.32	58.99	77.71	72.13
0.30	0.20	1.03	1.70	2.14	3.57	3.78
1.00	4.87	11.21	6.30	1.90	16.97	14.92
54.72	69.37	79.19	84.78	73.89	83.09	87.37
82.09	116.22	140.80	162.42	170.33	223.66	259.54
100.79	110.34	107.57	113.54	116.93	129.08	128.23
53.66	70.43	75.94	79.26	75.92	95.28	94.10
1.36	0.14	2.35	0.31			
0.41	3.81	4.58	5.66	6.30	10.06	8.71
51.23	56.76	60.33	60.57	68.69	67.64	64.75
225.03	230.31	245.52	241.43	244.32	258.52	257.56
84.96	102.32	98.32	102.17	112.88	112.16	111.72
61.05	68.23	79.29	99.45	95.93	121.04	124.52
19.26	25.28	29.43	29.53	28.06	44.65	52.95

2-7 主要城市居民家庭人均收支情况

单位：元

项　目	Item	南宁市 Nanning		柳州市 Liuzhou	
		2011	2012	2011	2012
家庭总收入	**Total Income**	**22898.69**	**24501.28**	**21492.95**	**25674.14**
# 可支配收入	# Disposable Income	19971.94	22024.45	18630.55	22260.73
工资性收入	Wages Income	16937.28	17636.83	14497.51	17548.21
工资及补贴收入	Income and Subsidies	16871.25	17502.10	14237.36	17337.19
其他劳动收入	Other Labor Income	66.03	134.73	260.15	211.03
经营性收入	Net Operation Income	701.72	1242.33	1559.73	2260.36
财产性收入	Property Income	502.52	594.02	499.83	356.86
利息收入	Interest Income	22.79	35.29	8.93	24.22
股息与红利收入	Dividend and Bonus	167.94	36.17	153.08	1.39
保险收益	Insurance Proceeds	14.45	3.68	6.92	
其它投资收入	Income from Other Investments	6.24	115.27	3.32	
出租房屋收入	Rental Income	287.65	385.19	324.11	331.25
知识产权收入	Intellectual Property Income				
其他财产性收入	Other Property Income	3.44	18.41	3.46	
转移性收入	Transferred Income	4757.16	5028.10	4935.89	5508.70
养老金或离退休金	Pensions and Retirement Pay	3971.25	4335.30	3727.87	4391.92
社会救济收入	Social Relief	20.09	12.65	11.18	15.80
辞退金	Dismiss Pensions		1.17		
赔偿收入	Compensation Income	0.31			29.97
保险收入	Insurance	36.38	31.49		30.35
# 失业保险金	# Unemployment Insurance	26.18	23.97		30.35
赡养收入	Supporting Income	87.85	90.01	316.46	348.78
捐赠收入	Donation	346.22	252.39	478.38	233.23
提取住房公积金	Withdraw House Accumulation Fund	77.27	112.39	95.89	117.53
其他转移性收入	Other Transferred Income	120.95	62.77	182.65	132.90
出售财物收入	**Property Sale Income**	**30.94**	**47.53**	**10.28**	**21.27**
出售住房收入	House Sale Income				
出售其他物品收入	Other Atriclese Sale Income	30.94	47.53	10.28	21.27
借贷收入	**Lending and Loaning Income**	**7877.22**	**6988.70**	**11124.39**	**16428.13**
提取储蓄存款	Saving Deposit	7782.96	6778.07	10755.33	16160.35
借入款	Borrowed funds	21.67	125.71	362.39	246.70
收回借出款	Recall ed Loan	1.97	23.31	3.05	17.42
收回储蓄性保险本	Recall ed Endowment Assurance			3.63	
兑售有价证券	Against the Sale of Securities	11.49	48.29		
收回投资本金	Recalled Original Capital of Investment				
住房贷款	Accomadation Loan				
汽车贷款	Automobile Loan				
教育贷款	Rerurned Education Loan				
其他贷款	Other Loans	57.47	13.32		3.66
其他借贷收入	Other Income on Loan	1.64			

Per Capita Income and Expenditure of Major Urban Residents

(yuan)

桂林市 Guilin		梧州市 Wuzhou		北海市 Beihai		贵港市 Guigang		百色市 Baise		贺州市 Hezhou	
2011	2012	2011	2012	2011	2012	2011	2012	2011	2012	2011	2012
19050.79	**21187.09**	**20572.20**	**23621.02**	**19626.78**	**21655.87**	**18783.63**	**21210.86**	**19446.54**	**21771.67**	**19928.83**	**22916.38**
17914.83	19449.64	18531.24	21416.05	18347.26	20296.07	16276.43	18594.69	16928.61	19241.82	18611.82	21442.05
9004.69	10385.19	12255.25	13599.68	12021.00	12486.03	14003.73	15975.17	14544.66	16097.89	11078.58	12230.56
8984.08	10363.93	12102.18	13513.77	11612.00	11998.27	13840.70	15819.83	14023.99	15415.56	10517.99	11849.04
20.61	21.25	153.08	85.91	409.00	487.76	163.04	155.34	520.67	682.33	560.59	381.53
1642.74	1370.06	920.89	1375.52	1108.90	1306.63	1498.22	1586.77	679.92	871.92	1164.76	1191.85
658.06	552.36	558.42	456.78	1345.91	1118.11	504.21	412.59	520.93	597.75	1875.68	3135.72
16.75	42.69	18.35	55.63	131.32	334.66	40.38	79.82	13.05	55.21	137.64	177.51
446.51	69.58	68.25	25.50	19.18	2.63	195.27	36.83	19.04	40.97	25.67	151.04
2.94	2.07					3.09			3.23		6.61
		125.96		617.57	325.81			36.21	73.21	559.01	733.68
190.98	418.33	310.47	373.41	577.83	455.01	257.74	295.93	452.63	424.05	1052.75	2066.61
	17.27	1.37									
0.88	2.42	34.02	2.24			7.74			1.08	100.61	0.26
7745.29	8879.48	6837.63	8189.04	5150.97	6745.09	2777.47	3236.33	3701.03	4204.11	5809.81	6358.25
6678.19	7953.15	5784.60	7097.36	4563.74	6007.49	2103.77	2411.16	2761.63	3392.91	4236.10	5210.72
66.09	75.89	25.83	40.83	20.88	32.38	58.49	96.32	51.47	49.44	4.55	
198.50											
	10.93	6.51			1.91			4.92			
5.28	11.19	75.48	12.78	14.32			6.12			9.80	
5.28	11.19	72.05	12.78	14.32						3.23	
323.04	146.25	165.04	180.32	79.23	36.04	17.85	36.12	86.98	66.82	416.76	355.18
131.03	188.81	231.83	373.42	100.16	311.33	287.38	273.09	407.14	312.09	942.59	329.97
		114.95	48.32	199.85	123.59	191.59	230.92	170.68	178.24		125.67
224.25	287.17	227.73	226.35	54.63	35.05	10.98	3.16	91.97	62.90	88.19	154.16
2.46	**2.23**	**116.68**	**3.77**	**661.63**	**6.61**	**14.33**	**10.64**	**18.48**	**7.98**	**5.73**	**24.27**
		102.83		656.99							
2.46	2.23	13.86	3.77	4.64	6.61	14.33	10.64	18.48	7.98	5.73	24.27
3837.21	**3639.89**	**7023.39**	**15881.42**	**4993.95**	**4527.75**	**7944.71**	**7478.00**	**5558.66**	**6436.30**	**4999.87**	**7042.74**
3789.32	3533.89	6863.66	12566.77	4970.95	4471.81	7627.08	7477.84	5247.67	5684.86	4758.45	6513.55
23.12	56.99	79.86	35.01	9.85	6.58	7.74		217.41	451.94	21.36	23.48
6.61	2.07		0.27	13.14	49.37	51.51	0.15	34.46	3.55	220.06	9.65
6.61		8.91							3.23		
								35.45	48.42		
						154.72					
			3272.92						193.69		496.06
						92.83					
3.30	21.58	54.84	6.44						20.98		
8.26	25.35	16.11				10.83	0.01	23.67	29.63		

2-7 续表

单位：元

项 目	Item	南宁市 Nanning		柳州市 Liuzhou	
		2011	2012	2011	2012
家庭总支出	**Total Expenditures**	**19342.43**	**19326.96**	**18241.40**	**22944.19**
消费支出	Expenditure for Consumption	14834.01	14988.07	13720.32	17147.90
# 服务性消费支出	# Consumption Expenditures in Service	3727.88	4350.53	3317.25	4345.86
通过互联网购买商品或服务	Purchase of Goods by Internet	42.27	13.87	53.12	242.27
食品	Food	5343.80	5624.04	5194.31	6301.24
衣着	Clothing	972.49	1070.96	982.02	1242.66
家庭设备用品及服务	Household Facilities Articles and Services	1274.26	1081.69	1971.18	1546.44
医疗保健	Medicine and Medical Services	1039.23	1044.79	810.15	1283.70
交通和通信	Traffic and Communications	965.44	2562.58	658.71	2863.35
教育文化娱乐服务	Education, Culture and Recreation Articles and Services	2958.68	2159.58	2147.59	1951.83
居住	Residence	1943.09	1087.88	1528.86	1337.45
杂项商品和服务	Miscellanecus Commodities and Services	337.03	356.56	427.49	621.23
购房与建房支出	Expenditure on House-purchase and Building	154.42	257.30		160.84
购房	House-purchase	154.42	257.30		101.61
建房	House Building				59.23
转移性支出	Tranferred Expenditure	1587.26	1525.33	1873.88	2351.29
交纳的个人收入税	Paid Individual Income Tax	194.84	107.62	185.15	101.85
捐赠支出	Donation	826.81	783.29	720.44	1086.88
购买彩票	Purchase of Lottery	6.05	7.67	5.86	10.72
赡养支出	Support Expenditure	339.43	458.17	830.44	983.42
各种非储蓄性保险支出	Non-saving Insurance	153.94	123.17	95.64	82.65
其他转移性支出	Other Transferredred Expenditure	66.20	45.41	36.34	85.77
财产性支出	Property Expentiduture	131.69	316.98	93.41	180.84
非生产性利息支出	Payout of the Non-Productive Interests	119.04	290.30	93.41	180.26
其他	Others	12.64	26.67		0.58
社会保障支出	Social Security Expentiduture	2635.06	2239.28	2553.79	3103.33
个人交纳的养老基金	Personal Paid Pension Fund	742.32	714.54	1057.34	1140.72
个人交纳的住房公积金	Personal Paid Housing Accumulation Fund	1521.83	1186.54	1046.31	1468.35
个人交纳的医疗基金	Personal Paid Medical Care Fund	276.34	257.09	334.11	375.04
个人交纳的失业基金	Personal Paid Unemployment Fund	88.48	73.24	80.26	106.73
其他社会保障支出	Others	6.09	7.87	35.76	12.49
借贷支出	**Lending and Loaning Expenditures**	**11169.73**	**11906.09**	**12308.80**	**19566.84**
存入储蓄款	Savings	10279.82	11152.73	11057.83	17945.06
借出款	Lended Funds	7.47	35.63	0.01	69.86
归还借款	Rreturned Loan	74.22	91.74	105.91	386.61
储蓄性保险支出	Endowment Assurance Expentiduture	269.36	122.91	153.05	293.62
购买有价证券	Purchase of Securities	62.46	11.69	138.45	50.52
其它投资支出	Other Investment Expenditure	12.64	70.68	18.00	89.90
归还住房贷款	Returned Accomadation Loan	375.98	369.08	788.66	666.96
归还汽车贷款	Returned Automobil Loan	71.46	16.65	43.34	58.45
归还教育贷款	Returned Education Loan				
其他借贷支出	Others	8.97	34.97	3.54	5.86

continued

(yuan)

桂林市 Guilin		梧州市 Wuzhou		北海市 Beihai		贵港市 Guigang		百色市 Baise		贺州市 Hezhou	
2011	2012	2011	2012	2011	2012	2011	2012	2011	2012	2011	2012
14643.24	**16725.52**	**16445.17**	**25910.42**	**15927.45**	**17488.35**	**16077.34**	**16617.01**	**18242.37**	**20063.90**	**15078.01**	**17330.37**
11890.24	13508.22	12994.90	15746.96	13176.14	13987.75	11505.02	12097.11	12344.15	13213.29	11492.87	13642.30
3026.15	3023.85	3395.16	3857.70	2813.73	2981.40	3334.27	3247.63	3080.38	2962.66	3072.98	3012.27
58.03	83.60	61.53	73.93	19.59	110.81	58.20	54.15	129.89	232.77	40.32	78.61
5142.34	6236.58	6130.93	7101.18	5938.78	6317.55	4458.74	4786.18	5014.82	5414.46	4623.24	5051.69
728.24	918.56	864.87	996.71	767.85	899.92	716.97	801.70	1273.32	1353.03	966.34	1046.08
975.02	832.22	1173.94	1240.59	2022.38	856.05	1205.15	772.28	1012.96	945.93	1273.47	911.36
641.49	965.46	1019.26	1286.12	814.39	706.95	607.31	796.22	892.41	767.17	892.36	726.81
927.75	1682.09	845.91	1929.42	389.64	1813.66	1055.78	1921.08	893.52	2089.60	1029.77	3081.84
1681.37	1318.93	1414.64	1397.18	2077.84	950.31	2007.75	1401.98	1584.13	1276.98	1405.86	1322.08
1548.75	1282.78	1274.02	1469.47	882.54	1959.38	1109.35	1228.40	1385.45	912.73	1032.49	1184.70
245.29	271.60	271.33	326.29	282.71	483.93	343.97	389.27	287.53	453.38	269.35	317.73
472.34			5522.48		189.56	61.89		1091.78	1522.20	314.52	529.13
472.34			5522.48		189.56			1055.68	1522.20	314.52	529.13
						61.89		36.11			
1377.55	1638.58	1589.90	2484.74	1490.31	2039.56	2354.16	2201.88	2385.36	2757.85	2040.47	1811.37
144.12	45.11	79.10	81.99	23.46	11.80	303.96	228.23	169.05	135.66	37.95	6.03
777.34	986.81	539.57	1244.23	735.03	951.49	1035.07	1054.63	1130.79	1465.15	1445.31	1281.57
0.33	3.17	6.70	4.11	0.51	0.63	0.61	0.44	0.28	0.50	12.00	16.51
331.63	480.88	844.14	1022.91	649.24	784.48	890.73	824.94	984.24	1057.85	320.50	427.94
81.75	66.23	73.35	101.81	69.67	102.39	58.58	69.58	53.49	64.81	170.69	31.01
42.38	56.39	47.05	29.69	12.41	188.78	65.20	24.06	47.52	33.88	54.02	48.31
30.19	92.46	104.16	242.93	123.10	120.79	60.44	109.52	198.45	318.09	62.90	61.82
15.57	92.46	104.16	117.96	123.10	120.79	60.44	109.52	182.32	318.09	46.51	61.82
14.62			124.98					16.12		16.39	
872.92	1486.25	1756.21	1913.31	1137.90	1150.69	2095.84	2208.51	2222.63	2252.47	1167.25	1285.75
327.27	589.43	807.49	711.05	458.35	462.86	640.36	701.25	791.30	888.11	442.53	493.37
380.04	623.38	560.51	612.51	521.78	509.53	1227.82	1280.94	1097.57	1070.68	544.69	545.53
140.02	225.93	344.24	535.86	120.61	136.14	162.31	155.70	276.36	225.80	123.99	190.03
22.13	44.39	43.62	49.81	35.73	38.95	64.39	68.37	57.01	66.42	43.74	42.45
3.47	3.12	0.35	4.08	1.42	3.21	0.96	2.24	0.39	1.46	12.29	14.36
8222.86	**8024.74**	**9456.87**	**13967.18**	**8901.10**	**8787.59**	**10667.56**	**12132.90**	**6711.95**	**7950.03**	**8442.48**	**11331.14**
7957.33	7530.53	8631.83	13309.90	7623.14	8481.63	9885.33	11307.92	5690.58	7251.97	7681.33	10572.66
1.65		6.86	3.50	992.06		31.56		0.98	20.98	197.21	175.27
72.34	100.38	53.81	104.34		23.04	70.86	44.15	143.44	36.06	36.15	1.65
34.64	107.12	85.78	54.24	130.41	78.03	82.98	52.34	80.28	107.32	42.80	114.52
54.73		18.85	66.52					6.56			
		5.14		11.50	71.41			11.08			33.07
26.09	150.11	551.62	400.13	140.62	132.82	487.88	651.53	591.51	503.51	436.78	423.79
72.78	130.22					108.96	76.96				
								20.85	20.03		
3.30	6.39	5.57	2.45	3.37	0.66			166.67	5.75	2.65	10.17

2-8　主要城市居民家庭恩格尔系数（1980—2012年）

Engle's Coefficient of Major Urban Households（1980—2012）

年　份 Year	全　区 Province	南宁市 Nanning	柳州市 Liuzhou	桂林市 Guilin	梧州市 Wuzhou	北海市 Beihai	贵港市 Guigang	百色市 Baise	贺州市 Hezhou
1980	57.38	57.09	58.60	56.09	57.59	57.36			
1981	58.74	57.70	57.35	58.20	62.38	60.48			
1982	60.38	59.63	60.44	61.40	60.29	60.67			
1983	61.39	58.34	60.86	62.23	63.23	64.70	61.86	56.14	56.65
1984	57.93	56.57	57.99	55.38	62.52	64.04	58.61	55.47	55.73
1985	56.58	54.52	59.26	54.41	63.76	59.40	49.93	57.79	59.22
1986	58.03	58.55	61.12	57.58	67.74	59.07	53.95	55.49	55.95
1987	59.13	59.25	63.81	57.70	65.72	64.13	53.42	59.51	57.05
1988	54.56	58.91	51.14	55.75	56.43	58.86	49.29	52.91	49.84
1989	59.25	63.65	64.06	60.54	64.38	65.83	53.17	59.72	46.42
1990	58.64	62.05	61.01	57.50	61.96	60.41	57.05	59.43	59.11
1991	55.25	56.09	57.86	56.62	53.87	56.83	53.43	59.49	54.12
1992	55.93	56.98	54.83	52.73	56.88	58.75	55.28	57.92	57.39
1993	53.68	52.88	48.26	53.96	56.59	50.07	58.01	56.99	58.58
1994	50.42	49.18	48.39	48.82	50.43	51.83	48.30	49.92	51.10
1995	50.95	49.86	53.26	52.29	54.57	55.93	48.34	47.52	50.89
1996	50.42	49.71	51.04	49.81	53.72	57.02	50.22	45.78	55.09
1997	47.45	46.49	46.42	48.01	53.22	55.16	47.17	45.81	49.33
1998	46.32	42.36	48.54	43.46	50.18	51.97	48.00	45.83	47.89
1999	44.34	37.50	45.90	41.63	49.47	48.94	41.05	44.90	49.86
2000	39.90	36.50	43.76	38.66	44.44	47.12	41.98	36.44	46.78
2001	37.67	34.67	35.30	37.24	43.33	46.91	36.50	35.79	39.58
2002	40.67	37.46	38.84	40.25	47.62	45.33	40.84	39.24	41.26
2003	40.01	37.52	40.76	40.35	46.53	46.31	35.88	39.02	41.95
2004	44.02	40.09	43.96	42.06	45.51	48.00	42.29	38.99	40.14
2005	42.51	40.49	39.08	39.08	48.01	42.73	40.29	40.25	42.10
2006	42.07	38.95	39.27	39.73	46.77	41.32	40.43	38.07	39.88
2007	41.70	39.55	40.27	45.16	50.44	44.13	47.94	42.17	38.71
2008	42.41	41.03	39.66	50.80	51.86	44.94	43.82	42.37	46.29
2009	39.89	38.82	37.41	49.38	47.51	37.52	46.05	37.26	41.85
2010	38.06	35.07	37.55	46.00	48.44	43.25	39.86	35.03	36.18
2011	39.50	36.02	37.86	43.25	47.18	45.07	38.75	40.63	40.23
2012	38.98	37.52	36.75	46.17	45.10	45.16	39.56	40.98	37.03

2-9 主要城市居民家庭人均可支配收入（1980—2012年）

Per Capita Disposable Income of Major Urban Households（1980—2012）

单位：元 （yuan）

年 份 Year	全 区 Province	南宁市 Nanning	柳州市 Liuzhou	桂林市 Guilin	梧州市 Wuzhou	北海市 Beihai	贵港市 Guigang	百色市 Baise	贺州市 Hezhou
1980	113.76	123.66	96.96	111.33	115.35	119.88			
1981	429.00	445.20	385.32	441.96	437.64	432.48			
1982	426.60	477.72	419.64	498.48	458.52	485.52			
1983	444.12	512.64	447.24	505.08	436.20	490.92	416.04	442.20	400.68
1984	563.04	623.64	540.00	621.24	545.04	701.04	525.24	548.88	519.72
1985	683.45	715.56	668.28	757.44	708.12	751.44	694.92	663.48	653.16
1986	783.84	850.56	760.92	884.28	849.12	894.96	787.20	784.20	776.28
1987	899.04	949.08	871.20	1032.96	990.60	990.24	981.12	947.16	926.16
1988	1158.92	1165.88	1225.56	1228.17	1188.55	1296.31	1178.59	1162.73	1251.36
1989	1304.14	1273.60	1307.45	1334.58	1327.32	1376.45	1304.32	1288.42	1521.38
1990	1448.06	1454.31	1515.40	1500.65	1545.49	1591.48	1410.30	1421.46	1589.91
1991	1613.64	1658.42	1794.30	1828.90	1789.55	1910.27	1522.88	1426.66	1615.37
1992	2103.83	2105.49	2305.83	2452.66	2314.79	2726.78	1876.14	2002.29	2059.58
1993	2895.23	3081.21	3544.27	3167.56	3246.26	4515.57	2417.35	2703.18	2535.84
1994	3981.09	4543.57	4242.70	4672.02	4309.41	5649.18	4240.56	4017.09	3493.81
1995	4791.87	5544.09	4884.12	5505.97	4909.01	6365.05	5258.11	5035.19	4354.75
1996	5033.33	5973.40	5242.68	5976.87	4945.33	6395.54	4986.71	5180.08	4542.32
1997	5110.29	5930.77	5457.12	6024.95	4933.88	6558.19	4927.20	5048.84	4520.33
1998	5412.24	6569.97	5552.38	6230.04	4838.22	6305.95	5234.75	5495.07	4939.91
1999	5619.54	6946.50	5327.64	6493.73	5414.77	6483.25	5590.27	5607.05	5199.48
2000	5834.43	7447.78	5740.08	6996.93	5221.07	6167.29	5468.40	5747.21	5549.37
2001	6665.73	7906.35	7546.50	7547.47	5837.49	7013.14	6117.56	6807.43	5996.56
2002	7315.32	8796.24	7927.68	7852.32	6282.12	7692.36	6926.88	7215.36	7029.60
2003	7785.00	9162.00	8369.28	8246.16	7062.12	8007.48	7607.04	7361.64	7868.64
2004	8177.46	9531.42	9154.68	8802.81	7325.17	8773.38	7906.18	8532.36	10529.97
2005	8916.82	10078.20	9986.23	9501.87	8190.26	9520.33	8252.75	9510.01	10105.01
2006	9899.00	10905.44	10592.40	10243.86	8854.56	11070.89	8964.50	10116.43	10612.29
2007	12200.00	12955.19	11919.12	11514.11	10123.29	13090.07	9879.99	11684.61	12019.66
2008	14146.04	14983.46	14536.11	13664.51	13350.78	14624.82	11413.86	12984.12	13642.92
2009	15451.48	16530.58	15395.24	15001.02	14617.36	15535.64	12455.08	14219.37	15013.19
2010	17063.89	17740.72	17531.70	16565.78	16578.17	16611.62	14447.45	15553.69	16760.81
2011	18854.06	19971.94	18630.55	17914.83	18531.24	18347.26	16276.43	16928.61	18611.82
2012	21242.80	22024.45	22260.73	19449.64	21416.05	20296.07	18594.69	19241.82	21442.05

注：1980年度数据仅为第四季度，1992年前可支配收入为生活费收入。

Note:The fourth quarter of the year 1980 only a few degrees,1992 disposable income before income for living expenses.

2-10 主要城市居民家庭人均消费性支出（1980—2012年）

Per Capita Consumption Expenditure of Major Urban Households（1980—2012）

单位：元 （yuan）

年 份 Year	全 区 Province	南宁市 Nanning	柳州市 Liuzhou	桂林市 Guilin	梧州市 Wuzhou	北海市 Beihai	贵港市 Guigang	百色市 Baise	贺州市 Hezhou
1980	103.35	110.67	91.17	102.00	104.40	106.44			
1981	423.12	440.28	397.80	423.48	413.76	428.16			
1982	442.20	455.64	394.32	458.28	461.16	447.00			
1983	465.59	499.04	435.30	479.93	440.12	449.62	374.88	431.49	377.31
1984	541.76	565.56	503.04	568.32	512.28	507.84	416.65	485.27	447.03
1985	663.74	723.51	645.42	813.48	691.06	712.60	607.91	632.16	634.28
1986	739.57	824.83	718.34	883.36	793.76	855.16	667.47	775.54	761.97
1987	860.73	943.83	861.89	1031.23	955.70	932.60	839.85	885.87	903.86
1988	1198.12	1229.10	1367.22	1366.00	1223.57	1257.32	1215.42	1152.62	1258.42
1989	1296.48	1293.41	1357.06	1320.04	1332.79	1326.54	1337.09	1259.49	1671.64
1990	1338.10	1359.96	1461.99	1444.94	1417.87	1448.55	1344.30	1333.73	1335.65
1991	1583.63	1667.08	1754.98	1806.56	1780.29	1859.73	1478.93	1354.56	1557.93
1992	1739.89	1852.48	1936.43	2178.59	1915.64	2091.41	1470.25	1622.15	1632.86
1993	2303.03	2624.19	2915.79	2594.94	2509.90	3482.73	1844.54	2093.54	1878.95
1994	3326.82	4287.71	3707.60	3935.01	3794.29	4481.94	3256.52	3212.72	2785.94
1995	4045.83	5055.27	4385.07	4531.36	4404.64	5014.40	4091.63	4396.21	3562.32
1996	4339.42	5424.63	4577.04	5081.83	4580.42	5302.28	3922.75	4647.07	3514.97
1997	4452.70	5456.24	4732.44	5221.45	4454.73	5393.83	4198.30	4638.59	3902.47
1998	4381.08	5799.96	4273.44	5358.01	4423.68	5213.83	4119.70	4661.01	3813.13
1999	4587.22	6320.57	4351.32	5786.07	4474.75	5692.78	4739.04	4785.07	3791.22
2000	4852.31	6705.27	4457.64	5893.48	4604.35	5092.22	4133.53	5408.94	4075.70
2001	5224.73	7107.43	6010.00	6111.28	5116.22	5406.71	4676.86	5700.76	4610.23
2002	5413.44	6969.72	5991.96	6123.48	5128.56	5898.24	4563.12	5635.08	5075.40
2003	5763.48	7216.92	6033.48	6326.04	6136.20	5865.00	5660.64	5765.88	5286.60
2004	5862.20	7329.36	7116.87	6754.74	6417.21	6680.50	5143.47	6404.71	6229.74
2005	6424.24	7881.79	7850.20	7186.47	6669.79	7127.85	5996.81	7245.41	6791.72
2006	6791.94	8160.43	7244.87	7915.08	7099.68	8446.68	6312.87	7614.56	7545.27
2007	8151.26	9459.05	8722.50	8251.95	7914.39	9288.98	6691.78	8176.39	8528.64
2008	9627.40	10267.97	11350.78	8991.90	9551.60	9916.56	8188.86	9079.47	8062.67
2009	10352.38	11120.05	11275.98	9880.36	9964.92	12414.00	7978.95	10268.33	9129.02
2010	11490.08	12866.65	11978.32	10934.37	11125.88	11745.52	9686.22	11528.05	11084.39
2011	12848.37	14834.01	13720.32	11890.24	12994.90	13176.14	11505.02	12344.15	11492.87
2012	14243.98	14988.07	17147.90	13508.22	15746.96	13987.75	12097.11	13213.29	13642.30

2-11 城镇居民家庭基本情况

Basic Conditions of Urban Households

项 目	Item	2008	2009
调查户数（户）	Number of Households Surveyed（household）	1340	1340
可支配收入（元/人）	Disposable Income（yuan/person）	14146.04	15451.48
家庭居住人口（人/户）	Household Size（person/household）	3.02	3.01
现住房总建筑面积（平方米/人）	Total Floor Space for Current Housing（sq.m/person）	38.42	38.48
现住房屋总使用面积（平方米/人）	Total Utility Space for Current Residence（sq.m/person）	28.89	28.93
家庭人口数（人/户）	Household Size（person/household）	3.02	3.01
有收入者人数（人/户）	Income Earner（person/household）	2.19	2.20
就业人口数	Number of the Employed	1.64	1.59
国有经济单位职工人数	Employees in the State-owned Enterprises	0.90	0.85
城镇集体经济单位职工人数	Employees in Urban Collective Economy	0.05	0.06
其他各种经济类型单位职工	Employees in Other Forms of Economy	0.15	0.15
城镇个体经营者人员数	Rural Self-employed Individual	0.19	0.19
城镇个体被雇人员数	Population Hired by Rural Self-employed Individual	0.20	0.20
离退休再就业人员数	Number of the Retired and Reemployed	0.02	0.03
其他就业人员数	Other Employed Population	0.12	0.11
离退休人数	Number of the Retired and Reemployed	0.50	0.56
其他有收入者人数	Number of Other Income Earner	0.05	0.05
无收入者人数（人/户）	Number of persons with no Income（person/household）	0.83	0.82
期末家庭人口数（人/户）	The end of the Family Population（person/household）		

项 目	Item	2010	2011
调查户数（户）	Number of Households Surveyed（household）	1340	1340
可支配收入（元/人）	Disposable Income（yuan/person）	17063.89	18854.06
家庭居住人口（人/户）	Household Size（person/household）	3.03	3.06
现住房总建筑面积（平方米/人）	Total Floor Space for Current Housing（sq.m/person）	38.41	39.02
现住房屋总使用面积（平方米/人）	Total Utility Space for Current Residence（sq.m/person）	28.88	29.34
家庭人口数（人/户）	Household Size（person/household）	3.03	3.06
有收入者人数（人/户）	Income Earner（person/household）	2.22	2.27
就业人口数	Number of the Employed	1.57	1.66
国有经济单位职工人数	Employees in the State-owned Enterprises	0.86	0.86
城镇集体经济单位职工人数	Employees in Urban Collective Economy	0.05	0.05
其他各种经济类型单位职工	Employees in Other Forms of Economy	0.14	0.15
城镇个体经营者人员数	Rural Self-employed Individual	0.17	0.19
城镇个体被雇人员数	Population Hired by Rural Self-employed Individual	0.21	0.28
离退休再就业人员数	Number of the Retired and Reemployed	0.03	0.03
其他就业人员数	Other Employed Population	0.11	0.10
离退休人数	Number of the Retired and Reemployed	0.61	0.57
其他有收入者人数	Number of Other Income Earner	0.04	0.04
无收入者人数（人/户）	Number of persons with no Income（person/household）	0.81	0.82
期末家庭人口数（人/户）	The end of the Family Population（person/household）		

2-12 城镇居民家庭人均现金收支情况

Per Capita Cash Income and Expenditures of Urban Households

单位：元 （yuan）

项目	Item	2008	2009	2010	2011
期初手存现金	**Initial Deposit Cash in Hand**	**345.73**	**554.32**	**699.54**	**455.99**
家庭总收入	**Total Income**	**15393.18**	**17032.89**	**18742.21**	**20846.11**
# 可支配收入	# Disposable Income	14146.04	15451.48	17063.89	18854.06
工资性收入	Wages Income	10321.20	11193.64	12061.82	13550.16
工资及补贴收入	Income and Subsidies	9657.39	10718.88	11671.49	13233.72
其他劳动收入	Other Labor Income	663.81	474.76	390.33	316.43
经营净收入	Net Operation Income	1314.40	1385.85	1474.90	1699.84
财产性收入	Property Income	441.15	493.36	576.87	844.91
利息收入	Interest Income	60.30	54.92	42.83	48.64
股息与红利收入	Dividend and Bonus	66.35	84.85	104.02	137.06
保险收益	Insurance Proceeds	1.19	2.52	0.88	3.77
其它投资收入	Income from Other Investments	40.50	59.35	54.73	138.58
出租房屋收入	Rental Income	268.44	288.22	356.13	504.25
知识产权收入	Intellectual Property Income	1.24	0.18		0.05
其他财产性收入	Other Property Income	3.13	3.31	18.28	12.55
转移性收入	Transferred Income	3316.44	3960.05	4628.62	4751.20
养老金或离退休金	Pensions and Retirement Pay	2720.10	3368.83	4012.34	3897.83
社会救济收入	Social Relief	19.56	17.66	15.29	22.51
辞退金	Dismiss Pensions	31.07	10.32	2.13	20.03
赔偿收入	Compensation Income	0.25	0.67	3.29	0.60
保险收入	Insurance	41.31	28.29	12.09	17.28
# 失业保险金	# Unemployment Insurance	36.02	24.57	8.91	13.72
赡养收入	Supporting Income	76.98	70.20	103.71	156.59
捐赠收入	Donation	206.62	249.46	220.11	332.95
亲友搭伙费	Relatives Part-time Fees				
提取住房公积金	Withdraw House Accumulation Fund	49.47	47.42	42.64	75.07
其他转移性收入	Other Transferred Income	77.48	71.37	108.58	117.41
出售财物收入	**Property Sale Income**	**24.28**	**90.09**	**25.22**	**38.26**
出售住房收入	House Sale Income	17.66	53.12	12.63	27.93
出售其他物品收入	Other Atriclese Sale Income	6.61	36.96	12.59	10.33
借贷收入	**Lending and Loaning Income**	**5056.18**	**5841.90**	**6276.26**	**6444.26**
提取储蓄存款	Saving Deposit	4445.90	5377.30	5947.77	6064.33
借入款	Borrowed funds	231.79	307.05	213.06	226.21
收回借出款	Recall ed Loan	119.63	87.69	42.49	59.46
收回储蓄性保险本	Recall ed Endowment Assurance	4.48	3.38	0.57	2.64
兑售有价证券	Against the Sale of Securities	24.52		7.38	4.24
收回投资本金	Recalled Original Capital of Investment	5.13	2.35	0.99	5.49
住房贷款	Accomadation Loan	33.64	57.25	35.19	2.60
汽车贷款	Automobile Loan	172.66		4.84	3.29
教育贷款	Rerurned Education Loan			3.64	
其他贷款	Other Loans	10.67	4.27	16.96	14.43
其他借贷收入	Other Income on Loan	7.76	2.62	3.35	61.56

2-12 续表 continued

单位：元 (yuan)

项目	Item	2008	2009	2010	2011
家庭总支出	**Total Expenditures**	**12839.98**	**14787.14**	**16155.17**	**17125.96**
消费支出	Expenditure for Consumption	9627.40	10352.38	11490.08	12848.37
# 服务性消费支出	# Consumption Expenditures in Service	2349.57	2451.02	2688.97	3038.33
食品	Food	4082.99	4129.55	4372.75	5074.49
衣着	Clothing	772.28	855.60	926.42	1019.34
家庭设备用品及服务	Expenditure for Consumption	603.84	754.79	853.59	884.85
医疗保健	Medicine and Medical Service	529.36	538.17	625.45	779.08
交通和通信	Transportation, Post and Communications	1376.03	1598.68	1973.04	2000.57
教育文化娱乐服务	Recreation, Education and Cutural Services	1081.54	1111.13	1243.71	1502.65
居住	Residence	891.33	1021.11	1166.85	1237.91
杂项商品和服务	Miscellaneous Commodities and Services	290.04	343.33	328.27	349.48
购房与建房支出	Expenditure on House-purchase and Building	357.02	1064.70	1096.63	352.00
购房	Puchase of the House	344.36	1012.57	1096.63	346.71
建房	House Building	12.66	52.13		5.30
转移性支出	Transferred Income	1757.51	1943.89	2091.81	2090.62
交纳的个人收入税	Paid Personal Income	66.03	85.62	122.45	123.82
捐赠支出	Donation	981.33	1113.20	1258.10	1152.84
购买彩票	Purchase of Lottery	7.97	6.51	8.77	7.37
赡养支出	Support Expenditure	564.90	626.28	572.71	652.22
# 在外就学子女费用	# Attend Children Expense Outside		416.63	335.32	437.40
各种非储蓄性保险支出	No-endowment Assurance Expentidture	41.69	46.32	45.61	93.85
# 车辆保险支出	# Vehicle Insurance		23.99	25.04	60.64
其他转移性支出	Others Expenditure for Transferred	95.59	65.95	84.17	60.53
财产性支出	Property Expenditure	10.53	26.23	29.23	77.67
非生产性利息支出	Payout of the Non-productive Interests	7.49	16.44	23.76	68.86
其他	Others	3.04	9.80	5.46	8.81
社会保障支出	Social Security Expentidture	1087.52	1399.95	1447.43	1757.29
个人交纳的养老基金	Personal Paid Pension Fund	373.45	472.67	463.15	578.79
个人交纳的住房公积金	Personal Paid Housing Accumulation Fund	550.13	698.86	747.65	897.76
个人交纳的医疗基金	Personal Paid Medical Care Fund	126.86	162.53	184.69	217.12
个人交纳的失业基金	Personal Paid Unemployment Fund	32.24	41.87	45.07	50.18
其他社会保障支出	Others	4.83	24.01	6.87	13.44
借贷支出	**Lending and Loaning Expenditure**	**7371.63**	**7956.51**	**8667.54**	**9755.63**
存入储蓄款	Savings	6464.17	6938.82	7856.51	8707.27
借出款	Lending Funds	103.13	108.72	26.78	62.15
归还借款	Returned Loan	231.83	315.67	162.78	131.86
储蓄性保险支出	Endowment Assurance Expentidture	126.80	124.47	138.76	139.24
购买有价证券	Purchase of Securities	67.88	48.56	3.33	34.46
其它投资支出	Other Investment Expenditure	6.17	15.67	26.88	22.44
归还住房贷款	Returned Accomadation Loan	271.09	318.94	348.64	582.02
归还汽车贷款	Returned Automobil Loan		0.41	0.45	30.48
归还教育贷款	Returned Education Loan	9.14	0.86	5.16	1.30
归还其他贷款	Returned Others Loan	61.92	52.61	72.99	10.28
其他借贷支出	Others	29.50	31.80	25.26	34.15

2-13 城镇居民家庭平均每百户耐用消费品拥有量

Ownership of Major Durable Consumer Goods Per 100 Urban Households

项目	Item	2008	2009	2010	2011
成套家具	Furniture set				
摩托车（辆）	Motorcycle （set）	47.68	49.68	48.11	48.15
自行车（辆）	Bicycle （set）				
助力车（辆）	Man-drawn Vehicle（set）	33.02	37.53	43.20	58.62
家用汽车（辆）	Household Automobile（set）	8.49	10.68	13.26	17.24
洗衣机（台）	Washing Machine（set）	94.83	95.88	97.77	97.04
电风扇（台）	Electric Fan（set）				
电冰箱（台）	Refrigerator（set）	95.14	96.29	97.41	98.36
冰柜（台）	Freezer （set）				
彩色电视机（台）	Color TV （set）	132.80	135.46	136.07	136.03
影碟机（台）	Video Disc Player（set）				
录音机（台）	Tape Recorder（set）				
录放像机（台）	Video-recorder（set）				
家用电脑（台）	Household Computer（set）	67.62	71.85	78.98	91.72
组合音响（套）	Hi-Fi Stereo Component System（set）	39.64	40.09	40.63	34.68
摄像机（架）	Video Camera（set）	5.02	5.52	6.56	7.29
照相机（架）	Camera（set）	39.31	40.53	43.52	47.77
钢琴（架）	Piano（set）	1.80	1.61	1.96	1.08
其他中高档乐器（件）	Other Medium Upscale Musical Instrument（piece）	6.24	5.03	5.72	5.21
微波炉（台）	Microwave Oven（set）	62.91	64.84	66.82	70.18
空调器（台）	Air Conditioner（set）	100.62	106.34	112.40	133.60
取暖器（台）	Heating Appliances（set）				
电炊具（台）	Electric Cooking Appliances（set）				
淋浴热水器（台）	Shower（set）	100.21	102.81	104.28	109.09
排油烟机（台）	Smoke Absorber（set）				
消毒碗柜（台）	Disinfectant Machine（set）	65.53	66.13	68.49	69.52
洗碗机（台）	Dishwasher（set）	1.19	1.12	1.12	1.03
饮水机（台）	Clean Water Fountain（set）				
吸尘器（台）	Dust Catcher（set）				
健身器材（套）	Healthy Equipment（set）	4.57	4.69	4.73	4.13
普通电话（部）	Telephone（set）	76.67	76.28	75.58	57.68
移动电话（部）	Hand Telephone（set）	196.81	204.18	210.37	231.85
传真机（部）	Fax（set）				
接入有线电视电视机（台）	Cable Television（set）	102.74	102.15	103.25	93.23
接入互连网计算机（台）	Network-connected Computers（set）	51.86	54.39	60.87	72.25
接入互连网移动电话（部）	Network-connected Hand Telephone（set）	4.78	6.94	9.45	18.45

2-14 农村居民家庭人均收支及恩格尔系数（1980—2012年）

Per Capita Annual Income and Expenditure & Engle's Coefficient of Rural Households（1980—2012）

年份 Year	农村居民家庭人均纯收入（元） Per Capita Annual Disposable Income of Rural Households（yuan）	比上年±% Growth Rate Over Preceding Year（%）	农村居民家庭人均生活消费支出（元） Per Capita Living Expenditure of Rural Households（yuan）	比上年±% Growth Rate Over Preceding Year（%）	#食品消费支出（元） #Food Expenditure（yuan）	比上年±% Growth Rate Over Preceding Year（%）	恩格尔系数（%） Engel's Coefficient（%）
1980	173.44		150.92		95.87		63.52
1981	203.89	17.56	171.45	13.60	115.93	20.92	67.62
1982	235.28	15.40	210.15	22.57	139.08	19.97	66.18
1983	261.69	11.22	224.05	6.61	148.32	6.64	66.20
1984	267.18	2.10	237.62	6.06	153.60	3.56	64.64
1985	302.96	13.39	268.31	12.92	166.85	8.63	62.19
1986	316.10	4.34	283.87	5.80	175.68	5.29	61.89
1987	353.95	11.97	309.29	8.95	191.92	9.24	62.05
1988	424.23	19.86	361.91	17.01	215.64	12.36	59.58
1989	483.04	13.86	419.04	15.79	244.20	13.24	58.28
1990	639.45	32.38	536.97	28.14	345.86	41.63	64.41
1991	657.74	2.86	580.75	8.15	360.09	4.11	62.00
1992	731.69	11.24	616.33	6.13	381.07	5.83	61.83
1993	885.00	20.95	704.98	14.38	448.12	17.60	63.56
1994	1107.02	25.09	926.14	31.37	551.98	23.18	59.60
1995	1446.14	30.63	1143.04	23.42	700.40	26.89	61.28
1996	1703.13	17.77	1399.07	22.40	795.30	14.63	56.84
1997	1875.28	10.11	1375.66	-1.67	799.89	0.58	58.15
1998	1971.90	5.15	1414.76	2.84	808.82	1.12	57.17
1999	2048.33	3.88	1457.43	3.02	849.38	5.01	58.28
2000	1864.51	-8.97	1487.96	2.09	824.97	-2.87	55.44
2001	1944.33	4.28	1550.62	4.21	810.95	-1.70	52.30
2002	2012.60	3.51	1686.11	8.74	875.08	7.91	51.90
2003	2094.51	4.07	1751.23	3.86	899.07	2.74	51.34
2004	2305.22	10.06	1928.60	10.13	1047.58	16.52	54.32
2005	2494.67	8.22	2349.60	21.83	1186.71	13.28	50.51
2006	2770.50	11.06	2413.93	2.74	1196.07	0.79	49.55
2007	3224.05	16.37	2747.47	13.82	1378.78	15.28	50.18
2008	3690.28	14.46	2985.03	8.65	1594.67	15.66	53.42
2009	3980.44	7.86	3231.14	8.24	1572.82	-1.37	48.68
2010	4543.41	14.14	3455.29	6.94	1675.41	6.52	48.49
2011	5231.33	15.14	4210.89	21.87	1844.94	10.12	43.81
2012	6007.55	14.84	4877.63	15.83	2085.63	13.05	42.76

2-15 按收入五等份分农村居民家庭人均收入情况（2012年）

Per Capita Income of Rural Households by Five Equal Parts of Income（2012）

单位：元 (yuan)

项 目	Item	低收入户 Low Income Households	中低收入户 Lower Middle Income Households	中等收入户 Middle Income Households	中高收入户 Upper Middle Income Households	高收入户 High Income Households
总收入	**Total Income**	**3772.15**	**5845.14**	**7753.84**	**10431.45**	**17187.39**
工资性收入	Wages Income	932.47	1777.44	2243.36	2836.95	4055.66
家庭经营收入	Net Income for Household Business	2453.49	3571.72	4947.44	6867.58	11806.34
农业	Farming	1391.19	2054.03	2811.80	3830.74	6049.75
林业	Forestry	113.91	165.78	185.53	171.68	309.02
牧业	Animal Hubabandry	688.45	1063.52	1496.25	1900.57	3046.52
渔业	Fishery	42.02	20.95	44.46	135.82	538.27
工业	Industry	23.53	70.21	34.83	54.91	382.32
建筑业	Construction	5.53	8.17	45.97	62.35	156.97
交通、运输、邮电业	Transport and Telecommunications Industries	45.94	65.90	188.78	336.98	483.68
批发和零售贸易、餐饮业	Wholesale and Retail Trade, Catering Industry	126.08	96.72	115.97	243.74	672.43
社会服务业	Social Services Income	4.39	8.74	8.68	17.23	66.60
文教卫生业	Culture, Education and Health Care	5.99	7.85	4.78	58.36	23.63
其他家庭经营	Others	5.76	9.58	10.01	54.27	76.79
财产性收入	Property Income	20.91	25.33	41.87	91.33	110.97
转移性收入	Transferred Income	365.28	470.65	521.18	635.59	1214.42
纯收入	**Net Income**	**2185.80**	**4110.36**	**5558.33**	**7583.53**	**12693.36**
工资性收入	Wages Income	932.47	1777.44	2243.36	2836.95	4055.66
家庭经营纯收入	Net Income for Household Business	972.93	1955.26	2882.67	4173.11	7499.91
农业	Farming	755.58	1273.43	1789.50	2485.38	4209.10
林业	Forestry	81.55	133.63	156.86	146.05	266.83
牧业	Animal Hubabandry	128.80	375.00	608.44	887.12	1468.75
渔业	Fishery	4.18	16.17	33.44	65.28	302.73
工业	Industry	9.17	40.47	32.04	36.21	162.69
建筑业	Construction	1.45	2.23	38.39	44.29	86.04
交通、运输、邮电业	Transport and Telecommunications Industries	14.16	33.86	104.42	203.48	293.77
批发和零售贸易、餐饮业	Wholesale and Retail Trade, Catering Industry	-32.34	61.69	99.74	215.65	567.24
社会服务业	Social Services	3.30	4.87	7.27	15.61	56.02
文教卫生业	Culture, Education and Health Care	2.07	4.57	4.76	32.72	22.79
其他家庭经营	Others	5.01	9.35	7.82	41.34	63.96
财产性纯收入	Property Income	20.91	25.33	41.87	91.33	110.97
转移性纯收入	Transferred Income	259.49	352.32	390.43	482.14	1026.82

2-16　农村居民家庭人均总收入及构成

Per Capita Total Income and Composition of Rural Households

项　目	Item	2009	2010	2011	2012
总收入（元）	**Total Income（yuan）**	**5535.15**	**6181.50**	**7521.10**	**8458.92**
工资性收入	Wages Income	1465.22	1707.18	1820.18	2245.95
家庭经营收入	Household Business Income	3739.90	4094.31	5175.95	5550.14
第一产业	Primary Industry	3360.31	3669.88	4648.88	4900.32
农业	Farming	2176.30	2366.39	2838.81	3037.30
林业	Forestry	78.99	134.04	187.39	182.40
牧业	Animal Husbandry	1045.83	1074.50	1507.98	1544.07
渔业	Fishery	59.18	94.95	114.70	136.55
第二产业	Secondary Industry Income	91.82	97.78	121.60	150.25
工业	Industry	57.92	58.49	70.61	100.67
建筑业	Construction	33.90	39.30	50.98	49.59
第三产业	Tertary Industry	287.77	326.65	405.47	499.56
交通、运输、邮电业	Transport and Telecommunications Industries	111.86	120.40	178.59	204.62
批发和零售贸易、餐饮业	Wholesale and Retail Trade, Catering Industry	102.26	139.09	168.27	228.88
社会服务业	Social Services	26.09	14.64	17.10	18.78
文教卫生业	Culture, Education and Health Care	19.29	23.57	13.60	18.71
其他行业	Other Industry	27.11	28.47	25.97	28.05
财产性收入	Property Income	41.49	33.78	41.22	53.87
转移性收入	Transferred Income	288.54	346.23	483.78	608.96
总收入构成（%）	**Composition of Total Income（%）**				
工资性收入	Wages Income	26.47	27.62	24.20	26.55
家庭经营收入	Household Business Income	67.57	66.23	68.82	65.61
第一产业	Primary Industry	60.71	59.37	61.81	57.93
农业	Farming	39.32	38.28	37.74	35.91
林业	Forestry	1.43	2.17	2.49	2.16
牧业	Animal Husbandry	18.89	17.38	20.05	18.25
渔业	Fishery	1.07	1.54	1.53	1.61
第二产业	Secondary Industry Income	1.66	1.58	1.62	1.78
工业	Industry	1.05	0.95	0.94	1.19
建筑业	Construction	0.61	0.64	0.68	0.59
第三产业	Tertary Industry	5.20	5.28	5.39	5.91
交通、运输、邮电业	Transport and Telecommunications Industries	2.02	1.95	2.37	2.42
批发和零售贸易、餐饮业	Wholesale and Retail Trade, Catering Industry	1.85	2.25	2.24	2.71
社会服务业	Social Services	0.47	0.24	0.23	0.22
文教卫生业	Culture, Education and Health Care	0.35	0.38	0.18	0.22
其他行业	Other Industry	0.49	0.46	0.35	0.33
财产性收入	Property Income	0.75	0.55	0.55	0.64
转移性收入	Transferred Income	5.21	5.60	6.43	7.20

2-17 农村居民家庭人均纯收入及构成

Per Capita Annual Net Income and Composition of Rural Households

项 目	Item	2009	2010	2011	2012
纯收入（元）	**Net Income（yuan）**	**3980.44**	**4543.41**	**5231.33**	**6007.55**
工资性收入	Wages Income	1465.22	1707.18	1820.18	2245.95
家庭经营纯收入	Net Income from Household Business	2228.23	2510.15	3007.93	3234.55
第一产业	Primary Industry	1989.82	2236.60	2687.50	2825.94
农业	Farming	1428.70	1577.68	1804.40	1963.29
林业	Forestry	67.47	124.68	161.43	150.46
牧业	Animal Husbandry	458.24	483.69	669.50	639.25
渔业	Fishery	35.41	50.54	52.17	72.94
第二产业	Secondary Industry Income	57.43	60.86	62.13	81.66
工业	Industry	33.24	30.92	35.11	50.81
建筑业	Construction	24.19	29.94	27.01	30.85
第三产业	Tertary Industry	180.98	212.69	258.30	326.95
交通、运输、邮电业	Transport and Telecommunications Industries	57.81	65.03	86.89	117.47
批发和零售贸易、餐饮业	Wholesale and Retail Trade, Catering Industry	77.49	102.16	131.65	159.01
社会服务业	Social Services	10.25	8.09	12.88	15.36
文教卫生业	Culture, Education and Health Care	13.25	14.45	9.26	12.21
其他行业	Other Industry	22.19	22.96	17.63	22.90
财产性收入	Property Income	41.49	33.78	41.22	53.87
转移性收入	Transferred Income	245.50	292.30	362.00	473.17
纯收入构成（%）	**Composition of Net Income（%）**				
工资性收入	Wages Income	36.81	37.57	34.79	37.38
家庭经营收入	Net Income from Household Business	55.98	55.25	57.50	53.84
第一产业	Primary Industry	49.99	49.23	51.37	47.04
农业	Farming	35.89	34.72	34.49	32.68
林业	Forestry	1.70	2.74	3.09	2.50
牧业	Animal Husbandry	11.51	10.65	12.80	10.64
渔业	Fishery	0.89	1.11	1.00	1.21
第二产业	Secondary Industry Income	1.44	1.34	1.19	1.36
工业	Industry	0.84	0.68	0.67	0.85
建筑业	Construction	0.61	0.66	0.52	0.51
第三产业	Tertary Industry	4.55	4.68	4.94	5.44
交通、运输、邮电业	Transport and Telecommunications Industries	1.45	1.43	1.66	1.96
批发和零售贸易、餐饮业	Wholesale and Retail Trade, Catering Industry	1.95	2.25	2.52	2.65
社会服务业	Social Services	0.26	0.18	0.25	0.26
文教卫生业	Culture, Education and Health Care	0.33	0.32	0.18	0.20
其他行业	Other Industry	0.56	0.51	0.34	0.38
财产性收入	Property Income	1.04	0.74	0.79	0.90
转移性收入	Transferred Income	6.17	6.43	6.92	7.88

2-18 农村居民家庭人均现金收入及构成

Per Capita Cash Income and Composition of Rural Households

项目	Item	2009	2010	2011	2012
现金收入（元）	**Cash Income（yuan）**	**4537.08**	**5151.58**	**6448.80**	**7380.51**
工资性收入	Wages Income	1464.78	1706.12	1820.06	2245.92
家庭经营现金收入	Cash Income from Household Business	2744.94	3072.29	4119.79	4488.60
第一产业	Primary Industry	2365.35	2647.86	3592.73	3839.04
农业	Farming	1296.94	1454.72	1900.21	2101.70
林业	Forestry	75.93	129.77	185.52	182.05
牧业	Animal Husbandry	935.22	971.41	1395.51	1421.65
渔业	Fishery	57.26	91.95	111.48	133.64
第二产业	Secondary Industry Income	91.82	97.78	121.60	150.23
工业	Industry	57.92	58.49	70.61	100.65
建筑业	Construction	33.90	39.30	50.98	49.59
第三产业	Tertary Industry	287.77	326.65	405.46	499.32
交通、运输、邮电业	Transport and Telecommunications Industries	111.86	120.40	178.59	204.62
批发和零售贸易、餐饮业	Wholesale and Retail Trade, Catering Industry	102.26	139.09	168.27	228.88
社会服务业	Social Services	26.09	14.64	17.10	18.78
文教卫生业	Culture, Education and Health Care	19.29	23.57	13.60	18.71
其他行业	Other Industry	27.11	28.47	25.96	27.81
财产性收入	Property Income	41.37	33.15	40.01	53.54
转移性收入	Transferred Income	285.99	340.01	468.94	592.46
现金收入构成（%）	**Composition of Cash Income（%）**				
工资性收入	Wages Income	32.28	33.12	28.22	30.43
家庭经营现金收入	Cash Income from Household Business	60.50	59.64	63.88	60.82
第一产业	Primary Industry	52.13	51.40	55.71	52.02
农业	Farming	28.59	28.24	29.47	28.48
林业	Forestry	1.67	2.52	2.88	2.47
牧业	Animal Husbandry	20.61	18.86	21.64	19.26
渔业	Fishery	1.26	1.78	1.73	1.81
第二产业	Secondary Industry Income	2.01	1.90	1.89	2.04
工业	Industry	1.28	1.14	1.09	1.36
建筑业	Construction	0.75	0.76	0.79	0.67
第三产业	Tertary Industry	6.34	6.34	6.29	6.77
交通、运输、邮电业	Transport and Telecommunications Industries	2.47	2.34	2.77	2.77
批发和零售贸易、餐饮业	Wholesale and Retail Trade, Catering Industry	2.25	2.70	2.61	3.10
社会服务业	Social Services	0.58	0.28	0.27	0.25
文教卫生业	Culture, Education and Health Care	0.43	0.46	0.21	0.25
其他行业	Other Industry	0.60	0.55	0.40	0.38
财产性收入	Property Income	0.91	0.64	0.62	0.72
转移性收入	Transferred Income	6.30	6.60	7.27	8.03

2-19 按收入五等份分农村居民家庭人均支出情况（2012年）

Per Capita Expenditures of Rural Households by Five Equal Parts of Income（2012）

单位：元 （yuan）

项　目	Item	低收入户 Low Income Households	中　低收入户 Lower Middle Income Households	中　等收入户 Middle Income Households	中　高收入户 Upper Middle Income Households	高收入户 High Income Households
总支出	**Annual Total Expenditures**	**4872.74**	**5839.96**	**7060.18**	**9705.69**	**13016.87**
家庭经营费用支出	Expenditure for Household Business	1350.84	1495.92	1907.80	2469.91	3979.90
农业	Agriculture	557.82	700.86	935.42	1238.47	1669.03
林业	Forestry	32.24	31.96	28.34	25.40	40.80
牧业	Animal	538.64	665.12	845.19	972.71	1520.51
渔业	Fishery	35.51	4.34	9.87	67.72	227.74
工业	Industry	14.03	27.32	2.34	9.86	210.82
建筑业	Construction	3.44	5.20	6.02	16.00	54.42
交通、运输、邮电业	Transport and Telecommunications Industries	13.55	24.22	66.29	95.25	144.10
批发和零售贸易、餐饮业	Wholesale and Retail Trade, Catering Industry	152.96	30.89	12.02	18.12	93.30
社会服务业	Social Services	0.88	2.60	0.36	0.33	8.18
文教卫生业	Cultural, Educational and Health Care	1.13	3.08	0.01	24.03	0.68
其他家庭经营	Others	0.65	0.33	1.93	2.02	10.32
购置生产性固定资产支出	Expenditure for Productive Fixed Assets	130.40	128.23	170.72	377.62	434.36
税费支出	Taxes and Fee	4.38	7.48	9.07	7.06	4.63
财产性支出	Property Expenditure	0.67		3.99	13.43	14.20
转移性支出	Transferred Expenditure	268.71	310.80	448.27	564.85	1036.36
生活消费支出	Consumption Expenditure	3117.53	3897.04	4520.15	6270.46	7534.53
食品	Food	1517.99	1888.96	2073.11	2443.95	2758.16
衣着	Clothing	91.32	132.49	144.62	207.51	237.25
居住	Residence	597.54	769.20	962.32	1828.35	2213.06
家庭设备用品及服务	Household Appliances and Services	187.24	209.26	247.39	312.15	476.18
医疗保健	Health Care and Medical Services	289.78	315.63	417.48	454.22	487.26
交通通讯	Transport and Telecommunications	244.24	316.06	362.13	632.35	839.56
文教娱乐用品及服务	Stationery & Recreation Goods and Services	118.53	183.90	217.54	270.30	322.46
其他商品和服务	Other Goods and Services	70.90	81.54	95.56	121.63	200.61

2-20 农村居民家庭人均总支出及构成

Per Capita Total Expenditure and Composition of Rural Households

单位：元 (yuan)

项目	Item	2009	2010	2011	2012
总支出	**Total Expenditure**	**4957.75**	**5270.80**	**6792.05**	**7753.50**
家庭经营费用支出	Expenditure for Household Business	1406.32	1475.23	2000.09	2132.61
第一产业	Primary Industry	1293.81	1351.91	1831.94	1935.03
农业	Farming	691.38	727.15	939.89	973.20
林业	Forestry	11.21	9.28	25.59	31.53
牧业	Animal Husbandry	569.36	572.93	806.53	869.34
渔业	Fishery	21.86	42.54	59.93	60.95
第二产业	Secondary Industry Income	28.28	31.44	52.14	61.10
工业	Industry	20.38	23.25	31.73	46.08
建筑业	Construction	7.90	8.19	20.41	15.02
第三产业	Tertary Industry	84.23	91.89	116.02	136.48
交通、运输、邮电业	Transport and Telecommunications Industries	38.26	39.27	68.40	63.02
批发和零售贸易、餐饮业	Wholesale and Retail Trade, Catering Industry	21.88	34.20	31.43	63.06
社会服务业	Social Services	13.79	4.94	3.06	2.25
文教卫生业	Culture, Education and Health Care	5.52	8.39	4.11	5.48
其他行业	Other Industry	4.78	5.09	9.02	2.68
购置生产性固定资产支出	Expenditure for Productive Fixed Assets	160.11	152.14	215.49	233.51
税费支出	Taxes and Fee	8.76	2.84	5.24	6.55
生活消费支出	Consumption Expenditure	3231.14	3455.29	4210.89	4877.63
食品	Food	1572.82	1675.41	1844.94	2085.63
衣着	Clothing	91.82	110.46	123.93	156.47
居住	Residence	677.92	692.51	1018.56	1200.80
家庭设备、用品及服务	Household Facilities, Articles and Services	157.93	192.77	241.61	274.63
医疗保健	Medicines and Medical Services	205.16	228.99	301.25	383.95
交通通讯	Transport, Post and Telecommunications	275.57	310.30	384.81	453.01
文化娱乐用品及服务	Stationery & Recreation Goods and Services	192.54	182.55	218.72	214.30
其他商品和服务	Other Commodities and Services	57.37	62.30	77.07	108.84
财产性支出	Expenditure for Property	2.33	3.94	11.35	5.77
转移性支出	Transferred Expenditure	148.40	181.22	347.28	494.69

2-20 续表 continued

单位：% (%)

项 目	Item	2009	2010	2011	2012
总支出构成	**Composition of Total Expenditure**				
家庭经营费用支出	Expenditure for Household Business	28.37	27.99	29.45	27.52
第一产业	Primary Industry	26.10	25.65	26.97	24.96
农业	Farming	13.95	13.80	13.84	12.55
林业	Forestry	0.23	0.18	0.38	0.41
牧业	Animal Husbandry	11.48	10.87	11.87	11.21
渔业	Fishery	0.44	0.81	0.88	0.79
第二产业	Secondary Industry Income	0.57	0.60	0.77	0.79
工业	Industry	0.41	0.44	0.47	0.59
建筑业	Construction	0.16	0.16	0.30	0.19
第三产业	Tertary Industry	1.70	1.74	1.71	1.76
交通、运输、邮电业	Transport and Telecommunications Industries	0.77	0.75	1.01	0.81
批发和零售贸易、餐饮业	Wholesale and Retail Trade, Catering Industry	0.44	0.65	0.46	0.81
社会服务业	Social Services	0.28	0.09	0.05	0.03
文教卫生业	Culture, Education and Health Care	0.11	0.16	0.06	0.07
其他行业	Other Industry	0.10	0.10	0.13	0.03
购置生产性固定资产支出	Expenditure for Productive Fixed Assets	3.23	2.89	3.17	3.01
税费支出	Taxes and Fee	0.18	0.05	0.08	0.08
生活消费支出	Consumption Expenditure	65.17	65.56	62.00	62.91
食品	Food	31.72	31.79	27.16	26.90
衣着	Clothing	1.85	2.10	1.82	2.02
居住	Residence	13.67	13.14	15.00	15.49
家庭设备、用品及服务	Household Facilities, Articles and Services	3.19	3.66	3.56	3.54
医疗保健	Medicines and Medical Services	4.14	4.34	4.44	4.95
交通通讯	Transport, Post and Telecommunications	5.56	5.89	5.67	5.84
文化娱乐用品及服务	Stationery & Recreation Goods and Services	3.88	3.46	3.22	2.76
其他商品和服务	Other Commodities and Services	1.16	1.18	1.13	1.40
财产性支出	Expenditure for Property	0.05	0.07	0.17	0.08
转移性支出	Transferred Expenditure	2.99	3.44	5.11	6.38

2-21 农村居民家庭人均现金支出及构成

Per Capita Cash Expenditure and Composition of Rural Households

项　目	Item	2009	2010	2011	2012
现金支出（元）	**Cash Expenditure（yuan）**	**4146.26**	**4475.64**	**5959.49**	**6828.22**
生产费用现金支出	Cash Expenditure of Productive Costs	1441.04	1506.97	2078.42	2217.33
家庭经营费用支出	Expenditure for Household Business	1280.23	1354.69	1861.22	1981.07
第一产业	Primary Industry	1167.74	1231.42	1693.18	1783.82
农业	Farming	688.65	724.07	912.25	952.46
林业	Forestry	11.21	9.28	25.59	31.53
牧业	Animal Husbandry	446.01	455.52	695.42	738.88
渔业	Fishery	21.86	42.54	59.93	60.95
第二产业	Secondary Industry Income	28.26	31.39	52.02	60.77
工业	Industry	20.36	23.20	31.61	45.75
建筑业	Construction	7.90	8.19	20.41	15.02
第三产业	Tertary Industry	84.23	91.89	116.02	136.48
交通、运输、邮电业	Transport and Telecommunications Industries	38.26	39.27	68.40	63.02
批发和零售贸易、餐饮业	Wholesale and Retail Trade, Catering Industry	21.88	34.20	31.43	63.06
社会服务业	Social Services	13.79	4.94	3.06	2.25
文教卫生业	Culture, Education and Health Care	5.52	8.39	4.11	5.48
其他行业	Other Industry	4.78	5.09	9.02	2.68
购置生产性固定资产支出	Expenditure for Productive Fixed Assets	160.11	152.14	215.49	233.51
税费支出	Taxes and Fee	8.76	2.84	5.24	6.54
生活消费支出	Consumption Expenditure	2548.23	2783.18	3522.59	4109.25
财产性支出	Expenditure for Property	2.33	3.94	11.35	5.77
转移性支出	Transferred Expenditure	145.91	178.71	341.89	489.34
现金支出构成（%）	**Composition of Cash Expenditure（%）**				
生产费用现金支出	Cash Expenditure of Productive Costs	34.76	33.67	34.88	32.47
家庭经营费用支出	Expenditure for Household Business	30.88	30.27	31.23	29.01
第一产业	Primary Industry	28.16	27.51	28.41	26.12
农业	Farming	16.61	16.18	15.31	13.95
林业	Forestry	0.27	0.21	0.43	0.46
牧业	Animal Husbandry	10.76	10.18	11.67	10.82
渔业	Fishery	0.53	0.95	1.01	0.89
第二产业	Secondary Industry Income	0.68	0.70	0.87	0.89
工业	Industry	0.49	0.52	0.53	0.67
建筑业	Construction	0.19	0.18	0.34	0.22
第三产业	Tertary Industry	2.03	2.05	1.95	2.00
交通、运输、邮电业	Transport and Telecommunications Industries	0.92	0.88	1.15	0.92
批发和零售贸易、餐饮业	Wholesale and Retail Trade, Catering Industry	0.53	0.76	0.53	0.92
社会服务业	Social Services	0.33	0.11	0.05	0.03
文教卫生业	Culture, Education and Health Care	0.13	0.19	0.07	0.08
其他行业	Other Industry	0.12	0.11	0.15	0.04
购置生产性固定资产支出	Expenditure for Productive Fixed Assets	3.86	3.40	3.62	3.42
税费支出	Taxes and Fee	0.21	0.06	0.09	0.10
生活消费支出	Consumption Expenditure	61.46	62.19	59.11	60.18
财产性支出	Expenditure for Property	0.06	0.09	0.19	0.08
转移性支出	Transferred Expenditure	3.52	3.99	5.74	7.17

2–22 按收入五等份分农村居民家庭基本情况（2012年）

Basic Conditions of Rural Households by Five Equal Parts of Income（2012）

项 目 Item	低收入户 Low Income Households	中低收入户 Lower Middle Income Households	中等收入户 Middle Income Households	中高收入户 Upper Middle Income Households	高收入户 High Income Households
家庭常住人口（人） Number of Permanet Residents Per Households（person）	2382	2270	2089	1909	1696
劳动力（人） Labor Force（person）	1607	1544	1464	1424	1330
劳动力文化程度（人） Laborur Force Education Background（person）					
文盲或半文盲 Iuiterate or semi-literate	65	48	39	25	30
小学程度 Primary School	483	395	373	311	272
初中程度 Junior Secondary School	885	916	819	800	769
高中程度 Senior Secondary School	93	123	153	184	167
中专程度 Secondary Technical School	44	33	43	47	48
大专及以上 Junior College and Above	25	22	27	35	38
人均固定资产原值（元） Per Capita Original Value of Fixed Assets（yuan）	1880.10	1695.98	2218.41	3262.43	4828.43
人均年内新建房屋面积（平方米） Per Capita New Building Area in the Year-end（sq.m）	0.90	1.12	1.11	2.86	2.13
人均年内新建房屋价值（元） Per Capita Value of New Building in the Year-end（yuan）	452.67	570.49	704.28	1685.14	1205.31
人均年末住房面积（平方米） Per Capita Housing Area at the Year-end（sq.m）	27.23	31.29	35.93	41.93	47.92
人均年末经营耕地面积（平方米） Per Capita Arable Land Area Business End（sq.m）	2.12	1.89	2.11	2.45	3.69
人均主要农产品消费量（公斤） Per Capita Consumption of Major Farm Products（kg）					
粮食 Grain	147.65	163.81	173.90	184.74	203.28
蔬菜及制品 Fresh Vegetables and Related Products	72.35	78.19	85.50	96.10	107.46
食用油 Edible Oil	4.50	5.36	5.66	5.70	7.21
食糖 Sugar	0.91	0.92	0.84	0.92	1.16
卷烟（盒） Cigarette（Boxes）	9.22	14.45	16.94	21.82	24.00
水果 Fruits	9.09	11.52	13.09	16.12	19.84
猪肉 Pork	12.56	14.57	15.10	18.17	20.74
牛羊肉 Butcher	0.15	0.27	0.31	0.40	0.52
家禽 Poultry	7.43	9.50	10.73	12.73	14.66
禽蛋及制品 Eggs and Related Products	1.76	2.14	2.24	2.42	2.72
水产品 Aquatic Products	2.30	3.13	3.63	5.12	5.69

2–23 农村居民家庭基本情况

Basic Conditions of Rural Households

项 目	Item	2009	2010	2011	2012
调查户数（户）	**Number of Households Surveyed（household）**	**2310**	**2310**	**2310**	**2310**
调查户从业类型	Survey types of Households Practitioners				
按总收入比重计算	By Calculating the Proportion of Total Revenue				
农业户	Agricultural Households	395	422	413	383
农业兼业户	Agriculture and Industry Operators	1134	1044	1153	1088
非农业兼业户	Non-farm Households and Industry	765	816	704	783
非农业户	Non-farm Households	16	28	40	56
按从业劳动力比重计算	By Calculating the Proportion of the Labor Employment				
农业户	Agricultural Households	780	734	759	666
农业兼业户	Agriculture and Industry Operators	600	575	444	458
非农业兼业户	Non-farm Households and Industry	822	895	948	983
非农业户	Non-farm Households	108	106	159	203
户别	Other Families				
个体工商户	Individual Businesses	50	58	53	59
干部户	Cadres Households	198	190	122	126
个体工商和干部户	Individually and Cadres Households	11	12	10	9
五保户	Capsized	-	-	4	3
其他户	Other	2051	2050	2121	2113
家庭结构	Family Structure				
单身或夫妇	Single or Couples	89	88	81	90
夫妇与一个孩子	Couples with One Child	277	288	310	324
夫妇与两个孩子	Married Couples with Two Children	563	567	583	553
夫妇与三个以上孩子	Couples with Three or More Children	505	466	433	446
单亲与孩子	Single Parents with Children	52	58	43	40
三代同堂	Three Generations Under One Roof	636	659	718	718
其他	Other	188	184	142	139
调查户常住人口（人）	**Number of Permanent Residents Per Households（person）**	**10637**	**10598**	**10326**	**10345**
整半劳动力	The Whole Part Time Farm Worker	7829	7776	7318	7312
不识字或识字很少	Few Illiteracy and Illiteracy	112	104	222	207
小学程度	Primary School	1846	1742	1879	1834
初中程度	Junior School	4327	4369	4171	4189
高中程度	Senior Secondary School	1086	1103	699	720
中专程度	Secondary Technical School	318	301	209	215
大专及以上	Junior College and Above	140	157	138	147
外出从业劳动人数	The Number of Practitioners Working Out	2399	2403	2381	2444
期末实际经营的土地面积（亩/人）	**Land Area Dealing in Actually at the End of Term（mu/person）**				
耕地	Farmland	1.43	1.43	1.30	1.37
山地	Mountains	0.61	0.64	0.81	0.83
园地	Gardening Land	0.17	0.14	0.15	0.15
牧草地	Grassland	0.03	0.03	…	…
养殖水面	Aquatic Space	0.02	0.02	0.04	0.04

2-24 农村居民家庭建房和居住情况

Basic Information of Building Construction and Accommodation in Rural Households

项　目	Item	2009	2010	2011	2012
期末住房情况	**Housing Conditions at the Year-end**				
住房面积（平方米/人）	Dwelling Space（sq.m/person）	33.09	33.94	34.90	35.98
住房价值（元/人）	Value of Houses（yuan/person）	8289.00	9140.53	15856.60	16934.34
住房类型（平方米/人）	Housing Styles（sq.m/person）				
楼房面积	Building Space	20.43	22.14	26.86	28.09
砖瓦平房面积	Bungalow Space	8.69	7.90	5.57	5.74
其他	Others	3.97	3.90	2.47	2.15
住房结构（平方米/人）	Housing Structure（sq.m/person）				
钢筋混泥土结构面积	Reinforced Structure	22.83	24.03	27.57	28.21
砖木结构面积	Brick and Wood Structure	6.68	6.44	5.52	6.16
其他	Others	3.59	3.47	1.80	1.61
期内新建（购）住房情况	**Newly-built Houses Within the Year**				
新建（购）住房面积（平方米/人）	Newly-built House Space（sq.m/person）	1.18	0.89	1.74	1.55
新建（购）住房价值（元/人）	Value in Each Squre Meter（yuan/person）	515.24	383.99	967.69	880.11
新建（购）住房类型（平方米/人）	Newly-built Houses Styles（sq.m/person）				
楼房面积	Building Space	1.02	0.82	1.62	1.44
砖瓦平房面积	Bungalow Space	0.09	0.04	0.10	0.10
其他	Others	0.07	0.02	0.03	0.01
新建（购）住房结构（平方米/人）	Newly-built Houses Structure（sq.m/person）				
钢筋混泥土结构面积	Reinforced Structure	1.10	0.81	1.59	1.44
砖木结构面积	Brick and Wood Structure	0.05	0.07	0.15	0.12
其他	Others	0.02	0.01	0.00	
期内房屋建设情况（平方米）	**Housing Construction Period（sq.m）**				
期内施工房屋面积	Area Housing Construction Period	1.25	0.88	…	
# 住宅面积	# Residential Area	1.23	0.87	…	
期内竣工房屋面积	During the Completion of Housing Area	1.06	0.91	…	
# 住宅面积	# Residential Area	1.05	0.90	…	
居住条件（户）	**Living Conditions（household）**				
住房卫生设备使用情况	Housing use of health equipment				
使用水冲式厕所	Use Water Washing Type Toilet	502	588	1056	1074
使用旱厕	Use Dry	1648	1509	1096	1051
无厕所	No Toilet	160	213	158	185
取暖设备使用情况	Operating Position of the Heating System				
使用空调	Use the Air Conditioner	3	4	17	26
使用暖气	Use the Heating	…	…	…	
使用火炕	Use the Heated Kang	20	20	55	55
无取暖设备	No Heating Equipment	2287	2286	2238	2229
炊事使用的主要能源	Main Energy That the Cooking Uses				
使用液化气	Use the Liquefied Gas	398	338	266	276
使用煤炭	Use Coals	…	…	…	
使用柴草	Use the Firewood	1530	1555	1463	1470
使用电	Use the Electricity	63	109	366	358
使用沼气	Use the Marsh Gas	298	299	171	176
使用其他燃料	Use Other Fuel	21	9	44	30
饮用水来源情况	Drinking Water Source Situation				
饮用自来水	Drink the Running Water	963	991	989	1056
饮用深井水	Drink the Deep Well Water	511	495	589	557
饮用浅井水	Drink the Shallow Well Water	422	410	340	320
饮用江河湖泊水	Drink Rivers Lake Water	103	103	6	8
饮用塘水	Drink Water of the Pool	6	6	4	1
饮用其他水源	Drink the Other Sources of Water	305	305	382	368
住宅外道路路面状况	Road Surface State of the Road Outside the House				
水泥或柏油路面	Cement or Road Surface of Pitch	562	735	740	893
沙石或石板等硬质路面	Stone, Sand and Gravel or Other Hard-surface	362	328	623	523
其他路面	Other Road Surface	1386	1247	947	894

2-25 农村居民家庭平均每百户耐用消费品拥有量

Ownership of Major Durable Consumer Goods Per 100 Rural Households

项 目	Item	2009	2010	2011	2012
大型家具（件）	Large Writing（piece）	-	-	-	-
洗衣机（台）	Washing Mathine（set）	12.62	15.17	28.92	35.97
电风扇（台）	Electric Fan（set）	-	-	-	
电冰箱（台）	Refrigerator（set）	21.02	30.71	55.71	61.08
空调机（台）	Air Conditioner（set）	2.81	4.33	8.22	10.35
抽油烟机（台）	Exhaust Fan（set）	1.39	1.34	2.81	4.03
吸尘器（台）	Dust Catcher（set）	0.13	0.30	0.13	0.35
微波炉（台）	Oven（set）	3.12	3.72	8.27	9.65
热水器（台）	Shower（set）	16.08	20.24	28.35	33.90
自行车（辆）	Bicycle（set）	87.36	84.98	47.88	51.21
摩托车（台）	Motorcycle（set）	72.58	76.04	87.75	89.44
汽车（生活用）（台）	Automobile（set）	0.39	0.26	1.47	2.25
电话机（部）	Telephone（set）	60.78	58.83	29.31	30.04
移动电话（部）	Mobile Telephone（set）	125.15	140.35	210.26	215.45
寻呼机（台）	Beep-pager（set）	-	-	-	-
彩色电视机（台）	Color TV（set）	97.88	99.22	109.39	109.91
黑白电视机（台）	Black and White TV（set）	14.33	14.16	1.39	1.21
录放像机（台）	Video-recorder（set）	-	-	-	
摄像机（台）	Video Camera（set）	0.09	0.04	1.13	0.78
影碟机（台）	Video Disc Player（set）	51.08	47.71	43.81	45.58
组合音响（台）	Hi-Fi Stereo Component System（set）	-	-	-	-
收录机（台）	Radio Cassette Player（set）	-	-	-	-
照相机（架）	Camera（set）	2.21	2.42	2.08	2.16
家用计算机（台）	Computer（set）	2.99	4.50	9.57	11.73
中高档乐器（件）	Middle-grade Instruments（piece）	-	0.43	0.26	0.17

2-26 农村居民家庭人均拥有生产性固定资产

Per Capita Productive Fixed Assets of Rural Households

项目	Item	2009	2010	2011	2012
生产性固定资产原值（元）	**Initial Value of Productive Fixed Assets（yuan）**	**1448.81**	**1591.33**	**2440.34**	**2646.41**
农业	Agriculture	812.82	910.63	1384.18	1455.44
# 房屋及建筑物	# House and Building	175.06	211.02	439.86	434.13
役畜	Draught Animals	229.82	237.64	324.34	339.31
大中型铁木农具	Large and Medium Iron or Wood Furniture	65.25	75.14	61.59	93.76
农业机械	Agricultural Machinery	325.60	360.78	472.62	496.54
林业	Forestry	1.00	1.08	5.17	5.50
# 房屋及建筑物	# House and Building	-	-	3.45	3.44
役畜	Draught Animals	0.43	0.43	0.68	0.29
大中型铁木农具	Large and Medium Iron or Wood Furniture	-	-	0.22	0.60
林业机械	Agricultural Machinery	0.57	0.65	0.83	1.16
牧业	Animal Husbandry	246.63	258.34	446.13	507.54
# 房屋及建筑物	# House and Building	170.39	188.72	332.73	369.69
产品畜	Draught Animals	60.02	51.60	85.49	98.80
大中型铁木农具	Large and Medium Iron or Wood Furniture	2.71	1.76	5.52	5.65
牧业机械	Agricultural Machinery	9.52	9.72	17.41	24.65
渔业	Fishery	28.17	27.99	38.40	39.53
# 房屋及建筑物	# House and Building	1.07	0.42	7.21	7.54
大中型铁木农具	Large and Medium Iron or Wood Furniture	-	-	-	1.44
渔业机械	Fishery' s machinery	25.49	25.89	24.79	25.13
采矿业	Mining	8.53	19.78	16.14	8.12
制造业	Manufacturing	49.59	44.85	40.47	48.48
# 房屋及建筑物	# House and Building	13.85	11.16	8.40	7.18
生产设备	Production Equipment	35.29	33.10	30.90	26.92
电力煤气与水的生产及供应	Production and Supply of Electricity Gas and Water	-	-	-	-
建筑业	Construction	20.73	17.36	53.39	53.97
交通运输业、仓储和邮政业	Tran sportation Storage, Post & Telecommunication Services	217.48	239.98	345.49	358.26
批发和零售贸易业	Wholesale and Retail Trade & Catering Services	11.99	23.61	51.37	75.37
住宿和餐饮业	Accomadation and Catering	-	-	20.23	19.91
居民服务与其他服务业	Services to Households and Other Services	30.38	23.99	17.20	17.59
教育	Education	1.22	6.30	2.13	11.89
卫生、社会保障和福利业	Health Social Securities and Social Welfare	3.30	3.51	1.22	1.02
文化、体育和娱乐业	Culture Sports and Entertainment	1.22	1.23	-	-
其他	Other	15.74	12.69	18.82	43.78
主要生产性固定资产数量	**Major Productive Fixed Assets**				
房屋及建筑物（平方米）	House and Building（sq.m）	5.56	5.84	5.05	5.34
汽车（辆）	Moto Vehicles（unit）	…	…	…	…
大中型拖拉机（台）	Large and Medium Tractors（set）	…	…	…	…
小型和手扶拖拉机（台）	Mini and Walking Tractors（set）	0.04	0.04	0.04	0.05
机动脱粒机（台）	Motorized Threshing Machines（set）	0.05	0.05	0.06	0.06
收割机（台）	Harvesters（set）	…	…	…	
农用动力机械（台）	Machinery for Agricultural Irrigation（set）	0.06	0.06	0.07	0.08
胶轮大车（架）	Carts with Rubber Tyres（set）	0.01	0.01	0.01	0.01
水泵（台）	Pumps（unit）	0.05	0.05	0.06	0.07
役畜（头）	Draught Animals（head）	0.10	0.10	0.10	0.09
产品畜（头）	Commodity Animals（head）	0.08	0.08	0.08	0.09

2-27 农村居民家庭人均粮食结存情况

Basic Conditions of Per Capita Grain in Balance by Rural Households

单位：公斤 (kg)

项 目	Item	2009	2010	2011	2012
期初粮食结存	**Inventory of Grain at the Beginning of the year**	**336.66**	**334.81**	**201.81**	**236.24**
期内粮食收入合计	Total Debit of Grain	533.98	513.52	461.17	467.14
家庭经营生产粮食	From Household Production	502.67	484.86	417.19	419.15
谷物	Cereal	497.43	480.65	409.82	414.42
薯类	Tuber	1.86	1.82	4.71	2.37
豆类	Beans	3.38	2.39	2.66	2.37
购入粮食	Purchases Grain	28.72	26.23	41.67	42.52
谷物	Cereal	27.75	25.62	41.01	41.75
薯类	Tuber	0.01	0.02	0.03	0.05
豆类	Beans	0.95	0.59	0.63	0.73
借入粮食	Borrowing Grain	0.17	-	-	0.08
收回借出粮	Recall Lent Grain	2.13	1.64	1.79	4.72
其他粮食收入	Others	0.29	0.79	0.50	0.66
期内粮食支出合计	**Total Expenditure of Grain**	**438.50**	**401.35**	**393.03**	**381.52**
主食用粮	Staple Food	187.63	180.67	179.36	172.46
谷物	Cereal	185.55	179.36	177.81	170.87
薯类	Tuber	0.56	0.37	0.54	0.54
豆类	Beans	1.51	0.94	1.01	1.04
其他生活用粮	Grain for Other Living	-	-	-	0.01
出售粮食	Sales Grain	167.83	148.24	150.23	148.34
谷物	Cereal	166.01	146.64	148.04	146.16
薯类	Tuber	0.47	0.92	0.98	0.97
豆类	Beans	1.35	0.69	1.21	1.21
种籽用粮食	Seeds Staple	3.49	2.37	2.27	2.53
饲料用粮食	Fodder Staple	78.07	68.41	60.48	56.69
借出粮食	Lending Staple	0.23	0.17	0.05	0.43
归还借粮	Return Borrowed Grain	0.07	0.29	-	
其他粮食支出	Others	1.18	1.20	0.63	1.06
期末粮食结存	**Inventory of Grain at the Year-end**	**334.71**	**310.08**	**244.36**	**264.90**
谷物	Cereal	331.06	306.53	239.16	261.90
薯类	Tuber	2.20	2.36	3.60	2.00
豆类	Beans	1.45	1.20	1.59	0.99
期末粮食结存用途	**Use of the Suplus and Stored Grain ate Year-end**				
# 计划用于口粮	# Planned Rations	-	-	-	-
种子	Seeds	-	-	-	-
饲料	Fodder	-	-	-	-
其他用途	Others	-	-	-	-
期内生产加工用粮	**During Grain Production and Processing**	**-**	**-**	**-**	**-**
# 食品加工用粮	# Food processing grain	-	-	-	-
饲料加工用粮	Feed Grain Processing	-	-	-	-

2-28 农村居民家庭人均主要食品消费量

Per Capita Main Food Consumption of Rural Households

单位：公斤 (kg)

项　目	Item	2009	2010	2011	2012
谷物消费量	Cereal Consumption	185.55	179.36	177.81	170.87
# 稻谷	# Rice	171.74	167.00	165.12	156.64
玉米	Corn	10.81	9.28	10.01	11.55
薯类消费量	Potato Consumption	0.56	0.37	0.54	0.54
# 红薯	# Sweet Potato	0.52	0.30	0.50	0.49
马铃薯	Potato	0.03	0.05	0.02	0.01
豆类消费量	Soy Consumption	1.51	0.94	1.01	1.04
# 大豆	# Soybean	0.76	0.42	0.55	0.50
油脂类消费量	Oil and Fats Consumption	4.84	4.95	5.56	5.59
植物油	Vegetable Oil	3.05	3.04	3.34	3.38
动物油	Animal Oil	1.79	1.91	2.22	2.21
烟叶消费量	Tobacco Consumption	0.10	0.09	0.09	0.08
豆制品	Soybean	1.48	1.53	1.53	1.50
蔬菜及菜制品消费量	Vegetables and Food Products Consumption	99.84	96.76	87.74	86.43
# 叶菜类	# Leaf	-	-	-	-
瓜菜类	Vegetables Category	-	-	-	-
块根、块茎类	Root and Tuber	-	-	-	-
茄果类	Eggplants	-	-	-	-
瓜类	Melons	2.86	2.42	2.23	1.65
# 西瓜	# Watermelon	2.73	2.23	2.14	1.55
水果类	Fruits	10.31	9.75	10.52	13.49
消费茶叶	Tea Consumption	0.04	0.05	0.08	0.08
坚果消费量	Nuts Consumption	0.23	0.20	0.31	0.32
肉禽及其制品	Meat, Poultry and Related Products	26.75	27.75	30.92	30.91
# 猪肉	# Pork	13.32	13.87	16.06	15.89
牛肉	Beef	0.19	0.31	0.46	0.25
羊肉	Mutton	0.06	0.07	0.09	0.06
家禽	Poultry	10.02	9.84	10.61	10.71
蛋类及蛋制品	Eggs and Eggs Products	1.30	1.29	1.79	2.22
奶和奶制品	Milk and Dairy Products	0.26	0.33	0.77	0.88
水产品	Aquatic Products	3.57	3.71	3.87	3.83
# 鱼类	# Fish	3.24	3.32	3.42	3.40
虾、贝、蟹类	Shrimp, Shells, Crabs	0.14	0.17	0.24	0.23
食糖	Sugar	1.07	1.02	0.91	0.94
酒	Wine	8.44	8.51	9.93	8.97
# 白酒	# Liquor	5.18	5.07	5.72	5.11
啤酒	Beer	2.92	3.11	3.98	3.51

2-29 农村居民家庭人均出售农产品、畜禽和水产品情况

Information of Per Capita Sales in Farm Product, Sell Animals, Poultry and Aquatic Products in Rural Households

项 目	Item	2009		2010	
		数 量（公斤）Quantity（kg）	金 额（元）Amount（yuan）	数 量（公斤）Quantity（kg）	金 额（元）Amount（yuan）
农产品出售情况	**Sale of Agricultural Products**				
农业	Agriculture		1275.84		1436.35
谷物	Cereal	166.01	341.88	146.64	324.21
普通稻谷	Ordinary Rice	128.08	282.52	121.54	276.84
优质稻谷	High-quality Rice	-	-	-	-
普通玉米	Normal Corn	37.91	59.34	25.07	47.34
优质玉米	Quality Corn	-	-	-	-
薯类	Tuber	0.47	2.26	0.92	3.57
豆类	Beans	1.35	5.47	0.69	2.93
油料	Oil	4.42	17.80	2.61	14.07
麻类	Recipes	0.60	1.81	1.24	3.35
糖料	Sugar	1422.80	397.23	1445.12	497.74
烟草	Tobacco	1.36	17.46	1.27	17.59
蔬菜	Vegetables	147.11	259.71	168.66	315.40
瓜类	Melons	69.56	82.73	55.56	64.51
西瓜	Watermelon	67.53	78.82	52.48	57.88
甜瓜	Melon	1.38	2.66	1.22	2.67
园林水果	Fruit Gardens	54.64	93.75	59.22	122.51
柑桔类	Citrus	16.40	25.06	17.20	41.44
香蕉	Bananas	14.10	24.11	21.75	36.65
荔枝	Litchi	2.89	6.93	1.04	4.15
龙眼	Longan	1.10	4.17	0.24	1.58
葡萄	Grapes	1.11	4.52	1.24	7.13
茶叶	Tea	0.34	6.06	0.21	4.23
香料	Perfume	0.17	0.60	0.01	0.03
中药材	Medicines	1.40	4.06	2.10	9.63
林业	Forestry		75.09		129.41
油桐籽	Tung Tree Seeds	1.99	3.97	0.65	2.84
木材（立方米）	Wood（cu.m）	0.07	30.67	0.10	49.23
畜禽和水产品出售情况	**Sale of Cattle and Aquastic Products**				
牧业	Animal Husbandry		927.51		964.96
肉猪及猪肉	Pork and pork	33.41	499.80	33.46	486.20
菜羊及羊肉	Sheep and Lamb Dishes	0.19	4.13	0.12	3.25
肉牛及牛肉	Beef and beef	0.76	16.77	0.62	11.97
其他活家畜及自宰畜肉	Other Livestock from Slaughter and Red Meat	0.08	0.75	0.03	0.38
家禽	Poultry	3.99	68.22	3.49	58.82
活鸡	Chickens	2.51	49.43	2.19	40.73
活鸭	Ducks	1.24	14.81	1.16	15.67
蛋类	Eggs	0.16	1.95	33.00	3.82
仔猪（只）	Piglets（head）	0.57	140.75	0.45	103.75
架子猪（只）	Pigs（head）	0.02	10.81	0.06	19.14
蚕茧	Cocoon	7.87	169.41	8.08	255.17
渔业	Fishery		55.46		90.74
鱼类	Fish	2.60	22.01	2.10	22.30

2-29 续表 Continued

项　目	Item	2011 数量（公斤）Quantity (kg)	2011 金额（元）Amount (yuan)	2012 数量（公斤）Quantity (kg)	2012 金额（元）Amount (yuan)
农产品出售情况	**Sale of Agricultural Products**				
农业	Agriculture		1876.37		2072.97
谷物	Cereal	148.04	387.01	134.60	369.03
普通稻谷	Ordinary Rice	118.04	323.78	111.06	310.63
优质稻谷	High-quality Rice	-	-	-	-
普通玉米	Normal Corn	28.91	59.61	22.59	49.76
优质玉米	Quality Corn	-	-	-	-
薯类	Tuber	0.98	6.11	0.97	6.87
豆类	Beans	1.21	5.68	1.21	5.52
油料	Oil	2.53	20.53	3.21	23.92
麻类	Recipes	0.94	2.97	0.76	2.01
糖料	Sugar	1490.22	737.08	1768.91	897.51
烟草	Tobacco	2.51	45.07	3.30	59.74
蔬菜	Vegetables	185.52	382.09	149.15	353.56
瓜类	Melons	15.86	22.12	13.44	23.78
西瓜	Watermelon	13.45	16.11	10.33	12.88
甜瓜	Melon	-	-	0.40	1.42
园林水果	Fruit Gardens	42.87	120.40	57.17	148.56
柑桔类	Citrus	17.80	59.93	23.60	61.46
香蕉	Bananas	2.58	7.78	12.80	24.39
荔枝	Litchi	2.80	6.46	0.95	3.05
龙眼	Longan	2.38	5.81	1.25	3.59
葡萄	Grapes	1.32	6.27	2.52	13.33
茶叶	Tea	0.23	5.49	0.24	3.23
香料	Perfume	0.19	1.47	0.02	0.15
中药材	Medicines	0.82	6.27	1.49	5.70
林业	Forestry		183.66		180.09
油桐籽	Tung Tree Seeds	0.77	3.14	0.97	2.67
木材（立方米）	Wood（cu.m）	0.10	45.15	0.09	43.78
畜禽和水产品出售情况	**Sale of Cattle and Aquastic Products**				
牧业	Animal Husbandry		1381.09		1402.93
肉猪及猪肉	Pork and pork	24.70	527.59	26.03	514.99
菜羊及羊肉	Sheep and Lamb Dishes	0.54	16.35	0.47	17.74
肉牛及牛肉	Beef and beef	0.98	22.73	1.35	37.66
其他活家畜及自宰畜肉	Other Livestock from Slaughter and Red Meat	0.06	0.95	0.09	2.20
家禽	Poultry	7.87	135.99	7.77	147.04
活鸡	Chickens	5.14	95.09	5.60	104.40
活鸭	Ducks	2.46	35.35	2.09	41.12
蛋类	Eggs	2.84	31.05	1.78	16.75
仔猪（只）	Piglets（head）	0.43	155.80	0.41	135.65
架子猪（只）	Pigs（head）	0.09	64.02	0.09	63.00
蚕茧	Cocoon	10.58	358.90	11.33	397.81
渔业	Fishery		111.47		133.59
鱼类	Fish	3.46	43.92	4.59	56.24

2-30 农村居民家庭人均购买生活消费品情况

Per Capita Purchase of Living Consumer Goods of Rural Households

单位：公斤 (kg)

项 目	Item	2009	2010	2011	2012
谷物	Cereal	16.07	15.35	22.21	22.86
食用植物油	Edible Oil	1.44	1.62	2.17	2.29
食用动物油	Consumption of Animal Oil	1.76	1.86	2.14	2.11
蔬菜	Vegetables	8.51	9.25	11.01	10.48
猪肉	Pork	12.05	12.33	14.70	14.69
牛肉	Beef	0.17	0.30	0.45	0.25
家禽	Poultry	3.52	3.95	4.63	4.21
食糖	Sugar	1.07	1.02	0.91	0.94
卷烟（盒）	Cigarette（Box）	15.16	15.05	17.95	16.68
酒	Wine	8.11	8.18	9.71	8.63
水果	Fruit	8.05	7.88	9.33	11.50
服装（件）	Clothes（piece）	1.64	1.70	2.06	2.14

2-31 农村居民家庭人均农副产品生产量

Per Capita Output of Farm Products of Rural Households

单位：公斤 (kg)

项 目	Item	2009	2010	2011	2012
粮食	Grain	502.67	484.86	417.19	419.15
油料	Oil-bearing Crops	17.66	14.03	8.72	10.54
麻类	Fiber Crops	0.97	1.78	1.86	0.76
糖料	Sugar	1437.82	1447.33	1492.21	1769.02
烟叶	Tobacco	1.67	1.29	2.54	3.31
菜	Vegetables	236.87	253.29	261.99	222.99
果用瓜	Melons	71.29	56.94	16.02	13.53
水果	Fruits	57.97	61.38	44.04	59.15
茶叶	Tea	0.34	0.21	0.26	0.25
猪肉	Pork	34.42	34.30	25.70	26.89
羊肉	Mutton	0.19	0.12	0.55	0.47
家禽	Poultry	10.31	9.16	13.48	13.84
鱼虾	Fish & Shrimps	3.19	3.17	6.62	8.61
蛋类	Eggs	0.56	0.73	3.26	2.42
蜂蜜	Honey	0.07	0.03	0.02	0.02
蚕茧	Silkworm Cocoons	7.87	8.08	10.58	11.33

2-32 农村居民家庭固定资产投资情况

Fixed Assets Investment of Rural Households

单位：亿元 (100 million yuan)

项　目	Item	2009	2010	2011	2012
新增固定资产原值	**New Original Value of Fixed Assets**	**300.64**	**336.39**	**400.25**	**451.48**
固定资产投资完成额	**Finished Value of Investment of the Fixed Assets**	**303.51**	**338.26**	**409.76**	**463.43**
按投资来源分	Investment by Source				
国内贷款	Domestic Loans	21.83	17.02	5.33	11.89
自筹资金	Self-raising Funds	272.92	311.36	395.58	441.08
其他资金	Others	8.76	9.88	8.84	10.46
按投资构成分	According to Constitute Sub-investment				
建筑工程	Construction	223.20	245.67	288.06	341.49
安装工程	Installation	0.92	0.61	…	…
设备工、器具购置	For Equipment, the Purchase of Equipment	54.10	65.71	68.16	72.73
其他	Others	25.29	26.27	53.54	49.21
按投资方向分	According to the Investment Direction Pm				
农业	Agriculture	41.82	36.51	82.64	95.49
采矿业	Mining	0.18	4.79	0.00	…
制造业	Manufacturing	2.75	1.69	1.68	2.61
电力、燃气及水的生产和供应业	Production and Supply of Electricity, Gas and Water	0.00	2.77	…	…
建筑业	Construction	3.42	0.78	…	…
交通运输、仓储和邮政业	Transport, Storage and Post	26.53	30.12	36.74	21.40
信息传输、计算机服务和软件业	Information Transmission, Computer Services and Software	0.26	3.18	…	…
批发和零售业	Wholesale and Retail Trades	0.11	0.04	…	…
住宿和餐饮业	Hotels and Catering Services	0.05	0.72	…	…
金融业	Financial Intermediation	0.00	…	…	…
房地产业	Real Estate	217.39	242.75	283.38	325.00
租赁和商务服务业	Leasing and Business Services	0.00	…	…	…
科学研究、技术服务和地质勘查业	Scientific Research, Technical Services, and Geological Prospecting	0.00	…	…	…
水利、环境和公共设施管理业	Management of Water Conservancy,Environment and Public Facilities	0.00	…	…	…
居民服务和其他服务业	Serices to Households and Other Services	8.53	12.54	5.33	18.93
教育	Education	0.25	0.24	…	…
卫生、社会保障和社会福利业	Health, Social Securities and Social Welfare	0.00	…	…	…
文化、体育和娱乐业	Culture, Sports and Enterainment	2.20	2.12	…	…
公共管理和社会组织	Public Management and Social Organizations	0.00	…	…	…
国际组织	International Organizations	0.00	…	…	…
按具体投资项目分	Based on specific investment projects pm	0.00			
房屋	Housing	221.39	245.69	288.06	328.35
道路	Road	0.00	…	…	…
桥梁	Bridge	0.00	…	…	…
设备	Equipment	54.10	65.71	31.42	46.33
水利	Water	0.00	…	…	…
其他	Others	28.02	26.86	90.27	88.75
施工房屋面积（万平方米）	**Acreage of House Construction（10 000 sq.m）**	**4781.57**	**4959.93**	**5253.67**	**5569.23**
竣工房屋面积（万平方米）	**Acreage of House Completion（10 000 sq.m）**	**4653.22**	**4850.48**	**4952.70**	**5081.00**
竣工房屋投资完成额	**Completion Amount of Investment in House**	**219.78**	**239.75**	**278.11**	**298.28**

主要统计指标解释

一、城镇住户

城镇家庭人口 指居住在一起，经济上合在一起共同生活的家庭成员。凡计算为家庭人口的成员其全部收支都包括在本家庭中。

城镇家庭就业人口 指城镇居民从事社会劳动并取得劳动报酬或经营收入的人员。就业人口包括通过国家统筹规划和指导由劳动部门介绍就业，自愿组织起来就业和自谋职业等方式，在国有、集体所有制、中外合资、外资在华独资的企事业单位和私营企业单位工作或从事个体劳动的有固定性职业或临时性职业的人口。被聘用和留用的离退休人员也计入就业人口。本指标可以反映城镇居民的就业情况，是计算就业面，负担系数的重要资料

城镇家庭总收入 指家庭成员得到的工薪收入、经营净收入、财产性收入、转移性收入之和，不包括出售财物收入和借贷收入。

城镇家庭可支配收入 指家庭成员得到可用于最终消费支出和其它非义务性支出以及储蓄的总和，即居民家庭可以用来自由支配的收入。它是家庭总收入扣除交纳的所得税、个人交纳的社会保障支出以及记账补贴后的收入。计算公式为：

可支配收入=家庭总收入-交纳所得税-个人交纳的社会保障支出-记帐补贴

城镇家庭总支出 指除借贷支出以外的全部家庭支出。包括消费性支出、购房建房支出、转移性支出、财产性支出、社会保障支出。

城镇家庭消费性支出 指家庭用于日常生活的支出，包括食品、衣着、家庭设备用品及服务、医疗保健、交通和通信、娱乐教育文化服务、居住、杂项商品和服务等八大类支出。

城镇家庭服务性消费支出 指居民家庭用于本家庭支付社会提供的各种文化和生活方面的非商品性服务费用。不包括为别人付款服务。服务消费民商品消费不同，其特点在于其劳动过程和消费过程在时间与空间上的统一。

城镇家庭收入分组方法 是将所有调查户依户人均可支配收入由低到高排队，按10%，10%，20%，20%，20%，10%，10%的比例依次分成：最低收入户、低收入户、中等偏下收入户、中等收入户、中等偏上收入户、高收入户、最高收入户等七组。总体中最低5%的户为困难户。

恩格尔系数 指食物支出金额在消费性总支出金额中所占的比例。计算公式为：

$$\text{恩格尔系数}=\frac{\text{食品支出额}}{\text{消费性总支出金额}}\times 100\%$$

二、农村住户

农村住户 指农村常住户。农村常住户指长期（半年以上）居住在乡镇（不包括城关镇）行政管理区域内的住户，以及长期居住在城关镇所辖行政村范围内的农村住户。户口不在本地而在本地居住一年及以上的住户也包括在本地农村常住户范围内；有本地户口，但举家外出谋生半年以上的住户，无论是否保留承包耕地都不包括在本地农村住户范围内。

常住人口 指全年经常在家或在家居住6个月以上，而且经济和生活与本户连成一体的人口。外出从业人员在外居住时间虽然在6个月以上，但收入主要带回家中，经济与本户连为一体，仍视为家庭常住人口；在家居住，生活和本户连成一体的国家职工、退休人员也为家庭常住人口。但是现役军人、中专及以上（走读生除外）的在校学生、以及常年在外（不包括探亲、看病等）且已有稳定的职业与居住场所的外出从业人员，不算家庭常住人口。家庭常住人口主要作为计算农村住户平均每人收入、消费和积累水平及分析家庭人口状况的依据。

整、半劳动力 整劳动力指男子18周岁到50周岁，女子18周岁到45周岁；半劳动力指男子16周岁到17周岁，51周岁到60周岁；女子16周岁到17周岁，46周岁到55周岁，同时具有劳动能力的人。虽然在劳动年龄之内，但已丧失劳动能力的人，不应算为劳动力；超过劳动年龄，但能经常参加劳动，计入半劳动力数内。常住人口中的职工，若这些职工为劳动力，就包括在本户的整半劳动力中。

总收入 指调查期内农村住户和住户成员从各种来源渠道得到的收入总和。按收入的性质划分为工资性收入、家庭经营收入、财产性收入和转移性收入。

工资性收入 指农村住户成员受雇于单位或个人，靠出卖劳动而获得的收入。

家庭经营收入 指农村住户以家庭为生产经营单位进行生产筹划和管理而获得的收入。农村住户家庭经营活动按行业划分为农业、林业、牧业、渔业、工业、建筑业、交通运输业邮电业、批发和零售贸易餐饮业、社会服务业、文教卫生业和其他家庭经营。

财产性收入 指金融资产或有形非生产性资产的所有者向其他机构单位提供资金或将有形非生产性资产供其支配，作为回报而从中获得的收入。

转移性收入 指农村住户和住户成员无须付出任何对应物而获得的货物、服务、资金或资产所有权等，不包括无偿提供的用于固定资本形成的资金。一般情况下，是指农村住户在二次分配中的所有收入。

现金收入 指农村住户和住户成员在调查期内得到以现金形态表现的收入。按来源分成工资性收入、家庭经营现金收入、财产性收入、转移性收入。

纯收入 指农村住户当年从各个来源得到的总收入相应地扣除所发生的费用后的收入总和。计算方法：

纯收入=总收入-家庭经营费用支出-税费支出-生产性固定资产折旧-赠送农村内部亲友支出

纯收入主要用于再生产投入和当年生活消费支出，也可用于储蓄和各种非义务性支出。“农民人均纯收入”按人口平均的纯收入水平，反映的是一个地区或一个农户农村居民的平均收入水平。

总支出 指农村住户用于生产、生活和再分配的全部支出。家庭经营费用支出、购置生产性固定资产支出、生产性固定资产折旧、税费支出、生活消费支出、财产性支出和转移性支出。

Explanatory Notes on Main Staistical Indicators

I.Urban Households

Population of Urban Households refer to members of the household living and sharing economically together. All income and expenditure of the population of the household are included in the income and expenditure of the household.

Employed Population in Urban Households refers to urban resident engaged in certain work and receiving payment for their labor or income from their business operation, including those who work in state-owned or collective units, joint ventures, foreign-owned units and private units with permanent or temporary jobs. The self-employed individuals and reemployed retirees are also basic data for calculating employment rate and dependency ratio.

Total Income of Urban Households refer to the sum of wage and salary, net business income, income from properties, and income from transfers members of the households during survey period, excluding income from selling of properties and income from borrowings. It is calculated on real income, no matter the income is supplied again or beforehand.

Disposable Income of Urban Households refers to the actual income at the disposal of members of the households which can be used for final consumption, other non-compulsory expenditure and savings. This equals to total income minus income tax, personal contribution to social security and sample household subsidy for keeping diaries. Following formula is used:

Disposable income = total household income-income tax-personal contribution to social security-sample household subsidy for keeping diaries

Total Expenditure of Urban Households refer to all expenditure of the households except expenditure on leading. It includes expenditure on consumption, on purchasing or building houses, on transfers, on properties and on social security.

Consumption Expenditure of Urban Households refers to total expenditure of the sample households for consumption in daily life, including expenditure on eight categories such as food, clothing, household appliances and services, health care and medical services, transport and communications, recreation, education and cultural services, housing, miscellaneous goods and services.

Expenditure of Urban Households on Consumption of Services refer to expenditure of households on services of various kinds provided by the society, not including services paid for other persons. Services are offered and consumed at the same time and place.

Urban Households by Income Group All households in the sample are grouped, by per capita disposable income of the household, into groups of lowest income, low income, lower middle income, middle income, upper middle income, high income and highest income, each group consisting of 10%, 10%, 20%, 20%, 20%, 10% and 10% of all households respectively. The lowest 5% of households are also referred to as poor households.

Engel's Coefficient refers to the percentage of expenditure on food in the total consumption expenditure, using the following formula:

$$\text{Engel's Coefficient}=\frac{\text{expenditure on food}}{\text{total consumption expenditure}}\times 100\%$$

II. Rural Household

Rural Households refer to resident households in rural areas. Resident households in rural areas are the households residing for more than half a year in the areas under the jurisdiction of administration of township governments (excluding county towns), and in the areas under the jurisdiction of administration of villages in county towns. Migrated households residing in the current addresses for over one year with their household registration in other places are included in the resident households of their current addresses. For households with their household registration in one place but all members of the households moving away for living in another place for over half a year, they will not be included in the rural households of the area where they are registered, irrespective of whether they still keep their contracted land.

Resident Population refers to population staying at home permanently or for over 6 months during a year and sharing life economically with the household. Members of the household staying away from the household for over 6 months but keeping a close economic relation with the household by sending the majority of income to the household are regarded as resident population of the household. Government staff and workers or retirees living as close members of the household are also considered as resident population. However, servicemen, students of secondary technical schools or schools of higher education and persons with stable jobs and residence outside the household (excluding those visiting relatives or seeking medical service) are not included as resident population of the household. Resident population is used in calculating income, consumption, accumulation on per capita basis of rural households and in analyzing composition of rural households.

Full/Semi Labour Force Full labour force refers to persons capable of work, aged 18-50 for males and 18-45 for females. Semi labour force refers to persons capable of work, aged 16-17 and 51-60 for males 16-17 and 46-55 for females. Persons at their working ages but not capable of work are not to be included as labour force. Persons not at working ages but participating regularly in work are included in semi labour force. For staff and workers as resident population of the household, they are included as full or semi labour force of the household if they are in the labour force.

Total Income refers to the sum of income earned from various sources by the rural households and their members during the reference period, and is classified as income from wages and salaries, income from household operations, income from properties and income from transfers.

Income from Wages and Salaries refers to income from labour earned by the members of rural households employed by other units or individuals.

Income from Household Operations refers to income by the rural households as units of production and operations. Operations by rural households are classified by economic activities as agriculture, forestry, animal husbandry, fishery, manufacturing, construction, transportation, post and telecommunications, wholesale, retail and catering, social service, culture, education, health, and other household operations.

Income from Properties refers to the income received as returns by owners of financial assets or tangible non-productive assets by providing capitals or tangible non-productive assets to other institutional units.

Income from Transfers refers to the receipt by rural households and their members of goods, services, capitals or rights of assets without giving or repaying accordingly, excluding capitals provided to them for the formation of fixed assets. In general, it refers to all income received by rural households through redistribution.

Cash Income refers to income received by rural households and their members in the form of cash during the reference period. It is classified, by source of income, into income from wages and salaries, cash income from household operations, income from properties and income from transfers.

Net Income refers to the total income of rural

households from all sources minus all corresponding expenses. The formula for calculation is as follows:

Net income = total income-household operation expenses-taxes and fees depreciation of fixed assets for production-subsidy for participating in household survey

Net income is mainly used as input for reproduction and as consumption expenditure of the year, and also used for savings and non-compulsory expenses of various forms. "Per capita net income of farmers" is the level of net income averaged by population which reflects the average income level of rural households in a given area.

Total Expenditure refers to total expenses of rural households on production, consumption and redistribution, including expenditure on household operations, on purchase of productive fixed assets, depreciation of productive fixed assets, taxes and fees, expenses on household consumption, expenses on properties and expenses on transfers.

第三篇 价格调查

Chapter 3 Price Survey

3-1 居民消费、商品零售、农业生产资料价格总指数（1984—2012年）

Consumer Goods Retail, Agricultural Production Materials Price Index（1984—2012）

（上年=100）　　(preceding year=100)

年份 Year	居民消费价格指数 Consumer Price Index			商品零售价格指数 Retail Price Index			农业生产资料价格指数 Price Indices of Farming Production Material		
	全区 Province	城市 Urban Areas	农村 Rural Areas	全区 Province	城市 Urban Areas	农村 Rural Areas	全区 Province	城市 Urban Areas	农村 Rural Areas
1984	103.3	104.6	102.4	104.2	104.5	104.1	110.4	-	110.4
1985	113.0	114.7	111.8	111.2	114.5	109.3	104.6	-	104.6
1986	106.2	106.2	106.2	105.1	106.0	104.4	101.1	-	101.1
1987	108.2	110.2	105.8	108.0	110.5	105.5	105.5	-	105.5
1988	120.8	123.3	118.4	121.0	123.2	119.4	126.7	-	126.7
1989	121.1	119.7	123.3	121.3	119.1	123.5	125.8	-	125.8
1990	101.1	98.3	104.4	100.1	97.4	102.4	99.2	-	99.2
1991	102.8	102.7	103.0	102.5	102.5	102.5	101.3	-	101.3
1992	105.9	107.0	105.4	104.6	106.2	103.9	104.0	-	104.0
1993	122.0	123.3	119.1	118.9	121.9	114.8	110.6	-	110.6
1994	126.0	125.4	126.5	124.4	122.7	125.6	118.1	-	118.1
1995	118.4	118.0	118.6	116.4	115.0	117.7	130.1	-	130.1
1996	106.5	105.5	107.4	104.5	104.1	104.9	103.8	-	103.8
1997	100.8	100.7	100.8	99.6	99.9	99.4	100.3	-	100.3
1998	97.0	97.1	96.8	96.3	96.7	95.9	92.1	-	92.1
1999	97.7	97.2	98.2	97.2	96.8	97.6	96.4	-	96.4
2000	99.7	100.0	99.5	98.6	98.4	98.8	99.9	-	99.9
2001	100.6	101.3	99.6	97.8	97.3	99.0	97.7	-	97.7
2002	99.1	98.9	99.3	98.1	98.2	98.0	98.2	-	98.2
2003	101.1	100.9	101.3	100.2	99.6	100.8	102.4	-	102.4
2004	104.4	104.1	104.9	103.9	103.4	104.4	115.3	-	115.3
2005	102.4	103.0	101.6	101.1	101.3	101.0	110.5	-	110.5
2006	101.3	101.6	100.9	100.3	100.8	99.8	101.0	-	101.0
2007	106.1	105.6	106.8	104.8	104.2	105.3	114.4	-	114.4
2008	107.8	107.6	108.5	107.6	107.6	108.3	124.0	-	124.0
2009	97.9	97.9	97.5	98.0	98.1	96.9	94.2	-	94.2
2010	103.0	102.9	103.4	103.0	103.0	103.2	101.9	-	101.9
2011	105.9	105.7	106.4	106.0	105.7	106.6	112.2	-	112.2
2012	103.2	103.2	103.3	102.3	102.2	102.4	103.9	-	103.9

3-2 居民消费价格分类指数（2012年）

Consumer Price Indices by Category（2012）

（上年=100） (preceding year=100)

指 标	Item	全 区 Province	城 市 Urban Areas	农 村 Rural Areas
居民消费价格总指数	**Consumer Price Index**	**103.2**	**103.2**	**103.3**
非食品价格指数	**Non-food Price Index**	**102.2**	**102.1**	**102.4**
服务项目价格指数	**Items of Service Price Index**	**102.6**	**102.5**	**102.9**
工业品价格指数	**Industrial Product Pprice Index**	**101.9**	**101.9**	**102.0**
扣除食品和能源价格指数	**Deduction Food and Energy Price Index**	**102.0**	**101.9**	**102.1**
扣除鲜菜鲜果总指数	**Deduction Fresh Vegetables Fresh Fruit General Index**	**102.9**	**102.8**	**102.9**
消费品价格指数	**Consumable Price Index**	**103.5**	**103.5**	**103.4**
食品	**Food**	**105.2**	**105.2**	**105.1**
粮食	Grain	103.8	103.5	104.3
大米	Rice	103.9	103.5	104.7
面粉	Flour	102.5	102.2	102.9
粮食制品	Grain Products	103.5	103.7	103.2
淀粉	Starches and Tubers	102.1	101.9	102.7
干豆类及豆制品	Beans and Bean Products	101.6	101.4	101.9
干豆	Beans	91.0	90.6	91.6
豆制品	Bean Products	104.6	104.5	104.7
油脂	Oil or Fat	108.2	108.9	107.1
食用植物油	Oil of Plant	109.9	111.4	107.8
植物油制品	Vegetable Oil Processed Products	105.1	105.0	105.5
肉禽及其制品	Meal,Poultry and Processed Products	103.0	103.6	101.9
食用畜肉及副产品	Edible Domestic Animal's Meat and By-products	102.0	103.0	100.4
猪肉	Pork	95.2	95.1	95.3
牛肉	Beef	137.8	138.3	136.6
羊肉	Mutton	126.1	125.7	127.2
畜肉副产品	Animal By-products	101.7	100.3	103.7
禽	Poultry	103.5	103.6	103.4
鸡	Chicken	103.4	103.2	103.8
鸭	Duck	103.8	104.5	102.2
加工肉禽	Poultry Meat Processed Products	106.5	106.2	107.2
畜肉制品	Domestic Animal's Processed Products	107.7	105.9	111.4
禽制品	Poultry Processed Products	105.3	106.4	102.9
蛋	Eggs	97.3	97.3	97.4
鲜蛋	Fresh Eggs	96.9	96.9	97.0
蛋制品	Eggs Processed Products	102.6	102.8	102.2
水产品	Aquatic Products	104.9	104.9	104.9
鱼	Fish	103.7	103.4	104.5
淡水鱼	Fish in Fresh Water	101.7	101.3	102.5
海水鱼	Fish in Sea Water	107.3	106.5	109.8
其他水产品	Others	108.3	108.7	106.8
虾蟹类	Decapod Crustacean	108.5	108.9	106.9

3-2 续表 1 continued

（上年=100） (preceding year=100)

指 标	Item	全 区 Province	城 市 Urban Areas	农 村 Rural Areas
菜	Vegetables	116.7	115.9	118.4
鲜菜	Fresh Vegetables	119.0	118.4	120.4
干菜及菜制品	Dried Vegetables and Vegetable Products	103.4	103.4	103.4
薯类	Tubers	97.6	95.1	106.4
调味品	Flavoring	101.8	101.9	101.6
盐	Salt	99.8	99.7	100.0
酱油	Soy Sauce	102.7	102.9	102.2
醋	Vinegar	104.2	104.0	104.6
味精	Monosodium Glutamate	99.5	99.5	99.5
糖	Sweet	103.9	106.2	100.6
食糖	Sugar	103.6	107.4	98.9
糖果	Candy	104.4	105.3	103.0
巧克力制品	Chocolate Goods	106.0	108.6	99.3
糖类小食品	Sugar-coated Food Stuff	102.5	102.9	101.7
茶及饮料	Tea and Beverages	103.8	105.0	101.1
茶叶	Tea	101.4	101.2	101.7
饮料	Beverages	104.6	106.2	100.9
固体饮料	Solid Beverages	106.9	108.0	102.5
液体饮料	Liquid Beverages	102.8	103.9	100.6
冷冻饮品	Frozen Beverages	106.9	109.7	100.2
干鲜瓜果	Dried and Fresh Melons and Fruits	98.7	99.6	97.0
鲜瓜果	Fresh Fruits	98.1	99.0	96.1
干（坚）果	Dried（nut）Fruits and Melon and Fruit Products	102.1	102.5	101.4
糕点饼干面包	Cake,Biscuit and Bread	104.1	105.2	101.8
糕点	Cake	104.4	106.2	100.8
饼干	Cookie	103.4	103.2	103.7
面包	Bread	104.6	105.6	101.1
液体乳及乳制品	Liquid Breast and Dairy Products	103.3	103.4	103.0
巴氏杀菌奶或消毒奶	Pasteurization Milk or Disinfection Milk	104.1	104.6	102.9
酸奶	Sour Milk	102.9	102.3	104.9
奶粉	Milk Powder	102.2	102.1	102.3
在外用膳食品	Picnic Food	108.3	107.0	111.2
主食	Staple Food	110.0	108.0	113.9
炒菜	Fried Dishers	107.8	106.3	111.6
地方小吃	Local Snacks	108.0	108.4	107.1
其他食品	Other Foods	104.9	103.3	107.0
烟酒及用品	**Tobacco,Liquor and Articles**	**103.1**	**103.3**	**102.6**
烟草	Tobacco	100.2	100.3	100.2
高档卷烟	High-grade Cigarettes	99.8	99.7	100.1
中档卷烟	Mid-range Cigarettes	100.4	100.3	100.7

3-2 续表 2 continued

（上年＝100） (preceding year=100)

指标	Item	全区 Province	城市 Urban Areas	农村 Rural Areas
酒	Liquor	105.5	105.8	105.0
白酒	Liquer	107.7	108.1	106.9
葡萄酒	Wine	105.7	105.5	106.3
啤酒	Beer	100.7	100.9	100.2
衣着	**Clothing**	**103.6**	**102.7**	**105.4**
服装	Garments	104.7	103.7	106.7
男式服装	Men's Garment	105.3	104.0	108.2
大衣	Overcoat	100.0	100.1	99.7
毛线衣	Knitted Woolen Clothes	107.1	102.9	115.2
夹克衫	Jacket	108.9	106.2	114.1
衬衫	Shirt	106.4	107.2	104.9
T恤衫	T-shirts	107.2	107.6	106.3
裤子	Trousers	106.2	104.9	108.9
西服	Suits	100.3	97.9	107.3
运动衫裤	Sport Clothing	98.7	96.2	105.3
内衣	Underwear	105.1	106.3	102.3
羽绒衣	Down Clothing	108.0	110.2	101.5
女式服装	Women's dress	105.2	104.5	106.4
大衣	Overcoat	105.3	104.9	107.0
毛线衣	Knitted Woolen Clothes	108.2	107.6	109.5
羽绒衣	Down Clothing	104.9	104.3	105.8
套装	Suits	106.2	105.9	106.7
衬衫	Shirt	107.9	108.3	107.2
T恤衫	T-shirts	106.2	107.0	104.4
裙子	Skirt	101.3	100.4	103.3
裤子	Trousers	105.6	102.5	110.7
运动衫裤	Sports Wear	101.6	100.8	103.3
内衣	Underwear	103.4	103.7	102.9
儿童服装	Children's Garment	101.5	100.0	104.0
套装	Suits	101.7	98.7	107.0
裤子	Trousers	103.8	104.9	102.1
裙子	Skirt	97.6	95.2	103.2
衣着材料	Clothing Material	106.4	105.4	107.9
棉布	Cotton Cloth	106.5	103.3	113.0
化纤布	Chemical Fiber Cloth	105.9	104.0	108.8
毛线	Woolen Threads	108.0	111.3	102.7

3-2 续表 3 continued

（上年=100） (preceding year=100)

指 标	Item	全 区 Province	城 市 Urban Areas	农 村 Rural Areas
鞋袜帽	Footwear,Socks and Hats	99.5	99.1	100.5
鞋	Shoes	99.5	99.0	100.7
男鞋	Men's Shoes	99.1	99.1	99.3
女鞋	Women's Shoes	99.9	98.9	102.5
童鞋	Children's Shoes	98.9	99.4	98.3
袜子	Socks and Stockings	99.9	100.1	99.5
男袜	Men's Socks	100.1	100.4	99.3
女袜	Women's Socks	99.8	99.9	99.6
帽子	Hats	98.0	97.2	99.0
男帽	Man Cap	99.6	98.6	100.8
女帽	Bonnet	97.0	96.3	97.8
衣着加工服务费	Clothing Processing	109.5	106.4	116.8
缝纫	Sewing	108.0	107.0	110.5
清洗	Washing	111.4	105.6	126.2
家庭设备用品及维修服务	**Household Facilities and Articles**	**101.1**	**101.4**	**100.4**
耐用消费品	Durable Consumer Goods	100.5	100.8	99.7
家具	Furniture	102.4	102.6	101.8
柜	Counters	103.4	103.2	104.1
床	Beds	102.6	103.3	100.8
桌	Desks	102.3	101.7	104.1
椅	Chairs	102.2	102.5	101.2
沙发	Sofas	101.3	102.1	98.3
家庭设备	Household Facilities	99.3	99.6	98.8
洗衣机	Washing Machine	99.0	99.6	97.8
电风扇	Electric Fan	99.4	100.0	98.2
电冰箱（柜）	Refrigerator	98.9	98.9	99.1
吸排油烟机	Smoke Exhauster	98.7	98.3	99.5
空调器	Air Conditioner	99.8	99.8	99.6
热水器	Shower Heater	99.8	100.1	99.2
微波炉	Microwave Oven	99.7	100.2	97.9
室内装饰品	Interior Decorations	100.8	100.6	101.4
纺织装饰品	Fabric Decorations	99.4	98.9	100.5
装饰灯具	Lamp Decorations	102.1	102.1	102.0
床上用品	Bed Articles	99.5	100.0	98.5
被子	Quilts	100.3	101.4	97.8
床上套件	Bed Sets	98.6	98.5	98.8
家庭日用杂品	Daily Use Household Articles	101.7	101.8	101.5
茶具	Tea-set	100.8	101.1	99.9
餐具	Cooking-set	101.8	101.9	101.8

3-2 续表 4 continued

（上年=100） (preceding year=100)

指标	Item	全区 Province	城市 Urban Areas	农村 Rural Areas
厨具	Cook-set	101.5	102.4	99.8
家用手工工具	Family Tool	101.4	101.5	101.3
洗涤用品	Wash Articles	102.1	101.8	102.6
家庭服务及加工维修服务	Household Service and Maintenance	106.7	108.2	103.5
家庭服务	Household Service	112.1	113.5	108.8
加工维修服务	The Processed Upkeep	103.1	104.5	100.4
医疗保健和个人用品	**Medicine and Personal Articles**	**102.0**	**101.7**	**102.5**
医疗保健	Medicine	101.6	101.5	101.8
医疗器具及用品	Edical Appliances and Articles	102.4	103.1	99.2
中药材及中成药	Traditional Chines Herbs	103.4	103.6	103.0
中药材	Chines Herbal Material	103.9	104.8	102.4
中成药	Chines Patent drugs	102.9	102.6	103.7
西药	Western Medicine	101.0	100.6	101.8
抗菌素（抗感染药）	Antibiotics（Anti-infectives）	98.2	98.4	97.7
消化系统用药	The Digestive System Drugs	100.1	100.7	98.9
呼吸系统用药	Respiratory Drug	100.8	100.4	101.3
解热镇痛药	Antipyretic and Analgesic	100.8	100.8	100.8
抗肿瘤药	Anticancer Drugs	99.8	99.7	100.1
激素类药	Hormone Drugs	100.4	100.5	100.1
心血管系统用药	Cardiovascular System Drugs	99.9	100.0	99.6
中枢神经系统用药	Central Nervous System Drugs	99.7	99.5	100.2
消毒防腐及创伤外科用药	Disinfection Antisepsis and Trauma Surgery Medication	112.3	108.2	120.0
泌尿系统用药	Urinary System Drugs	103.1	99.7	108.5
维生素类	Vitamins	101.4	100.9	102.2
保健器具及用品	Healthy Appliances and Articles	100.5	100.4	100.8
保健器具	Healthy Appliance	99.1	98.6	102.5
滋补保健用品	Tonic and Healthy Goods	100.9	101.0	100.5
医疗保健服务	Medical and Health Service	100.8	100.9	100.7
挂号费	Registering Fee	99.9	99.9	100.0
注射费	Injection Fee	100.0	99.9	100.0
检查费	Examination Fee	103.5	103.6	103.3
手术费	Operation Fee	99.9	100.0	99.7
床位费	Bed Fee	100.7	100.4	101.1
理疗费	Physiotherapy Fees	100.9	101.1	100.4
化验费	Laboratory Fees	100.6	101.0	99.9
个人用品及服务	Pesonal Articles and Services	102.8	102.2	104.0
化妆美容用品	Making-up Articles	101.1	101.3	100.5
化妆美容器具	Making-up Utensil	99.9	100.0	99.7
美容化妆品	Cosmetic Products	100.3	100.4	100.0

3-2 续表 5 continued

（上年＝100） (preceding year=100)

指 标	Item	全 区 Province	城 市 Urban Areas	农 村 Rural Areas
护肤品	Skin Care Products	101.7	102.1	100.6
护发美容品	Hair Care Cosmetics	101.6	101.7	101.5
清洁化妆用品	Clean Toiletries	103.9	103.9	103.9
洗发用品	Shampoo Articles	102.6	103.1	101.6
洗浴用品	Bathing Articles	105.3	104.7	107.0
个人饰品	Personal Ornaments	100.8	100.7	100.9
首饰	Jewelry	101.4	101.1	102.5
皮件	Leather Goods	99.6	98.8	100.6
手表	Watchs	101.9	103.3	97.4
领带	Ties	100.4	100.7	100.1
个人服务	Personal Service	105.6	102.0	111.5
美容	Making-up	102.7	100.8	108.2
理（烫）发	Haircut（Perm）	107.3	102.8	113.0
洗浴	Bathing	105.2	102.6	108.4
交通和通信	**Transportation and Communication**	**100.2**	**100.2**	**100.0**
交通	Transportation	101.9	101.8	102.1
交通工具	Transportation Means	100.0	100.0	99.8
助力自行车	Booster Bicycle	100.8	102.0	99.6
自行车	Bicycle	97.7	97.6	98.9
轿车	Car	101.6	101.1	102.6
车用燃料及零配件	Fuel and Accessories for Vehicle	102.7	102.3	103.4
汽油	Petrol	102.8	102.7	102.8
柴油	Diesel Oil	103.1	103.0	103.1
零配件	Accessories	102.3	101.1	106.5
车辆使用及维修费	Vehicle Using and Maintenance	102.1	102.4	101.6
保险费	Insurance	100.0	100.0	100.0
停车费	Parking fee	101.5	101.7	100.6
车辆修理服务费	Vehicle Maintenance Service	103.7	104.2	102.7
市区公共交通费	City Bus Transport	101.6	101.0	103.4
公共汽车票	Bus Ticket	101.2	99.9	105.1
出租汽车	Taxi	102.1	102.8	100.0
城市间交通费	Inter-city Transportation	104.3	104.1	104.6
飞机票	Plane Ticket	104.0	104.4	0.0
火车票	Train Ticket	99.8	100.1	99.0
长途汽车	Long-distance Coach	104.6	103.7	105.7
通信	Communication	98.3	98.6	97.6
通信工具	Communication Tools	90.8	92.2	88.2
固定电话机	Stationary Telephone	100.4	99.9	101.6
移动电话机	Mobile Telephone	88.8	90.5	85.7

3-2 续表 6 continued

（上年=100） (preceding year=100)

指 标	Item	全 区 Province	城 市 Urban Areas	农 村 Rural Areas
通信服务	Communication Service	100.1	100.1	100.1
移动通信费	Mobile Communications	99.6	99.4	100.0
市内电话费	Telephone Charge Within a City	100.0	100.0	100.0
长途电话费	Long-Distance call Charge	100.0	100.0	100.0
月租费	Monthly Renting Fee	100.0	100.0	100.0
上网费	Internet Access Fee	100.3	100.0	100.9
邮政邮寄	Postal Mail	100.5	100.7	100.0
其他邮寄	Other Mail	106.2	106.8	100.2
娱乐教育文化用品及服务	**Recreation,Education,Culture Articles and Services**	**101.5**	**101.5**	**101.4**
文娱用耐用消费品及服务	Durable Consumer Goods for Recreational	94.5	93.6	96.5
电视机	Television	89.5	88.5	91.6
激光视盘机	Video-disc Player	97.2	96.1	99.4
摄像机	Video-camera	96.0	95.9	98.0
照相机	Camera	92.1	90.8	95.3
家用音响	Stereo-set	98.8	98.7	98.8
便携式音响	Portable Audio	100.6	101.4	98.9
电脑	Computer	95.4	94.0	99.1
修理服务	Repair Service Fee	102.6	102.1	103.6
教育	Education	103.1	103.1	103.0
教材及参考书	Texts and Reference Book	100.4	100.8	99.5
工具书	Reference Book	100.5	100.2	101.0
教材	Text-book	101.6	101.5	102.0
参考书	Reference Book	98.3	100.1	95.1
教育软件	Educational Software	100.5	100.3	101.3
教育服务	Education Services	103.5	103.5	103.4
学前教育	Preschool Education	111.0	109.9	114.1
中等教育	Secondary Education	100.5	100.9	100.0
高等教育	Higher Education	100.5	100.7	100.0
专业技能培训	Professional Skills Training	108.1	106.7	110.1
文化娱乐类	Cultural Entertainment	103.7	104.0	103.0
文化娱乐用品	Cultural and Recreational Supplies	100.1	101.0	98.2
乐器	Musical Instrument	101.0	101.2	100.5
音响光盘和磁带	Stereo-CD and Tape	100.7	100.3	101.4
照相胶卷和存储卡	Film and Camera Memory Card	94.3	99.4	85.0
儿童玩具	Children's Toy	100.8	101.0	100.5
纸张本册	This Paper List	101.3	101.4	100.9
文具	Stationary	102.7	102.9	102.5
体育用品	Athletic Articles	100.5	100.7	99.7

3-2 续表 7 continued

（上年＝100） (preceding year=100)

指 标	Item	全 区 Province	城 市 Urban Areas	农 村 Rural Areas
书报杂志	Newspapers and Magazines	100.2	100.2	100.2
书籍	Books	100.1	99.9	100.3
报纸	Newspaper	100.6	100.9	100.0
杂志	Magazine	100.0	100.0	100.0
文娱费	Recreation	108.6	108.3	109.3
电影票	Video-movie Ticket	103.5	104.0	101.1
景点门票	Attractions Tickets	106.2	107.2	103.1
有线电视	Cabled TV	113.9	113.6	114.4
健身活动	Healthy Activities	103.2	102.9	103.8
旅游	Tourism	102.8	104.0	100.0
旅行社收费	Travel Agency Charges	102.7	104.5	97.0
宾馆住宿	Hotel Accommodation	103.8	101.7	106.2
其他住宿	Other Accommodations	102.4	101.0	104.3
居住	**Residence**	**103.7**	**103.7**	**103.6**
建房及装修材料	Building and Decorating Material	101.4	102.0	100.6
木材	Timber	104.5	105.7	102.9
木地板	Wood Floor	103.4	102.4	105.4
砖	Brick	102.9	103.9	101.8
水泥	Cement	98.0	99.2	96.7
涂料	Paint	100.5	101.6	98.9
板材	Board	102.3	101.8	103.1
玻璃	Glass	96.4	99.3	92.4
粘胶	Glue	101.0	100.5	101.9
厨卫设备	Kitchen Equipment	100.9	100.7	101.3
租房	Tenancy	103.0	101.9	105.8
公房房租	Public Housing rent	105.5	105.0	106.6
私房房租	Talk Accommodation	103.5	101.3	106.3
其他费用	Other Rents	100.6	100.6	100.0
自有住房	Self-owned House	102.1	102.0	102.5
住房估算租金	Housing Estimates Rent	101.0	99.6	104.2
物业管理费用	Property Management Fees	103.1	104.6	99.0
维护修理费用	Maintenance Expenses	103.3	103.2	103.5
水、电、燃料	Water,Electricity and Fuels	108.2	108.2	108.0
水	Water	117.8	120.0	112.1
电	Electricity	107.2	107.3	107.0
液化石油气	Liquefied Petroleum Gas	106.1	105.4	108.1
管道燃气	Piped Gas	101.7	101.7	103.0
其他燃料	Other Fuel	102.5	104.0	100.5

3-3 分月居民消费价格指数（2012年）

（上年同期=100）

指 标	Item	1 月 January	2 月 February	3 月 March
居民消费价格总指数	**Consumer Price Index**	**103.7**	**102.6**	**103.4**
非食品价格指数	**Non-food Price Index**	**100.5**	**100.9**	**101.6**
服务项目价格指数	**Items of Service Price Index**	**101.6**	**101.5**	**101.9**
工业品价格指数	**Industrial Product Pprice Index**	**99.7**	**100.5**	**101.4**
扣除食品和能源价格指数	**Deduction Food and Energy Price Index**	**100.3**	**100.6**	**101.1**
扣除鲜菜鲜果总指数	**Deduction Fresh Vegetables Fresh Fruit General Index**	**103.5**	**102.9**	**103.3**
消费品价格指数	**Consumable Price Index**	**104.4**	**102.9**	**103.9**
食品	**Food**	**110.0**	**105.7**	**106.8**
粮食	Grain	108.2	107.2	104.3
大米	Rice	108.8	107.9	104.4
面粉	Flour	106.3	104.3	103.3
粮食制品	Grain Products	106.2	105.2	104.6
淀粉	Starches and Tubers	102.6	102.0	101.4
干豆类及豆制品	Beans and Bean Products	104.3	98.8	99.5
干豆	Beans	88.6	87.2	85.5
豆制品	Bean Products	108.9	102.1	103.5
油脂	Oil or Fat	104.4	105.0	105.0
食用植物油	Oil of Plant	105.0	105.7	105.8
植物油制品	Vegetable Oil Processed Products	103.3	103.7	103.5
肉禽及其制品	Meal,Poultry and Processed Products	113.4	108.7	108.9
食用畜肉及副产品	Edible Domestic Animal's Meat and By-products	116.5	110.6	109.4
猪肉	Pork	113.4	106.3	104.4
牛肉	Beef	129.4	131.2	134.2
羊肉	Mutton	134.2	127.0	129.1
畜肉副产品	Animal By-products	116.5	111.5	109.7
禽	Poultry	106.9	103.1	105.9
鸡	Chicken	107.6	103.2	106.1
鸭	Duck	105.2	102.6	105.5
加工肉禽	Poultry Meat Processed Products	114.0	112.0	112.9
畜肉制品	Domestic Animal's Processed Products	118.6	115.9	116.1
禽制品	Poultry Processed Products	109.6	108.3	109.8
蛋	Eggs	101.5	94.6	96.0
鲜蛋	Fresh Eggs	100.9	93.7	95.2
蛋制品	Eggs Processed Products	109.2	106.4	106.2
水产品	Aquatic Products	116.4	106.5	107.3
鱼	Fish	113.2	106.8	107.0
淡水鱼	Fish in Fresh Water	112.6	104.0	104.2
海水鱼	Fish in Sea Water	114.4	111.5	112.0
其他水产品	Others	124.9	105.8	108.1
虾蟹类	Decapod Crustacean	125.3	106.0	108.2

Consumer Price Indices by Month（2012）

（preceding year=100）

4 月 April	5 月 May	6 月 June	7 月 July	8 月 August	9 月 September	10 月 October	11 月 November	12 月 December
102.6	**103.0**	**103.0**	**102.6**	**103.4**	**103.9**	**102.8**	**103.9**	**104.1**
101.3	**101.9**	**102.2**	**102.7**	**102.9**	**103.5**	**102.8**	**103.2**	**103.0**
101.7	**101.8**	**102.2**	**103.2**	**103.2**	**104.3**	**103.1**	**103.4**	**103.3**
101.0	**102.0**	**102.2**	**102.4**	**102.8**	**103.1**	**102.6**	**103.1**	**102.8**
100.9	**101.8**	**102.1**	**102.8**	**102.9**	**103.4**	**102.6**	**103.0**	**102.7**
102.4	**102.5**	**102.2**	**101.9**	**102.3**	**103.2**	**102.8**	**103.6**	**103.9**
102.9	**103.4**	**103.3**	**102.4**	**103.4**	**103.8**	**102.7**	**104.1**	**104.4**
105.0	**105.0**	**104.5**	**102.4**	**104.2**	**104.6**	**102.8**	**105.1**	**106.3**
102.7	102.0	101.7	101.3	102.6	103.7	103.8	104.5	104.1
102.7	101.8	101.5	101.0	102.5	104.0	104.1	105.0	104.5
102.3	101.7	101.0	100.7	100.9	101.6	102.5	102.7	102.9
102.8	102.8	102.8	103.0	103.1	103.0	103.1	103.2	102.9
101.6	102.1	102.4	102.4	102.5	102.0	101.8	101.9	102.1
98.7	99.6	100.1	100.8	102.5	103.7	103.5	103.8	104.3
84.1	85.3	87.4	89.2	94.0	97.1	98.1	99.0	99.4
103.0	103.8	103.8	104.1	104.8	105.5	104.9	105.1	105.5
106.3	108.0	106.7	105.3	107.3	111.2	112.2	113.6	113.7
107.7	109.9	107.9	105.9	108.5	113.5	115.4	116.8	116.9
103.8	104.7	104.5	104.1	104.9	107.0	106.4	107.9	107.8
105.3	102.5	98.6	94.5	95.7	99.1	100.1	103.8	107.7
104.1	100.9	95.9	90.1	91.6	96.6	98.8	104.4	110.2
97.9	93.8	88.0	81.7	83.3	88.7	90.8	97.2	104.7
136.1	138.6	141.5	140.2	139.7	140.4	141.4	141.5	139.2
128.2	129.9	129.5	128.7	128.1	126.0	121.2	118.6	115.4
103.3	99.8	93.8	89.3	91.2	97.0	99.6	104.8	108.3
105.3	102.7	100.7	100.8	101.8	103.2	102.6	103.9	105.8
105.4	103.3	100.8	100.1	101.1	102.0	102.1	103.7	105.6
105.1	101.4	100.3	102.3	103.6	105.9	103.7	104.2	106.3
111.5	109.9	107.5	104.0	103.1	102.5	101.2	101.0	100.8
114.0	112.9	109.2	103.9	102.5	101.6	100.6	100.6	100.7
109.1	107.0	105.8	104.1	103.6	103.5	101.8	101.5	101.0
96.6	94.1	96.0	93.3	94.2	99.0	98.0	100.3	104.0
95.9	93.2	95.4	92.6	93.9	99.0	98.0	100.5	104.4
105.9	105.3	104.3	102.4	98.2	99.0	98.4	98.1	99.6
103.5	103.3	102.4	102.1	103.2	103.5	102.8	103.8	104.5
103.3	102.0	101.8	101.5	101.5	101.5	101.2	102.5	103.8
101.0	99.4	99.9	99.3	99.4	98.8	99.3	101.2	103.0
107.6	106.8	105.1	105.4	105.1	106.1	104.5	104.6	105.2
103.8	107.2	104.2	104.2	109.2	110.6	108.3	108.0	106.8
103.8	107.4	104.3	104.3	109.4	110.9	108.5	108.2	107.0

3-3 续表 1

（上年同期＝100）

指 标	Item	1 月 January	2 月 February	3 月 March
菜	Vegetables	113.1	103.2	116.1
鲜菜	Fresh Vegetables	114.7	103.5	118.5
干菜及菜制品	Dried Vegetables and Vegetable Products	104.3	102.7	103.5
薯类	Tubers	90.6	89.8	85.9
调味品	Flavoring	102.8	102.1	101.9
盐	Salt	99.8	99.8	99.7
酱油	Soy Sauce	105.0	103.5	103.4
醋	Vinegar	103.3	102.9	102.3
味精	Monosodium Glutamate	100.0	100.4	99.7
糖	Sweet	109.0	107.8	107.3
食糖	Sugar	111.7	109.9	110.4
糖果	Candy	110.3	109.1	106.7
巧克力制品	Chocolate Goods	102.6	102.9	103.5
糖类小食品	Sugar-coated Food Stuff	104.3	103.8	103.3
茶及饮料	Tea and Beverages	104.1	103.8	103.9
茶叶	Tea	100.8	100.9	101.4
饮料	Beverages	105.2	104.7	104.7
固体饮料	Solid Beverages	109.5	109.0	108.5
液体饮料	Liquid Beverages	103.7	103.2	103.4
冷冻饮品	Frozen Beverages	104.3	104.2	104.0
干鲜瓜果	Dried and Fresh Melons and Fruits	97.9	91.8	93.5
鲜瓜果	Fresh Fruits	96.1	89.4	91.1
干（坚）果	Dried（nut）Fruits and Melon and Fruit Products	107.7	106.5	107.8
糕点饼干面包	Cake,Biscuit and Bread	106.3	106.2	106.3
糕点	Cake	105.1	104.9	104.9
饼干	Cookie	105.0	105.8	106.6
面包	Bread	110.6	109.1	108.4
液体乳及乳制品	Liquid Breast and Dairy Products	104.4	104.6	102.9
巴氏杀菌奶或消毒奶	Pasteurization Milk or Disinfection Milk	104.8	105.2	102.8
酸奶	Sour Milk	106.8	106.5	102.2
奶粉	Milk Powder	102.5	102.3	103.7
在外用膳食品	Picnic Food	112.3	111.7	110.3
主食	Staple Food	113.5	112.9	110.1
炒菜	Fried Dishers	112.8	112.1	111.1
地方小吃	Local Snacks	109.1	108.8	107.4
其他食品	Other Foods	105.4	105.5	103.4
烟酒及用品	**Tobacco,Liquor and Articles**	**104.8**	**104.8**	**104.5**
烟草	Tobacco	100.4	100.3	100.4
高档卷烟	High-grade Cigarettes	99.8	99.8	99.9
中档卷烟	Mid-range Cigarettes	100.7	100.8	100.8

continued

(preceding year=100)

4 月 April	5 月 May	6 月 June	7 月 July	8 月 August	9 月 September	10 月 October	11 月 November	12 月 December
117.9	128.6	126.6	118.3	129.8	118.9	101.7	114.2	115.9
120.5	133.1	130.8	120.8	134.3	121.4	101.6	116.1	117.9
103.3	103.6	104.0	103.7	103.8	103.6	102.6	102.8	102.9
88.4	97.6	101.5	101.9	101.5	101.3	103.2	106.0	106.5
102.0	101.8	101.7	101.4	101.3	101.4	101.6	102.0	102.1
99.9	99.9	99.9	99.9	99.9	99.9	99.9	99.9	99.9
103.2	102.4	102.2	101.5	101.1	101.6	102.2	102.9	103.0
103.8	104.4	104.8	104.9	105.4	105.1	104.2	104.8	104.7
99.0	99.5	99.4	99.3	99.4	99.3	99.2	99.2	99.5
105.9	105.6	104.3	103.8	102.1	101.1	100.7	100.5	100.2
108.0	106.6	104.5	103.4	100.8	98.1	97.3	97.5	97.2
104.4	104.0	103.7	103.0	102.3	103.2	102.9	102.1	101.6
107.5	109.6	109.8	109.5	106.0	105.3	105.2	105.0	104.8
101.8	102.7	100.9	101.9	102.3	102.0	102.3	102.3	102.4
103.5	103.7	103.8	103.6	103.9	103.8	104.1	104.1	103.7
101.8	101.7	102.0	101.5	101.5	100.9	101.4	101.2	101.2
104.0	104.4	104.4	104.3	104.6	104.7	104.9	105.0	104.4
108.0	107.3	107.0	106.5	106.1	105.2	105.4	105.7	104.8
102.5	102.3	102.3	102.3	102.6	103.2	103.1	103.2	102.5
103.5	106.8	107.2	107.3	108.5	108.6	109.3	109.1	109.4
91.4	91.5	103.0	105.4	107.4	107.1	104.0	100.3	98.1
89.3	89.7	103.8	107.3	109.7	108.9	104.9	100.0	97.2
105.1	102.5	99.0	97.2	97.9	99.5	99.7	101.7	102.4
104.9	104.4	103.8	103.9	103.1	102.9	102.7	102.6	102.8
105.0	105.2	104.8	104.9	103.6	103.6	103.8	103.4	103.5
105.9	103.5	102.0	102.3	102.5	102.0	101.4	101.6	101.9
103.6	104.0	104.2	104.0	102.9	102.5	102.2	102.3	102.4
102.5	104.1	103.1	103.0	103.1	103.4	102.6	102.5	103.0
102.4	104.3	103.9	103.6	104.3	105.0	104.1	104.1	104.5
102.9	103.5	102.2	102.2	102.2	102.2	101.4	101.8	101.6
102.5	104.4	102.6	102.7	101.7	101.5	100.8	100.4	101.2
108.6	108.3	108.9	108.4	107.6	106.8	106.5	106.0	105.2
111.0	109.7	108.9	110.6	110.0	109.9	108.6	108.3	107.6
109.0	108.9	108.9	107.1	106.1	105.4	105.2	104.6	104.0
104.3	104.2	108.7	110.2	110.3	108.5	108.6	108.5	107.4
105.4	106.4	104.3	104.4	105.3	105.5	104.2	104.5	104.4
104.1	**103.6**	**103.3**	**103.1**	**103.3**	**102.4**	**101.3**	**101.0**	**100.7**
100.2	100.2	100.2	100.2	100.2	100.2	100.1	100.1	100.2
99.8	99.8	99.8	99.8	99.8	99.8	99.8	99.8	99.8
100.4	100.3	100.3	100.4	100.2	100.2	100.2	100.2	100.3

3-3 续表 2

（上年同期＝100）

指 标	Item	1 月 January	2 月 February	3 月 March
酒	Liquor	108.8	108.8	108.2
白酒	Liquer	113.2	113.0	112.2
葡萄酒	Wine	106.8	106.6	106.5
啤酒	Beer	100.4	100.6	100.3
衣着	**Clothing**	**99.5**	**100.8**	**103.4**
服装	Garments	99.4	100.8	103.8
男式服装	Men's Garment	100.0	101.9	105.3
大衣	Overcoat	98.8	97.1	101.7
毛线衣	Knitted Woolen Clothes	101.7	105.4	109.6
夹克衫	Jacket	102.8	105.6	111.1
衬衫	Shirt	97.2	99.7	101.6
T恤衫	T-shirts	95.7	98.4	102.4
裤子	Trousers	102.6	104.5	108.0
西服	Suits	98.1	98.1	102.3
运动衫裤	Sport Clothing	96.4	97.8	97.7
内衣	Underwear	104.0	104.2	106.5
羽绒衣	Down Clothing	104.1	108.1	110.6
女式服装	Women's dress	100.0	100.8	104.1
大衣	Overcoat	98.8	97.1	101.7
毛线衣	Knitted Woolen Clothes	101.7	105.4	109.6
羽绒衣	Down Clothing	104.1	108.1	110.6
套装	Suits	99.9	102.5	108.6
衬衫	Shirt	97.2	99.7	101.6
T恤衫	T-shirts	95.7	98.4	102.4
裙子	Skirt	95.3	94.8	98.0
裤子	Trousers	102.6	104.5	108.0
运动衫裤	Sports Wear	96.4	97.8	97.7
内衣	Underwear	104.0	104.2	106.5
儿童服装	Children's Garment	95.8	97.6	99.1
套装	Suits	96.0	97.2	99.8
裤子	Trousers	102.6	104.5	108.0
裙子	Skirt	95.3	94.8	98.0
衣着材料	Clothing Material	110.1	111.5	110.0
棉布	Cotton Cloth	109.1	111.2	108.9
化纤布	Chemical Fiber Cloth	113.5	114.3	111.6
毛线	Woolen Threads	109.9	110.7	110.5

continued

(preceding year=100)

4 月 April	5 月 May	6 月 June	7 月 July	8 月 August	9 月 September	10 月 October	11 月 November	12 月 December
107.5	106.6	106.1	105.7	106.0	104.4	102.3	101.8	101.1
111.1	109.5	108.6	107.9	108.2	105.7	102.6	101.7	100.5
106.5	105.7	105.2	105.8	106.1	105.7	104.5	104.5	104.3
100.1	100.4	100.9	100.6	100.9	101.1	100.7	100.8	101.1
103.7	**103.8**	**104.6**	**104.9**	**106.6**	**107.5**	**104.0**	**102.6**	**101.5**
104.8	105.1	105.9	106.4	108.4	109.4	105.6	104.2	102.9
106.2	106.3	106.8	106.8	107.9	109.4	106.0	104.8	102.8
101.5	101.5	101.5	101.5	101.5	102.2	98.3	97.7	97.8
110.2	110.2	110.2	110.2	109.9	110.5	105.1	103.7	100.2
111.3	111.3	111.3	111.3	111.3	111.8	107.7	107.7	105.5
104.2	106.1	108.0	107.9	109.8	111.9	112.2	110.6	108.8
106.0	106.2	107.9	109.7	111.9	115.1	112.1	111.1	110.6
107.3	106.7	106.5	105.1	107.8	110.6	106.5	105.7	103.4
102.8	102.8	103.2	103.2	103.1	104.9	96.8	95.7	94.3
98.6	97.8	98.6	98.7	100.1	100.8	99.5	100.3	98.3
107.2	106.7	106.2	105.8	107.3	107.1	105.2	103.5	98.2
110.8	110.8	110.8	110.8	110.8	110.8	108.4	100.8	100.8
105.5	105.8	106.3	107.0	109.5	110.2	105.9	104.3	103.2
101.5	101.5	101.5	101.5	101.5	102.2	98.3	97.7	97.8
110.2	110.2	110.2	110.2	109.9	110.5	105.1	103.7	100.2
110.8	110.8	110.8	110.8	110.8	110.8	108.4	100.8	100.8
107.3	107.9	107.8	108.3	110.2	109.3	104.7	103.8	104.4
104.2	106.1	108.0	107.9	109.8	111.9	112.2	110.6	108.8
106.0	106.2	107.9	109.7	111.9	115.1	112.1	111.1	110.6
100.0	99.8	100.8	99.9	105.1	105.8	105.4	107.4	105.1
107.3	106.7	106.5	105.1	107.8	110.6	106.5	105.7	103.4
98.6	97.8	98.6	98.7	100.1	100.8	99.5	100.3	98.3
107.2	106.7	106.2	105.8	107.3	107.1	105.2	103.5	98.2
99.0	99.8	102.3	103.7	106.3	106.8	103.4	102.1	102.7
100.0	101.0	103.8	104.9	107.1	108.2	101.8	101.3	101.2
107.3	106.7	106.5	105.1	107.8	110.6	106.5	105.7	103.4
100.0	99.8	100.8	99.9	105.1	105.8	105.4	107.4	105.1
108.0	107.1	106.1	106.0	105.8	105.4	103.3	102.2	102.2
106.5	107.0	106.2	106.2	106.2	105.8	104.0	103.8	103.7
108.5	105.5	104.0	103.8	103.4	102.8	101.6	101.9	101.9
110.4	110.5	110.5	110.2	110.1	109.0	104.7	100.5	100.3

3-3 续表 3

（上年同期=100）

指 标	Item	1 月 January	2 月 February	3 月 March
鞋袜帽	Footwear,Socks and Hats	98.5	99.7	101.2
鞋	Shoes	98.5	99.9	101.7
男鞋	Men's Shoes	96.2	99.3	100.5
女鞋	Women's Shoes	100.6	100.9	103.2
童鞋	Children's Shoes	96.1	97.5	98.6
袜子	Socks and Stockings	98.2	98.3	97.9
男袜	Men's Socks	99.0	98.9	98.9
女袜	Women's Socks	97.6	97.9	97.1
帽子	Hats	97.5	98.2	97.6
男帽	Man Cap	101.0	100.8	100.1
女帽	Bonnet	95.4	96.7	96.1
衣着加工服务费	Clothing Processing	112.4	111.6	111.3
缝纫	Sewing	113.2	111.7	110.7
清洗	Washing	111.3	111.7	112.1
家庭设备用品及维修服务	**Household Facilities and Articles**	**101.4**	**101.4**	**101.4**
耐用消费品	Durable Consumer Goods	99.6	100.0	99.9
家具	Furniture	101.8	102.0	102.1
柜	Counters	103.1	103.0	103.3
床	Beds	103.3	103.6	103.3
桌	Desks	100.7	101.0	100.9
椅	Chairs	102.0	101.3	100.8
沙发	Sofas	99.3	100.4	101.0
家庭设备	Household Facilities	98.4	98.8	98.6
洗衣机	Washing Machine	98.0	99.6	98.6
电风扇	Electric Fan	97.7	97.7	96.8
电冰箱（柜）	Refrigerator	97.4	98.0	97.9
吸排油烟机	Smoke Exhauster	96.0	96.6	98.2
空调器	Air Conditioner	100.4	100.2	99.7
热水器	Shower Heater	97.5	97.4	98.1
微波炉	Microwave Oven	98.1	98.3	98.3
室内装饰品	Interior Decorations	104.3	103.6	102.8
纺织装饰品	Fabric Decorations	106.1	104.4	102.6
装饰灯具	Lamp Decorations	102.8	103.0	103.0
床上用品	Bed Articles	101.7	101.0	101.4
被子	Quilts	102.0	101.3	101.9
床上套件	Bed Sets	101.4	100.6	101.0
家庭日用杂品	Daily Use Household Articles	102.5	102.3	102.6
茶具	Tea-set	102.2	101.9	102.2
餐具	Cooking-set	102.2	102.2	102.4

continued

(preceding year=100)

4 月 April	5 月 May	6 月 June	7 月 July	8 月 August	9 月 September	10 月 October	11 月 November	12 月 December
99.6	99.6	100.4	100.0	100.9	101.9	98.7	97.4	96.7
99.8	99.6	100.6	100.1	100.9	102.1	98.3	96.9	96.2
99.0	99.6	100.5	100.2	100.8	101.4	98.0	97.5	96.8
100.4	99.6	100.6	100.2	101.3	103.0	98.8	96.0	95.1
99.3	99.8	100.5	99.5	99.8	100.4	97.2	98.9	99.4
99.0	99.7	99.8	100.0	100.9	101.1	101.9	101.3	100.9
99.2	100.1	100.0	100.6	101.5	101.5	101.4	99.9	100.3
98.9	99.4	99.6	99.6	100.6	100.9	102.2	102.4	101.3
97.0	98.7	98.7	97.6	99.9	99.3	98.1	96.7	96.4
99.7	101.7	101.7	100.5	100.1	100.0	98.9	95.4	95.3
95.4	96.9	96.8	95.8	99.8	98.9	97.6	97.6	97.2
108.6	107.0	108.6	109.4	109.6	109.5	108.5	108.6	108.9
108.0	105.6	105.6	107.2	107.2	107.2	107.2	107.3	106.2
109.4	108.8	112.7	112.3	112.7	112.6	110.2	110.3	112.4
101.3	**101.1**	**101.0**	**101.2**	**101.1**	**101.0**	**100.9**	**100.9**	**100.8**
100.5	100.5	100.6	101.0	100.8	100.9	100.5	100.8	100.4
103.3	103.2	102.8	102.7	102.3	102.2	102.1	102.4	102.0
104.7	104.3	103.5	104.1	103.5	103.2	103.0	103.1	102.3
104.5	103.8	103.3	101.9	101.4	101.3	101.5	102.0	101.4
102.6	102.9	102.3	103.1	103.2	103.1	102.4	102.7	103.0
102.4	103.1	102.6	102.5	102.4	102.8	102.8	102.2	101.7
101.5	101.7	101.9	101.7	101.4	101.4	101.5	102.1	101.7
98.8	99.0	99.3	100.1	100.0	100.1	99.6	99.9	99.5
98.7	98.7	98.1	99.0	98.9	99.5	99.4	99.5	99.8
95.8	99.0	100.0	102.1	102.3	102.1	101.0	98.9	99.0
98.3	99.3	99.9	100.0	99.0	99.4	98.0	99.7	100.3
98.4	97.5	98.2	99.5	99.9	99.7	99.5	101.0	100.3
99.7	99.4	99.9	100.6	100.4	100.0	99.4	99.4	98.0
98.8	98.3	98.1	98.9	99.3	101.6	102.9	103.6	103.1
99.3	98.7	99.5	100.6	101.1	101.4	100.3	100.2	100.5
102.0	100.7	100.0	99.8	99.5	99.3	99.3	99.3	99.4
101.2	98.6	97.5	97.5	97.0	97.1	97.1	97.1	97.4
102.6	102.5	102.3	101.9	101.7	101.3	101.3	101.3	101.2
99.9	99.7	99.0	99.0	99.2	98.6	98.5	97.9	98.8
101.2	100.9	100.7	100.4	100.4	99.8	99.2	97.5	99.0
98.5	98.3	97.0	97.4	97.8	97.2	97.6	98.1	98.6
102.1	101.6	101.4	101.2	101.0	101.2	101.4	101.5	101.4
102.1	101.5	100.8	100.1	100.0	99.6	99.6	99.6	99.6
103.3	101.8	101.1	100.8	100.6	101.6	101.9	102.0	102.3

3-3 续表 4

（上年同期=100）

指　标	Item	1 月 January	2 月 February	3 月 March
厨具	Cook-set	101.9	101.5	101.6
家用手工工具	Family Tool	102.7	102.5	102.3
洗涤用品	Wash Articles	103.1	102.9	103.4
家庭服务及加工维修服务	Household Service and Maintenance	108.1	107.7	107.7
家庭服务	Household Service	114.5	112.0	112.5
加工维修服务	The Processed Upkeep	104.0	104.8	104.7
医疗保健和个人用品	**Medicine and Personal Articles**	**103.4**	**103.2**	**102.8**
医疗保健	Medicine	103.1	103.1	102.6
医疗器具及用品	Edical Appliances and Articles	102.6	102.4	102.6
中药材及中成药	Traditional Chines Herbs	111.2	110.7	108.7
中药材	Chines Herbal Material	120.3	119.0	114.1
中成药	Chines Patent drugs	103.6	103.8	103.9
西药	Western Medicine	100.2	100.4	100.3
抗菌素（抗感染药）	Antibiotics（Anti-infectives）	97.7	98.1	98.1
消化系统用药	The Digestive System Drugs	100.4	100.7	100.3
呼吸系统用药	Respiratory Drug	99.3	99.8	99.7
解热镇痛药	Antipyretic and Analgesic	100.7	100.8	100.8
抗肿瘤药	Anticancer Drugs	99.9	99.8	99.5
激素类药	Hormone Drugs	99.4	98.6	98.6
心血管系统用药	Cardiovascular System Drugs	99.9	99.9	99.5
中枢神经系统用药	Central Nervous System Drugs	100.0	100.0	100.0
消毒防腐及创伤外科用药	Disinfection Antisepsis and Trauma Surgery Medication	105.8	107.5	108.0
泌尿系统用药	Urinary System Drugs	100.6	100.7	100.9
维生素类	Vitamins	101.3	101.6	101.7
保健器具及用品	Healthy Appliances and Articles	99.5	99.6	100.7
保健器具	Healthy Appliance	100.5	100.4	100.3
滋补保健用品	Tonic and Healthy Goods	99.3	99.3	100.8
医疗保健服务	Medical and Health Service	100.3	100.3	100.4
挂号费	Registering Fee	100.0	100.0	100.0
注射费	Injection Fee	100.0	100.0	100.0
检查费	Examination Fee	100.5	100.5	100.7
手术费	Operation Fee	100.0	100.0	100.0
床位费	Bed Fee	100.8	100.8	100.8
理疗费	Physiotherapy Fees	100.7	100.7	100.7
化验费	Laboratory Fees	100.4	100.4	100.4
个人用品及服务	Pesonal Articles and Services	104.1	103.4	103.1
化妆美容用品	Making-up Articles	100.8	100.8	100.7
化妆美容器具	Making-up Utensil	100.0	99.8	99.9
美容化妆品	Cosmetic Products	100.3	100.3	100.4

continued

(preceding year=100)

4 月 April	5 月 May	6 月 June	7 月 July	8 月 August	9 月 September	10 月 October	11 月 November	12 月 December
101.8	101.6	101.5	101.5	101.4	101.3	101.1	101.3	101.1
101.7	101.3	99.8	99.8	101.3	101.2	101.4	101.4	101.4
101.6	101.6	102.0	101.9	101.4	101.6	102.0	102.0	101.8
107.0	106.4	106.2	106.6	107.1	106.3	106.6	105.3	105.0
112.6	111.0	110.6	111.8	113.7	111.6	112.2	111.7	110.9
103.5	103.5	103.3	103.3	102.9	102.9	102.9	101.0	101.0
102.5	**101.9**	**101.7**	**101.7**	**101.4**	**101.2**	**101.1**	**101.5**	**101.4**
102.4	101.6	101.4	101.2	100.9	100.5	100.3	101.0	101.1
104.3	103.0	102.0	101.8	101.6	101.8	102.1	102.2	102.2
107.4	104.5	102.9	101.9	100.9	99.6	98.3	98.3	98.4
112.5	106.7	103.6	100.8	98.9	95.7	94.0	94.0	94.7
102.9	102.5	102.2	102.8	102.8	103.4	102.6	102.5	101.9
100.7	100.7	101.1	101.4	101.3	101.3	101.5	101.4	101.3
98.4	98.3	98.3	98.7	98.7	98.9	97.7	97.6	97.5
100.3	99.8	99.8	99.9	100.0	100.1	100.0	100.1	100.0
100.8	100.8	101.1	101.2	101.2	101.1	101.4	101.5	101.7
101.3	101.3	100.4	100.6	100.8	100.7	100.7	100.6	100.7
99.3	99.2	99.4	99.3	100.0	100.0	100.4	100.3	100.2
99.1	99.5	100.2	101.1	101.3	101.2	101.7	101.7	102.0
99.2	99.2	100.0	100.4	100.3	99.2	100.3	100.4	100.1
100.0	99.6	100.1	99.6	99.4	100.1	99.3	99.4	99.4
111.9	110.8	115.0	115.8	114.4	114.9	115.6	114.1	113.5
101.1	101.9	103.8	103.8	103.9	104.3	106.0	106.0	103.9
100.5	101.3	101.3	101.2	101.3	101.9	101.6	101.6	101.7
100.4	100.7	100.8	100.8	100.6	100.6	100.9	100.7	100.8
100.1	99.7	98.9	98.7	98.3	97.8	98.2	98.2	98.2
100.5	101.0	101.3	101.4	101.3	101.4	101.6	101.5	101.6
100.2	100.2	100.2	100.3	100.3	100.3	100.3	103.6	103.8
100.0	100.0	100.0	100.0	99.6	99.6	99.6	100.2	100.2
100.0	100.0	100.0	99.9	99.9	99.9	99.9	99.9	99.9
100.7	100.7	100.7	100.7	100.7	100.7	100.7	119.4	121.7
99.8	99.8	99.8	99.8	99.8	99.8	99.8	99.8	99.8
100.0	100.0	100.0	100.8	100.8	100.8	100.8	101.3	101.3
100.7	100.7	100.7	100.7	100.5	100.5	100.5	102.2	102.2
100.4	100.4	100.4	100.4	100.4	100.4	100.4	101.7	101.7
102.7	102.4	102.4	102.8	102.3	102.5	103.0	102.3	102.1
100.9	100.9	101.5	101.6	101.6	101.3	101.0	100.8	100.8
99.8	99.8	99.9	99.9	100.0	99.9	100.0	100.0	100.2
100.4	100.5	100.4	100.4	100.4	100.3	99.9	99.9	99.8

3-3 续表 5

（上年同期=100）

指 标	Item	1 月 January	2 月 February	3 月 March
护肤品	Skin Care Products	101.0	101.0	100.9
护发美容品	Hair Care Cosmetics	101.9	101.6	101.2
清洁化妆用品	Clean Toiletries	103.7	104.1	103.8
洗发用品	Shampoo Articles	101.0	101.4	101.1
洗浴用品	Bathing Articles	106.3	106.7	106.6
个人饰品	Personal Ornaments	102.1	104.6	103.1
首饰	Jewelry	105.7	109.4	106.3
皮件	Leather Goods	99.1	100.5	99.8
手表	Watchs	100.3	100.3	100.5
领带	Ties	96.2	98.6	100.8
个人服务	Personal Service	112.8	105.0	105.5
美容	Making-up	103.6	99.8	101.7
理（烫）发	Haircut（Perm）	119.7	108.2	108.0
洗浴	Bathing	104.6	104.4	104.1
交通和通信	**Transportation and Communication**	**101.2**	**100.1**	**100.9**
交通	Transportation	104.3	102.0	103.6
交通工具	Transportation Means	102.1	101.9	101.3
助动自行车	Assisted Bicycle	105.7	105.6	104.6
轿车	Car	97.5	97.4	97.3
自行车	Bicycle	103.1	102.6	101.4
车用燃料及零配件	Fuel and Accessories for Vehicle	105.4	104.8	109.3
汽油	Petrol	106.3	105.4	111.6
柴油	Diesel Oil	105.8	104.7	111.7
零配件	Accessories	102.9	103.3	102.5
车辆使用及维修费	Vehicle Using and Maintenance	103.9	103.6	102.0
保险费	Insurance	100.0	100.0	100.0
停车费	Parking fee	104.8	103.5	100.7
车辆修理服务费	Vehicle Maintenance Service	106.2	106.2	103.8
市区公共交通费	City Bus Transport	101.3	101.6	101.7
公共汽车票	Bus Ticket	101.0	101.5	101.8
出租汽车	Taxi	101.6	101.6	101.6
城市间交通费	Inter-city Transportation	108.5	98.3	103.3
飞机票	Plane Ticket	108.1	95.0	104.8
火车票	Train Ticket	99.7	100.3	99.5
长途汽车	Long-distance Coach	109.4	97.0	103.5
通信	Communication	97.8	98.0	98.0
通信工具	Communication Tools	89.3	89.6	89.9
固定电话机	Stationary Telephone	99.3	99.8	100.3
移动电话机	Mobile Telephone	87.4	87.5	87.8

continued

(preceding year=100)

4 月 April	5 月 May	6 月 June	7 月 July	8 月 August	9 月 September	10 月 October	11 月 November	12 月 December
101.2	101.3	102.4	102.6	102.5	102.4	101.9	101.5	101.4
101.6	101.4	102.1	102.1	102.3	101.3	101.1	101.4	101.2
104.0	104.1	104.2	104.2	104.0	104.2	104.0	103.5	103.1
101.5	101.9	102.8	102.7	102.9	103.6	104.5	104.0	103.4
106.6	106.4	105.8	105.8	105.1	105.0	103.7	103.2	102.9
101.8	100.3	99.6	99.9	97.8	98.7	101.9	99.7	100.2
103.5	100.5	99.2	99.3	94.5	97.0	103.5	99.2	100.7
100.0	99.7	99.5	99.7	100.5	99.3	99.4	99.2	98.3
100.6	101.1	101.4	103.0	103.6	103.3	102.8	102.9	103.3
100.3	101.1	100.9	100.5	101.6	102.0	101.4	101.2	101.0
104.1	103.9	103.7	105.3	105.6	105.6	105.5	105.5	104.5
102.7	102.7	102.5	103.3	103.3	103.3	103.1	103.1	103.1
104.9	104.4	104.2	106.5	106.8	106.9	106.9	106.9	105.1
104.7	104.8	104.7	105.4	106.4	106.4	105.9	105.7	105.6
100.5	**100.0**	**99.7**	**99.4**	**99.6**	**100.2**	**100.4**	**100.2**	**99.9**
102.7	101.8	101.0	100.3	100.7	101.7	102.1	101.6	101.2
100.7	100.1	100.0	99.9	99.3	98.9	98.6	98.7	98.0
103.2	101.7	101.2	100.2	98.7	97.8	97.5	97.8	96.2
97.2	97.9	97.9	98.4	98.6	98.3	97.4	97.3	96.9
101.1	100.7	101.2	102.0	101.8	101.6	101.3	101.4	101.6
105.4	102.9	98.6	95.4	98.2	102.5	105.2	102.8	102.4
106.3	103.1	97.4	93.3	96.6	102.3	106.1	103.0	102.7
107.0	103.5	97.6	93.1	97.0	103.1	107.0	103.7	103.5
102.0	102.1	102.2	101.7	102.8	102.7	102.0	102.1	101.0
102.0	100.8	100.8	100.8	101.3	102.3	102.6	102.6	102.6
100.0	100.0	100.0	100.0	100.0	100.0	100.0	100.0	100.0
100.5	100.5	100.5	101.0	101.3	101.3	101.3	101.4	101.4
103.8	101.4	101.4	101.2	102.0	104.1	104.8	104.8	104.7
102.7	102.2	102.1	101.8	101.8	101.8	100.7	100.7	100.7
101.8	101.8	101.8	101.8	101.8	101.8	100.0	100.0	100.0
104.1	102.9	102.5	101.8	101.8	101.8	101.8	101.8	101.8
103.5	104.0	104.9	105.6	104.9	105.0	104.8	104.7	104.3
103.7	102.6	100.2	115.9	106.2	107.9	103.4	103.4	97.1
99.7	99.8	99.8	99.7	99.7	99.7	99.6	100.0	99.9
103.6	104.6	106.4	105.6	105.5	105.5	105.4	105.0	105.1
98.1	98.0	98.2	98.4	98.4	98.5	98.7	98.7	98.5
90.6	90.1	90.7	91.5	91.6	91.3	92.1	92.2	91.1
100.3	100.2	100.3	100.6	100.7	100.7	100.7	100.7	101.3
88.6	88.0	88.7	89.6	89.6	89.3	90.3	90.3	88.9

3-3 续表 6

（上年同期＝100）

指 标	Item	1 月 January	2 月 February	3 月 March
通信服务	Communication Service	100.1	100.2	100.1
移动通信费	Mobile Communications	99.3	99.3	99.7
市内电话费	Telephone Charge Within a City	100.0	100.0	100.0
长途电话费	Long-Distance call Charge	100.0	100.0	100.0
月租费	Monthly Renting Fee	100.0	100.0	100.0
上网费	Internet Access Fee	100.2	100.2	100.2
邮政邮寄	Postal Mail	100.0	100.0	100.0
其他邮寄	Other Mail	108.9	112.5	105.2
娱乐教育文化用品及服务	**Recreation,Education,Culture Articles and Services**	**98.8**	**99.8**	**100.2**
文娱用耐用消费品及服务	Durable Consumer Goods for Recreational	93.5	93.8	93.8
电视机	Television	87.5	87.9	87.9
激光视盘机	Video-disc Player	96.7	97.4	97.2
摄像机	Video-camera	96.3	97.0	95.8
照相机	Camera	95.4	94.6	94.3
家用音响	Stereo-set	99.3	99.5	98.2
便携式音响	Portable Audio	100.4	100.4	100.7
电脑	Computer	93.8	94.1	94.3
修理服务	Repair Service Fee	101.5	102.4	102.5
教育	Education	99.3	102.3	102.3
教材及参考书	Texts and Reference Book	100.2	100.3	100.6
工具书	Reference Book	100.9	100.9	100.8
教材	Text-book	100.6	101.9	102.2
参考书	Reference Book	99.1	97.5	98.0
教育软件	Educational Software	100.4	100.7	100.7
教育服务	Education Services	99.1	102.6	102.5
学前教育	Preschool Education	92.3	106.6	106.6
中等教育	Secondary Education	100.0	100.4	100.4
高等教育	Higher Education	100.5	100.7	100.7
专业技能培训	Professional Skills Training	107.1	107.9	107.5
文化娱乐类	Cultural Entertainment	100.8	101.0	101.0
文化娱乐用品	Cultural and Recreational Supplies	100.5	101.0	100.9
乐器	Musical Instrument	101.7	101.6	101.4
音响光盘和磁带	Stereo-CD and Tape	100.3	100.3	101.0
照相胶卷和存储卡	Film and Camera Memory Card	97.9	100.8	99.5
儿童玩具	Children's Toy	100.4	100.5	100.9
纸张本册	This Paper List	100.7	100.7	100.5
文具	Stationary	102.5	102.8	102.8
体育用品	Athletic Articles	100.7	100.8	100.5

continued

(preceding year=100)

4 月 April	5 月 May	6 月 June	7 月 July	8 月 August	9 月 September	10 月 October	11 月 November	12 月 December
100.0	100.0	100.1	100.1	100.0	100.2	100.2	100.2	100.2
99.5	99.5	99.5	99.5	99.5	99.8	99.8	99.8	99.8
100.0	100.0	100.0	100.0	100.0	100.0	100.0	100.0	100.0
100.0	100.0	100.0	100.0	100.0	100.0	100.0	100.0	100.0
100.0	100.0	100.0	100.0	100.0	100.0	100.0	100.0	100.0
100.0	100.0	100.5	100.5	100.3	100.3	100.3	100.3	100.3
100.3	100.3	100.8	100.8	100.8	100.8	100.8	100.8	100.8
104.5	104.5	104.4	104.4	104.4	106.4	106.4	106.4	106.4
100.5	**100.6**	**100.7**	**102.3**	**102.3**	**104.5**	**102.6**	**102.9**	**102.4**
94.0	94.3	94.6	94.7	95.1	95.8	95.4	95.3	94.0
88.8	89.9	90.1	90.1	90.2	91.9	90.8	90.8	89.4
96.8	97.2	96.2	96.9	96.9	96.9	97.5	97.8	98.8
95.4	95.2	95.6	95.6	96.3	95.8	96.0	96.8	96.4
92.9	91.1	91.7	91.1	91.4	91.6	90.9	90.5	89.6
98.2	97.7	98.2	98.6	98.9	98.8	98.8	99.4	99.4
101.1	100.9	100.9	100.3	101.1	100.8	100.9	100.5	98.8
94.7	94.9	95.4	95.6	96.6	97.5	97.3	96.7	94.4
102.4	102.4	103.4	103.0	103.4	102.5	102.5	102.5	102.5
102.3	102.4	102.4	102.4	102.3	105.5	105.4	105.3	105.4
100.5	100.3	100.3	100.3	100.2	100.1	100.5	100.5	100.5
100.8	100.8	100.8	100.8	100.2	100.0	100.0	100.0	100.0
102.2	102.2	102.2	102.2	102.2	101.0	101.1	101.1	101.1
97.9	97.2	97.2	97.1	97.2	98.6	100.1	100.1	100.1
100.7	100.6	100.5	100.5	100.5	100.5	100.5	100.2	100.2
102.6	102.7	102.7	102.7	102.6	106.2	106.1	106.0	106.0
106.6	106.6	106.6	106.6	106.6	124.6	124.6	124.6	124.6
100.4	100.4	100.4	100.4	100.4	100.6	100.6	100.6	100.6
100.7	100.7	100.7	100.7	100.7	100.2	100.2	100.2	100.2
108.0	109.1	109.5	108.8	108.3	109.0	107.6	106.9	107.2
101.0	100.7	100.8	106.5	107.1	107.9	102.5	108.0	107.9
100.7	100.3	99.9	99.7	99.8	99.8	99.5	99.6	99.0
101.5	101.2	101.2	101.4	100.6	100.5	100.2	100.2	100.4
100.9	101.1	101.4	100.5	100.5	100.5	100.5	100.5	100.2
98.5	94.8	93.1	92.2	92.7	91.8	90.3	91.1	88.5
100.9	101.3	100.4	100.9	101.2	100.9	100.8	100.8	100.8
100.8	101.1	101.5	101.5	101.6	101.7	101.6	101.6	101.7
102.4	102.7	102.5	102.5	102.4	103.1	103.2	102.9	102.9
100.6	100.5	100.6	100.3	100.0	100.7	100.7	100.7	99.8

3-3 续表 7

（上年同期=100）

指　标	Item	1 月 January	2 月 February	3 月 March
书报杂志	Newspapers and Magazines	100.0	100.2	100.2
书籍	Books	100.0	100.0	100.0
报纸	Newspaper	100.1	100.7	100.7
杂志	Magazine	100.0	100.0	100.0
文娱费	Recreation	101.5	101.5	101.4
电影票	Video-movie Ticket	107.6	106.9	107.2
景点门票	Attractions Tickets	100.0	100.0	100.0
有线电视	Cabled TV	100.0	100.0	100.0
健身活动	Healthy Activities	103.4	103.4	102.9
旅游	Tourism	102.5	98.4	100.8
旅行社收费	Travel Agency Charges	102.5	97.4	100.4
宾馆住宿	Hotel Accommodation	102.5	101.6	101.8
其他住宿	Other Accommodations	102.3	102.8	103.0
居住	**Residence**	**99.2**	**100.3**	**101.2**
建房及装修材料	Building and Decorating Material	102.1	102.4	102.2
木材	Timber	112.7	112.3	108.2
木地板	Wood Floor	101.8	104.1	103.3
砖	Brick	102.4	103.1	103.4
水泥	Cement	97.7	98.7	102.5
涂料	Paint	100.4	100.7	100.2
板材	Board	103.1	102.4	101.9
玻璃	Glass	91.8	91.9	92.9
粘胶	Glue	102.8	102.8	101.4
厨卫设备	Kitchen Equipment	101.3	100.2	100.1
租房	Tenancy	103.3	103.4	103.8
公房房租	Public Housing rent	101.5	101.5	101.5
私房房租	Talk Accommodation	106.7	107.0	107.8
其他费用	Other Rents	100.3	100.3	100.3
自有住房	Self-owned House	101.5	101.4	101.6
住房估算租金	Housing Estimates Rent	101.5	101.1	101.2
物业管理费用	Property Management Fees	100.2	100.4	100.4
维护修理费用	Maintenance Expenses	103.6	103.6	104.3
水、电、燃料	Water,Electricity and Fuels	92.2	96.1	98.8
水	Water	97.9	107.7	107.7
电	Electricity	88.1	88.1	88.1
液化石油气	Liquefied Petroleum Gas	94.8	102.0	110.1
管道燃气	Piped Gas	100.0	100.0	100.0
其他燃料	Other Fuel	105.8	104.9	103.5

continued

(preceding year=100)

4 月 April	5 月 May	6 月 June	7 月 July	8 月 August	9 月 September	10 月 October	11 月 November	12 月 December
100.2	100.2	100.2	100.2	100.2	100.3	100.3	100.3	100.3
100.0	100.0	99.9	99.9	99.9	100.3	100.3	100.3	100.3
100.6	100.6	100.6	100.6	100.6	100.6	100.6	100.6	100.6
100.0	100.0	100.0	100.0	100.0	99.9	99.9	99.9	99.9
101.5	101.2	102.0	116.2	117.9	119.9	106.1	120.7	121.0
107.7	106.3	102.8	101.0	100.0	101.9	100.6	100.6	100.6
100.0	99.1	105.3	106.9	106.9	108.9	115.8	119.2	116.5
100.0	100.0	99.9	133.3	140.1	142.5	105.9	140.8	143.2
103.3	103.3	103.5	103.5	102.1	103.8	102.9	103.1	103.1
102.4	102.9	102.9	107.8	106.6	109.1	102.5	99.6	97.8
102.9	103.6	103.4	108.4	106.8	108.7	102.3	98.7	96.5
100.1	99.8	101.1	106.5	106.7	111.8	104.8	104.4	103.9
101.6	101.2	102.1	103.6	104.1	108.3	100.9	100.1	99.5
100.1	**103.1**	**104.2**	**104.9**	**105.2**	**105.4**	**105.6**	**107.8**	**108.1**
101.5	101.0	101.3	101.1	100.7	99.9	101.2	101.9	101.9
104.3	103.4	103.4	103.6	102.7	101.8	101.3	100.9	101.7
103.8	103.5	103.6	102.6	103.7	103.9	104.2	103.6	103.2
103.5	102.0	103.7	103.3	102.9	102.7	103.2	102.8	102.5
100.9	100.1	99.3	98.1	93.3	89.6	96.1	101.4	99.6
100.2	100.8	100.1	100.0	99.9	100.1	101.2	101.2	101.2
101.6	101.2	100.8	101.0	101.5	102.3	103.5	104.2	104.7
93.6	93.3	97.2	97.3	99.9	98.5	99.0	99.8	102.4
100.4	100.0	100.3	100.3	100.4	100.7	100.7	100.9	100.9
100.5	100.1	100.2	101.1	101.6	100.9	101.3	101.8	101.8
101.9	101.7	101.4	103.2	103.7	104.0	103.1	103.7	103.5
100.2	100.2	100.2	107.4	110.2	110.2	110.2	112.9	112.9
104.0	103.6	103.0	103.0	102.6	102.6	100.6	100.5	100.5
100.3	100.3	100.3	100.3	100.3	101.2	101.2	101.2	100.7
101.0	101.7	102.9	103.0	102.9	103.0	102.4	102.2	102.2
99.9	99.8	101.0	101.9	101.6	101.6	100.9	100.6	100.5
100.4	102.8	105.1	105.1	105.1	105.1	104.1	104.1	104.1
104.7	104.2	103.8	102.0	102.4	102.9	102.9	102.9	102.9
97.2	107.6	109.8	112.1	113.3	114.5	115.8	124.7	126.3
107.8	107.8	114.0	114.0	114.1	114.1	114.1	180.5	180.5
88.1	114.7	114.7	120.3	120.3	120.3	122.1	122.1	122.1
104.9	100.9	103.4	102.6	106.0	109.3	110.5	114.1	118.1
100.0	100.1	102.7	102.9	103.0	103.0	103.0	103.0	103.0
104.8	103.6	102.0	102.4	101.5	100.6	100.6	100.6	100.6

3-4 居民消费价格分类指数

Consumer Price Indices by Category

（上年＝100） (preceding year=100)

指 标	Item	2010	2011
居民消费价格总指数	**Consumer Price Index**	**103.0**	**105.9**
非食品价格指数	**Non-food Price Index**	**101.0**	**101.9**
服务项目价格指数	**Items of Service Price Index**	**100.4**	**101.9**
工业品价格指数	**Industrial Product Pprice Index**	**101.3**	**101.9**
扣除食品和能源价格指数	**Deduction Food and Energy Price Index**	**100.2**	**101.5**
扣除鲜菜鲜果总指数	**Deduction Fresh Vegetables Fresh Fruit General Index**	**102.1**	**105.6**
消费品价格指数	**Consumable Price Index**	**103.8**	**107.4**
食品	**Food**	**107.1**	**114.4**
粮食	Grain	106.8	117.2
淀粉	Starches and Tubers	106.3	113.3
干豆类及豆制品	Beans and Bean Products	109.0	106.1
油脂	Oil or Fat	104.1	112.1
肉禽及其制品	Meal,Poultry and Their Products	103.2	120.9
食用畜肉及副产品	Edible Domestic Animal's Meat and By-products	101.3	126.2
禽	Poultry	106.8	113.8
加工肉禽	Poultry Meat Processed Products	102.7	113.4
蛋	Eggs	106.6	113.8
水产品	Aquatic Products	109.0	117.6
鱼	Fish	107.4	117.6
其他水产品	Other Aquatic Products	112.7	117.7
菜	Vegetables	123.1	107.6
调味品	Flavoring	102.5	104.0
糖	Sweet	108.9	114.5
茶及饮料	Tea and Beverages	101.4	103.7
茶叶	Tea	100.7	100.8
饮料	Beverages	101.6	104.7
干鲜瓜果	Dried and Fresh Melons and Fruits	112.9	115.8
糕点饼干	Cake,Cookie,Bread	101.6	107.3
液体乳及乳制品	Milk and Its Products	101.4	104.7
在外用膳食品	Picnic Food	104.2	110.1
其他食品	Other Food and Food Processing	101.8	106.7
烟酒及用品	**Tobacco,Liquor and Articles**	**101.6**	**103.7**
烟草	Tobacco	100.3	100.3
酒	Liquor	103.2	106.9
吸烟、饮酒用品	Smoking and Drinking Products	100.1	-
衣着	**Clothing**	**99.8**	**101.9**
服装	Garments	100.4	102.4
男式服装	Men's Wear	99.7	103.0
女式服装	Women's Wear	100.6	102.7
儿童服装	Children's Clothing	101.8	100.3
衣着材料	Clothing Material	103.4	112.3
鞋袜帽	Footwear,Socks and Hats	97.8	99.4
鞋	Shoes	97.3	99.4
袜子	Socks and Stockings	100.7	99.4
帽子	Hats	100.8	100.2
衣着加工服务费	Clothing Processing	100.9	108.4

3-4 续表 continued

（上年=100） (preceding year=100)

指 标	Item	2010	2011
家庭设备用品及维修服务	**Household Facilities and Articles**	**98.8**	**101.7**
耐用消费品	Durable Consumer Goods	97.7	99.9
家 具	Furniture	98.4	102.8
家庭设备	Household Facilities	97.4	98.2
室内装饰品	Interior Decorations	100.9	105.3
床上用品	Bed Articles	98.0	106.8
家庭日用杂品	Daily-Use Household Articles	99.9	101.8
家庭服务及加工维修服务	Household Service and maintenance	102.9	105.8
医疗保健和个人用品	**Medic-care and Personal Articles**	**101.5**	**103.5**
医疗保健	Medic-care and health	101.3	103.8
医疗器具及用品	Medical Appliances and Articles	108.5	101.7
中药材及中成药	Traditional Chines Herbs and Patent Drugs	103.2	115.3
西药	Western Medicine	100.6	100.0
保健器具及用品	Healthy Appliances and Articles	101.2	100.8
医疗保健服务	Medical Care and Health Service	100.0	99.7
个人用品及服务	Personal Articles and Services	102.0	103.0
化妆美容用品	Making-up Articles	100.9	100.9
清洁化妆用品	Health Supplies	99.9	102.0
个人饰品	Personal ornaments	107.3	106.4
个人服务	Personal Service	102.6	104.7
交通和通信	**Transportation and Communication**	**100.4**	**101.9**
交通	Transportation	102.8	105.1
交通工具	Transportation Means	99.1	102.3
车用燃料及零配件	Fuels and Accessory for vehicles	110.3	110.2
车辆使用及维修费	Vehicle Use and Maintenance	102.3	103.4
市区公共交通费	City-bus Fares	100.3	100.4
城市间交通费	Inter-city Bus Fares	103.7	109.1
通信	Telecommunication	98.1	98.5
通信工具	Communication Tool	90.4	92.7
通信服务	Communication Service	100.1	100.1
娱乐教育文化用品及服务	**Recreation,Education,Culture Articles and Services**	**98.4**	**100.1**
文娱用耐用消费品及服务	Durable Consumer Goods for Receational Use	95.8	94.8
教育	Education	97.0	102.8
教材及参考书	Text Book and Reference Book	99.9	100.3
学杂托幼费	School Incidental Fees and Nursing Fees	96.5	103.2
文化娱乐类	Cultural and Recreational Articles	101.5	97.8
文化娱乐用品	Cultural and Recreational Goods	99.9	100.5
书报杂志	Newspapers and Magazines	100.5	100.4
文娱费	Recreation Expense	103.6	94.3
旅游	Tourism	103.3	101.1
居住	**Residence**	**105.7**	**102.2**
建房及装修材料	Building and Decoration Materials	104.9	105.9
住房租金	Housing Rents	100.0	100.3
自有住房	Housing	104.0	102.6
水、电、燃料	Water,Electricity and Fuels	108.3	99.7

3-5 主要城市居民消费价格总指数（1984—2012年）

Major Urban Consumer Price Index（1984—2012）

（上年=100） (preceding year=100)

年份 Year	南宁市 Nanning	柳州市 Liuzhou	桂林市 Guilin	梧州市 Wuzhou	北海市 Beihai	贵港市 Guigang	贺州市 Hezhou	百色市 Baise
1984	104.4	104.1	104.0	105.3	105.5	104.4	104.6	104.6
1985	118.3	115.7	114.4	117.4	116.5	114.4	115.1	117.9
1986	105.2	105.3	105.6	105.1	105.1	104.4	105.8	110.4
1987	111.1	109.1	113.2	112.7	112.1	107.7	114.8	109.1
1988	121.6	127.8	124.5	123.4	128.4	123.9	123.3	120.5
1989	119.4	119.1	119.8	116.2	120.8	125.0	121.3	123.7
1990	98.0	99.7	99.0	98.7	96.9	95.8	96.7	95.4
1991	104.1	102.3	101.6	104.8	104.5	103.2	101.6	102.5
1992	106.7	106.1	109.5	110.2	107.2	104.6	108.5	109.5
1993	125.1	124.6	120.3	122.2	134.8	123.1	120.2	119.9
1994	124.8	126.0	128.9	125.8	123.1	127.5	125.1	128.0
1995	118.6	120.0	119.3	116.1	114.8	119.9	119.5	121.4
1996	103.3	106.1	108.2	106.8	105.4	107.6	107.7	106.8
1997	100.2	100.3	101.5	102.1	100.7	100.2	102.5	103.0
1998	96.7	98.2	95.3	99.9	99.1	93.8	97.3	99.3
1999	95.9	96.8	98.6	100.1	97.0	98.1	97.4	99.1
2000	100.0	99.8	99.5	100.5	100.4	98.9	99.2	100.0
2001	102.8	99.7	102.2	100.3	100.5	98.1	100.3	102.2
2002	99.4	100.6	100.0	97.8	99.9	100.7	98.2	97.6
2003	100.8	100.6	100.6	101.3	99.9	102.5	101.2	101.4
2004	104.2	105.4	104.0	104.3	104.7	104.6	104.6	104.2
2005	101.1	103.3	104.0	102.8	101.6	102.0	101.8	103.4
2006	102.5	101.0	100.7	101.4	101.6	100.8	102.6	102.9
2007	104.5	106.1	106.8	105.8	105.1	106.5	106.9	105.7
2008	108.4	107.9	105.9	107.5	107.3	108.0	108.6	109.8
2009	98.2	97.8	99.2	97.6	97.4	97.2	97.9	98.5
2010	102.5	103.5	102.2	103.5	103.1	103.8	104.4	103.7
2011	105.7	105.4	105.8	105.4	105.5	105.9	106.8	106.5
2012	102.9	104.0	103.5	102.9	102.6	103.5	102.8	103.0

3-6 主要城市居民消费价格分类指数（2012年）

Major Urban Consumer Price Index（2012）

（上年=100）　　　　(preceding year=100)

指　标	Item	南宁市 Nanning	柳州市 Liuzhou	桂林市 Guilin	梧州市 Wuzhou
居民消费价格总指数	**Consumer Price Index**	**102.9**	**104.0**	**103.5**	**102.9**
非食品价格指数	**Non-food Price Index**	**101.8**	**102.3**	**103.3**	**102.2**
服务项目价格指数	**Items of Service Price Index**	**102.0**	**102.1**	**104.4**	**101.8**
工业品价格指数	**Industrial Product Pprice Index**	**101.8**	**102.4**	**102.5**	**102.4**
扣除食品和能源价格指数	**Deduction Food and Energy Price Index**	**101.5**	**102.1**	**103.3**	**102.0**
扣除鲜菜鲜果总指数	**Deduction Fresh Vegetables Fresh Fruit General Index**	**102.5**	**103.5**	**103.5**	**102.7**
消费品价格指数	**Consumable Price Index**	**103.2**	**104.6**	**103.1**	**103.4**
食品	**Food**	**105.0**	**107.3**	**103.8**	**104.5**
粮食	Grain	101.9	104.1	107.2	103.3
淀粉	Starches and Tubers	99.5	107.1	102.4	100.8
干豆类及豆制品	Beans and Bean Products	104.1	98.9	98.1	104.6
油脂	Oil or Fat	105.4	110.6	107.0	109.7
肉禽及其制品	Meal,Poultry and Their Products	104.6	106.6	101.9	103.1
食用畜肉及副产品	Edible Domestic Animal's Meat and By-products	104.4	106.3	100.5	103.5
禽	Poultry	103.9	105.4	104.8	101.0
加工肉禽	Poultry Meat Processed Products	106.5	110.2	102.9	104.9
蛋	Eggs	96.4	98.8	97.6	98.1
水产品	Aquatic Products	104.9	109.0	107.4	100.4
鱼	Fish	104.3	108.0	107.0	98.2
其他水产品	Other Aquatic Products	106.3	111.8	108.0	105.2
菜	Vegetables	117.5	118.5	109.8	114.4
调味品	Flavoring	102.2	103.6	101.9	101.6
糖	Sweet	107.5	102.1	110.1	104.1
茶及饮料	Tea and Beverages	103.6	108.7	105.6	102.8
茶叶	Tea	102.2	101.5	100.0	100.9
饮料	Beverages	104.0	111.3	109.3	104.2
干鲜瓜果	Dried and Fresh Melons and Fruits	100.3	103.6	95.7	98.3
糕点饼干	Cake,Cookie,Bread	106.0	102.7	108.4	104.1
液体乳及乳制品	Milk and Its Products	100.6	107.1	100.9	106.3
在外用膳食品	Picnic Food	105.5	107.6	104.8	105.9
其他食品	Other Food and Food Processing	102.0	102.7	103.8	106.0
烟酒及用品	**Tobacco,Liquor and Articles**	**106.3**	**101.5**	**102.1**	**104.0**
烟草	Tobacco	100.0	100.0	99.3	102.6
酒	Liquor	111.4	103.0	104.7	105.2
衣着	**Clothing**	**102.5**	**104.1**	**101.3**	**103.3**
服装	Garments	104.7	105.6	101.3	103.5
男式服装	Men's Wear	102.0	109.2	102.9	103.5
女式服装	Women's Wear	107.0	103.6	102.0	103.5
儿童服装	Children's Clothing	103.9	99.9	92.1	103.3
衣着材料	Clothing Material	106.5	102.9	108.7	107.5
鞋袜帽	Footwear,Socks and Hats	96.5	99.7	99.7	102.7
鞋	Shoes	95.9	99.6	100.9	102.9
袜子	Socks and Stockings	103.0	100.0	90.0	101.7
帽子	Hats	89.7	100.0	95.1	99.9
衣着加工服务费	Clothing Processing	102.0	103.6	116.1	103.4

continued

（上年=100） (preceding year=100)

指　标	Item	北海市 Beihai	贵港市 Guigang	贺州市 Hezhou	百色市 Baise
居民消费价格总指数	**Consumer Price Index**	**102.6**	**103.5**	**102.8**	**103.0**
非食品价格指数	**Non-food Price Index**	**101.1**	**103.0**	**102.5**	**101.7**
服务项目价格指数	**Items of Service Price Index**	**100.5**	**104.4**	**103.6**	**101.2**
工业品价格指数	**Industrial Product Pprice Index**	**101.4**	**102.0**	**101.7**	**102.0**
扣除食品和能源价格指数	**Deduction Food and Energy Price Index**	**100.8**	**102.7**	**102.4**	**101.6**
扣除鲜菜鲜果总指数	**Deduction Fresh Vegetables Fresh Fruit General Index**	**102.4**	**103.0**	**102.7**	**103.0**
消费品价格指数	**Consumable Price Index**	**103.4**	**103.1**	**102.6**	**103.6**
食品	**Food**	**105.5**	**104.4**	**103.5**	**105.5**
粮食	Grain	99.8	105.0	101.7	106.9
淀粉	Starches and Tubers	98.0	99.8	106.0	103.8
干豆类及豆制品	Beans and Bean Products	99.5	102.0	101.9	99.1
油脂	Oil or Fat	109.3	104.9	110.7	105.3
肉禽及其制品	Meal,Poultry and Their Products	101.7	97.7	100.9	106.2
食用畜肉及副产品	Edible Domestic Animal's Meat and By-products	101.5	92.2	99.9	108.3
禽	Poultry	100.9	104.8	100.9	102.6
加工肉禽	Poultry Meat Processed Products	104.7	108.4	108.4	104.9
蛋	Eggs	98.8	94.3	96.6	100.4
水产品	Aquatic Products	99.5	104.8	109.3	97.9
鱼	Fish	99.9	107.3	107.4	95.2
其他水产品	Other Aquatic Products	98.6	100.9	115.7	106.5
菜	Vegetables	114.0	121.5	111.3	109.8
调味品	Flavoring	103.3	102.1	101.1	101.6
糖	Sweet	114.2	103.5	97.7	101.1
茶及饮料	Tea and Beverages	105.1	100.5	101.2	100.9
茶叶	Tea	104.0	101.9	101.9	98.8
饮料	Beverages	105.5	99.9	101.0	101.5
干鲜瓜果	Dried and Fresh Melons and Fruits	97.2	99.8	98.3	96.0
糕点饼干	Cake,Cookie,Bread	104.8	101.4	100.6	104.1
液体乳及乳制品	Milk and Its Products	113.5	104.3	102.6	101.7
在外用膳食品	Picnic Food	118.3	113.3	105.9	112.6
其他食品	Other Food and Food Processing	100.2	110.1	101.2	105.5
烟酒及用品	**Tobacco,Liquor and Articles**	**104.6**	**103.8**	**103.4**	**100.4**
烟草	Tobacco	102.3	100.8	100.0	99.6
酒	Liquor	106.5	107.3	107.0	101.4
衣着	**Clothing**	**102.3**	**104.3**	**103.5**	**106.1**
服装	Garments	102.2	105.2	104.7	107.6
男式服装	Men's Wear	99.0	108.2	105.0	107.9
女式服装	Women's Wear	104.4	106.3	105.0	106.9
儿童服装	Children's Clothing	103.0	99.2	103.6	109.2
衣着材料	Clothing Material	110.8	111.5	102.1	105.6
鞋袜帽	Footwear,Socks and Hats	100.9	100.1	99.8	101.1
鞋	Shoes	101.1	100.3	99.8	101.3
袜子	Socks and Stockings	100.0	100.0	100.0	99.9
帽子	Hats	100.2	97.1	101.5	100.0
衣着加工服务费	Clothing Processing	118.8	124.9	108.2	109.0

3-6 续表

（上年=100） (preceding year=100)

指 标	Item	南宁市 Nanning	柳州市 Liuzhou	桂林市 Guilin	梧州市 Wuzhou
家庭设备用品及维修服务	**Household Facilities and Articles**	**101.5**	**101.8**	**101.9**	**102.1**
耐用消费品	Durable Consumer Goods	100.4	102.6	102.3	101.0
家 具	Furniture	104.8	105.2	100.2	101.0
家庭设备	Household Facilities	97.5	101.3	103.5	100.9
室内装饰品	Interior Decorations	95.2	104.9	101.8	106.8
床上用品	Bed Articles	102.0	97.4	100.4	101.3
家庭日用杂品	Daily-Use Household Articles	101.1	101.5	101.0	104.0
家庭服务及加工维修服务	Household Service and maintenance	112.1	102.7	104.3	100.4
医疗保健和个人用品	**Medic-care and Personal Articles**	**101.2**	**101.4**	**102.5**	**103.3**
医疗保健	Medic-care and health	101.1	101.3	102.6	102.5
医疗器具及用品	Medical Appliances and Articles	104.2	103.6	104.4	101.5
中药材及中成药	Traditional Chines Herbs and Patent Drugs	101.9	102.2	110.5	105.4
西药	Western Medicine	100.7	100.5	97.9	102.1
保健器具及用品	Healthy Appliances and Articles	100.2	98.9	101.5	100.2
医疗保健服务	Medical Care and Health Service	100.5	102.1	100.6	100.6
个人用品及服务	Personal Articles and Services	101.6	101.6	102.3	105.0
化妆美容用品	Making-up Articles	101.0	100.0	100.1	105.2
清洁化妆用品	Health Supplies	104.1	103.7	103.1	105.8
个人饰品	Personal ornaments	99.6	102.1	102.6	97.4
个人服务	Personal Service	100.8	100.2	103.9	109.3
交通和通信	**Transportation and Communication**	**99.9**	**100.1**	**100.6**	**100.3**
交通	Transportation	101.5	101.1	101.6	102.5
交通工具	Transportation Means	98.3	100.2	101.5	103.2
车用燃料及零配件	Fuels and Accessory for vehicles	101.3	102.0	103.1	101.0
车辆使用及维修费	Vehicle Use and Maintenance	100.0	100.7	103.1	107.0
市区公共交通费	City-bus Fares	101.0	102.7	100.2	99.8
城市间交通费	Inter-city Bus Fares	107.3	100.2	100.6	101.9
通信	Telecommunication	98.1	99.1	99.6	98.5
通信工具	Communication Tool	89.9	94.7	92.3	85.7
通信服务	Communication Service	100.3	100.3	101.0	101.0
娱乐教育文化用品及服务	**Recreation,Education,Culture Articles and Services**	**101.2**	**99.5**	**103.2**	**100.7**
文娱用耐用消费品及服务	Durable Consumer Goods for Receational Use	92.8	89.3	96.9	94.7
教育	Education	104.9	102.2	101.8	100.9
教材及参考书	Text Book and Reference Book	100.2	101.9	100.0	99.9
教育服务	Education Services	105.4	102.3	102.2	101.0
文化娱乐类	Cultural and Recreational Articles	104.3	102.8	105.8	103.9
文化娱乐用品	Cultural and Recreational Goods	103.4	100.8	102.2	98.5
书报杂志	Newspapers and Magazines	100.0	99.9	100.0	102.9
文娱费	Recreation Expense	107.7	106.1	111.0	108.1
旅游	Tourism	99.3	100.4	113.0	104.5
居住	**Residence**	**102.8**	**105.5**	**107.0**	**102.8**
建房及装修材料	Building and Decoration Materials	100.5	104.0	105.5	100.6
租房	Tenancy	101.1	104.5	102.2	101.8
自有住房	Housing	99.9	103.3	107.7	100.6
水、电、燃料	Water,Electricity and Fuels	109.0	107.2	109.9	107.8

continued

（上年=100） (preceding year=100)

指 标	Item	北海市 Beihai	贵港市 Guigang	贺州市 Hezhou	百色市 Baise
家庭设备用品及维修服务	**Household Facilities and Articles**	**104.8**	**100.0**	**100.6**	**101.3**
耐用消费品	Durable Consumer Goods	101.1	99.5	101.6	99.6
家具	Furniture	101.0	100.5	104.9	101.4
家庭设备	Household Facilities	101.1	99.0	99.3	98.1
室内装饰品	Interior Decorations	94.6	99.8	102.0	100.5
床上用品	Bed Articles	102.4	99.6	97.6	100.2
家庭日用杂品	Daily-Use Household Articles	103.4	100.6	99.2	103.8
家庭服务及加工维修服务	Household Service and maintenance	142.0	102.4	102.5	102.3
医疗保健和个人用品	**Medic-care and Personal Articles**	**99.9**	**104.0**	**103.8**	**102.3**
医疗保健	Medic-care and health	97.9	100.9	102.9	102.7
医疗器具及用品	Medical Appliances and Articles	101.8	100.5	100.5	97.9
中药材及中成药	Traditional Chines Herbs and Patent Drugs	93.2	101.1	104.2	106.2
西药	Western Medicine	100.5	100.7	103.2	101.9
保健器具及用品	Healthy Appliances and Articles	99.4	100.2	101.2	100.2
医疗保健服务	Medical Care and Health Service	100.2	101.2	100.9	100.3
个人用品及服务	Personal Articles and Services	104.1	107.6	105.8	101.3
化妆美容用品	Making-up Articles	105.0	101.1	101.1	98.6
清洁化妆用品	Health Supplies	107.1	105.1	104.1	104.9
个人饰品	Personal ornaments	100.2	101.3	101.1	100.9
个人服务	Personal Service	100.0	113.7	117.3	100.3
交通和通信	**Transportation and Communication**	**99.7**	**100.9**	**99.4**	**99.4**
交通	Transportation	101.5	102.2	102.6	100.4
交通工具	Transportation Means	101.0	99.9	100.8	97.9
车用燃料及零配件	Fuels and Accessory for vehicles	101.8	103.2	104.3	103.4
车辆使用及维修费	Vehicle Use and Maintenance	100.1	102.4	101.7	100.4
市区公共交通费	City-bus Fares	100.0	100.0	107.6	100.1
城市间交通费	Inter-city Bus Fares	104.6	106.6	102.1	104.6
通信	Telecommunication	97.5	98.8	95.2	98.3
通信工具	Communication Tool	92.7	90.5	81.9	92.4
通信服务	Communication Service	98.5	100.0	100.4	100.0
娱乐教育文化用品及服务	**Recreation,Education,Culture Articles and Services**	**100.1**	**102.4**	**102.5**	**100.5**
文娱用耐用消费品及服务	Durable Consumer Goods for Receational Use	91.6	97.4	96.6	97.0
教育	Education	101.9	104.1	104.3	102.4
教材及参考书	Text Book and Reference Book	100.2	95.9	102.1	103.1
教育服务	Education Services	102.1	105.2	104.6	102.4
文化娱乐类	Cultural and Recreational Articles	103.8	101.2	104.8	102.8
文化娱乐用品	Cultural and Recreational Goods	99.1	98.6	99.9	99.6
书报杂志	Newspapers and Magazines	100.0	100.3	100.0	100.0
文娱费	Recreation Expense	110.6	103.8	113.8	107.8
旅游	Tourism	99.8	103.5	99.6	97.5
居住	**Residence**	**100.8**	**104.4**	**103.9**	**102.1**
建房及装修材料	Building and Decoration Materials	102.1	98.4	101.8	100.1
租房	Tenancy	100.9	109.0	104.5	104.2
自有住房	Housing	96.3	102.1	103.3	99.9
水、电、燃料	Water,Electricity and Fuels	108.1	108.7	106.7	107.5

3-7 商品零售价格分类指数（2012年）

Retail Price Indices by Category（2012）

（上年=100） (preceding year=100)

指 标	Item	全 区 Provice	城 市 Urban Areas	农 村 Rural Areas
商品零售价格总指数	**Retail General Price Index**	**102.3**	**102.2**	**102.4**
食品	**Food**	**105.4**	**105.4**	**105.3**
粮食	Grain	103.5	103.3	103.7
大米	Rice	103.5	103.3	103.9
面粉	Flour	102.4	102.3	102.4
粮食制品	Grain Products	103.6	103.8	103.4
淀粉	Starches	102.5	101.8	104.1
干豆类及豆制品	Bean and Its Products	101.6	101.5	101.8
干豆	Dried Beans	92.0	91.4	92.8
豆制品	Soybean Products	104.6	104.5	104.7
油脂	Oil or Fat	108.3	109.0	107.1
食用植物油	Oil of Plant	110.1	111.6	107.7
植物油制品	Vegetable Oil Processed Product	105.6	105.4	106.0
肉禽及其制品	Meal,Poultry and Their Products	104.0	104.5	103.2
食用畜肉及副产品	Edible Domestic Animal's Meat and By-products	103.9	104.8	102.3
猪肉	Pork	95.3	94.7	96.1
牛肉	Beef	138.3	138.8	136.8
羊肉	Mutton	126.3	126.3	126.3
畜肉副产品	Animal By-products	102.6	101.0	105.1
禽	Poultry	103.3	103.4	103.0
鸡	Chicken	103.1	103.0	103.4
鸭	Duck	103.6	104.3	102.1
肉禽加工制品	Poultry Meat Processed Products	106.5	105.7	108.1
畜肉制品	Domestic Animal's Processed Products	108.0	106.0	111.6
禽制品	Poultry Processed Products	104.8	105.5	103.5
蛋	Eggs	97.5	97.3	97.7
鲜蛋	Fresh eggs	96.9	96.7	97.4
蛋制品	Eggs Processed Products	102.8	103.5	101.1
水产品	Aquatic Products	105.1	105.1	105.2
鱼	Fish	103.6	103.2	104.4
淡水鱼	Fish in Fresh Water	101.9	101.5	102.6
海水鱼	Fish in Sea Water	106.8	105.8	110.5
其他水产品	Other Aquatic Products	108.4	108.5	107.8
虾蟹类	Decapod Crustacean	108.7	108.9	108.0
菜	Vegetables	116.2	116.2	116.3
鲜菜	Fresh Vegetables	118.6	118.6	118.6
干菜及菜制品	Dried Vegetables and Vegetable Products	103.2	103.5	102.8
薯类	Tubers	99.8	97.5	108.4
调味品	Flavoring	101.6	101.7	101.3
盐	Salt	99.7	99.5	100.0

3-7 续表 1 continued

（上年=100） (preceding year=100)

指 标	Item	全 区 Provice	城 市 Urban Areas	农 村 Rural Areas
酱油	Soy Sauce	102.6	102.8	102.2
醋	Vinegar	103.9	103.7	104.1
味精	Monosodium Glutamate	99.6	100.2	98.7
糖	Sweet	103.4	105.5	100.2
食糖	Sugar	102.3	105.9	97.9
糖果	Candy	104.2	104.9	103.1
巧克力制品	Chocolate Goods	106.0	108.0	99.4
糖制小食品	Sugar-coated food stuff	102.2	102.3	101.8
干鲜瓜果	Dried and Fresh Melons and Fruits	98.7	99.4	97.1
鲜瓜果	Fresh Fruits	98.0	98.8	96.1
干（坚）果	Dried (nut) Fruits and Melon and Fruit Products	101.9	102.2	101.3
糕点饼干面包	Cake,Cookies,Bread	104.1	105.1	101.7
糕点	Cake	104.6	106.0	101.3
饼干	Cookie	102.8	102.8	102.7
面包	Bread	105.1	106.2	101.0
液体乳及乳制品	Milk and Its Products	103.2	103.2	103.2
巴氏杀菌奶或消毒奶	Pasteurized Milk or Milk Disinfection	104.1	104.5	103.2
酸奶	Yogurt	102.1	101.4	104.8
奶粉	Milk Powder	102.3	102.2	102.3
在外用膳食品	Picnic food	108.7	107.2	111.8
主食	Staple Food	109.7	107.5	114.2
炒菜	Fried Dishes	108.2	106.7	111.6
地方小吃	Local Snacks	108.8	108.9	108.6
其他食品	Other Food	104.7	103.6	106.9
饮料、烟酒	**Beverages, Tobacco and Liquor**	**102.8**	**103.4**	**101.9**
茶及饮料	Tea and Beverages	103.5	104.8	101.2
茶叶	Tea	101.8	101.7	101.9
饮料	Beverages	104.1	106.0	101.0
固体饮料	Solid Beverage	106.1	107.6	102.5
液体饮料	Drink Liquids	102.6	103.9	100.5
冷冻饮品	Frozen Drinks	105.6	109.0	100.8
烟草	Tobacco	100.2	100.3	100.1
高档卷烟	High-grade Cigarettes	99.9	99.8	100.0
中档卷烟	Mid-range Cigarettes	100.4	100.3	100.5
酒	Wine	105.2	105.7	104.6
白酒	Liquor	107.2	107.9	106.4
葡萄酒	Grape Spending	104.8	105.1	104.5
啤酒	Beer	100.9	101.0	100.7

3-7 续表 2 continued

（上年=100） (preceding year=100)

指标	Item	全区 Provice	城市 Urban Areas	农村 Rural Areas
服装、鞋帽	**Garments, Shoes and Hats**	**102.8**	**102.1**	**104.3**
服装	Garments	104.3	103.4	106.3
男式服装	Men's Garment	104.6	103.2	107.4
大衣	Overcoat	100.2	100.1	101.1
毛线衣	Knitted Woolen Clothes	105.3	101.0	114.4
夹克衫	Jacket	108.9	105.2	114.6
衬衫	Shirt	105.5	106.4	103.8
T恤衫	T-shirts	106.4	106.5	106.1
裤子	Trousers	105.9	104.9	107.8
西服	Suits	100.7	97.8	107.6
运动衫裤	Sport Clothing	98.7	95.9	104.4
内衣	Underwear	105.1	106.3	102.7
羽绒衣	Down Clothing	106.0	107.8	101.9
女式服装	Women's dress	104.8	104.3	105.9
大衣	Overcoat	105.8	104.5	110.1
毛线衣	Knitted Woolen Clothes	107.7	107.6	108.1
羽绒衣	Down Clothing	105.0	104.2	106.4
套装	Suits	105.5	105.4	105.7
衬衫	Shirt	107.7	108.3	106.4
T恤衫	T-shirts	106.4	107.6	103.7
裙子	Skirt	101.0	100.2	102.6
裤子	Trousers	105.5	102.9	109.8
运动衫裤	Sports Wear	100.8	99.6	103.1
内衣	Underwear	103.3	103.7	102.6
儿童服装	Children's Garment	101.9	100.0	104.8
套装	Suits	102.3	98.6	107.7
裤子	Trousers	104.5	105.6	103.0
裙子	Skirt	97.8	95.2	102.8
鞋袜帽	Footwear,Socks and Hats	99.4	98.8	100.5
鞋	Shoes	99.3	98.6	100.6
男鞋	Men's Shoes	99.0	98.8	99.2
女鞋	Women's Shoes	99.9	98.7	102.2
童鞋	Children's Shoes	97.6	96.7	98.8
袜子	Socks and Stockings	100.4	100.9	99.8
男袜	Men's Socks	100.6	101.1	99.7
女袜	Women's Socks	100.3	100.6	99.8
帽子	Hats	99.1	99.0	99.4
男帽	Man Cap	100.0	99.7	100.4
女帽	Bonnet	98.5	98.5	98.7
其他	Others	99.8	101.0	97.7
领带	Tie	99.8	101.0	97.7

3-7 续表 3 continued

（上年=100） (preceding year=100)

指 标	Item	全 区 Provice	城 市 Urban Areas	农 村 Rural Areas
纺织品	**Textiles**	**101.4**	**101.2**	**101.7**
衣着材料	Clothing Material	105.9	104.9	107.3
棉布	Cotton Cloth	106.4	104.0	111.2
化纤布	Chemical Fiber Cloth	105.4	102.4	108.7
毛线	Woolen Threads	106.2	109.0	101.0
床上用品	Bed Articles	98.9	99.3	98.0
被子	Quilts	99.4	100.1	97.8
床上套件	Bed Sets	98.4	98.5	98.1
家用电器及音像器材	**Household Appliances, Music and Video Equipment**	**97.0**	**96.9**	**97.0**
家庭设备	Household Facilities	99.1	99.2	98.9
洗衣机	Washing Machine	98.6	99.0	97.8
电风扇	Electric Fan	99.7	99.9	99.3
电冰箱（柜）	Refrigerator	98.9	98.9	98.9
吸排油烟机	Smoke Exhauster	98.2	97.4	99.8
空调器	Air Conditioner	99.5	99.5	99.6
热水器	Shower Heater	99.4	99.5	99.4
微波炉	Microwave Oven	99.1	99.3	98.3
文娱用耐用消费品	Durable Consumer Goods for Recreational	94.0	93.6	94.7
电视机	Television	90.0	88.9	91.8
激光视盘机	Video-disc Player	96.9	96.1	99.6
摄像机	Video-camera	97.1	97.1	98.6
照相机		93.1	92.0	95.3
家用音响设备	Home Audio Equipment	98.9	99.1	98.7
便携式音响	Portable Audio	100.1	100.7	98.9
音像器材	Audiovisual Equipment	100.3	100.4	98.6
专业音响器材	Professional Audio Equipment	100.9	101.1	99.0
专业声像器材	Professional Audio-visual Equipment	99.4	99.5	97.1
文化办公用品	**Cultural and Office Goods**	**99.0**	**98.8**	**99.6**
纸张本册	This Paper List	101.2	101.6	100.6
文具	Stationary	102.5	102.6	102.3
电脑及配件	Computers and Accessories	95.6	94.2	98.8
电子存储器		100.1	100.2	99.7
打印机及配件	Printers and Accessories	96.0	99.4	86.4
扫描仪	Scanner	99.9	99.7	100.2
复印机	Photocopiers	99.0	98.4	100.7
电子辞典	Electronic Dictionary	98.6	98.3	99.5
计算器	Calculators	100.6	100.8	100.0
教学设备	Teaching Equipment	100.7	100.9	100.4

3-7 续表 4 continued

（上年=100） (preceding year=100)

指 标	Item	全 区 Provice	城 市 Urban Areas	农 村 Rural Areas
日用品	**Articles for Daily Use**	**101.4**	**101.3**	**101.5**
日用百货	General Merchandise for Daily Use	101.3	101.4	101.1
自行车	Bicycle	101.8	101.1	103.0
助动自行车	Booster Bicycle	101.2	101.8	100.3
雨具	Rain Gear	100.9	101.1	100.4
剃须刀具	With Razor	99.9	99.9	99.7
电池	Battery	101.3	101.6	100.9
卫生纸	Toilet Paper	101.6	102.1	101.0
日用杂品	Grocery for Daily Use	101.2	101.6	100.4
茶具	Tea-set	100.6	101.0	99.5
餐具	Cooking-set	101.5	101.7	101.3
厨具	Cook-set	101.2	101.9	99.8
洗涤用品	Wash Articles	102.2	101.8	102.9
洗衣粉	Detergent	103.1	103.1	103.0
肥皂类	Soap	101.0	100.6	101.8
清洁洗涤剂	Clean the Detergent	102.0	100.9	104.0
其他日用品	Other Daily Necessities	100.5	100.2	101.3
儿童玩具	Toy for Children	101.2	101.7	100.3
照明器具	Lighting Utensil	101.8	101.5	102.2
钟表眼镜及配件	Clock and Watch Glasses and Fittings	102.0	101.4	102.9
日用普通饰品	Ordinary Ornaments of Daily Expenses	97.8	96.9	99.9
日用皮革制品	Daily Leather and Fur Products	99.5	98.9	100.8
体育娱乐用品	**Sports and Recreation Articles**	**100.1**	**100.2**	**99.9**
体育用品	Sports Goods	100.1	100.0	100.5
球类	Ball	100.0	100.1	99.8
棋牌	Chess and Card	101.2	100.8	102.4
健身器材	Body-building Apparatus	99.4	99.2	99.8
娱乐用品	Amusement articles	100.0	100.4	99.2
游艺器材	Apparatus of Recreation	99.1	99.6	98.0
乐器	Musical Instrument	101.0	101.3	100.5
交通、通信用品	**Transportation and Communication Appliances**	**97.4**	**97.4**	**97.5**
交通运输机械	Machinery of Communications and Transportation	99.5	99.3	99.9
轿车	Car	97.7	97.6	98.9
客车	Passenger Train	100.0	100.0	100.0
货车	Truck	99.9	100.0	99.7
通信器材	Apparatus of Communication	93.6	93.8	93.3
固定电话机	Stationary Telephone	101.3	100.0	103.3
移动电话机	Mobile Telephone	88.5	89.7	85.8
传真机	Fax-machine	100.4	100.2	100.9

3-7 续表 5 continued

(上年=100) (preceding year=100)

指 标	Item	全 区 Provice	城 市 Urban Areas	农 村 Rural Areas
家具	**Furniture**	**102.2**	**102.2**	**102.2**
柜	Cupboard	103.4	102.8	104.5
床	Beds	102.5	103.2	100.8
桌	Desks	102.6	101.8	104.5
椅	Chairs	102.1	102.5	101.3
沙发	Sofas	100.7	101.2	99.1
化妆品	**Cosmetic Products**	**102.0**	**102.1**	**101.6**
护肤品	Skin Care Product	101.1	102.1	99.3
美容、装饰类化妆品	Beauty, Decorative Cosmetics	100.3	100.4	100.0
护发美容品	Hair Care Cosmetics	101.8	102.1	101.2
洗发用品	Shampoo Articles	102.3	102.9	101.2
洗浴用品	Bath Articles	105.3	104.3	107.1
药物美容用品	Cosmetic Articles of Medicine	102.5	102.1	103.5
金银珠宝	**Jewel of Gold and Silver**	**102.5**	**102.2**	**103.3**
金饰品	Gold Ornaments	105.9	105.8	106.0
银饰品	Silver Ornaments	104.0	104.5	102.7
铂金饰品	Platinum Ornaments	95.4	94.6	97.9
中西药品及医疗保健用品	**Traditional Chinese and Western Medicines and Health**	**101.8**	**101.7**	**102.1**
医疗器具及用品	Edical Appliances and Articles	102.0	102.9	99.7
中药材及中成药	Traditional Chines Herbs	103.2	103.2	103.3
中药材	Chines Herbal Material	103.8	104.6	102.8
中成药	Chines Patent drugs	102.7	102.2	103.9
西药	Western Medicine	101.0	100.7	101.5
抗菌素(抗感染药)	Antibiotics (Anti-infectives)	98.5	99.0	97.4
消化系统用药	The Digestive System Drugs	100.0	100.6	98.9
呼吸系统用药	Respiratory Drug	100.9	100.5	101.6
解热镇痛药	Antipyretic and Analgesic	100.6	100.7	100.6
抗肿瘤药	Anticancer Drugs	99.5	99.6	99.4
激素类药	Hormone Drugs	100.6	100.7	100.4
心血管系统用药	Cardiovascular System Drugs	100.2	100.4	99.6
中枢神经系统用药	Central Nervous System Drugs	99.5	99.4	99.8
消毒防腐及创伤外科用药	Disinfection Antisepsis and Trauma Surgery Medication	111.7	107.2	120.7
泌尿系统用药	Urinary System Drugs	102.9	100.6	108.0
维生素类	Vitamins	101.1	100.8	101.9
保健器具及用品	Healthy Appliances and Articles	100.3	100.2	100.6
保健器具	Healthy Appliance	99.1	98.3	101.2
滋补保健用品	Tonic and Healthy Goods	100.8	100.9	100.3

3-7 续表 6 continued

（上年=100） (preceding year=100)

指 标	Item	全 区 Provice	城 市 Urban Areas	农 村 Rural Areas
书报杂志及电子出版物	**Books, Newspapers, Magazines and Electronic Publications**	**100.3**	**100.3**	**100.3**
教材及参考书	Texts and Reference Books	100.6	100.7	100.5
工具书	Reference Book	100.6	100.1	101.6
教材	Text-book	101.5	101.2	101.9
参考书	Reference Book	98.8	100.2	96.6
教育软件	Educational Software	101.2	100.6	102.2
书报杂志	Newspapers and Magazines	100.2	100.2	100.1
书籍	Books	100.0	99.9	100.2
报纸	Newspapers	100.5	100.7	100.0
杂志	Magazine	100.0	99.9	100.0
电子音像制品	Electronic Audio-video Products	100.1	100.0	100.3
音响光盘和磁带	Audio CD and Tape	100.7	100.4	101.2
计算机软件	Computer Software	99.2	99.3	98.9
燃料	**Fuels**	**103.9**	**103.8**	**104.1**
煤炭及制品	Coal and Its Products	100.0	103.0	94.2
原煤	Coal	41.9	107.8	0.0
煤制品	Coal Products	102.1	102.9	100.5
石油及制品	Oil and Its Products	104.3	103.9	105.2
液化石油气	Liquified Petroleum Gas	106.7	105.8	108.7
管道燃气	Pipeline Gas	103.0	103.0	103.0
汽油	Gasoline	102.8	102.7	102.8
柴油	Kerosene	103.1	103.0	103.1
建筑材料及五金电料	**Building Materials and Hardware**	**99.8**	**100.2**	**99.2**
建筑装璜材料	Building Decoration Materials	99.6	100.0	98.9
木材	Wood	104.3	105.4	102.4
木地板	Wood Floor	103.0	102.2	104.8
钢材	Steel	87.0	87.3	86.4
砖	Brick	104.0	104.2	103.7
水泥	Cement	98.1	99.2	97.1
涂料	Paint	100.7	101.3	99.8
板材	Board	102.1	101.7	103.0
玻璃	Glass	95.8	98.0	92.6
粘胶	Viscose	100.7	100.4	101.3
管材	Pipe	103.1	103.5	102.4
厨卫设备	Kitchen Equipment	100.5	100.5	100.5
五金电料	Hardware	100.8	101.0	100.5
五金工具	Hardware Tools	101.7	101.3	102.5
电工电料	Electricians and Electric Materials Will Be	100.4	101.0	99.6
水暖器材	Plumbing Equipment	100.6	100.8	100.3

3-8 商品零售价格分类指数

Retail Price Indices by Category

（上年=100） (preceding year=100)

指标	Item	2010	2011
商品零售价格总指数	**Retail General Price Index**	**103.0**	**106.0**
食品类	**Food**	**107.2**	**114.2**
粮食	Grain	106.7	117.0
淀粉	Starches and Tubers	106.3	111.7
干豆类及豆制品	Beans and Bean Products	109.5	106.3
油脂	Oil or Fat	103.5	111.8
肉禽及其制品	Meal,Poultry and Their Products	103.1	120.2
食用畜肉及副产品	Edible Domestic Animal's Meat and By-products	101.4	125.0
禽	Poultry	106.5	114.1
肉禽加工制品	Poultry Meat Processed Products	102.5	113.8
蛋	Eggs	106.3	113.6
水产品	Aquatic Products	109.6	117.5
鱼	Fish	107.4	117.4
其他水产品	Other Aquatic Products	113.0	117.7
菜	Vegetables	123.4	107.4
调味品	Flavoring	102.9	103.5
糖	Sweet	110.1	113.7
干鲜瓜果	Dried and Fresh Melons and Fruits	114.0	115.2
糕点饼干面包	Cake,Cookie,Bread	101.2	107.4
液体乳及乳制品	Milk and Its Products	101.6	104.6
在外用膳食品	Picnic Food	103.6	110.5
其他食品	Other Food	101.5	107.1
饮料、烟酒	**Tobacco,Liquor and Articles**	**101.5**	**103.3**
茶及饮料	Tea and Drinks	101.4	103.8
茶叶	Tea	100.8	101.3
饮料	Beverage	101.7	104.8
烟草	Tobacco	100.1	100.2
酒	Liquor	103.1	106.5
服装、鞋帽	**Garments, Shoes and Hats**	**99.1**	**100.7**
服装	Garments	99.8	102.0
男式服装	Men's Wear	98.6	101.9
女式服装	Women's Wear	100.1	102.8
儿童服装	Children's Clothing	101.7	99.5
鞋袜帽	Footwear,Socks and Hats	97.5	98.3
鞋	Shoes	97.0	98.0
袜子	Socks and Stockings	100.8	100.0
帽子	Hats	100.1	99.5
其他	Others	98.2	96.7

3-8 续表 continued

（上年=100） (preceding year=100)

指 标	Item	2010	2011
纺织品	**Textiles**	**100.2**	**107.5**
衣着材料	Clothing Material	103.4	111.9
床上用品	Bed Articles	98.5	105.2
家用电器及音像器材	**Electric Household Appliance and Sound Apparatus**	**96.2**	**96.6**
家庭设备	Household Facilities	96.8	98.2
文娱用耐用消费品	Durable Consuming Goods for Entertainment	95.1	94.4
音像器材类	Sound Apparatus	99.9	100.0
文化办公用品	**Cultural and Office Goods**	**98.9**	**98.9**
日用品	**Articles for Daily Use**	**99.9**	**102.3**
日用百货	Merchandiles for Daily Use	100.0	102.7
日用杂品	Sundries for Daily Use	100.0	101.5
洗涤用品	Washing and Cleaning Goods	99.8	103.1
其他日用品	Other Daily-use Goods	99.6	101.2
体育娱乐用品	**Sports and Entertainment Goods**	**98.9**	**100.7**
体育用品	Sports Goods	100.2	100.9
娱乐用品	Recreational Goods	97.6	100.5
交通、通信用品	**Traffic and Telecommunication Goods**	**97.3**	**97.7**
交通运输机械	Traffic and Transport Machinery	99.2	99.6
通信器材类	Telecommunication Apparatus	93.7	94.2
家具	**Furniture**	**98.3**	**103.3**
化妆品类	**Cosmetics**	**100.7**	**101.4**
金银珠宝类	**Gold and Silver Jewls**	**114.0**	**114.2**
中西药品及医疗保健用品类	**Chinese and Western Medicines and Health Supplies**	**101.7**	**105.2**
医疗器具及用品	Medical-care Apparatus and Goods	105.6	101.6
中药材及中成药	Chinese Herbs and Patent Medicine	103.1	115.2
西药	Western Medicine	100.4	99.6
保健品及器具	Healthy Devices and Goods	100.7	101.1
书报杂志及电子出版物类	**Books, Magazines and Electronic Publications**	**99.5**	**100.4**
教材及参考书	Texts and Reference Books	98.8	100.4
书报杂志	Newspapers and Magazines	100.3	100.4
电子音像制品	Electronic Audio and Video Products	99.1	100.1
燃料类	**Fuels**	**115.3**	**109.7**
煤炭及制品类	Coal and Its Products	104.3	107.7
石油及制品类	Oil and Its Products	116.4	109.9
建筑材料及五金电料类	**Building Apparatus and Hardwares**	**104.8**	**106.2**
建筑装璜材料	Building Decoration Materials	105.4	107.2
五金电料类	Hardwares and Electrical Apparatus	102.8	102.7

3-9 主要城市商品零售价格总指数（1984—2012年）

Major Cities in Overall Retail Price Index（1984—2012）

（上年=100） (preceding year=100)

年 份 Year	南宁市 Nanning	柳州市 Liuzhou	桂林市 Guilin	梧州市 Wuzhou	北海市 Beihai	贵港市 Guigang	贺州市 Hezhou	百色市 Baise
1984	104.1	103.8	103.6	105.1	105.1	104.0	104.2	104.4
1985	118.7	115.4	113.5	117.5	117.0	114.2	114.6	115.6
1986	105.3	105.8	105.0	105.8	104.0	104.2	104.9	110.0
1987	111.8	108.9	113.6	111.8	112.8	110.8	114.6	109.2
1988	122.1	126.5	126.1	123.9	126.1	125.1	120.9	119.3
1989	119.4	118.4	118.1	115.8	120.7	124.1	121.1	121.9
1990	97.3	98.8	98.5	97.5	96.2	95.5	95.8	97.0
1991	104.0	102.2	101.6	104.7	104.1	102.8	100.7	102.8
1992	105.7	105.8	108.6	109.6	105.4	103.3	107.4	107.1
1993	124.1	123.8	119.8	120.0	134.0	120.5	119.0	118.6
1994	120.8	124.1	125.5	124.7	122.1	127.2	121.4	126.1
1995	114.9	116.4	113.8	114.8	113.3	119.0	117.3	120.7
1996	102.5	104.5	106.3	106.3	103.6	103.3	105.3	105.4
1997	99.5	99.5	100.5	101.5	99.7	98.0	100.1	100.9
1998	95.8	98.0	94.8	98.2	98.1	93.7	96.4	97.3
1999	95.9	96.3	97.6	99.8	96.4	96.3	96.4	98.4
2000	98.3	97.5	99.2	99.2	97.9	99.0	99.0	97.7
2001	95.9	97.3	97.5	98.4	98.3	98.3	98.3	99.0
2002	97.5	99.7	99.7	96.6	97.7	98.9	98.0	97.2
2003	99.5	99.2	100.1	100.4	99.2	101.1	101.0	99.4
2004	102.7	104.6	103.7	103.6	103.9	103.3	104.6	102.9
2005	100.3	100.7	102.0	101.9	101.8	100.8	100.4	102.5
2006	101.0	100.1	101.0	100.8	101.3	99.1	101.6	101.6
2007	103.3	105.0	104.8	104.1	103.8	105.5	105.1	104.3
2008	107.9	107.1	106.8	107.5	107.7	107.5	108.6	110.0
2009	98.5	97.5	99.6	97.1	97.9	96.5	97.5	97.9
2010	102.3	104.1	102.5	103.4	103.0	103.8	103.8	103.4
2011	104.9	105.4	106.2	105.7	105.6	106.3	107.0	106.3
2012	101.7	102.8	102.4	102.0	102.2	102.5	101.8	102.5

3-10 主要城市商品零售价格分类指数（2012年）

Major Cities in the Retail Price Index（2012）

（上年=100） （preceding year=100）

指 标	Item	南宁市 Nanning	柳州市 Liuzhou	桂林市 Guilin	梧州市 Wuzhou
商品零售价格总指数	**Retail General Price Index**	**101.7**	**102.8**	**102.4**	**102.0**
食品类	**Food**	**105.0**	**107.3**	**103.8**	**104.5**
粮食	Grain	101.9	104.1	107.2	103.3
淀粉	Starches and Tubers	99.5	107.1	102.4	100.8
干豆类及豆制品	Beans and Bean Products	104.1	98.9	98.1	104.6
油脂	Oil or Fat	105.4	110.6	107.0	109.7
肉禽及其制品	Meal,Poultry and Their Products	104.6	106.6	101.9	103.1
食用畜肉及副产品	Edible Domestic Animal's Meat and By-products	106.5	108.1	102.0	102.9
禽	Poultry	103.9	105.2	104.7	101.3
肉禽加工制品	Poultry Meat Processed Products	106.5	109.7	102.9	105.3
蛋	Eggs	96.4	98.8	97.6	98.1
水产品	Aquatic Products	104.9	109.0	107.4	100.4
鱼	Fish	104.3	108.4	107.4	97.5
其他水产品	Other Aquatic Products	106.3	111.7	108.0	105.0
菜	Vegetables	117.5	118.5	109.8	114.4
调味品	Flavoring	102.2	102.7	101.6	101.1
糖	Sweet	107.5	102.1	110.1	104.1
干鲜瓜果	Dried and Fresh Melons and Fruits	100.3	103.5	95.7	98.0
糕点饼干面包	Cake,Cookie,Bread	106.0	103.1	108.1	104.0
液体乳及乳制品	Milk and Its Products	100.5	106.7	101.0	106.0
在外用膳食品	Picnic Food	105.5	107.5	105.3	106.1
其他食品	Other Food	102.0	102.7	103.8	106.0
饮料、烟酒	**Tobacco,Liquor and Articles**	**105.2**	**102.9**	**103.0**	**103.4**
茶及饮料	Tea and Drinks	103.6	107.2	106.2	103.5
茶叶	Tea	102.2	101.5	100.0	100.9
饮料	Beverage	104.0	109.7	109.0	104.2
烟草	Tobacco	100.0	100.0	99.3	101.6
酒	Liquor	111.4	103.0	104.8	105.3
服装、鞋帽	**Garments, Shoes and Hats**	**102.7**	**103.4**	**101.0**	**102.5**
服装	Garments	104.6	105.3	101.4	103.5
男式服装	Men's Wear	101.8	109.0	102.9	103.2
女式服装	Women's Wear	107.0	103.6	102.0	103.6
儿童服装	Children's Clothing	103.8	101.5	93.6	103.6
鞋袜帽	Footwear,Socks and Hats	96.5	99.1	100.3	102.8
鞋	Shoes	95.9	98.9	101.0	103.1
袜子	Socks and Stockings	103.0	100.0	90.0	102.0
帽子	Hats	89.7	100.0	95.0	99.9
其他	Others	109.0	100.0	96.7	92.0

continued

（上年＝100） (preceding year=100)

指标	Item	北海市 Beihai	贵港市 Guigang	贺州市 Hezhou	百色市 Baise
商品零售价格总指数	**Retail General Price Index**	**102.2**	**102.5**	**101.8**	**102.5**
食品类	**Food**	**105.5**	**104.4**	**103.5**	**105.5**
粮食	Grain	99.8	105.0	101.7	106.9
淀粉	Starches and Tubers	98.0	99.8	106.0	103.8
干豆类及豆制品	Beans and Bean Products	99.5	102.0	101.9	99.1
油脂	Oil or Fat	109.3	104.9	110.7	105.3
肉禽及其制品	Meal,Poultry and Their Products	101.7	97.7	100.9	106.2
食用畜肉及副产品	Edible Domestic Animal's Meat and By-products	102.4	92.0	101.5	108.3
禽	Poultry	100.9	104.9	100.9	102.6
肉禽加工制品	Poultry Meat Processed Products	104.7	108.4	108.4	104.9
蛋	Eggs	98.8	94.3	96.6	100.4
水产品	Aquatic Products	99.5	104.8	109.3	97.9
鱼	Fish	99.9	107.1	107.4	95.2
其他水产品	Other Aquatic Products	98.7	100.9	115.7	106.5
菜	Vegetables	114.0	121.5	111.3	109.8
调味品	Flavoring	102.4	102.9	100.0	101.6
糖	Sweet	114.2	103.5	97.7	101.1
干鲜瓜果	Dried and Fresh Melons and Fruits	97.1	99.8	98.1	96.0
糕点饼干面包	Cake,Cookie,Bread	104.6	101.4	100.3	104.1
液体乳及乳制品	Milk and Its Products	114.1	104.3	103.3	101.7
在外用膳食品	Picnic Food	119.4	115.0	105.8	112.6
其他食品	Other Food	100.2	110.1	101.2	105.5
饮料、烟酒	**Tobacco,Liquor and Articles**	**104.6**	**102.3**	**102.9**	**100.4**
茶及饮料	Tea and Drinks	105.0	100.9	101.1	100.9
茶叶	Tea	104.0	101.9	101.9	98.8
饮料	Beverage	105.5	100.5	100.8	101.5
烟草	Tobacco	102.7	100.8	100.0	99.3
酒	Liquor	106.4	107.3	106.7	101.4
服装、鞋帽	**Garments, Shoes and Hats**	**101.8**	**103.8**	**102.9**	**105.8**
服装	Garments	102.2	105.5	105.0	107.6
男式服装	Men's Wear	98.4	108.2	105.6	107.9
女式服装	Women's Wear	104.9	106.3	105.2	106.9
儿童服装	Children's Clothing	103.4	99.2	103.7	109.2
鞋袜帽	Footwear,Socks and Hats	101.2	100.2	99.9	101.1
鞋	Shoes	101.4	100.3	99.8	101.3
袜子	Socks and Stockings	100.0	100.0	100.0	99.9
帽子	Hats	100.2	97.1	101.5	100.0
其他	Others	100.0	101.3	96.9	100.2

3-10 续表

（上年=100） (preceding year=100)

指 标	Item	南宁市 Nanning	柳州市 Liuzhou	桂林市 Guilin	梧州市 Wuzhou
纺织品	**Textiles**	**103.5**	**99.2**	**102.0**	**103.6**
衣着材料	Clothing Material	106.6	102.7	108.1	108.4
床上用品	Bed Articles	102.0	97.1	100.4	101.3
家用电器及音像器材	**Electric Household Appliance and Sound Apparatus**	**95.6**	**95.8**	**100.5**	**98.6**
家庭设备	Household Facilities	97.6	101.1	103.8	101.2
文娱用耐用消费品	Durable Consuming Goods for Entertainment	91.8	88.9	96.0	94.5
音像器材类	Sound Apparatus	100.6	95.8	99.3	102.0
文化办公用品	**Cultural and Office Goods**	**99.0**	**96.6**	**101.0**	**98.4**
日用品	**Articles for Daily Use**	**100.5**	**101.4**	**102.5**	**102.9**
日用百货	Merchandiles for Daily Use	100.6	101.7	103.8	103.8
日用杂品	Sundries for Daily Use	100.6	102.8	100.8	105.3
洗涤用品	Washing and Cleaning Goods	102.0	100.3	102.5	101.0
其他日用品	Other Daily-use Goods	98.6	101.4	101.8	101.2
体育娱乐用品	**Sports and Entertainment Goods**	**100.2**	**99.6**	**102.1**	**103.1**
体育用品	Sports Goods	99.7	98.5	104.5	105.3
娱乐用品	Recreational Goods	100.7	100.6	99.5	100.5
交通、通信用品	**Traffic and Telecommunication Goods**	**96.2**	**97.9**	**98.8**	**95.3**
交通运输机械	Traffic and Transport Machinery	98.6	99.0	99.9	100.4
通信器材类	Telecommunication Apparatus	91.9	96.2	94.6	86.9
家具	**Furniture**	**104.8**	**105.2**	**100.3**	**101.0**
化妆品类	**Cosmetics**	**102.5**	**100.8**	**100.8**	**104.2**
金银珠宝类	**Gold and Silver Jewls**	**100.2**	**100.5**	**101.5**	**93.9**
中西药品及医疗保健用品类	**Chinese and Western Medicines and Health Supplies**	**100.2**	**101.1**	**102.3**	**102.6**
医疗器具及用品	Medical-care Apparatus and Goods	104.2	103.6	104.4	101.5
中药材及中成药	Chinese Herbs and Patent Medicine	98.8	102.0	110.5	105.4
西药	Western Medicine	100.8	100.3	97.8	102.1
保健品及器具	Healthy Devices and Goods	100.2	98.9	99.5	100.1
书报杂志及电子出版物类	**Books, Magazines and Electronic Publications**	**100.1**	**100.7**	**100.0**	**101.5**
教材及参考书	Texts and Reference Books	100.2	101.7	100.0	99.9
书报杂志	Newspapers and Magazines	100.0	99.9	100.0	102.9
电子音像制品	Electronic Audio and Video Products	100.0	100.4	100.0	100.0
燃料类	**Fuels**	**103.6**	**103.2**	**103.5**	**103.5**
煤炭及制品类	Coal and Its Products	106.0	108.4	100.0	98.7
石油及制品类	Oil and Its Products	103.4	103.2	103.8	104.1
建筑材料及五金电料类	**Building Apparatus and Hardwares**	**99.1**	**101.6**	**103.9**	**99.5**
建筑装璜材料	Building Decoration Materials	98.5	102.1	104.1	99.4
五金电料类	Hardwares and Electrical Apparatus	101.1	99.7	102.8	99.9

continued

（上年=100） (preceding year=100)

指　标	Item	北海市 Beihai	贵港市 Guigang	贺州市 Hezhou	百色市 Baise
纺织品	**Textiles**	**104.6**	**102.7**	**100.2**	**102.7**
衣着材料	Clothing Material	110.1	111.1	102.7	106.9
床上用品	Bed Articles	101.9	99.2	98.0	100.1
家用电器及音像器材	**Electric Household Appliance and Sound Apparatus**	**97.0**	**97.7**	**97.6**	**96.8**
家庭设备	Household Facilities	100.9	99.3	99.6	98.2
文娱用耐用消费品	Durable Consuming Goods for Entertainment	91.2	95.5	94.6	94.9
音像器材类	Sound Apparatus	99.2	100.0	100.0	97.4
文化办公用品	**Cultural and Office Goods**	**96.7**	**99.3**	**100.3**	**100.0**
日用品	**Articles for Daily Use**	**102.8**	**101.9**	**101.3**	**101.1**
日用百货	Merchandiles for Daily Use	102.3	101.0	102.9	98.2
日用杂品	Sundries for Daily Use	102.2	100.4	97.0	104.0
洗涤用品	Washing and Cleaning Goods	105.3	103.9	102.4	102.6
其他日用品	Other Daily-use Goods	100.4	102.1	100.9	100.1
体育娱乐用品	**Sports and Entertainment Goods**	**96.0**	**98.1**	**100.3**	**98.9**
体育用品	Sports Goods	92.3	99.5	99.9	100.4
娱乐用品	Recreational Goods	99.9	96.9	100.7	97.6
交通、通信用品	**Traffic and Telecommunication Goods**	**98.7**	**98.4**	**95.4**	**97.6**
交通运输机械	Traffic and Transport Machinery	100.0	99.5	100.0	99.3
通信器材类	Telecommunication Apparatus	96.3	96.3	88.8	93.9
家具	**Furniture**	**100.6**	**100.7**	**104.7**	**101.5**
化妆品类	**Cosmetics**	**105.6**	**103.9**	**102.5**	**100.7**
金银珠宝类	**Gold and Silver Jewls**	**100.7**	**101.0**	**105.0**	**101.7**
中西药品及医疗保健用品类	**Chinese and Western Medicines and Health Supplies**	**97.9**	**100.8**	**103.1**	**103.2**
医疗器具及用品	Medical-care Apparatus and Goods	101.8	100.5	100.5	97.9
中药材及中成药	Chinese Herbs and Patent Medicine	94.6	101.1	104.7	106.2
西药	Western Medicine	100.3	100.7	102.4	101.5
保健品及器具	Healthy Devices and Goods	99.4	100.2	101.1	100.2
书报杂志及电子出版物类	**Books, Magazines and Electronic Publications**	**100.0**	**98.9**	**100.9**	**101.6**
教材及参考书	Texts and Reference Books	100.0	97.6	101.6	103.1
书报杂志	Newspapers and Magazines	100.0	100.3	100.0	100.0
电子音像制品	Electronic Audio and Video Products	100.0	101.4	100.5	100.0
燃料类	**Fuels**	**103.2**	**106.9**	**103.2**	**103.2**
煤炭及制品类	Coal and Its Products	99.4	0.0	100.1	100.0
石油及制品类	Oil and Its Products	103.7	106.9	103.6	104.0
建筑材料及五金电料类	**Building Apparatus and Hardwares**	**99.7**	**98.0**	**98.9**	**99.6**
建筑装璜材料	Building Decoration Materials	100.5	97.9	98.7	99.3
五金电料类	Hardwares and Electrical Apparatus	96.8	98.5	100.0	101.1

3-11 农业生产资料价格分类指数（2012年）

Price Indices of Means of Agricultural Production（2012）

（上年=100） (preceding year=100)

指 标	Item	全 区 Province	城 市 Urban Areas	农 村 Rural Areas
农业生产资料价格指数	**Price Index of Means of Agricultural Production**	**103.9**	**-**	**103.9**
农用手工工具	Agricultural Craft Tool	103.7	-	103.7
饲料	Forage	111.3	-	111.3
混合饲料	Mixed Forage	111.0	-	111.0
其他	Others	112.3	-	112.3
产品畜	Animals for Products	91.5	-	91.5
幼禽家畜	Domestic Animals and Young Poultry	91.5	-	91.5
半机械化农具	Semi-mechanized Farm Tools	101.2	-	101.2
机械化农具	Mechanized Farm Machinery	101.4	-	101.4
农用机械	Agricultural Machinery	101.4	-	101.4
化学肥料	Chemical Fertilizer	104.8	-	104.8
氮肥	Nitrogen Fertilizer	104.1	-	104.1
磷肥	Phosphate Fertilizer	105.5	-	105.5
钾肥	Calcium Fertilizer	102.2	-	102.2
复合肥料	Compounded Fertilizer	106.4	-	106.4
农药及农药械	Pesticide & Its Appliances	103.6	-	103.6
化学农药	Chemical Pesticide	104.0	-	104.0
杀虫剂	Insecticide	104.8	-	104.8
杀菌剂	Disinfectant	103.8	-	103.8
除草剂	Herbicide	101.8	-	101.8
农药器械	Pesticide Apparatus	101.0	-	101.0
农用机油	Oil for Farm Machinery	106.3	-	106.3
其他农业生产资料	Other Agricultural Productions	105.8	-	105.8
农用种子	Seeds for Farm	108.2	-	108.2
其他	Others	101.7	-	101.7
农用薄膜	Agricultural Membrane	100.1	-	100.1
其他	Others	103.8	-	103.8
农业生产服务	Agricultural Production Service	106.7	-	106.7
排灌费	Irrigation Costs	100.6	-	100.6
机械作业费	Machinery Operating Costs	106.1	-	106.1
农业用电	Agricultural Use of Electricity	108.1	-	108.1
农业用工	Agricultural Employment	110.8	-	110.8

3-12 分月农业生产资料价格指数（2012年）

（上年同期=100）

指　　标	Item	1 月 January	2 月 February	3 月 March
农业生产资料价格指数	**Price Index of Means of Agricultural Production**	**109.6**	**110.3**	**108.7**
农用手工工具	Agricultural Craft Tool	104.9	105.9	104.7
饲料	Forage	112.9	112.9	113.5
混合饲料	Mixed Forage	113.6	114.9	114.2
其他	Others	100.8	98.7	98.1
产品畜	Animals for Products	124.0	126.6	116.2
幼禽家畜	Domestic Animals and Young Poultry	124.0	126.6	116.2
半机械化农具	Semi-mechanized Farm Tools	104.1	103.5	102.7
机械化农具	Mechanized Farm Machinery	104.5	103.9	102.1
农用机械	Agricultural Machinery	104.5	103.9	102.1
化学肥料	Chemical Fertilizer	110.3	108.3	108.0
氮肥	Nitrogen Fertilizer	111.8	107.6	108.7
磷肥	Phosphate Fertilizer	109.0	109.7	106.5
钾肥	Calcium Fertilizer	106.5	105.7	107.4
复合肥料	Compounded Fertilizer	110.5	109.6	108.0
农药及农药械	Pesticide & Its Appliances	104.4	104.9	104.2
化学农药	Chemical Pesticide	104.4	104.9	104.4
杀虫剂	Insecticide	104.2	105.5	105.3
杀菌剂	Disinfectant	105.3	104.4	103.9
除草剂	Herbicide	102.4	103.7	102.0
农药器械	Pesticide Apparatus	104.8	104.8	103.2
农用机油	Oil for Farm Machinery	104.0	108.4	111.7
其他农业生产资料	Other Agricultural Productions	105.1	108.1	105.6
农用种子	Seeds for Farm	106.8	112.0	108.5
其他	Others	102.4	101.7	100.8
农用薄膜	Agricultural Membrane	101.1	100.7	100.2
其他	Others	100.8	98.7	98.1
农业生产服务	Agricultural Production Service	109.0	109.0	108.3
排灌费	Irrigation Costs	102.2	102.2	101.3
机械作业费	Machinery Operating Costs	112.8	112.8	110.3
农业用电	Agricultural Use of Electricity	108.1	108.1	108.1
农业用工	Agricultural Employment	108.2	108.2	109.6

Price Indices of Means of Agricultural Production by Month（2012）

（preceding year=100）

4 月 April	5 月 May	6 月 June	7 月 July	8 月 August	9 月 September	10 月 October	11 月 November	12 月 December
107.3	**104.4**	**102.9**	**101.2**	**100.5**	**100.4**	**101.0**	**101.2**	**101.3**
103.5	103.5	102.6	102.4	102.6	102.9	103.6	103.2	104.4
113.8	114.4	114.3	113.6	111.9	109.8	111.1	104.1	104.7
114.6	114.4	113.5	113.0	111.4	109.1	110.1	103.1	102.7
98.5	99.0	100.1	101.3	101.3	100.9	100.8	101.0	101.6
103.1	86.2	80.4	77.0	76.4	77.4	78.7	88.3	88.8
103.1	86.2	80.4	77.0	76.4	77.4	78.7	88.3	88.8
101.3	100.6	100.8	100.5	100.2	100.2	100.2	100.2	100.0
102.2	101.1	101.1	101.3	101.0	100.9	100.2	99.5	99.1
102.2	101.1	101.1	101.3	101.0	100.9	100.2	99.5	99.1
111.3	109.7	107.9	104.4	101.9	100.7	100.0	98.5	98.0
113.1	109.2	106.4	103.7	99.0	98.5	99.0	97.6	97.0
110.7	110.3	111.1	102.5	101.8	101.7	101.1	101.1	101.3
106.6	106.4	104.9	102.2	101.9	99.3	96.8	95.4	94.5
111.1	111.2	109.8	107.3	106.1	103.7	102.3	99.6	99.1
102.8	103.0	102.8	102.8	103.1	103.7	103.7	103.7	103.8
103.5	103.6	103.6	103.6	103.6	104.3	104.3	104.3	104.3
104.7	104.3	104.1	104.1	104.1	105.4	105.4	105.4	105.4
102.7	103.7	103.7	103.7	103.7	103.7	103.7	103.7	103.7
101.2	101.1	101.1	101.2	101.4	101.7	101.7	101.7	101.7
99.4	99.4	98.3	98.3	100.6	100.6	100.6	100.6	101.5
108.7	106.8	104.4	101.0	103.3	106.5	108.3	106.6	106.6
105.7	105.6	105.6	105.4	105.0	105.4	105.8	105.8	105.9
109.0	108.9	108.9	107.9	107.3	107.3	107.3	107.3	107.3
100.2	100.2	100.1	101.2	101.2	102.3	103.2	103.2	103.6
99.6	99.6	99.6	99.6	99.6	100.3	100.3	100.3	101.0
98.5	99.0	100.1	101.3	101.3	100.9	100.8	101.0	101.6
105.8	105.4	105.4	104.6	105.8	106.2	106.2	107.7	107.7
101.3	100.0	100.0	100.0	100.0	100.0	100.0	100.0	100.0
107.0	106.6	106.6	103.6	103.1	103.1	103.1	103.1	103.1
108.1	108.1	108.1	108.1	108.1	108.1	108.1	108.1	108.1
105.8	105.8	105.8	107.6	112.5	113.8	113.8	118.8	118.8

3-13 农业生产资料价格分类指数

Price Indices of Means of Agricultural Production

（上年=100） (preceding year=100)

指　标	Item	2007	2008	2009	2010	2011
农业生产资料价格指数	**Price Index of Means of Agricultural Production**	**114.4**	**124.0**	**94.2**	**101.9**	**112.2**
农用手工工具	Agricultural Craft Tool	109.4	122.5	107.8	103.1	105.5
饲料	Forage	101.6	112.4	102.5	106.2	107.3
混合饲料	Mixed Forage	103.8	107.1	104.0	105.4	108.4
其他	Others	93.7	134.0	98.7	109.5	103.0
产品畜	Animals for Products	182.0	108.0	82.6	101.4	142.3
幼禽家畜	Domestic Animals and Young Poultry	182.0	108.0	82.6	101.4	142.3
半机械化农具	Semi-mechanized Farm Tools	103.8	100.1	96.9	101.0	103.8
机械化农具	Mechanized Farm Machinery	101.8	117.9	100.8	101.9	104.9
农用机械	Agricultural Machinery	101.8	117.9	100.8	101.9	104.9
化学肥料	Chemical Fertilizer	107.3	143.0	87.2	97.1	115.2
氮肥	Nitrogen Fertilizer	105.9	132.2	81.8	102.6	123.5
磷肥	Phosphate Fertilizer	109.1	154.2	83.2	95.9	116.2
钾肥	Calcium Fertilizer	112.4	182.3	90.2	84.7	104.6
复合肥料	Compounded Fertilizer	105.9	135.9	92.9	96.1	109.0
农药及农药械	Pesticide & Its Appliances	98.9	106.4	98.7	100.8	103.2
化学农药	Chemical Pesticide	98.8	106.8	97.9	101.1	103.0
杀虫剂	Insecticide	99.8	103.8	100.5	101.4	103.2
杀菌剂	Disinfectant	96.4	106.0	96.3	101.7	103.0
除草剂	Herbicide	102.5	126.7	92.1	97.0	102.1
农药器械	Pesticide Apparatus	99.3	104.4	104.1	98.9	104.6
农用机油	Oil for Farm Machinery	103.9	117.1	95.0	113.9	109.0
其他农业生产资料	Other Agricultural Productions	99.3	118.7	103.9	104.9	107.9
农用种子	Seeds for Farm	95.5	122.2	109.3	106.6	109.6
其他	Others	104.2	113.8	96.4	102.8	105.1
农用薄膜	Agricultural Membrane	103.0	114.4	93.2	103.6	103.8
其他	Others	105.8	112.8	101.4	101.6	106.9
农业生产服务	Agricultural Production Service	104.7	110.5	102.6	100.5	106.8
排灌费	Irrigation Costs	104.8	109.2	100.6	100.6	101.7
机械作业费	Machinery Operating Costs	100.1	110.1	104.7	100.3	110.3
农业用电	Agricultural Use of Electricity	-	-	-	-	101.2
农业用工	Agricultural Employment	-	-	-	-	107.1
其他	Others	116.6	112.5	104.4	100.4	-

3-14 工业产品出厂价格分类指数（1990—2012年）

Producer Price Indices for Manufactured Goods by Category（1990—2012）

（上年=100） (preceding year=100)

年 份 Year	全 部 工业品 Total Industry Products	轻工业 Light Industry	以农产品为原料 Agricultural products as raw materials	以非农产品为原料 Non-agricultural Products as Raw Materials	重工业 Heavy Industry	采 掘 Mining & Quarrying Industry	原 料 Raw Materials Industry	加 工 Processing Industry	生产资料 Means of Production	生活资料 Consumer Goods
1990	101.5	101.0	102.6	97.4	102.0	90.1	97.0	108.6	102.0	100.8
1991	103.3	105.8	108.4	98.6	100.9	104.4	98.6	102.1	100.8	106.5
1992	111.3	106.0	106.9	101.9	117.3	109.5	124.4	110.9	116.1	106.1
1993	121.1	110.9	110.4	113.0	132.0	113.3	143.1	127.6	130.1	110.5
1994	118.8	122.1	123.0	118.0	115.5	118.5	115.4	114.1	116.1	122.2
1995	117.2	123.8	126.6	113.1	111.2	126.0	105.3	115.8	114.2	121.4
1996	102.6	103.1	104.4	98.1	102.0	98.8	102.6	102.0	102.2	103.1
1997	97.7	97.1	97.9	95.5	98.1	99.7	99.7	94.8	97.2	98.4
1998	95.4	95.2	94.9	95.8	95.6	93.5	96.0	95.8	95.2	96.0
1999	95.6	94.1	92.9	98.3	96.6	96.7	97.4	95.3	96.5	93.9
2000	105.5	109.0	109.9	100.4	103.1	106.1	106.1	96.0	103.2	110.4
2001	106.3	109.2	110.2	100.1	104.3	104.7	106.9	97.8	103.5	112.3
2002	95.6	90.6	89.8	97.0	98.4	102.5	98.3	98.3	98.2	88.5
2003	102.8	98.8	98.4	99.8	105.7	107.5	107.9	103.1	105.3	96.3
2004	109.7	110.0	112.6	104.6	109.5	121.3	110.3	107.9	110.5	108.1
2005	104.9	105.8	107.5	101.8	104.2	126.5	105.2	101.5	104.0	106.8
2006	109.6	113.3	119.1	100.3	106.7	137.4	111.8	99.5	105.5	119.9
2007	104.5	97.7	95.6	102.9	108.3	117.8	106.9	109.1	107.3	94.5
2008	109.0	104.4	102.4	109.6	111.7	113.0	104.3	119.6	111.3	100.9
2009	93.5	99.4	100.0	97.8	90.5	92.0	93.1	88.6	91.4	101.7
2010	112.0	115.0	118.9	105.6	110.3	129.1	113.0	106.3	110.3	118.2
2011	108.5	114.7	116.1	106.2	106.3	121.2	106.3	105.2	107.2	112.0
2012	97.8	98.6	98.0	102.6	97.5	101.7	98.5	96.6	97.4	99.0

3-15 按工业部门分工业产品出厂价格指数（1990—2012年）

Producer Price Indices for Manufactured Goods by Sector（1990—2012）

（上年=100） (preceding year=100)

年 份 Year	冶金工业 Metallurgical Industry	电力工业 Power Industry	煤炭及炼焦工业 Coal Industry	化学工业 Chemical Industry	机械工业 Machine Manufacturing Idustry
1990	97.4	90.2	98.7	100.2	106.8
1991	103.1	93.9	100.2	97.5	102.0
1992	121.8	101.9	114.8	103.2	111.6
1993	140.8	89.9	111.3	113.2	131.6
1994	104.2	138.0	126.1	112.0	113.6
1995	111.0	107.8	109.4	129.2	106.3
1996	98.1	107.5	106.4	104.6	101.2
1997	96.7	106.3	109.2	95.4	98.2
1998	92.4	102.7	95.3	93.0	94.8
1999	97.4	100.5	96.0	95.2	94.4
2000	108.5	112.5	104.1	95.6	95.7
2001	96.9	129.6	104.7	100.5	97.7
2002	94.3	101.8	113.0	98.2	98.4
2003	115.9	100.0	100.9	102.4	96.8
2004	128.9	102.2	109.2	107.3	99.7
2005	106.4	100.9	133.1	108.0	100.6
2006	117.2	102.7	106.1	101.4	101.3
2007	116.5	102.7	99.9	102.6	101.5
2008	117.7	102.0	137.3	114.8	101.9
2009	78.3	102.5	95.1	92.2	100.1
2010	118.1	102.0	111.0	114.7	102.3
2011	110.1	99.3	130.5	113.4	101.4
2012	90.9	106.3	113.6	95.8	100.0

3-15 续表 continued

（上年=100） (preceding year=100)

年 份 Year	建筑材料工业 Building Materials Industry	森林工业 Timber Industry	食品工业 Food Industry	纺织工业 Textile Industry	造纸工业 Paper Industry	其它工业 Other Industry
1990	97.2	89.0	99.3	104.6	105.8	102.4
1991	101.1	99.0	117.1	103.5	101.5	108.1
1992	154.2	104.7	107.3	105.8	106.7	104.7
1993	162.9	116.0	110.8	114.3	113.3	135.7
1994	110.5	112.9	117.9	150.7	114.5	126.0
1995	95.2	99.8	124.4	126.1	146.6	126.0
1996	94.6	92.2	105.6	85.8	113.4	106.0
1997	90.0	93.3	98.9	93.4	87.3	100.0
1998	99.0	90.0	96.3	83.8	92.4	104.5
1999	96.4	95.9	92.7	103.4	90.8	100.6
2000	100.6	101.4	111.1	115.5	111.2	98.4
2001	101.6	103.5	112.8	89.1	100.5	104.0
2002	99.3	94.9	88.1	88.5	96.8	101.8
2003	100.9	97.1	96.9	108.9	102.1	102.2
2004	107.7	103.1	114.6	115.4	103.7	99.9
2005	98.3	100.5	109.4	99.9	102.0	103.8
2006	100.2	103.2	124.5	104.0	99.7	103.5
2007	105.1	108.5	94.3	91.3	102.2	100.3
2008	113.9	104.1	102.5	96.9	107.0	92.9
2009	97.7	98.3	101.3	103.7	91.4	101.5
2010	106.6	106.4	120.3	126.8	113.5	117.0
2011	110.7	105.7	118.2	118.0	102.7	108.9
2012	98.1	105.4	97.5	95.2	96.1	102.4

3-16 分月工业产品出厂价格指数（2012年）

（上年同期＝100）

类 别	Item	全 年 Annual Year	1 月 January	2 月 February	3 月 March
全部工业品	**Total Industrial Products**	**97.8**	**100.2**	**99.2**	**98.9**
# 轻工业	# Light Industry	98.6	101.8	100.8	100.4
以农产品为原料	Using Farm Produces as Raw Materials	98.0	101.4	100.4	100.0
以非农产品为原料	Using Non-farm Produces as Raw Materials	102.6	104.2	103.3	103.3
重工业	Heavy Industry	97.5	99.6	98.7	98.3
采掘	Mining and Quarrying	101.7	109.8	110.1	108.8
原料	Raw Material	98.5	97.8	97.5	96.9
加工	Processing	96.6	99.8	98.5	98.3
# 生产资料	# Means of Production	97.4	99.7	98.7	98.3
采掘	Mining and Quarrying	101.7	109.8	110.1	108.8
原料	Raw Material	98.2	97.8	97.4	96.8
加工	Processing	96.6	100.1	98.7	98.3
生活资料	Life Material	99.0	101.5	100.6	100.6
食品	Food	97.0	100.9	99.6	99.8
衣着	Clothing	105.0	111.1	110.9	104.9
一般日用品	Articles for Daily Use	103.4	103.6	103.3	103.2
耐用消费品	Durable Consumers' Goods	100.7	100.3	100.3	100.4
按工业部门分	**Grouped by Department of Industry**				
冶金工业	Metallurgical Industry	90.9	97.8	94.7	94.4
电力工业	Power Industry	106.3	100.8	101.5	101.2
煤炭及炼焦工业	Coal and Coking Industry	113.6	137.3	138.3	129.7
石油工业	Petroleum Industry	101.6	105.1	106.1	106.6
化学工业	Chemical Industry	95.8	98.5	97.8	97.1
机械工业	Machine Buiding Industry	100.0	100.8	100.9	100.1
建筑材料工业	Buiding Material Industry	98.1	99.0	97.4	98.8
森林工业	Timber Industry	105.4	103.4	105.5	105.3
食品工业	Food Industry	97.5	101.4	100.1	100.0
纺织工业	Textile Industry	95.2	94.0	92.5	92.0
缝纫工业	Tailoring Industry	100.8	106.8	106.6	97.7
皮革工业	Leather Industry	108.1	115.5	113.6	114.8
造纸工业	Paper Industry	96.1	97.0	97.8	98.5
文教艺术用品工业	Cultural, Educational and Handicraft Articles	100.3	101.1	100.6	100.5
其它工业	Other Industry	102.4	103.9	105.3	104.4

Ex-Factory Price Indices of Industrial Products by Month（2012）

（preceding year=100）

4 月 April	5 月 May	6 月 June	7 月 July	8 月 August	9 月 September	10 月 October	11 月 November	12 月 December
98.6	**98.6**	**98.0**	**97.1**	**95.8**	**95.4**	**96.7**	**97.3**	**97.9**
100.0	99.4	98.8	98.3	96.8	96.5	96.8	97.0	97.4
99.6	99.0	98.3	97.6	95.9	95.5	95.9	96.1	96.6
102.4	101.8	102.0	102.3	102.3	102.2	102.2	102.6	102.4
98.1	98.3	97.7	96.6	95.4	95.1	96.7	97.4	98.0
106.2	103.5	99.2	97.8	95.7	95.7	97.7	98.7	100.3
96.2	99.1	99.6	98.3	98.3	99.4	101.0	98.8	99.3
98.6	97.5	96.6	95.7	93.9	92.8	94.4	96.6	97.2
98.0	98.2	97.5	96.5	95.2	94.9	96.5	97.2	97.8
106.2	103.5	99.2	97.8	95.7	95.7	97.7	98.7	100.3
96.0	98.8	99.2	98.0	97.8	98.8	100.5	98.5	98.9
98.5	97.5	96.4	95.6	93.8	92.9	94.3	96.4	97.1
100.3	99.8	99.3	98.7	97.3	96.8	97.3	97.6	98.0
99.4	98.7	98.0	96.8	94.3	93.5	94.1	94.5	94.9
105.6	101.1	102.9	102.7	107.7	105.7	103.8	103.2	101.1
103.4	103.1	102.6	103.8	103.7	103.6	103.7	103.5	103.6
100.4	100.4	100.4	100.4	100.4	100.8	101.1	101.6	102.0
94.0	92.5	90.6	89.0	85.4	84.1	86.9	90.3	91.5
101.1	110.5	111.8	111.0	111.6	112.0	111.8	103.5	101.5
124.4	121.4	123.4	109.6	108.2	100.8	93.8	94.9	97.6
105.2	100.8	97.8	95.1	97.4	100.4	102.5	102.1	100.9
96.1	94.7	94.0	92.8	93.1	93.9	94.7	97.2	99.9
100.1	99.9	99.9	99.4	99.6	99.6	99.7	99.9	100.0
99.8	98.0	97.4	97.7	93.9	92.3	98.2	102.0	103.5
104.9	104.4	105.3	106.3	106.6	106.4	105.8	105.1	105.3
99.5	99.1	98.3	97.1	94.9	94.4	94.9	95.2	95.7
92.6	92.7	92.2	92.9	95.9	98.0	99.6	100.0	101.6
98.9	93.1	95.5	95.9	104.3	106.7	103.9	102.9	99.8
115.3	110.2	109.7	109.3	106.8	102.0	101.6	101.3	101.1
98.0	97.5	96.6	96.3	94.9	94.8	93.4	94.4	94.5
100.4	100.3	100.3	100.2	100.6	99.8	100.0	100.0	100.2
103.9	103.8	104.0	102.7	100.1	99.7	99.9	100.7	100.5

3-17 分行业工业产品出厂价格指数（2012年）

（上年同期=100）

类　别	Item	全　年 Annual Year	1 月 January	2 月 February
煤炭开采和洗选业	**Coal Mining and Selecting Industry**	**113.9**	**138.4**	**139.4**
烟煤和无烟煤开采洗选	Bituminous Coal and Anthracite Coal Mining and Washing	114.8	139.4	143.5
褐煤的开采洗选	Washing Lignite Mining	111.1	135.8	125.6
黑色金属矿采选业	**Black Metal Mineral Mining and Selecting Industry**	**96.4**	**97.8**	**99.5**
铁矿采选	The Iron Mineral Mining and Selecting	101.7	102.1	107.1
锰矿、铬矿采选	Manganese Ore, Chrome Ore Mining	94.0	95.6	95.9
有色金属矿采选业	**Colored Metal Mineral Mining and Selecting**	**98.9**	**104.8**	**107.3**
常用有色金属矿采选	The Regular Colored Metal Mineral Mining and Selecting	97.9	104.0	106.7
贵金属矿采选	The Precious Metal Mineral Mining and Selecting	111.5	115.9	121.4
稀有稀土金属矿采选	Rare and Rare Earth Metal Ore Mining	103.9	106.7	106.1
非金属矿采选业	**Non-Metal Mineral Mining and Selecting**	**110.9**	**128.5**	**120.2**
土砂石开采	Soil Gravel Mining	110.4	127.3	117.4
化学矿采选	Chemical Mineral Mining and Selecting	108.1	136.9	138.1
采盐	Salt Mining	100.0	100.0	100.0
石棉及其他非金属矿采选	Asbestos and Other Non-Metal Mineral Mining and Selecting	113.5	127.8	120.0
农副食品加工业	**Farm and Side-Line Food Processed Industry**	**95.7**	**100.0**	**98.6**
谷物磨制	Corn Whetted	102.9	103.2	105.1
饲料加工	Forage Processed	103.3	105.3	105.1
植物油加工	Planting-Oil Processed	97.8	91.6	92.0
制糖业	Sugar Industry	90.3	101.1	98.6
屠宰及肉类加工	Slaughtered Meta and Meat Processes	97.6	120.2	113.7
水产品加工	Fishery Product Processed	95.5	103.0	96.3
蔬菜、水果和坚果加工	Vegetables, Fruits and Nuts Processing	102.2	100.8	103.0
其他农副食品加工	Other Farm and Side-line Food Processed	89.1	88.8	86.7
食品制造业	**Food Manufacture Industry**	**106.7**	**111.9**	**110.9**
焙烤食品制造	Baked Food Manufacturing	110.4	115.2	113.0
糖果、巧克力及蜜饯制造	Candy, Chocolate and Candied Fruit Production	100.0	100.0	100.0
方便食品制造	Convenient Food Manufacturing	108.3	117.1	115.3
乳制品制造	Dairy Products Manufacturing	107.5	109.7	109.3
罐头食品制造	Canned Food Manufacturing	108.4	119.8	118.0
调味品、发酵制品制造	Condiment, Ferment Product Manufacturing	99.8	101.4	100.6
其他食品制造	Other Food Manufacturing	105.3	104.0	104.0
酒、饮料和精制茶制造业	**Wine, Beverage and Refined Tea Manufacture Industry**	**101.8**	**105.8**	**105.0**
酒的制造	Manufacture of Wine	99.5	104.4	103.7
饮料制造	Beverage Manufacturing	102.9	106.2	104.8
精制茶加工	Refined-tea Process	110.7	112.0	113.3

Ex-Factory Price Indices of Industrial Products by Industry（2012）

（preceding year=100）

3 月 March	4 月 April	5 月 May	6 月 June	7 月 July	8 月 August	9 月 September	10 月 October	11 月 November	12 月 December
130.5	**125.0**	**122.0**	**124.0**	**109.7**	**108.4**	**100.8**	**93.7**	**94.7**	**97.5**
131.2	125.3	121.8	125.7	109.9	108.6	102.2	94.7	94.8	98.2
128.4	124.9	123.4	118.6	109.9	108.5	96.2	90.0	94.4	95.1
96.9	**96.2**	**96.5**	**97.7**	**97.5**	**96.2**	**94.3**	**94.1**	**94.8**	**95.8**
103.8	103.9	104.0	102.1	101.3	100.9	99.3	98.5	98.7	99.4
93.7	92.7	93.0	95.7	95.7	94.0	92.0	92.1	92.9	94.2
108.3	**104.5**	**101.1**	**93.0**	**92.2**	**90.0**	**91.8**	**97.6**	**98.9**	**101.5**
107.9	103.8	100.9	91.9	90.3	87.8	90.3	96.6	97.8	100.9
121.0	117.9	117.5	111.9	114.1	108.5	96.2	103.3	107.0	109.7
106.3	106.7	94.2	96.0	104.7	107.2	107.1	105.4	105.4	102.8
117.3	**116.0**	**111.1**	**109.7**	**109.2**	**106.4**	**106.2**	**104.2**	**104.5**	**103.6**
112.9	115.7	110.4	108.2	111.8	108.5	108.0	104.4	103.5	100.7
141.2	110.5	99.9	101.0	97.2	97.9	98.6	99.8	100.1	104.7
100.0	100.0	100.0	100.0	100.0	100.0	100.0	100.0	100.0	100.0
118.8	118.8	118.5	117.6	109.6	106.2	106.4	105.9	108.7	109.6
98.5	**98.0**	**97.8**	**96.5**	**95.3**	**92.6**	**92.1**	**92.8**	**93.1**	**93.6**
103.4	102.0	101.4	101.7	101.3	102.8	102.2	103.2	102.9	105.1
103.0	102.2	103.0	102.0	102.5	102.4	103.8	103.6	103.0	103.8
97.1	100.7	100.4	98.1	99.0	97.4	99.2	100.1	98.6	99.7
97.3	95.1	94.6	94.0	90.8	84.6	81.7	81.8	83.2	82.6
105.7	107.5	102.8	95.1	89.6	87.5	87.8	88.1	90.5	92.0
95.1	94.0	94.2	90.6	89.7	96.2	97.7	97.5	97.0	95.2
102.8	102.7	99.7	101.7	101.2	101.6	101.2	101.3	101.8	108.7
86.3	85.1	85.8	85.3	86.1	86.9	87.0	95.6	98.0	101.1
110.1	**109.9**	**106.5**	**106.3**	**107.0**	**106.0**	**103.9**	**103.4**	**102.4**	**103.6**
113.0	113.0	113.0	113.0	111.7	111.7	111.9	103.8	103.8	103.8
100.0	100.0	100.0	100.0	100.0	100.0	100.0	100.0	100.0	100.0
112.6	110.2	109.3	110.2	107.0	104.4	104.4	105.3	103.2	103.0
106.7	107.8	107.1	108.1	107.0	108.1	108.1	108.1	105.1	105.0
117.8	116.1	106.4	106.3	108.4	107.7	101.2	101.0	100.2	104.5
99.9	101.2	100.7	100.3	99.4	99.4	99.3	98.5	99.1	98.3
104.1	105.9	106.0	104.3	107.1	105.4	106.2	106.2	105.4	104.9
104.5	**101.8**	**101.1**	**102.4**	**101.1**	**100.2**	**100.4**	**100.5**	**100.2**	**99.8**
103.0	98.9	98.5	99.1	98.0	97.6	98.4	98.1	97.7	97.2
103.9	102.7	101.1	103.8	103.9	102.0	101.1	102.0	102.3	101.8
115.2	114.9	115.9	116.5	108.2	108.0	108.1	107.6	105.5	105.4

3-17 续表 1

（上年同期＝100）

类 别	Item	全 年 Annual Year	1 月 January	2 月 February
烟草制品业	**Tobacco Product Industry**	**101.9**	**100.5**	**100.5**
烟叶复烤	Tobacco Leaves Retroacting	111.5	115.9	115.9
卷烟制造	Cigarette Manufacturing	101.9	100.4	100.4
纺织业	**Textile Industry**	**96.2**	**95.0**	**93.7**
棉纺织及印染精加工	Cotton and Textile Printing and Dyeing Finishing	88.6	90.8	86.6
麻纺织及染整精加工	Line Textile and Dyeing and Finishing	104.0	114.7	115.7
丝绢纺织及印染精加工	Silk and Textile Printing and Dyeing Finishing	97.3	93.9	93.5
针织或钩针编织物及其制品制造	Kintted or Crocheted Fabrics and Products Manufacturer	101.4	100.9	100.6
家用纺织制成品制造	Household Textile Products Manufacturing	101.5	101.7	101.7
非家用纺织制成品制造	Non-household Textil Products Manufacturing	100.0	100.0	100.0
纺织服装、服饰业	**Textile and Clothing, Apparel Industry**	**100.5**	**110.0**	**110.0**
机织服装制造	Woven Garment Manufacturing	100.5	110.0	110.0
皮革、毛皮、羽毛及其制品和制鞋业	**Leather, Fur, Feathers and Its Products and Footwear**	**106.4**	**115.9**	**115.8**
皮革鞣制加工	Leather Processing	102.6	111.1	107.2
皮革制品制造	Leather Product Processing	112.5	118.9	118.6
羽毛（绒）加工及制品制造	Feather Processing and Its Products Manufacturing	102.9	116.9	120.9
木材加工和木、竹、藤、棕、草制品业	**Bamboo, Ratten, Palm and Grass Product Manufacture Industry**	**105.3**	**103.4**	**105.5**
木材加工	Wood Processing	101.5	76.1	84.8
人造板制造	Artificial Plank Manufacturing	105.9	110.4	111.4
木制品制造	Timber Product Manufacturing	101.5	102.1	101.7
竹、藤、棕、草制品制造	Bamboo, Ratten, Palm and Grass Product Manufacturing	112.2	106.0	106.0
家具制造业	**Furniture Manufacture Industry**	**106.0**	**103.8**	**105.2**
木质家具制造	Timber Furniture Manufacture	106.0	103.9	105.2
其他家具制造	Other Furniture Manufacturing	101.7	100.2	100.2
造纸和纸制品业	**Paper Making and Paper Products Industry**	**96.1**	**97.0**	**97.8**
纸浆制造	Paper Pulp Manufacturing	78.5	76.0	75.5
造纸	Paper Making	98.4	100.6	101.7
纸制品制造	Paper Products Manufacturing	100.6	100.8	101.7
印刷和记录媒介复制业	**Printing and Record Medium Reproduction Industry**	**100.0**	**100.4**	**99.9**
印刷	Painting	100.0	100.5	99.9
装订及印刷相关服务	Bookbinding and Printing Related Services	100.1	99.6	102.1
文教、工美、体育和娱乐用品制造业	**Cultural, Educational, Industrial america, Sports and Entertainment Goods Industry**	**101.7**	**103.1**	**103.2**
文教办公用品制造	Culture and Education Office Supplies Manufacturing	101.0	104.9	104.9
工艺美术品制造	Arts and Crafts Manufacturing	101.5	102.5	102.8
体育用品制造	Sporting Goods Manufacturing	102.8	104.3	104.3

continued

(preceding year=100)

3 月 March	4 月 April	5 月 May	6 月 June	7 月 July	8 月 August	9 月 September	10 月 October	11 月 November	12 月 December
101.0	**102.4**	**102.4**	**102.4**	**102.4**	**102.4**	**102.4**	**102.3**	**102.3**	**102.3**
115.9	115.9	115.9	115.9	115.9	115.9	115.9	100.0	100.0	100.0
100.9	102.3	102.3	102.3	102.3	102.3	102.3	102.3	102.3	102.3
93.2	**93.8**	**93.9**	**93.5**	**94.3**	**96.9**	**98.7**	**100.0**	**100.3**	**101.7**
86.3	83.9	87.2	88.9	89.8	90.6	90.2	89.2	89.3	92.0
110.4	109.5	105.3	101.7	102.4	98.4	98.1	98.7	97.6	100.4
93.0	95.4	93.7	92.1	92.9	97.7	101.4	104.6	105.2	106.3
99.9	100.8	100.5	100.5	102.2	102.2	102.2	102.2	102.1	102.3
101.7	101.7	102.7	102.7	101.0	101.0	101.0	101.0	101.0	101.0
100.0	100.0	100.0	100.0	100.0	100.0	100.0	100.0	100.0	100.0
96.6	**98.0**	**89.8**	**93.2**	**92.9**	**105.4**	**109.1**	**104.8**	**103.3**	**98.3**
96.6	98.0	89.8	93.2	92.9	105.4	109.1	104.8	103.3	98.3
113.4	**113.3**	**109.9**	**108.3**	**107.5**	**102.5**	**98.6**	**98.1**	**99.5**	**99.3**
109.4	110.9	101.2	100.2	100.9	98.4	99.3	98.9	98.2	98.3
119.0	118.8	117.8	117.7	116.3	113.7	104.1	103.7	103.7	103.3
110.8	109.4	109.2	105.2	103.6	94.1	91.8	91.2	95.3	95.2
105.2	**104.7**	**104.2**	**105.1**	**106.2**	**106.6**	**106.4**	**106.0**	**105.1**	**105.4**
89.3	96.1	100.0	105.6	105.6	105.6	114.4	117.8	117.8	117.8
109.4	106.8	105.1	106.0	105.7	106.0	104.4	103.1	101.7	102.0
102.1	102.4	102.3	101.4	101.4	101.3	100.5	100.9	100.9	100.7
106.0	106.1	106.1	106.1	116.2	118.2	118.2	118.2	118.2	119.5
107.0	**106.4**	**108.1**	**108.4**	**108.4**	**106.9**	**106.3**	**103.9**	**104.5**	**103.3**
107.0	106.5	108.1	108.4	108.4	106.9	106.3	103.9	104.5	103.3
102.0	102.0	102.0	102.0	102.0	102.1	102.0	102.1	102.0	101.8
98.5	**98.0**	**97.5**	**96.6**	**96.3**	**94.9**	**94.8**	**93.4**	**94.4**	**94.5**
80.3	80.5	78.8	77.9	78.7	74.4	72.0	75.9	84.7	89.7
101.7	101.1	101.0	100.0	99.1	97.7	97.5	94.3	93.8	92.8
101.5	101.0	100.3	99.3	99.6	99.5	101.1	100.8	100.6	100.5
99.9	**99.9**	**99.8**	**99.8**	**99.7**	**100.1**	**99.8**	**99.9**	**100.0**	**100.2**
99.9	99.9	99.8	99.8	99.7	100.1	99.8	99.9	100.0	100.2
100.5	99.9	99.8	99.5	99.5	99.7	100.1	100.1	100.5	100.5
103.3	**103.1**	**103.2**	**104.4**	**100.5**	**99.0**	**98.3**	**100.8**	**100.8**	**100.9**
102.4	100.0	100.0	100.0	100.0	100.0	100.0	100.0	100.0	100.0
103.1	103.1	103.2	104.8	99.5	97.5	97.7	101.1	101.1	101.2
104.3	104.3	104.3	104.3	104.3	104.3	100.0	100.0	100.0	100.0

3-17 续表 2

（上年同期＝100）

类 别	Item	全 年 Annual Year	1 月 January	2 月 February
石油加工、炼焦和核燃料加工业	**Petroleum Process, Coking and Nuclear Fuel Processing Industry**	**101.5**	**105.4**	**106.4**
精炼石油产品制造	Refineed Coking Petroleum Manufacturing	101.5	105.4	106.4
化学原料和化学制品制造业	**Chemical Material and Chemical Product Manufacturing**	**92.4**	**95.7**	**94.9**
基础化学原料制造	Basic Chemical Material Manufacturing	90.1	113.0	111.1
肥料制造	Fertilizer Manufacture	106.4	112.4	112.5
农药制造	Insectcide Manufacture	105.4	103.8	101.8
涂料、油墨、颜料及类似产品制造	Coating, Printing Ink, Pigment and The Similar Products Manufacture	96.5	106.1	102.2
合成材料制造	Compounded Material Manufacture	87.5	92.8	92.1
专用化学产品制造	Specialized Chemical Product Manufacture	73.2	64.4	65.5
炸药、火工及焰火产品制造	Explosives, Pyrotechnics and Fireworks Manufacturing	100.2	99.8	99.1
日用化学产品制造	Daily Chemical Product Manufacture	107.0	113.2	113.0
医药制造业	**Medical Manufacture Industry**	**103.2**	**103.3**	**103.5**
化学药品原料药制造	Manufacture of Chemical Raw Material Medicine	93.7	80.6	84.3
化学药品制剂制造	Chemical Medicine Agent Manufacture	103.1	103.5	104.0
中成药制造	Medium Paternt Manufacture	104.2	104.4	104.7
兽用药品制造	Medicine in Herbs Manufacture	101.2	103.1	102.6
生物药品制造	Biopharmaceutical Manufacturing	94.9	96.8	93.4
卫生材料及医药用品制造	Sanitary Materials and Medical Supplies Manufacturing	107.4	112.7	112.1
橡胶和塑料制品业	**Rubber and Plastic Product Industry**	**101.4**	**104.7**	**102.7**
橡胶制品业	Rubber Products Industry	102.4	107.2	107.6
塑料制品业	Plastic Products Industry	101.1	103.9	101.2
非金属矿物制品业	**Non-metal Mineral Product Industry**	**97.0**	**96.5**	**95.7**
水泥、石灰和石膏的制造	Cement, Lime and Gypsum Manufacture	89.2	89.5	86.6
石膏、水泥制品及类似制品制造	Plaster, cement Products and Similar Products Manufacturing	102.1	103.6	104.1
砖瓦、石材等建筑材料制造	Brick, Stone and Other Building Materials Manufacturing	109.3	109.3	110.7
玻璃制造	Glass Manufacture	104.6	79.8	82.6
玻璃制品制造	Glass Products Manufacturing	96.4	96.0	96.6
玻璃纤维和玻璃纤维增强塑料制品制造	Glass Fiber and Glass Fiber Reinforced Plastic Products Manufacturing	98.8	98.2	98.2
陶瓷制品制造	Ceramics Product Manufacture	105.8	105.7	105.6
耐火材料制品制造	Refractory Products Manufacturing	100.4	101.3	101.3
石墨及其他非金属矿物制品制造	Graphite and Other Non-metallic Mineral Products Manufacturing	100.5	100.1	101.4
黑色金属冶炼和压延加工业	**Black Metal Coking and Pressing Process Industry**	**88.5**	**97.7**	**93.2**
炼铁	Lronmaking	102.0	110.6	103.4
炼钢	Steel Making	93.9	100.0	97.8
黑色金属铸造	Black Metal Casting	94.6	103.7	99.8

continued

(preceding year=100)

3 月 March	4 月 April	5 月 May	6 月 June	7 月 July	8 月 August	9 月 September	10 月 October	11 月 November	12 月 December
106.8	**105.3**	**100.8**	**97.6**	**94.3**	**96.7**	**100.0**	**102.2**	**101.8**	**100.5**
106.8	105.3	100.8	97.6	94.3	96.7	100.0	102.2	101.8	100.5
93.9	**93.1**	**91.2**	**90.1**	**88.2**	**88.6**	**89.7**	**90.9**	**94.8**	**98.9**
107.7	101.9	93.9	82.8	77.8	79.7	79.7	78.7	81.4	90.8
113.3	118.4	115.4	111.8	104.3	100.9	99.3	97.4	98.0	96.6
102.8	103.6	103.4	103.4	105.2	108.2	109.5	108.4	106.7	107.9
100.0	93.7	91.9	90.4	92.9	94.5	96.3	95.4	99.7	97.3
91.3	86.1	84.3	83.6	83.7	83.3	85.8	87.4	89.0	91.6
64.5	64.0	64.8	70.8	72.1	72.7	76.6	84.1	96.9	105.8
99.2	99.5	99.3	100.9	101.4	100.7	100.7	100.8	100.4	100.4
110.4	109.9	107.2	105.1	106.7	104.8	104.0	103.9	103.7	103.7
103.9	**103.2**	**102.5**	**102.6**	**103.4**	**103.2**	**103.4**	**103.1**	**103.3**	**103.0**
85.1	90.8	91.9	92.0	97.5	99.8	99.6	101.9	103.7	103.6
103.8	104.4	103.1	103.3	103.3	103.3	103.2	102.1	101.5	101.2
105.4	104.1	103.5	103.7	104.5	104.3	104.2	103.7	103.8	103.5
102.7	102.7	100.7	101.2	101.7	101.5	100.9	100.2	98.7	99.2
93.1	93.1	92.8	89.5	90.8	87.5	94.6	99.1	105.6	105.6
105.2	106.7	106.7	106.7	106.7	106.7	106.7	106.7	106.7	106.7
102.5	**101.8**	**102.1**	**102.2**	**101.4**	**101.0**	**100.0**	**99.8**	**99.3**	**99.7**
103.0	102.2	102.0	102.1	102.4	101.2	101.1	100.7	100.0	100.0
102.4	101.7	102.2	102.2	101.1	101.0	99.6	99.6	99.1	99.6
97.4	**98.2**	**96.6**	**96.3**	**96.6**	**93.0**	**91.4**	**97.7**	**101.5**	**103.3**
89.3	91.4	88.2	87.3	87.6	81.3	79.5	91.4	98.4	102.3
104.5	104.2	102.6	101.7	101.4	100.7	99.0	100.0	101.4	101.8
110.5	110.4	110.9	109.3	110.6	109.7	108.8	108.4	107.7	106.1
80.4	85.9	100.5	113.7	115.8	123.5	117.8	122.3	125.3	124.7
96.4	96.0	96.0	95.4	95.6	96.4	94.4	97.1	98.2	98.9
98.7	99.0	99.0	99.1	99.1	99.1	98.7	98.9	98.9	98.9
106.5	103.1	104.0	106.0	105.5	106.1	106.2	106.4	106.9	107.0
101.9	100.6	100.0	100.0	100.0	100.0	100.0	100.0	100.0	100.0
101.4	100.4	99.9	101.9	101.1	100.2	100.2	100.2	100.2	99.0
92.8	**93.0**	**90.8**	**88.4**	**86.9**	**83.0**	**80.3**	**82.1**	**86.8**	**87.8**
103.5	104.0	104.5	104.1	101.9	102.7	99.2	98.0	97.1	96.3
93.7	91.7	92.7	92.7	94.7	95.8	97.9	93.8	89.6	86.9
98.6	97.5	95.0	93.5	94.1	93.8	89.8	89.6	90.7	90.0

3-17 续表 3

（上年同期＝100）

类 别	Item	全 年 Annual Year	1 月 January	2 月 February
钢压延加工	Pressed Steel Processing	86.7	96.6	91.2
铁合金冶炼	Iron-alloy Smeltering	89.7	97.9	95.7
有色金属冶炼和压延加工业	**Coloured Metal Coking and Pressint Process Industry**	**92.4**	**96.6**	**94.3**
常用有色金属冶炼	General Non-ferrous Metal Coking	91.6	95.3	92.3
贵金属冶炼	Precious Metal Smeltering	90.8	100.8	107.3
有色金属合金制造	Non-ferrous Metal Alloy Manufacture	87.4	115.1	110.9
有色金属铸造	Non-ferrous Metal Foundry	91.8	85.7	87.1
有色金属压延加工	Non-ferrous Metal Rolling Processing	98.6	104.0	104.9
金属制品业	**Metal Product Industry**	**100.1**	**100.5**	**100.2**
结构性金属制品制造	Structural Metal Product	101.1	101.2	101.5
金属工具制造	Metal Tools Manufacture	97.8	99.5	96.7
集装箱及金属包装容器制造	Container and Metal Packing Container Manufacture	98.6	96.7	106.0
金属丝绳及其制品制造	Metal Silk Rope and Its Product Manufacture	97.6	99.3	99.5
建筑、安全用金属制品制造	Building, Metal Productin Safety Producing Manufacture	102.1	102.3	102.3
金属制日用品制造	Metal Commodity Manufacturing	101.0	100.4	99.4
其他金属制品制造	Other Metal Product Manufacture	99.6	102.6	101.2
通用设备制造业	**General Equipment Manufacture**	**100.1**	**100.1**	**99.9**
锅炉及原动设备制造	Boiler and Original Equipment Manufacturing	100.8	99.8	100.7
金属加工机械制造	Metal Process and Machinery Manufacture	99.8	97.0	95.1
物料搬运设备制造	Material Handling Equipment Manufacturing	100.2	99.9	102.1
泵、阀门、压缩机及类似机械制造	Pump, Valve, Compressor and Its Similar Mechanical Manufacture	100.4	100.7	100.8
轴承、齿轮和传动部件制造	Bearings, Gears and Transmission Components Manufacturing	113.0	123.2	120.7
烘炉、风机、衡器、包装等设备制造	Ovens, Fans, Weighing, Packaging Equipment Manufacturing	98.9	89.2	89.2
通用零部件制造	Universal Parts Manufacturing	95.8	101.8	100.4
专用设备制造业	**General Equipment Manufacture**	**99.6**	**100.0**	**100.9**
采矿、冶金、建筑专用设备制造	Mining, Metallurgy, Building Special Equipment Manufacture	99.3	99.4	100.8
化工、木材、非金属加工专用设备制造	Chemical Engineering, Timber, Non-Metal Processed Special Equipments Manufacture	100.0	100.0	100.0
食品、饮料、烟草及饲料生产专用设备制造	The Food, Beverage, Tobacco and Foddar Production Special Equipments Manufacture	101.4	103.4	103.5
农、林、牧、渔专用机械制造	Agriculture, Forestry Animal Husbandry and Fishery Specific Machinery Manufacture	100.1	102.1	101.5
医疗仪器设备及器械制造	Medical Equipment and Device Manufacturers	101.1	99.8	99.8
环保、社会公共服务及其他专用设备制造	Environment Protection, Social and Public Services and Other Specific Equipment Manufacturer	100.9	103.1	103.1
汽车制造业	**Vehicle Manufacturing**	**100.7**	**101.0**	**101.0**
汽车整车制造	Automobile Manufacturing	101.1	101.4	101.5
改装汽车制造	Modified Car Manufacturing	101.0	103.6	101.6
汽车零部件及配件制造	Auto Parts and Accessories Manufacturing	99.7	99.9	99.7

continued

(preceding year=100)

3 月 March	4 月 April	5 月 May	6 月 June	7 月 July	8 月 August	9 月 September	10 月 October	11 月 November	12 月 December
91.6	92.1	89.1	86.1	84.7	80.2	77.3	80.7	85.5	85.9
94.6	94.6	94.1	92.3	88.4	83.4	79.3	79.2	87.7	92.1
93.7	**93.0**	**92.8**	**93.0**	**90.8**	**87.3**	**87.9**	**92.3**	**93.6**	**94.7**
92.4	92.1	91.9	92.5	90.0	86.5	87.2	91.8	93.2	94.3
98.1	87.5	81.4	81.8	80.3	75.7	83.0	103.4	98.5	102.2
97.3	106.5	81.7	77.6	79.6	76.0	78.0	78.2	80.9	82.9
85.1	84.9	93.8	93.8	91.6	94.4	94.4	97.6	99.1	98.9
102.4	100.9	101.6	99.8	99.0	95.0	93.8	93.4	94.6	95.3
101.1	**100.3**	**99.7**	**99.1**	**100.0**	**99.5**	**99.4**	**100.2**	**100.5**	**100.9**
103.5	102.5	101.5	98.7	101.5	97.5	98.5	101.6	102.3	102.7
98.8	97.2	96.9	99.1	99.1	97.5	96.4	97.4	97.6	97.9
106.3	98.6	97.4	98.7	98.9	95.6	95.5	96.1	96.9	97.8
99.5	100.8	98.3	95.0	98.3	92.9	95.9	97.4	95.7	98.5
102.3	102.3	102.3	102.3	102.3	102.4	101.9	101.9	101.9	101.2
99.4	99.9	99.3	99.2	99.2	104.3	103.5	102.2	102.2	103.1
100.6	101.2	101.2	100.0	100.0	97.9	97.6	97.6	97.6	97.6
100.5	**100.2**	**100.4**	**99.9**	**100.8**	**100.3**	**100.2**	**99.5**	**100.0**	**99.9**
101.9	101.3	101.2	101.3	101.1	101.2	101.2	99.5	99.8	100.5
95.1	96.4	99.6	100.7	102.2	101.3	101.6	101.5	103.3	103.1
101.1	99.6	99.7	100.3	99.7	100.8	100.0	99.6	99.9	99.7
100.9	100.3	100.0	99.2	100.6	100.5	100.3	100.5	100.4	100.4
119.5	118.6	116.1	114.5	115.5	112.9	108.9	104.8	103.6	102.8
101.1	101.1	101.1	101.1	101.1	101.1	101.1	101.1	101.1	101.1
97.4	97.1	95.4	92.3	94.7	93.5	94.6	94.0	95.0	94.2
100.1	**99.4**	**98.6**	**99.5**	**98.5**	**99.8**	**99.9**	**99.8**	**99.7**	**99.6**
100.0	99.1	98.0	99.0	97.5	99.4	99.7	99.6	99.9	99.7
100.0	100.0	100.0	100.1	100.1	100.1	100.1	100.1	100.1	100.1
103.4	101.7	101.7	101.7	103.0	99.3	98.6	100.9	99.7	99.7
99.3	100.4	100.4	100.5	101.0	100.8	100.2	99.5	97.5	98.0
102.2	100.5	99.5	100.0	101.1	102.1	102.1	102.1	102.1	102.1
100.2	96.5	99.0	102.9	102.6	100.2	102.2	100.3	100.3	100.3
100.4	**100.7**	**100.6**	**100.7**	**100.4**	**100.4**	**100.4**	**100.6**	**100.8**	**101.1**
100.9	101.2	100.9	101.1	100.7	100.4	100.7	101.2	101.4	101.9
98.9	97.7	101.1	101.7	100.1	104.4	102.0	102.0	99.8	99.3
99.6	99.9	100.1	99.7	99.7	99.8	99.6	99.3	99.7	99.8

3-17 续表 4

（上年同期=100）

类　别	Item	全　年 Annual Year	1 月 January	2 月 February
铁路、船舶、航空航天和其他运输设备制造业	**Railroad, Marine, Aerospace and Other Transportation Equipment Manufacture Industry**	**103.2**	**102.0**	**106.1**
铁路运输设备制造	Rail Transportation Equipment Manufacture	103.8	105.1	105.1
船舶及相关装置制造	Ships and Related Equipment Manufacture	102.9	101.1	106.4
电气机械和器材制造业	**Electricity Machine and Its Equipment Manufacture**	**97.1**	**98.8**	**98.7**
电机制造	Electric Engineering Manufacture	101.1	101.1	101.9
输配电及控制设备制造	Electricity Mixed and Control Equipments Manufacture	99.7	101.2	100.5
电线、电缆、光缆及电工器材制造	Wire, Cable, Fiber Optic Cable and the Electric Device Manufacture	91.8	94.4	95.4
电池制造	Battery Manufacture	100.5	100.3	100.2
家用电力器具制造	Electric Power Apparatus Manufacture	102.8	104.1	104.1
非电力家用器具制造	Non-Electrical Household Appliance Manufacturing	102.9	102.9	102.9
照明器具制造	Lighting Manufacturing	103.9	105.7	98.9
其他电气机械及器材制造	Other Electricity Machines and Device Manufacture	94.3	101.1	101.1
计算机、通信和其他电子设备制造业	**Computer, Communication and Other Electron Equipment Manufacture Industry**	**100.1**	**101.7**	**101.0**
通信设备制造	Tele-communication Equipment Manufacture	100.0	100.0	100.0
雷达及配套设备制造	Radar and Its Equipment Manufacture	100.0	100.0	100.0
电子器件制造	Electronic Appliances	97.2	95.6	95.6
电子元件制造	Electronic Components	101.0	105.7	103.8
其他电子设备制造	Other Electronic Equipment	100.0	100.0	100.0
仪器仪表制造业	**Instrument Manufacturing**	**101.8**	**113.7**	**113.2**
通用仪器仪表制造	General Instrument and Meters	105.5	112.1	111.2
专用仪器仪表制造	Special Instrument and Meter	100.1	100.1	100.1
钟表与计时仪器制造	Clock and Timing Instrument	122.6	128.6	128.7
光学仪器及眼镜制造	Optical Instrument and Glasses	92.0	122.9	123.1
其他制造业	**Other Manufacture Industry**	**104.1**	**101.3**	**101.1**
日用杂品制造	Daily Groceries Manufacture	104.1	101.3	101.1
金属制品、机械和设备修理业	**Metal Products, Machinery and Equipment Repair Industry**	**100.0**	**100.0**	**100.0**
金属制品修理	Metal Products Repair	100.0	100.0	100.0
电力、热力生产和供应业	**Electronic, Thermodynamic Product and Supply Industry**	**106.3**	**100.8**	**101.5**
电力生产	Electric Power Production	104.0	104.7	104.7
电力供应	Electric Power Supply	107.5	98.9	100.0
燃气生产和供应业	**Fuel Production and Supply Industry**	**102.8**	**100.7**	**102.2**
水的生产和供应业	**Water Production and Supply Industry**	**103.3**	**100.3**	**101.5**
自来水的生产和供应	Tapping-water Production and Supply	102.8	100.3	100.9
污水处理及其再生利用	Sewage Treatment and Recycled Use	142.4	100.0	146.3

continued

(preceding year=100)

3 月 March	4 月 April	5 月 May	6 月 June	7 月 July	8 月 August	9 月 September	10 月 October	11 月 November	12 月 December
106.1	**104.3**	**104.7**	**104.8**	**103.1**	**101.9**	**100.6**	**100.9**	**101.0**	**102.8**
105.2	101.2	103.5	104.0	104.3	104.6	99.4	101.1	101.8	110.7
106.4	105.1	105.0	105.0	102.7	101.1	100.8	100.8	100.8	100.8
98.1	**96.7**	**97.5**	**96.1**	**95.6**	**95.5**	**95.2**	**97.2**	**98.3**	**98.1**
101.2	99.9	100.4	100.7	101.7	101.4	101.4	101.6	101.5	100.8
100.3	98.2	99.8	99.4	99.7	99.2	99.6	99.3	99.6	99.3
94.0	92.1	93.1	88.6	87.4	87.7	87.3	92.7	95.3	94.9
99.2	100.4	99.0	102.7	101.9	101.5	100.5	100.2	99.7	100.2
103.0	103.1	103.1	103.1	103.1	103.1	102.6	102.1	102.1	100.1
102.9	102.9	102.9	102.9	102.9	102.9	102.9	102.9	102.9	102.9
106.7	106.4	104.5	104.6	103.7	103.8	102.9	103.2	103.2	103.8
99.6	97.8	97.8	97.8	97.8	97.8	84.9	84.9	84.9	86.6
97.8	**101.2**	**99.8**	**99.9**	**99.1**	**99.7**	**103.1**	**100.8**	**99.0**	**98.5**
100.0	100.0	100.0	100.0	100.0	100.0	100.0	100.0	100.0	100.0
100.0	100.0	100.0	100.0	100.0	100.0	100.0	100.0	100.0	100.0
95.1	95.1	92.7	92.7	92.7	101.7	101.7	101.7	101.7	101.7
95.3	104.5	101.4	101.5	99.3	98.9	107.9	101.6	97.0	95.7
100.0	100.0	100.0	100.0	100.0	100.0	100.0	100.0	100.0	100.0
110.4	**104.8**	**104.8**	**104.1**	**102.7**	**98.4**	**97.0**	**92.6**	**91.7**	**92.8**
118.3	109.0	108.9	107.6	105.6	106.1	103.6	95.7	94.6	95.7
100.1	100.1	100.0	100.0	100.0	100.0	100.0	100.0	100.0	100.0
113.8	124.6	127.1	125.5	123.0	121.2	121.2	121.4	113.3	125.3
97.4	95.2	95.1	95.0	94.5	79.2	79.2	79.0	78.8	79.0
104.9	**104.9**	**105.4**	**105.3**	**106.3**	**105.9**	**105.9**	**103.2**	**102.2**	**102.9**
104.9	104.9	105.4	105.3	106.3	105.9	105.9	103.2	102.2	102.9
100.0	**100.0**	**100.0**	**100.0**	**100.0**	**100.0**	**100.0**	**100.0**	**100.0**	**100.0**
100.0	100.0	100.0	100.0	100.0	100.0	100.0	100.0	100.0	100.0
101.2	**101.1**	**110.5**	**111.8**	**111.0**	**111.6**	**112.0**	**111.8**	**103.5**	**101.5**
104.7	104.6	105.1	105.6	103.4	103.5	103.5	103.4	103.4	101.5
99.6	99.5	113.4	115.1	115.1	116.2	116.6	116.4	103.5	101.5
104.2	**103.2**	**100.9**	**100.2**	**101.8**	**103.4**	**103.8**	**104.9**	**104.2**	**104.2**
103.4	**103.5**	**103.5**	**103.5**	**103.7**	**103.9**	**103.9**	**103.9**	**104.0**	**103.9**
102.9	103.0	103.0	103.0	103.2	103.4	103.4	103.4	103.4	103.4
146.3	146.3	146.3	146.3	146.3	146.3	146.3	146.3	146.3	146.3

3-18 分月工业产品出厂价格环比指数（2012年）

（上月=100）

类别	Item	全年 Annual Year	1月 January	2月 February	3月 March
全部工业品	**Total Industrial Products**	**97.9**	**99.8**	**100.0**	**100.0**
# 轻工业	# Light Industry	97.4	99.2	100.2	100.3
以农产品为原料	Using Farm Produces as Raw Materials	96.6	99.0	100.2	100.3
以非农产品为原料	Using Non-farm Produces as Raw Materials	102.4	100.4	100.1	100.4
重工业	Heavy Industry	98.0	100.0	100.0	99.8
采掘	Mining and Quarrying	100.3	101.8	101.7	100.7
原料	Raw Material	99.3	99.9	100.6	100.1
加工	Processing	97.2	99.9	99.6	99.6
# 生产资料	# Means of Production	97.8	99.7	100.0	99.9
采掘	Mining and Quarrying	100.3	101.8	101.7	100.7
原料	Raw Material	98.9	99.8	100.5	100.2
加工	Processing	97.1	99.6	99.6	99.6
生活资料	Life Material	98.0	99.9	100.2	100.3
食品	Food	94.9	99.0	100.2	100.4
衣着	Clothing	101.1	99.9	100.0	100.1
一般日用品	Articles for Daily Use	103.6	100.2	100.2	100.3
耐用消费品	Durable Consumers' Goods	102.0	101.9	100.0	100.0
按工业部门分	**Grouped by Department of Industry**				
冶金工业	Metallurgical Industry	91.5	98.5	99.7	99.8
电力工业	Power Industry	101.5	100.2	100.7	99.8
煤炭及炼焦工业	Coal and Coking Industry	97.6	106.2	98.6	101.1
石油工业	Petroleum Industry	100.9	100.6	100.9	102.2
化学工业	Chemical Industry	99.9	100.5	100.2	100.6
机械工业	Machine Buiding Industry	100.0	100.7	100.1	99.5
建筑材料工业	Buiding Material Industry	103.5	100.2	98.2	99.5
森林工业	Timber Industry	105.3	100.9	100.0	100.3
食品工业	Food Industry	95.7	99.0	100.2	100.3
纺织工业	Textile Industry	101.6	99.5	100.2	100.7
缝纫工业	Tailoring Industry	99.8	100.0	100.0	99.9
皮革工业	Leather Industry	101.1	98.0	98.9	100.9
造纸工业	Paper Industry	94.5	98.8	100.7	100.8
文教艺术用品工业	Cultural, Educational and Handicraft Articles	100.2	100.0	100.0	100.0
其它工业	Other Industry	100.5	99.9	101.4	100.3

Ex-Factory Price Chain Index of Industrial Products by Month（2012）

（preceding month=100）

4 月 April	5 月 May	6 月 June	7 月 July	8 月 August	9 月 September	10 月 October	11 月 November	12 月 December
100.4	**99.7**	**99.4**	**99.4**	**99.3**	**99.6**	**100.2**	**100.2**	**99.9**
100.9	99.8	99.5	99.7	99.4	99.9	99.5	99.7	99.4
100.9	99.7	99.3	99.6	99.2	99.9	99.4	99.7	99.3
100.5	100.2	100.4	100.4	100.2	99.9	99.9	100.1	99.9
100.2	99.7	99.4	99.3	99.2	99.5	100.5	100.3	100.0
100.0	99.0	99.8	99.3	98.6	99.6	100.7	99.5	99.5
100.0	99.7	99.6	99.2	100.0	100.6	100.2	99.5	99.9
100.3	99.7	99.3	99.4	98.9	99.0	100.6	100.8	100.1
100.2	99.7	99.4	99.3	99.3	99.6	100.5	100.3	100.0
100.0	99.0	99.8	99.3	98.6	99.6	100.7	99.5	99.5
100.0	99.7	99.6	99.2	99.9	100.6	100.2	99.6	99.9
100.4	99.7	99.2	99.4	99.0	99.1	100.6	100.7	100.1
100.8	99.8	99.6	99.7	99.2	99.7	99.5	99.9	99.5
101.0	99.6	99.2	99.2	98.7	99.5	99.1	99.9	99.1
101.2	100.0	100.9	100.4	100.6	99.3	99.4	99.5	99.9
101.2	100.2	100.2	101.0	99.9	100.0	100.2	100.0	100.2
100.0	100.0	100.0	100.0	100.0	100.0	100.0	100.0	100.0
100.3	99.6	98.6	98.3	97.2	98.0	100.3	100.9	99.9
99.9	99.9	100.2	99.8	100.4	100.4	100.0	100.0	100.2
99.7	99.1	101.1	89.3	100.8	99.6	98.5	100.1	104.3
102.4	98.0	95.5	95.7	102.0	104.4	101.5	99.3	98.7
100.4	99.7	99.6	99.9	99.7	99.4	99.7	99.9	100.2
100.1	99.8	99.8	99.9	100.1	99.8	100.1	100.0	100.1
100.4	99.4	99.7	100.3	99.6	100.5	104.3	101.8	99.8
101.2	100.0	100.9	101.5	99.8	100.7	100.3	99.5	100.0
100.9	99.7	99.2	99.3	99.0	99.9	99.3	99.7	99.1
100.9	99.2	98.4	99.6	100.8	100.2	101.2	100.1	100.6
102.0	100.0	99.9	100.6	100.6	98.9	99.0	99.0	99.8
100.5	100.8	101.4	100.6	99.5	99.8	100.0	100.3	100.5
99.8	99.7	99.4	99.3	98.9	99.8	98.5	99.8	99.0
100.2	100.0	100.0	100.0	100.0	100.0	100.0	100.0	100.0
99.8	100.1	100.0	99.0	100.1	99.9	100.1	99.7	100.3

3-19 分行业工业产品出厂价格环比指数（2012年）

（上月=100）

类 别	Item	全 年 Annual Year	1 月 January	2 月 February
煤炭开采和洗选业	**Coal Mining and Selecting Industry**	**97.5**	**106.4**	**98.6**
烟煤和无烟煤开采洗选	Bituminous Coal and Anthracite Coal Mining and Washing	98.2	108.4	97.6
褐煤的开采洗选	Washing Lignite Mining	95.1	99.8	102.2
黑色金属矿采选业	**Black Metal Mineral Mining and Selecting Industry**	**95.8**	**99.3**	**100.5**
铁矿采选	The Iron Mineral Mining and Selecting	99.4	98.7	101.6
锰矿、铬矿采选	Manganese Ore, Chrome Ore Mining	94.2	99.6	100.1
有色金属矿采选业	**Colored Metal Mineral Mining and Selecting**	**101.5**	**102.1**	**103.3**
常用有色金属矿采选	The Regular Colored Metal Mineral Mining and Selecting	100.9	102.2	103.7
贵金属矿采选	The Precious Metal Mineral Mining and Selecting	109.7	102.9	101.4
稀有稀土金属矿采选	Rare and Rare Earth Metal Ore Mining	102.8	99.9	99.5
非金属矿采选业	**Non-Metal Mineral Mining and Selecting**	**103.6**	**102.3**	**100.9**
土砂石开采	Soil Gravel Mining	100.7	102.4	100.7
化学矿采选	Chemical Mineral Mining and Selecting	104.7	100.0	99.3
采盐	Salt Mining	100.0	100.0	100.0
石棉及其他非金属矿采选	Asbestos and Other Non-Metal Mineral Mining and Selecting	109.6	102.7	101.8
农副食品加工业	**Farm and Side-Line Food Processed Industry**	**93.6**	**98.6**	**100.3**
谷物磨制	Corn Whetted	105.1	100.4	100.8
饲料加工	Forage Processed	103.8	100.0	100.2
植物油加工	Planting-Oil Processed	99.7	100.6	101.3
制糖业	Sugar Industry	82.6	96.7	99.9
屠宰及肉类加工	Slaughtered Meta and Meat Processes	92.0	99.0	99.0
水产品加工	Fishery Product Processed	95.2	97.6	98.8
蔬菜、水果和坚果加工	Vegetables, Fruits and Nuts Processing	108.7	100.0	102.4
其他农副食品加工	Other Farm and Side-line Food Processed	101.1	99.7	100.6
食品制造业	**Food Manufacture Industry**	**103.6**	**100.3**	**99.7**
焙烤食品制造	Baked Food Manufacturing	103.8	103.7	100.0
糖果、巧克力及蜜饯制造	Candy, Chocolate and Candied Fruit Production	100.0	100.0	100.0
方便食品制造	Convenient Food Manufacturing	103.0	100.2	100.1
乳制品制造	Dairy Products Manufacturing	105.0	100.1	99.8
罐头食品制造	Canned Food Manufacturing	104.5	100.0	99.1
调味品、发酵制品制造	Condiment, Ferment Product Manufacturing	98.3	99.7	99.5
其他食品制造	Other Food Manufacturing	104.9	100.3	100.0
酒、饮料和精制茶制造业	**Wine, Beverage and Refined Tea Manufacture Industry**	**99.8**	**98.9**	**100.0**
酒的制造	Manufacture of Wine	97.2	97.9	100.0
饮料制造	Beverage Manufacturing	101.8	99.4	99.7
精制茶加工	Refined-tea Process	105.4	101.7	101.1

Ex-Factory Price Chain Index of Industrial Products by Industry（2012）

（preceding month=100）

3 月 March	4 月 April	5 月 May	6 月 June	7 月 July	8 月 August	9 月 September	10 月 October	11 月 November	12 月 December
101.1	**99.7**	**99.0**	**101.1**	**88.9**	**100.8**	**99.6**	**98.5**	**100.1**	**104.4**
101.9	99.6	98.8	102.5	87.9	101.1	100.0	97.3	99.2	105.2
98.3	100.0	99.9	96.2	92.7	99.9	98.1	103.1	103.4	101.9
99.0	**99.4**	**100.5**	**99.9**	**100.0**	**98.9**	**98.5**	**100.0**	**99.8**	**99.9**
100.0	100.1	100.0	100.0	99.9	99.1	100.0	99.7	100.0	100.2
98.5	99.0	100.7	99.9	100.0	98.9	97.8	100.2	99.7	99.7
102.0	**99.6**	**98.0**	**99.9**	**99.7**	**97.9**	**100.1**	**101.4**	**99.0**	**98.7**
102.2	99.5	97.8	99.8	99.4	97.5	100.0	101.4	98.9	98.7
102.1	99.3	96.4	100.6	100.5	99.0	103.0	105.3	99.0	100.0
100.3	100.5	102.0	100.6	103.3	101.0	99.8	98.5	100.0	97.6
99.8	**101.6**	**99.4**	**98.9**	**101.9**	**99.0**	**99.7**	**100.8**	**100.2**	**99.3**
99.1	102.5	98.6	98.1	102.9	98.2	99.5	101.3	99.2	98.4
103.1	100.3	101.9	99.3	100.0	101.2	100.1	99.4	100.0	100.0
100.0	100.0	100.0	100.0	100.0	100.0	100.0	100.0	100.0	100.0
100.0	99.9	100.3	100.4	100.2	100.0	100.0	100.4	102.6	101.0
100.3	**101.0**	**99.6**	**98.7**	**99.1**	**98.6**	**99.9**	**99.0**	**99.5**	**98.8**
100.0	99.8	100.2	100.1	100.0	100.7	100.2	100.9	100.2	101.6
100.0	100.4	100.6	99.6	100.5	101.0	102.2	100.5	98.8	99.9
102.5	104.3	98.6	97.8	100.4	100.0	102.2	96.1	97.4	98.7
99.8	100.3	99.5	98.4	97.7	95.2	97.0	99.2	100.8	96.7
96.7	98.2	99.5	98.0	97.3	102.1	100.4	99.3	99.0	103.3
98.9	99.0	99.3	99.7	96.2	102.5	99.4	100.3	101.3	102.2
99.8	100.0	97.1	102.4	100.0	100.4	99.6	100.4	99.6	107.0
100.0	100.3	100.3	98.3	100.5	100.7	99.8	99.7	101.3	100.1
100.2	**101.5**	**100.5**	**100.5**	**100.7**	**100.3**	**99.8**	**100.4**	**99.8**	**99.9**
100.0	100.0	100.0	100.0	100.0	100.0	100.2	100.0	100.0	100.0
100.0	100.0	100.0	100.0	100.0	100.0	100.0	100.0	100.0	100.0
99.9	100.0	100.0	101.2	100.0	100.0	100.1	101.1	100.3	100.0
100.2	102.7	100.1	100.7	100.6	100.8	100.1	100.0	100.0	100.0
101.1	101.5	100.8	100.0	100.4	101.0	99.4	100.8	100.1	100.1
99.3	101.3	100.0	99.6	99.2	100.0	100.0	100.0	99.8	100.0
99.8	102.6	101.1	101.0	102.2	99.5	99.6	100.1	98.9	99.6
100.1	**100.0**	**100.0**	**101.1**	**99.8**	**100.1**	**100.0**	**99.9**	**99.9**	**99.8**
100.1	99.7	100.1	100.3	99.7	100.2	100.0	99.7	99.7	99.6
99.7	100.4	100.0	102.4	99.9	100.0	99.8	100.2	100.1	100.1
101.8	99.9	100.0	100.5	100.0	100.0	100.3	100.0	100.0	100.0

3-19 续表 1

（上月=100）

类 别	Item	全 年 Annual Year	1 月 January	2 月 February
烟草制品业	**Tobacco Product Industry**	**102.3**	**100.4**	**100.0**
烟叶复烤	Tobacco Leaves Retroacting	100.0	100.0	100.0
卷烟制造	Cigarette Manufacturing	102.3	100.4	100.0
纺织业	**Textile Industry**	**101.7**	**99.6**	**100.1**
棉纺织及印染精加工	Cotton and Textile Printing and Dyeing Finishing	92.0	98.7	99.8
麻纺织及染整精加工	Line Textile and Dyeing and Finishing	100.4	97.9	102.0
丝绢纺织及印染精加工	Silk and Textile Printing and Dyeing Finishing	106.3	99.9	100.3
针织或钩针编织物及其制品制造	Kintted or Crocheted Fabrics and Products Manufacturer	102.3	100.0	100.0
家用纺织制成品制造	Household Textile Products Manufacturing	101.0	100.0	100.0
非家用纺织制成品制造	Non-household Textil Products Manufacturing	100.0	100.0	100.0
纺织服装、服饰业	**Textile and Clothing, Apparel Industry**	**98.3**	**100.0**	**100.0**
机织服装制造	Woven Garment Manufacturing	98.3	100.0	100.0
皮革、毛皮、羽毛及其制品和制鞋业	**Leather, Fur, Feathers and Its Products and Footwear**	**99.3**	**98.6**	**100.3**
皮革鞣制加工	Leather Processing	98.3	95.9	97.4
皮革制品制造	Leather Product Processing	103.3	99.7	100.0
羽毛（绒）加工及制品制造	Feather Processing and Its Products Manufacturing	95.2	99.8	103.4
木材加工和木、竹、藤、棕、草制品业	**Bamboo, Ratten, Palm and Grass Product Manufacture Industry**	**105.4**	**100.9**	**99.9**
木材加工	Wood Processing	117.8	100.0	100.0
人造板制造	Artificial Plank Manufacturing	102.0	101.6	99.9
木制品制造	Timber Product Manufacturing	100.7	100.0	100.0
竹、藤、棕、草制品制造	Bamboo, Ratten, Palm and Grass Product Manufacturing	119.5	100.0	100.0
家具制造业	**Furniture Manufacture Industry**	**103.3**	**100.0**	**101.4**
木质家具制造	Timber Furniture Manufacture	103.3	100.0	101.4
其他家具制造	Other Furniture Manufacturing	101.8	100.0	100.0
造纸和纸制品业	**Paper Making and Paper Products Industry**	**94.5**	**98.8**	**100.7**
纸浆制造	Paper Pulp Manufacturing	89.7	98.7	99.9
造纸	Paper Making	92.8	98.4	101.1
纸制品制造	Paper Products Manufacturing	100.5	99.7	100.0
印刷和记录媒介复制业	**Printing and Record Medium Reproduction Industry**	**100.2**	**100.0**	**100.0**
印刷	Painting	100.2	100.0	100.0
装订及印刷相关服务	Bookbinding and Printing Related Services	100.5	100.5	100.0
文教、工美、体育和娱乐用品制造业	**Cultural, Educational, Industrial america, Sports and Entertainment Goods Industry**	**100.9**	**101.2**	**100.2**
文教办公用品制造	Culture and Education Office Supplies Manufacturing	100.0	100.0	100.0
工艺美术品制造	Arts and Crafts Manufacturing	101.2	101.6	100.2
体育用品制造	Sporting Goods Manufacturing	100.0	100.0	100.0

continued

(preceding month=100)

3 月 March	4 月 April	5 月 May	6 月 June	7 月 July	8 月 August	9 月 September	10 月 October	11 月 November	12 月 December
100.5	**101.4**	**100.0**	**100.0**	**100.0**	**100.0**	**100.0**	**100.0**	**100.0**	**100.0**
100.0	100.0	100.0	100.0	100.0	100.0	100.0	100.0	100.0	100.0
100.5	101.4	100.0	100.0	100.0	100.0	100.0	100.0	100.0	100.0
100.5	**100.9**	**99.4**	**98.7**	**100.0**	**100.7**	**100.2**	**101.0**	**100.1**	**100.5**
101.0	98.7	99.0	98.4	98.8	99.6	99.7	99.3	99.1	99.7
100.3	100.2	100.1	99.7	100.3	98.6	100.2	101.5	99.5	100.2
100.7	102.1	99.0	98.2	99.9	101.6	100.5	102.2	100.7	101.1
99.7	100.9	100.0	100.0	101.8	100.0	100.0	100.0	99.9	100.0
100.0	100.0	101.0	100.0	100.0	100.0	100.0	100.0	100.0	100.0
100.0	100.0	100.0	100.0	100.0	100.0	100.0	100.0	100.0	100.0
100.0	**102.6**	**100.0**	**99.9**	**100.0**	**100.9**	**98.4**	**98.4**	**98.5**	**99.8**
100.0	102.6	100.0	99.9	100.0	100.9	98.4	98.4	98.5	99.8
99.7	**100.4**	**100.5**	**100.5**	**100.1**	**99.8**	**99.6**	**100.0**	**99.6**	**100.3**
101.6	101.1	101.8	100.0	101.4	98.0	99.5	100.0	100.5	101.2
100.4	100.0	100.0	102.5	100.0	100.5	100.0	100.0	100.2	100.0
97.0	100.3	99.8	98.4	99.1	100.7	99.1	99.9	98.1	99.7
100.2	**101.3**	**100.1**	**100.9**	**101.6**	**99.8**	**100.8**	**100.3**	**99.5**	**100.0**
100.0	100.0	100.0	105.6	100.0	100.0	108.4	102.9	100.0	100.0
100.3	100.4	100.1	100.6	100.8	99.6	99.8	100.0	99.1	99.9
100.4	100.3	100.0	100.0	100.0	100.0	100.0	100.0	100.0	100.0
100.0	109.1	100.0	100.0	109.5	100.0	100.0	100.0	100.0	100.0
100.9	**100.0**	**100.0**	**100.0**	**100.0**	**100.0**	**100.0**	**100.1**	**100.7**	**100.1**
100.9	100.0	100.0	100.0	100.0	100.0	100.0	100.1	100.7	100.1
101.7	100.0	100.0	100.0	100.1	100.1	100.0	100.0	100.0	100.0
100.8	**99.8**	**99.7**	**99.4**	**99.3**	**98.9**	**99.8**	**98.5**	**99.8**	**99.0**
107.9	100.1	96.9	98.6	96.3	93.8	96.9	103.1	101.2	96.6
99.8	99.8	100.2	99.3	99.6	99.3	99.9	96.9	99.4	98.9
100.0	99.7	99.9	100.1	100.0	100.0	101.0	100.2	99.9	100.1
100.0	**100.2**	**100.0**	**100.0**	**100.0**	**100.0**	**100.0**	**100.0**	**100.0**	**100.0**
100.0	100.2	100.0	100.0	100.0	100.0	100.0	100.0	100.0	100.0
100.0	100.0	100.0	100.0	100.0	100.0	100.0	100.0	100.0	100.0
100.2	**100.0**	**100.0**	**101.2**	**96.2**	**100.0**	**100.1**	**101.1**	**100.0**	**100.8**
100.0	100.0	100.0	100.0	100.0	100.0	100.0	100.0	100.0	100.0
100.3	100.0	100.0	101.6	94.9	100.0	100.2	101.5	100.0	101.1
100.0	100.0	100.0	100.0	100.0	100.0	100.0	100.0	100.0	100.0

3-19 续表 2

（上月＝100）

类 别	Item	全 年 Annual Year	1 月 January	2 月 February
石油加工、炼焦和核燃料加工业	**Petroleum Process, Coking and Nuclear Fuel Processing Industry**	**100.5**	**100.4**	**100.8**
精炼石油产品制造	Refineed Coking Petroleum Manufacturing	100.5	100.4	100.8
化学原料和化学制品制造业	**Chemical Material and Chemical Product Manufacturing**	**98.9**	**101.1**	**100.4**
基础化学原料制造	Basic Chemical Material Manufacturing	90.8	100.0	97.8
肥料制造	Fertilizer Manufacture	96.6	101.5	100.6
农药制造	Insectcide Manufacture	107.9	101.2	99.8
涂料、油墨、颜料及类似产品制造	Coating, Printing Ink, Pigment and The Similar Products Manufacture	97.3	101.9	98.1
合成材料制造	Compounded Material Manufacture	91.6	100.0	99.3
专用化学产品制造	Specialized Chemical Product Manufacture	105.8	102.7	104.7
炸药、火工及焰火产品制造	Explosives, Pyrotechnics and Fireworks Manufacturing	100.4	99.9	99.5
日用化学产品制造	Daily Chemical Product Manufacture	103.7	100.4	100.3
医药制造业	**Medical Manufacture Industry**	**103.0**	**100.4**	**100.3**
化学药品原料药制造	Manufacture of Chemical Raw Material Medicine	103.6	99.4	101.7
化学药品制剂制造	Chemical Medicine Agent Manufacture	101.2	100.1	100.0
中成药制造	Medium Paternt Manufacture	103.5	100.6	100.5
兽用药品制造	Medicine in Herbs Manufacture	99.2	100.0	99.9
生物药品制造	Biopharmaceutical Manufacturing	105.6	100.3	97.7
卫生材料及医药用品制造	Sanitary Materials and Medical Supplies Manufacturing	106.7	100.0	100.0
橡胶和塑料制品业	**Rubber and Plastic Product Industry**	**99.7**	**100.1**	**99.9**
橡胶制品业	Rubber Products Industry	100.0	99.9	100.4
塑料制品业	Plastic Products Industry	99.6	100.1	99.7
非金属矿物制品业	**Non-metal Mineral Product Industry**	**103.3**	**99.8**	**98.2**
水泥、石灰和石膏的制造	Cement, Lime and Gypsum Manufacture	102.3	99.6	94.9
石膏、水泥制品及类似制品制造	Plaster, cement Products and Similar Products Manufacturing	101.8	100.6	100.6
砖瓦、石材等建筑材料制造	Brick, Stone and Other Building Materials Manufacturing	106.1	100.4	101.5
玻璃制造	Glass Manufacture	124.7	99.7	98.2
玻璃制品制造	Glass Products Manufacturing	98.9	99.0	100.7
玻璃纤维和玻璃纤维增强塑料制品制造	Glass Fiber and Glass Fiber Reinforced Plastic Products Manufacturing	98.9	98.2	100.0
陶瓷制品制造	Ceramics Product Manufacture	107.0	99.9	100.2
耐火材料制品制造	Refractory Products Manufacturing	100.0	100.0	100.0
石墨及其他非金属矿物制品制造	Graphite and Other Non-metallic Mineral Products Manufacturing	99.0	98.6	101.4
黑色金属冶炼和压延加工业	**Black Metal Coking and Pressing Process Industry**	**87.8**	**98.0**	**98.3**
炼铁	Lronmaking	96.3	100.4	97.3
炼钢	Steel Making	86.9	100.0	93.8
黑色金属铸造	Black Metal Casting	90.0	99.3	97.4

continued

(preceding month=100)

3 月 March	4 月 April	5 月 May	6 月 June	7 月 July	8 月 August	9 月 September	10 月 October	11 月 November	12 月 December
102.3	**102.6**	**98.0**	**95.2**	**95.3**	**102.0**	**104.8**	**101.6**	**99.2**	**98.8**
102.3	102.6	98.0	95.2	95.3	102.0	104.8	101.6	99.2	98.8
100.7	**100.4**	**99.3**	**99.3**	**99.4**	**99.4**	**99.1**	**99.6**	**99.9**	**100.4**
102.4	98.4	98.5	98.9	99.6	99.4	97.6	98.5	98.4	101.3
101.0	103.6	100.3	98.8	96.5	99.1	98.5	98.6	98.1	100.2
100.7	100.6	100.2	100.1	102.1	102.2	101.8	99.9	99.0	100.1
100.6	98.6	98.9	99.3	103.9	102.0	99.5	96.8	101.9	96.1
99.8	95.0	98.9	98.4	99.1	99.6	100.6	100.4	98.6	101.8
99.3	99.6	98.0	98.9	98.9	97.2	99.6	102.0	103.4	101.7
100.1	100.4	99.7	100.8	100.1	100.0	100.0	100.1	99.8	99.9
100.0	100.3	100.5	100.2	101.8	99.8	99.3	100.9	100.2	100.0
100.4	**100.3**	**100.2**	**100.3**	**100.8**	**100.1**	**100.1**	**100.0**	**100.2**	**99.9**
98.8	102.7	99.9	100.4	101.1	99.7	100.7	100.1	100.1	99.2
100.6	100.3	99.9	100.0	100.1	100.0	99.9	99.9	100.3	100.0
100.3	100.0	100.3	100.3	101.0	100.3	100.1	99.9	100.2	99.9
99.6	99.8	99.7	100.5	100.4	99.8	99.3	99.8	100.0	100.3
102.3	104.2	99.5	99.5	99.7	97.6	100.0	104.5	100.4	100.0
105.2	101.4	100.0	100.0	100.0	100.0	100.0	100.0	100.0	100.0
99.8	**100.5**	**99.9**	**99.7**	**99.7**	**100.2**	**99.8**	**99.9**	**100.0**	**100.2**
100.0	100.0	100.0	100.0	100.0	100.0	99.7	100.0	100.0	100.0
99.7	100.6	99.9	99.6	99.7	100.2	99.9	99.9	100.0	100.3
99.6	**100.2**	**99.5**	**99.8**	**100.0**	**99.7**	**100.6**	**104.3**	**101.8**	**99.9**
98.6	100.3	98.1	99.2	99.8	98.8	101.6	109.5	103.1	99.4
99.6	99.9	99.9	99.0	100.0	99.7	99.2	101.0	101.6	100.7
101.0	100.1	100.9	100.1	100.6	100.8	100.1	100.1	100.3	100.3
97.8	106.9	107.0	108.2	100.2	102.6	100.0	101.3	101.5	99.6
99.3	99.7	100.0	99.5	100.0	100.0	99.7	100.9	100.5	99.7
100.5	100.3	100.0	100.0	100.0	100.0	99.7	100.1	100.0	100.0
101.2	100.5	101.2	102.2	100.0	100.6	100.2	100.1	100.6	100.1
100.0	100.0	100.0	100.0	100.0	100.0	100.0	100.0	100.0	100.0
100.0	99.0	100.0	100.0	100.0	100.0	100.0	100.0	100.0	100.0
99.3	**100.8**	**99.6**	**98.0**	**98.2**	**96.3**	**96.3**	**100.0**	**102.2**	**100.3**
100.4	100.4	100.4	100.6	98.6	101.4	98.8	99.7	98.9	99.6
95.8	102.1	101.1	100.0	101.1	102.2	102.2	95.7	95.6	97.0
99.2	98.8	99.0	97.1	101.5	100.1	96.4	99.7	100.7	100.5

3-19 续表 3

（上月＝100）

类 别	Item	全 年 Annual Year	1 月 January	2 月 February
钢压延加工	Pressed Steel Processing	85.9	97.0	98.3
铁合金冶炼	Iron-alloy Smeltering	92.1	99.7	100.1
有色金属冶炼和压延加工业	**Coloured Metal Coking and Pressint Process Industry**	**94.7**	**98.3**	**101.5**
常用有色金属冶炼	General Non-ferrous Metal Coking	94.3	97.9	101.6
贵金属冶炼	Precious Metal Smeltering	102.2	97.6	107.0
有色金属合金制造	Non-ferrous Metal Alloy Manufacture	82.9	92.5	104.4
有色金属铸造	Non-ferrous Metal Foundry	98.9	103.2	101.6
有色金属压延加工	Non-ferrous Metal Rolling Processing	95.3	100.4	100.3
金属制品业	**Metal Product Industry**	**100.9**	**99.9**	**100.0**
结构性金属制品制造	Structural Metal Product	102.7	100.8	99.9
金属工具制造	Metal Tools Manufacture	97.9	98.5	100.0
集装箱及金属包装容器制造	Container and Metal Packing Container Manufacture	97.8	100.0	100.0
金属丝绳及其制品制造	Metal Silk Rope and Its Product Manufacture	98.5	101.1	103.9
建筑、安全用金属制品制造	Building, Metal Productin Safety Producing Manufacture	101.2	100.0	100.0
金属制日用品制造	Metal Commodity Manufacturing	103.1	100.0	100.0
其他金属制品制造	Other Metal Product Manufacture	97.6	100.0	99.4
通用设备制造业	**General Equipment Manufacture**	**99.9**	**99.9**	**99.9**
锅炉及原动设备制造	Boiler and Original Equipment Manufacturing	100.5	99.7	100.9
金属加工机械制造	Metal Process and Machinery Manufacture	103.1	99.0	98.6
物料搬运设备制造	Material Handling Equipment Manufacturing	99.7	100.0	100.1
泵、阀门、压缩机及类似机械制造	Pump, Valve, Compressor and Its Similar Mechanical Manufacture	100.4	100.3	100.2
轴承、齿轮和传动部件制造	Bearings, Gears and Transmission Components Manufacturing	102.8	100.0	100.9
烘炉、风机、衡器、包装等设备制造	Ovens, Fans, Weighing, Packaging Equipment Manufacturing	101.1	101.1	100.0
通用零部件制造	Universal Parts Manufacturing	94.2	100.0	99.3
专用设备制造业	**General Equipment Manufacture**	**99.6**	**100.0**	**100.7**
采矿、冶金、建筑专用设备制造	Mining, Metallurgy, Building Special Equipment Manufacture	99.7	99.9	101.0
化工、木材、非金属加工专用设备制造	Chemical Engineering, Timber, Non-Metal Processed Special Equipments Manufacture	100.1	100.0	100.0
食品、饮料、烟草及饲料生产专用设备制造	The Food, Beverage, Tobacco and Foddar Production Special Equipments Manufacture	99.7	100.1	100.0
农、林、牧、渔专用机械制造	Agriculture, Forestry Animal Husbandry and Fishery Specific Machinery Manufacture	98.0	100.3	99.7
医疗仪器设备及器械制造	Medical Equipment and Device Manufacturers	102.1	100.0	100.0
环保、社会公共服务及其他专用设备制造	Environment Protection, Social and Public Services and Other Specific Equipment Manufacturer	100.3	100.0	100.0
汽车制造业	**Vehicle Manufacturing**	**101.1**	**101.3**	**100.2**
汽车整车制造	Automobile Manufacturing	101.9	101.9	100.2
改装汽车制造	Modified Car Manufacturing	99.3	101.3	100.5
汽车零部件及配件制造	Auto Parts and Accessories Manufacturing	99.8	100.0	99.9

continued

(preceding month=100)

3 月 March	4 月 April	5 月 May	6 月 June	7 月 July	8 月 August	9 月 September	10 月 October	11 月 November	12 月 December
100.1	101.5	99.3	97.2	97.6	94.8	95.0	100.9	103.1	100.5
98.5	99.1	100.0	99.4	97.9	96.7	97.4	99.3	102.9	100.9
100.4	**99.4**	**99.7**	**99.0**	**98.1**	**98.6**	**100.3**	**100.8**	**99.2**	**99.4**
100.8	99.4	99.7	98.9	97.7	98.6	100.2	101.0	99.1	99.4
98.8	96.4	95.9	99.6	98.4	99.8	110.8	102.5	97.6	99.0
108.9	94.6	92.8	99.8	96.1	97.8	101.3	98.7	96.8	98.9
96.8	99.9	100.0	100.0	97.6	100.0	100.0	100.0	100.0	100.0
98.3	100.0	100.0	99.3	100.4	98.5	99.1	99.6	100.3	98.9
100.1	**99.9**	**100.1**	**99.7**	**100.2**	**99.6**	**100.3**	**100.0**	**100.3**	**100.9**
100.1	99.4	100.5	99.5	100.6	99.9	100.7	100.0	100.9	100.4
100.0	99.4	100.0	100.0	100.0	100.0	100.0	100.0	100.0	100.0
100.3	100.0	99.8	100.0	99.9	96.6	99.7	100.3	100.6	100.6
100.0	100.0	100.0	93.2	100.6	98.7	99.0	101.3	100.0	100.9
100.0	100.0	100.0	100.0	100.0	100.0	101.2	100.0	100.0	100.0
100.0	100.4	100.0	100.0	100.0	100.0	100.0	100.0	100.0	102.7
100.0	100.6	100.0	99.4	100.0	98.2	100.0	100.0	100.0	100.0
99.5	**100.2**	**100.3**	**99.6**	**100.5**	**100.0**	**100.0**	**99.8**	**100.1**	**100.0**
100.4	100.0	100.0	100.0	99.8	100.4	99.6	98.9	100.2	100.5
99.7	101.2	102.5	100.9	101.3	99.3	100.5	100.0	100.5	99.7
100.0	100.0	99.9	100.0	99.9	100.0	99.8	99.6	100.2	100.0
99.7	99.8	100.0	100.0	100.3	100.0	99.9	100.1	99.9	100.0
100.1	101.0	99.7	100.1	100.9	99.9	100.0	100.2	99.8	100.1
100.0	100.0	100.0	100.0	100.0	100.0	100.0	100.0	100.0	100.0
97.6	99.8	99.4	96.7	101.2	100.3	100.0	100.0	100.0	99.6
98.7	**99.9**	**99.8**	**100.2**	**100.2**	**100.4**	**99.7**	**99.9**	**99.8**	**100.4**
98.4	99.6	99.7	100.3	100.2	100.6	99.7	100.0	99.8	100.5
100.0	100.0	100.0	100.1	100.0	100.0	100.0	100.0	100.0	100.0
100.0	100.0	100.0	100.0	101.4	97.0	100.0	100.7	100.7	100.0
99.1	101.0	100.2	100.1	99.9	100.7	99.3	98.9	98.7	100.0
100.0	102.1	100.0	100.0	100.0	100.0	100.0	100.0	100.0	100.0
100.0	100.0	100.0	100.0	100.0	100.0	100.3	100.0	100.0	100.0
99.9	**100.0**	**99.8**	**100.0**	**99.7**	**100.0**	**99.9**	**100.1**	**100.1**	**100.1**
99.9	100.0	99.9	100.2	99.7	100.0	99.8	100.1	99.9	100.1
100.0	100.0	100.0	100.3	98.0	100.0	100.3	100.0	99.1	100.0
99.9	100.1	99.5	99.6	100.0	100.0	100.0	100.1	100.8	100.0

3-19 续表 4

（上月＝100）

类 别	Item	全 年 Annual Year	1 月 January	2 月 February
铁路、船舶、航空航天和其他运输设备制造业	**Railroad, Marine, Aerospace and Other Transportation Equipment Manufacture Industry**	**102.8**	**100.0**	**100.8**
铁路运输设备制造	Rail Transportation Equipment Manufacture	110.7	100.0	100.0
船舶及相关装置制造	Ships and Related Equipment Manufacture	100.8	100.0	101.1
电气机械和器材制造业	**Electricity Machine and Its Equipment Manufacture**	**98.1**	**100.4**	**100.3**
电机制造	Electric Engineering Manufacture	100.8	100.5	100.8
输配电及控制设备制造	Electricity Mixed and Control Equipments Manufacture	99.3	100.4	99.9
电线、电缆、光缆及电工器材制造	Wire, Cable, Fiber Optic Cable and the Electric Device Manufacture	94.9	100.6	101.0
电池制造	Battery Manufacture	100.2	99.8	100.8
家用电力器具制造	Electric Power Apparatus Manufacture	100.1	100.0	100.0
非电力家用器具制造	Non-Electrical Household Appliance Manufacturing	102.9	102.9	100.0
照明器具制造	Lighting Manufacturing	103.8	100.9	95.3
其他电气机械及器材制造	Other Electricity Machines and Device Manufacture	86.6	99.7	100.0
计算机、通信和其他电子设备制造业	**Computer, Communication and Other Electron Equipment Manufacture Industry**	**98.5**	**99.8**	**99.8**
通信设备制造	Tele-communication Equipment Manufacture	100.0	100.0	100.0
雷达及配套设备制造	Radar and Its Equipment Manufacture	100.0	100.0	100.0
电子器件制造	Electronic Appliances	101.7	100.0	100.0
电子元件制造	Electronic Components	95.7	99.4	99.5
其他电子设备制造	Other Electronic Equipment	100.0	100.0	100.0
仪器仪表制造业	**Instrument Manufacturing**	**92.8**	**100.4**	**100.6**
通用仪器仪表制造	General Instrument and Meters	95.7	100.7	101.1
专用仪器仪表制造	Special Instrument and Meter	100.0	100.0	100.0
钟表与计时仪器制造	Clock and Timing Instrument	125.3	100.0	100.1
光学仪器及眼镜制造	Optical Instrument and Glasses	79.0	100.2	99.9
其他制造业	**Other Manufacture Industry**	102.9	98.6	100.0
日用杂品制造	Daily Groceries Manufacture	102.9	98.6	100.0
金属制品、机械和设备修理业	**Metal Products, Machinery and Equipment Repair Industry**	**100.0**	**100.0**	**100.0**
金属制品修理	Metal Products Repair	100.0	100.0	100.0
电力、热力生产和供应业	**Electronic, Thermodynamic Product and Supply Industry**	**101.5**	**100.2**	**100.7**
电力生产	Electric Power Production	101.5	101.1	100.0
电力供应	Electric Power Supply	101.5	99.8	101.1
燃气生产和供应业	**Fuel Production and Supply Industry**	**104.2**	**102.6**	**101.4**
水的生产和供应业	**Water Production and Supply Industry**	**103.9**	**100.8**	**101.2**
自来水的生产和供应	Tapping-water Production and Supply	103.4	100.8	100.6
污水处理及其再生利用	Sewage Treatment and Recycled Use	146.3	100.0	146.3

continued

(preceding month=100)

3 月 March	4 月 April	5 月 May	6 月 June	7 月 July	8 月 August	9 月 September	10 月 October	11 月 November	12 月 December
100.0	**99.4**	**100.0**	**100.1**	**100.1**	**100.0**	**99.7**	**100.8**	**100.2**	**101.6**
100.0	97.1	100.2	100.5	100.3	100.0	99.7	103.8	101.2	107.8
100.0	100.0	100.0	100.0	100.0	100.0	99.7	100.0	100.0	100.0
100.2	**99.5**	**99.8**	**98.5**	**100.0**	**99.6**	**100.0**	**100.9**	**99.8**	**99.0**
100.0	99.2	100.9	99.8	101.2	99.6	99.8	100.0	99.9	99.2
100.0	99.7	99.7	100.1	100.1	99.8	99.9	100.1	100.0	99.6
100.1	98.5	100.1	95.3	100.1	99.0	100.4	102.5	99.7	97.5
98.9	101.4	99.1	100.8	99.2	99.8	100.1	100.4	99.3	100.6
100.1	100.0	100.0	100.0	100.0	100.0	100.0	100.0	100.0	100.0
100.0	100.0	100.0	100.0	100.0	100.0	100.0	100.0	100.0	100.0
107.8	100.0	100.0	100.0	100.0	100.0	100.0	100.0	100.0	100.0
100.0	100.0	100.0	100.0	100.0	100.0	86.8	100.0	100.0	100.0
97.5	**103.1**	**99.4**	**100.4**	**99.5**	**100.4**	**101.0**	**99.4**	**98.4**	**100.0**
100.0	100.0	100.0	100.0	100.0	100.0	100.0	100.0	100.0	100.0
100.0	100.0	100.0	100.0	100.0	100.0	100.0	100.0	100.0	100.0
101.7	100.0	100.0	100.0	100.0	100.0	100.0	100.0	100.0	100.0
93.0	108.6	98.4	101.0	98.6	101.0	102.8	98.4	95.9	99.9
100.0	100.0	100.0	100.0	100.0	100.0	100.0	100.0	100.0	100.0
98.4	**96.9**	**100.0**	**100.3**	**100.2**	**100.1**	**99.5**	**95.1**	**100.4**	**100.7**
107.4	94.3	100.0	100.4	100.4	100.1	99.3	91.8	100.7	100.4
100.0	100.0	100.0	100.0	100.0	100.0	100.0	100.0	100.0	100.0
99.6	109.5	102.0	101.5	100.2	99.9	100.0	100.1	99.9	110.5
79.1	100.1	99.9	99.9	99.9	100.1	99.9	99.8	100.1	100.1
103.7	99.9	101.1	99.8	100.7	100.0	100.0	98.8	99.7	100.7
103.7	99.9	101.1	99.8	100.7	100.0	100.0	98.8	99.7	100.7
100.0	**100.0**	**100.0**	**100.0**	**100.0**	**100.0**	**100.0**	**100.0**	**100.0**	**100.0**
100.0	100.0	100.0	100.0	100.0	100.0	100.0	100.0	100.0	100.0
99.8	**99.9**	**99.9**	**100.2**	**99.8**	**100.4**	**100.4**	**100.0**	**100.0**	**100.2**
100.0	100.0	100.0	100.5	99.9	100.1	100.0	100.0	100.0	100.0
99.7	99.9	99.9	100.1	99.7	100.6	100.6	100.0	99.9	100.3
101.7	**100.3**	**98.4**	**98.4**	**99.5**	**101.7**	**100.5**	**100.9**	**100.8**	**98.0**
101.8	**100.1**	**100.0**	**100.0**	**100.0**	**100.0**	**100.0**	**100.0**	**100.0**	**100.0**
101.8	100.1	100.0	100.0	100.0	100.0	100.0	100.0	100.0	100.0
100.0	100.0	100.0	100.0	100.0	100.0	100.0	100.0	100.0	100.0

3-20　主要工业产品出厂价格（2012年）

Ex-Factory Price of Major Industrial Products（2012）

（上年=100）　　(preceding year=100)

类　别	Item	计量单位	Measurement Unit	年末价格（元） Price at Year End（yuan）
焦煤	Coking Coal	吨	ton	402.5
长焰煤	Long Flame Coal	吨	ton	384.1
贫煤	Lean Coal	吨	ton	275.6
褐煤洗块煤	Lignite Washing Lump Coal	吨	ton	260.0
炼铁块矿（含铁≥45%）	Lronmaking Lump Ore	吨	ton	375.0
铁精矿	Iron Ore Concentrate	吨	ton	183.8
赤铁矿	Hematite	吨	ton	1008.5
锰块矿	Manganese Ore Lump	吨	ton	1067.7
锰粉矿	Manganese Mine Powder	吨	ton	2136.0
烧结锰矿	Sintered Manganese	吨	ton	1736.2
铜精矿含铜量	Copper Concentrate	吨	ton	40727.1
铅精矿含铅量	Lead Concetrates	吨	ton	11211.3
锌精矿含锌量	Zinc Concentrate	吨	ton	8515.7
锡精矿含锡量	Tin Concentrate	吨	ton	119907.2
锑块矿含锑量	Antimony Block Mine	吨	ton	25639.3
铅锑混合精矿含锑量	Antimonial Lead Mixed Concentrate	吨	ton	24615.0
钛精矿折合量，折氧化钛50%	Titanium Concentrates	吨	ton	2064.1
天然金红石折合量，折氧化钛90%	Natural Rutile	吨	ton	5213.7
金精矿含金量	Gold Concentrates	吨	ton	346.0
铅精矿含金量	Lead Concentrate Gold	吨	ton	294780.0
银精矿含银量	Silver Concentrate	吨	ton	12359.3
铅精矿含银量	Silver Content of Lead Concentrate	吨	ton	4881.0
钨矿折合量，折三氧化钨65%	Tungsten Ore	吨	ton	133785.0
独居石精矿实物量	Monazite Concentrate	吨	ton	78250.0
锆金属折合量	Zirconium Metal	吨	ton	11393.4
冶金用萤石	Metallurgical Fluorite	吨	ton	1085.5
高岭土	Kaolin	吨	ton	480.0
其他粘土	Other Clays	吨	ton	3317.6
其他砂石	Other Sand Stone	吨	ton	8660.5
硫铁矿石	Pyrite Stone	吨	ton	345.0
重晶石	Barite Ore	吨	ton	347.1
海盐食用盐	Sea Salt Edible Salt	吨	ton	433.8
原状滑石	The Status Quo Talc	吨	ton	917.7
造纸用滑石粉	Paper with Talcum Powder	吨	ton	1100.0
医药用滑石粉	Medical Use Talcum Powder	吨	ton	3468.1
化学用滑石粉	Chemical Use Talcum Powder	吨	ton	1673.3
高筋小麦粉	High-gluten Wheat Flour	吨	ton	2930.8
低筋小麦粉	Low-gluten Wheat Flour	吨	ton	2703.0
中筋小麦粉	Medium gluten Wheat Flour	吨	ton	3100.0
面包用小麦粉	Bread Wheat Flour	吨	ton	3685.0

3-20 续表 1 continued

类 别	Item	计量单位	Measurement Unit	年末价格（元）Price at Year End (yuan)
糕点用小麦粉	Cakes with Wheat Flour	吨	ton	3360.0
籼米精米	Indica Rice Fine Rice	吨	ton	5132.1
燕麦片	Oatmeal	吨	ton	2429.8
猪配合饲料	Pig Feed	吨	ton	3389.6
蛋禽配合饲料	Egg and Poultry with the Feed	吨	ton	2863.4
肉禽配合饲料	Meat and Poultry with the Feed	吨	ton	2795.1
水产配合饲料	Aquatic Feed	吨	ton	4775.3
其他配合饲料	Other Feed	吨	ton	3225.0
猪浓缩饲料	Pig Feed Concentrates	吨	ton	5538.7
蛋禽浓缩饲料	Egg and Poultry Concentrated Feed	吨	ton	5150.0
肉禽浓缩饲料	Meat and Poultry Concentrate Feed	吨	ton	4195.2
猪预混合饲料	Pig Pre-mixed Feed	吨	ton	5754.1
其他未列明饲料	Other Not Listed Feed	吨	ton	1945.9
大豆毛油	Soybean Crude Oil	吨	ton	7891.0
大豆精制油	Soybean Refined Oil	吨	ton	8419.2
花生精制油	Peanut Refined Oil	吨	ton	19799.1
菜籽精制油	Rapeseed Refined Oil	吨	ton	9115.0
棕榈油	Palm Oil	吨	ton	6707.1
茶油	Tea Oil	吨	ton	42035.4
葵花籽油	Sunflower Oil	吨	ton	10329.3
豆粕	Soybean Meal	吨	ton	3722.9
白砂糖	White Sugar	吨	ton	4936.6
赤砂糖	Brown Sugar	吨	ton	4348.3
鲜、冷藏猪肉	Fresh and Frozen Pork	吨	ton	17871.6
其他冻肉	Other Frozen Meat	吨	ton	12000.0
其他可食用动物杂碎	Other Edible Animal Offal	吨	ton	200000.0
禽畜屠宰加工服务费	Livestock Slaughter and Processing Service Fees	次	number	22.2
其他动物肠衣	Other Casings of Animals	米	m	0.5
猪肉高温蒸煮香肠制品	High-temperature Cooking Pork Sausage Products	吨	ton	37000.0
酱卤烧烤猪肉制品	Sauce Halogen Barbecue Pork Products	吨	ton	58000.0
酱卤烧烤牛肉制品	Sauce Halogen Barbecue Beef Products	吨	ton	89000.0
腌腊猪肉制品	Cured Pork Products	吨	ton	54000.0
其他冷冻鱼	Other Frozen Fish	吨	ton	5612.5
冷冻虾仁	Frozen Shrimp	吨	ton	65920.0
冻罗非鱼片	Frozen Tilapia Fillets	吨	ton	23606.8
鱼肉酱	Fish Meat	吨	ton	12200.0
饲料用鱼粉	Feed With Fish Meal	吨	ton	7866.4
鱼肝油	Cod Liver Oil	吨	ton	4518.5
珍珠粉	Pearl Powder	吨	ton	1633.0
其他腌渍菜	Other Pickled Vegetables	吨	ton	13953.5

3-20 续表 2 continued

类 别	Item	计量单位	Measurement Unit	年末价格（元） Price at Year End（yuan）
其他水果、坚果加工品	Other Fruits and Nuts Processed	吨	ton	9850.0
冷冻甜玉米粒	Frozen Sweet Corn Kernels	吨	ton	5829.0
木薯淀粉	Cassava Starch	吨	ton	3382.0
其他淀粉	Other Starch	吨	ton	2905.0
改性淀粉	Modified Starch	吨	ton	4266.0
豆腐乳	Fermented Bean Curd	吨	ton	11614.5
其他豆制品	Other Soy Products	吨	ton	32986.4
收费的农副食品加工服务	The Agro-food Processing Service Fee	次	number	35.4
其他农副食品	Other Agro-food	吨	ton	13458.9
西式蛋糕	Western-style Cake	吨	ton	41472.9
西式包馅点心	Western Package Filling Snack	吨	ton	26923.1
熟粉糕点	Cooked Flour Pastry	吨	ton	15954.0
软式面包	Soft Bread	吨	ton	19175.9
调理面包	Conditioning of Bread	吨	ton	12820.5
酥性饼干	Crisp Biscuit	吨	ton	5575.0
曲奇饼干	Cookies	吨	ton	11815.0
谷物类膨化食品	Cereal Puffed Food	吨	ton	56.0
果脯类蜜饯	Preserved Class Preserves	吨	ton	40000.0
小麦挂面	Wheat Noodle	吨	ton	4400.0
龙须面	Saute Fine Noodles with Shredded Chicken	吨	ton	5000.0
米粉丝	Rice Noodles	吨	ton	4300.0
速冻饺子	Frozen Dumplings	吨	ton	8316.0
速冻包子	Frozen Buns	吨	ton	11965.0
速冻云吞	Frozen Wonton	吨	ton	14283.0
速冻汤圆	Frozen Glue Pudding	吨	ton	6600.0
速冻玉米	Frozen Corn	吨	ton	5800.0
其他速冻食品	Other Frozen Food	吨	ton	7986.5
馒头	Steamed Bread	百个	100 unit	85.5
肉包	Buns with Meat	百个	100 unit	81.1
方便面	Instant Noodles	吨	ton	6900.0
方便粥	Instant Porridge	吨	ton	4957.3
芝麻糊	Sesame Paste	吨	ton	7880.0
灭菌乳	Sterilized Milk	吨	ton	6010.2
巴氏杀菌乳	Pasteurized Milk	吨	ton	7947.9
酸牛乳	Sour Milk	吨	ton	8828.1
蔬菜类罐头	Canned Vegetables	吨	ton	6269.6
水果类罐头	Canned Fruit	吨	ton	7767.6
酿造酱油	Brewed Soy Sauce	吨	ton	1658.0
蘑菇酱油	Mushroom Soy Sauce	吨	ton	2125.0
米醋	Vinegar	吨	ton	2136.0

3-20 续表 3 continued

类别	Item	计量单位 Measurement Unit		年末价格（元） Price at Year End（yuan）
黄酱	Huangjiang	吨	ton	6667.0
食品用发酵有机酸	Food Fermentation Organic Acid	吨	ton	5630.0
食品用酶制剂	Enzyme Preparations Used in Food	吨	ton	54537.3
其他营养、保健食品	Other Nutrition, Health Food	吨	ton	103.6
组合型雪糕	Combination Ice Cream	吨	ton	5336.6
加碘盐	Iodized Salt	吨	ton	2212.0
蛋白质添加剂	Protein Additives	吨	ton	58172.0
食品甜味添加剂	Sweet Food Additives	吨	ton	12532.5
食品保鲜剂	Food Antistaling Agent	吨	ton	32680.4
其他饲料添加剂	Other Feed Additives	吨	ton	4400.0
食品用原料粉	Food Raw Material Powder	吨	ton	1495726.5
其他未列明的食品	Other Not Listed Food	吨	ton	24.2
薯类发酵酒精	Potato Alcohol Fermentation	吨	ton	5244.0
糖蜜发酵酒精	Fermentation of Molasses Alcohol	吨	ton	5368.6
半固态法白酒	Semi-solid Method Liquor	吨	ton	11724.8
液态法白酒	Liquid Method Liquor	吨	ton	16500.0
固液法白酒	Solid-liquid Method Liquor	吨	ton	73774.1
熟啤酒	Cooked Beer	吨	ton	3377.2
生啤酒	Draught Beer	吨	ton	3920.3
鲜啤酒	Fresh Beer	吨	ton	2439.3
配制酒	Compound Wine	吨	ton	38951.0
发酵型果酒	Fermented Wine	吨	ton	8760.0
其他酒精及饮料酒专用原辅料	Other Alcoholic Drinks and Wine For Raw materials	吨	ton	14189.8
果味型碳酸饮料	Fruit-flavored Carbonated Beverage	吨	ton	2991.0
可乐型碳酸饮料	Cola Carbonated Drinks	吨	ton	3412.4
饮用天然水	Natural Drinking Water	吨	ton	435.2
饮用纯净水	Drinking Water	吨	ton	640.7
浓缩果汁（浆）	Concentrated Fruit Juice(Pulp)	吨	ton	12000.0
果汁饮料	Fruit Juice Beverage	吨	ton	7863.0
复合果蔬汁饮料	Composite Fruit and Vegetable Juices	吨	ton	9900.0
果肉饮料	Pulp Beverage	吨	ton	5067.6
发酵型含乳饮料	Fermented Milk Drinks	吨	ton	4374.0
乳酸菌饮料	Lactic Acid Bacteria Beverage	吨	ton	3824.8
豆奶（乳）	Soy Milk(Milk)	吨	ton	1900.0
豆奶（乳）饮料	Soy Milk(Milk)Beverages	吨	ton	1760.0
核桃露（乳）	Walnut(Milk)	吨	ton	160.0
其他固体饮料	Other Solid Beverage	吨	ton	117.7
茶饮料（茶汤）	Tea Drinks(Tea)	吨	ton	2664.0
植物饮料	Plant Beverage	盒	box	2.1
精制红茶	Refined Tea	千克	kg	89.6

3-20 续表 4 continued

类 别	Item	计量单位	Measurement Unit	年末价格（元）Price at Year End（yuan）
精制绿茶	Refined Green Tea	千克	kg	66.0
精制花茶	Refined Tea	千克	kg	38.7
其他精制茶	Other Refined Tea	千克	kg	77.8
片烟	Tobacco Sheet	吨	ton	3700.0
烟梗	Tobacco Stem	吨	ton	360.0
一类烟	A Class of Smoke	箱	box	63397.0
二类烟	Two Kinds of Smoke	箱	box	20589.5
三类烟	Three Kinds of Smoke	箱	box	10813.9
四类烟	Four Kinds of Smoke	箱	box	6661.9
五类烟	Five Kinds of Smoke	箱	box	4087.8
普梳纱	Carded Yarn	吨	ton	13178.9
精梳纱	Combed Yarn	吨	ton	29402.0
合成纤维与棉混纺纱	Synthetic Fiber and Cotton Blended Yarn	吨	ton	15641.0
人造纤维与棉混纺纱	Man-made Fiber and Cotton Blended Yarn	吨	ton	10895.5
人造纤维纱	Rayon Yarn	吨	ton	19481.7
其他天然纤维与棉混纺纱	Other Natural Fiber and Cotton Blended Yarn	吨	ton	30769.1
棉线	Cotton	吨	ton	5684.0
化学纤维线	Chemical Fiber Line	吨	ton	16128.0
棉布	Cotton	米	m	1.5
其他布	Other Cloth	米	m	3.6
其他棉、化纤印染精加工	Other Cotton, Chemical Fiber Dyeing and Finishing	米	m	3.1
其他麻制品	Other Products Ma	吨	ton	919.0
桑蚕生丝（厂丝）	Silkworm Silk(Silk)	吨	ton	339785.4
其他生丝	Other Raw Silk	吨	ton	57800.0
绢纺丝	Spun Silk	吨	ton	231623.9
棉制面巾	Cotton Towel	条	piece	3.3
棉制浴巾	Cotton Towel	条	piece	14.0
蚕丝被	Silk Quilt	条	piece	960.0
黄麻纤维纺制绳、缆	Jute Fiber Spinning Rope, Cable	吨	ton	6925.0
其他盥洗用毛巾织物制品	Other Toilet Towel Fabric Products	条	piece	3.5
棉毛类棉针织内衣	Cotton Cotton Knitted Underwear	件	piece	4.2
单面布类棉针织内衣	Single-sided Cloth of Cotton Knitted Underwear	件	piece	8.0
单面布类棉针织休闲衫	Single-sided Cloth of Cotton Knitted Sweater	件	piece	8.5
合成纤维制经编织物	Synthetic Fiber Warp Knitting Fabric	千克	kg	47.8
棉制针织手套	Cotton Knitted Gloves	打	dozen	59.9
棉针织背心	Cotton Knitted Vest	件	piece	15.9
棉针织睡衣裤	Knitted Cotton Pajamas	条	piece	15.5
男式针织裤	Men's Knitted Pants	条	piece	8.0
男式羽绒大衣	Men's Feather Coats	件	piece	132.5
男式防寒短上衣	Men's Winter Coat	件	piece	56.0
其他纺织材料制男女上衣	Other Textile Materials, Men and Women Clothes	件	piece	21.9

3-20 续表 5 continued

类 别	Item	计量单位	Measurement Unit	年末价格（元） Price at Year End (yuan)
棉制男衬衫	Cotton Men's Shirts	件	piece	88.0
化纤制男衬衫	Chemical Fiber of Men's Shirt	件	piece	85.0
棉制男裤	Cotton Men's Trousers	条	piece	135.0
棉制婴儿、儿童服装	Cotton Infants, Children Clothing	套	set	38.0
合成纤维制婴儿、儿童服装	Babies', Children's Clothing	套	set	45.0
毛制婴儿、儿童服装	Wool Babies, Children's Clothing	套	set	67.5
男式职业服装、工作服	Men's Professional Clothing, Workwear	套	set	400.0
其他未列明服装	Other NES Clothing	套	set	45.9
猪重革	Pig Heavy Leather	平方米	sq.m	47.1
猪轻革	Pigs Light Leather	平方米	sq.m	60.4
其他未列明成品革	Other NES Finished Leather	平方英尺	sq.ft	4.9
人造革或合成革制手提包（袋）、背包	Synthetic Leather Handbag, Backpack	个	unit	33.0
纺织材料作面衣箱、提箱	Textile Materials Suitcase, Suitcase	个	unit	56.6
纺织材料作面类似箱、包容器	Textile Surface Suitcase, Suitcase	个	unit	42.5
日常用皮革制手套	Daily Use Leather Gloves	打	dozen	89.1
劳保用皮革制手套	Labor of Leather Gloves	打	dozen	211.9
加工填充用羽毛	Processing Filled with Feathers	千克	kg	5.1
加工填充用羽绒	Filled with Feather Processing	千克	kg	213.9
普通锯材	Common Lumber	立方米	cu.m	1060.0
多层板制胶合板	Multilayer Plywood	立方米	cu.m	1911.2
硬质纤维板	Hardboard	立方米	cu.m	1800.0
中密度纤维板	Medium Density Fiberboard	立方米	cu.m	1262.7
普通刨花板	Ordinary Particleboard	立方米	cu.m	1024.9
细木工板	Blockboard	立方米	cu.m	1810.3
指接材	Finger-jointed	立方米	cu.m	1850.0
其他软木制品及木制品	Other Articles of Cork and Wood products	个	unit	5.6
其他竹制品	Other Bamboo Products	套	set	154.3
木质床	Wooden Bed	套	set	1394.4
木质卧室柜	Wooden Bedroom Cabinet	套	set	1980.0
木质沙发	Wooden Sofa	套	set	2774.5
木质桌	Wooden Tables	套	set	1001.1
木质柜	Wooden Cabinet	套	set	1147.7
红木制客厅、餐厅用家具	Red Wooden Living Room, Dining Furniture	套	set	1080.0
软体沙发	Software Sofa	套	set	2266.2
其他软体坐具	Additional Software Seats	套	set	785.3
玻璃桌	Glass Tables	张	unit	530.0
化学木浆	Chemical Wood Pulp	吨	ton	3632.1
其他方法非木材纤维纸浆	Other Methods of Non-wood Fiber Pulp	吨	ton	2471.8
书写印刷纸	Writing and Printing Paper	吨	ton	7095.0
新闻纸	Newsprint	吨	ton	4250.0
卫生纸原纸	Toilet paper	吨	ton	5631.1

3-20 续表 6 continued

类 别	Item	计量单位	Measurement Unit	年末价格（元） Price at Year End (yuan)
餐巾纸原纸	Napking Base Paper	吨	ton	5363.0
包装纸	Wrapper	吨	ton	4849.5
箱纸板	Cardboard Box	吨	ton	4821.0
瓦楞原纸	Corrugating Medium	吨	ton	2220.6
胶印版纸	Offset Printing Paper	吨	ton	5034.4
瓦楞纸板	Corrugated Board	吨	ton	2593.0
卫生纸	Toilet Paper	吨	ton	7805.6
纸手帕及面巾纸	Paper Handkerchiefs and Tissues	吨	ton	14595.3
纸餐巾	Paper Napkins	吨	ton	23148.0
卷烟纸	Cigarette Paper	吨	ton	14786.3
其他机制纸及纸板	Other Mechanisms for Paper and Paperboard	吨	ton	14114.7
瓦楞纸及纸板容器	Corrugated Paper and Paperboard Containers	吨	ton	1545.4
纸制存储盒	Paper Storage Boxes	吨	ton	468.4
纸制其他包装容器	Other Paper Packaging Container	百件	100 piece	162.7
纸卫生巾	Diaper	包	bag	3.5
其他卫生用纸制品	Other Sanitary Paper Products	包	bag	0.7
图书类单色印刷品	Class Monochrome Print Books	令	ream	71.3
报纸类单色印刷品	Newspapers Class Monochrome Prints	令	ream	16.7
期刊类单色印刷品	Periodicals monochrome prints	令	ream	20.0
图书类多色印刷品	Class Multicolor Printed Books	令	ream	63.2
报纸类多色印刷品	Newspapers Class Multicolor Print	令	ream	150.7
期刊类多色印刷品	Periodicals Multicolor Print	令	ream	79.8
包装装潢塑料印刷品	Plastic Packaging and Decorating Printed Matter	吨	ton	179100.0
票证	Tickets	百件	100 piece	680.6
明信片、卡片、日历	Postcards, Cards, Calendars	万件	10 000 piece	5000.0
其他未列明印刷品	Other Printed Matter, Nes	件	piece	5.3
装订图书	Binding Books	令	ream	20.1
装订期刊	Bound Periodicals	令	ream	24.0
印版、滚筒	Printing Plates, Cylinders	块	piece	100.0
PS版	PS Version	平方米	sq.m	28.0
学生用三角尺	Students Triangle Ruler	百副	100 set	363.0
学生用刻度尺（直尺）	Students Graduated Scale(Ruler)	百副	100 set	357.8
滑雪手套	Ski Gloves	套	set	415.0
90号车用汽油	Gasoline Car No. 90	吨	ton	6666.7
93号车用汽油	Gasoline Car No. 93	吨	ton	7639.8
其他煤油	Other Kerosene	吨	ton	6884.5
0号柴油	No. 0 Diesel Oil	吨	ton	7076.4
齿轮用油	Gear Oil	吨	ton	10001.3
液压系统用油	Hydraulic System Oil	吨	ton	6852.0
柴油机润滑油	Diesel Oil	吨	ton	10475.9
汽油机润滑油	Gasoline Engine Oil	吨	ton	9874.1

3-20 续表 7 continued

类 别	Item	计量单位 Measurement Unit		年末价格（元） Price at Year End（yuan）
其他润滑油	Other Lubricanting Oil	吨	ton	6870.0
民用石油液化气	Civilian Liquefied Petroleum Gas	吨	ton	6594.5
精炼石蜡	Refined Paraffin Wax	吨	ton	7329.0
硫酸（≥98%）	Sulfuric Acid（≥98%）	吨	ton	327.9
盐酸（氯化氢，含量31%）	Hydrochloric Acid（Hydrogen Chloride Content 31%）	吨	ton	23.4
浓硝酸	Concentrated Nitric Acid	吨	ton	1508.5
磷酸（含量85%）	Phosphoric acid（Content 85%）	吨	ton	4369.9
液体烧碱（折100%）	Liquid Caustic Soda（100% Discount）	吨	ton	2711.1
离子膜法烧碱（折100%）	Caustic Soda（100% Discount）	吨	ton	2143.4
重质碳酸钠	Heavy Soda	吨	ton	1065.0
其他非金属卤化物及硫化物	Other Non-metallic Halides and Sulphide	吨	ton	7029.9
硫化钠（硫化碱）	Sodium（Sodium Sulfide）	吨	ton	1979.7
硫化钡	Barium Sulfide	吨	ton	1377.7
硫酸铝	Aluminum Sulfate	吨	ton	855.0
硫酸铜（胆矾）	Copper Sulphate（Blue Vitriol）	吨	ton	15406.0
沉淀硫酸钡	Precipitated Barium Sulfate	吨	ton	2828.4
硫酸亚铁	Ferrous Sulfate	吨	ton	398.0
过硫酸钠	Persulfate	吨	ton	6000.0
其他金属硫化物及硫酸盐	Other Sulphides and Sulphates	吨	ton	3426.0
其他磷化物、金属磷酸盐	Other Phosphides, Metal Phosphates	吨	ton	12393.2
氟化铝	Aluminum Fluoride	吨	ton	4273.5
聚氯化铝	Poly Aluminum Chloride	吨	ton	2333.3
商品液氯	Goods Chlorine	吨	ton	213.7
次氯酸钠	Sodium Hypochlorite	吨	ton	359.0
重质碳酸钙	Heavy Calcium Carbonate	吨	ton	306.7
轻质碳酸钙	Light Calcium Carbonate	吨	ton	650.0
其他碳化物及碳酸盐	Other Carbides and Carbonates	吨	ton	1300.0
氧化钇	Yttria	吨	ton	120000.0
氧化钕	Neodymium Oxide	吨	ton	380000.0
氧化铽	Terbium Oxide	吨	ton	5100000.0
氧化镝	Dysprosium Oxide	吨	ton	3000000.0
双戊烯	Dipentene	吨	ton	7991.5
精甲醇	Refined Methanol	吨	ton	2436.0
乙醇	Ethanol	吨	ton	5149.5
其他无环醇及其衍生物	Other Acyclic Alcohols and Their Derivatives	吨	ton	3038.5
其他环醇	Other Cyclic Alcohols	吨	ton	6803.6
乙酸酯	Acetate	吨	ton	5141.0
葡糖酸及其盐和酯	Gluconic Acid and Its Salts and Esters	吨	ton	2991000.0
甲醛	Formaldehyde	吨	ton	1311.4
氧化锌	Zinc Oxide	吨	ton	12750.0
锰氧化物	Manganese Oxide	吨	ton	7930.7

3-20 续表 8 continued

类 别	Item	计量单位	Measurement Unit	年末价格（元）Price at Year End（yuan）
氧气	Oxygen	立方米	cu.m	537.3
二氧化碳	Carbon Dioxide	吨	ton	431.5
氩气	Argon	立方米	cu.m	2394.9
氨水	Ammonia	吨	ton	2957.0
尿素	Urea	吨	ton	3028.3
肥料用氯化铵	Fertilizers with Ammonium Chloride	吨	ton	3437.5
碳酸氢铵	Ammonium Bicarbonate	吨	ton	943.9
硝酸铵	Ammonium Nitrate	吨	ton	1706.7
过磷酸钙	Superphosphate	吨	ton	534.5
钙镁磷肥	FMP	吨	ton	900.0
磷酸二铵	DAP	吨	ton	3022.1
磷酸一铵	MAP	吨	ton	2337.8
硫酸钾（钾肥）	Potassium Sulfate（Potash）	吨	ton	2775.0
钙镁磷钾肥	Phosphorus Potassium Calcium Magnesium	吨	ton	1450.0
磷酸二氢铵与磷酸氢二铵混合物	ADP and DAP Mixture	吨	ton	1661.3
硝酸磷肥	Nitrophosphate	吨	ton	1460.0
氮磷钾三元复混肥料	NPK Compound Fertilizer	吨	ton	1856.6
氮磷二元复混肥料	Binary Compound Fertilizer	吨	ton	1300.0
其他复混（合）肥料	Other Complex Mixed Fertilizers	吨	ton	2470.8
有机-无机复混肥料	Organic - Inorganic Compound Fertilizer	吨	ton	64000.0
其他肥料制造	Other Fertilizer Manufacturing	吨	ton	1400.0
有机磷杀虫剂原药	Organophosphate Pesticides Original Drug	吨	ton	21376.0
杀螨剂原药	Acaricide Original Drug	吨	ton	3628.5
其他杀虫剂（杀螨剂）原药	Other Pesticides（Acaricides）Original Drug	吨	ton	100000.0
苯类除草剂	Benzene Herbicides	吨	ton	15296.0
有机磷类除草剂原药	Organophosphorus Herbicides Original Drug	吨	ton	4550.0
其他除草剂原药	Other Herbicide	吨	ton	9479.0
生物除草剂制剂	Biological Herbicide Formulations	吨	ton	11580.0
生物杀虫剂制剂	Biological Insecticide Formulation	吨	ton	37816.3
生物杀菌剂制剂	Biocide Agents	吨	ton	28000.0
微生物农药	Microbial Pesticides	件	ton	190.8
木器非水性涂料	Wood and Non-aqueous Coatings	吨	ton	10342.0
防腐非水性涂料	Non-aqueous Corrosion Coatings	吨	ton	9650.0
通用非水性涂料	General Non-aqueous Coatings	吨	ton	10214.2
墙面涂料	Wall Paint	吨	ton	17392.9
防水涂料	Waterproof Coating	吨	ton	15004.9
稀释剂	Thinner	吨	ton	4600.0
钛白粉	Titanium Dioxide	吨	ton	12545.4
锌钡白（立德粉）	Zinc Barium White（Lithopone）	吨	ton	4165.5
氧化铁黑	Black Iron Oxide	吨	ton	3925.0
乙烯聚合物	Polymers of Ethylene	吨	ton	5598.3

3-20 续表 9 continued

类 别	Item	计量单位	Measurement Unit	年末价格（元）Price at Year End（yuan）
石油树脂	Petroleum Resin	吨	ton	19000.0
其他初级形态的塑料及合成树脂	Other Primary Forms of Plastics and Synthetic Resins	吨	ton	6302.0
其他催化剂	Other Catalysts	吨	ton	619582.0
其他橡胶助剂	Other Rubber Chemicals	吨	ton	11752.1
塑料增塑剂	Plasticizer	吨	ton	67520.0
造纸用粘合剂	Paper with Adhesive	吨	ton	5800.0
建筑防水剂	Building Waterproofing Agent	吨	ton	1600.0
脂松节油	Turpentine	吨	ton	11416.4
木松节油	Wood Turpentine	吨	ton	11212.8
松油	Pine Oil	吨	ton	18731.6
松油醇	Terpineol	吨	ton	34445.7
脂松香	Gum Rosin	吨	ton	9227.7
木松香	Wood Rosin	吨	ton	9732.3
氢化松香	Hydrogenated Rosin	吨	ton	19020.0
歧化松香	Rosin	吨	ton	12823.8
聚合松香	Polymerized Rosin	吨	ton	15385.0
酯胶	Ester Gum	吨	ton	11698.3
其他松香类产品	Other Products Rosin	吨	ton	13612.0
栲胶	Tannin	吨	ton	9154.7
铵油类炸药	Explosive Ammonium Oils	吨	ton	5670.0
乳化炸药	Emulsion Explosives	吨	ton	6023.0
电雷管	Electric Detonators	发	piece	1.1
导爆管雷管	Detonator	发	piece	3.3
烟花	Fireworks	箱	box	252.1
合成粘合剂（胶粘剂）	Synthetic Adhesive（Adhesive）	吨	ton	6112.0
洗衣皂	Laundry Soap	吨	ton	11951.0
香皂	Toilet Soap	吨	ton	14957.0
普通洗衣粉	Regular Detergents	吨	ton	4250.0
餐具、果蔬洗涤剂	Tableware, Fruit and Vegetable Detergent	吨	ton	4500.0
衣用及织物用洗涤剂	Clothing with Detergent and Fabric	吨	ton	6496.0
洗面奶	Cleanser	瓶	bottle	17.0
洗发剂（香波）	Shampoo（Shampoo）	瓶	bottle	8.8
面膜	Mask	瓶	bottle	18.0
护肤膏霜	Skin Care Cream	瓶	bottle	27.2
护手霜	Hand Cream	瓶	bottle	7.5
眼用护肤膏（霜）	Eye Skin Cream（Cream）	支	PCS	48.0
其他护肤用化妆品	Other Skincare Cosmetics	瓶	bottle	10.0
牙膏（折65克标准支）	Toothpaste（Equivalent to 65g Standard Support）	支	PCS	1.2
牙粉	Dentifrice	盒	box	14.9
头孢噻肟及其盐	Cefotaxime and Its Salts	千克	kg	572.7
其他抗菌素（抗感染药）	Other Antibiotics（Anti-infectives）	千克	kg	991.5

3-20 续表 10 continued

类 别	Item	计量单位 Measurement Unit		年末价格（元） Price at Year End（yuan）
其他消化系统用药	Other Digestive System Drugs	盒	box	9.9
安乃近	Analgin	千克	kg	14.2
其他泌尿系统用药	Other urinary System Drugs	盒	box	3.6
无水葡萄糖	Anhydrous Glucose	盒	box	8.5
其他调解水、电解质、酸碱平衡药	Other Mediation Water, Electrolyte	盒	box	6.5
其他生化药	Other Shenghua Yao	盒	box	5.3
其他消毒防腐及创伤外科用药	Other Trauma Surgery Drug Use	瓶	bottle	3.8
注射用青霉素钠	Injected with Penicillin Sodium	万支	10 000 PCS	2735.0
注射用头孢唑林钠	Injection of Cefazolin Sodium	万支	10 000 PCS	6495.7
注射用头孢噻肟钠	Injection of Cefotaxime Sodium	万支	10 000 PCS	10438.0
注射用头孢哌酮钠-舒巴坦钠	Cefoperazone Sodium - Sulbactam Sodium	万支	10 000 PCS	11252.0
庆大霉素注射液	Gentamicin Injection	万支	10 000 PCS	2914.3
维生素C注射液	Vitamin C Injection	万支	10 000 PCS	1458.1
葡萄糖注射液	Glucose Injection	万支	10 000 PCS	5583.5
其他未列明注射液	Other Unspecified Injection	万支	10 000 PCS	35.8
银杏叶片	Ginkgo Biloba	万片	10 000 bottle	1045.7
其他未列明混合产品构成片剂	Other Not Listed Hybrid Products Constitute Tablet	万片	10 000 bottle	0.8
速效伤风胶囊	Quick Cold Capsules	万粒	10 000 stars	470.1
其他未列明胶囊	Other Not Listed Capsule	盒	box	5.0
其他未列明颗粒剂	Other Not Listed Granules	盒	box	2.3
口服液体制剂	Oral Liquid	盒	box	2.0
滴剂	Drops	盒	box	5.7
解表丸丸剂	Jiebiaowan Wanji	盒	box	5.5
清热丸剂	Qingre Wanji	盒	box	4.4
补益丸剂	Buyi Wanji	盒	box	3.4
理气丸剂	Liqi Wanji	盒	box	3.7
理血丸剂	Lixie Wanji	盒	box	4.5
其他中成药丸剂	Other Proprietary Chinese Medicine Pills	盒	box	9.8
解表冲剂	Jiebiao Chongji	盒	box	3.6
和解冲剂	HeJie Chongji	盒	box	3.9
清热冲剂	Qingre Chongji	盒	box	3.9
理血冲剂	Lixue Chongji	盒	box	16.9
止咳平喘冲剂	Zhike Pingchuan Chongji	盒	box	2.4
消食冲剂	Xiaosi Chongji	盒	box	3.0
调经、止带冲剂	Tiaojing Zhidai Chongji	盒	box	1.8
清热糖浆	Qingre Tangjiang	盒	box	3.6
安神糖浆	Anshen Tangjiang	盒	box	1.6
祛痰糖浆	Qutan Tangjiang	盒	box	2.0
止咳平喘糖浆	Zhike Pingchuan Tangjiang	盒	box	2.2
消食糖浆	Xiaosi Tangjiang	盒	box	9.5
解表片剂	Jiebiao Pianji	盒	box	2.5

3-20 续表 11 continued

类 别	Item	计量单位	Measurement Unit	年末价格（元）Price at Year End（yuan）
清热片剂	Qingre Pianji	盒	box	2.3
安神片剂	Anshen Pianji	盒	box	5.0
理气片剂	Liqi Pianji	盒	box	3.6
理血片剂	Lixue Pianji	盒	box	2.8
祛痰片剂	Qutan Pianji	盒	box	0.9
止咳平喘片剂	Zhike Pingchuan Pianji	盒	box	1.1
调经、止带片剂	Tiaojing Zhidai Pianji	盒	box	3.3
利咽片剂	Liyan Pianji	盒	box	2.9
通鼻片剂	Tongbi Pianji	盒	box	4.2
治痔片剂	Zhizhi Pianji	盒	box	5.7
止酸解痉治胃痛片剂	Zhisuan Jiejing Zhiweitong Pianji	盒	box	1.7
其他中成药片剂	Other Proprietary Chinese Medicines	盒	box	4.2
泻下胶囊	Xiexia Jiaonang	盒	box	1.5
清热胶囊	Qingre Jiaonang	盒	box	4.9
补益胶囊	Buyi Jiaonang	盒	box	20.0
固涩胶囊	Guse Jiaonang	盒	box	3.8
安神胶囊	Anshen Jiaonang	盒	box	4.0
理血胶囊	Lixue Jiaonang	盒	box	8.2
调经、止带胶囊	Tiaojing Zhidai Jiaonang	盒	box	8.0
止酸解痉治胃痛胶囊	Zhisuan Jiejing Zhiweitong Jiaonang	盒	box	5.1
湿毒清胶囊	Shiduqing Jiaonang	盒	box	10.7
清热注射液	Qingre Zhusheye	百支	100 PCS	390.0
理血注射液	Lixue Zhusheye	百支	100 PCS	709.0
祛暑口服液	Qushu Koufuye	盒	box	2.2
补益口服液	Buyi Koufuye	盒	box	13.1
理血口服液	Lixue Koufuye	盒	box	15.1
祛痰口服液	Qutan Koufuye	盒	box	1.0
止咳平喘口服液	Zhike Pingchuan Koufuye	盒	box	1.8
其他中成药口服液	Other Chinese Medicine Oralliquid	盒	box	28.0
清热散剂	Qingre Sanji	盒	box	5549.0
理血散剂	Lixue Sanji	盒	box	34.3
祛风湿散剂	Qufengshi Sanji	盒	box	2.3
调经、止带散剂	Tiaojing Zhidai Sanji	盒	box	8.1
其他中成药散剂	Other Traditional Chinese Medicine Powder	盒	box	596.9
理血栓剂	Lixue Shuanji	盒	box	22.6
调经、止带栓剂	Tiaojing Zhidai Shuanji	盒	box	4.5
其他中成药栓剂	Other proprietary Chinese medicine suppository	盒	box	19.9
理血药酒	Lixue Yaojiu	瓶	bottle	3.4
其他药酒	Other Yaojiu	瓶	bottle	5.2
祛风湿膏药	Qufengshi Gaoyao	盒	box	19.7
止咳平喘膏药	Zhike Pingchuan Gaoyao	盒	box	18.0

3-20 续表 12 continued

类 别	Item	计量单位	Measurement Unit	年末价格（元） Price at Year End (yuan)
风油精	Wind Medicated Oil	瓶	bottle	9.0
其他中成药	Other Chinese Medicine	盒	box	28.1
兽用青霉素类药品	Veterinary Penicillin Drugs	盒	box	26.0
兽用中草药	Veterinary Chinese Herbal Medicine	盒	box	1.9
其他未列明兽用药品	Other Veterinary Drugs NES	盒	box	73.2
盐酸赖氨酸制剂	Lysine Hydrochloride Preparations	百支	100 PCS	513.0
门冬氨酸制剂	Aspartic Acid Preparations	百支	100 PCS	43680.0
其他氨基酸及蛋白质药制剂	Other Amino Acids and Protein Preparations	吨	ton	207036.0
创可贴止血膏布	Chuangketie Zhixue Gaobu	包	bag	6.3
新霉素软膏纱布	Neomycin Ointment Gauze	包	bag	10.7
医用脱脂棉花	Medical Skim Cotton	吨	ton	49320.0
皮肤敷料	Skin Dressing	包	bag	1.4
其他未列明卫生材料及医药用品	Other Not Listed Health Materials and medical Supplies	包	bag	51.3
航空器充气橡胶轮胎外胎	Aircraft Pneumatic Rubber Tire Tire	条	piece	2990.0
工程机械用子午线轮胎外胎	Tire Radial Tire Construction Machinery	条	piece	188034.0
翻新橡胶轮胎	Renovation of Rubber Tires	条	piece	325.0
纤维材料抗拉层输送带	Fiber Material Tensile Layer Conveyor Belt	条	piece	30.0
其他橡胶带	Other Rubber Band	条	piece	55.8
模制成型橡胶零件	Molded Rubber Parts	万件	10 000 pieces	230668.0
其他橡胶零附件	Other Rubber Parts and Accessories	万件	10 000 pieces	2.1
医用橡胶手套	Medical Rubber Gloves	打	dozen	9.6
检查用橡胶手套	Check with Rubber Gloves	打	dozen	5.8
橡胶门垫	Rubber Doormat	千克	kg	17.4
避孕套	Condom	万只	10 000 unit	2100.0
聚乙烯塑料农用薄膜	Polyethylene Plastic Agricultural Film	吨	ton	10241.4
聚乙烯塑料板、片	Polyethylene Plastic Plates, Sheets	吨	ton	24008.9
聚乙烯塑料硬管	Polyethylene Plastic Hard Tube	吨	ton	15160.9
聚丙烯塑料硬管	Polypropylene Plastic Hard Tube	吨	ton	14841.1
其他塑料管及附件	Other Plastic Pipes and Accessories	吨	ton	8812.8
聚丙烯塑料编织布	Polypropylene Plastic Woven	吨	ton	10203.8
其他塑料编织布	Other Plastic Woven	吨	ton	13890.0
聚乙烯塑料绳	Polyethylene Plastic Rope	吨	ton	23992.4
聚乙烯塑料编织袋	Polyethylene Plastic Woven Bag	吨	ton	17000.0
聚丙烯塑料编织袋	Polypropylene Plastic Bags	吨	ton	11173.0
其他塑料编织袋	Other Plastic Bags	吨	ton	15407.4
其他塑料袋	Other Plastic Bag	套	set	2.0
塑料桶，容积≤300L	Plastic Barrels, the Volume ≤ 300L	条	piece	2.9
塑料瓶，容积≤300L	Plastic Bottles, the Volume ≤ 300L	吨	ton	18283.4
塑料塞子、盖子及类似品	Plastic Stoppers, Lids and Similar Articles	吨	ton	21600.0
塑料百叶窗帘	Plastic Blinds	吨	ton	1900.0
普通塑料餐盘、碟	Ordinary Plastic Dishes, Plates	件	piece	45.0

3-20 续表 13 continued

类 别	Item	计量单位	Measurement Unit	年末价格（元） Price at Year End（yuan）
普通塑料食品罐、箱和盒	Common Plastic Food Cans, Boxes	件	piece	41.0
其他日用塑料制品	Other Household Plastic Products	件	piece	2.0
塑料填充母料颗粒	Plastic Filler Particles	吨	ton	1025.6
强度等级32.5水泥（含R型）	Strength Grade 32.5 Cement（R-type）	吨	ton	290.9
强度等级42.5水泥（含R型）	Strength Grade 42.5 Cement（R-type）	吨	ton	293.1
强度等级52.5水泥（含R型）	Strength Grade 52.5 Cement（R-type）	吨	ton	376.1
硅酸盐水泥（P·Ⅰ或P·Ⅱ）	Portland Cement（P·I or P·II）	吨	ton	284.0
普通硅酸盐水泥（P·O）	Ordinary Portland Cement（P·O）	吨	ton	280.4
复合硅酸盐水泥（P·C）	Compound Portland Cement (P·C)	吨	ton	281.9
窑外分解窑水泥熟料	Kiln Cement Clinker in the Kiln	吨	ton	234.4
其他硅酸盐水泥熟料	Other Portland Cement Clinker	吨	ton	245.5
商品混凝土	Commercial Concrete	立方米	cu.m	276.8
水泥混凝土压力管	Cement Concrete Pressure Pipe	立方米	cu.m	645.6
钢筋混凝土井管、烟道管及其他管	Reinforced Concrete Well Pipe	立方米	cu.m	107.7
其他水泥混凝土电杆	Other Cement Concrete Pole	根	root	603.9
其他预应力混凝土桩	Other Prestressed Concrete Piles	台	set	172.2
预应力混凝土水泥轨枕	Prestressed Concrete Cement Sleepers	根	root	247.4
烧结普通砖	Sintered Common Brick	万块	10 000 piece	3310.0
烧结多孔砖	Sintered Porous Brick	万块	10 000 piece	4743.2
烧结页岩砖	Sintered Shale Brick	万块	10 000 piece	4600.0
烧结粉煤灰砖	Sintered Fly Ash Bricks	万块	10 000 piece	4200.0
有釉瓷质砖	Glaze Ceramic Tile	平方米	sq.m	23.7
无釉陶质砖	Unglazed Ceramic Tiles	平方米	sq.m	26.1
天然花岗石建筑板材	Building Slab of Natural Granite	平方米	sq.m	79.0
花岗岩铺路石、路边石	Granite Paving Stones, Curb	平方米	sq.m	59.0
人造花岗岩装饰板	Artificial Granite Decorative Panels	平方米	sq.m	89.0
无色4毫米	Colorless 4 mm	重量箱	heft box	66.2
无色5毫米	Colorless 5 mm	重量箱	heft box	66.2
无色8毫米	Colorless 8 mm	重量箱	heft box	66.2
其他未列明平板玻璃	Other Not Listed Flat Glass	平方米	sq.m	167.5
车辆用钢化玻璃	Vehicles with Tempered Glass	平方米	sq.m	52.1
建筑用钢化玻璃与半钢化玻璃	Tempered Glass & Semi-tempered Glass	平方米	sq.m	36.0
车辆用夹层玻璃	Vehicles with Laminated Glass	平方米	sq.m	119.0
建筑用夹层玻璃	Used in Construction of Laminated Glass	平方米	sq.m	118.0
中空玻璃	Insulating Glass	平方米	sq.m	100.0
玻璃食品瓶	Glass Food Jars	个	piece	0.3
玻璃啤酒瓶	Glass Beer Bottles	个	piece	0.7
玻璃白酒容器	Glass Liquor Container	个	piece	0.6
纤维增强塑料输、排水管	Fiber Reinforced Plastics Lose, Drains	吨	ton	15600.0
纤维增强塑料井盖、井箅	Fiber Reinforced Plastic Covers, Well Grate	套	set	285.1
陶瓷制大便器	Ceramic Stool	件	piece	72.7

3-20 续表 14 continued

类 别	Item	计量单位	Measurement Unit	年末价格（元）Price at Year End（yuan）
陶瓷制小便器	Ceramic System for Urinals	件	piece	46.9
陶瓷制洗面器	Ceramic wash Basins	件	piece	44.4
瓷质餐具	Porcelain Tableware	件	piece	14.3
陶质餐具	Ceramic Tableware	件	piece	4.7
陶质厨房用器具	Ceramic Kitchen with Appliances	件	piece	4.1
其他日用陶瓷器具	Other Household Ceramic Utensils	只	piece	1.3
粘土质隔热耐火砖	Clayey Insulating Firebrick	吨	ton	760.0
高铝质隔热耐火砖	High Alumina Insulating Firebrick	吨	ton	1340.0
耐火泥浆	Refractory Mortar	吨	ton	450.0
金刚石钻探工具	Diamond Drilling Tools	个	piece	540.8
人造刚玉	Artificial Corundum	吨	ton	4400.0
铸造生铁	Foundry Pig Iron	吨	ton	2427.0
铸铁管	Cast Iron Pipe	吨	ton	6530.0
圆坯（粗钢）	Round Billet（Crude Steel）	吨	ton	4170.0
高合金工具钢（钢坯）	High Alloy Tool Steel（Billet）	吨	ton	7535.0
道岔钢轨	Switch Turnouts	吨	ton	147863.0
中小U型钢（小槽钢）	Small Channel	吨	ton	3366.5
中小型角钢	Small and Medium Angle	吨	ton	3429.0
螺纹钢	Rebar	吨	ton	3322.3
大型圆钢	Large Round Bar	吨	ton	3239.0
钢绞线用硬线材	Strand with a Hard Wire	吨	ton	3126.9
其他用途线材	Other Uses Wire	吨	ton	3600.0
普通质量低合金钢特厚板	General Quality of Low Alloy Steel Thick Plates	吨	ton	3375.5
普通质量低合金钢厚钢板	Common Quality Low Alloy Steel Thick Plate	吨	ton	3331.0
普通质量低合金钢中板	Low-alloy Steel of Ordinary Quality Plate	吨	ton	3330.5
普通质量低合金钢中厚宽钢带	Wide Strips and Thick	吨	ton	3395.0
普通质量低合金钢冷轧薄宽钢带	Cold-rolled Thin Wide Strip	吨	ton	3709.0
普通质量非合金钢热轧窄钢带	Non-alloy Steel Hot Rolled Narrow Strip	吨	ton	40500.0
直缝电阻焊接钢管	Straight Seam Resistance Welded Steel Pipe	吨	ton	4150.8
高炉铁合金	Blast Furnace Ferroalloys	吨	ton	5950.0
金属锰	Manganese Metal	吨	ton	12725.0
转炉中、低碳锰铁	Converter, Low-carbon Ferromanganese	吨	ton	8690.0
其他特种铁合金、复合合金	Other Special Ferro-alloys, Composite Alloy	吨	ton	5387.1
锰硅合金	Silicon-manganese Alloy	吨	ton	5911.7
其他铁合金	Other Ferrous	吨	ton	6561.9
再生粗铜	Renewable Blister	吨	ton	46919.0
矿产铅	Mineral Lead	吨	ton	13600.5
商品粗锌	Crude Zinc Products	吨	ton	12649.6
矿产电锌	Mineral Electrolytic Zinc	吨	ton	12375.8
矿产精锡	Mineral Refined Tin	吨	ton	131967.4
再生锡	Regeneration of Tin	吨	ton	136025.6

3-20 续表 15 continued

类别	Item	计量单位 Measurement Unit		年末价格（元）Price at Year End（yuan）
三氧化二锑	Antimony Trioxide	吨	ton	64823.2
精锑	Refined Antimony	吨	ton	57900.6
一级品氧化铝	Level Grade Alumina	吨	ton	2246.0
重熔用铝锭	Remelting Aluminum Ingots	吨	ton	13689.9
其他未列明常用有色金属	Other Not Listed Common Non-ferrous Metals	吨	ton	1010.0
金矿料产金	Production for Gold Material	千克	kg	355800.0
有色料副产金	There Pigment Byproduct Gold	千克	kg	280730.9
银矿料产银	Silver in Material Silver	千克	kg	5525.0
有色料产银（有色副产银）	Pigment Producing Silver	千克	kg	5275.7
金属镨钕	Praseodymium Neodymium Metal	吨	ton	387000.0
锡铅锑合金	Tin-lead-antimony Alloy	吨	ton	116751.0
稀土镝铁合金	Rare Earth Dysprosium Iron Alloy	吨	ton	3800000.0
非合金铝棒材	Non-alloy Aluminum Rods	吨	ton	14750.0
铝合金建筑型材（门窗幕墙）	Aluminum Alloy Construction Profiles	吨	ton	18316.6
其他铝型材	Other Aluminum	吨	ton	19944.8
非合金铝板材	Non-alloy Aluminum Sheet	吨	ton	17305.7
非合金铝带	Non-alloy Aluminum	吨	ton	17868.9
无衬背铝箔	Sans Serif Back Foil	吨	ton	18598.4
有衬背铝箔	Backing Foil	吨	ton	6345.3
其他铝箔材	Other Aluminum Foil Timber	吨	ton	526.1
桥梁用钢铁结构	Bridge with Steel Structure	吨	ton	10638.0
模板、脚手架、坑道支撑用钢铁制支柱	Steel Pillar System	吨	ton	7670.0
钢铁制水闸门	Iron or Steel, Water Gate	吨	ton	9750.0
其他钢结构	Other Steel	扇	set	1239.0
其他未列明金属结构制品	Other Not Listed Metal Structure Products	吨	ton	8180.0
钢铁制推拉门	Iron or Steel Sliding Doors	扇	set	200.0
钢铁制防盗门	Iron and Steel Security Door	扇	set	4100.0
钢铁制推拉窗	Steel System of Sliding Sash	扇	set	367.2
其他金属制窗及窗框	Other Metal Window	扇	set	200.0
铣刀	Cutter	件	piece	7.2
金刚石钻头	Diamond Drill Bit	件	piece	323.1
锯片	Saw Blade	件	piece	520.0
其他手工具制造	Other Hand Tool Manufacturing	件	piece	230.0
碳钢压力容器	Carbon Steel Pressure Container	个	unit	8700.0
钢铁容器，50L≤容积≤300L	Steel Container, 50L ≤ Volume ≤ 300L	个	unit	9.3
钢铁容器，容积＜50L	Steel Containers, Volume ＜50L	个	unit	5.9
其他金属容器塞子、盖子	Other Metal Containers, Lids	个	unit	55.9
钢芯铝绞股线	Steel Core Aluminum Stranded Wire	吨	ton	14359.0
其他机动车用锁	Other Motor Vehicle Lock	套	set	16.6
脚手架扣件	Scaffold Fastener	吨	ton	8690.0
铝制厨用器皿及餐具	Aluminum Kitchen Utensils and Tableware	口	unit	17.8

3-20 续表 16 continued

类 别	Item	计量单位 Measurement Unit		年末价格（元） Price at Year End（yuan）
其他铝制日用品	Other Aluminum Commodity	口	unit	23.7
铸铁锅	Cast Iron Pot	口	unit	713.9
其他未列明日用金属制品	Other Metal Products Listed Tomorrow	口	unit	2.6
焊条	Welding Rod	吨	ton	5085.5
焊剂	Welding Flux	吨	ton	3533.0
热水锅炉	Hot Water Boiler	台	set	132332.2
其他工业锅炉	Other Industrial Boilers	台	set	191662.0
机车用柴油机零件	Locomotives with Diesel Engine Parts	套	set	49.9
涡轮喷气发动机零件	Turbojet Engine Parts	套	set	125.2
其他内燃机零部件及配件	Other Internal Combustion Engine	套	set	165.7
拖拉机用柴油机	Tractor Diesel Engine	台	set	5274.3
其他用柴油机	Other Diesel Engines	台	set	1403.7
轴流式水轮机	Axial-flow Water Turbine	台	set	95000.0
水轮机调节器	Hydro Turbine	台	set	14500.0
加工中心	Processing Center	台	set	302564.0
卧式车床	Horizontal Lathe	台	set	74269.0
摇臂钻床	Radial Drilling Machine	台	set	49752.1
升降台式铣床	Lift Type Milling Machines	台	set	44899.5
平面磨床	Surface Grinder	台	set	118800.0
数控中小型卧式车床	NC Small and Medium-sized Horizontal Lathe	台	set	107692.0
机械式压力机	Mechanical Presses	台	set	59430.5
切断机	Cutting Machine	台	set	3650.0
其他金属加工机械	Other Metal Processing Machinery	台	set	5960.0
卷绕式卷扬机（绞车）	Winding Winches	台	set	5140.0
油压千斤顶	Hydraulic Jack	台	set	2744.2
专用桥式起重机	Special Bridge Crane	台	set	450800.0
港口门座起重机	Port Portal Cranes	台	set	580000.0
塔式起重机	Tower Crane	台	set	381729.8
起重机专用配套件	Special Crane Supporting Pieces	台	set	12174.4
其他桥式起重机	Other Overhead Crane	台	set	839000.0
斗式提升输送机	The Bucket Elevator Conveyor	台	set	12912.3
带式输送机	Belt Conveyor	台	set	18962.2
刮板输送机	Scraper Conveyor	台	set	8600.0
悬挂及链式输送机	Suspension and Chain Conveyors	台	set	10374.1
其他输送机械	Other Transportation Machinery	台	set	11240.4
单级单吸清水离心泵	Single-suction Clean Water Centrifugal Pump	台	set	736.7
液下泵	Liquid Pump	台	set	4450.0
其他动力式泵	Other Power Pump	台	set	20900.0
液压隔膜泵	Hydraulic Diaphragm Pumps	台	set	3800.0
齿轮泵	Gear Pump	台	set	75.0
往复式压缩机	Reciprocating Compressors	台	set	39362.5

3-20 续表 17 continued

类 别	Item	计量单位	Measurement Unit	年末价格（元） Price at Year End（yuan）
空气压缩机	Air Compressor	台	set	68000.0
工艺压缩机	Process Compressors	台	set	235600.0
其他非制冷设备用压缩机	Othe the Refrigeration Equipment with Compressor	台	set	1610.0
疏水阀	Traps	台	set	56.4
减压阀	Pressure Reducing Valve	台	set	290.0
轴向柱塞泵	Axial Piston Pump	台	set	4188.0
其他液压系统及装置	Other Hydraulic Systems and Devices	台	set	934664.0
球轴承	Ball Bearings	套	set	6.5
滚子轴承	Roller Bearings	套	set	43.0
其他轴承零件	Other Bearing Parts	套	set	72.0
圆柱齿轮	Cylindrical Gears	件	piece	510.0
汽车齿轮	Automotive Gear	件	piece	615.0
减速机	Reducer	台	set	5000.0
变速器（机、箱）	Transmission（Machine, Box）	台	set	41643.0
摩擦离合器	Friction Clutch	台	set	593.0
其他未列明齿轮、传动和驱动部件	Other NES Gears, Gearing and Drive Elements	根	root	38964.0
通风换气用通风机（离心式）	The Ventilation Fan（Centrifugal）	台	set	7627.0
通风换气用通风机（轴流式）	The Ventilation Fan（Axial Flow）	台	set	590.0
罗茨鼓风机	Roots Blower	台	set	29000.0
其他气体分离及液化设备	Other Gas Separation and Liquefaction equipment	台	set	88034.0
水过滤、净化机械及装置	Water Filtering or Purifying Machinery and Devices	条	piece	21.4
车用空调设备	Car Air Conditioning Equipment	台	set	3397.0
风镐（气镐）	Picks（Gas-ho）	台	set	925.9
螺栓	Bolt	件	piece	1.6
其他未列明通用设备用零件	Other Not Listed General Equipment Parts	件	piece	8.5
工业用灰铸铁制品	Industrial Use of Gray Cast Iron Products	吨	ton	6210.0
碳钢铸钢件	Carbon Steel Castings	吨	ton	2350.0
其他铸钢件	Steel Castings	吨	ton	7100.0
其他粉末冶金零件	Other Powder Metallurgy Parts	件	piece	0.3
非自推进凿岩机	Non-self-propelled Rock Drill	台	set	2036.9
颚式破碎机	Jaw Crusher	台	set	30280.0
球、棒磨机	Ball, Rod Mill	台	set	271500.0
摆式磨粉机（雷蒙磨）	Pendulum Grinder（Raymond）	台	set	252107.0
振动筛	Shaker	台	set	7399.0
履带式挖掘机	Crawler Excavators	台	set	63248.0
装载机	Loader	台	set	337181.4
重型自卸车（翻斗车）	Heavy-duty Dump Trucks（Dump Truck）	台	set	113917.6
中型自卸车（翻斗车）	Medium-sized Dump Trucks（Dump Truck）	台	set	114200.0
其他未列明建筑工程用机械	Other Construction Machinery, Nes	台	set	454.0
混凝土搅拌机（站）	Concrete Mixer（Station）	台	set	13900.0
真空挤砖机	Vacuum Extruder	台	set	249652.4

3-20 续表 18 continued

类 别	Item	计量单位 Measurement Unit		年末价格（元）Price at Year End（yuan）
其他橡胶硫化设备	Other Rubber Vulcanization Equipment	台	set	854701.0
塑料中空成型机	Plastic Blow Molding Machine	台	set	380000.0
其他塑料用模具	Other Plastic Molds	台	set	100000.0
碾米机	Rice Milling Machine	台	set	973.0
输送机	Conveyor	台	set	167500.0
卸料离心机	Discharge Centrifuge	台	set	1085470.0
其他蔗糖加工机械	Other Sugar Processing Machinery	台	set	26180.2
颗粒饲料微粉碎机	Micro Pellet Mill	台	set	840.0
其他电子元件及机电组件生产设备	Other Electronic Components	套	set	0.3
小四轮拖拉机	Small Four-wheel Tractor	台	set	46779.5
水稻联合收割机	Rice Combine Harvester	台	set	37730.8
脱粒机械	Threshing Machine	台	set	867.3
微耕机	Micro-farming Machine	台	set	3362.8
旋耕机	Rotavator	台	set	1456.9
多功能收割机	Multifunctional Harvester	台	set	840.7
拖拉机零配件	Tractor Spare Parts	台	set	3592.8
全自动血细胞分析仪	Automatic Blood Cell Analyzer	台	set	14529.9
电动摄影平床	Electric Photography Flat Bed	台	set	20000.0
自动尿液分析仪	Automatic Urine Analyzer	台	set	1538.5
一次性注射器	Disposable Syringes	万支	10 000 PCS	3000.0
其他注射器	Other Syringe	万套	10 000 set	4850.0
电动、液压手术台床	Electric, Hydraulic Operating Table Bed	台	set	50000.0
手动手术床	Manual Operating Table	台	set	3200.0
沉淀、过滤装置	Other Water Pollution Control Equipment	台	set	111462.5
其他水质污染防治设备	Waste-specific Processing Machinery	台	set	102866.8
废弃物专用处理机械	Waste Processing Machinery	台	set	330000.0
其他未列明铁路专用设备及器材、配件	Other NES Railway Installations & Equipment	件	set	44.3
铁路机车修理和维护	Railway Locomotive Repair and Maintenance	台	set	1605582.5
铁路车辆修理和维护	Repair and Maintenance of Railway Vehicles	台	set	451812.9
多功能乘用车，1L<排量≤1.6L	Multi-purpose Vehicles, 1L ~1.6L	辆	set	48000.0
交叉型乘用车，1L<排量≤1.6L	Cross-type Passenger, 1L~ 1.6L	辆	set	30085.0
柴油型大型客车	Large Passenger Diesel-type	辆	set	428293.1
柴油型中型客车	Diesel-type Medium-sized Bus	辆	set	328515.5
柴油重型载货车	Heavy Diesel Trucks	辆	set	127420.0
柴油中型载货车	Diesel Trucks	辆	set	109500.0
汽油轻型载货车	Gasoline Light Trucks	辆	set	32308.0
汽油微型载货车	Gasoline Mini-trucks	辆	set	31709.0
货车底盘	Truck Chassis	辆	set	65980.0
非公路用自卸车底盘	Off-highway Dump Truck Chassis	辆	set	240882.0
半挂牵引车	Semi-trailer Tractor	辆	set	140665.7
汽车用汽油发动机，排量≤1L	Automotive Gasoline Engine, Emission ≤ 1L	台	set	2768.5

3-20 续表 19 continued

类 别	Item	计量单位 Measurement Unit		年末价格（元）Price at Year End（yuan）
汽车用汽油发动机，1L<排量≤1.6L	Automotive Gasoline Engine, 1L~1.6L	台	set	4549.0
汽车用柴油发动机	Motor Vehicle Diesel Engines	台	set	35560.0
改装厢式汽车	Modified Railroad Car	辆	set	35500.0
其他改装汽车	Other Modified Cars	辆	set	229810.7
机动车制动系统	Motor Vehicle Braking System	套	set	91.1
变速器总成	Transmission Assembly	套	set	514.4
机动车车轮总成	Motor Vehicle Wheel Assembly	套	set	50.4
机动车悬挂减震器	Motor Vehicle Shock Absorbers	套	set	190.8
机动车辆散热器、消声器及其零件	Motor Vehicle Radiator and Parts Thereof	套	set	125.3
机动车用控制装置总成	Motor Vehicle with Control Device Assembly	套	set	71.5
其他机动车（汽车）零配件	Other Motor Vehicles（Cars）the Spare Parts	套	set	85.5
汽车底盘车架及其零件	Automobile Chassis Frame and Its Parts	套	set	280.0
车窗玻璃升降器	Window lifter	套	set	31.8
车身底板、侧板及类似板	Underbody, side panels and similar board	套	set	34.1
机动车门及其零件	Motor vehicle door and its parts	套	set	24.1
机动车车窗、窗框	Motor vehicle windows, window frames	件	piece	141.4
其他车身零件及其配套附件	Other body parts and matching accessories	件	piece	222.3
汽车修理	Auto Repair	工时	man-hour	110.9
船舶专用设备	Ship Equipment	台	set	523401.5
船用配套设备零件	Marine Equipment Parts	台	set	13333.3
船舶修理	Ship Equipment	工时	man-hour	26.1
指示牌或交通标志牌	Signs or Traffic Signs	块	piece	2363.0
汽车牌（发光）	Vehicle License（Light Emitting）	块	piece	21.0
交流发电机，75kVA<P≤375kVA	Alternator, 75kVA <P ≤ 375kVA	台	set	67773.2
水轮发电机组	Hydroelectric Generating Set	台	set	1734958.4
其他直流电动机	Other DC Motors	台	set	9275.0
多相交流电动机，750W<P≤75kW	Polyphase AC Motor, 750W <P ≤ 75kW	台	set	2146.0
多相交流电动机，P>75kW	Multi-phase AC Motor, P> 75kW	台	set	930.0
其他未列明电机	Other Not Specified in the Motor	台	set	1660.0
其他驱动微电机	Other Drive Micro-motor	台	set	5050.0
电力变压器	Power Transformers	台	set	49065.2
干式变压器	Dry-type Transformers	台	set	186550.0
电压互感器	Voltage Transformer	台	set	17343.2
电抗器	Reactor	台	set	32579.3
并联电容器	Shunt Capacitor	台	set	2564.1
并联电容器装置	Installation of Shunt Capacitors	台	set	121288.1
避雷器	Lightning Arrester	台	set	2193.4
漏电断路器	Leakage Circuit Breaker	台	set	40.0
其他低压电路保护装置	Other Low Voltage Circuits Protecting Device	个	unit	16.0
倒板式开关	Inverted Plate Switch	台	set	24.0
其他低压电力控制、分配装置	Other Low-power Control and Distribution unit	台	set	150.0

3-20 续表 20 continued

类 别	Item	计量单位	Measurement Unit	年末价格（元）Price at Year End（yuan）
其他未列明配电开关控制设备及配件	Other NES Distribution Switch Control Equipment	只	unit	22.7
布线组	Wiring Sets	公里	km	1452.1
安装电线	Installation of Electrical Wiring	公里	km	718.1
其他绝缘电线	Other Insulated Wire	公里	km	2138.0
VLV型	YLV Type	公里	km	2895.0
YJV型	YJV Type	公里	km	12336.8
铜芯交联线	Copper Conductor Cross-line	公里	km	931.6
VV型	VV Type	公里	km	17991.2
LGJ型	LGJ Type	公里	km	14974.8
KVV型	KVV-Type	公里	km	8702.4
BV型	BV-Type	公里	km	3984.1
其他型号电力电缆	Other Models of Power Cables	公里	km	8000.0
其他电线电缆	Other Wire and Cable	公里	km	335.0
其他电工器材	Other Electrical Equipment	套	set	120.0
二氧化锰原电池（组）	Manganese Dioxide Primary Cells（Group）	只	unit	0.7
其他原电池及原电池组	Other Primary Cells and Batteries	只	unit	0.3
用于启动活塞发动机铅酸蓄电池	Used for the Piston Engine Lead-acid Battery	只	unit	204.6
镉镍蓄电池	Ni-Cd Battery	只	unit	1.2
氢镍蓄电池	Ni-MH Batteries	只	unit	7.4
其他电池零部件	Other Battery Parts	只	unit	938.3
整体式房间空气调节器	Overall Type Room Air Conditioner	台	set	12692.0
家用空气湿度调节装置	Home Air Humidity Conditioning	台	set	6500.0
台扇	Table Fan	台	set	64.0
落地扇	Stand Fan	台	set	145.0
吊扇	Ceiling Fan	台	set	116.0
壁扇	Wall Fan	台	set	127.0
双头式抽油烟机	Piggyback Range Hood	台	set	739.0
电饭锅	Rice Cooker	台	set	88.0
其他家用电热烹调器具	Other Household Electric Cooking Appliances	台	set	230.0
电磁灶	Cookers	台	set	213.0
电暖气	Electric Heating	台	set	147.0
家用燃气灶具	Domestic Gas Cooking Appliances	台	set	536.3
车头灯	Headlights	个	unit	110.0
微波收发通信机	Microwave Transceivers Communication Machine	台	set	19658.0
气象雷达	Weather Radar	台	set	684000.0
液晶显示屏	LCD	只	unit	1.1
发光二极管（LED管）	Light-emitting Diode（LED Tube）	只	unit	0.1
其他半导体光电器件	Other Semiconductor Optoelectronic Devices	只	unit	1.5
其他未列明光电子器件及电子器件	Other NES Optoelectronic Devices	只	unit	15.0
电解电容器	Electrolytic Capacitor	只	unit	94.2
塑料介质电容器	Plastic Dielectric Capacitor	只	unit	1.4

3-20 续表 21 continued

类　别	Item	计量单位	Measurement Unit	年末价格（元）Price at Year End（yuan）
碳膜电位器	Carbon Film Potentiometers	只	unit	0.8
片式固定电阻器	Chip Fixed Resistor	只	unit	627.0
其他未列明电子设备及装置	Other Not Listed Electronic Equipment and Device	台	set	894.4
其他绘图台及绘图机、绘图工具	Other Drawing Stage and Drawing Machine	支	PCS	49.0
卡尺	Caliper	把	set	98.0
量表	Scale	把	set	86.0
其他量具	Other Tools	把	set	13.7
车辆用速度表	Vehicle Speedometer	台	set	166.0
其他未列明专用仪器	Other Not Listed a Special Instrument	台	set	2762.2
机械表心	Mechanical Heart	台	set	61.6
其他钟表零配件	Other Watch Parts	只	set	0.5
光学显微镜	Optical Microscope	台	set	570.4
照相机用取景器	Camera with Viewfinder	台	set	35.4
竹编工艺品	Bamboo Crafts	件	piece	123.5
藤编工艺品	Rattan Handicrafts	件	piece	8.3
其他未列明珠宝首饰及有关物品	Other Not Listed Jewellery and Reated Articles	件	piece	970.0
牙刷	Toothbrush	把	set	0.4
一次性气体打火机	Disposable Gas Lighters	百只	100 unit	40.7
可充气袖珍打火机	Inflatable Pocket Lighters	百只	100 unit	44.7
煤炭为能源发电量	Coal Energy Generating Capacity	万千瓦时	10 000 kwh	4086.7
以余热、余气为能源发电量	Waste Heat, Residual Gas Generating Capacity	万千瓦时	10 000 kwh	5262.8
水力发电量	Hydroelectricity	万千瓦时	10 000 kwh	1922.9
工业用电	Industrial Electricity	万千瓦时	10 000 kwh	5956.2
民用用电	Civilian electricity	万千瓦时	10 000 kwh	4867.9
农业用电	Agricultural Electricity	万千瓦时	10 000 kwh	3756.9
商业用电	Commercial Electricity	万千瓦时	10 000 kwh	8114.6
民用人工煤气供应量	Civil Artificial Gas Supply	千立方米	1 000 cu.m	973.5
商业用人工煤气供应量	Commercial Artificial Gas Supply	千立方米	1 000 cu.m	1592.0
民用天然气供应量	Residential Natural Gas Supply	千立方米	1 000 cu.m	3485.8
工业用天然气供应量	Industrial Use of Natural Gas Supply	千立方米	1 000 cu.m	3935.2
商业用天然气供应量	Commercial Gas Supply	千立方米	1 000 cu.m	4706.0
液化石油气供应量	LPG Supply	千立方米	1 000 cu.m	15634.0
自来水生产量	Tap Water Production	立方米	cu.m	1.2
工业用水	Industrial Water	立方米	cu.m	1.8
民用水	Civilian Water	立方米	cu.m	1.5
商业用水	Commercial Water	立方米	cu.m	1.8
饮食服务用水	Food Service Water	立方米	cu.m	1.9
船舶用水	Ship Water	立方米	cu.m	1.7
行政事业用水	Administrative Water	立方米	cu.m	1.6
其他用自来水供应	Other Water Supply	立方米	cu.m	2.1
中水量	In Water	立方米	cu.m	1.2

3-21 原材料、燃料、动力购进价格（1990—2012年）

Purchasing Price Indices for Raw Materials, Fuels and Power（1990—2012）

（上年=100） （preceding year=100）

年 份 Year	总指数 General Index	燃料、动力类 Fuel and Power	黑色金属材料类 Ferrous Metals	钢 材 Rolle Steel	有色金属材料和电线类 Nonferrous Metals and Wires
1990	102.2	107.9	99.9		90.3
1991	107.8	109.0	101.6		115.4
1992	112.5	111.2	123.2	126.6	108.7
1993	141.7	131.1	182.4	182.0	111.6
1994	117.8	123.1	101.7	100.0	112.3
1995	112.9	107.8	94.7	94.4	137.6
1996	103.4	108.6	99.4	100.8	85.6
1997	99.3	108.7	94.6	93.2	94.9
1998	95.2	99.6	93.9	92.2	83.8
1999	93.6	93.1	96.2	96.3	99.8
2000	100.9	98.9	103.0	105.0	123.8
2001	103.7	103.8	107.8	101.1	90.3
2002	95.6	101.8	99.8	98.6	94.6
2003	101.2	101.3	108.7	110.4	110.6
2004	116.3	110.1	135.1	126.3	139.6
2005	108.2	112.1	111.3	105.9	114.5
2006	111.4	103.7	94.3	95.4	131.8
2007	106.1	105.4	108.9	108.3	124.0
2008	110.6	117.7	129.1	122.6	104.7
2009	95.1	100.8	82.8	83.2	81.2
2010	111.2	109.3	103.7	105.7	128.6
2011	110.0	105.5	107.7	109.1	114.5
2012	99.2	104.0	95.2	96.4	95.2

3-21 续表 continued

（上年＝100） (preceding year=100)

年份 Year	化工原料类 Raw Chemical Materials	木材及纸浆类 Timber and Paper Pulp	建筑材料及非金属矿类 Building Material and Non-metal Ore	其它工业原材料及半成品类 Other Materials and Semi-finished Category	农副产品类 Agricultural Products	纺织原料类 Textile Materials
1990	101.3	102.1	97.7		100.4	105.8
1991	108.1	113.8			108.2	113.3
1992	102.3	106.6			108.4	97.3
1993	122.1	115.4	170.6	154.8	137.9	104.0
1994	116.2	110.5	103.0	139.0	145.2	142.5
1995	125.2	108.9	88.1	91.7	148.2	150.5
1996	95.1	101.9	97.4	101.5	117.0	99.0
1997	95.3	94.4	94.4	100.4	92.3	91.5
1998	92.6	99.7	98.7	96.4	89.4	88.1
1999	95.9	93.7	95.6	90.7	92.5	102.0
2000	104.5	99.8	92.6	104.7	90.3	106.3
2001	96.9	94.3	96.7	112.0	105.3	95.6
2002	97.9	101.0	98.3	91.4	94.6	89.8
2003	106.3	103.5	98.8	98.2	92.7	119.7
2004	114.8	111.5	109.9	113.5	109.8	117.2
2005	110.0	94.4	103.6	103.7	116.8	90.6
2006	104.0	102.7	98.5	112.2	124.1	102.3
2007	105.3	110.9	101.5	105.8	98.9	101.6
2008	121.3	104.5	114.0	106.9	102.6	102.2
2009	85.8	84.3	96.1	100.2	101.7	94.1
2010	112.3	111.2	114.6	110.3	116.6	121.4
2011	116.5	108.6	109.5	107.0	115.9	119.5
2012	98.3	97.5	98.3	98.5	101.3	92.1

3-22 分月原材料、燃料、动力购进价格指数（2012年）

（上年同期=100）

类 别	Item	1 月 January	2 月 February	3 月 March
总指数	**General Index**	**102.0**	**100.8**	**99.7**
燃料、动力类	Fules and Power	104.9	103.4	102.1
黑色金属材料类	Material of Black Metal	100.1	98.8	98.5
# 钢材	# Rolled Steel	102.1	100.5	99.4
其它	Other	94.3	93.9	96.1
有色金属材料和电线类	Material of Nof-ferrous Metal Material and ElectricWire	102.7	101.5	100.8
化工原料类	Chemical Material	103.7	102.4	101.3
木材及纸浆类	Wood and Paper Pulp	100.6	99.0	99.4
建筑材料及非金属矿类	Building Material and Non-metal Ore	100.7	99.7	101.2
其它工业原材料及半成品类	Other Industrial Raw Material and Semi-finished Category	100.3	99.8	99.1
农副产品类	Agricultural and Side-line Produces	102.6	100.8	97.7
纺织原料类	Raw Textile Material	88.4	85.7	83.7

3-23 分月原材料、燃料、动力购进价格环比指数（2012年）

（上月=100）

类 别	Item	1 月 January	2 月 February	3 月 March
总指数	**General Index**	**99.9**	**99.8**	**100.0**
燃料、动力类	Fules and Power	100.1	99.2	99.6
黑色金属材料类	Material of Black Metal	100.6	100.2	99.8
# 钢材	# Rolled Steel	99.9	100.2	99.9
其它	Other	102.5	100.5	99.6
有色金属材料和电线类	Material of Nof-ferrous Metal Material and ElectricWire	99.6	100.6	100.9
化工原料类	Chemical Material	99.7	99.9	100.4
木材及纸浆类	Wood and Paper Pulp	99.7	98.5	99.8
建筑材料及非金属矿类	Building Material and Non-metal Ore	99.6	98.6	99.2
其它工业原材料及半成品类	Other Industrial Raw Material and Semi-finished Category	99.8	100.1	100.1
农副产品类	Agricultural and Side-line Produces	99.6	100.5	100.2
纺织原料类	Raw Textile Material	99.8	99.9	99.3

Indices of Purchasing Prices of Raw Materials, Fuels and Power by Month（2012）

（preceding year=100）

4 月 April	5 月 May	6 月 June	7 月 July	8 月 August	9 月 September	10 月 October	11 月 November	12 月 December
98.8	**99.4**	**99.5**	**98.9**	**98.3**	**98.0**	**98.5**	**98.1**	**98.1**
100.9	106.5	108.9	107.5	107.0	106.7	106.1	99.1	96.3
97.9	96.8	95.6	94.2	92.4	89.5	90.3	94.2	94.3
98.8	98.0	97.0	95.9	94.3	92.3	92.3	92.9	94.0
95.2	93.4	91.7	89.3	87.0	81.8	84.7	98.2	95.4
96.2	93.5	93.8	91.0	89.3	91.2	94.1	93.8	96.0
100.3	99.5	99.0	97.1	96.0	95.0	93.9	95.6	96.1
98.5	98.2	97.1	97.0	96.0	95.7	95.5	95.4	97.2
100.5	99.9	98.7	98.0	95.9	94.6	96.4	97.0	97.2
99.0	98.2	97.8	97.8	97.5	97.5	98.1	98.6	99.1
97.2	98.1	99.0	100.6	102.3	103.4	104.0	104.6	105.4
84.8	88.8	89.2	100.1	98.4	97.9	97.6	97.5	98.4

Chain Index of Purchasing Prices of Raw Materials, Fuels and Power by Month（2012）

（preceding month=100）

4 月 April	5 月 May	6 月 June	7 月 July	8 月 August	9 月 September	10 月 October	11 月 November	12 月 December
100.0	**99.6**	**99.5**	**99.5**	**99.7**	**99.8**	**100.1**	**100.1**	**100.1**
99.9	99.6	99.1	99.1	99.1	99.9	100.0	100.4	100.2
100.0	99.5	99.3	98.2	98.3	97.0	99.7	101.0	100.5
100.2	99.7	99.5	98.5	98.4	97.9	99.7	99.7	100.2
99.5	99.1	98.4	97.4	97.9	94.5	100.0	105.2	101.1
99.2	97.2	100.2	99.9	98.9	100.4	100.1	99.1	99.9
99.6	99.1	99.2	99.5	99.7	99.4	99.8	99.9	99.9
100.0	99.7	99.0	100.2	99.6	100.0	99.7	99.8	101.2
99.8	99.7	99.5	99.7	100.0	100.1	100.9	100.4	99.7
100.1	99.8	99.8	100.0	100.1	100.0	99.8	99.8	99.7
100.5	100.7	100.0	99.8	101.1	101.2	100.9	100.4	100.5
100.1	100.1	100.2	99.9	99.5	100.0	99.9	99.8	99.9

3-24 主要原材料、燃料、动力价格（2012年）

Ex-Factory Price of Major Raw Materials, Fuels and Power（2012）

类　别	Item	计量单位	Measurement Unit	年末价格（元）Price at Year End（yuan）
早籼稻	Early Indica Rice	吨	ton	3124.9
晚籼稻	Late Indica Rice	吨	ton	3473.4
糯稻	Glutinous Rice	吨	ton	2436.0
硬质小麦	Durum Wheat	吨	ton	2633.0
软质小麦	Soft Wheat	吨	ton	2502.1
白玉米	White Corn	吨	ton	2503.7
黄玉米	Yellow Corn	吨	ton	2552.8
其他玉米	Other Corn	吨	ton	2120.0
红粒高粱	Red Rain Sorghum	吨	ton	3158.3
皮大麦	Paper Barley	吨	ton	3873.4
裸燕麦	Naked Oat	吨	ton	5650.0
谷壳	Chaff	吨	ton	2050.0
薏苡	Coix	吨	ton	4000.0
麦麸	Wheat Bran	吨	ton	2200.1
麦芽	Malt	吨	ton	2420.0
其他未列明谷物	Other Not Listed Grain	吨	ton	5000.0
鲜木薯	Fresh Cassava	吨	ton	590.6
木薯干	Dried Cassava	吨	ton	1674.3
花生仁	Peanuts	吨	ton	15000.0
油菜籽	Rapeseed	吨	ton	1985.0
黑芝麻	Black Sesame Seeds	吨	ton	14080.9
黄大豆	Soybean	吨	ton	5200.5
棉粕	Cottonseed Meal	吨	ton	2733.2
生黄红麻	Wong Kenaf	吨	ton	3800.0
甘蔗	Cane	吨	ton	500.1
其他未列明作物	Other Not Listed Crop	吨	ton	5957.5
根茎类蔬菜	Root Vegetables	吨	ton	4743.2
茄果类蔬菜	Solanaceous Vegetables	吨	ton	2693.9
其它花卉	Other Flowers	千克	kg	0.7
热带水果	Tropical Fruits	吨	ton	2613.5
瓜类水果	Melon Fruit	吨	ton	2208.2
干制水果	Dried Fruit	吨	ton	7600.0
食用坚果	Edible Nuts	吨	ton	4400.0
红茶	Black Tea	千克	kg	45.0
绿茶	Green Tea	千克	kg	20.3
毛茶	Maocha	千克	kg	28.7
甘草	Licorice	千克	kg	18.4
人参	Ginseng	千克	kg	496.5
当归	Angelica	千克	kg	29.4

3-24 续表 1 continued

类 别	Item	计量单位 Measurement Unit		年末价格（元） Price at Year End（yuan）
田七	Tianqi	千克	kg	67.8
黄连	Coptis	千克	kg	90.0
菊花	Chrysanthemum	千克	kg	27.3
贝母	Fritillaria	千克	kg	63.0
川芎	Chuanxiong	千克	kg	33.9
黄芪	Astragalus	千克	kg	38.7
大黄、籽黄	Rhubarb, Seeds Yellow	千克	kg	24.8
白术	Baizhu	千克	kg	15.9
茯苓	Fuling	千克	kg	13.6
枸杞	Gouqi	千克	kg	8.4
灵芝	Ganodorma Lucidum	千克	kg	60.0
生地	Shengdi	千克	kg	15.0
麦冬	Maidong	千克	kg	68.9
云木香	Yunmuxiang	千克	kg	8.7
白芷	Baizhi	千克	kg	19.0
山茱萸	Medical Dogwood	千克	kg	41.0
莲翘	Lianqiao	千克	kg	34.9
辛荑	Xinyi	千克	kg	43.0
黄芩	Radix Scutellariae	千克	kg	23.9
麻黄	Herbal Ephedrae	千克	kg	8.6
肉苁蓉	Desertliving Cistanche	千克	kg	96.0
丹参	Danshen	千克	kg	14.2
其他中草药材	Other Chinese Herbal Medicine	千克	kg	30.7
落叶松原木	Larix Spp Logs	立方米	cu.m	650.0
马尾松原木	Pinus Massoniana Logs	立方米	cu.m	983.1
杉木原条	Chines Fir Pole-timber	立方米	cu.m	740.3
栎木（橡木）原木	Oak Wood（Oak）Logs	立方米	cu.m	3015.0
樟木原木	Camphor Wood	立方米	cu.m	1675.0
桉树原木	Eucalyptus Logs	立方米	cu.m	536.0
其他非针叶原木	Other Non-coniferous Wood	立方米	cu.m	788.4
小规格木材	Small Size of Timber	立方米	cu.m	469.6
薪材	Fuelwood	立方米	cu.m	374.3
短条及细枝等	Short Article and Twigs	立方米	cu.m	458.3
其他未列明木材	Other Not Listed Wood	立方米	cu.m	350.0
竹片	Bamboo	吨	ton	450.0
天然橡胶乳	Natural Rubber Milk	吨	ton	20089.7
烟胶片	Smoked Sheets	吨	ton	26272.6
标准胶片	Standard Film	吨	ton	16600.5
天然松脂	Natural Pine Resin	吨	ton	8715.3

3-24 续表 2 continued

类 别	Item	计量单位	Measurement Unit	年末价格（元） Price at Year End (yuan)
落叶松树皮	Larch Bark	吨	ton	2100.0
杨梅树皮	Bayberry Bark	吨	ton	2250.0
其他天然树脂、树胶、栲胶原料	Other Natural Resins, Gums, Tannin Materials	吨	ton	5076.3
未加工天然软木	Unprocessed Natural Cork	吨	ton	374.4
橡壳	Rubber Sheel	吨	ton	1450.0
松油	Pine Oil	吨	ton	8702.4
剑麻纤维	Sisal Fiber	吨	ton	6210.2
其他未列明林产品	Other Products Not Liemng Lin	吨	ton	7728.0
生牛奶	Raw Milk	千克	kg	4.5
绵羊毛	Sheep Wool	千克	kg	135.0
其他动物毛	Other Animal Hair	千克	kg	39.9
生牛皮	Rawhide	张	piece	7123.0
生猪皮	Health Pigskin	张	piece	69.5
中猪	In Pigs	千克	kg	15.4
鸡蛋	Eggs	千克	kg	9.3
天然蜂蜜	Natural Honey	千克	kg	7.2
桑蚕茧	Mulberry Silkworm Cocoon	千克	kg	75.3
其他蚕茧	Other Cocoons	千克	kg	64.6
家兔	Rabbit	千克	kg	18.0
海水养殖虾	Marine Aquaculture Shrimp	吨	ton	36160.0
其他海水捕捞鲜鱼	Other Sea Fishing Fresh Fish	吨	ton	2218.1
海水捕捞虾	Sea Fishing Shrimp	吨	ton	121005.0
养殖淡水鱼	Freshwater Fish	吨	ton	7903.8
细绒棉皮棉	Upland Cotton Lint	吨	ton	18401.2
长绒棉皮棉	Long-staple Cotton Lint	吨	ton	43500.0
一号无烟煤	1# Anthracite	吨	ton	981.2
二号无烟煤	2# Anthracite	吨	ton	1096.3
三号无烟煤	3# Anthracite	吨	ton	653.8
焦煤	Coking Coal	吨	ton	738.5
1/3焦煤	1/3 coking coal	吨	ton	582.8
肥煤	Fat Coal	吨	ton	870.0
气煤	Gas Coal	吨	ton	481.8
贫瘦煤	Lean Coal	吨	ton	619.1
不粘煤	Non-caking Coal	吨	ton	667.2
长焰煤	Long Flame Coal	吨	ton	775.0
贫煤	Lean Coal	吨	ton	767.8
一般烟煤	General Bituminous	吨	ton	905.7
其他烟煤	Other Bituminous Coal	吨	ton	906.2
炼焦用洗精煤	The Coking Use Washed Coal	吨	ton	1320.0

3-24 续表 3 continued

类　别	Item	计量单位 Measurement Unit		年末价格（元）Price at Year End（yuan）
其他用洗精煤	Others Washed Coal	吨	ton	850.0
无烟煤洗块煤	Anthracite Washing Lump Coal	吨	ton	981.6
烟煤洗块煤	Bituminous Coal Wash Lump Coal	吨	ton	538.5
烟煤洗粒级煤	Bituminous Coal Wash Fractions	吨	ton	906.2
无烟煤洗混末煤	The Anthracite Shuffled the end of Coal	吨	ton	749.0
烟煤洗中煤	Bituminous Coal Washing in Coal	吨	ton	770.0
褐煤洗块煤	Lignite Washing Lump Coal	吨	ton	494.7
褐煤洗粒级煤	Lignite Washing Tablets Rank Coal	吨	ton	591.8
泥炭（泥煤）	Peat	吨	ton	96.5
煤矸石	Gangue	吨	ton	127.7
其他未列明煤炭	Other Not Specified in the Coal	吨	ton	1014.5
天然原油	Of Crude Oil	吨	ton	5191.6
天然气	Natural Gas	立方米	cu.m	3.5
液化天然气	Liquefied Natural Gas	立方米	cu.m	6963.9
炼钢块矿	Steelmaking Lump Ore	吨	ton	680.0
炼铁块矿（含铁≥45%）	Ironmaking Lump Ore（Iron Content≥45%）	吨	ton	1020.0
铁富粉矿	Iron-rich Iron Ore Fines	吨	ton	800.0
铁精矿	Iron Ore Concentrate	吨	ton	851.7
赤铁矿	Hematite	吨	ton	174.4
褐铁矿	Limonite	吨	ton	60.4
锰矿石原矿	Manganese Ore	吨	ton	711.0
锰块矿	Manganese Lump Ore	吨	ton	1452.9
锰粉矿	Manganese Ore Powder	吨	ton	1474.3
富锰渣	Manganese-rich Slag	吨	ton	1169.1
铬精矿	Chrome Concentrate	吨	ton	1844.9
铅精矿含铅量	Lead Concentrates the Lead Content	吨	ton	13725.0
铅锌混合精矿实物量	Lead-zinc Ore Concentrate Mixed	吨	ton	455.0
锌精矿含锌量	Zinc Concentrate Zinc Content	吨	ton	9528.5
锡精矿含锡量	Tin Content of Tin Concentrates	吨	ton	127530.0
铝精矿含铝量	Aluminum Concentrate	吨	ton	16925.0
铝精矿实物量	Aluminum Concentrate Elaborating	吨	ton	18600.0
天然碳酸镁	Natural Magnesium Carbonate	吨	ton	922.1
钛精矿折合量，折氧化钛50%	Titanium Concentrate Reduced Quantity, TiO 50%	吨	ton	1854.2
天然金红石折合量，折氧化钛90%	Equivalent to the Amount of Natural Rutile, TiO 90%	吨	ton	5355.3
银精矿含银量	Silver Mine of Silver	吨	ton	12800.5
银块矿实物量	Silver Ore Physical Quantity	吨	ton	58.5
其他稀有稀土金属矿	Other Rare Earth Metals Mine	吨	ton	200000.0
锂原矿	Lithium Ore	吨	ton	4500.0
锆金属折合量	Zirconium Metal or Quantity	吨	ton	9854.3

3-24 续表 4 continued

类 别	Item	计量单位	Measurement Unit	年末价格（元）Price at Year End（yuan）
冶金用石灰石	Metallurgical Limestone	吨	ton	555.0
水泥用石灰石	Cement with Limestone	吨	ton	17.0
化工用石灰石	Limestone for Chemical Industry	吨	ton	30.8
其他石灰石	Other Limestone	吨	ton	76.0
白石膏	White Gypsum	吨	ton	395.4
其他石膏类	Other Gypsum	吨	ton	182.5
天然大理石荒料	Natural Marble Blocks	吨	ton	63.0
天然花岗石荒料	Natural Granite Blocks	吨	ton	886.2
高铝粘土	High Alumina Clay	吨	ton	1350.0
硬质粘土	Hard Clay	吨	ton	12.2
软质粘土	Soft Clay	吨	ton	225.8
冶金用萤石	Metallurgical Fluorite	吨	ton	675.0
化工用萤石	Chemical with Fluorite	吨	ton	1688.0
铁铝矾土	Iron Bauxite	吨	ton	504.9
高岭土	Kaolin	吨	ton	587.8
膨润土	Bentonite	吨	ton	16.0
其他粘土	Other Clay	吨	ton	122.3
硅砂	Silica Sand	吨	ton	91.0
石英砂	Quartz Sand	吨	ton	200.0
其他天然砂	Other Natural Sands	吨	ton	55.1
石类	Stone Class	吨	ton	46.9
矿渣及类似工业残渣	Slag and Similar Industrial Waste	吨	ton	42.3
沥青碎石	Bituminous Macadam	吨	ton	24.0
大理石碎粒、碎屑及粉末	Marble Granules, Crumbs and Powder	吨	ton	613.1
硅质土	Siliceous Earths	吨	ton	56.7
硫铁矿石	Pyrite Stone	吨	ton	679.8
磷矿石	Phosphate rock	吨	ton	546.3
冰晶石	Cryolite	吨	ton	7800.0
芒硝矿	Mirabilite	吨	ton	840.0
明矾石	Alunite	吨	ton	2100.0
重晶石	Barite	吨	ton	248.5
其他化学矿	Other Chemical Mines	吨	ton	181.7
海盐食用盐	Salt Edible Salt	吨	ton	490.0
海盐非食用盐	The Haiyan Non-edible Salt	吨	ton	446.0
井矿盐非食用盐	Mineral Salt is Non-edible Salt	吨	ton	355.0
高纯石墨	High Purity Graphite	吨	ton	28500.0
原状滑石	The Status Quo Talc	吨	ton	464.1
造纸用滑石粉	Paper with Talcum Powder	吨	ton	616.0
陶瓷用滑石粉	Ceramics with Talc	吨	ton	636.9

3-24 续表 5 continued

类 别	Item	计量单位 Measurement Unit		年末价格（元） Price at Year End（yuan）
医药用滑石粉	Medical Use Talcum Powder	吨	ton	1974.8
钻石（矿类）	Diamond （Minerals）	吨	ton	29500.0
其他未列明非金属矿石	Not Elsewhere Specified, Non-metallic Ore	吨	ton	760.0
天然水	Natural Water	吨	ton	0.1
高筋小麦粉	High-gluten Wheat Flour	吨	ton	2911.0
低筋小麦粉	Low-gluten Wheat Flour	吨	ton	2970.0
面包用小麦粉	Bread Wheat Flour	吨	ton	3625.8
面条用小麦粉	Noodles with Wheat Flour	吨	ton	2765.0
糕点用小麦粉	Cakes with Wheat Flour	吨	ton	3967.0
饼干用小麦粉	Biscuits with Wheat Flour	吨	ton	3094.0
饺子用小麦粉	Dumplings with Wheat Flour	吨	ton	3920.0
馒头用小麦粉	Bread with Wheat Flour	吨	ton	3320.0
其他小麦专用粉	Other Special Wheat Flour	吨	ton	2460.0
籼米精米	Indica Rice Fine Rice	吨	ton	3940.9
粳米精米	Rice Milled Rice	吨	ton	4175.5
籼米碎米	Indica Rice Broken Rice	吨	ton	3270.0
糯米	Polished Glutinous Rice	吨	ton	5800.0
大米细粉	Rice Flour	吨	ton	4000.0
糯米细粉	Glutinous Rice Powder	吨	ton	5800.0
其他未列明谷物磨制产品	Other Not Listed Corn Milling Products	吨	ton	1119.8
肉禽配合饲料	Meat and Poultry with the Feed	吨	ton	2400.0
大豆毛油	Soybean Crude Oil	吨	ton	8782.5
花生毛油	Peanut Crude Oil	吨	ton	20214.5
菜籽毛油	Crude Rapeseed Oil	吨	ton	10100.0
葵花籽油	Sunflower Oil	吨	ton	11372.7
大豆精制油	Soybean Refined Oil	吨	ton	10277.7
花生精制油	Peanut Refined Oil	吨	ton	21287.7
棕榈油	Palm Ooil	吨	ton	7433.7
茶油	Tea-Seed Oil	吨	ton	40000.0
其他精制食用植物油	Other Refined Edible Vegetable Oil	吨	ton	10400.0
人造奶油（人造黄油）	Margarine（Margarine）	吨	ton	11902.1
豆粕	Soybean Meal	吨	ton	3952.0
其他非食用植物油加工产品	Other Non-edible Vegetable Oil Products	吨	ton	2972.2
甘蔗制原糖	Cane System of Raw Sugar	吨	ton	6250.0
白砂糖	White Sugar	吨	ton	6133.7
甘蔗糖蜜	Sugar Cane Molasses	吨	ton	1350.0
鲜、冷藏猪肉	Fresh and Frozen Pork	吨	ton	16331.6
鲜、冷藏牛肉	Fresh, Chilled Beef	吨	ton	40000.0
冻猪肉	Frozen Pork	吨	ton	19809.1

3-24 续表 6 continued

类 别	Item	计量单位	Measurement Unit	年末价格（元）Price at Year End（yuan）
其他动物肠衣	Other Casings of Animals	米	m	0.4
饲料用鱼粉	Feed with Fish Meal	吨	ton	10334.8
松珍虾料	Pine Jane Shrimp Feed	吨	ton	110000.0
珍珠粉	Pearl Powder	千克	kg	8.0
苦杏仁	Bitter Almond	千克	kg	6640.8
小麦淀粉	Wheat Starch	吨	ton	2565.0
玉米淀粉	Corn Starch	吨	ton	3302.9
木薯淀粉	Cassava Starch	吨	ton	3565.2
葡萄糖	Glucose	吨	ton	4149.6
葡萄糖浆	Glucose Syrup	吨	ton	3333.3
麦芽糖	Maltose	吨	ton	3979.9
糊精	Dextrin	吨	ton	4750.0
其他淀粉及淀粉制品	Starch and Starch Products	吨	ton	8800.0
其他农副食品	Other Agro-food	吨	ton	13535.6
灭菌乳	Sterilized Milk	吨	ton	4436.4
乳粉	Milk Powder	吨	ton	27875.9
其他酵母	Other Yeast	吨	ton	62000.0
植脂冰淇淋	Whipped Ice Cream	吨	ton	9000.0
加碘盐	Iodized Salt	吨	ton	1088.0
食品增稠剂	Food Thickener	吨	ton	35897.0
食品色、香味添加剂	Food Color, Flavor Additives	吨	ton	4365.0
促进动物食欲饲料添加剂	Promoting Feed Additives of Animal Appetite	吨	ton	13375.0
小麦发酵酒精	Wheat Fermentation Alcohol	吨	ton	7000.0
薯类发酵酒精	Potato Fermentation Alcohol	吨	ton	6648.3
糖蜜发酵酒精	Molasses Fermentation Alcohol	吨	ton	6659.2
可乐型碳酸饮料	Cola Carbonated Drinks	吨	ton	1008.2
精制绿茶	Refined Green Tea	千克	kg	30.3
精制花茶	Refined Tea	千克	kg	18.2
片烟	Piece Smoke	吨	ton	44043.9
烟梗	Tobacco Stems	吨	ton	500.0
已梳皮棉	Has Comb Lint	吨	ton	22000.0
普梳纱	Carded Yarn	吨	ton	22111.4
合成纤维与棉混纺纱	Synthetic Fiber and Cotton Blended Yarn	吨	ton	23000.0
人造纤维与棉混纺纱	Rayon and Cotton Blended Yarn	吨	ton	17300.0
合成纤维纱	Synthetic Fiber Yarn	吨	ton	14000.0
其他天然纤维与棉混纺纱	Other Natural Fibers and Cotton Blended Yarn	吨	ton	8.1
棉线	Cotton Thread	吨	ton	4.3
棉混纺线	Cotton Blended Line	吨	ton	47183.0
化学纤维线	Chemical Fiber Line	吨	ton	29485.7

3-24 续表 7 continued

类 别	Item	计量单位 Measurement Unit		年末价格（元）Price at Year End（yuan）
棉布	Cotton	米	m	6.6
棉混纺布	Cotton Blended Fabrics	米	m	13.1
色织布	Yarn-dyed	米	m	25.0
其他布	Other Cloth	米	m	14.5
棉制起绒布及绳绒织物	Cotton from the Flannel and Chenille Fabrics	米	m	265.3
漂白布	Bleached Fabric	米	m	16.8
染色布	Dyed Fabric	米	m	16.4
其他棉、化纤印染精加工	Other Cotton, Chemical Fiber Dyeing	吨	ton	72727.0
其他未列明绒线	Other Not Specified in the Wool	个	piece	5.0
纯毛机织物	Pure Wool Machine Fabric	米	m	89.0
其他纤维长丝机织物	Other Filament Woven Fabrics	米	m	16.5
聚酰胺高强力纱制帘子布	Polyamide high Tenacity Yarn Cord Fabric	吨	ton	34500.0
用塑料处理纺织物	Processing of Textile Materials with Plastic	吨	ton	19687.5
涂焦油、蜡、沥青或类似产品纺织物	Coated with Tar, Bitumen or Similar Products	吨	ton	17400.0
牛半成品革（折牛皮）	Cattle Semi-finished Leather（Cowhide Fold）	平方米	sq.m	106.7
猪半成品革（折牛皮）	Pig Semi-finished Leather（Cowhide Fold）	平方米	sq.m	75.0
牛重革	Cattle Heavy Leather	平方米	sq.m	4562.5
牛轻革	Bovine Light Leather	平方米	sq.m	81.0
山羊轻革	Goat Light Leather	平方米	sq.m	81.0
猪轻革	Pig Light Leather	平方米	sq.m	45.0
其他未列明成品革	Not Elsewhere Specified, Finished Leather	平方米	sq.m	22.5
加工填充用羽绒	Processing Fill with Feather	千克	kg	125.0
普通锯材	Ordinary Lumber	立方米	cu.m	1128.2
未浸渍枕木	Not Impregnated Sleepers	立方米	cu.m	1025.2
其他锯材	Other Lumber	立方米	cu.m	1200.0
针叶木木片	Coniferous Wood Film	立方米	cu.m	727.3
非针叶木木片	Non-coniferous Wood-chip	立方米	cu.m	750.0
木粉	Wood Flour	立方米	cu.m	680.0
锯木屑	Sawdust	立方米	cu.m	607.6
其他木废碎料	Other Wood Waste and Scrap	立方米	cu.m	322.6
中密度纤维板	Medium Density Fiberboard	立方米	cu.m	867.7
普通刨花板	Ordinary Particleboard	立方米	cu.m	1494.4
旋切单板	Rotary Cut Veneer	立方米	cu.m	1280.0
其他人造板、材制造	Other Plywood, Timber Manufacturing	立方米	cu.m	20.2
其他竹制品	Other Bamboo Products	立方米	cu.m	710.0
机械木浆	Mechanical Pulp	吨	ton	4317.3
化学木浆	Chemical Wood Pulp	吨	ton	4532.3
其他木浆	Other Wood Pulp	吨	ton	4610.2
其他方法非木材纤维纸浆	Other Methods of Non-wood Fiber Pulp	吨	ton	3460.9

3-24 续表 8 continued

类 别	Item	计量单位	Measurement Unit	年末价格(元) Price at Year End (yuan)
废纸纸浆	Waste Paper Pulp	吨	ton	1260.9
书写印刷纸	Writing and Printing Paper	吨	ton	5129.1
其他未涂布印刷书写用纸	Other Uncoated Printing and Writing Paper	吨	ton	6804.9
新闻纸	Newsprint	吨	ton	5007.9
卫生纸原纸	Tissue Base Paper	吨	ton	9114.8
包装纸	Wrapper	吨	ton	525.4
箱纸板	Linerboard	吨	ton	3364.7
白纸板	White Board	吨	ton	4800.0
瓦楞原纸	Corrugating Medium	吨	ton	3120.3
胶印版纸	Offset Printing Paper	吨	ton	323.8
卷烟纸	Cigarette Paper	吨	ton	15617.2
海龙牛卡纸	Dragon Cattle Cardboard	吨	ton	3500.0
其他机制纸及纸板	Other Mechanisms for Paper and Paperboard	吨	ton	7019.9
其他加工纸	Other Processing of Paper	吨	ton	9781.7
瓦楞纸及纸板容器	Corrugated Paper and Paperboard Containers	个	unit	254.1
纸制存储盒	Paper Storage Box	百件	100 piece	500.0
纸制其他包装容器	Other Paper Packaging Container	百个	101 piece	180.8
纸制筒管、卷轴、纡子及类似品	Paper Bobbin, Reel and Similar Products	百个	102 piece	516.7
其他纸制品	Other Paper Products	包	bag	16900.0
其他未列明印刷品	Other Not Listed Printing	包	bag	0.5
90号车用汽油	90# Motor Gasoline	吨	ton	8838.4
93号车用汽油	93# Motor Gasoline	吨	ton	9608.3
97号车用汽油	97# Motor Gasoline	吨	ton	9786.5
航空煤油	Aviation Kerosene	吨	ton	9850.0
其他煤油	Other Kerosene	吨	ton	9701.6
-10号柴油	-10# Diesel oil	吨	ton	8370.0
0号柴油	0# Diesel Oil	吨	ton	7507.2
重柴油	Heavy Diesel Oil	吨	ton	6782.3
全损耗系统用油	Total Loss System Oil	吨	ton	809.3
齿轮用油	Gear Oil	吨	ton	29730.0
液压系统用油	Hydraulic System Oil	吨	ton	12012.5
柴油机润滑油	Diesel Engine Lubricating Oil	吨	ton	8735.1
其他润滑油	Other Lubricants	吨	ton	9618.1
工业用燃料油	Industrial Fuel Oils	吨	ton	6150.0
油漆溶剂油	Paint Solvent Oil	吨	ton	9306.4
民用石油液化气	Civil Liquefied Petroleum Gas	吨	ton	6890.6
工业用石油液化气	Industrial Liquefied Petroleum Gas	吨	ton	8625.0
未煅烧石油焦	Not Calcined Petroleum Coke	吨	ton	1250.0
其他石油沥青	Other Petroleum Asphalt	吨	ton	2800.0

3-24 续表 9 continued

类　别	Item	计量单位 Measurement Unit		年末价格（元） Price at Year End（yuan）
精炼石蜡	Refined Paraffin Wax	吨	ton	9029.1
其他石蜡	Other Paraffin	吨	ton	9400.0
白色油	White Oil	吨	ton	10972.5
其他石油制品	Other Petroleum Products	吨	ton	10085.0
煤制焦炭	Coal System for Coke	吨	ton	1773.6
石油焦（焦炭类）	Petroleum Coke（Coke Class）	吨	ton	1530.0
硫酸（≥98%）	Sulfuric Acid（≥98%）	吨	ton	523.2
硫酸（＜98%）	Sulfuric Acid（<98%）	吨	ton	413.7
盐酸（氯化氢，含量31%）	Hydrochloric Acid（HCl, 31% Content）	吨	ton	566.2
磷酸（含量85%）	Phosphoric Acid（Content 85%）	吨	ton	4724.9
硼酸	Boric Acid	吨	ton	6500.0
其他未列明无机酸	Not Elsewhere Specified Inorganic Acid	吨	ton	6600.0
液体烧碱（折100%）	Liquid Caustic Soda（100%）	吨	ton	1546.0
固体烧碱（固体氢氧化钠）	Solid Caustic Soda	吨	ton	2853.6
轻质碳酸钠	Light Sodium Carbonate	吨	ton	1395.6
重质碳酸钠	Heavy Sodium Carbonate	吨	ton	1658.6
碳酸氢钠（小苏打）	Sodium Bicarbonate（Baking Soda）	吨	ton	1700.0
氢氧化铝	Aluminum Hydroxide	吨	ton	3370.2
其他未列明无机碱产品	Other Not Listed Inorganic Alkali Products	吨	ton	97275.0
硫化钠（硫化碱）	Sodium Sulfide（Sodium Sulfide）	吨	ton	1843.3
无水硫酸钠	Anhydrous Sodium Sulfate	吨	ton	541.9
硫酸铝	Aluminum Sulfate	吨	ton	1450.0
硫酸铜（胆矾）	Copper Sulfate（Blue Vitriol）	吨	ton	10842.9
硫酸锌（皓矾）	Zinc Sulfate（Hao Alum）	吨	ton	4541.2
硫酸亚铁	Ferrous Sulfate	吨	ton	14.9
亚硫酸钠	Sodium Sulfite	吨	ton	6410.0
其他金属硫化物及硫酸盐	Other Metal Sulphides and Sulphates	吨	ton	7615.1
硝酸钾（硝酸盐）	Potassium Nitrate（Nitrate）	吨	ton	6817.7
硝酸铋	Bismuth Nitrate	吨	ton	144000.0
其他金属硝酸盐、亚硝酸盐	Other Metals Nitrates, Nitrate	吨	ton	2052.7
重铬酸盐	Dichromate	吨	ton	8400.0
高锰酸盐	Permanganate	吨	ton	2200.0
偏磷酸盐	Metaphosphate	吨	ton	7436.0
氟化铝	Aluminum Fluoride	吨	ton	8163.2
氯化钠	Sodium Chloride	吨	ton	1773.7
氯化钙	Calcium Chloride	吨	ton	1450.0
氯化锌	Zinc Chloride	吨	ton	9000.0
三氯化铁	Ferric Chloride	吨	ton	4780.0
氯化铝	Aluminum Chloride	吨	ton	2555.0

3-24 续表 10 continued

类 别	Item	计量单位	Measurement Unit	年末价格（元） Price at Year End（yuan）
聚氯化铝	Poly Aluminum Chloride	吨	ton	1820.9
商品液氯	Commodity Liquid Chlorine	吨	ton	1064.6
氯酸钠	Sodium Chlorate	吨	ton	4859.7
高氯酸钾	Potassium Perchlorate	吨	ton	8411.7
氢氧基氯化铝	Hydroxyl Aluminum Chloride	吨	ton	2650.0
氰化钠	Sodium Cyanide	吨	ton	24133.0
碳化钙（电石，折300L/kg）	Calcium Carbide（Calcium Carbide, 300L/kg）	吨	ton	3920.5
碳化钨	Tungsten Carbide	吨	ton	295000.0
重质碳酸钙	Heavy Calcium Carbonate	吨	ton	376.5
轻质碳酸钙	Light Calcium Carbonate	吨	ton	435.9
活性碳酸钙	Activity of Calcium Carbonate	吨	ton	1250.0
过碳酸盐	Percarbonate	吨	ton	21534.0
其他碳化物及碳酸盐	Other Carbides and Carbonates	吨	ton	5400.0
氧化镝	Dysprosium Oxide	吨	ton	3800000.0
其他稀土化合物	Other Rare-earth Compounds	吨	ton	355000.0
丙烷	Propane	吨	ton	8500.0
丁烷	Butane	吨	ton	8450.0
乙烯	Ethylene	吨	ton	12961.5
丙烯	Propylene	吨	ton	12824.8
甲基丁二烯	Methyl Butadiene	吨	ton	17300.0
其他无环烃	Other Non-cyclic Hydrocarbon	吨	ton	7050.0
甲苯	Toluene	吨	ton	8100.0
粗二甲苯	Crude Xylene	吨	ton	9357.5
混合二甲苯	Mixed Xylene	吨	ton	9000.0
精甲醇	Refined Methanol	吨	ton	2798.7
乙醇	Ethanol	吨	ton	9947.5
丙二醇	Propylene Glycol	吨	ton	13500.0
其他无环醇及其衍生物	Other Acyclic Alcohols and Their Derivatives	吨	ton	6347.0
甲酸及甲酸盐	Formic Acid and Formic Acid Salt	吨	ton	5200.0
冰乙酸（冰醋酸）	Glacial Acetic Acid（Acetic Acid）	吨	ton	4366.9
乙酸	Acetic Acid	吨	ton	6600.0
氯乙酸及其盐和酯	Chloroacetic Acid and Its Salts and Esters	吨	ton	4500.0
硬脂酸及其盐	Stearic Acid and Its Salts	吨	ton	8721.7
丙烯酸及其盐和酯	Acrylic Acid and Its Salts and Esters	吨	ton	24803.7
油酸及其盐和酯	Oleic Acid and Its Salts and Esters	吨	ton	8700.0
草酸及其盐和酯	Oxalic Acid and Its Salts and Esters	吨	ton	5250.0
其他羧酸及其衍生物	Other Carboxylic Acid and Its Derivatives	吨	ton	10755.9
甲苯二异氰酸酯	TDI	吨	ton	23452.6
二苯基甲烷二异氰酸酯（纯MDI）	Diphenylmethane Diisocyanate	吨	ton	21500.0

3-24 续表 11 continued

类 别	Item	计量单位 Measurement Unit		年末价格（元） Price at Year End（yuan）
甲醛	Formaldehyde	吨	ton	1486.7
其他醛	Other Aldehydes	吨	ton	15583.2
丙酮	Acetone	吨	ton	9323.7
三聚甲醛（三恶烷）	Trioxane（Trioxane）	吨	ton	22050.0
其他未列明有机化学原料	NES Organic Chemistry Raw Materials	吨	ton	128.0
过氧化氢（双氧水）	Hydrogen Peroxide	吨	ton	1766.4
氧化锌	Zinc Oxide	吨	ton	14918.0
锰氧化物	Manganese Oxide	吨	ton	234.0
氧化铜	Copper Oxide	吨	ton	56590.6
其他金属氧化物	Other Metal Oxides	吨	ton	29874.7
硅	Silicon	吨	ton	15000.0
氧气	Oxygen	立方米	cu.m	26.0
二氧化碳	Carbon Dioxide	立方米	cu.m	41.9
氩气	Argon	立方米	cu.m	801.0
乙炔	Acetylene	立方米	cu.m	33.7
精制硫磺	Refined Sulfur	吨	ton	1648.4
其他硫磺	Other Sulfur	吨	ton	2300.0
黄磷	Yellow Phosphorus	吨	ton	15766.9
其他未列明基础化学原料	Other Not Listed Basic Chemical Raw Materials	吨	ton	14500.0
合成氨（无水氨）	Ammonia（Anhydrous Ammonia）	吨	ton	4000.0
氨水	Ammonia	吨	ton	4504.0
尿素	Urea	吨	ton	2313.2
肥料用氯化铵	Fertilizer with Ammonium Chloride	吨	ton	981.4
硝酸铵	Ammonium Nitrate	吨	ton	1930.0
其他氮肥	Other Nitrogen	吨	ton	1839.6
过磷酸钙	Superphosphate	吨	ton	830.0
钙镁磷肥	FCMP	吨	ton	816.1
磷酸二铵	DAP	吨	ton	2661.0
磷酸一铵	Monoammonium Phosphate	吨	ton	2698.1
其他磷肥	Other Phosphate	吨	ton	1800.0
氯化钾	Potassium Chloride	吨	ton	2937.7
硫酸钾（钾肥）	Potassium Ssulfate（Potash）	吨	ton	3271.3
磷酸二氢钾（合成复合肥料）	Potassium Dihydrogen Phosphate	吨	ton	9050.0
有机磷杀虫剂原药	Organophosphorus Pesticides Original Drug	吨	ton	32448.4
拟除虫菊酯杀虫剂原药	Pyrethroids Original Drug	吨	ton	44028.0
杀螨剂原药	Acaricide Original Drug	吨	ton	60657.9
沙蚕毒类杀虫剂原药	Nereistoxin Pesticies Original Drug	吨	ton	21398.0
其他杀虫剂（杀螨剂）原药	Other Pesticides（Acaricides）Original Drug	吨	ton	617643.1
有机磷类除草剂原药	Organophosphorus Herbicides Original Drug	吨	ton	20374.0
三氮苯类除草剂原药	Triazine Herbicides Original Drug	吨	ton	31000.0

3-24 续表 12 continued

类 别	Item	计量单位	Measurement Unit	年末价格（元）Price at Year End（yuan）
杂环类除草剂原药	Heterocyclic Herbicide	吨	ton	13210.0
其他除草剂原药	Other Herbicides Original Drug	吨	ton	26600.0
汽车水性涂料	Automotive Waterborne Coatings	吨	ton	11700.0
船舶水性涂料	Ship Waterborne Coatings	吨	ton	21250.0
防腐水性涂料	Anticorrosive Waterborne Coatings	吨	ton	18000.0
通用水性涂料	General Water Paint	吨	ton	20784.6
通用非水性涂料	Generic Non-water-based Paint	吨	ton	23005.0
功能性建筑涂料	Functional Architectural Coatings	吨	ton	16510.0
稀释剂	Diluting Agent	吨	ton	789.9
固化剂	Curing Agent	吨	ton	2500.0
其他涂料辅助材料	Other Coating Auxiliary Materials	吨	ton	15000.0
平版油墨	Lithographic Ink	吨	ton	22289.4
水性柔印油墨	Water-based Flexo Ink	吨	ton	22000.0
其他印刷油墨	Other Printing Ink	吨	ton	16837.9
钛白粉	Titanium Dioxide	吨	ton	14022.4
工业用着色剂	Industrial Colorants	吨	ton	39500.0
珐琅及釉料	Enamel and Glaze	吨	ton	350.0
荧光增白剂	Fluorescent Brighteners	吨	ton	200000.0
乙烯聚合物	Polymers of Ethylene	吨	ton	11637.2
丙烯，相关烯烃聚合物	Propylene, Olefin Polymer	吨	ton	11735.5
苯乙烯聚合物	Styrene Polymer	吨	ton	11336.7
氯乙烯，相关卤化烯烃聚合物	Related Halogenating Olefins Polymer	吨	ton	7886.7
环氧树脂	Epoxy Resin	吨	ton	3688.6
不饱和聚酯树脂	Unsaturated Polyester Resin	吨	ton	11657.2
其他初级形态的塑料及合成树脂	Other Plastic and Synthetic Resin	吨	ton	11708.2
顺丁橡胶	Butadiene Rubber	吨	ton	18755.0
丁苯橡胶	Styrene-butadiene Rubber	吨	ton	22214.9
丁腈橡胶	Nitrile Rubber	吨	ton	21511.5
氯磺化聚乙烯橡胶	Chlorosulfonated Polyethylene Rubber	吨	ton	26000.0
其他合成橡胶	Other Synthetic Rubber	吨	ton	26942.9
聚酯	Polyester	吨	ton	10218.0
聚乙烯醇	Polyvinyl Alcohol	吨	ton	27300.0
其他油脂类高分子聚合物	Polymers of other Fats and Oils	吨	ton	22000.0
其他催化剂	Other Catalysts	吨	ton	12800.0
橡胶防老剂	Rubber Antioxidant	吨	ton	13100.0
塑料复合稳定剂	Plastic Composite Stabilizer	吨	ton	12300.0
软皮剂	Soft Leather Agent	吨	ton	4500.0
耐磨炉黑	Abrasion Furnace Black	吨	ton	6271.4
其他炭黑	Other Carbon Black	吨	ton	8800.0
农药乳化剂	Pesticide Emulsifier	吨	ton	11966.0

3-24 续表 13 continued

类 别	Item	计量单位	Measurement Unit	年末价格（元）Price at Year End（yuan）
其他未列明化学试剂和助剂	Other Not Listed Chemicals and Additives	吨	ton	3830.1
润滑油用添加剂	With Additives Lubricating Oil	吨	ton	22050.0
电镀用化学品	Plating Chemicals	吨	ton	135000.0
其他工业用脂肪酸	Other Industrial Use of Fatty Acids	吨	ton	7699.4
水泥、灰泥及混凝土用添加剂	Cement, Plaster and Concrete Additives	吨	ton	1813.0
其他建工建材用化学助剂	Other Buildings with Chemical Additives	吨	ton	6968.8
其他专项化学用品	Other Special Chemicals	吨	ton	169000.0
脂松节油	Turpentine	吨	ton	9683.1
木松节油	Wood Turpentine	吨	ton	9696.2
其他松节油类产品	Other Turpentine Class Products	吨	ton	9829.1
脂松香	Gum Rosin	吨	ton	9584.4
其他未列明林产化学产品	Other Not Listed Fores Chemical Products	吨	ton	79000.0
铵油类炸药	Ammonium Oil Explosives	吨	ton	10281.1
乳化炸药	Emulsion Explosives	吨	ton	9988.7
铵锑类炸药	Ammonium Antimony Explosives	吨	ton	12629.3
其他配制炸药	Other Prepared Explosives	吨	ton	9868.7
电雷管	Electric Detonators	发	piece	3.0
导爆管雷管	Detonator	发	piece	24.3
塑料导爆管	Nonel Tube	发	piece	0.7
索类火工品	The Sok Class Pyrotechnics	百米	100 m	182.0
黑色火药	Black Powder	吨	ton	13354.8
火器用发射药	Firearms with the Propellant	吨	ton	11970.5
技术用烟火制品	Technical Use of Pyrotechnic Articles	吨	ton	13241.0
热溶胶	Thermal Sol	吨	ton	18803.0
改性淀粉调制胶	Modified Starches Prepared Glues	吨	ton	2350.0
高吸水性树脂	Super Absorbent Resin	吨	ton	18050.0
焊丝	Wire	吨	ton	7316.0
液体洗涤剂	Liquid Detergent	吨	ton	18500.0
其他类型表面活性剂	Other Types of Surfactants	吨	ton	25.5
薄荷醇（DL-薄荷脑）	Menthol（DL-menthol）	千克	kg	310.0
日用香精	Daily Flavor	千克	kg	285.0
阿莫西林	Amoxicillin	十亿	billion	173.5
四环素	Tetracycline	十亿	billion	85.5
土霉素	Oxytetracycline	十亿	billion	63.2
7氨基头孢烷酸	7 Amino Cephalosporanic Acid	十亿	billion	510.0
其他抗菌素（抗感染药）	Other Antibiotics（Anti-infectives）	十亿	billion	593.8
其他消化系统用药	Other Digestive System Drugs	千克	kg	65.8
安乃近	Analgin	千克	kg	24.0
氨基比林	Aminopyrine	千克	kg	69.3
对乙酰氨基酚（扑热息痛）	Acetaminophen （Paracetamol）	千克	kg	25.0

3-24 续表 14 continued

类 别	Item	计量单位 Measurement Unit		年末价格（元） Price at Year End（yuan）
维生素C类原药	Vitamin C Technical	千克	kg	28.0
其他维生素及其衍生物	Other Vitamins and Their Derivatives	千克	kg	24.5
其他中枢神经系统用药	Other Central Nervous System Drugs	千克	kg	158.1
愈创木酚类	Healing the Wood Phenolic	千克	kg	85.0
甘草流寖膏	Licorice Fluidextract	升	L	31.5
无水葡萄糖	Anhydrous Glucose	千克	kg	4.6
葡萄糖类药	Glucose Medicines	千克	kg	52.0
混合脂肪酸甘油酯	Mix Fatty Acid Esters of Glycerol	千克	kg	16.9
盐酸赖氨酸	Lysine Hydrochloride	千克	kg	45.0
醋酸氯己定	Chlorhexidine Acetate	千克	kg	242.6
止咳平喘胶囊	Zhike Pingchuan Jiaonang	千克	kg	25.0
解表膏药	Jiebiao Gaoyao	吨	ton	40072.8
补益膏药	Buyi Gaoyao	吨	ton	25000.0
理血膏药	Lixue Gaoyao	千克	kg	157.6
其他膏药	Other Plaster	千克	kg	224.3
其他中成药	Other Proprietary Chinese Mmedicine	千克	kg	82.2
三磷腺苷钠制剂	ATP	千克	kg	770.0
空心胶囊	Vacant Capsules	万粒	10 000 unit	114.5
粘胶棉型短纤维	Viscose Cotton Staple Fiber	吨	ton	13174.0
其他人造纤维短纤维	Other Synthetic Staple Fibers	吨	ton	11450.0
粘胶纤维长丝	Viscose Filament	吨	ton	4.0
锦纶短纤维	Nylon Short Fibers	米	m	10.0
涤纶棉型短纤维	Polyester Cotton Short Fiber	吨	ton	10150.4
涤纶长丝	Polyester Filament Yarn	米	m	7.9
其他合成纤维加工丝	Other Synthetic Filaments	米	m	7.5
载货汽车橡胶轮胎外胎	Truck Rubber Tire Tire	条	unit	2450.0
农、林机械用橡胶轮胎外胎及履带	Agriculture, Forestry Machinery Tires	条	unit	307.1
客车子午线轮胎外胎	Coach Meridian Tyres and Tubes	条	unit	1900.0
其他实心或半实心轮胎	Other Solid or Semi-solid Tires	套	set	5381.0
塑料加强橡胶输送带	Reinforced Plastic Rubber Conveyor Belt	平方米	sq.m	165.0
模制成型塑胶零件	Molded Plastic Parts	吨	ton	380000.0
乳胶平板海绵	Flat Latex Sponge	平方米	sq.m	118.0
聚乙烯塑料电池隔膜	Polyethylene Plastic Battery Separator	吨	ton	66500.0
聚乙烯塑料包装用薄膜	Polyethylene Plastic Packaging Films	吨	ton	18150.1
其他聚乙烯塑料薄膜	Other Polyethylene Plastic Film	吨	ton	14751.4
聚丙烯双向拉伸塑料薄膜	PP Biaxially Oriented Plastic Film	吨	ton	19344.2
其他聚丙烯塑料薄膜	Other Polypropylene Plastic Film	吨	ton	19198.4
聚氯乙烯塑料薄膜	PVC Film	吨	ton	8041.7
聚乙烯塑料板、片	Polyethylene Plastic Plates, Sheets	吨	ton	11181.4
聚丙烯塑料板、片	Polypropylene Plastic Plates, Sheets	吨	ton	12570.4

3-24 续表 15 continued

类 别	Item	计量单位 Measurement Unit		年末价格（元） Price at Year End（yuan）
其他塑料板、片	Other Plastic Plates, Sheets	百支	100 piece	22906.0
塑料软管	Plastic hose	支	piece	3.0
聚甲基丙烯酸甲酯塑料条、棒、型材	PMMA Plastic Strips, Rods, Profiles	吨	ton	17105.0
其他塑料条、棒、型材	Other Plastic Strip, Rods, Profiles	吨	ton	13860.0
其他未列明塑料板、管、型材	Other Not Listed Plastic Board & Pipe	吨	ton	14400.0
其他塑料编织布	Other Plastic Woven	吨	ton	120000.0
聚乙烯塑料单丝	Polyethylene Plastic Monofilament	吨	ton	14310.0
聚丙烯塑料编织袋	Polypropylene Plastic Bags	吨	ton	11757.7
聚乙烯塑料袋	Polyethylene Plastic Bags	吨	ton	18500.0
其他塑料袋	Other Plastic Bag	吨	ton	19000.0
聚乙烯泡沫塑料片	Polyethylene Foam Ffilm	吨	ton	1700.0
聚苯乙烯泡沫塑料片	Polystyrene Foam Film	吨	ton	13995.6
塑料桶，容积≤300L	Plastic Barrels, Volume ≤ 300L	只	unit	65.2
塑料瓶，容积≤300L	Plastic Bottles, Volume ≤ 300L	只	unit	138.5
塑料塞子、盖子及类似品	Plastic Stoppers, Lids and Similar Products	个	unit	7.0
其他塑料制绝缘零件	Other Plastics Insulating Parts	个	unit	25.0
其他未列明塑料零件	Other Not Listed Plastic Parts	个	unit	0.2
塑料电缆料颗粒	Plastic Cable Material Particles	吨	ton	8334.3
塑料填充母料颗粒	Plastic Filler Particles	吨	ton	9100.0
再生塑料颗粒	Recycled Plastic Granules	吨	ton	12319.3
塑料功能母料颗粒	Plastic Functional Masterbatch Pellet	吨	ton	20500.0
塑料热塑性弹性体颗粒	Thermoplastic Elastomer Particles	吨	ton	8869.0
强度等级32.5水泥（含R型）	Strength Grade 32.5 Cement（R-type）	吨	ton	322.7
强度等级42.5水泥（含R型）	Strength Grade 42.5 Cement（R-type）	吨	ton	372.0
强度等级52.5水泥（含R型）	Strength Grade 52.5 Cement（R-type）	吨	ton	380.0
普通硅酸盐水泥（P·O）	Ordinary Portland Cement（P O）	吨	ton	353.3
窑外分解窑水泥熟料	Kiln Cement Clinker in the Kiln	吨	ton	288.0
其他硅酸盐水泥熟料	Other Portland Cement Clinker	吨	ton	283.0
生石灰	Quicklime	吨	ton	337.4
消石灰	Hydrated Lime	吨	ton	650.0
化学熟石膏	Chemical Plaster	吨	ton	137.6
磷石膏	Phosphogypsum	吨	ton	156.2
脱硫石膏	FGD Gypsum	吨	ton	132.3
粉煤灰	Fly Ash	吨	ton	141.3
无色2毫米浮法玻璃	Colorless 2 mm Float Glass	重量箱	weight box	36.1
无色5毫米浮法玻璃	Colorless 5 mm Float Glass	重量箱	weight box	80.0
彩色5毫米浮法玻璃	5 mm Float Glass Color	重量箱	weight box	131.3
其他未列明平板玻璃	Other Not Listed Flat Glass	重量箱	weight box	131.3
其他钢化玻璃	Other Toughened Glass	平方米	sq.m	171.2
光学玻璃二次压型毛坯	Optical Glass Secondary Pressure of Rough	平方米	sq.m	82.1

3-24 续表 16 continued

类 别	Item	计量单位	Measurement Unit	年末价格（元）Price at Year End（yuan）
其他玻璃包装容器	Other Glass Packaging Container	个	unit	.3.0
无碱玻璃纤维纱	E-glass Fiber Yarn	吨	ton	5200.0
无碱玻璃纤维布	E-glass Fiber Cloth	米	m	1.7
电容器陶瓷零件	Capacitor Ceramic Parts	件	piece	56.2
粘土质隔热耐火砖	Clayey Insulating Firebrick	吨	ton	200.0
炭阳极	Carbon Anode	吨	ton	4005.4
天然研磨料	Natural Abrasives	吨	ton	8000000.0
人造金刚石	Artificial diamond	克拉	carat	1.7
其他磨料	Other Abrasives	公斤	kg	176.0
炼钢生铁	Steelmaking Pig Iron	吨	ton	4043.5
铸造生铁	Foundry Pig Iron	吨	ton	4133.4
球墨铸铁	Ductile Iron	吨	ton	5631.3
其他未列明炼铁产品	Other Not Listed Iron Products	吨	ton	3995.6
电工用硅（铝）钢（粗钢）	Electrician Use Silicon, Aluminum, Steel	吨	ton	6950.0
方坯（粗钢）	Billet（Crude Steel）	吨	ton	2820.0
圆坯（粗钢）	Round Billet（Crude Steel）	吨	ton	5770.0
模铸钢锭	Diecasting Ingot	吨	ton	4740.0
一般用途碳素结构钢（钢坯）	General-purpose Carbon Structural Steel	吨	ton	8500.0
优质铸造碳素钢（钢坯）	Quality Carbon Structural Steel（Billet）	吨	ton	5000.0
一般低合金结构钢（钢坯）	Generally Low Alloy Steel（Billet）	吨	ton	3500.0
一般结构用合金钢（钢坯）	Generally Structural Steel（Billet）	吨	ton	6104.1
电工用硅（铝）钢（钢坯）	Electrician Use Silicon, Aluminum, Billet	吨	ton	14297.2
轴承钢（钢坯）	Bearing Steel（Billet）	吨	ton	4590.5
耐热不锈钢（钢坯）	Heat-resistant Stainless Steel（Billet）	吨	ton	13185.2
轻轨，9kg/m	Light Rail, 9 kg/m	吨	ton	5600.0
道岔钢轨	Switch Turnouts	吨	ton	7692.0
大型H型钢	Large H Steel	吨	ton	4400.0
大型 I 型钢（大型工字钢）	Large I Beam（Large I-beam）	吨	ton	4091.3
大型U型钢（大型槽钢）	Large U-shaped Steel（Large Channel）	吨	ton	3729.5
大型角钢	Large Angle	吨	ton	5002.9
中小型H型钢	Mid-Small Section H-beam	吨	ton	4860.0
中小I型钢（小工字钢）	Mid-Small Section I-beam（Small Steel）	吨	ton	4052.4
中小U型钢（小槽钢）	Mid-Small Section U-beam（Channel Bar）	吨	ton	3890.9
中小型角钢	Small and Medium Angle	吨	ton	4373.9
矿用支柱钢	Mining the Pillars of Steel	吨	ton	5000.0
特殊中小型型钢	Special Small Profiled	吨	ton	27900.0
其他品种中小型型钢	Other Small and Medium Steel	吨	ton	5941.5
螺纹钢	Rebar	吨	ton	4921.2
其他钢筋	Other Bars	吨	ton	4050.0
大型圆钢	Large Round Bar	吨	ton	4355.1

3-24 续表 17 continued

类　别	Item	计量单位	Measurement Unit	年末价格（元）Price at Year End（yuan）
小型圆钢	Small Round Bar	吨	ton	4861.5
小型方钢	Small Square Steel	吨	ton	3535.0
小型扁钢	Small Flat Steel	吨	ton	3582.0
其他品种棒材	Other Varieties of Steel Bar	吨	ton	4700.0
钢绞线用硬线材	Strand with a Hard Wire	吨	ton	5737.4
拉拔用线材（软线）	Drawing With Wire（Cord）	吨	ton	3417.4
电焊条用线材	Used for Welding Electrode Wire	吨	ton	3814.0
其他用途线材	Other Uses Wire	吨	ton	4162.6
普通质量低合金钢特厚板	Low Alloy Steel Thick Plate	吨	ton	6850.0
普通质量非合金钢厚钢板	Non Alloy Steel Thick Plate	吨	ton	4334.7
优质非合金钢厚钢板	Quality of Unalloyed Steel Thick Plate	吨	ton	4500.0
普通质量低合金钢厚钢板	Low Alloy Steel and Thick Steel Plate	吨	ton	5606.4
普通质量非合金钢中板	Non-alloy Steel Plate	吨	ton	4509.6
优质非合金钢中板	High-quality Non-alloy Steel Plate	吨	ton	4525.0
普通质量低合金钢中板	Low-alloy Steel Plate	吨	ton	4504.3
普通质量非合金钢热轧薄板	Non Alloy Steel Hot Rolled Sheet	吨	ton	4510.3
优质非合金钢热轧薄板	Non-alloy Hot-rolled Steel Sheet	吨	ton	5299.2
普通质量低合金钢热轧薄板	Low-alloy Steel Hot Rolled Sheet	吨	ton	5881.7
普通质量非合金钢冷轧薄板	Non Alloy Steel Cold Rolled Sheet	吨	ton	5461.3
优质非合金钢冷轧薄板	High-quality Non-alloy Steel Cold-rolled Sheet	吨	ton	6280.2
普通质量低合金钢冷轧薄板	Low Quality Qlloy Steel Cold-rolled Sheet	吨	ton	5667.5
优质低合金钢冷轧薄板	High-quality Low-alloy Steel Cold-rolled Sheet	吨	ton	5050.0
普通质量非合金钢中厚宽钢带	Normal quality Wide Strip of Thick Non-alloy steel	吨	ton	10800.0
优质低合金钢中厚宽钢带	Low Alloy Steel Thick in the Wide Strip	吨	ton	4500.0
普通质量非合金钢热轧薄宽钢带	Unalloyed Steel Hot Rolled Wide Strip	吨	ton	3418.0
普通质量非合金钢冷轧薄宽钢带	Unalloyed Steel Cold-rolled Wide Strip	吨	ton	4529.7
普通质量非合金钢热轧窄钢带	Common Quality with Narrow Hot Steel	吨	ton	3730.0
特殊质量非合金钢热轧窄钢带	Unalloyed Steel Narrow Hot Steel Band	吨	ton	30000.0
铬镍系不锈钢热轧窄钢带	Stainless Steel Narrow Hot Steel Belt	吨	ton	39850.0
普通质量非合金钢冷轧窄钢带	Non Alloy Stee Cold-rolled Narrow Strip	吨	ton	4390.0
热轧（挤压）无缝钢管	Hot-rolled Seamless Steel Pipe	吨	ton	6660.7
冷拔（轧）无缝钢管	Cold Drawn Seamless Steel Pipe	吨	ton	7958.3
其他制造工艺无缝钢管	Other manufacturing Process of Seamless Steel tube	吨	ton	5291.9
电阻焊张力减径钢管	Tension Steel Pipe Diameter Reduced	吨	ton	3850.8
直缝电阻焊接钢管	Straight Joint Resistance Welded Tube	吨	ton	5954.0
其他制造工艺焊接钢管	Other manufacturing Process of Swelded Pipe	吨	ton	5600.0
不锈钢其他钢材	Stainless Steel and Other Steel	吨	ton	24786.0
热轧其他钢材	Other Hot rolled Steel	吨	ton	5412.0
冷轧（拔）其他钢材	Cold-rolled（Drawn）Other Steel	吨	ton	6500.0
其他钢材	Other Steel	吨	ton	14717.3

3-24 续表 18 continued

类 别	Item	计量单位	Measurement Unit	年末价格（元）Price at Year End（yuan）
硅铁，含硅75%	Ferrosilicon, Silicon 75%	吨	ton	18050.0
锰硅合金	Silicon-manganese Alloy	吨	ton	17327.2
其他铁合金	Other Ferrous	吨	ton	18680.0
矿产粗铜	Mineral Blister	吨	ton	42901.9
矿产精炼铜	Mineral Refined Copper	吨	ton	58580.2
再生精炼铜	Regeneration of Refined Copper	吨	ton	73550.0
铜粉	Copper	吨	ton	75000.0
矿产铅	Mineral Lead	吨	ton	15205.1
商品粗锌	Crude Zinc of Goods	吨	ton	13450.5
矿产电锌	Mineral Electrolytic Zinc	吨	ton	14397.1
矿产精锌	Mineral refined zinc	吨	ton	19658.1
锌品	Zinc Products	吨	ton	17486.0
高冰镍含镍量	High-nickel Matte Nickel Content	吨	ton	186894.0
其他镍	Other Articles of Nickel	吨	ton	172457.0
其他钴盐	Other Cobalt Salt	吨	ton	300000.0
矿产电锡	Mineral Electrical Tin	吨	ton	98290.0
再生锡	Regeneration of Tin	吨	ton	149000.0
精锑	Refined Antimony	吨	ton	71827.3
一级品氧化铝	Level Grade Alumina	吨	ton	2741.0
重熔用铝锭	Remelting Aluminum Ingots	吨	ton	15003.8
铝板卷	Aluminum volume	吨	ton	23500.0
原铝铝合金	Primary Aluminum Aluminum Alloy	吨	ton	17217.6
再生铝锭	Recycled Aluminum Ingots	吨	ton	16100.0
海绵钛	Titanium Sponge	吨	ton	86000.0
其他未列明常用有色金属	Other Not Listed Common Non-ferrous Metals	吨	ton	41926.8
矿山成品金	Mine Finished Gold	千克	kg	388000.0
再生银粉	Renewable Silver	千克	kg	18600.0
其他再生银	Other Renewable Silver	千克	kg	5011.0
铂粉	Platinum Powder	吨	ton	320420021.0
钯粉	Palladium Powder	吨	ton	138946137.0
铑粉	Rhodium Powder	吨	ton	236615817.0
铅钙合金	Lead-calcium Alloy	吨	ton	17445.0
铝镁合金	Aluminum-magnesium Alloy	吨	ton	32303.6
稀土硅铁合金	Rare Earth Ferrosilicon Alloy	吨	ton	39500.0
打火石合金	Flint Alloy	吨	ton	292950.0
铜板材	Copper Plate	吨	ton	58616.9
铜带材	Copper Strip	吨	ton	57570.0
铜箔材	Copper Foil	吨	ton	60447.5
铜棒材	Copper Bars	吨	ton	54432.6
铜线材	Copper Wire	吨	ton	60398.6

3-24 续表 19 continued

类 别	Item	计量单位 Measurement Unit		年末价格（元） Price at Year End（yuan）
铜管材	Copper Pipe	吨	ton	50.0
其他铜材	Other Copper	吨	ton	72000.0
非合金铝棒材	Non-alloy Aluminum Rods	吨	ton	18370.5
铝合金建筑型材（门窗幕墙）	Aluminum Alloy Construction Profiles	吨	ton	19600.0
铝及铝合金工业铝型材	Aluminum Alloy Aluminum Industry	吨	ton	26800.0
非合金铝板材	Non-alloy Aluminum Sheet	吨	ton	22697.1
铝合金带	Aluminum Alloy With	吨	ton	26000.0
无衬背铝箔	Sans Serif Back Foil	吨	ton	1077.5
其他铝箔材	Other Aluminum Foil Timber	吨	ton	10255.6
非合金铝线材	Non-alloy Aluminum Wire	吨	ton	15939.9
非合金铝管	Non-alloy Aluminum Tubes	吨	ton	869.5
锌粉	Zinc Powder	吨	ton	7629.0
非合金镍棒材	Non-alloy Nickel Bars	吨	ton	118350.0
其他钨材	Other Tungsten Materials	吨	ton	4.4
钢铁容器，50L≤容积≤300L	Steel Container, 50 L ≤ Volume ≤ 300 L	个	unit	16.2
焊边接合钢铁罐，容积＜50L	Welding Edge Bonding Steel Tank, Volume < 50 L	个	unit	0.7
铝制易拉罐及罐体	Aluminum Cans and Tank	个	unit	15.0
金属箔制组合式盖子	Metal Foil Modular Lid	个	unit	0.2
铁丝	Iron Wire	吨	ton	6000.0
非合金钢钢丝	Non-alloy Steel Wire	吨	ton	6850.0
低合金钢钢丝	Low-alloy Steel Wire	吨	ton	7046.6
合金钢钢丝	Alloy Steel Wire	吨	ton	9046.5
精炼铜丝	Refined Copper	吨	ton	54200.0
轮胎用钢帘线	Steel Cord Tyre	吨	ton	31600.0
机械承载、传输、运输用钢丝绳	Mechanical Load, Transportation Rope	吨	ton	7747.5
预应力钢绞线	Prestressing Strand	吨	ton	5104.5
其他钢铁丝制品	Other Iron and Steel Wire Products	吨	ton	21500.0
裸铜线	Bare Copper Wire	吨	ton	64350.0
其他未列明建筑、家具用金属配件	Other Buildings and Furniture Meatl Parts	吨	ton	20000.0
焊条	Welding Rod	吨	ton	4229.1
轨道固定装置及附件	Track Fixtures and Accessories	吨	ton	24371.5
其他未列明金属制品	Other Not Lited Metal Product	件	piece	11.5
其他内燃机零部件及配件	Other Engine Parts and Accessories	套	set	40.5
拖拉机用柴油机	Tractor Diesel Engine	台	set	4548.1
其他用柴油机	Other Diesel Engines	台	set	7482.0
通用汽油机	Gasoline Engine	台	set	363.6
液力变矩器	Torque Converter	台	set	3528.4
其他液力机械及装置	Other Hydraulic Machinery & Installations	件	piece	3615.5
其他气动元件	Other Pneumatic Components	件	piece	11.0
球轴承	Ball Bearings	套	set	24.0

3-24 续表 20 continued

类别	Item	计量单位	Measurement Unit	年末价格（元）Price at Year End（yuan）
滚子轴承	Roller Bearings	套	set	5.8
钢球（滚珠）	Steel Ball（Bball）	万粒	10 000 unit	5020.0
圆柱齿轮	Cylindrical Gears	件	piece	0.0
减速机	Reducer	台	set	3500.0
齿轮、传动和驱动部件零件	Gear, Transmission and Drive Component Parts	台	set	150.3
制冷、空调设备零部件	Refrigeration and AC Equipment Parts	台	set	100.0
螺栓	Bolt	件	piece	0.9
螺母	Nut	件	piece	9.2
钢铁制弹簧	Steel Spring	件	piece	190.0
工业用球墨铸铁制品	Industrial Ductile Iron Products	吨	ton	6100.0
工业用可锻铸铁制品	Industrial Mmalleable Iron Products	吨	ton	6423.7
碳钢铸钢件	Carbon Steel Castings	吨	ton	6566.6
其他未列明专用设备及零件	Other Not Listed Equipment and Parts	件	piece	0.1
其他铁路车辆车身及其零件	Other Railway Vehicles and Prarts	件	piece	3580.0
机动车制动系统	Motor Vehicle Braking System	套	set	67800.0
机动车缓冲器及其零件	Motor Vehicle Buffers and Parts Thereof	套	set	13300.0
变速器总成	Transmission Assembly	套	set	3158.0
驱动桥总成	Drive axle Assembly	套	set	10750.7
机动车车轮总成	Motor Vehicle Wheel Assembly	套	set	290.0
机动车悬挂减震器	Motor Vehicle Shock Absorbers	套	set	800.4
机动车辆散热器、消声器及其零件	Motor Vehicles and Parts, Radiator Silencer	套	set	544.3
离合器总成	Clutch Assembly	套	set	216.0
机动车用控制装置总成	Motor Vehicle with Control Device	套	set	1270.0
其他机动车（汽车）零配件	Other Motor Vehicle（Car）Parts	套	set	137.3
汽车底盘车架及其零件	Automobile Chassis Frame and Parts	套	set	5220.0
座椅安全带	Seat Belt	套	set	323.0
车身底板、侧板及类似板	Body Bootoom, Similar Board	套	set	179.8
其他车身零件及其配套附件	Other Body Parts and Supporting Accessories	套	set	82.0
交流发电机，75kVA<P≤375kVA	Alternator, 75 kVA <P ≤ 375 kVA	台	set	4775.0
电磁式直流电动机，P≤750W	Electromagnetic DC Motors, P ≤ 750 W	台	set	492.0
其他直流电动机	Other DC Motors	台	set	350.0
多相交流电动机，750W<P≤75kW	Polyphase AC Motor, 750 W < P ≤ 75 kW	台	set	1677.4
单相交流电动机	Single-phase AC Motor	台	set	2880.0
交流小功率异步电动机	Small Power AC Induction Motor	台	set	800.0
其他未列明电机	Other Unspecified Motor	台	set	44497.2
电抗器	Reactor	台	set	118000.0
电子继电器	Electronic Relays	只	unit	4.9
其他继电器	Other relay	只	unit	6.9
绕组电线	Winding Wire	公里	km	55651.7
布线组	Wiring Sets	公里	km	51965.0

3-24 续表 21 continued

类 别	Item	计量单位	Measurement Unit	年末价格（元） Price at Year End （yuan）
其他绝缘电线	Other Insulated Wire	万个	10 000 unit	11417.4
交联电缆	XLPE Cable	条	piece	68.5
BV型电线电缆	BV-type Wire and Cable	公里	km	1610.1
机动车辆用白炽灯泡	Motor Vehicle Use Incandescent	只	unit	18.8
其他灯用电器附件	Other Lamp Annex	只	unit	9.8
液晶显示器	LCD Monitors	台	set	230.0
其他未列明电子计算机外部设备	Other Not Listed Computer Peripherals	台	set	25.0
其他真空电子器件	Other Vacuum Electronic Devices	个	unit	8.0
智能卡芯片及电子标签芯片	Smart Card Chip and RFID Chip	块	piece	3.5
传感器电路	Sensor Circuit	块	piece	26.0
其他集成电路成品	Other Integrated Circuit Products	件	piece	0.0
集成电路模块	Integrated Circuit Module	块	piece	103.0
液晶显示屏	LCD Display	只	unit	56.4
电解电容器	Electrolytic Capacitor	只	unit	92.0
线绕电位器	Wirewound Potentiometers	只	unit	2.2
电容器零件	Capacitors Parts	只	unit	0.0
电阻器零件	Resistors Part	只	unit	0.0
其他电子元件及组件	Other Electronic Components and Assemblies	套	set	0.1
调谐器	Tuner	台	set	8.6
其他未列明供应用仪表及通用仪器	Other Not Listed Supply Meter and General Instrument	台	set	1.6
中型废钢	Medium-sized Scrap	吨	ton	3129.7
小型废钢	Small Scrap	吨	ton	3570.0
统料型废钢	System Material Type of Scrap	吨	ton	2763.6
优质废铁	High-quality Scrap Metal	吨	ton	1913.0
其他金属废料和碎屑	Other Metal Waste and Scrap	吨	ton	3300.0
其他未列明纺织废料	Other Not Listed Textile Waste	吨	ton	4587.0
回收（废碎）纸或纸板	Recovered（Waste and Scrap）Paper or Paperboard	吨	ton	1486.1
皮革废料	Leather Scrap	吨	ton	299.0
其他非金属废料和碎屑	Other Non-metallic Waste and Scrap	吨	ton	293.3
工业用电	Industrial Electricity	万千瓦时	million kwh	7485.4
收费的电力供应服务	Electricity Supply Service Charges	万千瓦时	million kwh	5052.3
其他电力供应	Other Power Supply	万千瓦时	million kwh	4244.5
热力	Heat	万千焦	10 000 KJ	179.3
蒸汽	Steam	万千焦	10 000 KJ	154.9
焦炉煤气	Coke Oven gas	千立方米	1 000 cu.m	2898.1
工业用天然气供应量	Industrial Use of Natural Gas Supply	千立方米	1 000 cu.m	4951.1
液化天然气（LNG）供应量	Liquefied Natural Ggas Supply	吨	ton	164.9
液化石油气供应量	LPG Supply	千立方米	1 000 cu.m	7926.4
自来水生产量	Tap Water Production	立方米	cu.m	1.2
工业用水	Industrial Water	立方米	cu.m	1.8

3-25 固定资产投资价格指数（1991—2012年）

Price Indices of Investment in Fixed Assets（1991—2012）

（上年=100）　　　　(Preceding year=100)

年 份 Year	固定资产投资价格指数 Price Indices of Investment in Fixed Assets	建筑安装工程 Construction and Installation	设备、工器具购置 Purchase of Equipment, Tools & Instruments	其他费用 Others
1991	101.7	103.2	102.4	80.1
1992	117.9	116.8	119.5	123.5
1993	131.2	131.5	132.9	124.7
1994	112.3	112.2	113.6	109.6
1995	103.4	101.8	106.2	105.5
1996	103.6	104.2	102.9	101.5
1997	100.3	100.3	98.2	104.4
1998	99.9	101.4	95.2	100.4
1999	96.1	96.6	94.5	95.9
2000	101.4	102.4	95.7	104.5
2001	102.0	103.6	97.7	100.0
2002	100.3	100.8	98.4	100.1
2003	101.8	103.5	96.9	100.3
2004	104.6	106.8	99.3	101.6
2005	101.4	101.3	100.8	102.0
2006	101.2	101.1	100.7	101.9
2007	102.3	103.0	101.0	101.1
2008	107.9	110.7	101.7	103.7
2009	97.9	96.8	98.4	100.8
2010	103.0	103.8	101.2	102.5
2011	106.2	108.7	101.0	103.9
2012	100.6	100.8	99.3	101.5

3–26 农产品生产价格指数（2012年）

Producers Price Indices for Farm Products（2012）

（上年同期＝100）　　　　　　　　　　　　　　　　　　　　　　　　　　（preceding year=100）

指　标	Item	全　年 Annual Year	一季度 First Quarter	二季度 Second Quarter	三季度 Third Quarter	四季度 Fourth Quarter
总指数	**General Index**	**99.4**	**107.2**	**102.9**	**100.3**	**94.9**
农业产品	Agriculture Products	107.2	105.6	119.9	112.1	99.1
谷物及其他作物	Cereal an Other Crops					
谷物（原粮）	Cereal（Raw Grain）					
稻谷	Rice	101.6	110.8	105.9	98.9	100.1
玉米	Corn	104.6	107.4	114.3	103.8	104.8
豆类	Beans	103.5	119.3	99.5	101.3	106.7
薯类	Tubers	105.6	90.9	111.5		111.8
油料	Oil-bearing Crops	99.5	110.3	105.8	91.8	107.9
麻类	Bast Fiber					
糖料	Sugar	104.7	107.8	102.5		93.1
烟草	Tobacco					
木薯	Cassava	88.5	87.9			111.8
其他农作物	Other Crops					
蔬菜、园艺作物	Vegetables and Horticultural Crops					
蔬菜	Vegetables	116.0	99.9	148.0	123.9	103.8
芹菜	Celery	109.2	106.0			142.6
大白菜	Chinese Cabbage	115.1	111.0	125.3	101.3	132.2
莴笋	Lactucaium	86.2	93.2	83.8		
油菜	Rape					
其他叶菜	Other Leafy Vegetables					
黄瓜	Cucumber	135.9	118.2	133.6	123.5	115.8
冬瓜	Wax Gourd	151.1	153.5	171.8	121.9	114.2
苦瓜	Balsam Pear	130.3		129.1	134.8	95.8
丝瓜	Luffan	120.2		128.1	125.5	79.9
南瓜	Pumpkin	104.6	108.2	109.9	102.5	98.0
其他瓜菜	Other Melons & Vegetables					
萝卜	Radish					
生姜	Ginger	69.3	44.8	64.8	82.7	87.5
芋头	Taro	98.7	85.1	104.9	95.8	101.1
山药	Chinese Yam	56.6	58.1	46.2	22.8	
其他块根、块茎菜	Other Root, Tuber Vegetables					
茄子	Aubergine	135.0	145.7	120.7	143.1	113.5
西红柿	Tomato	138.7	86.5	163.1	156.2	141.9
辣椒	Capsicum	108.8	108.6	150.9	112.8	88.5
青椒	Green Pepper	156.6	115.2	187.1	123.2	86.5
其他茄果菜类	Other Eggplant Fruit					
蒜头	Garlic					
蒜苗	Garlic Sprouts	81.0	94.9	69.1		
小葱	Chives					

3-26 续表 1 continued

（上年同期=100） (preceding year=100)

指 标	Item	全 年 Annual Year	一季度 First Quarter	二季度 Second Quarter	三季度 Third Quarter	四季度 Fourth Quarter
韭菜	Leek	114.4	108.8	104.6	256.4	122.0
其他葱蒜类	Other Garlic & Chives Kind					
四季豆	Kidney Bean	153.0	133.6	196.3		91.8
其他菜用豆	Other Vegetable Bean					
莲藕	Lotus Root	126.4	85.4	61.8	123.0	138.3
荸荠	Chufa	105.5	101.6	103.1		
其他水生菜	Other Water Lettuce					
空心菜	Water Spinach	104.4		104.4	106.5	65.6
芥菜	Mustard					
生菜	Lettuce	100.8	96.0	107.6		107.1
未列明的其他蔬菜	Other Not Listing Vegetable					
食用菌（干鲜混合）	Edible Mushrooms（Fresh Mixed）					
水果、坚果、饮料和香料	Fruits, Nuts, Beverages and Spices					
梨	Peat	104.0			104.0	
柑	Citrus Fruit					
桔	Citrus Fruit					
橙	Orange	87.8	109.0	56.8	113.1	101.4
柚	Pomelo Grapefruit					
香蕉	Banana	74.1	93.1	91.1	108.4	58.3
荔枝	Lychee	147.0		147.8	147.2	
龙眼	Longan	123.3			123.3	
芒果	Mango	131.3		127.7	153.3	
桃	Peach	126.2		127.1	100.0	
杨梅	Waxberry					
葡萄	Grape	90.9			90.9	
柿子	Persimmon	105.4	80.6		86.9	117.5
李子	Plum	78.3		78.3		
番石榴	Guava					
枇杷	Loquat					
青枣	Blue Date					
其他园林水果	Other Fruit Garden					
西瓜	Watermelon	121.2		127.9	108.8	65.7
香瓜	Muskmelon	127.8		121.8	123.1	200.0
其他瓜果	Other Melon and Fruit					
茶及其他饮料（干品）	Tea and Other Drink（Dry Goods）					
中药材	Chinese Traditional Medicine					
林业产品	Forest Products	99.4	107.0	97.5	94.3	103.3
竹木采运	Bamboo Logging					
林产品的采集	Forest Products Acquisition					
天然和人工林果实	Natural Fruit and Plantation					
油桐籽	Oil Seed	93.4	93.8			87.1

3-26 续表 2 continued

（上年同期=100） (preceding year=100)

指　标	Item	全　年 Annual Year	一季度 First Quarter	二季度 Second Quarter	三季度 Third Quarter	四季度 Fourth Quarter
油茶籽	Oil Camellia Seed					
松脂	Turpentine					
板栗	Chinese Chestnut	125.2		81.8	135.5	124.0
白果	Gingko					
八角	Aniseed					
桂皮	Cassia	94.1		94.1		
竹笋干	Dry Bamboo Shoot	90.6			97.4	81.4
未列明其他林产品采集	Other Not Listing Forestry Collecting					
牧业（畜产品）	Animal Husbandry（Animal Products）	92.5	110.8	88.1	96.6	90.1
牲畜的饲养	Breeding Livestock					
牛的饲养	Breeding Cattle					
活牛（毛重）	Living Cattle（Gross Weight）					
羊的饲养	Breeding Sheep					
活羊（毛重）	Living Sheep（Gross Weight）	125.3	136.8	124.2	135.6	127.2
其他牲畜饲养	Other Breeding Livestock					
猪的饲养	Breeding Pig					
活猪（毛重）	Living Pig（Gross Weight）	90.8	112.9	87.3	94.8	85.4
猪肉	Pork					
家禽	Poultry	107.0	109.5	98.5	101.4	112.6
鸡	Chicken	106.8	110.5	97.8	98.8	112.1
鸭	Duck	107.8	105.3	101.4	106.5	114.6
鹅	Goose					
禽蛋	Birds Egg	95.9	94.3	93.7	89.3	108.9
其他畜牧业	Other Stock Raising					
蚕茧	Silk Cocoon	99.1		81.0	113.8	120.6
其他活的家畜产品	Other Living Livestock Product					
渔业	Fishery	97.7	107.8	97.8	100.7	94.8
海水水产品	Marine Lives					
鱼类	Fish					
虾蟹类	Shrimp and Crab					
贝类	Seashell					
其他海水产品	Other Sea Products					
内陆水域水产品	Inner Water Area Product					
淡水鱼类	Freshwater Fish					
草鱼	Grass Carp	96.0	107.3			95.4
鲤鱼	Cyprinoid	94.9	105.9			91.1
鲢鱼	Chub	101.5	107.1			100.0
罗非鱼	Tilapia					
鳙鱼	Bighead Carp	106.7	106.7			
鲮鱼	Mud Carp					
其他淡水鱼类	Other Freshwater Fish					

3-27　分季度农产品生产价格指数

（上年同期=100）

指　标	Item	2009			
		一季度 First Quarter	二季度 Second Quarter	三季度 Third Quarter	四季度 Fourth Quarter
总指数	**General Index**	**92.3**	**82.7**	**85.2**	**95.6**
农业产品	Agriculture Products	100.8	96.0	94.4	99.3
谷物及其他作物	Cereal an Other Crops	101.0	97.7	96.0	102.6
谷物（原粮）	Cereal（Raw Grain）	103.1	100.5	98.9	102.6
稻谷	Rice	106.5	101.7	105.1	101.3
玉米	Corn	92.6	99.3	98.2	105.1
豆类	Beans	93.2	98.6	90.3	103.0
薯类	Tubers	84.7	99.4	99.6	96.9
油料	Oil-bearing Crops	85.9	91.3	87.4	96.2
麻类	Bast Fiber	79.5		111.9	75.5
糖料	Sugar	101.1	97.7	99.1	102.2
烟草	Tobacco				102.5
木薯	Cassava	94.1	99.5	98.9	99.1
其他农作物	Other Crops	99.5	100.0		117.7
蔬菜、园艺作物	Vegetables and Horticultural Crops	111.7	98.2	103.4	98.4
蔬菜	Vegetables	111.7	98.2	103.4	98.4
芹菜	Celery	110.7	100.0		71.9
大白菜	Chinese Cabbage	74.1	105.1	95.9	104.0
莴笋	Lactucaium	90.9			111.1
油菜	Rape	70.7	107.1	100.0	100.0
其他叶菜	Other Leafy Vegetables	97.9	95.2	104.0	98.0
黄瓜	Cucumber		99.8	95.4	113.4
冬瓜	Wax Gourd		85.8	104.0	87.4
苦瓜	Balsam Pear		103.8	93.2	82.9
丝瓜	Luffan		96.9	96.3	100.0
南瓜	Pumpkin	101.7	104.6	103.8	
其他瓜菜	Other Melons & Vegetables		104.2	101.8	99.0
萝卜	Radish	89.5	94.3		98.9
生姜	Ginger	145.2	57.7	100.0	99.3
芋头	Taro	75.0	113.2		104.2
山药	Chinese Yam	100.4	90.9		117.9
其他块根、块茎菜	Other Root, Tuber Vegetables	103.9	113.6	88.9	102.5
茄子	Aubergine		83.3	76.8	92.0
西红柿	Tomato	107.1	100.6	132.4	94.5
辣椒	Capsicum	154.5	98.0	88.7	113.4
青椒	Green Pepper	86.6	82.4	121.2	70.0
其他茄果菜类	Other Eggplant Fruit		100.3	92.0	107.4
蒜头	Garlic				
蒜苗	Garlic Sprouts	138.6			
小葱	Chives	156.3			100.0

Producers Price Indices for Farm Products by Quarter

(preceding year=100)

2010				2011			
一季度 First Quarter	二季度 Second Quarter	三季度 Third Quarter	四季度 Fourth Quarter	一季度 First Quarter	二季度 Second Quarter	三季度 Third Quarter	四季度 Fourth Quarter
104.1	**102.3**	**110.5**	**115.7**	**130.8**	**128.3**	**133.3**	**119.3**
110.1	112.3	114.6	120.8	135.5	110.5	104.9	113.6
115.2	111.5	106.5	118.0				
108.2	108.1	104.2	111.4	113.3	119.1	119.8	114.5
106.1	105.6	102.4	110.5	116.5	121.9	122.0	117.1
115.5	119.0	116.0	113.0	102.6	107.0	105.2	110.1
103.3	101.6	105.9	109.2	92.0	103.5	124.9	109.0
95.6	99.0		122.7	125.8	72.7	114.1	88.3
130.0	114.0	124.9	134.1	107.4	104.9	167.8	118.5
94.6	116.7	132.5	146.0	110.4	116.3	113.8	111.3
116.1	112.6	117.2	135.1	147.6	130.5		113.8
84.2		98.3	89.3			129.3	116.9
121.8	98.6	106.6	133.1	126.5	114.3	100.3	87.6
65.0		110.6	120.0				
96.0	107.4	108.8	111.0				
96.0	107.4	108.8	111.0	117.3	82.8	105.5	111.1
89.0			104.6	87.3	94.6		101.7
102.6	106.6	123.3	117.7	116.7	67.9	97.3	107.5
89.2	102.0		110.0	126.5	152.9		100.0
109.0	132.4	78.1	88.4			100.0	135.0
100.5	111.0	116.2	95.3		71.5	108.8	109.2
	97.1	132.3	73.8	108.7	83.4	80.4	95.7
	90.0	106.4	113.3	130.1	65.2	93.2	118.6
	93.4	109.5	114.9		80.9	109.4	137.3
	122.1	105.9			72.7	98.3	132.1
35.0				100.0	89.3	85.2	
	99.9	91.5	110.0		71.5	114.0	131.6
112.2	100.0		100.8				
104.0	171.2	107.7	163.0	108.0	100.0	96.1	67.8
		105.4		105.2	106.1	113.7	
131.6	109.5		108.0	99.6	106.7		100.0
100.5	105.4	79.0	107.2		105.2	112.3	88.0
0.0	88.0	101.9	120.1	78.3	85.2	57.5	75.9
71.5	106.6	97.7	115.1	196.7	87.8	71.1	109.8
62.5	124.8	129.4	111.0	100.4	70.0	74.1	107.9
	119.2	114.5	79.4	98.4	72.3	124.7	101.1
	110.2	99.4	100.0				
120.0						95.8	
108.5				110.3	160.8	105.3	
	85.6	133.3	98.5		100.0	145.0	98.7

3-27 续表 1

（上年同期=100）

指　标	Item	2009 一季度 First Quarter	二季度 Second Quarter	三季度 Third Quarter	四季度 Fourth Quarter
韭菜	Leek	103.1	114.2	102.6	102.8
其他葱蒜类	Other Garlic & Chives Kind	168.7			100.0
四季豆	Kidney Bean	234.9	103.5	108.3	102.3
其他菜用豆	Other Vegetable Bean	100.0	102.2	94.5	103.0
莲藕	Lotus Root	116.7	133.3	99.0	93.2
荸荠	Chufa	101.5	105.1		97.3
其他水生菜	Other Water Lettuce	17.9	103.3		
空心菜	Water Spinach		109.3	83.0	97.0
芥菜	Mustard		97.2		
生菜	Lettuce	97.8			80.0
未列明的其他蔬菜	Other Not Listing Vegetable	98.4	96.7	95.8	99.8
食用菌（干鲜混合）	Edible Mushrooms（Fresh Mixed）				
水果、坚果、饮料和香料	Fruits, Nuts, Beverages and Spices	93.8	87.4	92.6	92.5
梨	Peat			130.1	
柑	Citrus Fruit	62.1		108.3	101.0
桔	Citrus Fruit	76.9			
橙	Orange	56.1	97.9		97.7
柚	Pomelo Grapefruit	90.9		100.0	
香蕉	Banana	72.8	98.2	107.5	63.9
荔枝	Lychee		101.8	92.5	
龙眼	Longan			111.8	
芒果	Mango		95.2	79.9	
桃	Peach		130.5	133.3	
杨梅	Waxberry		86.5		
葡萄	Grape			101.5	
柿子	Persimmon				117.3
李子	Plum		84.1	105.0	
番石榴	Guava			101.5	
枇杷	Loquat				
青枣	Blue Date				
其他园林水果	Other Fruit Garden		78.0	97.9	106.3
西瓜	Watermelon		122.9	99.5	67.2
香瓜	Muskmelon		105.5	86.8	
其他瓜果	Other Melon and Fruit				
茶及其他饮料（干品）	Tea and Other Drink（Dry Goods）	93.8	91.0	49.2	74.3
中药材	Chinese Traditional Medicine	100.0	98.0		91.7
林业产品	Forest Products	113.5	102.9	104.6	104.2
竹木采运	Bamboo Logging	113.6	103.0	104.1	104.2
林产品的采集	Forest Products Acquisition	92.5	94.7	210.2	129.1
天然和人工林果实	Natural Fruit and Plantation	92.5	94.7	210.2	129.1
油桐籽	Oil Seed	56.6	100.0		100.8

continued

(preceding year=100)

2010				2011			
一季度 First Quarter	二季度 Second Quarter	三季度 Third Quarter	四季度 Fourth Quarter	一季度 First Quarter	二季度 Second Quarter	三季度 Third Quarter	四季度 Fourth Quarter
112.3	94.4	113.5	99.6	98.7	80.4	95.3	102.3
96.3	232.6	116.7	104.7	114.3	100.0	142.9	
79.5	121.7	77.1	78.0	117.6	82.9	98.7	103.4
93.1	94.3	102.9	114.0	112.1	134.9	127.3	
100.3		108.6	145.0	102.2	85.0	115.5	97.5
108.8	95.1	104.0		95.8	95.2		
96.4	74.5			107.6		115.5	97.5
79.7	100.2	108.5	108.5		107.6		
85.4	96.1	100.0				112.5	
110.7	97.7	102.2	103.6	113.4	80.6	106.7	135.7
90.3	126.7	105.4	117.7				
116.7		114.3		113.1	133.1	112.9	100.1
98.4	116.9	129.0	132.8	118.8	107.3	76.3	111.9
		107.3					
100.0	66.7	105.7	123.7	108.0	112.1	107.5	108.7
123.3	102.2	122.0	112.9				
	92.4		173.2	105.8	174.7	108.8	104.4
122.6		133.3		117.4			99.0
91.1	114.9	114.9	131.1	121.4	114.0	108.6	135.8
	180.5	83.0			117.1	67.4	
		159.2				52.0	
	128.2	109.7				75.0	
	113.7	104.6			87.5		
	105.0						
		151.9	103.5	101.3		96.0	66.2
		90.0	113.8	114.3		121.8	98.1
	100.0	90.4				97.6	
		101.0					
	100.0						
123.4	100.0	107.9	112.2				
	89.3	103.0			94.0	115.6	111.7
	124.8	110.8			134.6	112.6	
		111.3					
110.3	117.2	125.6	145.4				
111.7	151.5	111.2	121.0				
105.7	104.8	126.7	110.0	125.9	113.2	109.6	101.8
102.8	104.7	126.2	109.7	118.8	113.0	109.8	102.0
298.6	153.5	151.4	144.8	136.1	106.3		68.0
324.5	153.5	155.2	147.8				
398.0			134.0	84.4			69.4

3-27 续表 2

（上年同期=100）

指　标	Item	2009 一季度 First Quarter	二季度 Second Quarter	三季度 Third Quarter	四季度 Fourth Quarter
油茶籽	Oil Camellia Seed	45.8	62.5		111.4
松脂	Turpentine		89.9	85.3	115.1
板栗	Chinese Chestnut				58.8
白果	Gingko				104.2
八角	Aniseed	151.8	101.6	255.6	206.4
桂皮	Cassia				
竹笋干	Dry Bamboo Shoot			103.6	120.9
未列明其他林产品采集	Other Not Listing Forestry Collecting				
牧业（畜产品）	Animal Husbandry（Animal Products）	83.0	71.3	76.2	91.9
牲畜的饲养	Breeding Livestock	105.3	88.4	103.2	122.4
牛的饲养	Breeding Cattle	110.1	77.9	103.4	124.8
活牛（毛重）	Living Cattle（Gross Weight）	110.1	77.9	103.4	124.8
羊的饲养	Breeding Sheep	93.8	111.5	99.0	105.4
活羊（毛重）	Living Sheep（Gross Weight）	93.8	111.5	99.0	105.4
其他牲畜饲养	Other Breeding Livestock		93.3		
猪的饲养	Breeding Pig	81.7	70.0	74.6	89.6
活猪（毛重）	Living Pig（Gross Weight）	81.7	69.9	74.6	89.6
猪肉	Pork	87.6	86.8		
家禽	Poultry	100.4	99.2	100.3	103.0
鸡	Chicken	101.7	97.6	100.5	100.5
鸭	Duck	102.9	101.1	103.5	102.5
鹅	Goose		103.4	138.9	
禽蛋	Birds Egg	92.2	100.6	96.8	109.0
其他畜牧业	Other Stock Raising	119.3	98.3	110.4	119.7
蚕茧	Silk Cocoon		98.6	123.6	164.4
其他活的家畜产品	Other Living Livestock Product			73.7	
渔业	Fishery	105.4	85.3	90.6	93.6
海水水产品	Marine Lives	109.3	104.2	105.5	102.5
鱼类	Fish	111.7	89.7	100.3	102.2
虾蟹类	Shrimp and Crab	106.3	110.3	109.3	104.3
贝类	Seashell	113.0	108.8		100.4
其他海水产品	Other Sea Products	100.1	105.7	106.0	98.5
内陆水域水产品	Inner Water Area Product	104.4	77.2	83.9	91.5
淡水鱼类	Freshwater Fish	104.4	77.2	83.9	91.5
草鱼	Grass Carp	97.5	104.3	92.2	92.1
鲤鱼	Cyprinoid	102.0	104.2	76.7	95.0
鲢鱼	Chub	104.9	65.6	78.9	88.2
罗非鱼	Tilapia	122.1	120.4	84.6	92.0
鳙鱼	Bighead Carp	101.8	90.0	89.1	83.4
鲮鱼	Mud Carp	91.1	91.8	86.1	95.1
其他淡水鱼类	Other Freshwater Fish	102.3	96.2	110.0	114.3

continued

（preceding year=100）

2010				2011			
一季度 First Quarter	二季度 Second Quarter	三季度 Third Quarter	四季度 Fourth Quarter	一季度 First Quarter	二季度 Second Quarter	三季度 Third Quarter	四季度 Fourth Quarter
209.1			119.9				
	177.5	180.9	197.2	170.4	106.3	97.6	59.5
		150.3	110.3		105.3	111.1	119.6
			104.6				91.2
95.9	107.7	116.0	123.1				
		117.8	113.4			104.2	118.8
100.0	104.1	97.9	103.0				
91.0	91.4	106.2	116.1	123.5	152.5	154.3	128.6
99.0	101.3	99.5	99.7	126.4	159.7	163.4	133.2
100.6	102.0	100.5	98.0				
100.6	102.0	100.5	98.0		102.5	120.0	
94.8	98.4	94.2	104.6				
94.8	98.4	94.2	104.6	118.8	116.9	118.2	120.4
86.1	89.6	106.4	115.0				
86.1	89.7	106.4	115.1	126.5	159.8	163.4	133.2
95.4	71.4	100.0	109.7				
108.7	102.3	104.7	112.5	111.1	112.7	119.6	106.9
101.3	100.3	107.6	111.0	111.0	111.7	120.1	106.1
98.4	106.0	108.8	114.6	111.7	117.4	118.7	110.5
99.3	110.5	107.1	106.8				
119.0	102.6	100.4	113.5	115.9	112.8	114.1	106.9
			135.2	104.5			
	155.3	148.3	135.2		143.7	104.7	99.9
92.9	108.7	103.9	106.6	112.3			
104.2	104.7	106.4	111.1	116.0	105.3	111.7	115.2
109.8	102.7	105.1	110.0		102.3	105.9	114.7
113.8	98.2	105.1	106.1				
109.4	106.2	105.0	110.9			114.3	111.0
	111.8	104.3		96.7	99.3	96.2	
99.1	102.1	107.5	95.3				
101.8	107.3	110.4	114.5				
101.8	107.2	110.4	114.5	104.4	116.1	122.2	115.5
105.0	102.3	110.2	120.1	110.9	113.7	114.0	108.5
103.0	96.9	118.3	108.7	104.1	112.0	116.6	106.8
93.4	113.4	108.9	110.1	105.4	112.9	133.0	124.6
109.1	101.7	107.0	123.7	100.0	119.0	116.6	120.9
106.5	107.3	110.0	119.8	103.7	120.2	125.6	106.1
99.1	101.0	101.9	105.4				
109.8	100.3	102.7	104.4	104.9	105.0	108.3	115.7

3-28 农产品生产价格指数

Producers Price Indices for Farm Products

（上年=100） （preceding year=100）

指 标	Item	2007	2008	2009	2010	2011
总指数	**General Index**	**121.5**	**113.0**	**89.3**	**107.6**	**124.6**
农业产品	Agriculture Products	100.4	100.4	98.1	115.2	115.1
谷物及其他作物	Cereal an Other Crops	101.3	99.5	100.2	113.3	
谷物（原粮）	Cereal（Raw Grain）	115.3	112.1	100.7	107.9	117.1
稻谷	Rice	108.9	113.4	104.8	106.1	117.1
玉米	Corn	117.0	111.8	99.6	113.2	106.7
豆类	Beans	111.0	128.6	94.8	105.0	112.9
薯类	Tubers	111.0	108.4	85.8	107.1	113.5
油料	Oil-bearing Crops	120.0	109.2	90.5	122.0	143.4
麻类	Bast Fiber	88.1	64.5	79.4	125.1	110.5
糖料	Sugar	99.4	97.5	100.6	117.4	139.4
烟草	Tobacco	124.2	124.4	105.9	92.2	120.9
木薯	Cassava	97.8	114.5	92.9	125.4	113.9
其他农作物	Other Crops	112.1	108.0	101.6	98.4	
蔬菜、园艺作物	Vegetables and Horticultural Crops	107.3	109.8	103.2	105.3	
蔬菜	Vegetables	107.3	109.8	103.2	105.3	99.8
芹菜	Celery	90.1	125.2	94.7	100.0	91.7
大白菜	Chinese Cabbage	112.3	118.2	94.3	107.6	94.3
莴笋	Lactucaium	155.2	133.3	95.2	100.1	129.6
油菜	Rape	125.4		90.1	88.7	110.5
其他叶菜	Other Leafy Vegetables	115.2	120.3	100.3	105.1	101.7
黄瓜	Cucumber	109.9	110.1	100.4	102.9	90.4
冬瓜	Wax Gourd	103.2	111.8	88.5	111.3	83.0
苦瓜	Balsam Pear	102.9	112.1	90.7	108.9	113.4
丝瓜	Luffan	112.7	104.8	101.0	107.4	101.4
南瓜	Pumpkin	122.3	107.7	104.0	35.0	94.0
其他瓜菜	Other Melons & Vegetables	104.4	114.8	99.1	96.0	105.8
萝卜	Radish	92.3	116.2	92.0	104.3	103.5
生姜	Ginger	100.3	138.5	104.7	155.6	82.5
芋头	Taro	102.9	116.6	100.9	105.4	109.0
山药	Chinese Yam	115.1	111.8	110.0	117.7	105.2
其他块根、块茎菜	Other Root, Tuber Vegetables	103.7	113.1	102.2	96.7	109.1
茄子	Aubergine	111.9	102.8	83.5	104.0	73.5
西红柿	Tomato	103.5	84.0	115.9	97.0	96.9
辣椒	Capsicum	100.1	104.9	104.0	114.7	85.5
青椒	Green Pepper	96.4	69.9	99.3	103.6	91.2
其他茄果菜类	Other Eggplant Fruit	88.4	125.2	98.4	103.1	
蒜头	Garlic	97.8	166.7		120.0	95.8
蒜苗	Garlic Sprouts		132.1	138.6	108.5	123.7
小葱	Chives	97.2	99.1	125.0	101.7	110.0

3-28 续表 1 continued

（上年=100） (preceding year=100)

指 标	Item	2007	2008	2009	2010	2011
韭菜	Leek	98.6	117.0	102.7	106.1	84.2
其他葱蒜类	Other Garlic & Chives Kind	107.0	104.2	141.7	107.6	117.8
四季豆	Kidney Bean	108.0	95.8	108.2	95.3	88.8
其他菜用豆	Other Vegetable Bean	104.9	110.4	99.4	101.7	113.0
莲藕	Lotus Root	105.5	121.2	102.6	142.9	97.5
荸荠	Chufa	100.4	132.9	101.2	100.0	96.2
其他水生菜	Other Water Lettuce	95.3	110.6	42.9	95.9	107.6
空心菜	Water Spinach	102.7	168.8	93.1	104.4	107.6
芥菜	Mustard	122.2	122.4	97.2	89.8	112.5
生菜	Lettuce	92.8	116.9	94.1	105.2	98.4
未列明的其他蔬菜	Other Not Listing Vegetable	113.7	107.2	99.1	110.3	93.5
食用菌（干鲜混合）	Edible Mushrooms（Fresh Mixed）	148.0	72.0	75.9	91.6	108.6
水果、坚果、饮料和香料	Fruits, Nuts, Beverages and Spices	96.0	103.1	90.0	124.1	89.8
梨	Peat	118.6	78.3	130.1	107.3	
柑	Citrus Fruit	94.8	100.4	83.6	101.9	102.2
桔	Citrus Fruit	127.7	81.1	76.9	120.3	
橙	Orange	88.9	107.5	76.7	126.5	128.8
柚	Pomelo Grapefruit	85.4	100.8	95.4	126.0	106.3
香蕉	Banana	96.9	129.7	84.5	119.9	131.3
荔枝	Lychee	86.7	164.3	100.5	139.3	75.1
龙眼	Longan	99.7	93.3	111.8	159.2	52.0
芒果	Mango	112.5	126.8	90.8	113.9	75.0
桃	Peach	115.6	73.3	129.3	110.3	87.5
杨梅	Waxberry	137.1	139.4	86.5	105.0	
葡萄	Grape	153.9	98.6	101.5	151.1	90.8
柿子	Persimmon	88.6	117.0	117.3	112.5	106.0
李子	Plum	98.0		90.6	93.5	97.6
番石榴	Guava			101.5	101.0	
枇杷	Loquat	60.0	100.0		100.0	
青枣	Blue Date	145.5				
其他园林水果	Other Fruit Garden	101.9	109.7	98.6	113.2	
西瓜	Watermelon	89.2	93.1	103.2	93.8	103.2
香瓜	Muskmelon	84.2	110.1	93.1	111.8	122.7
其他瓜果	Other Melon and Fruit				111.3	
茶及其他饮料（干品）	Tea and Other Drink（Dry Goods）	118.6	103.7	67.1	125.7	
中药材	Chinese Traditional Medicine	106.7	105.1	91.7	124.7	
林业产品	Forest Products	105.3	104.3	104.5	107.6	109.5
竹木采运	Bamboo Logging	105.3	104.3	104.5	107.2	108.5
林产品的采集	Forest Products Acquisition	108.7	102.3	121.7	150.8	88.2
天然和人工林果实	Natural Fruit and Plantation	108.7	102.3	121.7	153.9	
油桐籽	Oil Seed	131.6	114.8	74.3	155.1	82.4

3-28 续表 2 continued

（上年＝100） (preceding year=100)

指 标	Item	2007	2008	2009	2010	2011
油茶籽	Oil Camellia Seed	141.0	127.8	76.2	173.8	
松脂	Turpentine	79.2	109.9	89.8	173.9	84.8
板栗	Chinese Chestnut	95.3	139.1	58.8	131.6	111.9
白果	Gingko	105.9	55.0	104.2	104.6	91.2
八角	Aniseed	110.3	88.6	192.8	122.8	
桂皮	Cassia	100.2				
竹笋干	Dry Bamboo Shoot	178.8	106.5	104.0	118.4	122.3
未列明其他林产品采集	Other Not Listing Forestry Collecting	108.7			101.5	122.3
牧业（畜产品）	Animal Husbandry（Animal Products）	140.4	123.2	80.5	100.5	139.1
牲畜的饲养	Breeding Livestock	111.6	122.8	98.0	99.1	143.2
牛的饲养	Breeding Cattle	110.6	154.1	105.0	98.4	
活牛（毛重）	Living Cattle（Gross Weight）	110.6	122.2	105.0	98.4	106.8
羊的饲养	Breeding Sheep	121.3	123.2	102.6	101.3	
活羊（毛重）	Living Sheep（Gross Weight）	121.3	123.2	102.6	101.3	113.8
其他牲畜饲养	Other Breeding Livestock	111.2	104.2	93.3		
猪的饲养	Breeding Pig	142.4	123.8	79.1	97.9	
活猪（毛重）	Living Pig（Gross Weight）	142.4	123.8	79.1	97.9	143.2
猪肉	Pork	132.7	116.4	87.4	90.8	
家禽	Poultry	117.8	114.7	99.4	103.5	110.4
鸡	Chicken	117.2	108.4	100.2	103.4	109.7
鸭	Duck	116.3	107.3	103.1	106.2	112.8
鹅	Goose	115.8	119.2	111.3	108.5	
禽蛋	Birds Egg	119.7	128.3	96.0	102.8	111.2
其他畜牧业	Other Stock Raising	93.5	109.8	105.9	145.2	106.1
蚕茧	Silk Cocoon	70.4	97.4	120.2	145.2	116.8
其他活的家畜产品	Other Living Livestock Product	91.5	117.2	73.7	104.1	117.2
渔业	Fishery	107.9	118.4	96.9	107.6	109.2
海水水产品	Marine Lives	104.2	112.0	104.8	106.5	105.9
鱼类	Fish	110.5	117.1	101.3	105.4	
虾蟹类	Shrimp and Crab	96.6	108.4	106.5	107.1	111.6
贝类	Seashell	106.6	111.5	106.5	108.0	98.6
其他海水产品	Other Sea Products	132.1	116.1	103.9	103.2	
内陆水域水产品	Inner Water Area Product	109.0	120.3	94.5	109.7	
淡水鱼类	Freshwater Fish	109.0	120.3	94.5	109.7	112.3
草鱼	Grass Carp	106.2	116.4	98.3	113.5	111.6
鲤鱼	Cyprinoid	105.7	120.4	99.0	111.3	107.3
鲢鱼	Chub	109.4	122.1	90.3	106.3	113.1
罗非鱼	Tilapia	101.9	115.6	106.2	112.1	115.7
鳙鱼	Bighead Carp	117.1	124.2	92.1	110.7	112.8
鲮鱼	Mud Carp	115.2	145.8	89.5	102.0	
其他淡水鱼类	Other Freshwater Fish	108.3	106.9	101.8	102.6	112.5

3-29 农产品集贸市场价格（2012年）

Rural Market Fairs Prices of Agricultural Products（2012）

单位：元/公斤 （yuan/kg）

指　标	Item	1月 January	2月 February	3月 March	4月 April	5月 May	6月 June
粮食类	**Grain**						
籼稻	Rice	2.83	2.90	2.89	2.89	2.89	2.86
优质籼稻	High-quality Rice						
粳稻	Japonica						
小麦	Wheat	4.50					5.00
玉米	Corn	2.70	2.74	2.74	2.76	2.76	2.79
大豆	Soybean	6.50	6.58	6.48	6.43	6.45	6.49
籼米	Indica	4.70	4.74	4.75	4.75	4.74	4.74
优质籼米	Quality Indica						
粳米	Japonica						
面粉	Flour	4.08	4.08	4.08	4.08	4.09	4.09
经济作物类	**Economic Crops Category**						
花生仁	Peanuts	13.75	14.13	14.35	14.38	14.63	14.38
花生油	Peanut Oil	27.13	27.25	27.13	27.50	27.50	27.13
菜籽油	Rapeseed Oil	17.27	17.93	17.67	17.73	17.40	17.73
豆油	Soybean Oil	17.30	17.80	17.90	18.00	18.00	18.00
畜产品类	**Animal Products**						
活猪	Live Pig	16.99	15.93	15.41	13.55	13.21	13.74
仔猪	Piglets	24.53	25.56	25.59	24.34	22.98	22.38
猪肉	Pork	26.50	25.13	24.38	22.00	21.50	21.25
牛肉	Beef	43.50	45.25	46.25	46.88	47.38	48.75
羊肉	Mutton	55.29	60.57	61.43	60.71	60.71	60.14
活鸡	Live Chicken	21.50	20.90	20.88	21.13	21.13	21.38
鸡蛋	Eggs	11.50	10.78	10.80	10.19	10.18	10.78
水产品类	**Aquatic Products**						
草鱼	Grass Carp	14.38	14.50	15.13	14.38	14.25	14.00
鲤鱼	Cyprinoid	13.25	13.13	13.00	12.38	11.88	12.25
链鱼	Chub	7.86	7.71	7.71	7.50	7.79	7.61
带鱼	Belt Fish						
蔬菜类	**Vegetables**						
大白菜	Chinese Cabbage	1.93	1.78	2.49	3.79	3.68	3.15
黄瓜	Cucumber	5.77	4.77	5.97	4.73	3.06	2.70
西红柿	Tomato	3.88	3.75	4.54	5.81	6.53	4.88
菜椒	Green Pepper	7.69	6.25	8.13	7.25	7.86	6.73
四季豆	Kidney Bean	5.72	5.72	6.35	6.38	5.60	4.30
水果类	**Fruit Group**						
红富士苹果	Fuji apple	9.95	9.65	9.75	9.38	9.50	9.88
香蕉	Banana	4.10	4.00	4.28	4.38	4.00	3.85
橙子	Orange	4.17	4.09	4.14	4.30	4.47	4.45

3-29 续表 continued

单位：元/公斤 (yuan/kg)

指 标	Item	7 月 July	8 月 August	9 月 September	10 月 October	11 月 November	12 月 December
粮食类	**Grain**						
籼稻	Rice	2.79	2.78	2.78	2.79	2.80	2.82
优质籼稻	High-quality Rice						
粳稻	Japonica						
小麦	Wheat	5.00	5.00	5.00	5.00	5.00	5.00
玉米	Corn	2.82	2.83	2.81	2.80	2.80	2.80
大豆	Soybean	6.63	6.69	6.74	6.70	6.76	6.93
籼米	Indica	4.76	4.74	4.74	4.74	4.74	4.75
优质籼米	Quality Indica						
粳米	Japonica						
面粉	Flour	4.10	4.10	4.10	4.10	4.10	4.11
经济作物类	**Economic Crops Category**						
花生仁	Peanuts	14.13	14.13	14.00	13.94	13.93	14.03
花生油	Peanut Oil	27.57	28.00	28.06	28.36	28.31	28.29
菜籽油	Rapeseed Oil	17.73	18.17	18.37	18.33	18.00	17.83
豆油	Soybean Oil	18.50	19.00	19.00	19.00	18.50	18.30
畜产品类	**Animal Products**						
活猪	Live Pig	13.89	14.24	14.36	14.11	14.09	15.14
仔猪	Piglets	22.18	21.63	21.43	20.95	20.23	19.78
猪肉	Pork	21.25	21.50	22.00	21.63	21.83	22.43
牛肉	Beef	51.88	52.75	53.50	54.25	55.63	56.50
羊肉	Mutton	59.71	59.86	60.57	60.57	62.71	64.50
活鸡	Live Chicken	21.25	21.18	21.34	21.43	21.44	21.75
鸡蛋	Eggs	10.45	11.55	11.65	11.55	11.54	11.86
水产品类	**Aquatic Products**						
草鱼	Grass Carp	13.88	13.88	13.45	13.20	13.06	13.41
鲤鱼	Cyprinoid	12.25	12.50	12.25	12.25	12.25	12.38
链鱼	Chub	7.71	7.61	7.27	7.33	7.17	7.14
带鱼	Belt Fish						
蔬菜类	**Vegetables**						
大白菜	Chinese Cabbage	3.16	3.78	3.70	2.80	2.05	2.35
黄瓜	Cucumber	3.47	4.14	3.46	3.10	3.97	4.21
西红柿	Tomato	4.50	4.51	5.31	4.25	4.28	4.24
菜椒	Green Pepper	5.50	4.88	5.13	5.13	4.76	5.09
四季豆	Kidney Bean	5.70	6.25	5.50	4.70	4.28	4.63
水果类	**Fruit Group**						
红富士苹果	Fuji apple	9.90	9.79	9.74	9.75	9.50	9.56
香蕉	Banana	3.78	3.48	3.64	3.59	3.43	3.29
橙子	Orange	3.75	3.80	4.00	4.00	5.47	5.07

3-30 农产品集贸市场价格指数（2012年）

Rural Market Fairs Price Indices of Agricultural Products（2012）

（上年同期＝100） (preceding year=100)

指标	Item	1月 January	2月 February	3月 March	4月 April	5月 May	6月 June
粮食类	**Grain**						
籼稻	Rice	113.8	111.3	106.0	105.7	104.1	102.9
优质籼稻	High-quality Rice						
粳稻	Japonica						
小麦	Wheat	112.5					113.6
玉米	Corn	106.4	107.7	105.0	106.0	105.7	106.0
大豆	Soybean	98.1	99.2	97.7	97.0	97.4	98.3
籼米	Indica	112.6	112.1	108.0	105.8	103.3	103.0
优质籼米	Quality Indica						
粳米	Japonica						
面粉	Flour	106.9	104.8	104.2	106.2	106.5	106.2
经济作物类	**Economic Crops Category**						
花生仁	Peanuts	126.4	129.9	132.9	127.8	121.9	107.4
花生油	Peanut Oil	124.7	125.3	121.2	121.5	115.8	106.9
菜籽油	Rapeseed Oil	120.5	128.1	120.5	120.9	118.6	120.9
豆油	Soybean Oil	133.1	136.9	132.6	133.3	133.3	133.3
畜产品类	**Animal Products**						
活猪	Live Pig	117.1	105.6	96.5	86.4	82.2	78.2
仔猪	Piglets	156.7	159.0	147.1	135.8	113.5	97.0
猪肉	Pork	119.1	108.6	99.5	90.3	86.0	78.8
牛肉	Beef	119.2	122.3	133.1	133.9	133.5	137.8
羊肉	Mutton	128.6	136.9	133.5	127.6	130.0	126.8
活鸡	Live Chicken	104.2	101.3	101.2	104.3	102.1	99.1
鸡蛋	Eggs	102.2	95.1	98.2	93.7	91.9	95.8
水产品类	**Aquatic Products**						
草鱼	Grass Carp	109.5	109.4	110.0	107.5	103.6	101.8
鲤鱼	Cyprinoid	121.8	111.7	112.3	101.0	95.0	97.0
链鱼	Chub	111.1	105.2	99.8	101.9	103.8	96.9
带鱼	Belt Fish						
蔬菜类	**Vegetables**						
大白菜	Chinese Cabbage	104.1	91.0	144.2	199.3	155.0	115.6
黄瓜	Cucumber	138.7	105.4	143.0	146.6	116.5	111.3
西红柿	Tomato	102.0	116.3	122.6	163.7	178.8	156.0
菜椒	Green Pepper	150.0	109.4	104.0	158.9	192.4	165.5
四季豆	Kidney Bean	126.5	110.0	111.0	131.9	124.4	119.4
水果类	**Fruit Group**						
红富士苹果	Fuji apple	98.8	93.2	95.1	90.4	87.4	95.2
香蕉	Banana	110.8	111.1	112.5	80.1	87.9	104.1
橙子	Orange	110.2	90.8	92.8	86.0	83.8	81.7

3-30 续表 continued

（上年同期＝100） (preceding year=100)

指 标	Item	7 月 July	8 月 August	9 月 September	10 月 October	11 月 November	12 月 December
粮食类	**Grain**						
籼稻	Rice	99.8	98.2	98.3	97.5	100.4	100.0
优质籼稻	High-quality Rice						
粳稻	Japonica						
小麦	Wheat	111.1	111.1	111.1	111.1	111.1	111.1
玉米	Corn	104.7	104.2	101.2	100.3	100.4	103.2
大豆	Soybean	97.6	99.3	100.9	99.6	102.4	105.8
籼米	Indica	102.7	102.2	101.1	99.5	101.4	100.8
优质籼米	Quality Indica						
粳米	Japonica						
面粉	Flour	103.1	101.9	101.5	100.3	100.9	100.9
经济作物类	**Economic Crops Category**						
花生仁	Peanuts	98.6	96.1	96.1	97.0	98.3	102.0
花生油	Peanut Oil	104.0	104.7	103.9	104.1	106.3	106.8
菜籽油	Rapeseed Oil	113.2	113.5	112.4	110.0	106.7	105.3
豆油	Soybean Oil	127.6	126.7	122.6	118.8	112.1	108.9
畜产品类	**Animal Products**						
活猪	Live Pig	74.5	76.0	73.8	76.7	83.2	89.7
仔猪	Piglets	89.1	77.6	69.4	67.9	73.6	80.0
猪肉	Pork	72.6	74.5	75.2	75.9	82.0	86.7
牛肉	Beef	145.6	145.0	145.6	142.8	145.4	145.8
羊肉	Mutton	126.7	127.7	127.7	122.5	123.7	123.0
活鸡	Live Chicken	98.3	96.3	98.7	100.8	103.3	104.8
鸡蛋	Eggs	90.9	94.3	94.3	92.4	94.6	98.4
水产品类	**Aquatic Products**						
草鱼	Grass Carp	100.9	97.8	96.9	93.5	91.6	94.9
鲤鱼	Cyprinoid	94.2	94.8	93.3	93.3	94.2	95.2
链鱼	Chub	100.0	98.7	94.3	93.3	92.9	94.3
带鱼	Belt Fish						
蔬菜类	**Vegetables**						
大白菜	Chinese Cabbage	105.4	125.8	113.0	84.8	92.1	127.0
黄瓜	Cucumber	157.6	137.0	107.2	89.9	121.2	92.7
西红柿	Tomato	144.0	143.3	148.6	118.1	123.2	130.5
菜椒	Green Pepper	129.8	120.0	112.9	104.7	99.7	100.5
四季豆	Kidney Bean	171.7	153.7	117.5	100.7	144.3	112.4
水果类	**Fruit Group**						
红富士苹果	Fuji apple	97.8	100.4	102.6	101.6	99.2	97.3
香蕉	Banana	128.0	105.8	99.0	93.9	82.2	82.8
橙子	Orange	75.0	76.0	80.0	85.1	103.2	121.9

3-31 农产品集贸市场价格环比指数（2012年）

Rural Market Fairs Price Chain Index of Agricultural Products（2012）

（上月=100） (preceding month=100)

指 标	Item	1月 January	2月 February	3月 March	4月 April	5月 May	6月 June
粮食类	**Grain**						
籼稻	Rice	100.4	102.4	99.6	100.0	100.0	100.0
优质籼稻	High-quality Rice	100.0	100.0	100.0	100.0	100.0	100.0
粳稻	Japonica	100.0	100.0	100.0	100.0	100.0	100.0
小麦	Wheat	100.0	100.0	100.0	100.0	100.0	100.0
玉米	Corn	99.5	101.4	100.0	100.8	100.1	101.0
大豆	Soybean	99.2	101.2	98.5	99.2	100.3	100.6
籼米	Indica	99.7	100.8	100.3	100.0	99.7	100.0
优质籼米	Quality Indica	100.0	100.0	100.0	100.0	100.0	100.0
粳米	Japonica	100.0	100.0	100.0	100.0	100.0	100.0
面粉	Flour	100.0	100.0	100.0	99.9	100.2	100.0
经济作物类	**Economic Crops Category**						
花生仁	Peanuts	100.0	102.7	101.6	100.2	101.7	98.3
花生油	Peanut Oil	102.4	100.5	99.5	101.4	100.0	98.6
菜籽油	Rapeseed Oil	102.0	103.9	98.5	100.4	98.1	101.9
豆油	Soybean Oil	103.0	102.9	100.6	100.6	100.0	100.0
畜产品类	**Animal Products**						
活猪	Live Pig	100.7	93.7	96.8	87.9	97.5	104.0
仔猪	Piglets	99.2	104.2	100.1	95.1	94.4	97.4
猪肉	Pork	102.4	94.8	97.0	90.2	97.7	98.8
牛肉	Beef	112.3	104.0	102.2	101.4	101.1	102.9
羊肉	Mutton	105.4	109.6	101.4	98.8	100.0	99.1
活鸡	Live Chicken	103.6	97.2	99.9	101.2	100.0	101.2
鸡蛋	Eggs	95.4	93.7	100.2	94.3	99.9	105.8
水产品类	**Aquatic Products**						
草鱼	Grass Carp	101.8	100.9	104.3	95.0	99.1	98.2
鲤鱼	Cyprinoid	101.9	99.1	99.0	95.2	95.9	103.1
链鱼	Chub	103.8	98.2	100.0	97.3	103.8	97.7
带鱼	Belt Fish	100.0	100.0	100.0	100.0	100.0	100.0
蔬菜类	**Vegetables**						
大白菜	Chinese Cabbage	104.1	92.2	140.1	152.1	97.0	85.6
黄瓜	Cucumber	126.9	82.7	125.1	79.2	64.6	88.2
西红柿	Tomato	119.2	96.8	121.0	128.0	112.3	74.7
菜椒	Green Pepper	151.9	81.3	130.0	89.2	108.4	85.6
四季豆	Kidney Bean	138.8	100.0	111.0	100.4	87.8	76.8
水果类	**Fruit Group**						
红富士苹果	Fuji apple	101.3	97.0	101.0	96.2	101.3	103.9
香蕉	Banana	103.1	97.6	106.9	102.2	91.3	96.3
橙子	Orange	100.3	97.9	101.4	103.9	103.9	99.6

3-31 续表 continued

（上月=100） (preceding month=100)

指 标	Item	7 月 July	8 月 August	9 月 September	10 月 October	11 月 November	12 月 December
粮食类	**Grain**						
籼稻	Rice	97.4	99.5	100.2	100.3	100.4	100.7
优质籼稻	High-quality Rice	100.0	100.0	100.0	100.0	100.0	100.0
粳稻	Japonica	100.0	100.0	100.0	100.0	100.0	100.0
小麦	Wheat	100.0	100.0	100.0	100.0	100.0	100.0
玉米	Corn	101.1	100.4	99.3	99.6	100.0	100.0
大豆	Soybean	102.1	100.9	100.7	99.4	100.9	102.5
籼米	Indica	100.5	99.5	100.0	100.1	100.0	100.2
优质籼米	Quality Indica	100.0	100.0	100.0	100.0	100.0	100.0
粳米	Japonica	100.0	100.0	100.0	100.0	100.0	100.0
面粉	Flour	100.3	100.0	100.0	100.0	100.0	100.2
经济作物类	**Economic Crops Category**						
花生仁	Peanuts	98.3	100.0	99.1	99.6	99.9	100.7
花生油	Peanut Oil	101.6	101.6	100.2	101.1	99.8	99.9
菜籽油	Rapeseed Oil	100.0	102.4	101.1	99.8	98.2	99.1
豆油	Soybean Oil	102.8	102.7	100.0	100.0	97.4	98.9
畜产品类	**Animal Products**						
活猪	Live Pig	101.1	102.5	100.9	98.2	99.9	107.5
仔猪	Piglets	99.1	97.5	99.1	97.8	96.6	97.8
猪肉	Pork	100.0	101.2	102.3	98.3	100.9	102.7
牛肉	Beef	106.4	101.7	101.4	101.4	102.5	101.6
羊肉	Mutton	99.3	100.2	101.2	100.0	103.5	102.9
活鸡	Live Chicken	99.4	99.6	100.8	100.4	100.0	101.4
鸡蛋	Eggs	97.0	110.5	100.9	99.1	99.9	102.8
水产品类	**Aquatic Products**						
草鱼	Grass Carp	99.1	100.0	96.9	98.1	98.9	102.7
鲤鱼	Cyprinoid	100.0	102.0	98.0	100.0	100.0	101.1
链鱼	Chub	101.3	98.7	95.5	100.8	97.8	99.6
带鱼	Belt Fish	100.0	100.0	100.0	100.0	100.0	100.0
蔬菜类	**Vegetables**						
大白菜	Chinese Cabbage	100.4	119.4	98.0	75.7	73.2	114.6
黄瓜	Cucumber	128.4	119.5	83.4	89.7	128.1	106.0
西红柿	Tomato	92.3	100.3	117.7	80.0	100.7	99.1
菜椒	Green Pepper	81.8	88.6	105.1	100.1	92.8	106.9
四季豆	Kidney Bean	132.6	109.6	88.0	85.5	91.1	108.2
水果类	**Fruit Group**						
红富士苹果	Fuji apple	100.3	98.8	99.6	100.1	97.4	100.6
香蕉	Banana	98.1	92.1	104.7	98.7	95.5	95.9
橙子	Orange	110.3	101.3	105.3	100.0	136.8	92.7

3-32 农产品集贸市场价格及指数

Rural Market Fairs Prices of Agricultural Products and Indices

指标	Item	1月 January								
		价格（元/公斤） Price（yuan/kg）			价格变动（上月=100） Price Movements（preceding month=100）			价格变动（上年同期=100） Price Movements（preceding year=100）		
		2009	2010	2011	2009	2010	2011	2009	2010	2011
粮食类	**Grain**									
籼稻	Rice	2.23	2.31	2.49	99.7	100.1	100.4	115.3	103.7	107.8
优质籼稻	High-quality Rice	2.60	2.73	3.04	100.9	101.6	102.6	110.5	105.1	111.3
粳稻	Japonica	2.27	2.42	2.70	95.8	100.3	102.7	105.4	106.6	111.6
小麦	Wheat	3.40	3.20	4.00	100.0	100.0	100.0	113.3	94.1	125.0
玉米	Corn	1.86	2.17	2.54	96.4	104.3	102.3	92.9	116.4	116.9
大豆	Soybean	6.13	6.35	6.63	90.1	101.2	102.1	111.6	103.6	104.3
籼米	Indica	3.37	3.56	4.18	101.6	100.7	103.1	113.0	105.6	117.3
优质籼米	Quality Indica	4.13	4.31	5.01	101.4	101.5	104.9	113.0	104.4	116.3
粳米	Japonica	3.58	3.85	4.45	100.0	101.3	106.0	113.1	107.5	115.6
面粉	Flour	3.29	3.39	3.81	99.8	100.0	101.7	108.4	103.0	112.5
经济作物类	**Economic crops category**									
花生仁	Peanuts	8.08	10.68	10.88	84.6	106.5	101.2	78.0	132.1	101.8
花生油	Peanut Oil	16.75	18.70	21.75	88.7	101.8	100.3	83.3	111.6	116.3
菜籽油	Rapeseed Oil	14.50	12.87	14.33	101.8	101.0	101.2	103.9	88.7	111.4
豆油	Soybean Oil	13.50	11.50	13.00	100.0	100.9	100.0		85.2	113.0
畜产品类	**Animal Products**									
活猪	Live Pig	13.28	11.88	14.51	100.1	98.3	99.7	82.9	89.4	122.2
仔猪	Piglets	14.76	13.13	15.65	96.8	99.1	97.8	68.9	88.9	119.2
猪肉	Pork	20.45	18.00	22.25	98.6	98.6	98.3	80.2	88.0	123.6
牛肉	Beef	36.25	36.38	36.50	99.7	100.7	102.1	123.4	100.3	100.3
羊肉	Mutton	39.00	40.57	43.00	104.0	99.0	105.5	115.6	104.0	106.0
活鸡	Live Chicken	18.75	15.91	20.63	106.2	100.0	106.1	104.2	84.9	129.6
鸡蛋	Eggs	9.14	9.33	11.25	100.4	100.5	102.0	97.7	102.0	120.6
水产品类	**Aquatic Products**									
草鱼	Grass Carp	12.65	10.88	13.13	100.8	100.5	101.9	117.1	86.0	120.6
鲤鱼	Cyprinoid	10.95	9.58	10.88	102.8	97.0	101.2	112.9	87.4	113.5
链鱼	Chub	7.11	5.89	7.07	101.2	99.5	99.7	102.5	82.8	120.1
带鱼	Belt Fish	13.00	14.00	17.50	100.0		100.0	118.2	107.7	125.0
蔬菜类	**Vegetables**									
大白菜	Chinese Cabbage	1.43	2.00	1.85	90.7	97.0	112.8	102.0	139.9	92.5
黄瓜	Cucumber	4.16	3.03	4.16	147.4	112.8	161.1	181.0	72.8	137.2
西红柿	Tomato	3.95	2.88	3.80	133.9	98.3	124.6	153.4	72.8	131.9
菜椒	Green Pepper	6.30	4.28	5.13	146.5	94.0	143.2	170.3	67.9	119.7
四季豆	Kidney Bean	4.92	3.15	4.52	144.7	123.5	145.8	172.2	64.0	143.5
水果类	**Fruit Group**									
红富士苹果	Fuji apple	7.40	8.50	10.08	108.0	104.3	104.6	104.2	114.9	118.5
香蕉	Banana	2.60	2.18	3.70	98.6	111.5	104.8	107.2	83.7	169.7
橙子	Orange	2.35	2.75	3.79	92.2	104.8	114.0	94.0	117.0	137.7

3-32 续表 1 continued

指 标	Item	2 月 February								
		价 格（元/公斤）Price（yuan/kg）			价格变动（上月=100）Price Movements（preceding month=100）			价格变动（上年同期=100）Price Movements（preceding year=100）		
		2009	2010	2011	2009	2010	2011	2009	2010	2011
粮食类	**Grain**									
籼稻	Rice	2.29	2.32	2.61	102.5	100.4	104.7	119.3	101.4	112.3
优质籼稻	High-quality Rice	2.67	2.75	3.10	102.5	100.6	102.1	111.1	103.0	112.7
粳稻	Japonica	2.37	2.41	2.90	104.4	99.7	107.4	109.6	101.8	120.3
小麦	Wheat	3.43	3.20	4.10	101.0	100.0	102.5	109.6	93.3	128.1
玉米	Corn	1.83	2.21	2.54	98.3	101.8	100.2	101.5	120.5	115.0
大豆	Soybean	5.91	6.41	6.63	96.5	101.0	100.0	104.4	108.5	103.4
籼米	Indica	3.43	3.59	4.23	101.8	100.7	101.2	115.1	104.5	117.7
优质籼米	Quality Indica	4.26	4.31	5.19	103.3	100.0	103.5	116.0	101.2	120.4
粳米	Japonica	3.74	3.90	4.70	104.6	101.3	105.6	119.0	104.3	120.5
面粉	Flour	3.29	3.40	3.89	100.0	100.4	102.0	107.5	103.3	114.3
经济作物类	**Economic crops category**									
花生仁	Peanuts	7.73	10.68	10.88	95.7	100.0	100.0	72.7	138.1	101.8
花生油	Peanut Oil	16.31	18.95	21.75	97.4	101.3	100.0	78.9	116.2	114.8
菜籽油	Rapeseed Oil	11.67	12.80	14.00	80.5	99.5	97.7	80.5	109.7	109.4
豆油	Soybean Oil	12.00	11.50	13.00	88.9	100.0	100.0		95.8	113.0
畜产品类	**Animal Products**									
活猪	Live Pig	12.98	11.50	15.09	97.7	96.8	104.0	77.2	88.6	131.2
仔猪	Piglets	15.25	13.18	16.08	103.3	100.4	102.7	69.2	86.4	122.0
猪肉	Pork	19.88	18.63	23.13	97.2	103.5	103.9	74.3	93.7	124.1
牛肉	Beef	36.63	37.00	37.00	101.0	101.7	101.4	111.8	101.0	100.0
羊肉	Mutton	39.43	41.75	44.25	101.1	102.9	102.9	104.5	105.9	106.0
活鸡	Live Chicken	17.85	16.39	20.63	95.2	103.0	100.0	95.8	91.8	125.8
鸡蛋	Eggs	9.10	9.40	11.33	99.6	100.8	100.7	95.5	103.3	120.5
水产品类	**Aquatic Products**									
草鱼	Grass Carp	11.75	11.38	13.25	92.9	104.6	101.0	95.0	96.8	116.4
鲤鱼	Cyprinoid	9.88	10.20	11.75	90.2	106.5	108.0	95.9	103.2	115.2
链鱼	Chub	6.71	6.00	7.33	94.4	101.9	103.7	92.2	89.4	122.2
带鱼	Belt Fish	13.00	16.00	20.00	100.0	114.3	114.3	108.3	123.1	125.0
蔬菜类	**Vegetables**									
大白菜	Chinese Cabbage	1.23	2.23	1.95	86.0	111.3	105.4	64.7	180.9	87.4
黄瓜	Cucumber	2.65	3.39	4.53	63.7	111.8	108.8	62.2	127.8	133.5
西红柿	Tomato	2.40	2.78	3.23	60.8	96.5	84.9	56.8	115.6	116.0
菜椒	Green Pepper	4.08	4.06	5.71	64.7	95.0	111.5	79.7	99.6	140.7
四季豆	Kidney Bean	3.50	2.93	5.20	71.1	93.1	115.0	97.2	83.8	177.5
水果类	**Fruit Group**									
红富士苹果	Fuji apple	7.25	8.93	10.35	98.0	105.0	102.7	93.6	123.1	115.9
香蕉	Banana	2.08	2.70	3.60	79.8	124.1	97.3	70.3	129.8	133.3
橙子	Orange	2.23	3.13	4.50	94.7	113.8	118.9	81.7	140.3	143.8

3-32 续表 2 continued

指 标	Item	3 月 March								
		价格（元/公斤）Price（yuan/kg）			价格变动（上月=100）Price Movements（preceding month=100）			价格变动（上年同期=100）Price Movements（preceding year=100）		
		2009	2010	2011	2009	2010	2011	2009	2010	2011
粮食类	**Grain**									
籼稻	Rice	2.27	2.33	2.73	99.3	100.3	104.6	112.5	102.6	117.0
优质籼稻	High-quality Rice	2.64	2.75	3.19	99.1	100.0	102.8	108.5	104.2	115.9
粳稻	Japonica	2.35	2.43	3.00	99.4	100.8	103.4	107.0	103.5	123.5
小麦	Wheat	3.60	3.20	4.10	104.9	100.0	100.0	108.0	88.9	128.1
玉米	Corn	1.88	2.26	2.61	102.6	102.5	102.5	104.2	120.2	115.3
大豆	Soybean	5.95	6.36	6.63	100.6	99.2	100.0	95.0	106.9	104.2
籼米	Indica	3.39	3.57	4.40	99.1	99.7	104.1	111.1	105.4	123.2
优质籼米	Quality Indica	4.24	4.35	5.38	99.4	100.9	103.6	112.7	102.6	123.6
粳米	Japonica	3.80	4.03	4.75	101.7	103.2	101.1	115.9	105.9	117.9
面粉	Flour	3.30	3.40	3.91	100.4	100.0	100.6	106.6	103.0	115.1
经济作物类	**Economic crops category**									
花生仁	Peanuts	7.15	10.53	10.80	92.6	98.6	99.3	66.2	147.2	102.6
花生油	Peanut Oil	15.40	18.69	22.38	94.4	98.6	102.9	72.1	121.3	119.7
菜籽油	Rapeseed Oil	11.33	13.33	14.67	97.1	104.2	104.8	74.3	117.7	110.0
豆油	Soybean Oil	11.00	12.00	13.50	91.7	104.3	103.8		109.1	112.5
畜产品类	**Animal Products**									
活猪	Live Pig	12.53	10.65	15.98	96.5	92.6	105.9	70.3	85.0	150.0
仔猪	Piglets	14.83	12.38	17.40	97.2	93.9	108.2	61.1	83.4	140.5
猪肉	Pork	19.43	16.75	24.50	97.7	89.9	105.9	74.7	86.2	146.3
牛肉	Beef	36.00	35.63	34.75	98.3	96.3	93.9	110.8	99.0	97.5
羊肉	Mutton	38.86	39.13	46.00	98.6	93.7	104.0	102.3	100.7	117.6
活鸡	Live Chicken	17.05	15.84	20.63	95.5	96.6	100.0	92.8	92.9	130.2
鸡蛋	Eggs	9.08	9.31	11.00	99.7	99.1	97.1	100.0	102.6	118.2
水产品类	**Aquatic Products**									
草鱼	Grass Carp	11.58	11.08	13.75	98.5	97.4	103.8	92.6	95.6	124.1
鲤鱼	Cyprinoid	10.38	9.78	11.57	105.1	95.8	98.5	98.3	94.2	118.3
链鱼	Chub	6.49	6.09	7.73	96.6	101.4	105.5	89.0	93.8	127.0
带鱼	Belt Fish	13.00	17.00	16.00	100.0	106.3	80.0	100.0	130.8	94.1
蔬菜类	**Vegetables**									
大白菜	Chinese Cabbage	1.97	2.30	1.73	160.5	103.4	88.5	111.3	116.8	75.0
黄瓜	Cucumber	3.70	4.13	4.18	139.6	121.8	92.3	85.2	111.5	101.1
西红柿	Tomato	3.20	2.88	3.70	133.3	103.6	114.7	115.3	89.8	128.5
菜椒	Green Pepper	4.21	4.16	7.81	103.4	102.5	136.8	84.3	98.9	187.8
四季豆	Kidney Bean	4.04	3.40	5.72	115.4	115.9	110.0	110.2	84.2	168.2
水果类	**Fruit Group**									
红富士苹果	Fuji apple	7.13	8.68	10.25	98.3	97.2	99.0	96.9	121.7	118.1
香蕉	Banana	2.60	2.84	3.80	125.3	105.3	105.6	96.3	109.3	133.8
橙子	Orange	2.80	3.26	4.46	125.8	104.1	99.2	101.8	116.3	136.9

3-32 续表 3 continued

指 标	Item	4月 April								
		价格（元/公斤）Price（yuan/kg）			价格变动（上月=100）Price Movements（preceding month=100）			价格变动（上年同期=100）Price Movements（preceding year=100）		
		2009	2010	2011	2009	2010	2011	2009	2010	2011
粮食类	**Grain**									
籼稻	Rice	2.32	2.34	2.73	102.2	100.6	100.3	113.3	101.0	116.8
优质籼稻	High-quality Rice	2.66	2.80	3.24	100.8	101.8	101.8	108.0	105.3	115.8
粳稻	Japonica	2.48	2.42	3.00	105.4	99.5	100.0	116.3	97.6	124.0
小麦	Wheat	3.33	3.20	4.15	92.6	100.0	101.2	100.0	96.1	129.7
玉米	Corn	1.90	2.33	2.61	101.2	103.1	100.0	100.9	122.6	111.9
大豆	Soybean	6.03	6.45	6.63	101.3	101.4	100.0	87.2	107.0	102.7
籼米	Indica	3.44	3.61	4.49	101.5	101.1	102.0	109.3	105.0	124.3
优质籼米	Quality Indica	4.30	4.41	5.44	101.4	101.4	101.2	109.4	102.6	123.3
粳米	Japonica	3.83	4.05	4.83	100.7	100.6	101.6	112.5	105.7	119.1
面粉	Flour	3.26	3.40	3.84	98.7	100.0	98.1	101.1	104.3	112.9
经济作物类	**Economic crops category**									
花生仁	Peanuts	7.28	10.43	11.25	101.8	99.1	104.2	63.3	143.3	107.9
花生油	Peanut Oil	15.50	18.80	22.63	100.7	100.6	101.1	69.1	121.3	120.3
菜籽油	Rapeseed Oil	11.40	13.40	14.67	100.6	100.5	100.0	70.2	117.5	109.5
豆油	Soybean Oil	11.00	12.00	13.50	100.0	100.0	100.0		109.1	112.5
畜产品类	**Animal Products**									
活猪	Live Pig	11.20	10.00	15.69	89.4	93.9	98.2	62.2	89.3	156.9
仔猪	Piglets	14.03	10.93	17.93	94.6	88.3	103.0	54.6	77.9	164.0
猪肉	Pork	18.53	16.44	24.38	95.4	98.1	99.5	70.9	88.7	148.3
牛肉	Beef	35.88	34.88	35.00	99.7	97.9	100.7	107.9	97.2	100.3
羊肉	Mutton	38.71	39.71	47.57	99.6	101.5	103.4	102.7	102.6	119.8
活鸡	Live Chicken	16.98	15.04	20.25	99.6	94.9	98.2	87.1	88.6	134.6
鸡蛋	Eggs	8.88	9.09	10.88	97.8	97.6	98.9	96.7	102.3	119.6
水产品类	**Aquatic Products**									
草鱼	Grass Carp	11.63	11.00	13.38	100.4	99.3	97.3	80.2	94.6	121.6
鲤鱼	Cyprinoid	10.55	9.98	12.25	101.7	102.0	105.9	86.7	94.5	122.7
链鱼	Chub	6.06	5.97	7.36	93.4	98.1	95.1	74.9	98.5	123.2
带鱼	Belt Fish	13.00	16.50	20.00	100.0	97.1	125.0	92.9	126.9	121.2
蔬菜类	**Vegetables**									
大白菜	Chinese Cabbage	2.46	2.46	1.90	124.6	107.1	110.1	88.7	100.1	77.2
黄瓜	Cucumber	2.83	3.70	3.23	76.4	89.7	77.2	110.8	130.7	87.2
西红柿	Tomato	2.98	3.33	3.55	93.0	115.7	95.9	81.8	111.6	106.6
菜椒	Green Pepper	4.45	4.49	4.56	105.6	107.8	58.4	104.7	100.8	101.6
四季豆	Kidney Bean	3.11	3.90	4.83	77.1	114.7	84.5	63.6	125.4	123.9
水果类	**Fruit Group**									
红富士苹果	Fuji apple	6.93	8.73	10.38	97.2	100.6	101.2	90.5	125.9	118.8
香蕉	Banana	3.33	3.84	5.46	127.9	135.1	143.8	114.7	115.3	142.3
橙子	Orange	2.88	3.31	5.00	102.7	101.6	112.0	89.8	114.9	151.1

3-32 续表 4 continued

指 标	Item	5 月 May								
		价格（元/公斤）Price（yuan/kg）			价格变动（上月=100）Price Movements（preceding month=100）			价格变动（上年同期=100）Price Movements（preceding year=100）		
		2009	2010	2011	2009	2010	2011	2009	2010	2011
粮食类	**Grain**									
籼稻	Rice	2.30	2.36	2.78	99.0	100.9	101.6	101.1	102.7	117.6
优质籼稻	High-quality Rice	2.65	2.82	3.30	99.7	100.7	101.7	97.6	106.4	117.0
粳稻	Japonica	2.38	2.51	2.80	96.0	103.7	93.3	100.6	105.5	111.6
小麦	Wheat	3.33	3.20	4.25	100.0	100.0	102.4	96.2	96.1	132.8
玉米	Corn	1.90	2.37	2.61	99.9	101.7	100.2	93.1	124.7	110.2
大豆	Soybean	5.78	6.50	6.63	95.9	100.8	100.0	76.1	112.5	101.9
籼米	Indica	3.42	3.70	4.59	99.4	102.4	102.2	100.6	108.2	124.0
优质籼米	Quality Indica	4.31	4.49	5.60	100.4	101.7	103.0	100.8	104.1	124.7
粳米	Japonica	3.78	4.10	4.90	98.7	101.2	101.6	99.3	108.5	119.5
面粉	Flour	3.23	3.43	3.84	99.2	100.7	100.0	97.0	106.0	111.9
经济作物类	**Economic crops category**									
花生仁	Peanuts	7.25	10.45	12.00	99.7	100.2	106.7	62.5	144.1	114.8
花生油	Peanut Oil	15.05	18.88	23.75	97.1	100.4	105.0	62.9	125.4	125.8
菜籽油	Rapeseed Oil	11.33	13.50	14.67	99.4	100.7	100.0	68.7	119.2	108.6
豆油	Soybean Oil	11.00	12.00	13.50	100.0	100.0	100.0	78.6	109.1	112.5
畜产品类	**Animal Products**									
活猪	Live Pig	10.30	9.61	16.08	92.0	96.1	102.5	59.6	93.3	167.3
仔猪	Piglets	13.23	10.76	20.25	94.3	98.5	113.0	53.1	81.3	188.2
猪肉	Pork	17.10	15.75	25.00	92.3	95.8	102.6	66.6	92.1	158.7
牛肉	Beef	34.88	35.13	35.50	97.2	100.7	101.4	104.9	100.7	101.1
羊肉	Mutton	38.71	39.86	46.71	100.0	100.4	98.2	101.9	103.0	117.2
活鸡	Live Chicken	16.15	15.83	20.69	95.1	105.2	102.2	83.1	98.0	130.7
鸡蛋	Eggs	8.95	9.06	11.08	100.9	99.7	101.8	96.5	101.3	122.2
水产品类	**Aquatic Products**									
草鱼	Grass Carp	11.75	10.90	13.75	101.1	99.1	102.8	83.2	92.8	126.1
鲤鱼	Cyprinoid	10.55	10.06	12.50	100.0	100.9	102.0	89.4	95.4	124.3
链鱼	Chub	6.06	5.77	7.50	100.0	96.6	101.9	77.0	95.2	130.0
带鱼	Belt Fish	14.00	16.00	20.00	107.7	97.0	100.0	107.7	114.3	125.0
蔬菜类	**Vegetables**									
大白菜	Chinese Cabbage	2.60	2.60	2.37	105.8	105.6	124.8	104.6	100.0	91.2
黄瓜	Cucumber	2.28	2.70	2.63	80.5	73.0	81.4	138.9	118.4	97.2
西红柿	Tomato	2.75	2.91	3.65	92.4	87.6	102.8	88.0	105.9	125.4
菜椒	Green Pepper	3.75	4.78	4.09	84.3	106.4	89.6	98.0	127.3	85.5
四季豆	Kidney Bean	2.77	4.00	4.50	88.8	102.6	93.1	73.4	144.4	112.5
水果类	**Fruit Group**									
红富士苹果	Fuji apple	7.78	9.28	10.88	112.3	106.3	104.8	100.3	119.2	117.2
香蕉	Banana	3.63	3.87	4.55	109.0	100.8	83.3	123.9	106.6	117.6
橙子	Orange	2.89	3.57	5.33	100.4	107.9	106.7	86.8	123.5	149.4

3-32 续表 5 continued

指 标	Item	6 月 June								
		价格（元/公斤）Price（yuan/kg）			价格变动（上月=100）Price Movements（preceding month=100）			价格变动（上年同期=100）Price Movements（preceding year=100）		
		2009	2010	2011	2009	2010	2011	2009	2010	2011
粮食类	**Grain**									
籼稻	Rice	2.32	2.35	2.78	100.9	99.3	100.3	101.7	101.1	118.4
优质籼稻	High-quality Rice	2.70	2.80	3.31	101.8	99.3	100.2	99.5	103.7	118.0
粳稻	Japonica	2.38	2.55	2.80	100.0	101.6	100.0	99.9	107.1	109.8
小麦	Wheat	3.33	3.20	4.40	100.0	100.0	103.5	96.2	96.1	137.5
玉米	Corn	1.88	2.39	2.63	99.3	101.0	100.7	91.7	127.3	110.0
大豆	Soybean	5.95	6.45	6.60	103.0	99.2	99.6	78.2	108.4	102.3
籼米	Indica	3.50	3.70	4.60	102.4	100.0	100.3	101.3	105.7	124.3
优质籼米	Quality Indica	4.32	4.53	5.63	100.3	100.8	100.4	99.9	104.7	124.2
粳米	Japonica	3.73	4.15	4.55	98.8	101.2	92.9	96.9	111.3	109.6
面粉	Flour	3.23	3.41	3.85	99.8	99.6	100.3	95.7	105.7	112.9
经济作物类	**Economic crops category**									
花生仁	Peanuts	7.23	10.35	13.39	99.7	99.0	111.6	61.8	143.2	129.3
花生油	Peanut Oil	15.05	18.75	25.38	100.0	99.3	106.8	64.3	124.6	135.3
菜籽油	Rapeseed Oil	11.33	13.67	14.67	100.0	101.3	100.0	68.7	120.7	107.3
豆油	Soybean Oil	11.00	12.50	13.50	100.0	104.2	100.0	75.9	113.6	108.0
畜产品类	**Animal Products**									
活猪	Live Pig	9.60	9.49	17.56	93.2	98.7	109.3	59.4	98.8	185.1
仔猪	Piglets	12.33	10.28	23.08	93.2	95.5	114.0	51.0	83.3	224.5
猪肉	Pork	16.30	15.56	26.95	95.3	98.8	107.8	63.0	95.5	173.2
牛肉	Beef	34.88	35.00	35.38	100.0	99.6	99.6	103.3	100.3	101.1
羊肉	Mutton	38.86	39.86	47.43	100.4	100.0	101.5	102.6	102.6	119.0
活鸡	Live Chicken	16.03	17.03	21.56	99.2	107.6	104.2	80.9	106.2	126.6
鸡蛋	Eggs	8.80	9.06	11.25	98.3	100.0	101.6	91.4	103.0	124.2
水产品类	**Aquatic Products**									
草鱼	Grass Carp	11.15	11.25	13.75	94.9	103.2	100.0	78.9	100.9	122.2
鲤鱼	Cyprinoid	10.20	10.10	12.63	96.7	100.4	101.0	84.7	99.0	125.0
链鱼	Chub	6.00	6.34	7.86	99.1	109.9	104.8	73.9	105.7	123.9
带鱼	Belt Fish	14.00	16.00	20.00	100.0	100.0	100.0	103.7	114.3	125.0
蔬菜类	**Vegetables**									
大白菜	Chinese Cabbage	2.23	2.58	2.73	85.6	99.0	114.9	68.9	115.5	105.6
黄瓜	Cucumber	1.98	2.51	2.43	86.8	93.1	92.4	94.1	126.9	96.6
西红柿	Tomato	2.98	2.78	3.13	108.2	95.3	85.6	105.3	93.1	112.4
菜椒	Green Pepper	3.43	4.59	4.06	91.3	96.1	99.4	101.5	133.7	88.5
四季豆	Kidney Bean	2.62	4.40	3.60	94.6	110.0	80.0	78.8	167.9	81.8
水果类	**Fruit Group**									
红富士苹果	Fuji apple	8.75	9.33	10.38	112.5	100.5	95.4	108.4	106.6	111.2
香蕉	Banana	3.61	4.04	3.70	99.7	104.4	81.3	125.7	111.9	91.6
橙子	Orange	3.25	4.07	5.45	112.6	114.0	102.2	82.3	125.2	133.9

3-32 续表 6 continued

指 标	Item	7月 July								
		价格（元/公斤）Price（yuan/kg）			价格变动（上月=100）Price Movements（preceding month=100）			价格变动（上年同期=100）Price Movements（preceding year=100）		
		2009	2010	2011	2009	2010	2011	2009	2010	2011
粮食类	**Grain**									
籼稻	Rice	2.31	2.36	2.80	99.6	100.6	100.4	103.0	102.2	118.4
优质籼稻	High-quality Rice	2.69	2.82	3.32	99.6	100.7	100.4	99.1	104.8	117.6
粳稻	Japonica	2.38	2.47	2.80	100.0	96.9	100.0	103.5	103.8	113.4
小麦	Wheat	3.20	3.23	4.50	96.0	100.9	102.3	92.3	100.9	139.3
玉米	Corn	1.95	2.41	2.69	103.4	100.7	102.4	93.1	123.6	111.7
大豆	Soybean	5.85	6.33	6.79	98.3	98.1	102.8	79.1	108.2	107.2
籼米	Indica	3.47	3.74	4.64	99.1	101.1	100.8	100.2	107.8	124.0
优质籼米	Quality Indica	4.33	4.59	5.68	100.1	101.4	100.9	100.3	106.0	123.6
粳米	Japonica	3.73	4.10	4.55	99.9	98.8	100.0	95.5	109.9	111.0
面粉	Flour	3.28	3.44	3.98	101.6	100.8	103.2	98.1	104.9	115.6
经济作物类	**Economic crops category**									
花生仁	Peanuts	7.44	10.25	14.33	102.9	99.0	107.0	64.3	137.8	139.8
花生油	Peanut Oil	14.98	18.75	26.50	99.5	100.0	104.4	67.0	125.2	141.3
菜籽油	Rapeseed Oil	11.33	13.81	15.67	100.0	101.0	106.8	69.2	121.9	113.4
豆油	Soybean Oil	11.00	12.50	14.50	100.0	100.0	107.4	72.1	113.6	116.0
畜产品类	**Animal Products**									
活猪	Live Pig	9.68	10.66	18.65	100.8	112.4	106.2	65.4	110.1	175.0
仔猪	Piglets	12.23	11.39	24.88	99.2	110.9	107.8	54.3	93.1	218.4
猪肉	Pork	16.28	17.15	29.25	99.9	110.2	108.5	66.2	105.3	170.6
牛肉	Beef	34.88	34.63	35.63	100.0	98.9	100.7	102.6	99.3	102.9
羊肉	Mutton	38.29	39.71	47.14	98.5	99.6	99.4	101.1	103.7	118.7
活鸡	Live Chicken	16.05	17.25	21.63	100.2	101.3	100.3	84.0	107.5	125.4
鸡蛋	Eggs	8.76	9.30	11.50	99.6	102.6	102.2	93.5	106.2	123.7
水产品类	**Aquatic Products**									
草鱼	Grass Carp	11.30	11.53	13.75	101.4	102.5	100.0	81.3	102.0	119.3
鲤鱼	Cyprinoid	10.13	10.65	13.00	99.3	105.4	103.0	84.6	105.1	122.1
链鱼	Chub	5.97	6.34	7.71	99.5	100.0	98.2	76.0	106.2	121.7
带鱼	Belt Fish	14.00	16.50	20.00	100.0	103.1	100.0	103.7	117.9	121.2
蔬菜类	**Vegetables**									
大白菜	Chinese Cabbage	2.58	2.90	3.00	115.7	112.6	110.1	77.7	112.4	103.4
黄瓜	Cucumber	2.10	2.84	2.20	106.3	113.0	90.7	101.8	135.2	77.5
西红柿	Tomato	3.03	3.00	3.13	101.7	108.1	100.0	109.0	99.0	104.2
菜椒	Green Pepper	4.30	5.15	4.24	125.6	112.3	104.3	125.4	119.8	82.3
四季豆	Kidney Bean	2.70	4.25	3.32	103.2	96.6	92.2	91.5	157.4	78.1
水果类	**Fruit Group**									
红富士苹果	Fuji apple	9.69	9.45	10.13	110.7	101.3	97.6	120.0	97.5	107.1
香蕉	Banana	3.75	3.69	2.95	103.8	91.3	79.7	131.6	98.4	79.9
橙子	Orange	3.45	4.00	5.00	106.2	98.3	91.7	78.4	115.9	125.0

3-32 续表 7 continued

指 标	Item	8月 August 价格（元/公斤） Price（yuan/kg） 2009	2010	2011	价格变动（上月=100） Price Movements（preceding month=100） 2009	2010	2011	价格变动（上年同期=100） Price Movements（preceding year=100） 2009	2010	2011
粮食类	Grain									
籼稻	Rice	2.31	2.35	2.83	100.1	99.6	101.1	101.3	101.7	120.2
优质籼稻	High-quality Rice	2.66	2.75	3.28	98.7	97.5	98.9	100.6	103.4	119.3
粳稻	Japonica	2.39	2.45		100.3	99.2		100.9	102.5	
小麦	Wheat	3.20	3.85	4.50	100.0	119.2	100.0	93.2	120.3	116.9
玉米	Corn	1.94	2.33	2.72	99.8	96.7	100.9	94.5	120.1	116.6
大豆	Soybean	6.08	6.35	6.74	103.9	100.3	99.3	80.5	104.4	106.1
籼米	Indica	3.47	3.73	4.64	100.1	99.7	100.0	100.3	107.5	124.3
优质籼米	Quality Indica	4.22	4.58	5.70	97.6	99.8	100.4	98.5	108.5	124.5
粳米	Japonica	3.80	3.98	4.65	102.0	97.1	102.2	99.0	104.7	116.8
面粉	Flour	3.35	3.46	4.03	102.3	100.6	101.3	100.5	103.3	116.3
经济作物类	Economic crops category									
花生仁	Peanuts	7.55	10.13	14.70	101.5	98.8	102.6	65.2	134.2	145.1
花生油	Peanut Oil	14.63	19.25	26.75	97.7	102.7	100.9	65.0	131.6	139.0
菜籽油	Rapeseed Oil	11.33	13.67	16.00	100.0	99.0	102.1	69.7	120.7	117.0
豆油	Soybean Oil	11.00	12.00	15.00	100.0	96.0	103.4	81.5	109.1	125.0
畜产品类	Animal Products									
活猪	Live Pig	10.83	12.13	18.73	111.9	113.8	100.4	74.4	112.0	154.4
仔猪	Piglets	13.36	13.10	27.88	109.3	115.0	112.1	62.2	98.1	212.8
猪肉	Pork	17.38	19.13	28.88	106.8	111.5	98.7	70.9	110.1	150.9
牛肉	Beef	35.50	33.13	36.38	101.8	95.7	102.1	103.3	93.3	109.8
羊肉	Mutton	38.86	39.71	46.86	101.5	100.0	99.4	102.3	102.2	118.0
活鸡	Live Chicken	15.61	18.63	22.00	97.3	108.0	101.7	85.3	119.3	118.1
鸡蛋	Eggs	9.15	10.51	12.25	104.4	113.0	106.5	96.3	114.9	116.6
水产品类	Aquatic Products									
草鱼	Grass Carp	11.53	12.38	14.19	102.0	107.4	103.2	86.0	107.4	114.6
鲤鱼	Cyprinoid	10.34	11.38	13.19	102.1	106.9	101.4	90.1	110.1	115.9
链鱼	Chub	5.94	7.00	7.71	99.5	110.4	100.0	81.6	117.8	110.2
带鱼	Belt Fish	14.00	16.50	20.00	100.0	100.0	100.0	103.7	117.9	121.2
蔬菜类	Vegetables									
大白菜	Chinese Cabbage	2.85	3.15	3.00	110.7	108.6	100.0	101.8	110.5	95.2
黄瓜	Cucumber	2.58	2.78	3.03	122.6	97.9	137.5	109.0	107.8	108.8
西红柿	Tomato	3.61	3.23	3.15	119.4	107.7	100.8	162.4	89.5	97.5
菜椒	Green Pepper	4.13	4.65	4.06	95.9	90.3	95.9	118.7	112.6	87.4
四季豆	Kidney Bean	3.25	4.25	4.07	120.4	100.0	122.5	97.0	130.8	95.7
水果类	Fruit Group									
红富士苹果	Fuji apple	8.45	9.45	9.75	87.2	100.0	96.3	117.6	111.8	103.2
香蕉	Banana	3.73	3.53	3.29	99.3	95.7	111.4	112.0	94.6	93.1
橙子	Orange	3.57	4.00	5.00	103.4	100.0	100.0	89.2	112.0	125.0

3-32 续表 8 Continued

指 标	Item	9月 September								
		价格（元/公斤）Price（yuan/kg）			价格变动（上月=100）Price Movements（preceding month=100）			价格变动（上年同期=100）Price Movements（preceding year=100）		
		2009	2010	2011	2009	2010	2011	2009	2010	2011
粮食类	**Grain**									
籼稻	Rice	2.30	2.39	2.83	99.5	101.7	100.2	100.2	103.9	118.4
优质籼稻	High-quality Rice	2.70	2.77	3.29	101.4	100.7	100.4	101.1	102.6	118.9
粳稻	Japonica	2.41	2.45		101.1	100.0	100.0	103.4	101.7	
小麦	Wheat	3.20	3.85	4.50	100.0	100.0	100.0	92.3	120.3	116.9
玉米	Corn	1.98	2.39	2.78	101.7	102.6	102.3	97.5	120.7	116.3
大豆	Soybean	6.20	6.38	6.68	102.1	100.5	99.1	81.3	102.9	104.6
籼米	Indica	3.45	3.76	4.69	99.3	100.8	101.1	99.9	109.0	124.7
优质籼米	Quality Indica	4.28	4.55	5.63	101.3	99.3	98.7	99.5	106.3	123.6
粳米	Japonica	3.80	4.03		100.0	101.3	0.0	99.0	106.1	
面粉	Flour	3.34	3.54	4.04	99.6	102.3	100.3	100.2	106.0	114.1
经济作物类	**Economic crops category**									
花生仁	Peanuts	8.30	10.58	14.58	109.9	104.4	99.1	73.6	127.5	137.8
花生油	Peanut Oil	15.60	20.63	27.00	106.7	107.2	100.9	71.9	132.2	130.9
菜籽油	Rapeseed Oil	11.33	13.67	16.33	100.0	100.0	102.1	68.7	120.7	119.5
豆油	Soybean Oil	11.00	12.50	15.50	100.0	104.2	103.3	78.6	113.6	124.0
畜产品类	**Animal Products**									
活猪	Live Pig	11.25	12.41	19.45	103.9	102.3	103.9	81.7	110.3	156.7
仔猪	Piglets	14.04	14.38	30.88	105.1	109.8	110.8	70.9	102.4	214.7
猪肉	Pork	17.63	20.00	29.25	101.4	104.5	101.3	76.2	113.4	146.3
牛肉	Beef	35.38	35.00	36.75	99.7	105.6	101.0	104.0	98.9	105.0
羊肉	Mutton	39.43	39.86	47.43	101.5	100.4	101.2	103.8	101.1	119.0
活鸡	Live Chicken	15.90	18.75	21.63	101.8	100.6	98.3	88.1	117.9	115.3
鸡蛋	Eggs	9.40	10.93	12.35	102.7	104.0	100.8	96.7	116.3	113.0
水产品类	**Aquatic Products**									
草鱼	Grass Carp	11.15	12.63	13.88	96.8	102.0	97.8	80.2	113.3	109.9
鲤鱼	Cyprinoid	9.98	11.25	13.13	96.5	98.9	99.5	84.9	112.7	116.7
链鱼	Chub	5.66	7.00	7.71	95.2	100.0	100.0	75.4	123.7	110.2
带鱼	Belt Fish	14.00	16.00	20.00	100.0	97.0	100.0	103.7	114.3	125.0
蔬菜类	**Vegetables**									
大白菜	Chinese Cabbage	2.85	2.83	3.28	100.0	89.8	109.2	105.6	99.3	115.7
黄瓜	Cucumber	2.75	2.83	3.23	106.8	101.8	106.6	120.9	102.9	114.0
西红柿	Tomato	3.70	3.26	3.58	102.4	100.9	113.5	155.0	88.1	109.7
菜椒	Green Pepper	4.45	4.88	4.54	107.9	104.9	111.7	141.8	109.7	93.0
四季豆	Kidney Bean	2.67	4.00	4.68	82.1	94.1	115.1	76.9	149.8	117.0
水果类	**Fruit Group**									
红富士苹果	Fuji apple	8.28	9.25	9.50	97.9	97.9	97.4	115.1	111.7	102.7
香蕉	Banana	3.20	3.77	3.68	85.9	106.8	111.8	102.4	117.8	97.5
橙子	Orange	3.10	3.65	5.00	86.9	91.3	100.0	110.7	117.7	137.0

3-32 续表 9 continued

指 标	Item	10 月 October 价格（元/公斤）Price (yuan/kg) 2009	2010	2011	价格变动（上月=100）Price Movements (preceding month=100) 2009	2010	2011	价格变动（上年同期=100）Price Movements (preceding year=100) 2009	2010	2011
粮食类	**Grain**									
籼稻	Rice	2.29	2.42	2.86	99.9	101.3	101.1	101.5	105.7	118.3
优质籼稻	High-quality Rice	2.67	2.76	3.33	99.2	99.6	100.9	102.4	103.4	120.5
粳稻	Japonica	2.38	2.45		98.6	100.0	100.0	102.0	102.9	
小麦	Wheat	3.20	3.85	4.50	100.0	100.0	100.0	92.3	120.3	116.9
玉米	Corn	1.95	2.39	2.79	98.6	100.0	100.4	98.9	122.6	116.8
大豆	Soybean	6.30	6.49	6.73	101.6	101.7	100.7	85.0	103.0	103.6
籼米	Indica	3.47	3.81	4.76	100.7	101.3	101.6	101.4	109.8	125.0
优质籼米	Quality Indica	4.28	4.55	5.68	100.0	100.0	100.9	100.4	106.3	124.7
粳米	Japonica	3.80	4.03		100.0	100.0	100.0	99.4	106.1	
面粉	Flour	3.34	3.64	4.09	100.0	102.8	101.2	100.9	109.0	112.3
经济作物类	**Economic crops category**									
花生仁	Peanuts	8.70	10.60	14.38	104.8	100.2	98.6	80.7	121.8	135.6
花生油	Peanut Oil	15.86	21.00	27.25	101.7	101.8	100.9	73.6	132.4	129.8
菜籽油	Rapeseed Oil	11.67	14.00	16.67	102.9	102.4	102.0	70.7	120.0	119.0
豆油	Soybean Oil	11.00	12.75	16.00	100.0	102.0	103.2	81.5	115.9	125.5
畜产品类	**Animal Products**									
活猪	Live Pig	11.38	13.23	18.39	101.1	106.6	94.5	93.6	116.3	139.0
仔猪	Piglets	14.28	15.63	30.88	101.7	108.7	100.0	88.8	109.5	197.5
猪肉	Pork	18.14	20.50	28.50	102.9	102.5	97.4	85.1	113.0	139.0
牛肉	Beef	35.25	35.63	38.00	99.7	101.8	103.4	100.0	101.1	106.7
羊肉	Mutton	40.00	39.86	49.43	101.5	100.0	104.2	103.6	99.7	124.0
活鸡	Live Chicken	15.98	19.13	21.25	100.5	102.0	98.3	89.8	119.7	111.1
鸡蛋	Eggs	9.35	10.75	12.50	99.5	98.4	101.2	97.1	115.0	116.3
水产品类	**Aquatic Products**									
草鱼	Grass Carp	10.78	12.83	14.13	96.6	101.6	101.8	80.0	119.0	110.1
鲤鱼	Cyprinoid	9.55	11.25	13.13	95.7	100.0	100.0	84.0	117.8	116.7
链鱼	Chub	6.29	7.00	7.86	111.1	100.0	101.9	83.8	111.3	112.2
带鱼	Belt Fish	14.00		20.00	100.0		100.0	107.7		
蔬菜类	**Vegetables**									
大白菜	Chinese Cabbage	2.14	2.90	3.30	75.0	102.5	100.8	85.0	135.5	113.8
黄瓜	Cucumber	2.41	3.25	3.45	87.7	114.8	107.0	94.6	134.9	106.2
西红柿	Tomato	3.40	4.38	3.60	91.9	134.4	100.7	109.7	128.8	82.2
菜椒	Green Pepper	4.70	4.88	4.90	105.6	100.0	108.0	116.1	103.8	100.4
四季豆	Kidney Bean	3.00	4.74	4.67	112.5	118.5	99.7	105.9	158.0	98.5
水果类	**Fruit Group**									
红富士苹果	Fuji apple	8.13	9.20	9.60	98.2	99.5	101.1	110.9	113.2	104.3
香蕉	Banana	2.71	3.40	3.83	84.8	90.2	104.1	88.2	125.5	112.5
橙子	Orange	2.67	3.65	4.70	86.0	100.0	94.0	108.1	136.7	128.8

3-32 续表 10 continued

指 标	Item	11 月 November 价格（元/公斤）Price（yuan/kg）			价格变动（上月=100）Price Movements（preceding month=100）			价格变动（上年同期=100）Price Movements（preceding year=100）		
		2009	2010	2011	2009	2010	2011	2009	2010	2011
粮食类	**Grain**									
籼稻	Rice	2.29	2.46	2.79	99.9	101.7	97.4	101.5	107.0	113.3
优质籼稻	High-quality Rice	2.67	2.87	3.28	99.2	104.0	98.5	102.4	106.7	114.1
粳稻	Japonica	2.38	2.60		98.6	106.1	100.0	102.0	108.8	
小麦	Wheat	3.20	3.85	4.50	100.0	100.0	100.0	92.3	120.3	116.9
玉米	Corn	1.95	2.44	2.79	98.6	102.1	99.8	98.9	123.2	114.2
大豆	Soybean	6.30	6.48	6.60	101.6	99.8	98.1	85.0	104.5	101.9
籼米	Indica	3.47	3.94	4.68	100.7	103.4	98.2	101.4	112.6	118.7
优质籼米	Quality Indica	4.28	4.65	5.65	100.0	102.2	99.6	100.4	108.1	121.5
粳米	Japonica	3.80	4.18		100.0	103.7	100.0	99.4	110.0	
面粉	Flour	3.34	3.69	4.06	100.0	101.4	99.4	100.9	110.1	110.1
经济作物类	**Economic crops category**									
花生仁	Peanuts	8.70	10.63	14.18	104.8	100.3	98.6	80.7	110.7	133.3
花生油	Peanut Oil	15.86	21.39	26.63	101.7	101.9	97.7	73.6	120.5	124.5
菜籽油	Rapeseed Oil	11.67	14.17	16.87	102.9	101.2	101.2	70.7	114.9	119.0
豆油	Soybean Oil	11.00	13.00	16.50	100.0	102.0	103.1	81.5	115.6	126.9
畜产品类	**Animal Products**									
活猪	Live Pig	11.38	14.23	16.94	101.1	107.6	92.1	93.6	123.7	119.0
仔猪	Piglets	14.28	16.25	27.50	101.7	104.0	89.1	88.8	118.6	169.2
猪肉	Pork	18.14	21.93	26.63	102.9	107.0	93.4	85.1	121.8	121.4
牛肉	Beef	35.25	36.00	38.25	99.7	101.0	100.7	100.0	99.6	106.3
羊肉	Mutton	40.00	40.71	50.71	101.5	102.1	102.6	103.6	99.6	124.6
活鸡	Live Chicken	15.98	19.25	20.75	100.5	100.6	97.6	89.8	121.1	107.8
鸡蛋	Eggs	9.35	10.93	12.20	99.5	101.7	97.6	97.1	117.8	111.6
水产品类	**Aquatic Products**									
草鱼	Grass Carp	10.78	13.00	14.25	96.6	101.3	100.9	80.0	118.2	109.6
鲤鱼	Cyprinoid	9.55	11.00	13.00	95.7	97.8	99.0	84.0	111.3	118.2
链鱼	Chub	6.29	7.00	7.71	111.1	100.0	98.2	83.8	114.6	110.2
带鱼	Belt Fish	14.00			100.0			107.7		
蔬菜类	**Vegetables**									
大白菜	Chinese Cabbage	2.14	2.21	2.23	75.0	76.2	67.4	85.0	88.4	100.7
黄瓜	Cucumber	2.41	3.00	3.28	87.7	92.3	94.9	94.6	89.8	109.2
西红柿	Tomato	3.40	3.90	3.48	91.9	89.0	96.5	109.7	124.6	89.1
菜椒	Green Pepper	4.70	4.20	4.78	105.6	86.1	97.4	116.1	97.0	113.7
四季豆	Kidney Bean	3.00	3.50	2.97	112.5	73.8	63.6	105.9	125.0	84.8
水果类	**Fruit Group**									
红富士苹果	Fuji apple	8.13	9.40	9.58	98.2	102.2	99.7	110.9	112.6	101.9
香蕉	Banana	2.71	3.31	4.18	84.8	97.4	109.2	88.2	174.2	126.1
橙子	Orange	2.67	3.08	5.30	86.0	84.4	112.8	108.1	110.0	172.1

3-32 续表 11 continued

指 标	Item	12 月 December 价格（元/公斤）Price（yuan/kg）			价格变动（上月=100）Price Movements（preceding month=100）			价格变动（上年同期=100）Price Movements（preceding year=100）		
		2009	2010	2011	2009	2010	2011	2009	2010	2011
粮食类	**Grain**									
籼稻	Rice	2.31	2.48	2.82	100.5	100.8	101.2	103.3	101.2	113.7
优质籼稻	High-quality Rice	2.69	2.96	3.41	100.2	103.1	104.2	104.3	103.2	115.3
粳稻	Japonica	2.41	2.63		101.1	101.2	100.0	102.0	105.7	
小麦	Wheat	3.20	4.00	4.50	100.0	103.9	100.0	94.1	100.0	112.5
玉米	Corn	2.08	2.48	2.71	104.7	101.6	97.3	107.7	100.5	109.4
大豆	Soybean	6.28	6.49	6.55	101.2	100.2	99.2	92.3	101.5	100.9
籼米	Indica	3.54	4.05	4.71	101.1	102.8	100.8	106.7	102.5	116.4
优质籼米	Quality Indica	4.25	4.78	5.80	98.8	102.8	102.7	104.5	101.7	121.3
粳米	Japonica	3.80	4.20		100.0	100.5	100.0	106.3	103.7	
面粉	Flour	3.39	3.75	4.08	101.1	101.6	100.3	102.8	101.1	108.7
经济作物类	**Economic crops category**									
花生仁	Peanuts	10.03	10.75	13.75	104.4	101.1	97.0	105.0	90.9	127.9
花生油	Peanut Oil	18.38	21.69	26.50	103.5	101.4	99.5	97.4	91.0	122.2
菜籽油	Rapeseed Oil	12.73	14.17	16.93	103.2	100.0	100.4	89.4	95.8	119.5
豆油	Soybean Oil	11.40	13.00	16.80	101.3	100.0	101.8	84.4	99.7	129.2
畜产品类	**Animal Products**									
活猪	Live Pig	12.08	14.55	16.88	105.0	102.2	99.6	91.1	106.4	116.0
仔猪	Piglets	13.25	16.01	24.73	96.7	98.5	89.9	86.9	108.4	154.4
猪肉	Pork	18.25	22.63	25.88	101.4	103.2	97.2	88.0	107.8	114.3
牛肉	Beef	36.13	35.75	38.75	100.0	99.3	101.3	99.3	98.6	108.4
羊肉	Mutton	41.00	40.75	52.43	100.4	100.1	103.4	109.3	100.0	128.7
活鸡	Live Chicken	15.91	19.44	20.75	100.1	101.0	100.0	90.2	101.1	106.7
鸡蛋	Eggs	9.28	11.03	12.05	100.0	100.9	98.8	101.9	102.4	109.2
水产品类	**Aquatic Products**									
草鱼	Grass Carp	10.83	12.88	14.13	98.4	99.1	99.1	86.3	99.3	109.7
鲤鱼	Cyprinoid	9.88	10.75	13.00	100.0	97.7	100.0	92.7	94.5	120.9
链鱼	Chub	5.91	7.09	7.57	96.7	101.3	98.1	84.2	102.9	106.8
带鱼	Belt Fish						100.0			
蔬菜类	**Vegetables**									
大白菜	Chinese Cabbage	2.06	1.64	1.85	82.5	74.2	83.1	131.0	65.2	112.8
黄瓜	Cucumber	2.69	2.58	4.54	80.3	86.0	138.7	95.1	66.6	176.1
西红柿	Tomato	2.93	3.05	3.25	93.6	78.2	93.5	99.2	96.7	106.6
菜椒	Green Pepper	4.55	3.58	5.06	105.2	85.2	106.0	105.8	93.4	141.4
四季豆	Kidney Bean	2.55	3.10	4.12	91.1	88.6	138.9	75.0	79.1	132.9
水果类	**Fruit Group**									
红富士苹果	Fuji apple	8.15	9.63	9.83	97.6	102.4	102.6	119.0	99.5	102.0
香蕉	Banana	1.95	3.53	3.98	102.6	106.6	95.2	73.9	138.9	112.6
橙子	Orange	2.63	3.32	4.16	93.8	107.8	78.5	102.9	80.5	125.3

主要统计指标解释

居民消费价格指数 是反映一定时期内城乡居民所购买的生活消费品价格和服务项目价格变动趋势和程度的相对数，是对城市居民消费价格指数和农村居民消费价格指数进行综合汇总计算的结果。该指数可以观察和分析消费品的零售价格和服务价格变动对城乡居民实际生活费支出的影响程度。

商品零售价格指数 是反映一定时期内城乡商品零售价格变动趋势的一种经济指数。零售物价的调整变动直接影响城乡居民的生活支出和国家财政的收入，影响居民购买力和市场供需平衡，影响消费与积累的比例。因此，该指数可以从一个侧面对上述经济活动进行观察和分析。

城市居民消费价格指数 是反映一定时期内城市居民家庭所购买的生活消费品价格和服务项目价格变动趋势和程度的相对数。该指数可以观察和分析消费品的零售价格和服务项目价格变动对城镇职工货币工资的影响，作为研究职工生活和确定工资政策的依据。

农村居民消费价格指数 是反映一定时期内农村居民家庭所购买的生活消费品价格和服务项目价格变动趋势和程度的相对数。该指数可以观察农村消费品的零售价格和服务项目价格变动对农村居民生活消费支出的影响，直接反映农民生活水平的实际变化情况，为分析和研究农村居民生活问题提供依据。

商品零售价格指数 是反映一定时期内城乡商品零售价格变动趋势和程度的相对数。商品零售价格的变动直接影响到城乡居民的生活支出和国家的财政收入，影响居民购买力和市场供需的平衡，影响到消费与积累的比例关系。因此，该指数可以从一个侧面对上述经济活动进行观察和分析。

农业生产资料价格指数 指反映一定时期内农业生产资料价格变动趋势和程度的相对数。农业生产资料价格指数分为小农具、饲料、产品畜、役畜、半机械化农具、机械化农具、化学肥料、农药及农药械、农机用油、其他农业生产资料十大类。其编制目的是了解农业生产中物质资料投入价格的变动状况，服务于国民经济核算。1994年以前，农业生产资料价格指数仅仅是商品零售价格指数的一个类别，此后，从商品零售价格指数中分离出来，单独编制。

农产品生产价格指数 是反映一定时期内，农产品生产者出售农产品价格水平变动趋势及幅度的相对数。该指数可以客观反映全国农产品生产价格水平和结构变动情况，满足农业与国民经济核算需要。其中某代表品生产价格指数是通过对全部有出售该产品行为的调查单位的个体指数进行几何平均求得的，类价格指数是通过对其所属的类（或代表品）的价格指数进行加权平均求得的。季度累计价格指数的计算方法与分季指数的计算方法相同。

工业品出厂价格指数 是反映一定时期内全部工业产品出厂价格总水平的变动趋势和程度的相对数，包括工业企业售给本企业以外所有单位的各种产品和直接售给居民用于生活消费的产品。该指数可以观察出厂价格变动对工业总产值及增加值的影响。

原材料、燃料和动力购进价格指数 是反映工业企业作为生产投入，而从物资交易市场和能源、原材料生产企业购买原材料、燃料和动力产品时，所支付的价格水平变动趋势和程度的统计指标，是扣除工业企业物质消耗成本中的价格变动影响的重要依据。

目前，我国编制的原材料、燃料和动力购进价格指数所调查的产品包括燃料动力、黑色金属、有色金属、化工、建材等九大类的近1800种产品。

固定资产投资价格指数 是反映一定时期内固定资产投资品及项目的价格变动趋势和程度的相对数。固定资产投资额是由建筑安装工程投资完成额、设备工器具购置投资完成额和其他费用投资完成额三部分组成的。编制固定资产投资价格指数应首先分别编制上述三部分投资的价格指数，然后采用加权算术平均法求出固定资产投资价格总指数。

该指数可以准确地反映固定资产投资中涉及的各类投资品和取费项目价格变动趋势和变动幅度，消除按现价计算的固定资产投资指标中的价格变动因素，真实地反映固定资产投资的规模、速度、结构和效益，为国家科学地制定、检查固定资产投资计划并提高宏观调控水平，为完善国民经济核算体系提供科学的、可靠的依据。

房地产价格指数　是反映一定时期内房地产价格变动趋势和程度的相对数，包括房屋销售价格指数、房屋租赁价格指数、土地交易价格指数和物业管理价格指数。这四套指数的计算方法相似，均采用由下到上逐级汇总的方法。

Explanatory Notes on Main Staistical Indicators

Urban Consumer Price Indices reflect the trend and degree of changes in prices of consumer goods and services purchased by urban households during a given period. It can be used to observe and analyze the impact of price changes in consumer goods and services on wages (in monetary terms) of urban staff and workers, and provide basis for policy-making concerning the living cost and wages of staff and workers.

Retail Ge neral Price Indices reflect the trend and degree of change in retail prices of commodities during a given period.The change in retail prices of commodities directly affects the living expenditure of urban and rural residents, government revenue,purchasing power of residents and the equilibrium of market supply and demand, and the ratio of consumption to accumulation.Therefore, the retail price indexes are useful to analyze the changes of the above economic activities.

Rural Consumer Price Indices reflect the trend and degree of changes in prices of consumer goods and services purchased by rural households during a given period. It can be used to observe the impact of change in retail prices of consumer goods and service prices in rural areas on living expenditure of rural households, and to show the changes in the living standard of peasants. It provides basis for analysis and research on condition of life in rural areas.

Retail Price Indices reflect the trend and degree of change in retail prices of commodities during a given period. The change in retail prices of commodities directly affect the living expenditure of urban and rural residents, government revenue, purchasing power of residents and the equilibrium of market supply and demand, and the ratio of consumption to accumulation. Therefore, the retail price indices are useful to analyze the changes of the above economic activities.

Price Indices of Means of Agricultural Production reflect the trend and degree of changes in prices of means of agricultural production during a given period. Price indices of means of agricultural production are composed of 10 categories including small farm tools, feeds, domestic animals for meat, draught domestic animals, semi-mechanized farm machinery, mechanized farm machinery, chemical fertilizers, pesticides and spraying machinery, fuels for farm machinery and other means of agricultural production. Compilation of these indices helps to understand the changes in prices of input into agricultural production and facilitate the compilation of national account statistics. Before 1994, price indices of means of agricultural production was a sub-category in the in the retail price indices of commodities, and it has been compiled separately since 1994.

Indices of Producers' Prices for Farm Products reflect the trend and degree of changes in producers' prices received by farmers when they sell farm products during a given period. These indices depict the change in the level and structure of producers' prices of farm products of the country and meet the needs of agriculture statistics and national account statistics. The producers' price index of a given product is calculated through geometrical mean of individual indices of all surveyed units who sell such product, and the indices of a product category is obtained through weighted mean of price indices of all products in the category. Method for calculating accumulative quarterly indices is the same as for calculating the distinctive quarterly indices.

Ex-factory Price Indices of Industrial Products reflect the trend and degree of changes in general ex-factory prices of all industrial products during a given period, including sales of industrial products by an industrial enterprise to all units outside the enterprise, as well as sales of consumer goods to residents. It can be used to analyze the impact of ex-factory prices on gross output value and value-added of the industrial sector.

Indices of Purchasing Prices of Raw Materials, Fuels and Power reflect changes in the level and degree of prices paid by industrial enterprises when they purchase production input such as raw materials, fuels and power from the market or from other energy or raw materials producing enterprises. These indices provide important basis for measuring the material consumption of industrial enterprises after removing influence of price changes.

At present, close to 1,800 products in 9 categories, including fuels and power, ferrous metals, non-ferrous metals, chemicals, building materials, are covered in China for the survey to produce indices of purchasing prices of raw materials, fuels and power.

Price Indices of Investment in Fixed Assets reflect the trend and degree of changes in prices of investment goods and projects in fixed assets during a given period. The investment in fixed assets consists of three components, namely the investment in construction and installation, the investment in purchases of equipment and instrument, and the investment in other items. Price indices of investment in fixed assets are calculated as the weighted arithmetic mean of the price indices of the three components of investment in fixed assets.

Removing the factor of price change in the aggregates of investment at current prices, this indicator shows the changes in the prices of commodities and fees involved in the investment of fixed assets, and can be used to observe the actual size, growth, structure, and efficiency of investment in fixed assets and provides reliable and scientific data for government planning, management, decision-making, and further improving the current national accounting system.

Price Indices for Real Estate reflect the trend and degree of changes in prices of real estate during a given period, including price indices for selling houses and buildings, price indices for leasing houses and buildings and price indices for land transaction. The methods for the compilation of the three sets of indices are similar in that they all use bottom-up approach under which data are reported from lower level to higher level.

国家统计局南宁调查队

2012年9月，南宁调查队谢智队长会同市统计局黄南方局长向南宁市常务副市长吴炜（中）汇报城乡住户调查一体化改革工作

2012年，国家统计局南宁调查队在广西调查总队和南宁市委、市政府的正确领导下，以科学发展观为统领，紧紧围绕“三个提高”总体要求，按照全国、全区统计调查工作会议部署，以“建一流‘首府调查’队伍，树权威‘国家调查’品牌”为工作目标，认真组织开展“管理提升年”活动，以干部队伍建设及行政管理、统计法制及优质服务、业务规范化建设和团队文化建设“四大课题”为工作重点，圆满完成了2012年的各项工作任务。

一、加强队伍建设和行政规范化管理，全面提高调查能力

1.加强领导班子建设，提高领导能力。坚持以“六个注重”（即：注重班子团结、注重制度执行、注重思想统一、注重民主集中、注重廉政建设、注重自身修养）强化领导班子建设，领导班子活力明显提高。一是加强与地方领导干部的交流挂职，选派一名队领导到马山县挂任县委常委、副县长。二是民主集中制和“三重一大”的议事制度得到进一步贯彻落实，重大事项实行集体决策。三是加强学习，认真开展党组中心组专题学习，多次参加南宁市处级领导干部培训报告会，队领导带队参加国家统计局第30期县级统计局和调查队主要负责人培训班等。四是加强勤政廉政建设，认真学习和严格遵守中纪委、国家局和总队有关廉政规定，班子成员时刻做到警钟长鸣。

2.积极探索队伍管理新模式，提高统计调查工作成效。一是强化绩效考评，有效调动队员工作积极性。完善《南宁调查队2012年绩效考评管理办法》，量化分解任务，强化工作激励和惩戒，队员签订个人目标管理责任制承诺书，有效落实工作责任。二是局部调整交流换岗，优化科室人员配置。3月份，对5个科室的8名队员进行了岗位优化调整，有效促进和保障人与事的最佳联结。三是

实行竞争上岗，充实中层领导干部力量。通过竞争上岗的方式选拔了农业科科长，提拔了1名队员担任正科级领导职务，提拔了2名队员担任正科级非领导职务，提拔了4名队员担任副科级领导职务，一批工作业务能力突出的年轻同志走上了领导岗位，使中层干部的年龄、专业结构更加合理。四是加强业务学习培训，提高干部队伍整体素质。制定和实施干部理论和业务学习培训计划，坚持把干部业务学习培训工作纳入全年目标管理考核以强化落实，全年集中组织开展统计法律法规、统计抽样调查、分析信息撰写等业务知识学习和培训10多次。

2012年11月，南宁调查队领导深入调查点调研住户记账情况

3.强化行政规范化建设，提升调查保障能力。一方面，建立和完善规章制度。对本队各项规章制度进行了清理、补充和完善，建立和完善了绩效考评制度、固定资产管理办法、统计法制工作方案和干部理论学习培训方案等规章制度。另一方面，进一步规范行政行为：一是进一步规范办文格式和审批流程，严格会议管理等，提升办文、办事、办会水平。二是继续加强财务制度建设，严格执行预算管理，做好防范预案等。三是强化督查督办，将督查督办工作列入绩效考评内容，年内共督办党支部文化创建等8项事件。四是规范做好日常行政管理、档案、人事及后勤保障等工作。对历史业务档案进行了整理归档，整理历年珍贵业务档案174份；进一步规范接待工作和采购行为；加强固定资产、办公用品和公务车辆的管理；对办公环境进行美化亮化，开展季度办公室内务评比活动。

二、狠抓基层基础规范化建设，全面提高统计数据质量

1.完善调查工作制度，夯实数据质量基础。制定和完善了《南宁调查队采价员监督管理办法》、《南宁调查队住户调查访户制度》等制度，按照各专业调查制度规范管理各调查专业基础工作。强化工业品等调查数据“三审三查”制度，加大资料审核力度。建立健全涵盖调查数据采集、审核、处理、传输、评估、发布、管理全过程的数据质量控制体系，完善数据质量检查审核办法。按照《南宁

2013年3月，南宁调查队开展统计法制宣传活动

2013年4月，市政府召开专题会议研究推进住户调查一体化改革工作

调查队数据质量评估办法》，积极开展调查数据的评估，加强数据质量管理。

2.强化统计法制保障，促进调查工作开展。一是修订完善《统计法制工作考核评比办法》，制定《2012年统计执法检查工作方案》等，建立健全统计法制工作制度。二是严格实行统计调查事务告知制度和统计资料签收制度，采用经常性检查和集中检查相合的方式加大执法检查工作力度，有效夯实统计执法基础。三是严格查处统计违法案件，全年共查处统计违法案件15件，其中迟报统计资料案件9起，提供不真实、不完整统计资料案6起。

3.强化业务规范化要求，提高规范化水平。各专业根据总队规范化要求，于6月份开展了自查工作，7月和10月分别开展科室交叉互查，切实查找存在问题，总结经验，整改提高。同时，加强与总队各相关处室的沟通，积极争取总队专业处室对各项业务的直接指导。

4.圆满完成各项调查业务工作。一是严格执行报表制度和业务规范化操作程序，加强对辅助调查员和调查户的业务培训，加大下点入户检查工作力度，按时、按质、按量全面完成了城乡住户调查、居民消费价格调查、生产投资价格调查、服务业调查、规模以下工业、退耕还林和企业景气调查等常规业务工作2011年年报和2012年定期调查报表工作任务。二是全力推进住户调查一体化改革工作。认真配合总队做好改革试点工作；积极争取市政府有关支持，有力推动改革工作的开展。三是顺利完成主要畜禽监测调查样本轮换，联合市统计局、市水产畜牧兽医局等部门共同推进工作。四是落实规模以下工业新增非目录企业的核查和开展服务业小微企业样本核查工作。五是高质量完成总队下达及市委、市政府委托的9项专项调查工作，特别是南宁市县区投资环境满意度调查得到了南宁市委、市政府和各县区的大力支持和好评。六是积极探索现代电子网络技术在业务调查工作中的应用。率先在广西调查队系统实现CPI手持数据采集器进行采价，并进行了单轨制价格采集的探索运行，同时将经验在全区CPI手持数据采集系统培训会上作交流和推广；服务业调查、采购经理指数调查和工业生产者价格调查报表网上直报率均达100%。

三、增强统计服务意识，全面提高统计公信力

1.优质服务工作成效稳步提高。2012年，南宁队通过完善优质服务考核办法和完善信息采编制度等措施，加大信息采编力度，实现信息采编数量和质量双提升。全队共撰写调查信息229篇，调查报告30篇，政务信息205篇。其中，总队采用调查信息97篇，调查报告17篇，政务信息110篇；通过总队渠道上报获国家局采用16篇次，中办采用6篇次，中央领导批示4篇次，区两办采用41篇次，区领导批示3篇次。南宁队在全市考核的120个县区政府和市直单位中位列第5名，连续第三年荣获南宁市政府系统政务信息工作先进单位一等奖，表彰会上作信息工作经验典型发言。

2012年12月，南宁调查队谢智队长（左一）与广西财经学院信息与统计学院副院长何庆光（右一）为学训研基地揭牌

2.统计分析研究工作进一步加强。一是信息写作小组月度会议常态化。每月初召开会议通报上月信息写作情况，分析存在的主要问题，并结合总队约稿和经济社会热点问题确定当月信息采编要点。二是季度专题经济形势分析会议常态化。每季度召开经济形势分析会议，重点分析主要经济指标运行情况及大幅波动指标，对重要数据指标进行数据评估，预测后期经济走势。三是时事政策理论学习常态化。加强对“中央1号文件”、“十二五”经济发展规划和“十八大”精神等政治理论的学习，增强对经济形势的把握能力，提高统计分析水平。

3.调查资料得到更有效地管理和利用。为更好服务各级党政领导和经济社会发展，南宁队切实加强统计调查资料管理，强化对统计调查资料的利用。一是将《南宁调查》由季刊改为月刊，更加及时、全面的为地方党政领导和有关部门提供调查数据，得到了各方好评。二是出版发行《南宁调查年鉴-2012》，集中收录2008-2011年主要调查数据，提供给市县党政领导和有关工作部门以资决策，有效提高调查数据的利用效率。

4.统计普法及新闻宣传工作有效开展。一是通过多种形式广泛开展统计普法工作。利用各专业年报会、培训会集中培训统计法律法规；面向调查对象发放法制宣传单、宣传手册、宣传台历等进行广泛宣传；结合统计开放日、法制宣传日、《统计法》颁布纪念日等主题活动，通过发送手机短信、制作板报、悬挂横额等多种形式向调查对象和社会公众宣传统计法律法规；组织队员开展统计法制知识竞赛活动等。二是创新开展统计新闻宣传工作。邀请南宁市主流媒体专题宣传报道南宁市城乡住户一体化改革工作，其中，《南宁日报》就城乡住户一体化改革工作专题访谈南宁队队长并对访谈内容全文刊载；组织新闻记者开展“统计基层行”活动，记者跟随调查员走访住户调查记账户，实地体验基层统计调查工作的发展变化；召开新闻媒体座谈会及时发布和解读调查数据。

2013年3月，广西调查总队副总队长梁开光（中）应邀到南宁调查队作统计价值观教育专题报告

四、积极推动组织建设，全面营造团队文化氛围

1.加强基层党组织建设。在支部中成立党小组，促进民主生活会的正常化，大兴学习之风，开展好“三会一课”活动，组织开展创先争优、党员先锋示范岗、廉政教育等活动，切实发挥党组织在统一思想、凝聚人心上的作用。年内，党支部牵头开展全国文明城市创建和全国卫生城市创建工作，并双双获得先进单位称号。

2.有效发挥团支部联系青年的作用。2012年7月率先在全区市县队中成立第一个团支部，并以打造“三型三星”（即建设“学习型”团队、树立“规范化之星”，建设“服务型”组织、打造“优质服务之星”，建设“先锋型”形象、勇争“专业调查之星”）青年团队为目标，积极组织团支部参加南宁市青年文明号创建活动，组织开展南宁市统计系统青年干部交流活动，营造出比、学、赶、超的良好氛围。

3.进一步完善工会、妇委会职能。通过组织开展如每周一场球、“慈善一日捐”、职工互助、知识竞赛、组织评选“优质服务之星”和“卫生之星”、“六·一”儿童节亲子、“魅力女性，美丽人生”首府调查妇女职工服装展示比赛等一系列活动，有效发挥了工会、妇委会在保护、调动干部职工积极性和丰富职工文化生活方面的作用。

五、强化党风廉政建设，全面提高监督检查能力

1.设立专职纪检监察员。为增强纪检监察员的监督检查职能，南宁队在全区市县队中首设1名专职纪检监察员。

2.加强党风党纪教育。通过组织党员干部深入学习《廉政准则》，开展“防腐拒变”每月一课，观看警示教育专题片等教育活动，不断增强党员干部遵纪守法、廉洁自律的意识，从思想上筑牢抵御腐败的防线。

3.强化思想道德教育。大力倡导和弘扬以“忠诚统计、乐于奉献、实事求是、不出假数、依法统计、严守秘密、公正透明、服务社会”为主要内容的统计道德规范，引导干部职工解放思想、更新观念，树立统计人朝气蓬勃、积极向上的良好形象。

4.建立健全党风廉政建设责任制。贯彻落实《南宁调查队党风廉政建设责任制实施办法》，确立“一把手负总责，谁主管谁负责”的原则，对责任进行逐级细化，强化监督和检查，形成了完善的党风廉政监督机制。

国家统计局柳州调查队

2012年，在广西调查总队和柳州市委、市政府的正确领导下，柳州调查队认真贯彻落实全区调查工作会议精神，取得了“管理提升年”活动成效明显、统计调查改革扎实推进、统计执法能力稳步提升等佳绩。

2012年11月20日，在柳州举办广西调查总队2013年工作报告座谈会

一、“管理提升年”活动成效明显

1.人事管理水平明显提升。修订完善业务工作目标管理实施办法，使工作绩效考核更科学、更公正；首次选派一名年轻同志到融水苗族自治县大年乡挂任党委副书记，增强调查队干部农村基层工作经验；全年组织开展了柳州区域调查队调查信息写作知识与技巧培训、规章制度知识竞赛和召开行政规范化暨政务信息培训学习、计算机知识培训和统计法规知识培训等。

2.财务管理水平稳步提升。建立健全内部费用支出管理制度，对重大工作费用开支制定详细支出计划，大额资金使用前必须进行审批；制定财务报账暂行规定，规范请（借）款、报账等财务基础工作，使经费管理有章可循；在全队范围内推行普及公务卡，在职干部人手一卡；规范岗位设置，落实会计和出纳岗位，强化财务岗位的分工协作。

2012年6月6日，时任柳州市委书记陈刚为柳州调查队题词勉励：实事求是　服务柳州

3.行政管理水平显著提升。一是围绕“管理提升年”活动首次组织开展规章制度知识竞赛。二是创新开展政务信息“1+6”培训模式，实现全队政务信息量、质双增。三是信息化建设取得明显进步。在国家工业和信息化部网站备案系统申请的ICP备案并获审核通过，正式开通柳州调查队调查信息外部网站。

二、统计调查改革扎实推进

1.CPI手持数据采集系统推广工作有效开展。一是建立了柳州调查队CPI手持数据采集器管理办法、手持数据采集器使用人员和采集系统监控人员工作职责、手持数据采集器安全使用责任状等管理制

2012年9月10日，广西调查总队副总队长何永东（左二）一行到柳州检查指导广西调查队系统第六届职工运动会的筹备工作情况

度，确保工作的规范开展。二是科室在职人员和聘用采价员继续实施“一帮一”制度，每月定期召开所有调查人员报表数据评估会，保证数据的真实、准确。三是联合物价、商务、工商等四部门共同印发《关于加强柳州市居民消费价格调查工作的通知》并下发到各个采价网点，提高采价配合度。

2.城乡住户调查一体化改革工作稳步推进。一是取得了市政府对一体化改革的文件和经费支持。二是积极利用柳州电视台、柳州日报、柳州电台等主流媒体和在调查小区悬挂横幅、张贴《致全市住户收支调查对象的一封信》等开展多方位的宣传，争取调查对象的理解和配合。三是建立一体化调查督导员职能制，进一步夯实城乡住户一体化调查工作基础。四是携手市、县、区统计局合力推动一体化改革工作。多次组织召开与市、县、区统计局分管领导及业务人员工作推进会和各县（区）统计局局长会议，形成了推进柳州市城乡住户一体化调查工作“三统一”的共识即统一组织工作模式、统一数据发布模式和统一业务联动模式。

3.顺利完成小微企业调查样本核查、调研工作。一是召开常务会议研究部署小微企业样本核查工作，联合各县区统计局、鹿寨调查队开展样本核查。二是队领导亲自带领专业科人员下到县区亲自指导培训核查工作。三是落实经费保障。确保各县区核查工作顺利开展。

2012年6月12日，广西调查总队纪检组长李建茂（左二）到柳州检查指导反腐倡廉民意调查工作

2012年9月28日，副市长王柳平（中）专题听取柳州调查队队长张毅晟、市统计局局长覃东林关于城乡住户调查一体化改革工作情况汇报

三、统计执法能力不断提升

1.首次调查工作质量大检查取得明显成果。在工业生产者价格调查、规模以下工业抽样调查、部分服务业抽样调查及采购经理调查等专业的所有样本共计300多家企业中，开展建队以来的首次统计调查工作质量大检查活动。此次大检查活动共发放《统计调查工作质量大检查企业自查表》306份，收回301份；按10%的比例重点检查了30家

企业，发现统计违法行为7起，分别进行了立案查处。通过大检查活动，进一步促进企业统计基础建设工作，增强调查对象履行统计调查义务的自觉性和主动性。

2013年5月7日，柳州市政府召开全市城乡住户调查工作会议，部署全市一体化调查工作。主席台从左至右依次为柳州调查队队长张毅晟、副市长王柳平、副秘书长邝驱和市统计局局长覃东林

2.统计执法工作向纵深稳步推进。2012年重点查处提供不真实或不完整统计资料的违法行为，统计执法工作不断向纵深推进。全年共立案查处7起提供不真实或不完整统计资料统计违法行为，查处案件数比2011年增加2件，增长40%。立案查处的7起案件均已结案，没有发生行政复议或行政诉讼。

3.统计普法宣传教育取得良好成效。以“夯实统计基础，推进依法统计”为主题，借助“12.4”全国法制宣传日和“12.8”《统计法》颁布纪念日，发送手机宣传短信，制作展览板报，向社会公众大力宣传《统计法》相关知识。

四、统计调查服务质量进一步提升

1.通过采取细化目标任务，加大奖惩力度，邀请总队专家培训，组织中坚力量，突出约稿信息等措施，全队优质服务工作进步显著。全队共编发调查信息144篇，总队采用调查信息74篇，其中4篇约稿信息获国家领导批示，6篇约稿信息获中办、国办采用，8篇约稿信息获国家局领导批示；全队共编发调查报告编发11篇，总队采用调查报告7篇。

2.积极为地方党委政府做好统计调查服务，为地方领导决策提供科学依据。全年共上报106篇信息给地方“两办”，市委办采用76篇，非绩效考核单位排位第2名；市府办采用90篇，累计分值在政府机关非绩效考核单位排位第1名。其中1篇调查信息获自治区马飚主席批示，统计调查服务地方能力创历史最好水平。

2012年12月4日，柳州调查队组织人员在人民广场开展统计法律咨询服务

3.宣传服务工作积极稳妥。一是做好统计调查数据管理工作，编纂印制了《柳州调查队五周年资料汇编》。二是实现与新闻媒体联系常态化，每月在CPI数据反馈后，及时将新闻通稿发给柳州主流媒体，让调查成果更好地服务于民。三是编印月度《柳州CPI专报》，充分发挥统计调查服务地方党委政府的作用。

国家统计局桂林调查队

2013年1月22日，桂林市常务副市长黄俊华（中）到桂林调查队调研

2012年，桂林调查队结合实际，按照“一打造，二强化，三坚持”的工作思路，践行管理制度化、执行规范化、监督常态化，努力创新管理方式和方法，圆满地完成了总队下达的各项常规调查和专项调查，并推进人事、财务、行政、业务管理和服务水平得到提升。

一、“两加强，两构筑，三有序”，人事管理水平稳步提升

2012年，桂林队强化科室职能职责，重新整合调查专业归属科室。加强班子建设，提高了队伍的凝聚力。加强目标责任制和干部考核工作，提高了干部工作的自觉性，并构筑学习型队伍，提高干部素养，注重对年轻干部的培养，为圆满完成调查任务奠定了坚实基础。

二、“一透明，二监督，四提高”，财务管理水平稳步提升

做到了财务公开透明，充分发挥财务内部监督和群众监督的作用。提高预算管理能力、提高财务人员素质、提高执行财经纪律的严肃性、提高资金使用规范化水平，保障了财务管理的规范性。

三、“三抓四重”，行政管理水平稳步提升

在行政管理上，抓行政决策与执行的一致性，确保行政管理水平提升；抓党风廉政建设，为行政管理有序开展提供保障；抓制度执行力，有效提升行政管理效果。重细节，文秘工作进一步规范；重协调，督查督办力度不断加大；重服务，后勤保障措施得力；重衔接，会议及接待安排井然有序。

四、“三强化，一扎实”，业务管理水平稳步提升

（一）强化工作基础，注重业务创新，规范化建设融入调查业务

1.年初制定工作任务执行情况表，工作任务明细化、公开化，并及时进行队内和科室内督查整改，保证工作重心不动摇。

2.严格执行调查制度方法，注重业务创新，“两个意识”不断强化。

3.探讨、培训常态化，各项业务取得阶段性成果。如价格科开展“每周一题”，住户科“每季一查”抓质量等。经过日常的不断培训和思考，数据基本无差错，报表上报率逐次提高，联网直报率均

2013年4月23日，桂林调查队组织召开桂林市投资环境监测调查培训会

达到99%以上。

4.深入企业开展走访调研，创新走访方式。如工业科实行报表填报、生产情况座谈、统计宣传三管齐下。每月走访企业达3—5家，掌握了大量一手资料，提升了对企业监测分析水平和优质服务能力。农业科走访调查规模养殖户（生产单位）35家，普查小区5个，直接上门培训业务人员13人次。

（二）强化科室职能，岗位职责贯穿工作始终

1.制度细化，科室管理效率逐步提高。制订了一系列科室管理制度，其中《CPI手持数据采集突发事件应急预案》受到了总队的重视，相关政务信息获国家局采用。此外，制作了廉政风险防控流程图，重新理顺了各业务流程，把制度落到实处。

2.定期沟通，管理约束与示范、激励并重。一是制定个人岗位目标责任制，明确全年工作目标和工作任务，让员工自己给自己压担子。二是科室负责人带头充电，开展科室内成员交心聊天活动，避免“精神懈怠、工作疲软、办事拖拉、效率低下”现象发生。

（三）强化统计执法，统计执法工作保持良好势头

1.继续加强统计调查法制宣传与教育，共发放有关统计法宣传材料达600多份，参加培训人数达400多人次。

2.各专业规范布置基层企业报表业务，并对登记工作进行跟踪监督检查，年内查处了一起服务业迟报案件，给予了警告处分，到10余家企业进行统计执法检查，统计执法基础进一步加固。

3.严格执行地方调查项目申报规定，成功申报2012年国税纳税人满意度调查项目、行风建设调查项目，为项目的圆满完成提供了法制保障。

（四）扎实开展住户调查工作，一体化前期工作紧张有序

1.组织落实到位。成立了以常务副市长为组长的工作领导小组，并把领导小组办公室设在本队，各县（区）成立了相应机构，召开了全市工

2012年12月4日，桂林调查队召开规模以下工业抽样调查企业统计员业务培训会

作布置会。

2.宣传到位。在桂林日报、晚报、桂林电视台、广播电台等多渠道报道一体化改革工作的重要性和意义，在抽中小区悬挂横幅50余条，张贴通知20余张，提高了配合度。

3.工作条件保障到位。市财政拨了专款，增加了住户科人员，外聘了35名辅助调查员，增加了微机设备。

2012年11月1日，桂林调查队组织召开全市城乡住户调查一体化改革工作会议

4.业务有序开展。举全队之力，分片包干；两次集中培训达200多人次；入户记账辅导面达100%，数据跟踪核实面达30%，督导员走访指导面达30%。

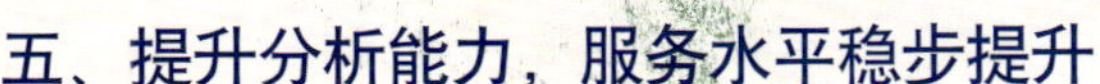

五、提升分析能力，服务水平稳步提升

（一）调查信息工作成效显著

把优质服务工作列入个人岗位目标责任制，同时加大审核力度、加强对上沟通、队内互动等措施。全年（截止11月30日）共审核上报调查信息、报告117篇，其中：总队采用71篇，区党委、政府采用19篇，中办、国办采用2篇，国家领导批示1篇。与上年比，信息报告上报篇数增长25.8%，其中：总队采用篇数增长44.8%，区党委、政府采用篇数增长46.1%，中办、国办采用和国家领导批示翻番，全年信息采用率为57%，比上年的48%提高了9个百分点。实现上报信息、报告数据质量零差错。

（二）以提高政务信息质量为主线，积极推动政务信息工作

全年（截止11月31日）共撰写140篇政务信息，被总队采用92篇，其中10篇政务信息被国家局采用，同比增长67%，质量提升、多点开花、稳步推进的特征突显。

（三）积极为地方党委政府服务

一是定期编纂《调查信息》、《桂林市CPI专报》报送市有关领导和部门。二是与市统计局联合召开新闻发布会，发行2011年统计公报。三是通过媒体向社会发布数据，引导公众正确解读CPI数据。在《桂林日报》、《桂林晚报》等在地方报纸上几乎月月都有物价方面的报道，投资环境调查结果也被刊登在桂林日报的报眼位置。《天然气价格上调对桂林居民消费价格指数的影响》一文引起领导重视。5月份桂林市市长李志刚来队开展专题调研时，对桂林队发挥的作用表示感谢。此外，桂林队荣获桂林市委2012年信息二等奖。

桂林调查队到平乐调查队进行三项业务改革调研

国家统计局梧州调查队

2012年，国家统计局梧州调查队在广西调查总队的正确领导下，在地方党委政府的关心、支持和梧州市统计局等相关部门的密切合作下，认真贯彻落实全区调查工作会议精神，以“数据质量控制”为主线，认真组织开展好“管理提升年”、“结对共建”及“两大评议”活动，狠抓干部队伍建设、规范化建设、法制建设、党风廉政建设及优质服务，全面完成了2012年各项工作目标任务。

2012年7月，梧州调查队到南中市场调研台风对农产品价格的影响

一、加强干部队伍建设，提升干部综合素质，进一步提高统计调查能力

一是积极探索队伍管理新模式。梧州调查队研究制定了绩效考核办法，实行动态化人员管理，以考评工作实绩为重点，切实提高干部职工工作热情；同时各科室在各自业务范围内按比例选取一定数量的动态联系点，加强业务指导，督促工作开展。另外通过国家公务员考试录用新公务员1名，在地方政府部门选调公务员3名，增强队伍战斗力。

二是加强干部学习培训。梧州调查队利用多渠道开展学习、培训、交流活动，如组织非统计专业人员参加总队的非统计专业人员基础知识考试；继续将梧州干部在线学习平台干部教育学习成绩纳入绩效考评；派出办公室人员到梧州市委办跟班学习等。

三是开展“窗口科室服务绩效群众大评议”和“窗口服务科室科长大评议”活动取得实效。10月10—20日，梧州调查队通过下基层（60名服务对象）填写调查问卷和召开群众满意度测评会的方式，对业务科室及科室负责人进行了“两大评议”。据统计，服务对象及群众对窗口科室及科长的满意度达到97.8分（总分100分），在去年满意度为96.4分的基础上增加了1.4分。四是注重营造良好工作环境。梧州调查队多次就工作开展情况及通过调查数据对全市社会经济发展状况分析研究结果向市委、市政府领导汇报，主动加强与市统计局、行业主管部门的有效沟通，积极协调与地方政府、市统计局及行业主管部门等部门的关系，为调查工作的开展、相关数据的搜集与整理以及各种专项专题调查研究活动争取了最大限度的配合，为干部职工营造了良好的工作环境，保障了各项调查工作的圆满完成。

二、狠抓规范化建设，确保数据质量，进一步提升管理服务水平

一是加强行政规范化建设。建立健全责权统一的督办目标责任制度，明确督办目标、工作内容、完成时限、执行单位和责任人，及时对督办结果进行通报，表彰鼓励抓得好的科室，督促措施不力、工作不落实的科室进行整改；认真贯彻《关于

2012年9月，梧州调查队到万秀区开展城乡住户调查一体化改革工作试点调查

印发进一步改进工作作风若干规定的通知》有关规定，严格控制办公经费，严格执行接待标准、严格遵守工作纪律。做好统计项目支出定额标准建设工作，规范预算编制，提高经费保障水平和财务管理水平。

二是进一步规范工作流程。梧州调查队的工作布置、数据采集、录入、分析、评估、上报等工作流程均严格按照各专业规范化要求，严格执行国家统计局制定的统计调查方法制度，顺利完成了城镇住户调查、居民消费价格调查、工业生产者价格调查、企业采购经理调查、部分服务业抽样调查、规模以下工业抽样调查、主要畜禽监测等常规调查工作任务以及广西投资环境调查、国税纳税人满意度调查、梧州市行风评议调查、党风廉政建设民意调查和国有企业反腐倡廉民意调查、组织工作满意度民意调查等专项调查任务。特别是梧州调查队根据摸底结果采取相应措施，全面铺开城乡住户调查一体化改革工作，如组织全体队员到辅助调查员力量较薄弱的阜民社区进行现场试点调查，并总结经验，为后面各阶段开展工作打下了坚实基础。

三、大力推动法制建设，统计环境持续优化

一是加强法律法规学习。以“六五”普法为契机，制订干部学法制度，把新《统计法》和《统计违法违纪行为处分规定》的学习列为重点学习内容，通过自学、集中学习和组织考试等形式，进一步加强了全队人员的普法教育，增强了统计调查工作人员的法制观念，促进了统计调查工作的规范化、制度化、科学化。

二是深入宣传统计法。利用统计业务培训会、统计年报会、统计资料发布等业务工作以及把握时机开展重大普法活动，对调查对象进行统计法制宣传教育。梧州调查队主动与梧州市司法部门联系，将统计法宣传纳入梧州市法制宣传活动中；在全国普法日、统计开放日、党员活动日等活动中通过发放宣传资料、提供统计法律咨询、举办文艺演出等形式宣传统计法律法规，其中，在中国统计开放日向全体市民随机发送统计宣传短信16000条。

三是加大执法力。发现统计违法案件，梧州调查队坚持紧抓不放，坚决查处的原则，共立案10起，其中7起构成迟报统计资料的违法行为，作“责令改正，给予警告”的行政处罚；3起构成提供不真实数据的违法行为，其中1起作“警告，并处以1000元罚款”的行政处罚，另外2起作“责令改正，给予警告”的行政处罚。

四、围绕重点，深入基层，全面提升统计服务水平

一是队领导带着问题深入基层调研。梧州调查队领导班子针对调查工作中难点问题和党政领导、社会舆论关心的热点问题，亲自带队下基层调研。通过领导亲自带队调研，加大了调研范围的广度和信息的深度，提高了调研信息的质量和调研成果的分量，也使年轻干部从中得到学习和锻炼。

二是全力做好信息专报工作。先后制定了《梧州调查队工作目标管理责任制度》、《梧州

调查队统计调查优质服务工作奖励办法》，将调查信息、调查报告任务与年度考核挂钩，做到奖罚分明。同时组织有关人员开展统计调查信息、报告写作经验交流，认真学习总队综合处编印的统计调查信息、报告写作培训教材，对本队去年撰写的信息报告逐一点评交流，指出存在的不规范用词、用语，明确信息报告写作格式要求。

2013年2月，梧州调查队组织党员在市政广场参加党员志愿者春节集中为民服务活动

2012年，梧州调查队共撰写调查报告7篇，总队采用3篇；撰写调查信息73篇，总队采用（含约稿）35篇，国家领导批示4篇、国家局领导批示4篇、市委书记、市长各批示1篇。获2012年度梧州市党委系统信息报送集体二等奖。

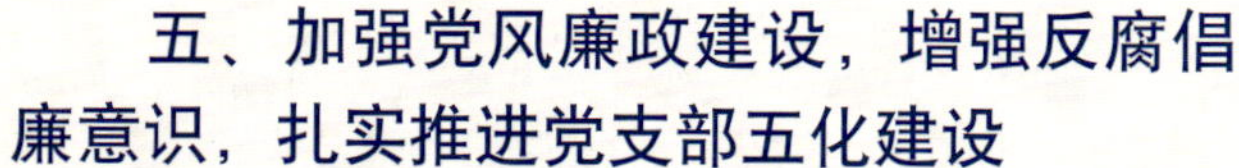

五、加强党风廉政建设，增强反腐倡廉意识，扎实推进党支部五化建设

一是加强思想道德教育。通过参加国家、区和地方开展的培训会议，以及组织开展形式多样、内容丰富的活动，加大对党员干部的党性党风教育。包括邀请梧州市直机关工委张赞副书记为全体干部职工讲授党课；到梧州市蝶山区夏郢镇凤凰村广西第一个农村党支部成立地点参观学习；组织全体干部职工观看《飞天》、《郭明义》和《杨善洲》等电影；在办公场所悬挂廉政警句字画、规章制度等。强化全队党员干部廉洁自律意识，为统计调查事业发展提供坚强有力的政治保障。

二是健全党建机制。研究制定了《2012年党建工作思路》，明确了扎实推进党支部制度化、规范化、示范化、品牌化和信息化建设。在市直机关工委的领导下，建立了梧州调查队党支部党建信息报送制度、梧州调查队党支部党建工作汇报制度。

三是深入推进结对共建活动。根据梧州调查队实际，研究制定并通过了《国家统计局梧州调查队2012年开展“结对共建”活动实施方案》，与梧州市蝶山区夏郢镇镇安村、各企业、社区等开展结对共建活动，搭建了结对共建“四大平台”。梧州调查队组织党员干部走进基层、走进企业、走进农村、走进社区住户，深入到共建单位党员群众中，体察民情，交心谈心，了解实际情况，带领全体党员及入党积极分子到镇安村开展七一慰问座谈活动，着力打造结对共建活动亮点和特色。

2013年3月，梧州调查队会同梧州市统计局到各城区检查城乡一体化住户调查工作

国家统计局北海调查队

2012年4月21日至22日，北海调查队在国家统计局广西调查队系统第五届职工运动会上摘得桂冠

2012年，国家统计局北海调查队在国家统计局广西调查总队的正确领导下，在北海市委、市政府的大力支持下，以科学发展观统领全局，紧紧围绕“三个提高”总体目标要求，以“四大工程”建设为契机，以制度建设为平台，以严格执行国家方案为抓手，始终坚持实事求是、求真务实、创新调查、科学服务的理念，按照全区调查工作的总体部署，紧密结合本队实际，围绕“管理提升年”的工作主线，团结进取，积极作为，认真开展各项调查，不断巩固和深化规范化建设成果，树立“国家队、调查队”良好形象，工作亮点纷呈。

亮点一：扎实推进城乡住户调查一体化改革工作

（一）工作背景

2012年9月，广西区城乡住户调查一体化改革工作正式启动后，北海调查队作为北海市牵头单位，采取有力措施扎实推进城乡住户调查一体化改革工作。

（二）主要做法

为做好城乡住户调查一体化改革工作，北海调查队坚持四项措施，确保调查数据质量。

1.扎扎实实做好培训工作。一方面做好调查员的培训，采取集中授课、一对一指导等方式培训调查员，使每一位调查员都掌握所需的调查技能，熟悉调查过程中所承担的任务；另一方面做好对记账户的培训，全队分成3个工作组，经常性上门辅导记账，保证记账质量。

2.勤勤恳恳抓好访户工作。严格执行访户制度，按调查方案要求做好访户工作；访户过程中加强与调查户沟通，及时发现调查户记账存在的问题。了解记账户的日常生活、工作规律；加强对调查户记账方法的指导，从源头上保证调查数据完整性、真实性与准确性。

3.踏踏实实做好数据处理工作。编码以“调查手册”为依据，录入以账本为准绳，坚决杜绝随意更改现象，做到了归类、编码准确，录入不错、不漏。做到了账本数据、计算机数据一致。在处理账本的各环节中注意从记账户的家庭成员、非现金收入、家庭基本情况、现金收入、消费支出和流水账信息等方面进行审核，发现以上各方面数据有异常变动的，及时与调查户联系，弄清数据变动原因。做到及时掌握调查户工作、家庭基本情况等方面的变动情况。

4.切切实实做好数据评估工作。为保证调查数据的科学性、代表性和真实性，遵循“内外结合，先内后外，以内为主”的原则，按季度对调查数据进行调查样本代表性，着重把握调查数据内部的逻辑性和科学性，同时充分利用其它统计指标进行全面评估。

2013年4月25日，广西调查总队副总队长何永东（左一）在北海调查队副队长吴福良（左二）的陪同下深入记账户家中调研住户城乡一体化调查开展情况

（三）成果

1.得到地方党委政府大力支持。一是常务副市长听取了北海调查队专题汇报，并作出重要批示；二是争取到北海市人民政府召开城乡住户调查一体化改革工作会议并印发相关正式文件；三是争取了地方财政经费支持；四是保持了与市县（区）统计局的良好沟通，共同确保了试记账到正式记账的无障碍过渡。

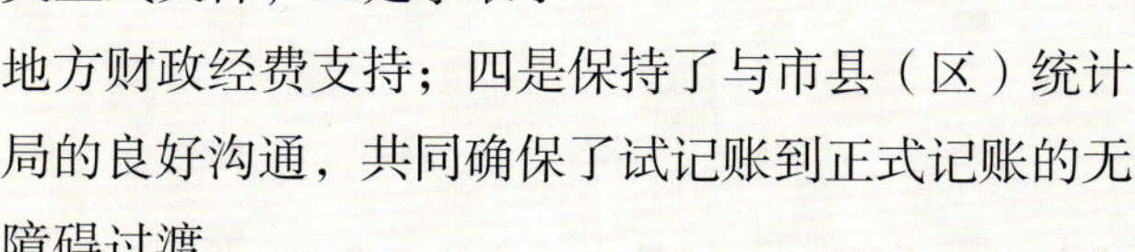

2.得到了广西调查总队专业处的肯定。2012年11月底，北海调查队应广西调查总队农村住户调查处的要求赴广西调查总队做专题汇报。

亮点二：统计法制建设进一步加强

（一）工作背景

统计法制建设和统计执法是确保数据质量的重要手段，北海调查队采取措施着力增强调查对象和社会公众法律意识、维护调查工作权威、改善工作法制环境。

（二）主要做法

1.制订统计法制工作实施计划，制定系列统计法制制度文件，提高统计执法的责任意识，规范执法程序和执法标准，提高统计行政执法水平。

2.强化统计执法监督，严肃查处违法违规行为，确保国家统计调查制度在现实中执行到位。以年度统计巡查、稽查活动为载体，不断增强统计调查执法检查力度，一是制定检查计划，扩大执法检查的覆盖面，提高执法检查的影响力。把预防、教育、指导、督查作为统计执法的重点，实现执罚与服务的统一，增强统计执法的感召力。二是加大处罚力度，对统计调查工作和执法检查中不配合、不支持的单位所发生的违法行为要依法从重处理，提高统计法的敬畏力。

2012年9月18日，国家统计局副局长张为民（前排右三）在自治区局队领导和地方党政领导的陪同下到合浦县党江考察晚稻生长情况

3.着力加强统计普法宣传教育。采取结合主题

日、统计开放日，法制宣传日等，以张贴宣传画、设立展板、制作宣传材料、印发宣传手册和召开座谈会等形式，积极开展统计宣传活动，展示了执法成果、介绍了调查业务，促进了统计法制工作。

（三）成果

1.依法查处一批统计调查违法案件，构筑统计调查领域内“查处一件，教育一片”环境氛围，为统计调查数据的真实有效提供强有力的法制保障。

2.2012年，北海调查队对建筑房地产、服务业、规模以下工业企业等共15家单位进行了统计执法检查，在检查中发现有统计违法行为的企业共2家，并作出警告处理。

亮点三：人事管理进一步加强，队伍建设得到有效提升

（一）工作背景

北海调查队以解决干部的积极性为目标，努力打造“干事有活力、工作有创新、发展有后劲”的人事管理机制。

（二）主要做法

1.制定《2012年北海调查队岗位责任制》，签订《国家统计局北海调查队2012年度岗位责任承诺书》，进一步明确全队人员的工作分工和岗位职责，工作实绩与年终考核挂钩。

2.加强教育培训学习，一方面把科级干部教育培训纳入北海市委组织部教育培训计划，积极参加市委组织部、市纪委、市直机关工委组织的教育学习，一方面通过邀请总队各处室到点授课、自办培训班等学习方式，有效提升队伍综合素质。

3.充实壮大队伍力量，根据工作需要，从地方调入选调生2名，及时聘用了5名辅助调查员，工作队伍进一步充实。

4.适当进行岗位调整，进一步理顺人员、职务、岗位之间的关系，增强全队的战斗力。

（三）成果

打造了一支和谐干部队伍。工作上通过加强制度化沟通协调，减少分歧，形成共识，互相配合，积极协助，创造和谐。上下之间，尊敬领导，体恤下属，加强沟通，平等相待，构建和谐。工作之余，组织开展健康文体活动，培养干部职工的团队精神，增强全队上下的凝聚力。

2012年12月17日，北海调查队召开2013年北海市工业生产者价格调查工作会议

2013年2月22日，北海调查队联合合浦调查队到粮食产量调查网点进行GPS地块信息数据采集

国家统计局防城港调查队

2012年6月6日上午，防城港市委书记、市人大常委会主任刘正东（左二）来到防城港调查队开展专题工作调研。市委常委、常务副市长席扬，市委常委、秘书长黄强余、市财政局等部门主要领导陪同调研

2012年国家统计局防城港调查队在国家统计局广西调查总队的正确领导下，以提升国家调查队职能为主线，突出“三个提高”和“管理提升年”的工作主题，结合该队“12345”（即一个核心、两个坚持、三个一流、四个意识、五个提高）2012年工作思路，统筹兼顾，锐意改革，不断创新，工作中亮点纷呈：

亮点一：扎实推进“一体化”改革，工作成果明显

城乡住户调查一体化改革，是统计调查部门深入贯彻落实科学发展观的重大举措，也是防城港队业务建设新的里程碑。该队坚持务实创新，高点起步，科学运筹，深入地推进城乡住户调查一体化改革工作，扎实开展各阶段工作，工作成绩突出：调查数据质量得到上级主管部门的肯定；先后获得“全国一体化住户调查先进集体”、“广西一体化住户调查先进集体特等奖”荣誉，1名队员被评为“全国一体化住户调查先进个人”及“广西一体化住户调查先进个人”。

亮点二：努力争取地方工作支持，工作环境优化

防城港队始终坚持国家队意识、调查队意识，坚持独立调查、独立上报原则，以准确数据质量提高调查部门社会公信力，赢得市委、市政府的肯定。市政府常务副市长、市委书记先后带队到调查队开展专题调研，看望慰问调查队干部职工。依托调查工作，加强与地方部门联系沟通，如建立城乡住户调查工作联席机制，业务工作开展

2013年5月30日，防城港队领导班子陪同国家局财务司调研组在防城港市行政中心区考察基建项目

2013年3月23日，防城港调查队队长卢建岁（左一）率领业务负责人深入防城区某调查小区记账户家中检查账本

涉及11个市本级政府部门及4个县（市、区）政府，进一步提高调查队的工作协调力。各级党委政府及各部门对调查队的关注度不断提高，调查队社会地位进一步提升，为开展调查工作创建了良好的外部环境。

亮点三：着力抓好信息服务工作，工作成绩不俗

按照“提质控量”的工作思路，突出重点和特色，信息稿件编撰质量有了明显提升。2012年共编发《调查信息》65期、编发《调查报告》8期、《CPI专报》12期，广西调查总队采用37篇次。调查信息和调查报告被自治区“两办”采用25篇次，被国家统计局采用4篇次，被“中办”及“国办”采用1篇次，被国家领导人批示1篇次。在全队共同努力下，首次同时获得“防城港市党委信息上报工作先进单位三等奖”、“防城港市政府系统政务信息工作先进单位三等奖”荣誉。

2013年3月12日，防城港调查队联合防城港市统计局、上思县统计局深入基层开展主要畜禽监测调研工作

国家统计局钦州调查队

2013年4月25日，广西调查总队总队长邹伟忠（居中），钦州市副市长李绍兰（右二）出席钦州调查队新领导班子任命大会

2012年，国家统计局钦州调查队在广西调查总队和钦州市委、市政府的正确领导下，以科学发展观为指导，紧紧围绕总队"管理提升年"的工作主题和"四个提升"的工作要求，从人事管理、财务管理、行政管理、业务管理四个方面创新工作理念、改进服务方式、增强管理能力，提高管理水平，全面完成全年的各项调查任务。

一、加强干部队伍建设，确保人力资源发挥最大效益

一是抓好学习培训。加强政治理论学习，组织全体干部职工收看了十八大开幕式，聆听胡锦涛总书记代表十七届中央委员会向大会作的报告。积极组织有条件的干部参加统计师初、中、高级职称等各项资格考试，2012年有5名队员通过考试取得中级统计师技术职称。

二是加强年轻干部培养和锻炼。针对钦州调查队年轻同志多的特点，以"严要求"作为培养的手段，年内逐步对6个科室的部分队员进行轮岗，促使每个队员都能熟悉队内业务工作，提高统计调查业务水平。开展竞争性选拔工作，努力营造年轻干部脱颖而出的良好环境，年内提拔了4位科级干部，充实了中层干部队伍。

三是强化工作绩效考核。积极探索全面绩效考核及等次评定办法，制定了《2012年钦州调查队科室创优评星考核制度》，把全年工作任务量化到科室，

2013年4月25日，广西调查总队总队长邹伟忠（右二）视察钦州调查队统计监测楼施工现场

2013年2月28日，钦州调查队副队长刘正华在钦州市采购经理调查培训会上部署工作

细化到每个队员，做到任务目标明确，奖罚分明，提高干部工作的积极性。

二、加强业务建设和管理，发挥调查队“轻骑兵”工作特长

根据各业务科室专业要求，对科室人员进行优化配置，明确工作职责，及时选聘好各专业辅助调查人员，按要求召开各专业培训会议，抓好调查专业培训，做好现场记录。建立企业、农业、住户、工价等QQ群，利用电话、走访、会议、检查、调研等多种形式定期访户，各业务科室每月走访调查样本不少于5次，走访相关机关单位不少于3次，及时了解各行业对调查工作的意见和建议，印制走访企业记录本，记录相关信息。2012年，全队共回访了企业110次，走访乡镇70次、村点150次。

三、加强优质服务工作，推动统计信息服务水平上新台阶

一是优质服务工作实现新飞跃。实行一把手总负责，分管领导亲自抓，科室负责人带头写信息、报告的工作模式，出台信息任务考评制度，明确各科室年度目标任务及奖惩规定，推动优质服务水平提高。2012年，向钦州市委、市政府报送信息、报告20篇；被总队及上级单位采用调查信息61篇，调查报告12篇，优质服务排名全系统市级队第二名。

二是统计新闻宣传形成新格局。加强统计新闻宣传的统一领导、统一规划、统一管理、统一发布，明确新闻宣传组织管理、活动管理、媒体管理的负责科室，与《钦州日报》、《钦州晚报》、钦州电视台等主流报刊、媒体建立了工作联系。2012年，地方媒体刊登调查信息16篇次，电视台采访4次。

四、加强专项调查，提升了统计调查品牌影响力

积极为当地党委、政府做好统计调查服务工作，向党委、政府及社会公众提供优质的统计调查服务，全年共开展9项专项调查。

一是高质量完成上级部署的专项调查。完成了公众对城市环境保护满意度调查、广西组织工作满意度民意调查、广西区国税系统纳税人满意度调查、党风廉政建设调查及国有企业反腐倡廉民意调查、投资环境监测调查等总队部署的专项调查任务。

2012年12月4日，钦州调查队联合钦州市、钦南区、钦北区统计部门开展法制宣传活动

的要求，将统计法制教育有效融入到各项专业调查的任务布置、人员培训、数据采集、质量核查、资料公布全过程，利用行风政风评议等专项调查走访机会宣传统计法规。对生产者价格、采购经理等专业的10多个样本企业开展统计执法检查。全年共开展普法教育1200多人次，累计发放宣传资料1800多份，共立案查处8起迟报统计资料违法案件，为依法推进统计调查工作营造良好环境。

二是积极承担地方委托的专项调查。承接钦州市委、市政府委托的绩效考评社会评议调查、党风廉政建设调查、综合交通调查等调查项目，总调查样本121300多个，组织了调查员1700多人次，涉及钦州市6个县区、120个市直、中直（区直）驻钦单位及全市3万多群众，以高质量、高信誉的调查赢得了各级领导的重视、社会的信赖。

2013年4月，广西调查总队副总队长梁开光（前右二）到钦州住户调查点调研

五、加强法制宣传，全面提升依法统计、依法行政水平

认真按照《2012年广西调查队系统统计法制工作要点》的要求，将统计法制教育有效融入到各项专业调查的任务布置、人员培训、数据采集、质量核查、资料公布全过程，利用行风政风评议等专项调查走访机会宣传统计法规。对生产者价格、采购经理等专业的10多个样本企业开展统计执法检查。全年共开展普法教育1200多人次，累计发放宣传资料1800多份，共立案查处8起迟报统计资料违法案件，为依法推进统计调查工作营造良好环境。认真按照《2012年广西调查队系统统计法制工作要点》

2012年9月21日，钦州调查队联合市统计局、市水产畜牧局开展畜禽调研

2013年5月28日，钦州调查队联合共建单位到浦北县开展清洁乡村活动，党组副书记、副队长温镜忠（居中）与村民畅谈如何开展清洁活动

2012年7月，钦州调查队副队长何文秀（居中）在早稻产量实测现场开展样本谷脱粒

六、加强业务改革力度，确保城乡住户调查一体化改革顺利推进

认真按照（桂政办发[2012]189号）《关于积极推进城乡住户调查一体化改革工作的通知》的要求，周密部署，不等不靠，成立了一体化工作领导小组，全程负责城乡住户一体化调查的组织、协调、保障和问题排解等相关工作；及时向钦州市政府分管领导做了专题汇报，争取地方政府从人力、物力、交通、经费等方面给予支持；与钦州市统计局联合组织县区统计局、街道办事处、居委会人员参加的“一体化城乡住户调查”四级联席会议；全队人人参与城乡住户一体化改革工作，各项工作的完成时间均走在全区14个地市前列，得到总队肯定。

七、加强部门联系合作，进一步优化了统计调查环境

加强与市物价局、农业局、粮食局、统计局等地方有关部门的沟通联系，通过座谈交流、共同调研课题等方式，互相提供及时、准确的信息资料，增进了与部门的沟通和理解，为更好地开展统计调查工作创造良好的环境。

八、加强廉政建设，增强了领导干部拒腐防变能力

一是积极参加廉政活动和学习培训。多次到市纪委、市监察局等部门沟通联系，参加地方组织的各项党风廉政活动。

二是落实党风廉政建设责任制。及时制定了《党风廉政建设责任制》，明确领导班子和科级以上干部对党风廉政建设责任，严格执行“三重一大”决策制度和领导干部个人有关事项报告制度。

三是加强统计调查工作的监督检查。监察员列席参加队党组会议，对调查数据生产过程、财务管理、人员提拔等过程进行监督；把党风廉政建设与调查队的各项工作结合起来，做到一起部署、一起落实、一起检查、一起考核，形成一道有效预防和制止腐败发生的制度屏障。

国家统计局贵港调查队

2012年9月25日，贵港市政府召开全市城乡住户调查一体化改革工作会议

2012年，贵港调查队认真贯彻落实全区调查工作和全市经济工作会议精神，按照总队2012年“管理提升年”的要求，服务贵港市“三年目标任务行动计划”，扎实组织实施“一创三推造品牌”工作思路，不断创新管理模式，全力推进调查业务建设、统计法制建设、干部队伍建设和优质服务，奋力打造“国家调查”品牌，高质量完成了全年的各项工作任务。

一、创新管理模式实现四个提升

1.创新干部激励机制，提升人事管理水平。组织副科级领导竞争上岗活动，营造民主、公平、公正的选人用人环境，充分调动队员工作积极性。

2.健全财务管理制度，提升财务管理水平。严格执行政府采购相关规定，规范抓好经费的预算和支出管理。

3.健全责任追究制度，提升行政管理水平。继续加强信息化建设。建立健全首问负责、限时办结、责任追究制度，加强督查督办工作，提高工作执行效率。

4.创健业务规章制度，提升业务管理水平。年内先后修订、建立了《国家统计局贵港调查队调查业务和技术培训制度》、《国家统计局贵港调查队数据质量管理责任追究制度》等二十三项规章制度。统一业务规范化建设标准，实现调查方案科学化、报表台帐标准化、调查过程程序化、调查行为法制化、数据核查制度化、调查手段现代化“六化”建设目标。保证调查环节统一规范。

二、全力推进调查业务法制建设优质服务

（一）严格执行方案制度，推进调查业务开展

1.创新工作方法，推进常规调查高质量完成。严格执行各项调查方法制度，不断创新工作方法，扎实开展服务业抽样调查、规模以下工业抽样调查、采购经理调查、播种面积抽样调查、粮食单产抽样调查、农产品生产价格和中间消耗抽样调查、退耕还林（草）监测调查、主要畜禽抽样调查、工业生产者价格调查、居民消费价格调查、商品零售价格调查、农业生产资料价格调查、城镇居民基本生活费用价格调查、城镇住户调查、农村住户调查、农户固投调查、农民工监测调查等17项调查。

（1）顺利推进城乡住户调查一体化改革。成立了以市政府分管副市长为组长，调查队队长、市政府副秘书长、市统计局局长为副组长的贵港市城乡住户调查一体化改革领导小组。贵港市政府办公室印发了《贵港市城乡住户调查一体化改革工作实施方案》，明确各县市区政府及发改委、财政局等10多个职能部门的工作职责，为一体化改革顺利推进奠定了坚实的基础。切实抓好动员、培训工作。9月25日贵港市政府召开一体化改革工作会议，动

2013年5月8日，广西调查总队副总队长梁开光到贵港市调研物价形势

员布置改革工作，副市长谭斌出席会议并讲话。突出各阶段工作重点，保障摸底调查、开户、记账户培训、试记账等重点环节的工作质量。千方百计筹措资金保障一体化改革顺利推进。

（2）用CPI手持数据采集器到现场进行采价。出台CPI手持数据采集系统运用工作实施方案和管理办法，规范管理辅助调查员采价行为以及数据采集器、计算机、无线网卡等设备的应用。“定人、定时、定点”到采价现场采价，手机现场录入。

（3）部分服务业调查企业网络直报率100%。高度重视报表直报工作，通过集中、网络、上门等多种方式培训，不断提高调查企业的业务水平，确保了调查企业网上直报报表率达到100%。

（4）农业调查利用手持GPS定位采集数据，圆满完成了调查网点村民小组成片水田所有地块GPS测量和和数据采集工作，实现农作物地块调查资料信息化管理。

（5）加强调查网点维护，提高调查数据质量。坚持独立调查、独立上报的原则，严把数据采集、数据审核、数据评估、数据检查、报表上报、数据开发、资料管理等七个关口，经过层层把关提高数据质量。

（6）开展“一专业一亮点”、“金牌专业”创建活动。鼓励各科室开展“一专业一亮点”、“金牌专业”的创建活动，调动各科室钻研业务、提升专业水平的积极性。

2.采取有力措施抓好专项调查工作。圆满完成了投资环境调查工作、2012年广西县（市、区）组织工作满意度民意调查工作、纳税人满意度调查工作等专项调查任务。

（二）加大执法检查力度，推进统计法制建设

1.切实做好统计法制宣传教育工作。领导带头学法，抓好普法宣传，业务会议每会讲法，开展重大普法活动，组织11人的队伍参加“12•4”法制宣传活动，发送《统计法》和有关宣传资料。组织全体队员参加贵港市2011年普法考试。

2.依法组织实施调查业务。在组织实施过程中，从发文布置、会议通知、会议报到、报表资料签领、报表签收催领催报到报表审核，都严格执行统计调查规范化工作流程。

3.认真组织统计执法检查。制定了《国家统计局贵港调查队2012年统计执法检查方案》，对78个调查单位进行了统计执法检查，重点检查了工业品生产者价格、规模以下企业、生猪生产单位等调查单位。结案一个。

4.加强报表报送情况通报。每季度进行一次企业报表报送情况通报。

5.做好“两证”登记管理工作。

2013年5月8日，广西调查总队副总队长梁开光到贵港市调研物价形势

（三）狠抓信息报送工作，推升优质服务水平

2012年，贵港队得到总队采用调查信息86条、调查报告15篇，信息报告得分930.1分，人均得分62.7分，名列14个市级调查队第一；得到贵港市政府办采用调查信息116条，其中上报自治区并得到单篇采用12条，共积3375分，名列全市市直、中区直各单位第一，连续三年夺得第一名。得到贵港市委办采用调查信息49条（63条次），积1165分，名列各报送单位前茅，荣获“2012年度全市党委信息工作先进单位一等奖”，同时有两名队员获得“2012年度全市党委信息工作先进个人”荣誉称号。

为做好优质服务工作，贵港队采取的措施：一是加强报表分析力度，深度挖掘报表信息。把报表数据作为信息资料的第一来源，每季召开经济形势分析会，对经济运行中存在的问题、突出的特点进行调研。加大科室数据共享力度，对各科室数据进行横向、纵向比较，找出贵港市经济发展的趋势、特点、存在的问题、产生的原因，并提出有关建议。二是加强学习培训，提升信息质量。举办信息写作培训班，组织全体人员仔细研读国家局、总队网站所发布的优秀调查信息和分析，加强学习和思考，深刻领会信息撰写的特点及要求，提高信息采编的敏锐性和写作水平。三是建立多元化信息网络。积极主动地联系地方政府各部门、乡镇统计员、辅助调查员，把信息网络建立至社会的各个阶层、行业、职业，构建多元化信息网络。四是高度重视约稿工作。凡是总队的约稿，都结合实际组织人员进行调研撰写分析上报，以提高约稿上报的时效性为准则，及时或者提前上报约稿信息。五是按季度评比“信息报告写作标兵”，激励队员写作热情。

三、奋力打造“国家调查”品牌

1.打造“国家调查”品牌。制定“国家调查”品牌创建工作方案，全力打造“国家调查”品牌。严格执行国家调查制度，把农产、价格、收入、民调等四大拳头产品打造成精品。按时整理和编印好月度、季度《贵港调查资料》，及时向党委、政府提供，向社会公布。不定期向贵港市两办报送《贵港调查专报》，2012年共报送144期。

2.广泛开展新闻宣传工作。积极报送政务信息，拓展宣传范围。2012年，本队得到总队采用政务信息88条，每月工作要事10条，国家局采用信息5条。在主流媒体上宣传。2012年，贵港电视台新闻节目报道贵港队工作5则，贵港日报报道贵港队工作3则。贵港日报分别以专版、专栏等形式报道贵港队住户一体化改革工作，新华网全文转发了《全面推进城乡住户调查一体化改革工作》答记者问内容。

3.以成立五周年为契机，宣传“国家调查”品牌。一是积极争取地方政府和领导支持重视。3月8日，贵港市市委副书记、市长李宁波和副市长谭斌一行6人到贵港队视察工作。李宁波市长对贵港队成立五周年表示热烈祝贺，并表示市政府将在出台政策和优化统计环境方面加大力度，全力支持统计调查工作。二是顺利召开贵港队成立五周年座谈会。贵港市委常委、组织部部长班忠柏、广西调查总队副总队长杨锡虹、贵港市副市长谭斌应邀出席了会议，贵港市三区两县市分管领导及相关单位领导等40多人参加了会议。会议的召开取得了良好的社会效果，贵港队社会知名度大大提高。三是编印《贵港调查五周年纪实》图书。《贵港调查五周年纪实》共分为领导关怀、指导交流、调查风采、成果展示、优秀报告、单位简介等篇章，涵盖了贵港队五年来主要的成长历程和调查成果，彰显了贵港队创新发展的鲜明特色。郑京平（国家统计局党组成员、总工程师）、邹伟忠（广西调查总队党组书记、总队长）、王可（中共贵港市委书记、贵港市人大常委会主任）、李宁波（中共贵港市委副书记、贵港市政府市长）等为该书做了题词。四是开展五周年成立专题宣传活动。通过在贵港电视台、贵港日报登载宣传信息、发送祝贺短信的形式，在调查业务相关单位中进行了广泛宣传。五是开办调查队成立五周年成果展活动。将贵港队成立五年来的主要成果通过板报展示、单张传送的形式展示给来访人员和调查对象。六是举办五周年气排球赛。邀请与调查业务有密切联系的贵港市统计局、水产畜牧局等单位开展气排球友谊赛，为调查业务的顺利开展奠定基础。

国家统计局玉林调查队

2012年，玉林调查队在广西调查总队和玉林市委、市政府的正确领导下，坚持以“三个代表”和科学发展观为指导，深刻领会2012年全区调查工作会议精神，以提升管理水平为主题，以管理制度化、执行规范化、监督常态化为抓手，认真开展“管理提升年”活动，重点抓好本队的人事管理、财务管理、行政管理、业务管理等工作，圆满完成了全年各项工作任务，在广西调查队系统考评中荣获市级调查队目标管理责任制三等奖。

2013年3月，广西调查总队副总队长何永东（左一）到玉林市检查指导城乡住户调查一体化工作

一、精心组织，管理提升年活动有序开展

2012年玉林队根据全区调查工作会议精神，结合工作实际，制定了《玉林调查队管理提升年活动实施方案》，明确活动的指导原则、目标任务、实施步骤和责任主体，确保活动取得预期效果。成立“管理提升年”活动领导小组，加强各项工作的组织领导，发挥领导和科室负责人的带头作用，实行业务工作“传、帮、带”；在活动方案中明确各科室人员的工作任务和职责，做到“我的任务我完成，我的职责我负责”。通过“管理提升年”活动，切实加强了队员的“两种意识”，提高了统计调查的能力和统计数据质量。

二、围绕中心，扎实做好各项调查工作

一是加强业务能力建设。在开展每项调查业务工作前，采取灵活多样的方式，加大对调查员、辅助调查员和调查对象的业务培训力度， 提高调查员、辅助调查员和调查对象对各项调查方案和指标的理解，提高了统计调查能力。坚决执行各项调查方案要求，杜绝调查的随意性和主观性，提高统计数据质量。二是着重做好统计改革工作。2012年国家统计局对CPI手持数据采集器的应用和推广、城乡住户调查一体化、县级粮食产量抽样调查和农村贫困监测调查等方法制度进行了改革，玉林队着力做好各项统计调查方法制度改革的应对方案。制定了《玉林调查队手持数据采集器使用办法》，从制度层面确保此项工作的开展；按照“统一部署、各级联动、部门

2013年4月，自治区住户调查办公室到玉林市玉东新区调研

联合、整体推进”的工作思路，加强与相关部门的沟通联系，形成政府主导，市、县、乡、村各级联动的工作机制，扎实做好城乡住户调查一体化改革的基础工作；牵头建立了玉林农村贫困监测联席会议制度，积极推进各项统计调查改革的开展。

2012年11月，广西调查总队副总队长何永东（右二）到玉林调查队检查两个规范化建设情况

三、维护法律尊严，打赢行政处罚主体资格保卫战

2012年，玉林队因一起申请非诉强制执行案，玉林市两级法院均对玉林队的行政处罚主体资格予以否定，裁定的结果与《统计法》和国务院办公厅、中央编办有关文件规定所赋予国家统计局直属调查队的行政执法权和行政处罚权法律、法规不符，玉林队为了维护法律的尊严和行政执法职责，依照《行政诉讼法》、《行政处罚法》、《统计法》及相关规定，于5月份向广西壮族自治区高级人民法院申请再审。经广西区高院对案卷材料的审查，认定玉林队的主要职责是依法独立行使统计调查、统计监督，原审认定玉林队作出处罚决定超越了法定职权的依据不充分。这一认定，充分确认了玉林队行政处罚主体资格，从而打赢行政处罚主体资格保卫战。

四、加强干部教育，提升人事管理水平

一方面是抓好队党组中心组的学习，重点学习十七大以来党关于加强社会主义经济建设、政治建设、文化建设、生态文明建设和党的建设的最新理论成果，把统计调查工作统一到社会主义现代化建设上来。二是抓好干部职工的学习教育工作，利用“三会一课”制度，加强对党员干部的大局意识、责任意识和政治意识教育，强化党员干部队伍的战斗堡垒作用和模范带头作用。三是加强各类知识培训，积极推进知识培训的制度化、常规化建设。四是完善人事管理机制，明确岗位职责制和年度目标管理，实行量化考核，把个人业绩与职务晋升挂钩，调动干部职工的主观能动性和创造性。

五、强化措施，提高行政后勤服务能力

一是加强制度建设，完善激励机制。队办公室和综合法规科牵头，继续修订、完善各项规章制度（队常务会议通过后执行）二是加强机关效能建设，切实转变作风。队领导班子和科室负责人以身作则，切实转变作风，真正起到带头作用。成立了日常工作考核领导小组，对干部职工进行“德、绩、能、勤、廉”日常动态跟踪考核，在年度考核实行末位约谈制。三是加强内部管理，提高服务质量。充分发挥办公室综合协调的作用，加强队内日常事务、各科室工作的管理，保证机关工作正常运转，积极主动与其它职能部门联系加强沟通、协调，提高整体效率。四是加强督查督办，确保工作的落实。

2013年5月，玉林调查队在玉林市城区召开玉林市投资环境监测调查工作会议

国家统计局百色调查队

2012年，在广西调查总队的正确领导下，百色调查队以科学发展观为指导，按照“规范统一、改革创新、公开透明”的思路，积极践行“管理提升年”活动，自觉锤炼人事、财务、行政、业务管理本领，脚踏实地，开拓创新，圆满完成了年度各项工作任务。

2012年12月，广西调查总队总队长邹伟忠（前排中）莅临百色调查队指导工作

一、树立正导向，人事管理深推进

一是党组自身建设持续加强。党组议事规则全面落实，“三重一大”事项规范研究、民主决定；党组中心组学习制度有效执行，学习主题鲜明，实践指导性强；制定2012年党风廉政建设要点，自查廉政风险点，筑牢了拒腐防线；团结一致，以身作则，带头下乡入户，党组凝聚力和领导力不断提高。

2012年2月，百色市委市政府赖德荣书记、谢泽宇市长、张虹副书记等多位领导人莅临百色调查队指导工作

二是党支部作用不断增强。兼容并包统计和红色文化，制订党建“1231000”活动方案，党建主题活动丰富多彩，党员干部倍受教育；依托内部网站党建栏目，大力宣传十八大精神；组织开展访贫帮困慰问活动，累计慰问15人次的困难党员和记账户；积极壮大党员队伍，发展预备党员1名、预备党员转正2名。

三是教育培训渠道明显拓宽。依托系统内教育培训资源，安排8人次参加国家统计局举办的深圳、银川、杭州、贵阳等业务培训班；邀请综合处开展优质服务专题培训，组织百色辖区调查队系统干部40多人参加培训；安排2名队员分别到市委办、市府办跟班学习，安排1名同志到广西干部学院参加自治区党委组织部安排的第14期全区选调生培训。

四是职称和学历教育双轮驱动。积极鼓励年轻队员参加职称和学历考试，以学代训，学训结合，引导干部学以致用，指导工作实践，提高干部对统计调查原理、基本方法的理解和运用能力。

2012年5月，百色市市委组织部长欧波（前中）到百色队调研

2012年12月，百色市委常委、常务副市长韦瑞灵（右一）到百色队调研

2012年6月，百色调查队副队长何朝伟率队到田阳生猪存栏调

今年，该队共有6名队员报名参加中级统计师职称考试，1人在职研究生班毕业。目前，已有4人拥有中级统计师职称，占26%；有3人拥有在职研究生学历，占20%。

五是干部选拔和竞争生动活泼。面向全市公开选拔2名选调生，及时补充了新鲜血液；择优提拔科级干部1名，科级干部年龄和学历结构逐步优化；调整科室人员和职责分工，优化人员岗位配置，实现了人岗相符、人尽其才、才尽其用；以群众公认为标准，民主推荐1名同志当选广西调查队系统先进工作者。

二、凝聚正能量，地方影响力再扩大

一是成功列入市本级预算单位。以统计调查业务改革为契机，坚持把经费保障问题摆在首要位置，充分解读中央、自治区支持调查队工作的文件精神，反复争取市政府和市直有关部门的支持，成功将投资环境、低收入居民基本生活费用价格指数、退耕还林、城乡住户等调查业务纳入市本级财政预算统筹保障。

二是开放度和影响力双双扩大。一年来，市委书记赖德荣、市长谢泽宇、市委副书记张虹、常务副市长韦瑞灵、组织部部长欧波、市委常委秘书长黄建宁、副市长李建文等领导先后莅临调研，关心和帮助解决困难；积极参政议政，出谋划策，先后多次参加市委常委会、市政府常务会、经济运行分析会，市人大政协会议，陪同市委领导下乡调研，地方影响力不断扩大。积极实施“走出去”战略，与市物价、统计局、财政、农业、水产畜牧兽医、扶贫、商务、房产、林业、政法、绩效、软环境优化、机关事务等部门开展座谈，谋划调查事业发展，工作开放度不断扩大。

三、推动正循环，办公室工作成效高

一是文秘规范化水平明显提高。认真学习新版公文处理规定，及时调整和规范公文办理程序。积极打造宣传主阵地，及时更新网页，内部网站的积极导向作用充分体现。从严控制会议，细化会议管理，精心准备视频会务，会议指导工作的作用充分显现。围绕工作重点，强化督查督办，按季度制订督查要点，保证重要工作落实。及时完成《组织机构代码证》、《事业单位法人证书》等证件年审和换证工作。

二是档案和机要工作再创佳绩。明岗定责，落实专人负责档案收集、整理、分级、归档、录入和管理；加强沟通，虚心向市档案局学习，档案管理知识和技能进一步提高；注重科室原始档案的收集，档案收集能力不断增强；狠抓相片、视频、音频和实物等档案收集，档案规范化管理水平整体提升；以办公业务用房改善为契机，添置8组档案柜，档案存储空间逐步满足实际需要；高度重视机要工作，严格按程序办理机要文件，2011年度机要文件清退工作圆满完成。

三是综合协调畅通有序。机关内部协调高效、规范、有序，科室团结互助，相互支持，集体智慧和力量进一步凝聚；严格管理公务用车，坚持用车登记审批，统一调度，统筹安排，车辆保障能力持续增强。牵头建立百色辖区调查队季度碰头会商制度，市县队良性互动、友好协商平台逐渐成熟。与地方党委政府、市“两办”、统计、发改、物价、农业等部门的沟通协调渠道畅通。

四是科室自我管理能力增强。突出科室主体地位，引导科室增强自我管理和发展能力；围绕目标，学会组织动员和落实，具体工作的承办能力得到提升；制订严谨的科室工作计划，科室抓重点、谋全局的能力进一步增强；善于总结和查摆问题，纠偏能力不断提升；结合新要求，修订完善2012年工作目标管理责任制考评办法，认真制订岗位责任制和工作流程图，明确工作目标任务，理清工作流程和职责要求，科室贯彻执行能力进一步提高；团结协作，服务中心工作，人、财、物配置更具合理性。

四、追求正标准，业务管理成果多

一是三项统计调查业务改革顺利启动。协调市政府办及时审核印发百色市城乡住户调查一体化改革、农村贫困监测、县级粮食产量实施方案、

2012年6月，百色调查队队员到某企业进行执法检查

2012年9月，百色调查队下点开展城乡住户一体化摸底调查工作

2012年9月，百色调查队队员正在悬挂城乡住户一体化宣传横幅

领导小组、联席会议制度等改革文件，推动三项统计调查业务改革全面实施；以改革为契机，新设立城乡住户调查、农村贫困监测、县级粮食产量三个领导小组办公室，办公室设在调查队，调查工作服务地方的重要性进一步凸显；承办全市统计调查业务改革动员培训会，组织市城乡住户一体化改革领导小组、12个县区、城区抽中调查样本等单位，共150多人参会；加大宣传力度，悬挂横幅22条、张贴海报100张、发放一封信和宣传册1700份；整合力量，全体动员，克难攻坚，右江区7个调查小区76户分省样本的核实、摸底、开户、定户、培训和试记账工作圆满完成。

二是圆满完成各项调查任务。坚持独立调查、直接上报原则，严格执行统计调查方法制度，排除一切干扰，始终注重巩固和提高数据质量，工业生产者价格、规模以下工业服务业、采购经理等网上直报工作深入推进，手持数据采集系统改革任务顺利完成，CPI、PPI、城市居民可支配收入、规模以下工业、规模以下服务业、采购经理、主要畜禽、退耕还林监测等常规调查任务按时按质按量完成。严格遵守政治和保密纪律，全区组织工作满意度民意调查规范完成；认真筹划和组织，精心完成了投资环境、环境保护、党风廉政建设、国有企业反腐倡廉、批零住餐、政风行风、国税系统纳税人等专项调查，社会反响良好。

三是优质服务展现新面貌。立足专业，充分开发、利用调查数据；围绕约稿等重点，依托基层调查网络优势，开展快速统计调查；紧扣地方经济热点，依靠调查数据优势，开展调查分析研究，服务决策，优质服务展现崭新面貌。截至11月20日，撰写调查资料94篇，其中，约稿45篇，比上年增加35篇，获总队综合采用24篇，比上年增加15篇；获自治区“两办”综合采用13篇，获国家统计局综合采用9篇，获中办、国办综合采用5篇，在总量与上年持平的基础上，质量实现了新提升。

四是统计执法取得零突破。认真反思执法工作存在的问题和不足，静心学习和熟练掌握统计执法业务流程，统计执法办案基础得到夯实；虚心向先进市队请教，从案例当中学习和借鉴统计执法实践经验，统计执法办案水平实现提升；将统计法律宣传与统计执法检查结合起来，发放统计告知书、统计法小知识等宣传资料近1000份；逐步完善统计执法设备，配备照相机、摄像机、录音笔等调查取证工具，落实办案经费4000元/年；加大统

2012年9月，百色调查队队员往农村调查点开展统计法制宣传

计执法执行力度，排查企业48家，发现迟报统计资料企业16家，发放催报通知单16张，立案处理1件，统计执法办案实现零突破。

五是数据质量保障更加有力。规范开展业务调查，正式行文布置调查，杜绝随意性，工作严肃性不断提高；创新培训平台，建立电话课堂、QQ课堂，培训频率加大，灵活性提高；召开消价、住户、企业等座谈培训10余次，加强沟通，增进了解，队企、队户关系更加和谐友好；开展4次辅助调查员业务培训，及时更新知识结构，原始数据采集能力不断增强；新增专（兼）职采价员6名，配备数据监控专用计算机2台、无线网卡2张，CPI调查手段初步实现信息化；加强调查网点、规格品管理和维护，实行全过程质量控制，全面梳理和评估调查网点分布合理性、规格品代表性、采集方法可行性，核查109家服务业小微企业，重新确定工价调查样本企业41个，规格品220个，剔除长期停产和已不具代表性的样本企业和规格品，调查样本代表性进一步增强；加大访户和调研力度，建立畜禽季访、住户企业月访和事前访、事后回访等制度，密切与调查网点联系，数据评估能力得到提高；加大数据审核力度，认真查看台账等基础数据资料，狠抓人工审、机审、报表审三个环节，数据质量始终保证真实可信；加大监督检查力度，组织开展内部数据质量检查，自揭短、自亮丑，保证调查方式和程序严谨规范。

2012年10月，百色调查队开展城乡住户一体化定户工作照片（图为黄海丽、何朝伟副队长与调查户进行座谈）

六是工作方式方法新意多。数据质量审核方式多样，企业调查建立数据审核查询制度，依托标准化的调查数据审核查询登记表，提高了企业自审、调查员复审、分管领导终审的实际效果，数据审核质量进一步优化；采用预约调研的方式，行文发放预约通知单，明确调研内容，提高了调研针对性和实际效果。住户调查审时度势，精减部分繁冗工作环节，系统设计和调整岗位职责和人员分工，将工作程序简单化、工作内容明确化、工作步骤精炼化，工作效能明显提高；采用调查员自查、交叉检查、业务人员复查、科室领导全面审查，以及现场、账本、报表汇总、科室、分管领导分重点审核的“四查五审”方式，调查数据质量得到有效保障；采用情感式工作方法，定期走访和慰问，想方设法帮助困难、弱势、低收等记账户家庭，解决生活和就业等实际困难，树立了调查队良好形象。

2013年1月，百色调查队工作人员深入企业开展工价业务培训

国家统计局贺州调查队

2013年5月30日，国家统计局财务司副司长朱维盛（前排中）在广西调查总队总队长邹伟忠（前排右四）的陪同下到贺州调查队调研工作

2012年，贺州调查队在广西调查总队正确领导下，在贺州市委、市政府的关心支持下，坚持以邓小平理论和“三个代表”重要思想为指导，深入贯彻落实科学发展观，紧紧围绕“三个提高”，按照全区调查工作会议精神，以提升管理能力为主线，制定“三加强一突破”工作思路，着重加强人事、财务、行政、调查业务等四个方面的管理能力建设，较好地完成了各项统计调查任务。

2012年12月13日，广西调查总队总队长邹伟忠（右三）、纪检组长李建茂（右五）到贺州调查队调研指导工作

一、以开展“管理提升年”活动为契机，全面提升管理能力和水平

（一）严格执行调查制度，顺利完成各项调查业务改革工作。严格按照各专业调查方案，高质量完成了城镇住户、居民消费品价格、商品零售价格、农业生产资料价格、工业品出厂价格、规模以下工业、部分服务业、退耕还林（草）监测、畜禽监测、粮食产量等多项常规业务调查；城乡住户调查一体化改革顺利推进。

1.城乡住户调查一体化改革工作顺利进入试记账阶段。积极贯彻落实国家统计局和自治区人民政府的统一部署，以高度的政治责任感和紧迫感，在做好分省样本调查的同时，积极发挥牵头部门作用，指导好全市三县两区一体化改革工作，确保全市城乡住户一体化改革工作顺利推进。一是加强与市政府的沟通汇报。印发了《贺州市人民政府办公室转发国家统计局贺州调查队贺州市统计局关于贺州市城乡住户调查一体化改革工作方案的通知》（贺政办发〔2012〕208号），为顺利开展住户调查提供了组织保障。二是创新方法，讲究技巧。及时召集各乡镇、村（社区）辅助调查员召开培训会议；实行“三审”数据和“四包”工作制度，层层落实责任。三是通过开展“一对一”入户培训，重点抓好记账能力较弱的记账户，入户访问、电话回访等工作，为正式记账打下坚实基础。

2.强化调查业务培训指导。2月9日召开农业调查工作座谈会议，全市三县两区统计局局长以及贺州市统计局相关科室负责人参加会议，对畜禽监测等相关内容进行了讲解，提高对工作重要性的认识；5月4日，与贺州市统计局、水产畜牧兽医局联合召开全市水产畜牧统计工作会议。

3.顺利完成联网直报和CPI采价改革工作。稳步推进CPI手持数据采集推广应用工作。

2012年8月15日，贺州调查队副队长汤小青在检查CPI手持数据采集器工作情况

2012年6月28日，贺州调查队队长刘克斌（左三）、副队长麦克伦（右三）在钟山县指导粮食测产工作

CPI手持数据采集系统工作平稳过渡。其次是通过搭建纵横交流平台，建立工作QQ群，业务人员利用群平台，与企业沟通联系、问题解答、数据查询，增强了纵向与横向的沟通。此外还通过单个企业上门指导，切实确保全部调查企业能够运用网络直报系统。服务业联网直报率达到100%，全市30家工业品价格调查样本企业也全部正常上报。

在完成常规调查任务的基础上，还积极做好党委、政府委托的调查任务。先后开展了投资环境监测调查、广西县（市、区）

组织工作满意度民意调查、国税纳税人满意度调查、贺州市政风行风调查、“创建国家森林城市”市民知晓度调查等多项调查任务。

二、创新考核机制，提升人事教育管理水平

一是继续推进末位谈话制。二是尝试干部提拔奖惩与目标考核挂钩，提升队员工作积极性和主动性。三是加大干部培训力度，干部教育培训工作纳入地方干部培训体系。此外，8月8日成功开展了“知识互补 业务提升”专业演讲比赛活动，努力培养业务多面手。四是抓好队伍力量建设。根据工作需要，从地方调入选调生3名，从国家公务员考试招录1名新队员；根据采价工作的新要求，及时聘用了3名采价员，工作队伍进一步充实。

三、做好法制法规工作，夯实统计执法基础

加强统计普法宣传工作。认真制定统计“六五”普法规划和年度统计法制宣传教育计划，大力开展统计法律法规的学习宣传；抓住时机开展普法活动。9月20日第三届“中国统计开放日”，通过树立街边宣传栏、横幅、网络平台发布信息、寄发法制资料等形式着重抓好普法宣传；夯实统计执法基础。继续加大统计执法检查和统计查询力度，重点对网络直报存在数据质量问题的企业进行调查处理，确保网络直报工作的顺利开展；一年来共发出催报通知5份，检查13家企业，处罚统计违法企业3家。

四、积极主动做好统计优质服务，努力增强服务实效

加强统计分析工作。围绕总队信息约稿，贺州市委、市政府重点工作，加强了月度、季度经济形势的分析监测，密切关注农业、工业、消费、收入、居民消费价格等敏感指标动向，做好经济走势判断，提出对策建议；认真做好《统计调查信息》、《CPI专报》等常规资料的整理编发工作积

2012年8月8日，贺州调查队举办“知识互补 业务提升”专业演讲比赛，培养业务多面手

2013年2月27日，贺州调查队副队长麦克伦在调研城乡住户调查一体化工作

极为市委、市政府经济决策提供统计服务。

2012年，贺州调查队从完善制度入手，用考核制度调动全体队员的写作积极性。通过常规调查及专项调查加强一线走访，拓宽信息来源。组织队员围绕贺州市的热点，难点问题进行跟踪，结合调查队工作实际撰写调查信息和报告，收到良好的社会效果。全年共完成优质服务信息63篇，报告4篇，其中总队采用信息23篇，报告3篇，多篇次约稿获得中央领导批示及国家局、自治区党委采用。此外，政务信息也取得了较好地成绩。全年总队内网共采用政务信息49篇、每月工作要事11篇。政务信息自建队以来首次得到国家局采用，实现了政务信息国家局采用“零”的突破，并且国家局内网采用达到3篇。

五、加强党风廉政建设，为调查事业保驾护航

一是扎实开展反腐倡廉教育。贯彻落实好党的十七届六中全会和中央纪委十七届六次全会精神。采取集中学习有关文件精神、自学反腐倡廉读本、组织观看《死亡之吻》、《忠诚与背叛》等廉政教育影片的方式，加强对领导干部廉政意识的培养。通过反腐倡廉教育，提高广大干部的廉洁意识，营造风清气正的良好氛围。

二是加强监督检查职能。坚持纪检监察员列席党组会议、队务会议制度，在执行“三重一大”制度和人、财、物、数等重点领域加强监督检查。

三是稳步推进廉政风险防控工作。根据总队的工作部署和要求，将廉政风险防控工作与具体岗位职责相结合，坚持“标本兼治、综合治理、惩防并举、注重预防”的方针，从工作实际出发，按照“一清二疏三查四评”稳步推进廉政风险防控工作，加大了从源头上预防和治理腐败的工作力度。

2012年8月9日，贺州调查队党支部到钟山县英家革命纪念馆接受革命传统教育

国家统计局河池调查队

2012年11月9日，全区农村贫困监测工作布置及业务培训会在河池召开

2013年3月12日，河池调查队组织召开河池市主要畜禽监测调查工作会议

2012年，国家统计局河池调查队在总队的正确领导下，按照全区调查工作会议精神，以科学发展观为指导，紧紧围绕“三个提高”的工作重点，根据“管理提升年”活动实施方案要求，全面贯彻落实总队布置的九项重点工作，以规范化建设为平台，努力抓好各项工作。

一、强化督查检查，全面提高行政管理水平

严格管理，抓好规范化制度的建立和修订。由办公室牵头，组织各科室负责人共同对原来制定的管理制度进行系统性修订，并召开队务会议，讨论通过《国家统计局河池调查队工作规则》等28

项内部管理制度。

以党支部为载体，加强党员干部政治思想教育。以支部党课为平台，根据“党员示范，人人参与”的原则，由支部书记带头在支部党员之间、机关干部中开展支部党课理论学习，营造浓厚的学习氛围，采取“多媒体现场教学、课堂互动、基地感受”的三段式教学方式，将理论授课、课堂互动与爱国教育基地实践结合起来，促进党员干部思想素质和能力素质全面提升。

组织党员干部深入环江县思恩镇城关、陈茶、良伞、三乐等村，观看了1958年“亩产十三万”水稻试验基地遗址，听取了当地“见证者”对当年情景的切身回忆，亲身体验和感受当年“浮夸风”以不切实际、高指标、瞎指挥给社会造成的深刻影响和民不聊生的惨境。通过“铭记历史浮夸教训，争当实事求是捍卫者”主题实践活动，进一步密切了党群关系，推进了党员干部统计职业道德教育和统计行风建设，发挥了党员先锋模范作用。

2012年12月4日，河池调查队开展统计法制宣传活动

2012年7月20日，河池调查队党支部到环江开展“铭记历史浮夸教训，争当实事求是捍卫者”主题实践活动

加强培训，提高队伍的综合素质。组织全体队员参加总队和地方党委政府举办的各种培训会议。组织新财务人员学习财务会计、预算管理、政府采购等相关法律法规和规章制度，做好会计工作的移交和衔接工作。要求各专业加强对本专业的业务知识培训工作，根据调查方案制定相应的培训计划，组织工作满意度民意调查培训、CPI手持数据采集程序系统培训、党风廉政建设民意调查培训和城乡住户一体化调查培训等培训工作。邀请总队办公室和综合处等处室到河池队进行专门的业务培训，取得了良好的效果。

强化班子建设，提高队伍管理能力。河池队党组始终坚持民主集中制和“三重一大”集体决策的原则，确保集体决策科学民主；通过定期召开民主生活会，开展批评和自我批评，保持队班子之间、领导和群众之间良好的沟通关系，及时掌握全队的思想工作动态，充分调动一切积极因素，努力形成开拓创新的良好氛围。

完成固定资产和办公用品的全面清查工作。根据固定资产登记本和办公用品登记本记录，对所有固定资产和部分办公用品进行清查，了解固定资产的存放地点和使用情况。对已经变更工作岗位，尚未移交相关办公设备的责任人进行督查督办，完成相关移交工作，确保资产使用率达到最优。坚持办公用品集中采购，强化办公用品管理，坚持谁使用、谁签领、谁管理，统一审核、统一登记的办法，杜绝了办公用品浪费等不良行为。

加强督查督办工作，提高工作效率。根据总队的重大部署和河池调查队重要工作安排，明确2012年重点督查督办工作内容。制定河池调查队督查督办工作方案，细化任务，明确职责，向各科室宣传督查督办工作的重要性，争取支持。加大督查督办力度，改进督查督办方式，切实发挥办公室督查督办职能。加强在日常工作中的督查协调，确保全年工作任务和领导交办的重要事项能够高效、快速地完成。

后勤管理进一步规范。规范接待工作程序。详细记录和拟办公务接待通知，合理制订接待方案，按照热情周到、节俭规范原则进行接待。规范接待程序，填报接待审批单，未经领导批准的接待，不准报账。电话通知的接待，填写电话记录，经领导审核后作为公务接待的依据。

规范公务用车管理。实行专人负责制，建立用车登记制度，严格执行用车审批规定，公务用车由办公室统一安排，申请科室需填写派车申请单。严格用车规定，不得公车私用。合理安排、科学调度，切实保证工作用车需要；加强车辆保养，减少公务用车的费用开支。

2012年9月18日，河池调查队组织全体队员深入村屯开展住户调查摸底工作

二、狠抓业务建设，统计调查业务规范化稳步推进

2012年，河池调查队克服人员少、任务重、经费紧张等诸多困难，统筹安排，合理分工，较好地完成了各项常规调查和专项调查工作，按时上报了各专业年报和定期报表，得到总队各专业处室的肯定。

夯实基础工作，加强业务培训，顺利完成各项常规调查任务。一是强化投入和培训，确保CPI手机采价工作顺利进行。进一步加大对CPI数据采集的投入。为督导员配备手提电脑、无线网卡，随时随地掌握各采价员上报情况以便及时、快速向总队汇报突发事件；同时为采价员配备水鞋、雨伞等必要工具，保证风雨无阻进行实地采价。强化业务培训，采取1+2培训模式。即“采取全员模拟培训”+“重点、难点业务现场培训”模式，除了对所有采价员进行一次全方位的模拟操作培训外，针对不同商品采价特点，加强重点、难点业务培训力度，督导员直接陪同采价员到采价现场进行业务培训，全面提升采价员现场处理疑难问题的能力。二是加强对企业的回访，努力提高企业调查网上直报率。加强对基层企业和调查对象的回访和检查，核查样本企业生产经营情况和撤销原因，了解企业调查报表工作中存在的问题，开展业务指导和帮助，增进相互之间的沟通交流，争取调查对象的支持配合，切实解决统计基础工作中存在的问题，提高源头数据质量，确保企业调查网上直报率。三是加强数据审核，提高数据质量。在审核调查报表过程中，积极与企业调查员、辅助调查员、规模户、生产经营户联系，对以往报表中容易出现错误的指标，在电话催报时提醒填报人加以注意，并要求自审之后才能上报。在收到基层报表后，马上组织人员进行审核，对存在逻辑关系错误及前后差距较大的数据，及时向填报人进行咨询，要求填报人对填错的数据及时纠正后重报，对符合实际情况但逻辑关系不平衡的数据进行详细说明，确保数据的真实性和有效性。四是克服困难，完成城乡住户一体化改革工作。在人员、经费无法保障的情况下，河池队根据全区城乡住户调查培训会议要求，坚持独立调查、独立上报的原则，制定《河池市城乡住户调查一体化改革工作实施方案》，集中全队骨干力量，严格按照时间表安排，组织全体队员深入金城江街道办事处、六甲镇、六圩镇、拔贡镇、白土乡、五圩镇的7个调查小区开展住户摸底调查和开户工作，为记账工作的顺利开展提供了保证。

综合部署，完成各项专项调查工作。严格按照调查方案的要求，采取统一培训、明确任务、分工到人、包干到底的方式，圆满完成全市11个县（市、区）八大行业共150家企业的投资环境调查任务和党风廉政建设民意调查工作。加强区域协调，完成组织工作满意度民意调查工作。通过加强与宜州、环江、南丹、都安调查队的协调，抽调河池市县五队26人共同完成河池地区11个县（市、区）共1880个样本的广西县(区)组织工作满意度民意调查工作。

2012年7月5日，河池调查队黄洪泽副队长率队深入农户家庭开展住户调查摸底工作

开展全面自查工作，促进统计调查基础业务规范化建。2012年7月，河池队组织各专业开展统计执法检查自查和交叉检查工作，自查对象为依法负有提供统计调查资料义务的调查样本和调查对象。同时各专业开展交叉检查工作。自查和交叉检查内容包括：基层基础工作情况、规章制度建立和执行情况、样本管理情况、数据采集方法、工作现场数据采集操作流程规范化情况、基础台账建设情况、数据处理和数据上报情况、数据评估情况等。2012年10月，组织各专业统计执法人员到金河矿业、河化集团等企业开展统计执法检查工作，了解企业统计台帐建立等情况。通过开展统计执法检查工作，了解和掌握目前调查对象以及河池队的统计基础工作情况及存在问题，为更好地加强和完善统计基础工作，提高源头调查数据质量奠定了基础。

三、加强统计调查综合分析工作，优质服务工作水平进一步提高

2012年河池调查队撰写上报调查信息（包括约稿）36篇，获总队采用22篇，完成总队下达全年调查信息任务的169%；撰写调查报告4篇，获总队采用3篇，完成总队下达全年调查报告任务的100%。在2012年撰写调查信息（包括约稿）中，得到自治区“两办”采用14篇次，其中自治区党委领导批示1篇次；国家统计局采用7篇次，国家统计局领导批示5篇次；中央“两办”采用3篇次，国家领导批示2篇次。为地方党委、政府领导提供CPI专报12期，为市委、市政府“两办”提供调查信息9篇，为《河池日报》等新闻媒体提供CPI等调查信息10篇，得到地方领导及有关部门的好评。

2012年12月27日，河池调查队召开2013年工业生产者价格调查培训暨工作布置会

国家统计局来宾调查队

2012年6月，广西调查总队副总队长何永东率总队第三支部与来宾调查队党支部来到来宾队扶贫联系点金秀县忠良乡林秀村开展“庆七一”慰问老党员活动

2012年，国家统计局来宾调查队在广西调查总队的正确领导和大力支持下，坚持以科学发展观为统领，扎实推进“管理提升年”各项目标建设，以“加强管理，完善机制，奋力实现四个提升”为工作思路和目标，狠抓落实，提升了班子的战斗力、提高了干部队伍的素质、夯实了统计执法基础、为统计服务水平提升奠定了基础，较好地完成全年目标任务。

一、加强理论学习，推动统计调查事业新发展

2012年，来宾调查队把理论学习摆在首要位置，切实加强学习型党组织建设，制定下发了《国家统计局来宾调查队2012年理论学习计划》，高标准、高要求、高质量地开展“读好书、强素质、促发展”、“解放思想、学用政策、力行‘六戒’、赶超跨越”等主题活动，在全队深入开展学习党的十八大精神，切实把十八大精神学习好、贯彻好、落实好。进一步加强干部政治思想教育，提高中心组领导科学决策能力，为推动各项调查事业创新发展提供有力的思想保证和精神动力。

二、完善机制、加强管理、进一步加强队伍建设

一是建立完善考核奖惩机制，突出争先创优导向。围绕总队两个规范化建设与“管理提升年”目标要求，积极探索目标考核奖惩机制，完善下发《国家统计局来宾调查队2012年目标管理责任制考核办法》，将指标分解，使各人有各自目标，人员、时间、任务目标三位一体统一要求，建立科

2012年8月29日，来宾调查队队员到畜禽调查点石牙乡古炼村开展生猪监测调查数据核查

学的量化、细化实绩评价体系，并进行常态化管理，充分调动队员的积极性、主动性与创造性。在2012年的年度考核综合检查中，梁开光副总队长高度肯定来宾调查队这一开创性的举措，并要求来宾调查队要继续推行并开展好目标管理责任制和个人岗位目标责任制，积极探索干部目标量化细化考核工作。

三、创新方式，服务大局，各项工作成效明显

2012年，来宾调查队按照总队“管理提升年”部署与要求，凝心聚力、奋勇攻坚，切实提升管理能力与水平，有效地推动来宾调查事业的科学发展。在圆满完成各常规性调查的同时，积极完成了各类专项调查任务。同时，积极围绕中心，服务大局，按时完成市委、市人民政府部署的各项工作任务，全队各项工作推进有力，亮点纷呈。

一是采取“四严”和“四好”工作措施，确保调查数据质量。切实增强“两个意识”为根本出发点和落脚点，始终把数据质量放在首位，严把组织领导关、业务培训关、操作规范关、数据录入与上报关，认真做好组织保障、科学规划、沟通协调、落实执行等工作，进一步规范统计基础工作，提高统计能力、统计数据质量和政府统计公信力。

二是加强领导，统筹安排，稳步推进城乡住户调查一体化改革工作。来及时向市长、常务副市长面对面汇报工作，全面争取来宾市人民政府对一体化改革的支持与帮助。市人民政府及时发文部署改革工作，9月26日，常务副市长莫桦主持召开来宾市城乡住户调查一体化改革工作会议，要求各县（市、区）高度重视改革工作，制定出详实的工作实施方案，全面推进改革工作。同时，我队周密部署，充分调动各级力量投入到一体化改革工作中，采取“四级联动”（市、县、乡、村）、“五到位”（前期准备到位、宣传到位、沟通协作到位、培训到位、感情交流到位）等工作措施，实地入户访问调查，做到“不漏幢、不漏宅、不漏户、不漏人”，严把源头数据关，确保调查数据真实可靠。

三是夯实基础、利用平台发挥价值，打造CPI品牌化建设。利用开展手持数据采集器采价为契机夯实基础工作，拨出专项经费购买5辆电动自行车配备给每位采价员、购买人身意外伤害保险、提高采价员外勤补贴等，进一步调动采价员的工作积极性，夯实采价工作基础。充分利用地方主流媒体平台，邀请媒体深入市场跟踪采价，逐月发表当月CPI信息，为公众了解市场价格走势提供服务。在坚持独立调查，独立上报的前提下，充分利用调查结果服务地方经济发展，特别是为积极参与地方政府控价工作，获得来宾市委的高度赞许和褒奖。

2012年10月，广西调查总队副总队长梁开光（中）到来宾调研消价工作

2012年12月，来宾调查队邀请扶贫联系点金秀县忠良乡林秀村部分村民代表到来宾市参观城建项目

四是加大信息资料开发力度，提高优质服务能力。强化对信息的考核工作，将目标考核任务量化到人，进一步激发了队员撰写信息的热情，2012年，来宾队获总队采用的政务信息119篇（其中国家局采用7篇）、调查报告5篇、调查信息64篇（其中获市委采用7篇次，自治区党委采用的有14篇次，区党委领导批示1篇次，自治区政府采用12篇次，国家统计局采用11篇次，国家统计局领导批示8篇次，中央两办采用6篇次，国家领导批示5篇次）。该队撰写的CPI信息在来宾日报刊登10篇，《实事调查》、《调查信息》分别编印4期和12期，及时反映当地社会经济发展情况，为市委、市人民政府科学决策提供有参考价值的调查数据资料。在2012年来宾市市委信息工作评比中，该队荣获党委信息工作二等奖，2名信息员被评为信息工作优秀个人二等奖。

五是创新工作方式方法，加强对辖区内相关调查业务的组织实施和检查指导职能。来宾调查队充分发挥牵头督导作用，建立督导督查工作机制，加强对辖区内相关调查业务的组织实施和检查指导。来宾队与市统计局联合组成督查组，向辖区内的6个县（市、区）政府发文开展一体化工作督查，大胆探索调查队管理职能向外延伸。

六是创新举措、拓宽领域，打造扶贫工作新亮点。积极服务来宾市新一轮扶贫攻坚工作任务，选派一名优秀的正科级干部到扶贫联系点担任村党组织第一书记，并通过政策、思想、资金、物资、技术、信息等方面的援助，帮助结对扶贫联系点群众改善生产生活条件。2012年，来宾队先后从有限的经费中挤出3.1万元、协调金秀县政府出资5万元，共计8.1万元，支援40吨水泥及价值0.78万元的叶面肥帮助该村建设巷道硬化、安全饮水工程、文化小广场及发展特色养殖，增加收入。

2012年12月，卢定新队长代表来宾队在全市巡回大检查总结会上做典型发言

国家统计局崇左调查队

2012年5月7日，崇左调查队领导班子率队到扶贫点宁明县板棍乡开展甘蔗生产情况调研

2012年，国家统计局崇左调查队在国家统计局广西调查总队的正确领导下，以邓小平理论和“三个代表”重要思想为指导，全面贯彻落实科学发展观，紧紧围绕“三个提高”和“管理提升年”活动各项工作部署，坚持改革创新、规范统一、公开透明，在调查工作任务不断增加、人财物紧缺的局面下，较好地完成了全年的各项工作任务，全面提升统计调查工作水平。

2012年6月15日，广西总队消价处工作人员实地检查指导崇左调查队手持数据采集器使用工作

一、加强思想政治建设，以素质提升推动工作开展

通过召开周例会、专题学习会、开展思想教育实践活动等多种有效形式，组织干部职工集中学习国家局、总队及崇左市委、市政府的相关文件和领导讲话精神，不断加强政治理论学习。2012年，先后组织干部职工开展学习活动12次。同时，积极响应崇左市委、市直机关工委和总工会等部门的号召，开展诸如深入扶贫挂点村屯开展帮扶、“希望工程圆梦行动一日捐”等各种思想教育实践活动，让干部职工亲身参与到思想政治建设中，切实提高干部职工思想意识和战斗力。

二、狠抓工作落实，“管理提升年”主题活动取得好成效

（一）规范干部管理，人事管理工作进一步提升

一是制定了2012年目标管理责任制，通过将目标考核结果与干部年度考核、晋升直接挂钩等，有效激发了干部干事创业的热情。二是在全队开展“我的岗位我负责”活动，增强干部岗位意识，促进全队干部自觉履行职责。三是创新干部提拔任用方式，通过竞争上岗公开透明选拔了3名科级干部，并通过民主推荐的方式将5名干部纳入后备库进行管理，有效地激发了干部干事创业的热情。

（二）规范财务管理，财务管理水平进一步提升

在原有财务制度的基础上，新修订和制定了符合实际的财务管理制度，促进了财务管理工作的制度化。同时，严格执行制度要求，队内所有重大开支均通过队常务会议讨论并记录在案，促进了财务管理的规范化。在努力做好国家布置工作任务的同时，积极争取地方调查项目经费。2012年国家统计局崇左调查队列入地方预算的调查项目共有11个，比2011年增加1个，获地方财政支持比2011年增加18%。

（三）深化规范化建设，行政管理水平进一步提升

在2011年制定了38项规章制度的基础上，2012年国家统计局崇左调查队新建立了8项制度，制度管理更加科学规范。同时，采取办公室专人督查的工作方式，加强对各项工作进行全程督查督办，切实提高工作落实效率。严格执行统计资料管理办法，安排专人负责档案管理工作，2012年，国家统计局崇左调查队整理的50卷共476份2011年的档案材料顺利通过崇左市档案局的检查验收。

（四）强化数据质量控制，业务管理水平进一步提升

建立和完善调查数据质量管理制度，认真开展数据质量评估工作，将评估结果纳入本队目标管理责任制对该专业人员进行考核。制定了《国家统计局崇左调查队基层走访调研工作管理办法》，采

2012年7月3日，崇左调查队到崇左市江州区驮卢华侨农场开展城乡住户调查一体化改革样本小区核查工作

取制度化方式加强基层走访调研工作，通过走访调研共提交了调研汇报材料13篇，撰写调查信息11篇，有效提升业务管理水平。建立调查对象信息网络，通过中国电信“翼聊”网络平台，建立各专业业务联系群。在日常工作中，由专业人员加强与调查对象进行沟通联系，及时帮助解决调查对象遇到的困难和问题，上报数据质量明显提高。

三、统计调查业务改革工作取得明显成效

2012年7月21日，崇左调查队副队长吴世生到宁明县参加超级稻高产示范验收工作

一是业务改革工作得到地方党委政府的大力支持。自城乡住户调查一体化改革等三项统计调查业务改革工作开展以来，国家统计局崇左调查队争取到了地方党委政府和有关部门的大力支持。崇左市人民政府先后下发了《关于积极推进城乡住户调查一体化改革工作的通知》等一系列支持统计调查业务改革工作的文件，并组织召开了全市统计调查业务改革工作会议，极大地促进了全市统计调查业务改革工作的顺利开展。

二是城乡住户调查一体化改革取得阶段性成果。自2012年7月份以来，国家统计局崇左调查队会同崇左市统计局认真组织指导全市7个县（市、区）实施城乡住户调查一体化改革工作。同时，按时按质推进了具体负责的分省6个样本调查小区调查工作的开展。2012年10—11月份，国家统计局崇左调查队联合崇左市统计局成立崇左市城乡住户一体化调查督查工作组，对全市一体化改革工作进行了督查，确保全市城乡住户调查一体化改革工作稳步开展。由于住户调查一体化改革阶段性工作成效显著，在全国、广西一体化住户调查工作评比当中，国家统计局崇左调查队获得国家级先进集体和自治级特等奖表彰。

四、坚持制度方法，全力做好专业调查工作

2012年，国家统计局崇左调查队按照国家调查方法制度的要求，扎实工作，完成了居民消费价格指数编制、规模以下工业抽样调查、工业生产者价格调查、主要畜禽监测调查、企业景气调查和服务业抽样调查等月报、季报、年报任务，主要调查数据均顺利通过了总队的认可，并受到各方肯定。其中工业生产者价格调查、部分服务业抽样调查和采购经理调查实行网上直报，进展顺利，联网直报率达到100%。同时，还完成了崇左市2012年广西县（市、区）组织工作满意度民意调查、党风廉政建设民意调查、广西国税纳税人满意度调查、广西投资环境监测调查等专项调查工作。

五、加强基础保障，办公条件明显改善

2012年，国家统计局崇左调查队在经费比较紧张的情况下，通过多方努力，积极更新配置工作设备和努力改善办公用房，共筹集经费10多万元，用于购置办公设备和装修新增办公用房装修。目前，全队办公用房总面积近500m^2，办公设备不足和办公场地拥挤的问题得到缓解。

六、扎实推进统计法制工作，统计执法取得新突破

2012年，国家统计局崇左调查队不断通过建立各种法制宣传平台，利用统计法制宣传活动、

召开专业布置会和开展基层调研的机会，加强对调查对象和社会公众的统计法制教育，加大统计普法宣传力度，有效提高调查对象统计守法意识，营造良好的法制工作氛围。在2012年开展的广西投资环境监测调查中，国家统计局崇左调查队对未能在规定时间内报送广西投资环境监测调查问卷的9家企业进行统计执法立案处理，其中对7家企业给予警告，2家企业给予警告并处以1000元罚款，统计执法工作取得了重大突破。

2012年11月9日，崇左市人民政府召开全市统计调查业务改革工作会议

七、加强统计调查分析，提高优质服务水平

2012年，国家统计局崇左调查队共向广西总队报送调查报告5篇、调查信息56篇（含约稿信息）、政务信息103篇，其中3篇调查报告、27篇调查信息（含约稿信息）、67篇政务信息被广西总队采用。此外，还积极向崇左市“两办”报送信息15条，被采用14条，采用率达到93%。通过刊发《崇左CPI月报》、《崇左调查信息》和《崇左调查动态》等统计调查刊物共600多份，给崇左市党委、政府提供大量有价值的决策参考。

八、加强党风廉政建设，营造统计廉政清风

2012年，国家统计局崇左调查队积极组织干部职工学习总队纪检监察会议精神，参观大新县廉政文化长廊、反腐倡廉教育基地等，扎实开展党风廉政教育活动。同时，严格按照广西调查总队的要求和部署，扎实开展廉政风险防控工作，共清理出职权职责和主要工作事项22项，清理出现有制度38项，清理出廉政风险点118个，并针对每一个风险点都制定一项切实可行的防控措施。同时，配备了专职纪检监察员。通过一系列的工作，切实加强党风廉政建设，努力营造统计廉政清风。

2012年12月4日，崇左调查队开展统计法制宣传活动

国家统计局上林调查队

2012年9月中旬，上林调查队联合上林县统计局，召开上林县统计调查工作分析暨中秋茶话会

2012年，在广西调查总队的正确领导下，在上林县各部门的配合协助下，上林调查队结合本县实际，以党的十八大精神为统领，紧扣“管理提升年”主题，以“三个提高”作为全队工作的出发点与落脚点，坚持提高统计数据质量为核心，抓好数据质量，较好地完成了各项常规统计调查和临时性调查任务，各项工作取得新的成绩，开创了上林调查队调查工作的新局面。

一、强化调查网点基础管理工作，保证调查数据质量

（一）抓好调查网点建设。上林调查队充分调动辅助调查员、调查户的工作积极性和自觉性，加强感情投入，做好慰问工作，确保调查网点和基层调查队伍的相对稳定，有效地提高了调查的准确性和及时性。

（二）加强基层培训工作。2012年上林调查队还根据新时期调查工作的要求，加强对辅助调查员的业务培训工作。除了以培训会的形式以外，在城乡住户调查试记账中还通过上门一对一指导的形式对调查户进行培训，不断提高调查户的记账水平，保证了调查数据的及时上报和数字的准确性。培训会还从单一的业务培训改为业务培训与科技培训相结合，专门聘请县专家进行种植、养殖培训，不仅使调查户掌握业务技能，还学到种植、养殖技术，对农村增收有很大的益处，同时提高了调查参加培训会的热情。

二、认真抓好各项调查管理，圆满完成各项调查任务

统筹兼顾，出色完成城乡住户调查一体化改革工作。根据《国家统计局关于印发城乡住户调查一体化改革总体方案的通知》（国统字〔2012〕22号）等文件要求，上林调查队积极部署、稳步推进城乡住户调查一体化改革工作。

针对新调查点辅助调查员不熟悉业务的情况，上林调查队在布置每项调查任务时，要求队员全面地、彻底地掌握调查的每个细节，结合本地实际情况，采取快速有效的方法和通俗易懂的语言进行解释，使乡镇统计员、辅调员和住户迅速掌握工作要领，确保调查工作的准确快捷开展，为调查工作打下坚实的思想基础。

三、加强与地方政府沟通协调，积极宣传调查队

（一）积极汇报，争取地方政府支持。全年来，上林调查队积极就三项改革等调查向县政府汇报工作情况，争取获得当地政府的人力、物力、财力支持，理顺各方面的关系。为了顺利开展城乡住户调查一体化改革工作，上林调查队于9月底以县政府发文的形式，以政府名义召开城乡住户调查一体化改革工作动员大会。为加强组织领导，成立了上林县城乡住户调查一体化改革工作领导小组，由县政府分管领导担任组长，各个县直单位一名分管领导为成员。在城乡住户调查一体化与贫困监测等调查工作中还得到了上林县政府经费的大力支持，力争明年将这两项调查经费列入地方财政预算。

（二）加强沟通，邀请观摩实割实测。10月31日，上林县副县长贾岚等一行3人在上林电视台、上林时讯记者的陪同下，深入到国家农产量调查点——巷贤镇高灵一队，实地观摩晚稻实割实测工作，并对今年秋粮生产形势进行了调研。贾岚副县长对上林调查队以及基层辅助调查员“操作严谨、严格规范、精细采样”的工作态度给予了高度肯定。通过本次媒体对实割实测的跟踪报道，不仅提高了上林调查队的社会认知度，而且提升了调查数据的社会公信力，对上林调查队的长远发展具有积极意义。

2012年9月底，上林调查队联合上林县政府，召开城乡住户调查一体化改革和国家农村贫困检查调查动员暨培训会

四、围绕“管理提升年”工作主题，创新工作模式，为调查工作提供良好的发展环境

10月31日，上林县副县长贾岚在上林调查队的陪同下，到国家农产量调查点：巷贤镇高灵一队，实地观摩晚稻实割实测工作，并对今年秋粮生产形势进行了调研

针对上林调查队人员少的特点，实行“大协作，小分工，分工不分家”办法，由专业带头人负责把每个专业的具体任务分解到每个队员，理顺了工作关系，避免了工作的盲目性和随意性。根据广西调查总队的工作要点和开展“执行力提高年”的要求，以及上林调查队年初的工作部署，对各项工作的进度和待办工作进行及时的跟进。

同时组织全体人员认真的学习基本调查的调查方案，认真学习各种统计基础理论及统计专业知识、计算机知识。使各人不仅通晓自己所负责专业的业务知识，还熟悉其他专业的业务知识。

国家统计局大新调查队

2012年，大新调查队在广西调查总队的正确领导下，以科学发展观为指导，求真务实、奋发进取，认真贯彻落实总队的工作部署，紧紧围绕“三个提高”，扎实做好各项统计调查工作，全力推进城乡住户调查一体化改革，准确、及时、全面完成各项统计调查任务。

2012年10月，大新调查队到宝圩乡进行开户培训

一、全力推进统计调查改革，圆满完成城乡住户调查一体化改革

（一）精心组织，稳步推进

城乡住户调查一体化是国家统计局继“四大工程”之后推出的又一项重大统计调查改革。面对新情况，大新调查队把城乡住户调查一体化改革列入2012年下半年重点工作，主动汇报，争取地方政府和其他部门的支持。队内统一干部思想，落实人员分工，狠抓落实。一是要求专业同志及时联系抽中小区所在的村委，确定负责该项调查的业务联系人员，对主样本中的调查小区进行摸底清理，进行样本核实；二是从年龄、文化程度以及群众威信度等具体方面考虑，高标准选配辅助调查员；三是按照一体化住户调查工作进度和要求，制定详细的方案，明确各个环节的时间节点、主要内容、工作要求，准备辅助调查员培训材料，确保调查工作顺利开展。

（二）加强业务培训，提高调查能力

根据工作方案分阶段开展城乡住户调查一体化改革业务培训，确保培训质量，确保调查方案执行不走样。一是在7月组织全体干部职工开展调查方案的学习培训，以提高自身业务工作能力；二是

2012年9月，大新调查队召开大新县城乡住户调查一体化业务培训会

在9月21日召开全县城乡住户调查一体化业务培训会议，大新调查队、县统计局的领导和业务骨干，各相关乡镇政府农业统计员、调查村（居委会）主任等共35人参加会议；三是强化试记账及正式记账的检查和业务培训，不定期组织人员深入调查村、调查户进行检查指导，现场指出存在的错误，促使按规范要求记账。

二、加强基础建设，提高统计数据质量

（一）加强业务培训，提高统计调查能力

通过以会带训、集中培训、上门培训、现场培训等各种方式开展对辅助调查员的培训。开展了农村住户调查、主要畜禽监测调查、规模以下工业抽样调查、农业调查等专业的培训工作。明确调查任务，吃透指标内涵，掌握调查技能，提高业务知识。着重加强现场调查的督查指导，走访、复核调查户，检查调查过程的规范性，对存在的问题及时沟通，妥善处理和解决，提升辅助调查员的调查技巧与能力。全年共开展培训会16次，上门业务指导50余次。

（二）严格数据管理，提高调查数据质量

一是加强数据审核，要求各专业要通过指导调查网点、做好基本表的填报、审核工作，有效提高数据质量；二是强化部门合作，开展数据评估，与县扶贫办、农业局等部门互通信息，努力提高调查数据质量；三是开展数据质量检查，结合法制工作要求，开展了农村住户调查等专业基础数据质量检查，开展规模以下工业企业走访调研。

三、强化法制建设，提高依法调查水平

（一）加大执法检查力度

组织全队干部认真学习《统计违法违纪行为处分规定》及总队有关统计法制工作的文件精神，围绕工作的重点，加强统计法制建设，年初对15家调查企业发放事务告知书，明确报表填写上报职责。

（二）加大法制宣传

队领导主动与县司法局和县依法治县领导小组办公室沟通联系，将大新调查队统计法制宣传纳入到全县“12•4”全国法制宣传日系列宣传活动，

2012年12月，大新调查队到桃城镇古榕路设咨询点，宣传《统计法》、城乡住户调查一体化改革工作

2012年9月，大新调查队走访规模以下企业，了解生产用工情况

借力这一载体，一改往年开展统计法制宣传活动时统计部门唱“独角戏”的情况。设置咨询点，接受群众咨询，为群众口头讲解《统计法》、《统计违法违纪行为处分规定》，宣传调查队工作和城乡住户调查一体化改革的意义、改革步骤及改革工作开展情况。共发放宣传资料400份，接受咨询人数50多人，扩大了《统计法》的社会影响力，大大增进了社会公众对统计工作的关注和重视，增强社会统计法律意识和依法统计观念。

四、抓协调、强服务，提升行政管理水平

（一）加大督查督办力度

以全年工作要点为主线，以月度工作安排为基点，将督查工作贯穿于统计调查工作中，对总

2012年12月，大新调查队领导向群众讲解宣传《统计法》

队重要工作部署实施重点督查。以督查督办记录本为载体，从“管理提升年”活动实施方案的落实、信息安全建设、目标管理执行情况、规范化自查等方面对12项工作督促检查，做到各项工作有反馈、有落实、有成效。

（二）加强基础建设，档案工作新突破

完成专门档案室的新建和装修。2012年4月启用档案室，对所有档案实行集中统一管理，档案室钥匙专人保管。落实专人负责档案的整理归类、存档工作，档案资料规范整理，收集齐全，做到了应收尽收、应存尽存、应归尽归。

（三）重视信息安全工作

开展计算机及信息网络自查，印发电脑基础知识及信息安全技术培训材料，组织学习金山毒霸安装步骤及使用技巧，要求个人定期或不定期对计算机进行清理排查，及时解决可能造成不良影响的安全隐患，做到防范于未然。

五、落实廉政风险防控工作，加强队伍建设

扎实开展廉政风险防控工作，从人、财、物、数等方面认真排查风险点，制定有针对性、可操作性、切实可行的防控措施，增强党员干部风险意识，提高廉洁从政的自觉性，保障干部队伍的健康发展。一是进一步落实党风廉政建设责任制；二是强化廉洁从政学习教育；三是修订完善各项规章制度；四是强化统计法制建设。

2012年大新调查队先后2次组织全体队员参观大新县反腐倡廉教育基地，借助反腐倡廉教育基地的具体案件剖析材料和反腐倡廉书画摄影作品，加强廉洁从政教育。

六、扶贫帮困，结对共建工作水平提高

（一）落实物资帮扶建设

2012年3月，得知结对共建村全茗镇上马村基层党组织建设存在困难，党员活动室缺乏会议办公用桌后，大新调查队主动深入，划拨三张大办公桌支持和援助上马村党员活动室的建设。针对共建村基础设施薄弱问题，提供价值4千多元的16吨水泥，帮助该村公共活动场所道路硬化建设。

（二）关注结对共建村发展

2012年第13号台风 “启德”具有结构不对称、发展变数大、云系较密实、降雨强度高、风暴增水大及致灾可能大的特点。大新调查队，把帮扶结对共建村建设与创先争优活动紧密结合起来，充分发挥党员先锋模范带头作用，深入了解结对共建点桃城镇上马村受灾影响程度，及时指导村民开展生产自救，减少损失。

2012年11月，大新调查队提供4千多元的水泥支援结对共建村全茗镇上马村道路硬化

国家统计局马山调查队

2012年，在国家统计局和广西调查总队的正确领导和县委县政府的大力支持和关心下，马山调查队按照全国统计会议和全区调查工作会议精神，以科学发展观为指导，紧紧围绕“三个提高”，以提高执行力为主线，深入开展“管理提升年”活动，着力提高“六个能力”，很好的完成了广西调查总队制定的各项工作任务，取得了显著成效。2012年，荣获广西调查队系统县级目标管理考核一等奖（第一名）和优质服务考核二等奖、马山县2012年度绩效考核先进单位称号。

一、夯实基础工作，确保源头数据的准确性

（一）加强源头数据的采集，把好数据质量关。直面调查对象，坚持现场调查，确保调查数据准确、完整；加强数据评估审核，确保数据符合逻辑。

（二）加强农村抽样调查网点管理。我队按照国家抽选网点，并做好抽样框、抽样数据、审查批准文件、行政区域地图等有关资料的立卷存档工作，不断完善样本管理的各项基础工作，建立常态化的工作机制。

（三）夯实基层统计基础工作。结合我队下乡开展调查，针对基层统计基础工作薄弱环节，组织业务人员下到企业和农村,开展统计业务指导和调研活动,协助他们建立健全统计台帐,整理规范统计报表,理顺完善统计工作秩序,有力的促进了统计基础工作逐步规范化。

2012年10月，广西调查总队总队长邹伟忠（右三）在马山县常务副县长王川，县委常委、副县长陆贵远等有关领导的陪同下深入到畜禽规模户养殖场详细了解企业当前生猪生产、销售、效益、价格走势等方面的情况

2013年4月，广西调查总队副总队长何永东深入马山县古零镇羊山村党支部现场检查指导农村党员教育培训调查工作

二、保质保量完成主要调查业务工作

一是按质按量按时完成2012年度全年农作物综合播种面积预计调查、农村住户、农民工监测、畜禽监测、规模以下工业、农产品生产价格等调查的季报工作，以及早稻、早中玉米的估产、实

2012年9月，时任马山县县委常委、副县长陆贵远主持召开城乡住户调查一体化改革工作动员会

割实测、数据上报等工作。二是顺利完成了广西组织工作满意度民意调查、党风廉政民意调查和农村党员培训情况调查的专项调查任务。三是顺利完成了城乡住户调查一体化改革工作的前期工作，进入正式记账调查阶段。

三、三项统计改革取得阶段性进展

一是及时、全面、认真贯彻落实三项统计调查改革工作有关精神。多次向县领导作专题汇报。从县分管领导到县长非常重视我县三项统计调查改革工作。并印发了三项统计调查工作方案文件，成立了由县政府分管领导为组长的工作领导小组。明确了各乡镇和成员单位的工作职责、目标任务和时间要求。**二是召开工作部署会。**我县先后组织召开了各乡镇乡（镇）长、分管领导以及县直有关部门分管领导、各乡镇统计员、辅助调查员共120多人参加的工作部署会，及时部署我县三项统计调查各项工作。**三是建立马山县三项统计调查调查工作联席会议制度。**各成员单位职责分工已明确。**四是落实经费保障。**县人民政府已将马山调查队列为本级一级预算单位，并落实三项统计调查经费。**五是加大宣传动员力度。**采取多形式、多渠道宣传，积极向社会各界解读三项统计调查的重大意义，大力营造良好统计调查改革氛围。

四、加强监测和分析工作，优质服务工作上水平

我队围绕年初提出“定任务、重落实”工作目标，进一步完善信息采集、发布、管理和考核办法，努力提高优质服务质量，优质服务工作成效显现。据初步统计，截至2012年11月31日，全队共上报调查信息25篇，被总队采用（综合采用）调查信息20篇，采用率80%，其中：被国家领导、国家局领导、自治区领导批示3篇次、被国办、国家局、党委、政府采用17篇次。政务信息势态良好，1—11月我队共上报政务信息25篇，被采用19篇，采用率达76%。

2012年8月，马山调查队队员到林圩镇甘豆村老街村民小组亲身下田参加早稻实割实测

2012年11月，马山调查队队员深入到古零镇羊山村调查户家中检查城乡住户调查一体化试记账工作

国家统计局鹿寨调查队

2012年，鹿寨调查队在总队及县委、政府的正确领导下，深入贯彻落实科学发展观，按照总队的工作部署及县委、县政府的中心工作，紧紧围绕“三个提高”这个工作主线，认真组织开展“管理提升年”活动，努力提升人事、财务、行政和业务管理水平，经全队同志扎实有效的努力，圆满完成了各项统计工作任务。

一、2012年主要工作完成情况

（一）认真抓好学习贯彻宣传党的十八大精神

党的十八大召开后，该队把学习贯彻十八大精神作为当前首要政治任务，通过组织全队干部观看十八大开幕式电视实况直播、征订《党的十八大文件学习辅导百问》和《十八大党章修正案学习问答》、派员参加柳州市学习贯彻党的十八大精神电视会议和在我队外网上开设十八大宣传专栏等形式，对十八大精神进行学习，大力营造贯彻落实十八大精神的浓厚气氛。

（二）认真落实“管理提升年”的各项工作部署。

1.强化“两个意识”提升调查业务管理水平。

2012年，该队把牢固树立“国家队意识和调查队意识”作为做好统计调查工作的前提和基础，始终把完成国家调查任务放在首位。一是顺利开展手持数据采集器采价工作，通过制定《CPI手持数据采集系统运用工作实施方案》和《CPI手持数据采集器管理办法》、召开培训会、与采价员签订《采价工作责任书》和现场技术指导等措施，及时分析、总结手持数据采集器采价遇到的困难和问题，保障了手机采价工作的顺利开展。二是做好畜禽监测调查样本轮换新旧网点的衔接工作，按照总队统一要求开展了主要畜禽监测调查基础工作规范化和数据质量自查工作，对新网点的组织实施、数据采集与基础工作、调查数据与数据分析评估、数据上报和调查资料管理等方面进行了梳理，理顺了工作流程，保障了新旧网点的顺利衔接。三是顺利启动城乡住户调查一体化改革工作，由县政府办印发了《鹿寨县城乡住户调查一体化改革工作方案》，成立了鹿寨县城乡住户调查一体化改革工作领导小组，并主持召开了全县城乡住户调查一体化改革工作动员暨培训会议，会上副县长陈以平作了动员讲话，要求各有关乡镇、部门明确分工，团结协作齐心协力完成任务。四是狠抓农作物调查基础工作，按照制度要求派员下到各调查网点开展早稻、早玉米和晚稻的实割实测工作，与辅助调查员共同完成了对实测地块的放样、收摘、过称等任务，确保了数据真实性。五是印发《鹿寨调查队2012年各专业报表上报时间表》，列明各专业报表的上报内容、上报时间、上报方式及业务联系人，避免漏报、迟报的发生。六是制定了《调查业务与报表签收、审核、上报情况记录本》，登记各专业报表签收、审核和总队反

2012年10月，鹿寨调查队队员在鹿寨县九甫村开展晚稻实割实测调查

馈中发现的问题及处理结果，为数据评估提供了依据，明确了责任。七是制定了《统计调查业务和技术培训办法》，对各专业培训辅助调查员和调查对象提出了明确要求。八是在高质量完成13项常规调查任务的同时，圆满完成了组织工作满意度调查、党风廉政满意度调查、政风行风满意度调查、国税纳税人满意度调查和糖料蔗调查等专项调查工作。

2.加强人文关怀提升人事管理水平。

2012年，该队注重对干部的关怀，从教育培训、后勤保障、工作环境等多方面帮助干部成长。一是主动关心总队挂职干部的工作和生活，思想上，定期召开座谈会与挂职干部谈心谈话，随时掌握干部思想动态；工作上，合理分工为挂职干部提供良好工作平台，让他们放手去干，放手去工作；生活上，安排生活用具齐备的住房，并购置日常生活用品，力所能及做好挂职干部的后勤保障工作。二是慰问退休老干部、老党员、老劳模以及家庭有困难的职工等，在春节、五一劳动节、七一建党节和中秋国庆节等重大节日来临前夕，由队领导带队登门看望退休老干部、结对共建党支部老党员及老劳模和定点扶贫村困难群众，给他们带去党的温暖和关怀。三是认真落实公休假制度，做到劳逸结合，通过调整每位职工工作量，为职工休假创造条件，此外，积极组织干部职工进行体检，及时了解和掌握干部职工身体健康状况，建立健全健康档案。四是积极组织开展文化体育活动，与县档案局联合举办了以“弘扬五四精神”为主题的活动；与县统计局联合组队参加鹿寨县“党建杯”气排球比赛；与县信访局党支部开展了支部联谊活动，丰富了队员们的文体生活。五是积极组织干部参加各类培训、竞选和评先活动，组织新进公务员参加总队组织的统计、会计知识考试；组织两名队领导参加国家局举办的第31期县级统计局和调查队主要负责人培训班，分别组织一名干部参加柳州市市县联动竞争性选拔领导干部考试和总队选调市县调查队人员考试；推荐一名干部参加广西调查队系统先进工作者和全国统计系统先进个人评选活动。通过一系列有效的措施，凝聚了人心，团结了队伍，增强了年轻干部的活力，在队内形成了人人能吃苦，人人愿吃苦的良好工作氛围，人事管理水平得到了进一步提升。

3.强化预算执行力提升财务管理水平。

2012年是县级调查队“国库集中支付”改革后第一年，该队认真落实《国家统计局市县级调查队财务管理和会计工作规范》的各项要求，以强化预算执行力为抓手，努力推进财务管理水平。一是明确会计和出纳的职责，由会计对每一笔国库支付令负责，出纳按照会计的指令填写现金支票和转帐支票。二是全面实行预算管理模式，坚持“量入为出、统筹兼顾、保证重点、收支平衡”的原则，按照各项业务工作开展进度，合理编制中央财政资金申请额度，保障各项工作的顺利开展，对于计划外开支，要求经队务会讨论通过后方能执行。三是严

2012年12月，鹿寨县人民政府常务副县长慕振升（主席台左二）在鹿寨县粮食产量抽样调查工作动员暨业务培训会上作动员讲话

格预算执行加快支出进度，财务人员每月定期向队领导汇报资金使用进度，并结合我队各项调查工作进展情况提出合理用款建议，争取队领导支持，确保应支尽支，同时，会计和出纳互相配合，提高资金拨付、报销效率，前三季度该队中央经费预算执行进度为78.7%，排名全系统第一。四是积极推进公务卡制度改革工作，由队领导亲自与银行方面联系，并指定一名财务人员为协调人，及时为全体干部办理了公务卡。五是合理编制2013年中央财政预算，通过召开队务会，总结今年经验，将2013年中央预算合理分配到各支出项目中，重点保障常规调查工作。六是严格执行政府采购目录，全年通过中央政府采购网采购了1台一体机、1台台式电脑和1台打印机，对政府采购目录内的采购项目做到应采尽采，采购物品在财务报账中均附有电子验收单。七是加强教育培训，提高财务人员综合素质，组织财务人员参加地方财政部门组织的会计人员继续教育学习，提高了业务水平。

2012年9月，鹿寨调查队队员在调查网点张贴城乡住户一体化改革工作宣传海报

4.转变工作理念提升行政管理水平。

2012年以来，该队将“工作到位不到位，效果差一百倍”作为工作理念，充分发挥办公室督查督办职能和综合协调职能，行政管理水平进一步提升。一是制定了《国家统计局鹿寨调查队2012年目标管理岗位责任制》、《国家统计局鹿寨调查队信息化管理办法》和《国家统计局鹿寨调查队政务公开制度》等15项规则制度。同时，在落实各项规章制度的过程中，基本上做到了以章为据、严格考勤、不循私情、一视同仁，尽管在管理中碰到了不少问题，产生了一些矛盾，但该队还是坚持原则，赢得了绝大多数同志的理解与支持。二是充分发挥办公室督查督办职能，利用《督查记录本》，将制度执行情况、总队重点工作部署及队领导交办工作、信息撰写等都一一进行登记，对执行和落实情况进行全程跟踪、检查，对执行不力、落实不到位的及时进行督办，积极为领导决策服务；三是在做好督查督办的同时，也充分发挥办公室的综合协调和桥梁纽带作用，由办公室将队员在工作中遇到的问题和困难及时地向领导反馈，必要时还组织全队干部共同解决。四是按照总队公文处理工作培训视频会议要求，启用新的公文处理格式进行行文，完善行文手续，保证了文件材料的行文质量。五是按照总队办公室政务信息工作任务，要求队员在完成信息数量的同时，注重抓好信息质量，保证采用率。2012年共上报政务信息22篇，得到总队内网采用15篇。六是强化资产管理，以搬入新办公室为契机，办公室、财务和各股室联动，对所有固定资产进行了一次清理核对，报废了一批超服务期限的设备，对在用的资产进行了重新登记，确保资产的账卡、账账、账实相符。七是信息化建设工作取得新进展，依托中国鹿寨政府门户网站顺利完成了外网的改版工作。八是档案和保密管理工作水平进一步提高，圆满完成了2011年党群、行政和业务三类文书档案的立卷归档工作，并对历史照片档案、实物档案和专业数据电子档案进行了全面收集整理，设置了专门档案柜和存储介质进行保管。不断加大干部职工的保密法培训力度，提高要害部门、部位涉密人员的保密意识，重点防范网络泄密事件发生，确保联网的每台计算机都要按规定安装杀毒软件，与每一位采价员签订保密责任书，确保CPI采价手机的数据安全。

5.积极争取地方支持，办公条件得到改善。

2012年，该队以县政府调整办公楼办公区域为契机，积极向县领导汇报工作，争取支持。9月，全队正式搬入新办公室办公，新办公区总面积约125平方米，有效改善了长期以来办公室杂乱拥挤的局面，大大提高了办公空间，营造了一个良好工作环境。

6.初步规范综合调查工作，优质服务水平进一步提升。

今年是综合调查工作规范实施攻坚年，该队积极探索综合调查工作规范化建设，取得了一定成效：一是建立了综合工作档案柜，收集了历年《广西调查年鉴》、《广西经济社会调查报告》和各专业调查方案制度等资料，方便日后的查阅。二是完善了上报信息的审批备案工作，上报的每篇信息，要将信息内容及队领导审批意见一并打印进行备案，同时，指定专人负责跟踪、记录信息的采用情况。三是完善了对外提供数据审批备案工作，要求数据需求方提供有效证件及单位信函，并由对口专业负责人填写《资料使用审批表》（一式两份），报队领导审批后，方能提供。四是转变思路，以参与总队约稿为突破口，进一步提升优质服务水平，截至11月，共向总队上报调查信息2篇，被总队采用2篇；参与总队约稿26篇，获自治区党政“两办”以上采用和批示35篇次，在采用篇次及采用形式上均实现了质的突破。

7.开展形式多样的反腐倡廉教育。

一是继续订阅《党建文汇》、《党员文摘》、《党风廉政教材》和《理论学习2012》等书刊，满足全队干部学习的需要。二是结合总队挂网的《廉政中国》视频材料采取集中学习和个人自学等形式对全队干部职工进行廉政教育。三是认真开展“学用政策转作风，强化执行促跨越”活动。根据县里统一安排组织干部学习柳州市《文件汇编》及《政策精选》等材料，并按规定制定了相关学习方案、干部职工学习制度、业务培训制度、调研工作制度等。三是组织人员观看鹿寨县“树正气、扬清风、倡勤廉”廉政主题辩论赛。四是深入推进廉政风险防控机制建设，通过对现行规则制度的全面清理，废止了各类规章制度20项，制作工作流程图7张，排除出各类风险点14个，落实防控举措14条。通过一系列的教育活动进一步增强了党员干部的反腐倡廉意识，引导干部对反腐倡廉热点问题的关注和探讨，在全队上下掀起了弘扬新风正气的新高潮。

8.加强统计法制工作，提高依法行政工作水平。

一是利用统计开放日、纪念新中国政府统计机构成立60周年和召开重大统计调查工作会议等时机，组织开展形式多样的统计法制宣传活动。在外网上设置宣传专栏，宣传《统计法》和《统计违法违纪行为处分规定》；在统计开放日和纪念新中国政府统计机构成立60周年活动期间向调查对象和调查员发放统计法宣传资料；在开展住户一体化改革工作的小区、村屯悬挂统计法宣传海报，通过开展宣传活动，增强了全民遵守统计法的意识，提高了调查对象的配合程度，使社会各界了解和熟悉《统计法》，收到了良好的社会效果。二是定期对调查员开展统计法知识培训，利用召开业务工作和培训会议之机，把统计法律法规列入会议重要内容，安排时间对调查员进行统计法知识培训，进一步加强调查员遵守统计法的意识。三是加大政府信息公开力度。结合工作实际，通过本队外网、自治区政府信息公开统一平台等多种载体，将我队的办事依据、办事职责、办事程序、办事标准等向社会广泛公开，坚持经常性更新网络内容，不断加大政府公开宣传力度。四是严格执行各项调查制度。在调查工作中，严格按制度要求开展入户访问、审核报告、上报数据等工作，确保各项调查工作依法开展。

2013年2月，鹿寨县委常委、常务副县长慕振升到鹿寨队调研

国家统计局象州调查队

2012年，国家统计局象州调查队紧紧围绕总队和地方党委、政府的决策部署，强化领导，严格要求，规范管理，明确责任，认真贯彻落实全国、全区统计调查工作会议精神，根据“管理提升年”提出的目标任务，狠抓落实，提升了班子的战斗力、提高了干部队伍的素质、夯实了统计执法基础、为统计服务水平提升奠定了基础，较好地完成全年目标任务。

2012年11月15日，来宾调查队队长卢定新带队到象州开展城乡住户一体化改革工作督查工作，县委常委、常务副县长谭强亲自向督查组做工作汇报

一、加强制度建设和执行力建设，提升全队管理水平

按照广西调查总队“管理提升年”的部署和任务分解，结合本队的实际情况，定好工作目标，把具体工作任务落实、分解到全队每一个人，执行量化管理和考核，坚持从严治队，经常对照检查，明确自己的岗位职责，按规章制度开展各项工作，同时加强了督查督办力度，确保工作落到实处，全面提升我队的人事、财务、行政和业务管理水平。

二、提高业务管理水平，圆满完成各项调查任务

为加强基层基础工作，确保调查数据质量，推进各项调查工作的扎实开展，我队采取多种措施加强业务工作，且取得了一定成效。

1.强化网点管理。我队严格按照调查方案的要求，抽选有代表性的调查网点、调查户，选聘责任心强、文化水平较高的村委干部担任辅助调查员，做到样本抽选规范、网点分布均匀，网点代表性强、调查员能胜任工作。同时，坚持回访调查

2012年11月15日，象州调查队副队长刘颢带队下乡检查农村住户调查记账工作

户，做到调查上门入户，强化网点的管理。如，在粮食产量调查、播种面积调查工作中，我队领导深入田间地头，带领队员参与产量调查放样、实割实测的全过程；在规模以下工业调查中，我队领导按照总队的调查方案，确实做好网点管理工作，并将回访企业常态化。

2.加大培训力度。为保证各项调查基础工作扎实开展，今年以来，我队进一步强化了基层统计调查人员的培训力度，针对各专业要求，采取不同的培训方式，开展多层次、多形式的统计调查员培训工作。一是以县政府的名义召开培训会议。在开展城乡一体化调查前期工作中，象州县县府领导高度重视，先后以县府办的名义组织召开了全县城乡住户调查一体化改革工作动员暨培训会议，全区统计调查业务改革工作电视电话会议，以及象州县城乡住户调查一体化改革工作督查督办会议等，为城乡一体化调查工作打下良好的基础。二是做好粮食产量调查、播种面积调查、主要畜禽监测调查和规模以下工业调查等常规调查的培训工作。特别是主要畜禽监测调查工作，由于今年是主要畜禽监测调查新网点启用的第一年，调查网点分布广，涉及10个乡镇，调查难度大，领导亲自抓，召开辅助调查员培训会议，带领队员深入规模场，跟踪指导，使新网点的管理、维护工作逐步走上正轨，极大保障了统计调查数据质量。三是重点做好城乡一体化调查前期培训工作，顺利完成象州县城乡一体化调查前期各项工作，成功实地绘制小区图，填写整理建筑物清单，按期完成住宅摸底调查表的录入、审核等数据处理以及五年轮换常规调查户的样本抽选工作；完成10个调查网点的开户和住户收支以及生活状况调查问卷的收集和相关数据处理工作。11月1日起，全部调查户均开始试记账工作。

2012年11月26日，象州调查队中心工作联系村屯新农村建设捐款。图为捐款时象州队领导班子与大乐镇那芙村委干部合影

2013年3月11日，中心工作联系点村委干部与象州队领导班子话谈

3.加强报表审核力度。坚持每月做到帐帐相符、帐表相符、机表相符。我队的做法主要是：严格执行数据质量责任制，坚持专业负责人每月对基层报表的准确性和完整性进行认真审核，发现问题，要及时查明原因，保证报表数据准确无误才能通过计算机录入汇总。汇总后股室负责人要对汇总结果实行全面检查，最后由队领导审核后才能上报。

4.认真开展调查数据质量检查。根据总队的工作要求，我队认真抓好自查工作、互查工作，切实搞好各项调查专业数据质量检查与评估工作。

5.做好帐卡规范化管理。认真保存历史数据，各专业数据都有专用移动存储设备备份。及时整理归档统计资料，各专业在调查工作中取得的原始资料和数据、经过汇总形成的结果材料及统计分析报告等均纳入统计资料管理范围，在报告期结束后及时整理、归档。

6.依法开展调查。我队高度重视

2013年3月14日，广西调查总队副总队长梁开光带队到象州开展城乡住户一体化、粮食产量抽样调查督查工作。图为象州县县委常委、常务副县长向督导组汇报工作

法制工作，强化执法培训工作，加强了法律知识的学习，提高队员依法统计、依法执法的技能，增强队员规范开展执法工作的意识；同时加强对调查对象统计法律知识的学习与宣传力度，利用平时下乡的机会，向调查对象讲解新《统计法》相关知识，我队在督促检查报表的及时性、数据质量的同时，积极向基础辅助调查员及农户宣传统计法，增强调查对象的法制意识，自觉抵制在统计工作中弄虚作假的现象。今年以来，共召开2场《统计法》学习会议，对主要畜禽监测调查员、城乡一体化调查记账户等共110人宣传了新统计法。

三、积极采取措施，提高统计服务水平

一是制定《2012年国家统计局象州调查队目标管理责任制》，将“两个信息”的工作目标任务分解到个人，同时建立奖励制度，调动队员上报调查信息积极性；二是加强“两个信息”工作的督查督办力度，确保“两个信息”工作圆满完成任务；三是提高调查研究和分析水平，提高信息的质量。针对当地政府的工作重点，充分利用基础数据并发挥我们数据分析特长，深入进行调查研究，撰写各类调查报告，适时为地方领导决策提供参考。目前，我队获总队采用的调查信息6篇，政务信息12篇，调查报告1篇。

四、扎实完成县委、县政府布置的各项中心工作，积极争取地方支持

在完成总队布置的各项任务的同时，我队加强和地方党政领导的汇报和各部门的沟通协调等工作，积极向县领导汇报工作情况，争取得到当地政府的人力、物力、财力支持，理顺各方面的关系。今年以来，象州县委书记龙秀，县长陈代军，县委常委、常务副县长谭强等县领导多次到队指导检查或者听取调查队专题汇报，极大促进了象州调查队的各项工作的开展。我队在完成各项调查任务的同时，也积极完成县委、县政府所布置的中心工作任务。我队主要领导在全县公推直选领导干部中担任评委，并出席重大项目开竣工仪式等重大活动，极大提高了调查队在县里面的地位和影响力。按照县委、县政府的工作安排，年初我队负责运江镇大曼村的甘蔗生产包点工作，经常派员到联系点进行工作指导，年中根据统一部署我队中心工作联系点更换为大乐镇那芙村委，并选派一名年轻同志担任新农村指导员、那芙村党总支副书记驻村开展新农村建设。并在7月份以来，及时安排一名乡镇工作经验丰富的领导干部到石龙片区征地办工作。

2013年4月24日，象州调查队副队长刘颢带队下乡开展国家区域政策和规划情况公众评价调查工作

国家统计局忻城调查队

2012年，国家统计局忻城调查队在国家统计局广西调查总队和忻城县党委、政府的正确领导下，全面贯彻落实全国、全区统计调查工作会议精神，根据“管理提升年”的目标任务，认真按照规范化建设的各项工作要求，团结协作，求真务实，扎实完成全年各项工作。

2012年7月19日，忻城调查队参加忻城县测土配方施肥项目验收，图为验收现场

一、深入开展政治理论学习

认真组织全体队员学习“三个代表”重要思想、党的十七届五中、六中、七中全会精神和党的十八大精神等政治理论知识，深入学习贯彻邹伟忠总队长在2012年全区统计调查工作会议上的讲话精神，通过开展专题理论学习、党员廉政课堂、党的知识竞赛等一系列的活动，进一步提高干部的政治理论水平，提升了全体干部的凝聚力。2012年，有一名同志被县直工委评为“优秀共产党员”，两名年轻同志加入中国共产党。

二、圆满完成各项统计调查工作任务

通过严格执行国家统计局和广西调查总队制定的调查方法和制度，加强对调查网点的检查、指导，努力提高源头基础数据质量，圆满完成了农村住户调查、农民工监测调查、农村固定资产投资调查、产量调查、播种面积调查、畜禽监测调查、规模以下工业调查等常规调查。同时，也顺利完成了党风廉政建设民意调查、广西组织工作满意度民意调查等专项调查。2012年是国家统计局三项调查制度改革年，因此把城乡住户一体化作为重点工作来抓，按总队部署，积极主动向地方党委、政府汇报，加强与有关部门的沟通与协作，争取多方支持和配合。目前，城乡住户调查一体化改革的前期各项工作已完成。此外，顺利完成了国家和自治区下达的广西国家扶贫工作重点县农村贫困监测调查工作任务，并被广西区统计局和广

2012年8月1日，忻城调查队队员下乡收割稻谷样本——图为思练镇沦贡村点

西调查总队评为农村贫困监测调查工作先进单位。

三、认真做好优质服务工作

转变思路，强化服务意识，深入基层，围绕社会关注的热点和重点问题，认真开展调研工作，提高优质服务水平。2012年，上报调查信息6篇，被总队采用3篇，其中《实施阶梯电价对忻城用电的影响》调查信息被总队、自治区党委、国办采用。上报政务信息13篇，被总队采用7篇。

2013年5月9日，忻城调查队派员到忻城县古蓬镇参加“美丽忻城、清洁乡村”活动——图为忻城调查队队员在打扫古蓬镇街道

四、扎实贯彻落实党风廉政建设

建立健全党风廉政建设责任制、民主集中制、民主生活会、述职述廉、诫勉谈话和函询等制度，组织干部开展党性党风党纪教育，学习《廉政准则》，并把廉政教育列入干部教育培训计划，保证队伍的廉洁性；按时上报单位重大事项报告和领导干部个人重大事项报告，并按要求开展上一年度的述职述廉报告，认真落实好每一项反腐倡廉制度；严格执行现金管理、办公物品采购、公务接待、会议组织、调查对象和辅助调查员补贴发放等制度，财务管理更加透明、规范；经费使用按年初制定的预算统筹安排支出，从节约从俭出发，从严把关，对重大开支则进行集体研究，实行全员理财。

2013年5月13日，忻城调查队捐款1000元到古蓬镇板内村作为“美丽忻城 清洁乡村”活动启动资金

五、进一步加强法制建设

通过对领导干部、辅助调查员及调查对象进行不定期的培训，增强执法工作的能力，提高法制意识。按要求制定法规制度，认真学习新《统计法》、《统计违法违规行为处分规定》，切实履行职责，加强依法统计，完善统计调查制度和保密制度，从根本上防范和减少统计违法违纪行为发生，保障统计调查的数据质量和数据安全。

国家统计局阳朔调查队

2012年9月20日，广西调查总队副队长何永东（左一）在检查记账户台账

2012年，阳朔调查队在广西调查总队的正确领导下以及地方党委、政府的大力支持下，紧紧围绕“管理提升年”活动这一主题，团结协作，积极进取，踏实开展各项工作，全面提升我队的人事、财务、行政和业务管理水平，集中力量抓好城乡住户调查一体化改革工作，取得了一定的成效。现将我队2012年工作总结情况汇报如下：

一、高度重视思想政治建设，努力提高队员思想觉悟及政治素质。

一是认真传达会议文件精神，努力提高统计调查思想素质。我队先后组织全体队员学习和传达了总队领导的讲话精神，如邹伟忠总队长在2012年全区调查工作会议上作的《科学管理开拓进取奋力推动调查事业新发展》的讲话以及2012年年中调查工作会议上作的《转变作风狠抓管理确保各项任务圆满完成》的讲话，杨锡虹副总队长在2012年全区综合工作会议上作的《规范管理迎接挑战努力实现综合调查工作新突破》的讲话等，通过对会议文件精神的学习，明确了工作的目标和方向，队员也从思想认识上不断与时俱进，提高了全队的统计调查思想素质。

二是见缝插针，加强政治思想理论学习。2012年，我队召开了多次全体会议，组织全体队员进行科学发展观等相关的政治理论学习，要求队员提高思想觉悟，积极向党组织靠拢；11月15日组织全体干部职工学习党的十八大报告精神，加强形势政策教育，通过学习，提高了队员对新时期党的基本路线、方针、政策的理解和认识。同时，继续要求队员们要紧密联系调查队工作实际，深入调查点，走家入户，与农民交朋友，增强与农民群众的联系和感情，积极为调查点（村）解决力所能及的困难，推动了本队统计调查工作的科学发展。

二、认真完成各项调查任务，努力提高调查业务方法制度的执行能力。

一是加强领导，圆满完成城乡住户调查一体化改革工作。积极争取地方政府对城乡住户调查一体化改革工作给予支持和配合。地方政府也高度重视城乡住户调查一体化改革工作，下发文件《阳朔县人民政府办公室关于积极推进城乡住户调查一体化改革工作的通知》（朔政办发〔2012〕124号），并成立了由县委常委、常务副县长唐凤玲任组长，阳朔调查队、县统计局、发改局、财政局、人社局、民政局、农业局、阳朔镇、白沙镇、福利镇、兴坪镇、高田镇、葡萄镇等有关部门、乡镇主要领导或分管领导为成员的阳朔县城乡住户调查一体化改革工作领导小组，切实加强对城乡住户调查一体化改革工作的组织领导。

二是按时按质完成各项调查工作任务。2012年，我队圆满完成了各个专业季报及半年报任务。同时，在常规调查任务较繁重的情况下，我们高标准、严要求，按照总队要求圆满地完成了全区组织工作满意度民意调查、农村党员教育培训情况调查和党风廉政建设民意调查等专项调查任务。

三是加强全体队员业务素质培训，提高整体统计调查能力。在总队召开各项调查业务的培训会后，组织全体队员共同学习会议精神及相关调查制度；同时要求队员工作之余学习各项调查业务数据质量控制办法，加强学习调查制度，吃透所负责业务的调查方案和报表制度；在具体工作中碰到的个别难题，大家互帮互学，共同探讨解决办法；鼓励队员多下点下户，多与农户交流感情，争取农户对调查队工作的支持配合。以上措施既加强了队伍的业务能力，也增强了队伍凝聚力，确保各项调查顺利开展。

四是加强对辅助调查员及调查户的培训，继续从源头上保证数据质量。2012年，阳朔队召开了业务培训会10次，分别组织了对农产量调查、农村住户调查、畜禽调查、规模以下工业调查、农产品生产价格和中间消耗调查的辅助调查员及调查户进行业务培训，要求他们加强责任心，深入学习调查制度，督促调查对象、调查户积极做好记账及报表上报工作，积极与调查队联系，碰到难题及时反馈。

五是继续以业务规范化为抓手，落实责任，严把数据质量关。按照总队调查制度要求，继续狠抓辅助调查员——调查点负责人——业务负责人——分管领导各个环节的责任落实，要求各业务负责人上报数据和分析前要经过分管领导审核同意后签字方可上报。进一步完善基础台账建设，加强对台账登记内容的完整性和准确性审核，确保账目真实，机账一致。在开展农村住户调查和农作物调查过程中除要求登记相关访户记录表、调查情况记录表外，还辅以使用数码照相机、GPS定位仪等设备，做到每次下点调查均有电子记录和档案。

2012年9月24日，阳朔县城乡住户调查一体化改革工作宣传现场

三、努力提高统计调查的服务能力。

一是继续抓好优质服务工作。制定了《国家统计局阳朔调查队2012年岗位目标责任制》和《国家统计局阳朔调查队政务信息和调查信息考核奖励办法》，将调查信息纳入年度考核，加大奖惩力度，加强督促检查、落实；同时，队领导以身作则，做好带头作用及“传帮带”作用，提高了队员撰写调查信息的积极性。2012年，全队上报的调查信息20篇，总队采用9篇，其中国办批示1篇次，国家局批示2篇次，党委政府批示4篇次。

二是认真抓好政务信息上报工作，严格按照《广西市县级调查队政务信息工作考核计分办法》（桂调字〔2012〕30号）的要求上报信息，对于不符合上报流程和规范的信息一律不予上报。2012年，我队共上报政务信息37篇，得到总队内网采用29篇，国家统计局内网采用1篇，圆满完成全年工作任务。

四、贯彻和落实“管理提升年”活动，提高管理水平。

根据2012年全区调查工作会议精神和《关于

2012年12月4日，阳朔调查队在全国法制宣传日进行的统计法制宣传活动现场

印发〈广西调查队系统“管理提升年”活动实施方案〉的通知》（桂调字〔2012〕28号）的工作部署和要求以及《国家统计局阳朔调查队“管理提升年”活动实施意见》的文件内容，采取各种措施，加大改进力度，提高人事、财务、行政和业务管理水平。

1.人事管理方面：一是完善决策机制，提高决策水平。充分发挥队领导班子的核心领导作用。健全和完善队务会议事制度并严格执行。二是进一步梳理现行各项规章，真正形成制度管人、按制度办事的局面。三是抓住总队培训和其他学习培训的机会，积极组织、推荐干部参加。同时，通过向兄弟县队学习交流，扩展干部职工的眼界，提高调查技能。

2.财务管理方面：一是根据“国库集中支付”改革的要求，进一步修改完善现金管理、办公物品采购、公务接待、会议组织、调查对象和辅助调查员补贴发放等有关财务管理制度。确保各项财务管理制度切实可行、行之有效，推进依法理财。二是夯实预算基础，强化预算管理。根据总队下达的预算控制数，编制制定详细的预算执行方案，认真做好零余额经费申报和预算执行工作。三是进一步建立和完善内部财务监督制度，定期对会计核算和财务管理进行自查，并按照总队要求接受上级单位和相关部门的监督检查。

3.行政管理方面：一是做好综合协调工作。加强我队与总队、我队与地方、我队各股室的沟通力度，综合协调，为各项工作顺利开展创造良好氛围。二是规范文秘日常工作，做好上传下达，确保政令畅通。三是加强督察督办工作。通过督察督办，按照“批给谁、谁承办、谁负责”的原则，确定具体承办人和责任人，明确办结时限，做到“件件有着落、事事有结果、项项有回声”，推动提高本队的工作效率。四是加强后勤管理，做好保障服务工作，保障各项工作有序进行。五是完成我队2010年、2011年档案的整理、归档工作。

4.业务管理方面：一是完善工作流程。通过理顺各项业务工作要求，进一步完善调查工作流程，从数据收集、审核、录入及汇总上报等各环节都要符合有关制度要求，夯实调查业务工作基础。二是加强辅助调查员的管理。对聘请的辅助调查员的基本情况、联系方式要登记在册，对于聘请的辅助调查员要印发聘用文件，同时要深入到调查点，加强对辅助调查员的管理、使用和培训，使之熟悉调查业务，确保调查数据的准确可靠。三是积极开展统计法制宣传，继续夯实调查基础工作，提高统计调查数据质量。坚持深入基层，走访各调查点开展调查，提高调查对象配合程度。加强数据监督与审核，进一步提高数据质量。

五、加大统计调查宣传力度，提高民众对统计调查工作的认识度与支持度。

2012年，我队结合城乡住户调查一体化改革工作，通过制作统计调查宣传栏，加大力度宣传《统计法》条文、国家统计局工作人员“九不准”规定、统计核心价值观、统计调查人员统计职业道德、统计调查业务等内容，让民众进一步了解统计调查工作的内容和性质，努力提高民众对统计调查工作的支持与理解。同时，精心编制“统计调查概览介绍”宣传手册，着重宣传现在正在进行的城乡住户调查一体化改革工作的目的及其重要意义。然后通过各种途径派发，力争使社会各界对统计调查工作有所了解，为城乡住户调查一体化改革工作营造良好的社会环境。通过统计调查宣传，提高了社会公众对调查工作的认知度和理解度，提高了人民群众对调查工作的支持与配合。

六、加强反腐倡廉教育，促进干部廉洁自律。

今年以来我队高度重视反腐倡廉教育工作，认真落实党风廉政建设责任制，进一步加大从源头上预防和治理腐败的力度，促进统计调查事业科学、有序的发展。一是组织干部职工深入学习贯彻《廉政准则》，并结合总队印发的《广西调查队系统纪检监察工作手册》采取集中学习、个人学习和组织参加考试等形式对全队干部职工进行廉政教育，坚决反对和抵制在统计调查数据上的弄虚作假行为。二是开展教育活动。我队先后组织全队队员观看反腐影片和开展廉政教育主题的学习讨论会。通过一系列的活动，使全队干部职工受到深刻的党性、党风和反腐倡廉教育，牢固树立正确的世界观、人生观、价值观，不断增强了自觉抵御腐败侵蚀的能力，促进干部廉洁自律。

七、积极开展党支部活动，发扬基层党支部战斗堡垒作用。

我队党支部自2011年11月正式成立之后，一贯重视发扬基层党支部的先锋堡垒作用，通过积极组织和举办各种活动来增强队伍的凝聚力和战斗力，为统计调查事业的科学发展添砖加瓦。一是重视党建工作。从积极培养入党积极分子入手，在队员中进行共产主义教育，增强队员爱国、爱党、爱民意识，注重培养和发展新党员。通过发展党员和党员教育，提高了队员的工作积极性和热爱事业的热情，进一步增强统计调查的责任感和使命感。二是通过举办形式多样的主题教育活动，在丰富队员的文化娱乐生活的同时，也让队员深受党性教育，提高了队员的思想觉悟水平。

2013年2月25日，阳朔调查队翟中元队长（左一）在向徐永康副县长（右一）进行工作汇报

国家统计局兴安县调查队

2012年7月13日，兴安县调查队队领导进行早稻测产脱粒工作

2012年，国家统计局兴安县调查队在广西调查总队的正确领导和大力支持下，坚持以科学发展观为统领，紧紧围绕“三个提高”总体目标，严格执行“管理提升年”活动方案，始终坚持实事求是、求真务实、创新调查、科学服务的理念，牢固树立“国家队”和“调查队”意识，圆满完成了国家统计局广西调查总队和地方党委、政府交办的各项统计调查工作。

一、集全队之力做好城乡住户调查一体化改革各项工作

一是提高思想认识，加强组织领导。兴安队牵头成立了由兴安县常务副县长担任组长的兴安县城乡住户调查一体化改革领导小组，及时召开兴安县城乡住户一体化工作会议，全面部署工作任务，明确了调查内容、进度安排和工作职责；二是加大宣传力度。兴安队在县城主要街道挂横幅宣传，各调查网点广贴海报和广发传单，扩大一体化改革的影响力；三是坚持亲自入户，实地调查。兴安队在乡镇统计员和社区、村委会干部的陪同下分赴各调查网点进行实地调查，确保了源头数据的准确性；四是严格把关，认真审核。兴安队在摸底和开户调查的入户工作中，严格执行工作方案，确保审核、录入、汇总和上报工作圆满完成；五是加强与地方政府和县直有关单位的沟通和协调，积极解决和落实人员和调查经费问题。

二、大力开展“管理提升年”活动，提高管理水平

人事管理方面，一是严格考勤制度；二是规范临时用工人员管理；三是加大对老干部的关爱力度；四是加大对年轻干部的培养和教育工作。

财务管理方面，一是严把制度关，用制度来规范财务基础工作和预算执行；二是严把审核关，对有问题的原始凭证不予报销；三是严把预算关，强化预算执行和预算管理；四是严把资产管理关，加强固定资产登记管理工作；五是严把理财关，财务人员认真学习各种财经制度和相关法律法规，确保财务处理的原则性和程序的合法性。

行政管理方面，一是加大首问负责、限时办结、责任追究等行政效能制度的实施力度，确保行政工作顺利进行；二是做好综合协调工作，确保政令畅通；三是抓好督查督办工作，提高兴安队行政管理的执行力；四是重视节能减排工作，严格各项用能管理。

业务管理方面，一是修订业务规章制度和管

理办法，对现有的规章制度进行了重新梳理，使各项工作做到有章可循、有律可依、规范运行；二是实际工作中严格执行规章制度、调查方案和基础工作规范化操作规程，切实做到按流程工作、按制度调查、用制度管数；三是加强对专业调查进行量化考核，从源头上确保调查数据质量。

2013年1月29日，兴安县调查队到界首镇大洞村进行县级粮食产量调查GPS地块定位工作

三、加强业务建设，提高数据质量

（一）落实制度，提高调查工作规范化水平。2012年兴安队先后制定了调查业务定期检查工作制度、调查业务和技术培训工作制度、统计数据质量管理及责任追究制度调查资料和调查工具发放领取登记制度等有关制度，确保调查工作的规范进行。

（二）建立健全数据审核评估，加强抽样调查数据管理。一是建立健全数据质量评估台账，做好调查数据与宏观经济趋势的客观分析与评估，加强和规范统计数据和统计资料的管理；二是严把数据审核上报关，采取人工审核及计算机审核结合的方式，建立“三审一签报”制度；三是落实电话核实制度，对各专业采取定期和不定期电话核实的方式，确保数据客观真实；四是深入开展基层数据质量检查，对本队负责的专业进行实地抽查和数据核实。

四、加强调查队伍建设，提高干部整体素质

2013年4月3日，兴安县调查队到湘漓镇灵源村对城乡住户一体化调查记账户进行记账指导

一是加强领导班子建设。从思想政治建设入手，努力把领导班子建设具有推动本队科学发展和营造稳定和谐队伍的本领，求真务实、勤俭节约、廉洁从政的领导集体；二是加强政治理论学习。以党的十八大召开为契机，加强全队干部的思想理论素质，为促进调查队的建设奠定理论基础；三是加强各种教育培训。举办了计算机及网络技术培训、信息安全保密技术管理培训、反腐倡廉教育、法制知识培

训等有关活动，全面提高全队干部职工的素质。

五、加强统计法制建设，营造全社会依法统计氛围

一是加强统计执法队伍建设。兴安队通过参加总队的法制工作会议、进行法制讲座等方式提高全队的法制意识和统计执法水平；二是加强统计法制宣传规划。兴安队在学习统计法律法规、组织开展统计普法骨干和执法检查员培训、开展统计人员普法宣传教育和面向全社会加大统计宣传力度等方面开展普法宣传活动；三是扎实推进日常法制教育。兴安队抓住各种时机向基层调查员讲解宣传《统计法》，进一步强化基层人员的统计法律意识。

六、加强党风廉政建设，强化防腐拒变能力

一是加强了廉政教育，兴安队认真学习了党风廉政的有关制度规定，举办了党课教育，开辟了案例教育专栏，深化了党风廉政和廉洁自律教育；二是健全完善党建工作责任制。兴安队建立了领导干部廉政档案，制定了《党风廉政建设责任制实施办法》；三是加强了监督检查，兴安队加强了对全队调查工作各环节、各领域，特别是人、财、物、数等领域的监督检查；四是加强了统计行风建设，以加强行风建设为重点，加大了学习教育力度和活动开展力度。年内全队未发生任何违法违纪违规现象，保持了全队的风清气正。

2013年5月13日，兴安县调查队与兴安县农业局联合进行春播调研工作

国家统计局平南调查队

2012年6月1日，时任县政协主席彭雅联到平南调查队做工作感悟暨感恩教育专题讲座

2012年，在总队的正确领导下，平南调查队紧紧围绕全区调查会议布置的中心工作，狠抓各项工作落实，很好地完成了“管理提升年”各项工作任务，取得了显著的成效。2012年，平南调查队在目标管理责任制考核中获得二等奖，优质服务和政务信息等2项工作获得一等奖，纪检监察、法规制度和人事教育等3项工作获得二等奖，保密档案、农户固定资产投资、农民工监测、农产品生产者价格、主要农产品中间消耗农作物播种面积、农作物单位面积产量和规模以下工业抽样调查等8项工作三等奖。

一、用心沟通，团结班子带好队伍

2012年，平南调查队多管齐下着力抓好队伍建设，努力营造“干事有活力、工作有创新、发展有后劲”的干事创业氛围，人事管理工作取得新突破。一是制定印发了《国家统计局平南调查队2012年目标管理责任制》，量化工作任务，责任落实到人，对每项工作任务的落实情况实施月度监控，将目标考核结果与干部年度考核和评先评优直接挂钩，最大限度地提高干部职工的积极性。二是大力倡导“学习是人生事业的加油站”，主动加大组织队员集中学习频度，积极调整学习方式，拓宽学习内容，力促队员学有所思、学有所成，提高自身综合素质；三是从2012年开始平南调查队在职干部培训纳入当地干部培训计划，初步形成了总队、队内和地方党校三级培训体系。四是初步解决了人员不足的问题，先后从县档案局、大洲镇党委和马练乡林业站各抽调到一名在编人员以及争取到了两名“4050”公益性岗位人员协助开展日常清洁和后勤

2012年7月6日，甘靖康主持召开平南县城乡住户调查一体化改革工作动员会议

管理工作，暑假期间筛选接收了5名在读大学生到调查队实习锻炼；五是面向社会公开招聘工作人员，平南调查队面向社会公开招聘3名聘用人员，聘用工作严格按照公务员录用有关程序规定进行，招聘到了3名综合素质较高的聘用人员，其中一名拥有在职研究生学历。

二、用心经营，理顺财务抓好保障

2012年，平南调查队通过用心经营，开源节流，理顺好财务管理，为调查工作提供好保障。一是积极争取地方经费支持，2012年平南调查队部分调查业务经费纳入当地财政预算，有效缓解了调查经费不足的问题。二是财务规章制度更加完善，制定印发了调查业务培训会议、办公物品采购、公务接待、调查补贴发放和办公设备维修等财务审批和报账流程规范。三是政府采购得到有力执行，电脑、空调和打印机等需要政府采购的物品全部纳入政府采购。四按照预算执行均衡进度的原则，认真汇总核实各股的支出计划，提请队务会议讨论通过执行，确保预算执行进度符合调查工作需要和进度要求。

三、用心谋划，讲究程序追求规范

2012年，平南调查队以行政管理规范化建设为突破口，用制度管人、用制度规范人，狠抓执行落实，提高行政管理效能。一是大力改善办公条件，新购买了2台电脑、1台复印机和5台碎纸机并投入使用，为每个办公室购置了一盘盆景，创造优美的办公条件和活动场所。二是强化督查督办，及时对总队、队里各项工作部署贯彻落实情况的进行跟踪督促，有效地促进了政令畅通。三是狠抓作风建设，每周定期和不定期巡视各办公室，通过个别谈话、召开专题会议集中恳谈等方式，对出现的不良现象及时提出批评并坚决予以纠正，效率明显提高。四是积极抓好档案保密工作，完成了2012年以前所有文书和调查业务资料的归档整理工作，有效地提高了档案管理水平；全力抓好队内保密工作，所有上网的计算机全部安装上金山杀毒软件，更新改版了内部网站。五是行政文秘工作扎实开展，办文、办会和接待工作日趋规范、成熟。

四、用心牢记，狠抓业务确保质量

2012年，平南调查队下大力气抓好调查数据质量，确保各项调查业务制度执行更加到位、调查过程更加规范、数据质量更加可靠。一是建立完善了报表双签制度，要求各专业该有的文件要完备、该有的台账要健全、该有的记录要齐全、该写的分析要及时撰写上报、该归档整理的资料要及时归档整理。二是加强对辅助调查员的管理，加强对辅助调查员业务培训和考核力度，开展了基层辅助调查员慰问活动。三是认真完成各项调查工作任务，城乡住户调查一体化改革顺利推进，县级粮食产量抽样调查工作稳步有序进行；四是精心组织调查业务规范化建设检查工作，并对检查发现的问题进行了通报，同时明确了各专业的整改落实措施，有效地促进了业务规范化水平。五是建立严格的多层次审核制度，对主要指标变动幅度较大的要重点核实并作说明，还应以相关部门的资料来佐证本期的数据是否符合当前经济发展趋势，确保数据经得起推敲。六是加大下乡检查指导力度，队领导带队深入各个调查网点检查和指导工作，确保源头数据质量。

五、用心关注，强化服务突出品牌

2012年，平南调查队着重抓好政务信息和调查信息工作，将“两类”信息打造成平南调查队的拳头产品。一是政务信息工作取得新突破。2012年，平南调查队每月都有工作要事获总队综合采用，全队上报政务信息95篇，获总队网站采用58篇，获得采用的政务信息数将近全年任务量的10倍，政务信息无论是上报量还是采用量都稳居县级调查队首位。二是调查信息保持良好势头。2012年，上报调查信息经组稿后获总队采用28篇次，自治区党委、政府各采用9篇次，国家局采用8篇次，国家局领导批示3篇次，国务院办公厅采用3篇次，中共中央办公厅采用2篇次，国家领导批示4篇次，自治区政府陈章良副主席对平南队报送的单篇调查信息《平南县秋粮收购进展情况和存在的问题》做出了重要批示。三是服务地方经济发展取得新进展。2012年，平南调查队创新信息报送方式，每季度都组织专门力量撰写各季度重要调查工作情况的汇报材料呈报县主要领导参阅，时任县委副书记周

2012年7月20日，广西调查总队副总队长梁开光、陈代新主任和县委常委、组织部部长俸振江出席平南调查队成立五周年座谈会并作讲话

2013年2月6日，平南调查队队长何剑良深入住户调查点为记账户免费写春联活动

仕志亲自打来电话对调查队撰写的汇报材料和建议表示感谢，县委信息科认为调查队的调查信息有数据、有事例，很有说服力，每个月都来电要求调查队报送更多的信息。

六、用心构建，创好氛围造好环境

2012年，平南调查队密切与地方的联系，主动汇报工作，建立直接的工作联系，积极争取他们对调查工作的配合和支持，取得了良好的效果。一是县主要领导多次到调查队走访调研工作。县委常委、常务副县长甘靖康，县委常委、副县长徐作荣，县委常委、政法委书记何剑，县委常委、组织部部长梁欢，县长区杰等先后到平南调查队走访调研工作，了解调查业务开展和工作推进情况。二是在人力、财力和工作上上给予调查队大力支持，平南县政府从地方部门抽调3名人员到调查队协助开展工作，将部分调查业务经费纳入2012年当地财政预算，县委副书记周仕志，县委常委、副县长徐作荣，副县长蒙斌，副县长韦芬萍都曾分别召集局队有关负责人听取专题工作汇报，协调各部门、各乡镇支持和配合调查队工作，为调查工作创造良好的工作环境。

2013年12月18日，玉林师范学院招聘会

国家统计局都安调查队

2012年8月3日，都安调查队在高岭超级稻示范区参与脱粒工作

2011年都安调查队攻坚克难，在总队年度考核中获得了市县级队目标考核二等奖的优异成绩，并在年终会议上作代表发言，这些成绩来之不易。沉醉于收获喜悦的同时，都安队在2012年年初全队工作会议上认真总结思考，结合总队“管理提升年”活动的要求，将**“制度建设—素质建设—工作作风—督查督办”**作为2012年全队各项工作的重中之重，实现整体素质及各项调查工作的跨越发展。

一、抓队伍建设，致力于打造一支政治素质高、业务能力强的干部队伍

（一）各项规章制度更加完善、制度的执行力明显提高。

一年来，都安队多次组织职工认真学习邹伟忠总队长年初、年中的重要讲话精神，结合本队实际情况，4次专题召开队务会议讨论重新修订了《国家统计局都安调查队财务管理制度》、《都安调查队车辆管理制度》、《2012年国家统计局都安调查队岗位责任制》等制度，并提出“三化”和“二继续”措施，确保各项工作任务如期完成。

“三化”即：目标任务要具体化。对每一项调查工作确立一个目标定位，然后围绕这个定位，将这个环节具体细化分解，层层确定责任人，形成事事有人抓、件件有落实，人人有责任的工作局面；时间进度要具体化。对每一项统计调查任务都要列出时间进度表，制定工作流程，严格按规范化执行；考核督查要具体化。完善督查督办制度，加强考核问责力度，促进各项工作按时完成，取得成效。

“二继续”即：继续在健全机制中提升执行力，绝不允许应付执行、被动执行、机械执行的现象发生，完善“交办、催办、督办、查办”四机制，倡导奉献观，要在干事业中不断提升执行力；继续以两个规范化建设为抓手，树立精细化管理理念，注重细节，精益求精，抓细节求深入、抓细节求提升、抓细节见成效，全面推进各项工作上台阶。在工作中把大家容易看得见的东西执行好，以举表率作用。如单位用车严格按照制度执行，特别是上、下班后车入库车钥匙交办公室管理，公车私用现象几乎未发生。

（二）注重岗位锤炼，个人政治素质、业务素质不断得到加强。

近两年来都安队得到两个新公务员加入，为各项工作注入了新的活力，从最初的老同志带新同志，逐步走向新同志带老同志的局面，调查队伍整

体业务素质不断提升。

2012年9月6日，都安调查队到地苏乡开展主要畜禽监测核查

调查队工作平常与群众接触除了数字还是数字，与农户的沟通内容比较单一，没有多少话题可谈，个别群众问一些政策性东西，往往也无从说起。为此，一年来都安队把坚定政治方向、全面强化思想素质作为人才发展目标，在工作中要求队员不仅作反映社情民意的信息员还要作国家政策的宣传者，多次在全队会议上有针对性开展一些政策学习，积极派人参加县里举办的的各种惠农政策培训会议。通过强化各方面学习，开阔视野，丰富了知识，更好地开展统计调查打下了坚实基础。队员们每到一个网点检查指导工作，同时宣传党和国家的有关政策，并通过座谈了解群众的思想和美好愿望，充分了解群众所思、所想、所盼。通过宣讲政策与工作相结合，了解民生，拉近了同群众的感情，推进了工作进度。

（三）坚持直面调查对象，深入一线，坚持独立调查、独立上报。

统计调查结果“不出假数”、“真实可靠”是党和人民赋予统计工作者的一项严肃政治任务。要使数据真实准确，就必须养成良好的工作作风。一年来，都安队严格按照制度和规范化流程开展工作，从部署调查任务、收集数据、审核汇总，评估分析和签字上报形成了一套行之有效的操作流程，保证了制度方法的严格执行，确保了数据质量。所有统计调查工作都坚持深入基层、直面调查对象，在工作中养成了吃苦耐劳、扎实肯干的工作作风，在调查乡、村、网点中树立了良好的形象。县队同志人不但下得去，而且还沉得下去，有效避免了调查工作机关化。网点群众常说：你们这样辛苦一门心思用在工作上，我们还有什么理由不记好账呢？

二、抓两个规范化建设，坚定信念引领调查工作发展

2012年9月21日-10月10日，都安调查队通过逐户到访的方式，完成城乡住户一体化调查十个样本小区的摸底调查工作

一年来，都安调查队紧紧围绕数据质量这个中心，振奋精神，提升执行力，狠抓两个规范化建设不放松，严格调查方案和流程，结合2012年年中工作会议邹总队长“关于改进作风、严肃纪律等4个方面问题”讲话精神，强化对各项规章制度的执行力，加强督查督办，抓实显效。

（一）继续以行政规范建设为领头羊，引领业务工作规范化。

今年以来，都安调查队认真总结2011年规范化工作

2012年10月，都安调查队完成城乡住户一体化调查开户及记账培训工作

取得的好经验，好做法，继续强力推进行政规范化工作，对推动业务规范化及其它工作起到良好促进作用。全队各项工作必须按队制定的“四办”机制要求执行。即：首先是**交办**。各人要根据年度工作安排，明确工作责任，认真对照各专业细致要求，制定工作流程，切实做到心中有数；其次是**承办**。承办人要按要求迅速实施，在规定的时限内上报，在落实过程中承办人应视情将工作开展情况、存在问题、采取措施及时向分管领导反馈。再次是**督办**。办公室人员在规定完成的前两日做督办督查，在月底的工作会议上通报督办情况，并备录在案，四是**催办**，经督办后，依旧没在规定的时间内完成上报的，或屡经上报部门催报的，承办人需书面说明未完成情况，一个专业经两次催办的，取消年底评优资格。

为确保四办机制有序推进，办公室细化各专业报表上报要求，制定《都安调查队四办机制任务划分表》并印制给全体工作人员，各项工作一目了然，力克“精神懈怠、工作疲软、办事拖拉”的弊病，努力形成不推、不避、不拖、有力、有效的工作作风，扎实推进各项工作向前发展。一年来，农业调查工作（含畜禽调查）催办1次，优质服务工作督办18次。

（二）夯实基础，严格按照方案开展调查，全面提升各项统计调查工作质量。

1.加强网点管理、确保源头数据质量。

一年来，都安调查队各项统计调查工作始终坚持按国家统计局和广西调查总队的要求进行样本的轮换与管理，严格执行调查网点更换的上报审批制度，同时在工作中采取措施，确保源头数据质量。如在农村住户调查工作中，长期坚持抓好“三个入手”，力促农村住户调查工作顺利开展：**从提高访户工作入手**。按照年度队工作目标责任制，科学合理、运筹安排年度的访户计划，使访户和常规报表工作做到“两不误、两促进、两提高”。按照要求，每户年走访次数不少于3—4次；**从解决实际问题入手**。把上年或上季度记帐户存在的问题以流水帐形式或打印出来，有针对性的开展入户走访，解决问题，切实把访户工作落到实处；**从沟通情感方面入手**。将部分有抵触情绪和记帐不实的农户作为重点户，采取聊家常方式切入主题，宣传住户工作目的和意义，认真倾听他们想法，真诚沟通，拉近彼此距离，尽最大努力赢得记帐户的理解和支持。

2.加强辅助员培训，提高基层人员的业务素质。

为提高数据，一年来都安队把提高基层辅助

2012年12月4日，都安调查队在都安县主街道区宣传统计法

调查员记账户的业务素质和提高源头数据质量作为工作的重点内容常抓不懈。一年来开展各项业务培训26次，培训人员192人次，同时采取包点下乡现场培训等有效方式，并利用手机、固定电话等一切可用方式，加强与辅助调查员、记账户沟通、保证能随时解答他们业务上的疑难问题，确保能有效，有效提高辅助调查员业务调查水平和记账户的记账质量。

3.全力以赴努力完成城乡住户一体化摸底和开户工作。

城乡住户一体化工作在时间紧、任务重情况下，都安队按照总队的统一部署，队长和住户股长就一体化工作向都安县人民政府作了专题汇报，县人民政府从三个方面给予大力支持：一是指定县府办副主任审定由调查队代县府办公室拟发的《都安瑶族自治县城乡住户一体化改革工作实施方案》，发至各有关单位和乡镇。二是成立以县常务副县长为组长，县直各有关单位及乡镇领导为成员的一体化改革工作领导小组，办公室设在调查队，明确责任，积极稳妥地推进改革。三是要求调查队与县统计局联合行文申报2013年城乡住户一体化调查经费，该项工作经费列入2013年县级财政部分经费预算单位。

9月20日至10月14日全体队员加班加点亲入调查小区绘制小区图、编制小区建筑物清查表，逐户访问填写摸底调查问卷，提前上报了摸底工作所有材料。以“坚持实地调查、坚持用真心诚意打动开户对象记账、坚持下乡入户现场培训记账户”为工作原则，10月17日至10月28日圆满完成全县10个小区调查户开户培训工作，确保调查户11月1日正式开始记账。

4.优质服务工作再创佳绩。

一年来，都安队在认真完成常规调查工作任务的同时，制定了政务信息、调查信息单项工作制度，强力推进全年优质服务工作目标完成。2011年12月至2012年11月15日，政务信息提供30篇，采用20篇，分别同比增长76%和66%，调查信息提供42篇，采用26篇，同比增长75%和100%，其中：有3篇约稿信息获中办国办采用并获国家领导批示，1篇获国家局领导批示，12篇获区党委办公厅采用，6篇获区政府办公厅采用。2篇调查分析报告获河池市统计局、区统计局网站采用。

5.严格财经纪律，将有限经费用到刀刃上。

一年来，县级调查队经费与工作实际需求矛盾依然十分突出，为此，都安队按照总队财务管理规定的要求，开源节流，同时积极向当地政府汇报争取县人民政府的大力支持，2012年都安调查队地方财政预算经费为同比增长33%。

6.加强反腐倡廉建设，筑牢干部思想防线。

今年都安队在全体干部中深入开展廉政风险防控工作，理清每位队员的职权职责和主要工作事项目录，再通过各自岗位查找廉政风险点，建立防控措施，充分利用廉政教育来规范统计调查，提高统计数据质量。都安队领导班子坚决贯彻执行广西调查总队有关反腐倡廉建设的部署，班子始终把反腐倡廉作为纯洁之基，切实加强党性修养和党性锻炼，绷紧廉政这根弦，经常“照照镜子”、“扫扫灰尘”，守住大节，注意小节，堂堂正正做人。切实解决干部职工生活中的困难问题，在工作中形成“全力抓工作，和谐干事业”的氛围，最大限度调动和凝聚大家智慧和力量参与推动统计事业中来，一年来无任何不良现象发生。

7.积极完成当地政府部署的中心工作任务。

一年来，都安队在完成国家局和广西调查总队部署的各项工作基础上，精心组织实施县人民政府部署中心工作任务。一是完成2012—2013年初30亩核桃种植挖坎任务。二是完成县委信息科报送信息任务，向县委报送调查信息11期，报送信息和调查报告在数量和质量上获优秀等次。三是完成县绩效办部署的全县农民人均纯收入及各乡镇农民人均纯收入考核指标方案的制定（都安调查队2012年列入县直绩效考核单位）。四是验收通过县委部署“解放思想、弘扬精神、苦干巧干、赶超跨越”活动的检查与验收。五是2012年队档案工作以满分的成绩通过县档案局验收，获优秀等次。六是完成新一轮新农村建设指导员挂村任务。

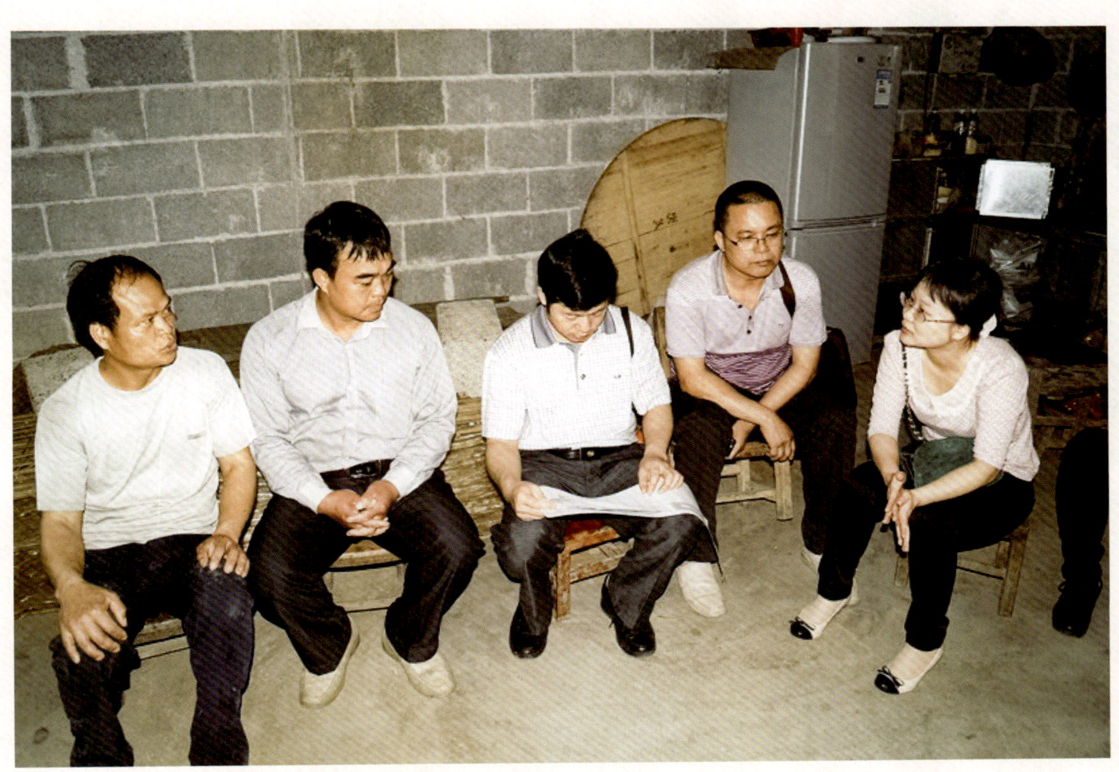

2013年4月19日，广西调查总队副总队长何永东（中）深入都安县城乡住户一体化调查户走访调研

国家统计局南丹调查队

2012年6月29日，南丹调查队在芒场退耕调查点进行记账培训

2012年，南丹队在广西调查总队的正确领导下，在总队各处室的精心帮助下，在县委、县政府的大力支持下，坚持以“三个代表”重要思想和科学发展观为指导，深入落实贯彻2012年全区调查工作会议精神，认真开展“管理提升年”活动，重点抓好本队的人事管理、财务管理、行政管理、业务管理等工作，圆满完成了全年各项调查任务。

一、多措并举，人事管理水平明显提高。

一是克服困难，配齐配全干部，促进队伍建设。2012年本队人员出现了大变动，为不影响各项工作的开展，本队与总队沟通，及时通过从基层选调和新公务员招录方式，先后选招4名同志，本队队伍得到充实，调查力量得到补充。**二是加强干部培训，进一步提升领导水平和管理水平。**制定了《国家统计局南丹调查队2012年干部理论学习计划》，并与地方联系沟通，把干部培训纳入县级党委后备干部培训计划。三是完善管理制度，规范干部的管理工作。结合本队实际，制定完善《干部考勤制度》、《请销假制度》和《2012年目标管理责任制》，由办公室专人负责日常考勤登记及工作督查工作，基本杜绝了迟到、早退及霸王假等现象，制度的管理和制约作用得到了体现，调查队干部作风大大转变。四是落实干部谈话制度，树立调查队的局队观念。年初由班子成员对干部进行谈话，对于新进人员，指定纪检监察人员进行任前谈话，及时纠正不利用于调查工作的思想，要求每位队员从思想上了解调查队的工作性质，认识调查工作的重要性，认真做好调查工作，树立调查队的局队观念。

二、统筹兼顾，严格要求，行政管理水平进一步提升。

1.文秘质量提高，办公办文水平明显改善。

2.优质服务工作水平进一步提高。各种专项调查服务工作任务圆满完成。加强调查信息、政务信息撰写。据统计，截止今年11月中旬，我队共上报政务信息38篇，获总队采用的调查信息29篇。上报调查信息20篇，获得采用11篇（次）其中获自治区两办以上采用6篇（次）、国家局采用1篇（次）。同时加强与各有关部门联系切实为地方和调查户做好优质服务工作。派员参加区市县组织的2012年南丹春玉米高产验收和农业厅组织的验收组对南丹县与袁隆平院士合作的300亩“超级稻”验收工作；

3.协调能力不断加强，工作后勤保障有力。规范接待工作，同时加强公务用车的使用安排，保障工作有序开展。

4.统计法规法制宣传到位，进一步强化统计调查意识。今年来，一是借着“中国统计开放日”为契机，与县统计局一并利用“南丹统计在线”平台以“统计和您在一起”的主体队统计工作进行大力宣传。二是利用召开季度报表工作会议的机会，组织辅助调查员进行新《统计法》的学习，加强辅助调查员对统计工作的进一步了解，更好的使用统计工作者的权利和履行义务。

三、狠抓调查业务工作，提高调查数据质量

1.按时按质完成上级布置的各项调查任务。一是加强业务能力培训。在开展每项调查业务工作前，采取灵活多样的方式，加大对调查员、辅助调查员和调查对象的业务培训力度，有效提高了调查员、辅助调查员和调查对象对各项调查方案和指标的理解，提高了统计调查能力。二是严格执行调查方案。坚决按照国家统计局和总队的要求，严格执行各项调查方案，以方案要求为准则，杜绝调查的随意性和主观性，提高统计数据质量。三是严格报表审核制度。提供真实、准确、完整的统计数据，是调查队的崇高使命。为此，本队严格执行数据“三审”制度，加强报表的审核，发现问题及时与填报人沟通，确保数据高质量上报。四是加强数据分析工作。每一项调查结束后，都认真开展调查资料的分析研究，对涉及社会经济的重点、焦点、热点问题，及时提供有效调查报告、信息。以上措施是做好每一项调查工作的重中之重，今年以来，本队在新队员不熟悉调查业务，时间紧任务重的情况下，通过以上措施，很好的完成了上级安排本队的各项业务。

2.重点提高源头调查数据质量。数据质量是统计调查工作的生命线，必须常抓不懈。今年，我队认真按照总队的工作要求，着重做好有关统计调查制度改革工作。一是定期进行回访，针对现在群众对调查工作的了解还不够深入，我队开展定期回访和抽查，对调查数据进行核查，重点核查住户调查以及对主要畜禽调查点进行回访，回访过程中进一步对调查工作进行宣传讲解，使调查户对我们的工作加深了解，加大调查配合力度，从而进一步保障数据的质量；二是实行数据质量责任追究制度，规模调查点的数据上报确定专人负责，保证源头数据的真实性；本队报表上报要经过分管领导审核，全力保障调查数据质量。

3.重要改革业务扎实推进。一是按时按质完成城乡住户调查一体化改革工作。我队按照“统一部署、各级联动、部门联合、整体推进”的工作思路，加强与相关部门的沟通联系，形成政府主导，

2012年8月22日，南丹调查队队员到六寨镇银寨村进行玉米测产

2012年11月15日，南丹调查队联合县畜牧局到规模养殖调查点进行回访

县、乡、村各级联动的工作格局，扎实做好城乡住户调查一体化改革的基础工作。经过努力，我们克服了调查点分散、调查任务重，调查对象复杂、配合程度低，调查表种类繁多，技术要求高，调查时间紧、调查任务重的种种困难，城乡住户调查一体化改革工作达到了预期效果。截至目前，南丹城乡住户一体化调查抽中的100宅调查户中，同意接受调查的记账户比率达到100%。2012年11月份，全部调查户均已开展试记账工作。二是农村贫困监测调查工作，目前，我队正按照文件要求做好相关工作，如牵头建立南丹农村贫困监测联席会议制度，开展贫困监测调查开户等工作，积极配合总队做好各项改革。

四、细则入手，财务管理能力增强

完善财务管理制度，严格预算管理。强化财务业务能力，促进工作常态化。积极开展公务卡改革工作。

五、狠抓党风廉政建设，促进干部廉洁自律

1.加强廉政知识学习，筑牢廉政意识。一是组织全体队员开展新《统计法》、《党员干部廉洁从政若干准则》等方面知识学习，全面提高了广大干部的认知水平。二是统一组织观看反腐倡廉影片等，强化了领导干部的廉政意识，从源头上杜绝腐败发生。要求全体队员坚持正确的价值观、权力观和利益观，做到情为民所系，利为民所谋，权为民所有，时刻保持高风亮节的公务员本色。通过学习，大幅度提高了干部对自己权利和义务的认识。

2.扎实开展廉政风险防控管理工作。根据本队工作特点，对本队岗位权力、职责进行了研究梳理，查找廉政风险点、风险源，并研究制定风险防控措施，在一定范围内进行公示，让各股室根据工作流程防控要求，严格履行工作职责，预防腐败滋生。

2013年6月3日，南丹县召开城乡住户一体化联席工作会议

国家统计局浦北调查队

2012年6月5日，浦北调查队队长张英（中）、农业股股长刘森（右一）等深入浦北县六硍镇塘肚村委白石塘小组开展春播面积调查业务活动

2012年以来，浦北队在国家统计局和广西调查总队的正确领导下，在浦北县县委、县政府的大力支持下，紧紧围绕“管理提升年”主题，结合总队年初工作会议和年中工作会议精神，以科学发展观为统领，紧紧围绕“四个提高”，认真查找本队管理方面突出问题和薄弱环节，制定并实施具体有效的工作措施，进一步促进本队管理水平的提升，推动统计调查事业的科学发展。

一、加强政治理论学习，提高战斗力和凝聚力

按照2012年的政治理论学习计划，我队主要深入了学习贯彻党的十八大精神、深入学习宣传社会主义核心价值体系、学习贯彻各级纪委全会精神和《准则》等方面的内容。此外还学习了党风廉政建设及党纪政纪法规知识、廉政警示教育、《统计法》、统计职业道德教育、与《统计法》相关的法律法规等。通过全面的政治理论学习，参加党支部活动，组织警示教育活动，教育党员干部，牢固树立正确的人生观、权力观和事业观，让队员树立工作“国”字品牌和“国家队”形象的思想，转变工作作风，提高战斗力和凝聚力，为统计调查事业的发展打下更坚实的基础。

二、抓好“四个提升”，提高管理能力和水平

（一）以创新机制为突破，提升人事管理水平

为抓好人事管理工作，发挥干部职工的主观能动性、提高干部职工的工作积极性，努力打造一个有活力、有创新、有干劲的队伍。一是采取人岗整合的措施，形成人员与业务调查专业挂钩工作机制，根据队员的长处和优势，合理安排队员负责合适的工作岗位，不仅有效地缓解了调查任务多与人员少的矛盾，而且很大程度上提高队员的积极性和自主能动性。二是采取制度管人的措施，提升人事管理水平。浦北队制订《2012年国家统计局浦北调查队目标管理责任制》对干部职工实行有效管理，通过实行目标导向制度，增强干部工作目标责任感。

（二）以预算管理为核心，提升财务管理水平

2012年，浦北队财务面临着会计人员变更和“国库集中支付”改革的双重压力，为了保障调查统计工作顺利开展，努力推进依法理财，建设节约型机关。一是修订《国家统计局浦北调查队财务管理暂行规定》，进一步完善现行的各项财务管理制度。二是进一步加强预算管理，按预算执行进度要

2012年9月25日，浦北县政府办李新副主任（左二）、浦北调查队队长张英（右二）、副队长郑广钧（右一）、县统计局副局长马光（左一）出席城乡住户调查一体化改革工作会议

求，严格掌控本队的预算执行情况。

（三）以狠抓制度为关键，提升行政管理水平

以提高制度的执行力为目标，进一步完善制度，用制度执行力来提高行政管理效能。一是实行工作动态汇报制度，充分发挥办公室综合协调作用。在显眼处公布每周需要完成的工作和具体责任人，形成领导监督和队员自我监督的良好工作机制，确保每项工作能够按时按质地完成。二是加大督查督办的力度。2012年以来，我队围绕总队的重点工作进行了多次的督查督办工作，其中包括政务信息、管理提升年各项措施落实情况、基层建设情况等。通过督查督办工作，了解了各项工作的进度和存在的问题，并督促改进，提高了工作质量。

（四）以业务质量为重点，提升统计调查业务水平

一年来，经过全队上下的努力，以严谨扎实的工作作风、实事求是的工作态度，各司其职、各负其责，扎实地开展各项调查工作。一是按时按质地完成主要畜禽监测、农村住户、农民工监测、农村固定资产投资、农作物面积、农产品生产价格及中间消耗、退耕还林、规模以下工业等常规调查任务的月报或季报工作。二是圆满完成组织工作满意度调查、纳税人满意度调查、党风廉政建设调查、农村党员培训情况调查、政风行风调查、农民工转型调查等专项调查任务。

1.推行“领导走基层”活动，夯实基层建设，提高统计数据质量。正、副队长亲自率队下调查点，走访农户，开展领导走基层活动，加强了对基层的指导，了解调查情况和存在的问题等，为今后夯实基层建设打下了深厚的基础，同时也提高了调查对象的重视度和满意度，提高调查对象的配合度。

2.专业分工，落实责任人。将队内年度工作划分为各个细项，每个细项有专人负责，可分为主要负责人和次要负责人。在每项工作开展之前，须由主要负责人提出工作方案和日程安排，交由队内领导人审阅，由领导人按照日程安排检查工作进度，及时解决工作中出现的各种问题，确保每项工作的按时高质完成。

3.加强对辅助调查员的业务培训，提高统计调查能力。采取以会代训、座谈会、面对面等多种形式，加强调查业务培训，提高调查户的记账水平，提高辅助调查员的调查能力。

4.加强数据审核力度，提高统计调查数据质量和公信力。一是认真做好书面数据分析审核

2012年11月6日，浦北调查队队员在浦北县寨圩镇仁旺村开展粮食产量实割实测业务活动

工作。我队要求各专业负责人认真做好报表数据分析审核工作，对异常的数据要进行核实，确保数据的真实性。二是加大现场核查数据质量的力度，各股室要定期或不定期深入调查点、调查户、规模场等了解调查情况，核实调查数据。

2012年11月16日，浦北县政府办副主任陈善敏（中）、浦北调查队队长张英（右一）、县水产畜牧兽医局副局长刘学光（左一）出席2012年畜禽监测摸底调查工作会议

五、加强与地方政府沟通，提高调查队影响力，争取更多支持。

（一）积极向地方政府汇报工作，提高地方领导对调查队工作的重视程度,在工作、人力上大力支持浦北队开展调查工作，部分调查经费已列入县级财政预算。以县政府名义召开调查工作会议，并下发了通知，明确了联席会议成员单位、联席会议的主要职责和协商范围以及工作规则，为推动城乡住户调查一体化改革等调查工作营造了良好的工作机制和社会氛围。

（二）加强与地方相关各部门的业务联系。我县按照上级要求，及时召开了工作布置会，与县农业、县统计局、县水产畜牧兽医局等职能部门不定期召开工作碰头会和工作交流会，提高了相关部门对调查队工作配合度，共同做好统计调查工作。

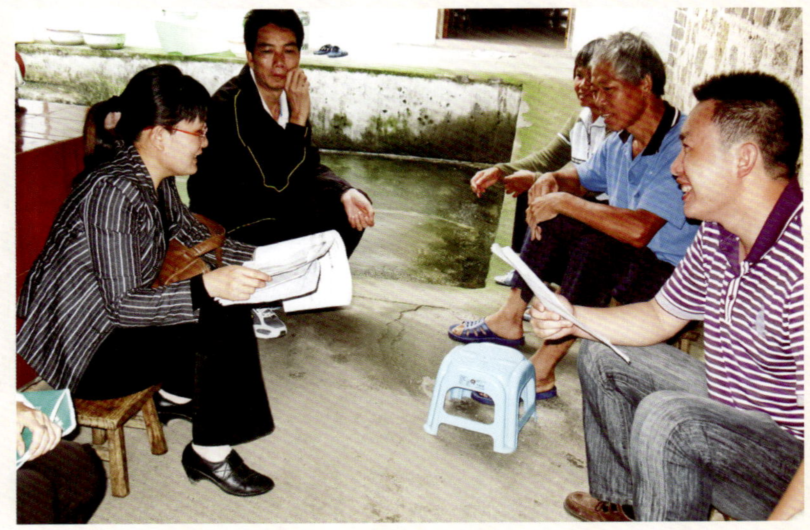

2013年5月3日，浦北调查队队长张英（左中）、白石水镇政府副镇长杨鑫（右一）等深入浦北县白石水镇中林村委会调查户家中检查住户调查记账情况并进行现场业务指导

国家统计局合浦调查队

2012年9月18日，国家统计局副局长张为民（右二）到合浦县调研农业生产情况，合浦县常务副县长韩传福（右三）、合浦调查队队长潘朝远（左一）全程陪同

2012年，合浦调查队在广西调查总队的正确领导和地方党委、政府的重视和支持下，坚持以科学发展观为指导，以学习贯彻全区统计调查工作会议精神为中心，紧紧围绕总队提出的“管理提升年”这一活动主题，严格贯彻执行总队的工作部署，全面提升人事管理、财务管理、行政管理、调查业务管理能力和水平，圆满地完成了全年各项工作任务。

一、加强制度建设，提升管理水平

一是制定《合浦调查队2012年岗位目标责任制》。通过文件的形式，把工作任务量化到个人，同时制定一个考核工作制度，把工作考核通过一个可量化的计算方法，给每个队员的工作做出一个考核名次，对于名次高的队员给予一定奖励，并把考核结果与年终的评优挂钩，工作上形成你追我赶的工作劲头。

二是认真落实执行各项制度。行之有效的各项制度是提高管理水平和能力的重要保证，有了行之有效的制度，才能使各项工作有据可查，有章可循。通过规章制度的落实和执行，极大地提高了队员的工作积极性和主动性，使全年各项工作质量都有了新的提高。

二、加强规范化建设，提升行政管理水平

一是各项规章制度进一步完善。建立一整套办公室工作制度，包括督查督办工作实施办法、后勤管理制度、档案管理制度、文件收发管理制度、固定资产管理制度等二十多项规章制度，并将各项制度汇编印刷，严格对照执行。通过不断修订完善各项制度，使合浦调查队办公室工作制度化，真正有效地保障调查队办公室的规范运行。

二是办公室基础工作进一步规范化。全面按照总队关于办公室工作的要求，对本队办公室工作进行对照，查找出本队办公室工作的不足，规范

办公室工作事项的工作程序，并严格依照程序规定要求进行操作，为办公室规范化建设打下坚实基础。

三、圆满地完成了各项统计调查业务

一是圆满完成上级布置的各项调查工作任务。一年来，我队克服人手少，工作任务多的矛盾，积极组织开展各项统计调查工作，圆满完成了粮食产量、播种面积、退耕还林、畜禽监测、生产者价格和中间消耗、服务业、规模以下工业、消费价格、农村住户、农民工、固定资产调查等常规调查业务，并及时写出统计调查信息和分析，得到有关部门领导的肯定。

二是认真完成了专项调查工作。在圆满完成各项常规性调查的同时，积极完成了总队部署的各项调查任务。圆满完成了组织工作满意度民意调查和党风廉政建设满意度民意调查工作、农村小康监测调查、农村党员培训调查、糖料蔗生产情况等专项调查。通过这些调查，加强了与有关部门之间的联系，扩大了调查队的影响，快速灵活准确的优势得到了较好的发挥。

三是顺利完成城乡住户调查一体化改革工作。根据广西调查总队的工作安排部署，为确保城乡住户调查一体化改革工作的顺利开展，合浦调查队克服了时间紧、任务重、人员少、调查点情况复杂，调查表种类繁多等种种因难，圆满完成了摸底任务。队领导带队深入城乡住户调查一体化调查小区，实地指导辅助调查员、记账户进行记账培训工作，为开展城乡住户一体化调查工作打下坚实的基础。

四、狠抓信息管理工作，提升统计调查服务能力

2012年，合浦调查队紧紧围绕地方党委政府中心工作及社会关注热点、难点开展信息调研，撰写上报了大量有参考价值的信息。据统计，2012年合浦调查队累计撰写上报各类信息65篇，被总队采用34篇（政务信息18篇、调查信息14篇、调查报告2篇），其中，调查信息被区党委办公厅采用2篇次、区政府办公厅采用4篇次、国家局采用4篇次、中办、国办采用1篇次、国家领导批示1篇；调查报告被区党委办公厅采用2篇次，被国家局批示、国办采1篇次。

一是实行目标管理责任制。给每位队员制定全年信息任务，并制定奖惩措施。队领导带头积极撰写，并给每位队员提供参考意见及分配信息撰写任务，特别注重对年轻队员的写作能力的培养，创造人人写信息的良好氛围。

二是实行调查信息研讨制度。根据全队全年工作部署和阶段性工作重点，召开会议集中讨论信息工作计划，拟订不同阶段信息工作内容和重点，做到目标明确，重点突出，使信息工作变被动为主动。

三是将分析信息工作融于业务工作。要求每位同志在下乡开展调查时随身携带笔记本，随时记录和积累写作素材，然后利用工作之余整理写出稿件。

2013年5月8日，广西调查总队副总队长杨锡虹（左一）率调研组一行4人到合浦县廉州镇冲口社区生猪养殖户调查点了解生猪养殖销售情况。合浦调查队队长潘朝远（左二）陪同调研

2012年11月23日，广西调查总队纪检组长李建茂（右二）到合浦调查队办公室检查指导工作，合浦县纪委书记潘晓波（右一）、合浦调查队队长潘朝远（左二）陪同

五、加强与地方政府部门的联系，争取地方政府的支持

2012年，合浦调查队领导积极向地方党委、政府领导汇报城乡住户一体化调查改革等统计调查工作，得到地方党、政领导的肯定。县委政府领导多次约见合浦调查队领导，详细了解调查队工作情况，并在工作上给予合浦调查队物力、财力上很大的支持。

2012年10月25日，合浦调查队队长潘朝远（左一）带领农业股同志深入到农村开展粮食产量实割实测活动

六、抓好党风廉政建设

2012年，合浦调查队按照总队纪检监察室的布置，积极抓好党风廉政建设，认真落实党风廉政建设责任制，扎实开展党风廉政建设和反腐败工作。组织学习领会各级党委部门党风廉政建设一系列文件精神，为统计调查提供坚强政治保障，取得较好成绩。在财务管理、统计调查数据管理、经费支出等方面严格遵守相关规定。2012年，合浦调查队严格财经审批手续，所有报销发票，做到手续完备。重大开支经集体讨论决定，没有“小金库”和账外账行为和其他违纪现象发生，促进了统计调查事业健康发展。

2013年3月1日，合浦调查队队长潘朝远（右一）率队深入到农村开展粮食产量播种面积调查

第四篇　农村农业

Chapter 4　Agriculture and Rural Areas

 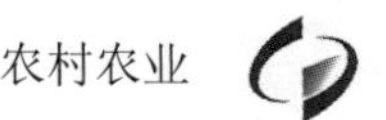

4-1 主要粮食作物播种面积、单产和总产量（1985—2012年）

Sown Area, Unit Output and Yield of Main Grain Crops（1985—2012）

年 份 Year	全年粮食 Sown Area of Grain Crops			早 稻 Early Rice		
	播种面积（千公顷） Sown Area（1000 hectares）	每公顷产量（公斤/公顷） Per Hectare Output（kg/hectare）	总 产 量（万吨） Total Yield（10 000 tons）	播种面积（千公顷） Sown Area（1000 hectares）	每公顷产量（公斤/公顷） Per Hectare Output（kg/hectare）	总 产 量（万吨） Total Yield（10 000 tons）
1985	3447.3	3240.5	1117.1	1153.2	4701.7	542.2
1986	3530.6	3166.9	1118.1	1157.9	4556.4	527.6
1987	3539.5	3418.6	1210.0	1145.5	4863.2	557.1
1988	3510.7	2976.6	1045.0	1128.5	4691.9	529.5
1989	3596.9	3533.0	1270.8	1178.4	5070.4	597.5
1990	3639.9	3744.8	1363.1	1190.3	5287.9	629.4
1991	3567.7	3758.7	1341.0	1124.1	5473.9	615.3
1992	3521.8	4028.9	1418.9	1153.6	5710.8	658.8
1993	3538.8	4115.8	1456.5	1137.1	5678.5	645.7
1994	3633.6	3502.0	1272.5	1134.1	4554.3	516.5
1995	3662.7	4117.7	1508.2	1148.4	5846.4	671.4
1996	3708.0	4070.4	1509.3	1152.4	5795.7	667.9
1997	3738.5	4132.1	1544.8	1155.3	5983.7	691.3
1998	3757.7	4143.8	1557.1	1147.9	5551.9	637.3
1999	3725.5	4227.6	1575.0	1116.4	5966.6	666.1
2000	3655.9	4180.9	1528.5	1078.1	5865.9	632.4
2001	3641.9	4150.0	1511.4	1141.5	5148.5	587.7
2002	3556.9	4180.0	1486.8	1130.3	5383.5	608.5
2003	3470.0	4222.2	1465.1	1118.5	5353.6	598.8
2004	3511.2	3983.0	1398.5	1098.9	5217.0	573.3
2005	3496.2	4254.0	1487.3	1131.3	5056.1	572.0
2006	3133.2	4556.4	1427.6	1053.3	5261.6	554.2
2007	2984.0	4680.0	1396.6	991.5	5414.0	536.8
2008	2973.1	4691.1	1394.7	984.4	5306.8	522.4
2009	3067.5	4770.0	1463.2	988.8	5595.7	553.3
2010	3061.1	4613.8	1412.3	964.8	5508.9	531.5
2011	3072.8	4653.4	1429.9	941.3	5634.9	530.4
2012	3069.1	4838.2	1484.9	928.8	5860.4	544.9

4-1 续表 continued

年 份 Year	晚 稻 Late Rice			玉 米 Corn		
	播种面积（千公顷） Sown Area（1000 hectares）	每公顷产量（公斤/公顷） Per Hectare Output（kg/hectare）	总 产 量（万吨） Total Yield（10 000 ton）	播种面积（千公顷） Sown Area（1000 hectares）	每公顷产量（公斤/公顷） Per Hectare Output（kg/hectare）	总 产 量（万吨） Total Yield（10 000 ton）
1985	1124.5	3616.7	406.7			
1986	1180.9	3407.6	402.4			
1987	1172.7	3855.2	452.1			
1988	1151.2	3015.1	347.1			
1989	1134.5	3963.0	449.6			
1990	1174.5	4330.4	508.6			
1991	1182.4	4217.7	498.7			
1992	1160.2	4453.5	516.7			
1993	1131.8	4547.6	514.7			
1994	1132.2	3413.7	386.5			
1995	1136.9	4546.6	516.9			
1996	1143.3	4537.7	518.8			
1997	1143.8	4416.0	505.1			
1998	1140.0	5064.0	577.3			
1999	1123.8	4825.6	542.3			
2000	1068.7	4775.9	510.4	610.7	3016.2	184.2
2001	1147.3	4915.9	564.0	556.9	3025.7	168.5
2002	1142.0	4659.4	532.1	520.3	3094.4	161.0
2003	1110.2	4800.0	532.9	531.1	3007.0	159.7
2004	1125.0	4245.3	477.6	586.6	3002.0	176.1
2005	1108.4	4767.2	528.4	575.7	3682.5	212.0
2006	1038.8	4944.2	513.6	516.3	3844.7	198.5
2007	986.7	4969.1	490.3	490.4	4161.9	204.1
2008	983.9	5056.5	497.5	489.7	4231.2	207.2
2009	991.0	5125.5	507.9	534.6	4212.5	225.2
2010	979.7	5199.6	509.4	538.6	3874.8	208.7
2011	986.3	4785.0	471.9	565.9	4324.6	244.7
2012	979.2	5205.0	509.7	580.5	4317.0	250.6

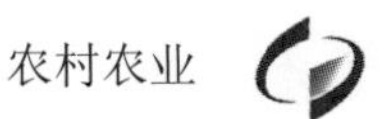

4-2 主要畜禽生产情况（1978—2012年）

Production Condition of Major Livestock and Fowl（1978—2012）

单位：万头、万只、万吨　　（10 000 heads, 10 000 heads, 10 000 tons）

年 份 Year	生 猪 Live Hog			牛 Cattle		
	存 栏 Stock	出 栏 Offtake	肉 产 量 Output of Meat	存 栏 Stock	出 栏 Offtake	肉 产 量 Output of Meat
1978	1246.3	650.6		413.9	7.4	
1979	1103.0	683.2	36.6	415.5	8.5	0.5
1980	1034.1	564.7	39.7	411.0	5.0	0.3
1981	1125.3	514.7	42.6	428.3	6.5	0.5
1982	1284.2	610.2	50.4	460.4	7.1	0.6
1983	1355.3	691.6	56.4	484.0	7.6	0.6
1984	1350.0	743.5	61.8	522.7	9.1	0.8
1985	1435.7	693.4	60.8	560.2	12.5	1.1
1986	1563.8	733.2	62.1	595.5	14.8	1.3
1987	1564.6	841.0	69.1	627.2	21.3	1.8
1988	1527.2	876.1	71.3	648.0	27.2	2.4
1989	1634.0	939.4	76.9	672.8	28.1	2.4
1990	1742.5	1063.9	87.2	703.9	35.0	3.0
1991	1808.6	1195.0	97.4	708.7	44.2	3.8
1992	1903.9	1349.9	109.8	712.3	55.3	4.8
1993	1923.6	1464.4	118.1	714.8	60.3	5.3
1994	1990.1	1654.3	134.4	724.8	67.1	5.9
1995	2075.7	1905.8	153.6	738.8	73.5	6.5
1996	2137.0	2187.0	175.9	747.4	83.2	7.5
1997	2244.0	2378.4	190.0	759.6	96.9	8.7
1998	2085.2	2424.5	194.0	776.3	105.8	9.5
1999	2309.6	2547.0	202.5	770.7	99.9	8.9
2000	2415.6	2756.9	217.9	775.3	108.9	9.8
2001	3154.6	2768.4	208.1	766.6	115.5	10.4
2002	3029.3	2656.5	190.8	766.5	129.1	11.6
2003	2637.7	2555.1	179.8	760.6	144.4	12.9
2004	2671.0	2462.5	161.7	739.7	163.5	14.6
2005	3015.0	2831.9	186.0	735.6	188.3	16.9
2006	2259.9	2957.2	210.3	403.8	117.1	10.9
2007	2169.3	2767.3	206.2	396.8	125.4	11.7
2008	2307.0	2935.0	218.4	421.8	133.7	12.5
2009	2332.4	3119.9	232.3	448.0	143.0	13.4
2010	2344.0	3230.0	241.5	450.0	146.3	13.7
2011	2412.0	3195.1	239.8	441.7	150.4	14.3
2012	2466.6	3342.1	252.5	453.6	147.7	13.9

4-2 续表 continued

单位：万头、万只、万吨 (10 000 heads, 10 000 heads, 10 000 tons)

年 份 Year	羊 Sheep			家 禽 Fowl		
	存 栏 Stock	出 栏 Offtake	肉 产 量 Output of Meat	存 栏 Stock	出 栏 Offtake	肉 产 量 Output of Meat
1978	94.8	17.8				
1979	87.5	16.0	0.3			
1980	80.3	15.1	0.2			
1981	78.0	14.2	0.2			
1982	79.8	12.6	0.2			
1983	76.6	10.3	0.2			
1984	71.8	11.9	0.2			
1985	66.6	14.4	0.2			
1986	63.6	15.7	0.2			
1987	66.7	15.3	0.2			
1988	68.8	17.4	0.2			
1989	74.6	18.2	0.3			
1990	80.6	21.5	0.3			
1991	84.0	25.5	0.4			
1992	89.1	30.3	0.4			
1993	95.4	34.7	0.5			
1994	104.2	38.9	0.6			
1995	131.5	51.5	0.8			
1996	161.6	66.3	1.1			
1997	228.7	102.8	1.6			
1998	239.2	133.1	2.1			
1999	241.1	150.9	2.3			
2000	241.8	165.0	2.5			
2001	237.6	173.8	2.6		24617.3	43.4
2002	232.4	181.5	2.6		22918.3	41.6
2003	246.6	194.4	2.8		21206.9	29.3
2004	278.1	217.7	3.2		20166.1	28.4
2005	260.0	255.0	3.8		27111.6	33.5
2006	151.4	166.5	2.5	23957.5	60123.0	94.5
2007	155.1	176.0	2.7	25938.8	64538.1	105.3
2008	176.4	190.9	2.9	27495.1	69701.1	113.7
2009	190.0	205.0	3.2	28180.0	72834.0	118.4
2010	193.4	212.3	3.3	28501.3	77058.4	124.9
2011	198.2	205.0	3.2	30282.6	79169.8	128.8
2012	203.6	206.0	3.2	31202.6	82631.7	136.0

4-3 退耕还林（草）农村居民家庭基本情况

Basic Conditions of Rural Households in Grain for Green（Grass）

指　标 Item	2008	2009	2010	2011	2012
家庭人口（人/户） Average Household Population（person/household）	4.8	4.8	4.7	4.6	4.6
耕地面积（亩/人） Area of Cultivated Land（mu/person）	1.6	1.5	1.7	1.7	1.7
住房面积（平方米/人） Per Capita Floor Space of Houses（sq.m/person）	26.8				32.7
固定资产原值（元/人） Original Value of Fixed Assets（yuan/person）	822.5				
粮食播种面积（亩/人） Sown Area of Grain Crops（mu/person）	1.2	1.2	1.4	1.2	1.1
粮食产量（公斤/人） Output of Grain Crops（kg/person）	387.4	386.6	408.4	402.2	391.0
每百户农户住房类型构成情况（%） Structure of Houses Per 100 Rural Households（%）					
砖混 Brick Concrete Structure					
钢筋混凝土 Reinforced Concrete Structure					
其他 Others					
每百户农户饮用水源构成情况（%） Drinking Water Source Situation Per 100 Rural Households（%）					
自来水 Running Water					
井水 Well Water					
其他 Others					
每百户农户通电家庭所占比重（%） Energized Proportion Per 100 Rural Households（%）					
每百户农户生活主要燃料构成情况（%） Main Fuel of Life Per 100 Rural Households（%）					
燃气 Liquefied Gas					
柴草 Firewood and Grass					
煤 Coals					
其他 Others					
退耕地造林种草累计面积（亩/人） Total Area of Afforestation and Grass Planting（mu/person）	1.9	2.0	2.0	2.0	3.2
# 实际保存面积 # Actual Area	1.8	2.0	2.0	2.0	3.2
当年退耕还林（草）补助总收入（元/人） Subsidy Total Income at Current Year（yuan/person）	231.9	355.9	248.5	238.2	247.2

4-4 退耕还林（草）县级监测情况

Monitor Situation of Grain for Green（Grass）by County-level

指 标 Item	2008	2009	2010	2011	2012
监测县（市、区）数量（个） Number of Counties（Cities、Districts）（unit）	17	17	17	17	17
年末退耕还林（草）总户数（万户） Total of Households at Year-end（10 000 household）	23.4	23.3	24.3	26.1	26.7
年末退耕还林（草）总人口（万人） Total Population at Year-end（10 000 persons）	88.6	88.6	106.8	108.3	108.4
截至本年末累计完成退耕还（草）面积（公顷） Total Area of Grain for Green（Grass）Complete This Year（hectare）	240409.2	261117.9	270016.0	280935.6	279150.5
按工程类型分 By Project Type					
退耕地造林 Retreat Farmland of Afforestation	220881.5	239908.1	248083.4		85594.0
荒山荒地造林 Barren Mountains and Virgin Lands of Afforestation	19527.7	21209.8	21932.6		154909.6
封山育林 Mountain Seal for Afforestation					38646.9
按林种分 By Function of Forest					
生态林 Ecological Forests	134803.9	146415.8	151405.2		273399.9
经济林 By-product Forsts	52933.4	57493.1	59452.3		5750.6
草 Grass	52671.8	57209.0	59158.5		
截至本年末退耕还林（草）工程实际保存面积（公顷） Actual Area of Grain for Green（Grass）Projects This Year（hectare）					274695.8
本年退耕还林（草）初助资金（万元） Grant funds of Grain for Green（Grass）This Year（10 000 yuan）	26174.7	35371.5	36102.4	29067.9	29075.8
原政策到期补助资金 Original Policies of Grant Funds	12015.2	18107.1	16567.1	7416.2	5491.2
完善退耕还林（草）补助资金 Perfect Grain for Green（Grass）of Grant Funds	3939.4	3899.3	6594.3	9373.3	10253.1
巩固退耕还林（草）成果专项资金 Consolidate Achievement of Special Funds	9371.6	12759.2	11136.0	10359.8	11663.5
其他资金 Other Funds	848.5	606.0	1805.0	1918.6	1668.0
新能源建设（个） New Energy Construction（unit）					
截至本年末建成沼气池累计个数 Accumulative Completed of Marsh Gas Pool This Year			523162	560706	610721
截至本年末节煤节柴灶累计个数 Number of Energy-saving Coal and Wood Stoves This Year			629908	667317	778305
截至本年末太阳灶累计个数 Number of Solar Cooker This Year			1916	4390	9278

4-5 退耕还林（草）农村居民家庭人均收入与支出

Per Capita Income and Expenditure of Rural households in Grain for Green（Grass）

单位：元 （yuan）

指　标	Item	2011	2012
总收入	**Total Income**	**6704.0**	**7452.8**
工资性收入	Income from Wages and Salaries	1338.8	1577.0
家庭经营收入	Income from Household Operations	4763.9	5290.0
第一产业收入	Primary Industry	4294.9	4859.6
种植业收入	Planting	2468.0	2841.3
林业收入	Forestry	675.4	740.8
牧业收入	Animal Husbandry	1138.1	1260.7
渔业收入	Fishery	13.4	16.9
第二产业收入	Secondary Industry	50.8	50.3
第三产业收入	Tertiary Industry	418.2	380.1
财产性收入	Income from Properties	57.2	26.4
转移性收入	Income from Transfers	544.1	559.4
其他收入	Others		
总支出	**Total Expenditure**	**2056.6**	**2243.5**
家庭经营费用支出	Expenditure for Household Operations	1879.7	2024.5
第一产业生产费用支出	Primary Industry	1786.1	1917.1
第二产业生产费用支出	Secondary Industry	9.3	13.2
第三产业生产费用支出	Tertiary Industry	84.3	94.2
购置生产性固定资产支出	Purchase of Productive Fixed Assets	151.7	192.7
建、造生产性固定资产雇工支出	Build of Productive Fixed Assets		0.3
税费支出	Taxes and Fees	0.2	
财产性支出	Expenses on Properties	2.4	
转移性支出	Expenses on Transfers	22.6	26.1
纯收入	**Net Income**	**4632.0**	**5236.0**
工资性收入	Wages Income	1338.8	1577.0
家庭经营纯收入	Net Income from Household Operations	2696.4	3084.1
第一产业纯收入	Primary Industry	2357.0	2785.7
农业收入	Farming	1375.4	1804.9
林业收入	Forestry	431.0	497.3
牧业收入	Animal Husbandry	541.5	475.7
渔业收入	Fishery	9.1	7.7
非农产业纯收入	Not Farming Industry	339.4	298.4
财产性纯收入	Property Income	57.2	26.4
转移性纯收入	Transfer Incom	539.6	548.5

4-6 退耕还林（草）农村居民家庭人均现金收入与支出

Per Capita Cash Income and Expenditure of Rural households in Grain for Green（Grass）

单位：元 （yuan）

指 标	Item	2008	2009	2010	2011	2012
期内现金收入	**Cash Income**	**3755.4**		**4771.6**	**5772.1**	**6314.2**
工资性收入	Income from Wages and Salaries	724.6		1138.0	1338.8	1574.5
家庭经营现金收入	Income from Household Operations	2510.3		3026.8	3876.0	4164.7
第一产业现金收入	Primary Industry	2209.4		2673.0	3407.0	3734.4
种植业现金收入	Planting	1059.2		1399.6	1716.3	1950.5
林业现金收入	Forestry	200.1		581.9	691.2	650.6
牧业现金收入	Animal Husbandry	934.8		672.8	987.3	1116.8
渔业现金收入	Fishery	15.4		18.6	12.3	16.4
第二产业现金收入	Secondary Industry	85.9		57.3	50.8	50.3
第三产业现金收入	Tertiary Industry	214.9		296.5	418.2	380.1
财产性现金收入	Income from Properties	54.1		45.6	13.3	15.6
转移性现金收入	Income from Transfers	466.5		561.2	544.1	559.4
其他现金收入	Others					
期内现金支出	**Cash Expenditure**	**3722.0**		**1315.8**	**1871.6**	**2067.8**
家庭生产经营现金支出	Expenditure for Household Operations	1265.2		1198.1	1694.7	1848.8
农业生产支出	Agricultural	1184.3		1116.3	1601.1	1741.4
种植业生产支出	Planting	573.1		694.8	989.3	938.8
林业生产支出	Forestry	130.3		155.9	236.1	233.1
畜牧业生产支出	Animal Husbandry	473.5		246.5	371.4	557.0
渔业生产支出	Fishery	7.5		19.2	4.2	8.9
第二产业生产支出	Secondary Industry	26.7		5.2	9.3	13.2
第三产业生产支出	Tertiary Industry	54.2		76.6	84.3	94.2
购置生产固定资产支出	Purchase of Productive Fixed Assets	166.5		81.3	151.7	192.7
税费现金支出	Taxes and Fees	1.0		0.3	0.2	0.3
生活消费现金支出	Cash Consumption Expenditure	2194.2				
食品消费支出	Food	794.8				
# 购买粮食支出	Purchase of Grain	74.1				
衣着消费支出	Clothing	86.2				
居住消费支出	Residence	425.6				
其他消费支出	Others	887.5				
财产性现金支出	Expenses on Properties	5.9				
转移性现金支出	Expenses on Transfers	89.0				
其他现金支出	Others	0.1				

4-7 广西国家扶贫开发工作重点县农村居民家庭基本情况

Basic Conditions of Rural Households on Key Counties for National Poverty Alleviation and Development Work by Guangxi

项　目	Item	2011	2012
调查户类别（户）	**Household Survey Categories（household）**		
调查户数	Number of Household Surveyed	2420	2440
低保户	Low Income Households	303	461
五保户	Households Enjoying Five Guarantees	2	2
建档立卡户	Cardholders Archiving Legislation	342	440
退耕还林户	Grain for Green by Households		357
种养业大户	Large Breeding Industry	8	13
当年参加专业性合作经济组织的户	Specialized Cooperative Economic Organizations of Households	16	9
当年家中是否发生大事	The Occurrence of Events at Home		
没有大事	No Big Thing	1986	2123
盖房买房	Build a House Buy a House	248	112
婚丧嫁娶	Wedding and Funeral	48	79
子女上大学（含大中专）	Their Children to University（Including College）	48	61
大病治疗	Serious Illness Treatment	90	65
家庭成员基本情况（人）	**Basic Statistics of Family Members（person）**		
家庭全部人口	Family Entire Population	11098	11290
常住人口	Resident Population	10822	11120
男	Male	5771	5886
女	Female	5051	5234
少数民族人口	Minority Population	9322	9403
有病是否能及时就医	Whether Prompt Medical Illness		
是	Yes	10231	10966
否	No	330	149
不能及时就医的主要原因	Main Reasons for Not Timely Medical Treatment		
经济困难	Economic Difficulties	43	59
医院太远	Hospitals Too Far	263	84
没有时间	No Time	1	
本人不重视	I Do Not Pay Attention	7	1
小病不用医	Minor Ailments Without Doctors	8	4
其他	Other	5	1
享受农村最低生活保障人数	Number of Enjoy Rural with Minimum Living Security		1133
5周岁及以下人口是否接受计划免疫人数	Whether to Accept the Number of Planned Immunization		665

4-7 续表 1 continued

项 目	Item	2011	2012
劳动力素质及就业状况（人）	**Quality of Labor Force and Employment Status（person）**		
劳动力人数	Number of Labor Force	7783	7958
劳动力文化程度	Labour Force Education Background		
不识字或识字不多	Illiterate or Semi-literate	436	375
小学	Primary Schools	2481	2393
初中	Junior Secondary Schools	4049	4331
高中	Senior Secondary Schools	558	575
中专	Vocational Secondary Education	150	166
大专及以上	College Degree or Above	109	118
# 第一产业就业劳动力	# Primary Industry Employment Labor	5081	4990
第二产业就业劳动力	Secondary Industry Employment Labor	1986	2214
第三产业就业劳动力	Tertiary Industry Employment Labor	686	743
曾受过技能培训人数	Number of Received Skills Training		
# 接受农业技术培训	# Accept Agricultural Technical Training	1424	1975
接受非农技能培训	Accept Non-agricultural Skills Training	786	1308
就业劳动力人数	Number of Employed Labor Force	7757	7947
当年从事的主要行业	Engage of Major Sectors	7753	7947
第一产业	Primary Industry	5081	4990
第二产业	Secondary Industry	1986	2214
第三产业	Tertiary Industry	686	743
当年外出打工人数	Number of Migrant Workers	2406	2568
外出方式	Manner Migrant Workers by Out	2406	2568
政府或单位组织	Governmental Organization or Unit	22	47
中介组织介绍	Intermediary Organization Introduction		184
亲戚朋友介绍	Relatives and Friends Introduced	452	900
自发	Spontaneous	1844	1411
其他	Other	88	26
劳动力外出地区	Labour Force Transfer Destination		
县内乡外	County of Neixiang	321	202
省内县外	The Province Outside the County	369	364
省外	Outside the Province	1469	1428
学生就学情况（人）	**Situations on Schooling**		
他/她在本年度的主要居住地点	His/Her Principal Place of Residence During the Year		1565
本村	Village		986
村外乡内	Village Outside and Township Inside		263
乡外县内	Township Outside and Country Inside		284
县外省内	Country Outside and Province Inside		30
省外	Province Outside		2
其他	Other		

4-7 续表 2 continued

项 目	Item	2011	2012
他/她本年度主要和谁居住在一起	His/Her is This Year the Main and Who Live Together		
父母双方	Both Parents		1081
父亲一方	Father's Side		51
母亲一方	Mother's Side		107
（外）祖父母	（Outside）Grandparents		146
亲属	Relatives		6
独自居住	Living Alone		
其他	Other		174
他/她现在是否上学	Whether He/She is Attending School		1565
是	Yes	1555	1556
辍学	Drop Out	7	2
没到上学年龄	Not Reached School Age		7
其他	Other		
学校类型	Type of School		1556
公立	Public		1553
私立	Private		1
农民工子弟学校	Schools for the Children of Migrant Workers		1
其他	Other		1
他/她是否住校	Does He/She Whether Live on Campus		1556
是	Yes		798
否	No		758
他/她每天怎么去学校	He/She How go to School Every Day		1555
步行	Walk		**961**
骑自行车	By Bike		18
公交车	By Bus		163
校车	By School Bus		10
租车	By Taxi		20
其他	Other		383
他/她辍学的主要原因	He/She is the Main Reason for Dropping Out of School	7	2
务工地入学难	Place of Work to School Difficult		
学校距离太远、交通不便	The School is Too Far Away and Inaccessible		
家庭经济困难或缺少劳动力	Family Economic Difficulties or Lack of Labor Force	2	
孩子个人原因	Children for Personal Reasons	1	2
其他	Other	4	

4-7 续表 3 continued

项 目	Item	2011	2012
营养及其他（人）	**Nutrition and Other（person）**		
他/她每周能吃到下面这些食物吗	He/She Weekly Can Eat These Food		
肉类食物（猪、牛、羊、禽肉等）	Food of Meat（Pork, Beef, Sheep, Poultry, Etc.）		
每天	Every Day		1117
每周2～3次	Every Week 2～3 Times		385
每周1次或少于1次	1 Times a Week or Less Than Once		63
蛋类	Eggs		
每天	Every Day		350
每周2～3次	Every Week 2～3 Times		726
每周1次或少于1次	1 Times a Week or Less Than Once		489
奶及奶制品	Milk and Milk Products		
每天	Every Day		332
每周2～3次	Every Week 2～3 Times		463
每周1次或少于1次	1 Times a Week or Less Than Once		770
蔬菜、水果	Vegetables, Fruits		
每天	Every Day		1292
每周2～3次	Every Week 2～3 Times		156
每周1次或少于1次	1 Times a Week or Less Than Once		117
豆类及制品（豆浆、豆腐、豆奶等）	Beans and Products（Soyabean Milk, Tofu, Bean Milk）		
每天	Every Day		369
每周2～3次	Every Week 2～3 Times		566
每周1次或少于1次	1 Times a Week or Less Than Once		630
他/她是否享受免费营养餐	Does He/She Enjoy Free Nutritious Meals		
享受	Enjoyment		1011
不享受	Do Not Enjoy		414
未处在义务教育阶段	Not in the Compulsory Education Stage		140
他/她本年内是否受到社会捐助	He/She Whether by Social Donation This Year		
是	Yes		71
否	No		1494
他/她是否享受“两免一补”政策	Does He/She Enjoy the “Two Exempt and one Subsidy” Policy		
享受	Enjoyment		1192
不享受	Do Not Enjoy		227
未处在义务教育阶段	Not in the Compulsory Education Stage		146
孩子个人原因	Children for Personal Reasons	1	2
其他	Other	4	

4-7 续表 4 continued

项　目	Item	2011	2012
住房及生活设施情况（户）	**Household and Living Facilities（household）**		
现住房为自有住房的	Current Housing is Owner-occupied Housing		2440
居住住房主要建筑材料	Residential Housing Construction Materials	2418	2440
钢筋混凝土	Reinforced Concrete	1469	460
砖混材料	Masonry Materials	552	1356
砖瓦砖木	Brick and Tile Brick		386
竹草土坯	Bamboo Grass Adobe	173	78
其他	Other	224	160
住宅外道路路面情况	Road Surface State of the Road Outside the House		2440
水泥或柏油路面	Cement or Road Surface of Pitch		792
沙石或石板等硬质路面	Stone, Sand gravel or Other Hard-surface		749
其他	Other		899
是否有管道供水	Whether Ther is Water Supply Pipeline		2440
管道供水入户	Pipe Water into People's Homes		1775
管道供水至公共取水点	Pipeline Water Supply to the Public Water Points		129
没有管道设施	No Pipeline Facilities		536
主要饮用水来源	Major Sources of Drinking Water	2420	2440
经过净化处理的自来水	After Purification of Water	1040	708
受保护的井水和泉水	Protected Wells and Springs	326	802
不受保护的井水和泉水	Unprotected Wells and Springs		242
江河湖泊水	Rivers, Lakes and Water	60	22
收集雨水	Collect Rainwater		128
桶装水	Bottled Water		
其他水源	Other Sources	994	538
获取饮用水存在的主要困难	The Main Difficulty in Obtaining Drinking Water Exists		2440
单次取水往返时间超过半小时	The Single Water Round-trip Time More Than Half an Hour		14
间断或定时供水	Intermittent or Regular Water Supply		129
当年连续缺水时间超过15天	Continuous Dry Year Period More Than 15 Days		220
无上述困难	None of the Above Difficulties		2077
饮用前在家里所采取的主要处理措施	Water in the Home Mainly Deal with Measures Taken		2440
煮沸	Boiled		1947
加漂白剂/氯等	Add Bleach/Chlorine		5
使用水过滤器	Use Water Filter		8
其他处理措施	Other Treatment Measures		96
没有任何水处理措施	No Water Treatment Measures		384

4-7 续表 5 continued

项　目	Item	2011	2012
厕所类型	Toilet Type		2440
水冲式卫生厕所	Water Flush Sanitary Toilet	1067	1125
水冲式非卫生厕所	Water Flush Non-sanitary Toilet		248
卫生旱厕	Sanitary Toilet	1027	222
普通旱厕	Ordinary Toilet		779
无厕所	No Toilet	326	66
厕所使用情况	Situation of Toilet Use		2440
本住户独用	Household Use Alone		2294
几户合用	Several Families Sharing		76
公用厕所	Communal Lavatories		70
洗澡设施	Facilities for Bathing		2440
统一供热水	Unity of Hot Water Supply		
家庭自装热水器	Families Install Their Own Water Heater		666
其他	Other		1050
无洗澡设施	No Bathing Facilities		724
主要取暖用能源状况	Mainly for Heating Energy Situation		2440
柴草	Firewood		1377
煤炭	Coal		
罐装液化石油气	Bottled Liquefied Petroleum Gas		
管道液化石油气	Pipeline Liquefied Petroleum Gas		
管道煤气	Pipeline Gas		
管道天然气	Pipeline Natural Gas		
电	Electricity		136
燃料用油	Fuel Oil		
沼气	Biogas		
其他	Other		189
无取暖行为	No Heating Behavior		738
主要炊用能源状况	Mainly to Cooking Energy Situation	2420	2440
柴草	Firewood	1974	1960
煤炭	Coal	8	
罐装液化石油气	Bottled Liquefied Petroleum Gas	132	170
管道液化石油气	Pipeline Liquefied Petroleum Gas		
管道煤气	Pipeline Gas		
管道天然气	Pipeline Natural Gas		
电	Electricity	224	253
燃料用油	Fuel Oil		
沼气	Biogas	78	36
其他	Other	4	21
无炊用行为	No Cooking With Behavior		
使用照明电的	Use of Lighting Electricity	2410	2440

4-7 续表 6 continued

项 目 Item	2011	2012
社会事务参与情况（户） Statistics of Participation in Social Affairs（household）		
当年有人参加过村务会议的户 Households of Participated in Village meetings This Year		718
当年有人为村级公共事务提过建议的户 Households of Village-level Public Affairs When Someone Mentioned Recommendations This Year		582
本村的低保户是如何确定的 The Village is How to determine the minimal Assurance Households		2440
村民公开评议 Public Comment by Villagers		1953
村干部指定 Specified by Village Cadres		280
大家轮流 Everyone Take Turns		3
关系户优先 Priority of Family Relations		42
其他 Other		162
本村的扶贫项目户如何确定的 The Village is How Poverty Alleviation Project Households to Determine		2440
村民公开评议 Public Comment by Villagers		1879
村干部指定 Specified by Village Cadres		268
大家轮流 Everyone Take Turns		6
关系户优先 Priority of Family Relations		42
其他 Other		245
所在的行政村有村级扶贫规划的户 Where Administrative Village of Village Poverty Alleviation Planning Households		980
了解规划内容的户 Understanding of the Planning Content of Households		519
参与村级扶贫规划的制定的户 To Participate in the Village Poverty Alleviation Planning Households		184
您家当年面临的主要问题 The Main Problem That Faces in Your Home		2440
缺乏致富技术 Lack of Enrichment Technology		688
缺乏资金 Lack of Funds		1483
缺乏劳动力 Lack of Labour Force		116
家中有人患大病 Someone Suffering From a Serious Illness by Households		32
家中有人残疾 Someone Disability by Households		24
容易遭受自然灾害 Vulnerable to Natural Disasters		25
其他 Other		72

4-7 续表 7 continued

项 目 Item	2011	2012
您认为您家在本村属于 Do You Think That Your Home in the Village Belong To		2440
贫困户 Low Income households		284
中等偏下户 Lower Middle Income households		1011
中等收入户 Middle Income households		980
中等偏上户 Upper middle Income Households		150
富裕户 High Income Households		15
扶贫活动参与情况（户） **Statistics of Participation in Poverty Reduction Activities (households)**		
所在村已落实新的扶贫项目或新到位扶贫资金的户 The Village has Implemented New Project or Position Poverty Alleviation Fund Families		849
您如何知道本村参加了扶贫项目 How Do You Know the Village Took Part in the Poverty Alleviation Project	794	849
通过村务公开公告栏或通知 Through Making Village Affairs Public Bulletin Boards or Notice	513	737
通过村干部个别通知 Informed Individually Through the village Cadres	45	35
通过亲朋好友 Through Friends and Family	68	45
其他 Other	168	32
参与村级扶贫项目选定的户 Poverty Alleviation Project in selected Households		146
本村的扶贫项目是如何分配的 The Village Poverty Alleviation Project is How to Allocate		849
贫困户优先得到项目 Poor Households Receive Priority Projects		725
先给有偿还能力或脱贫能力强的户 The First to Have Repayment Ability, or Ability of Households Out of Poverty		72
优先考虑关系户 Priority of Family Relations		5
其他 Other		47
参与扶贫项目户的确定的户 Participation in Poverty Alleviation Project Households Identified Households		181
当年参加扶贫项目的户数 Number of households That Took Part in Poverty Alleviation Projects	309	111
您家参加的扶贫项目类型 Your Home in Poverty Alleviation Project Type		119
种植业 Crop Farming	65	10
林业 Forestry	24	2
养殖业 Aquaculture	2	84
农产品加工业 Agricultural Product Processing Industry		
人畜饮水工程 Drinking Water Project	20	11

4-7 续表 8 continued

项 目 Item	2011	2012
危房改造 Repair of Dangerous Buildings	25	9
沼气等新能源建设 Construction of New Energy Sources Such as Biogas	12	
教育免费 Education is Free		
卫生 Health	4	
专业技能培训 Professional Skills Training	6	
其他 Other	151	3
当年得到的扶贫资金总额（元） Total of get Alleviation Funds in This Year（yuan）	503414.3	317487.2
当年得到扶贫资金来源 Then get Help Alleviation Funds Source in This Year		119
扶贫贴息贷款 Poverty Alleviation Loans		1
财政扶贫专项资金 Special Funds to Finance Poverty Alleviation		95
国内无偿政策性补贴 The Domestic Gratuitous Policy-related Subsidies		10
外资项目贷款 Foreign Project Loans		
外资无偿赠款 Gratuitous Donated of Foreign Funds		
其他 Other		13
当年扶贫项目净收益（元） Net Income From Poverty Alleviation Project in This Year（yuan）	201045.4	152027.3
您最希望得到的扶贫项目 You Want Most of the Poverty Alleviation Project	2420	2440
种植业 Crop Farming	716	443
林业 Forestry	57	128
养殖业 Aquaculture	331	721
农产品加工业 Agricultural Product Processing Industry	75	65
人畜饮水工程 Drinking Water Project	133	209
危房改造 Repair of Dangerous Buildings	126	177
沼气等新能源建设 Construction of New Energy Sources Such as Biogas	36	19
免费教育 Education is Free		88
卫生 Health	37	8
专业技能培训 Professional Skills Training	132	272
其他 Other	777	310

4-8 广西国家扶贫开发工作重点县农村居民家庭人均总收入及构成

Per Capita Income and Composition of Rural Households of National Poverty Alleviation and Development Focus Counties by Guangxi

项　目	Item	2011	2012
总收入（元）	**Total Income（yuan）**	**5700.75**	**6541.49**
工资性收入	Wages Income	1392.61	1646.11
家庭经营收入	Household Business Income	3953.24	4450.81
第一产业	Primary Industry	3387.37	3769.26
农业	Farming	1853.51	2101.09
林业	Forestry	309.42	377.75
牧业	Animal Husbandry	1197.68	1256.00
渔业	Fishery	26.75	34.43
第二产业	Secondary Industry Income	123.82	122.80
工业	Industry	54.36	68.92
建筑业	Construction	69.47	53.88
第三产业	Tertary Industry	442.05	558.75
交通、运输、邮电业	Transport and Telecommunications Industries	180.93	227.78
批发和零售贸易、餐饮业	Wholesale and Retail Trade, Catering Industry	150.76	185.99
社会服务业	Social Services	51.86	83.60
文教卫生业	Culture, Education and Health Care	26.58	29.80
其他行业	Other Industry	29.06	29.79
财产性收入	Property Income	23.21	27.09
转移性收入	Transferred Income	331.69	417.49
总收入构成（%）	**Composition of Total Income（%）**		
工资性收入	Wages Income	24.43	25.16
家庭经营收入	Household Business Income	69.35	68.04
第一产业	Primary Industry	59.42	57.62
农业	Farming	32.51	32.12
林业	Forestry	5.43	5.77
牧业	Animal Husbandry	21.01	19.20
渔业	Fishery	0.47	0.53
第二产业	Secondary Industry Income	2.17	1.88
工业	Industry	0.95	1.05
建筑业	Construction	1.22	0.82
第三产业	Tertary Industry	7.75	8.54
交通、运输、邮电业	Transport and Telecommunications Industries	3.17	3.48
批发和零售贸易、餐饮业	Wholesale and Retail Trade, Catering Industry	2.64	2.84
社会服务业	Social Services	0.91	1.28
文教卫生业	Culture, Education and Health Care	0.47	0.46
其他行业	Other Industry	0.51	0.46
财产性收入	Property Income	0.41	0.41
转移性收入	Transferred Income	5.82	6.38

4-9 广西国家扶贫开发工作重点县农村居民家庭人均纯收入及构成

Per Capita Annual Net Income and Composition of Rural Households of National Poverty Alleviation and Development Focus Counties by Guangxi

项 目	Item	2011	2012
纯收入（元）	**Net Income（yuan）**	**4009.38**	**4653.53**
工资性收入	Wages Income	1392.61	1646.11
家庭经营纯收入	Net Income from Household Business	2315.61	2621.59
第一产业	Primary Industry	1940.57	2152.79
农业	Farming	1149.80	1271.31
林业	Forestry	259.52	326.42
牧业	Animal Husbandry	524.98	539.21
渔业	Fishery	6.28	15.85
第二产业	Secondary Industry Income	70.77	74.78
工业	Industry	31.64	50.87
建筑业	Construction	39.13	23.91
第三产业	Tertary Industry	304.27	394.02
交通、运输、邮电业	Transport and Telecommunications Industries	89.24	127.65
批发和零售贸易、餐饮业	Wholesale and Retail Trade, Catering Industry	127.47	147.87
社会服务业	Social Services	47.77	74.29
文教卫生业	Culture, Education and Health Care	18.96	18.71
其他行业	Other Industry	20.84	25.49
财产性收入	Property Income	23.21	27.09
转移性收入	Transferred Income	277.95	358.75
纯收入构成（%）	**Composition of Net Income（%）**		
工资性收入	Wages Income	34.73	36.07
家庭经营收入	Net Income from Household Business	57.75	57.45
第一产业	Primary Industry	48.40	47.17
农业	Farming	28.68	27.86
林业	Forestry	6.47	7.15
牧业	Animal Husbandry	13.09	11.82
渔业	Fishery	0.16	0.35
第二产业	Secondary Industry Income	1.77	1.64
工业	Industry	0.79	1.11
建筑业	Construction	0.98	0.52
第三产业	Tertary Industry	7.59	8.63
交通、运输、邮电业	Transport and Telecommunications Industries	2.23	2.80
批发和零售贸易、餐饮业	Wholesale and Retail Trade, Catering Industry	3.18	3.24
社会服务业	Social Services	1.19	1.63
文教卫生业	Culture, Education and Health Care	0.47	0.41
其他行业	Other Industry	0.52	0.56
财产性收入	Property Income	0.58	0.59
转移性收入	Transferred Income	6.93	7.86

4-10 广西国家扶贫开发工作重点县农村居民家庭人均现金收入及构成

Per Capita Cash Income and Composition of Rural Households of National Poverty Alleviation and Development Focus Counties by Guangxi

项　目	Item	2011	2012
现金收入（元）	**Cash Income（yuan）**	**4683.04**	**5520.79**
工资性收入	Wages Income	1392.54	1646.11
家庭经营现金收入	Cash Income from Household Business	2941.65	3434.74
第一产业	Primary Industry	2376.21	2753.41
农业	Farming	1074.37	1290.66
林业	Forestry	286.25	341.15
牧业	Animal Husbandry	991.55	1089.38
渔业	Fishery	24.04	32.22
第二产业	Secondary Industry Income	123.82	122.80
工业	Industry	54.36	68.92
建筑业	Construction	69.47	53.88
第三产业	Tertary Industry	441.62	558.53
交通、运输、邮电业	Transport and Telecommunications Industries	180.93	227.78
批发和零售贸易、餐饮业	Wholesale and Retail Trade, Catering Industry	150.76	185.99
社会服务业	Social Services	51.86	83.60
文教卫生业	Culture, Education and Health Care	26.58	29.80
其他行业	Other Industry	28.63	29.56
财产性收入	Property Income	25.87	27.05
转移性收入	Transferred Income	322.98	412.90
现金收入构成（%）	**Composition of Cash Income（%）**		
工资性收入	Wages Income	29.74	29.82
家庭经营现金收入	Cash Income from Household Business	62.82	62.21
第一产业	Primary Industry	50.74	49.87
农业	Farming	22.94	23.38
林业	Forestry	6.11	6.18
牧业	Animal Husbandry	21.17	19.73
渔业	Fishery	0.51	0.58
第二产业	Secondary Industry Income	2.64	2.22
工业	Industry	1.16	1.25
建筑业	Construction	1.48	0.98
第三产业	Tertary Industry	9.43	10.12
交通、运输、邮电业	Transport and Telecommunications Industries	3.86	4.13
批发和零售贸易、餐饮业	Wholesale and Retail Trade, Catering Industry	3.22	3.37
社会服务业	Social Services	1.11	1.51
文教卫生业	Culture, Education and Health Care	0.57	0.54
其他行业	Other Industry	0.61	0.54
财产性收入	Property Income	0.55	0.49
转移性收入	Transferred Income	6.90	7.48

 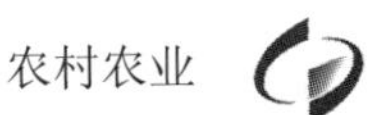

4-11 广西国家扶贫开发工作重点县农村居民家庭人均总支出及构成

Per Capita Total Expenditure and Composition of Rural Households of National Poverty Alleviation and Development Focus Counties by Guangxi

项　目	Item	2011	2012
总支出（元）	**Total Expenditure（%）**	**5833.73**	**6694.55**
家庭经营费用支出	Expenditure for Household Business	1526.86	1721.54
第一产业	Primary Industry	1350.97	1522.70
农业	Farming	656.62	779.14
林业	Forestry	46.08	48.60
牧业	Animal Husbandry	628.82	676.90
渔业	Fishery	19.44	18.04
第二产业	Secondary Industry Income	50.71	45.02
工业	Industry	21.40	16.51
建筑业	Construction	29.30	28.51
第三产业	Tertary Industry	125.19	153.83
交通、运输、邮电业	Transport and Telecommunications Industries	81.90	92.48
批发和零售贸易、餐饮业	Wholesale and Retail Trade, Catering Industry	21.72	36.02
社会服务业	Social Services	3.80	8.82
文教卫生业	Culture, Education and Health Care	7.29	10.71
其他行业	Other Industry	10.48	5.80
购置生产性固定资产支出	Expenditure for Productive Fixed Assets	212.25	188.93
税费支出	Taxes and Fee	5.47	3.95
生活消费支出	Consumption Expenditure	3873.90	4493.04
食品	Food	1848.62	2078.79
衣着	Clothing	133.54	158.75
居住	Residence	770.32	905.84
家庭设备、用品及服务	Household Facilities, Articles and Services	210.50	243.22
医疗保健	Medicines and Medical Services	335.02	409.21
交通通讯	Transport, Post and Telecommunications	197.20	234.60
文化娱乐用品及服务	Stationery & Recreation Goods and Services	296.58	354.56
其他商品和服务	Other Commodities and Services	82.13	108.07
财产性支出	Expenditure for Property	5.77	2.07
转移性支出	Transferred Expenditure	207.74	280.89

4-11 续表 continued

项 目	Item	2011	2012
总支出构成（%）	**Composition of Total Expenditure（%）**		
家庭经营费用支出	Expenditure for Household Business	26.17	25.72
第一产业	Primary Industry	23.16	22.75
农业	Farming	11.26	11.64
林业	Forestry	0.79	0.73
牧业	Animal Husbandry	10.78	10.11
渔业	Fishery	0.33	0.27
第二产业	Secondary Industry Income	0.87	0.67
工业	Industry	0.37	0.25
建筑业	Construction	0.50	0.43
第三产业	Tertary Industry	2.15	2.30
交通、运输、邮电业	Transport and Telecommunications Industries	1.40	1.38
批发和零售贸易、餐饮业	Wholesale and Retail Trade, Catering Industry	0.37	0.54
社会服务业	Social Services	0.07	0.13
文教卫生业	Culture, Education and Health Care	0.12	0.16
其他行业	Other Industry	0.18	0.09
购置生产性固定资产支出	Expenditure for Productive Fixed Assets	3.64	2.82
税费支出	Taxes and Fee	0.09	0.06
生活消费支出	Consumption Expenditure	66.41	67.11
食品	Food	31.69	31.05
衣着	Clothing	2.29	2.37
居住	Residence	13.20	13.53
家庭设备、用品及服务	Household Facilities, Articles and Services	3.61	3.63
医疗保健	Medicines and Medical Services	5.74	6.11
交通通讯	Transport, Post and Telecommunications	3.38	3.50
文化娱乐用品及服务	Stationery & Recreation Goods and Services	5.08	5.30
其他商品和服务	Other Commodities and Services	1.41	1.61
财产性支出	Expenditure for Property	0.10	0.03
转移性支出	Transferred Expenditure	3.56	4.20

4-12 广西国家扶贫开发工作重点县农村居民家庭人均现金支出及构成

Per Capita Cash Expenditure and Composition of Rural Households of National Poverty Alleviation and Development Focus Counties by Guangxi

项 目	Item	2011	2012
现金支出（元）	**Cash Expenditure（yuan）**	**4843.05**	**5712.47**
生产费用现金支出	Cash Expenditure of Productive Costs	1607.85	1787.33
家庭经营费用支出	Expenditure for Household Business	1393.86	1594.27
第一产业	Primary Industry	1218.07	1395.74
农业	Farming	630.35	753.67
林业	Forestry	46.08	48.60
牧业	Animal Husbandry	522.20	575.42
渔业	Fishery	19.44	18.04
第二产业	Secondary Industry Income	50.60	44.71
工业	Industry	21.29	16.21
建筑业	Construction	29.30	28.51
第三产业	Tertary Industry	125.19	153.82
交通、运输、邮电业	Transport and Telecommunications Industries	81.90	92.48
批发和零售贸易、餐饮业	Wholesale and Retail Trade, Catering Industry	21.72	36.02
社会服务业	Social Services	3.80	8.82
文教卫生业	Culture, Education and Health Care	7.29	10.71
其他行业	Other Industry	10.48	5.80
购置生产性固定资产支出	Expenditure for Productive Fixed Assets	212.25	188.93
税费支出	Taxes and Fee	5.47	3.95
生活消费支出	Consumption Expenditure	3020.43	3642.13
财产性支出	Expenditure for Property	5.77	2.07
转移性支出	Transferred Expenditure	203.53	276.99
现金支出构成（%）	**Composition of Cash Expenditure（%）**		
生产费用现金支出	Cash Expenditure of Productive Costs	33.20	31.29
家庭经营费用支出	Expenditure for Household Business	28.78	27.91
第一产业	Primary Industry	25.15	24.43
农业	Farming	13.02	13.19
林业	Forestry	0.95	0.85
牧业	Animal Husbandry	10.78	10.07
渔业	Fishery	0.40	0.32
第二产业	Secondary Industry Income	1.04	0.78
工业	Industry	0.44	0.28
建筑业	Construction	0.61	0.50
第三产业	Tertary Industry	2.58	2.69
交通、运输、邮电业	Transport and Telecommunications Industries	1.69	1.62
批发和零售贸易、餐饮业	Wholesale and Retail Trade, Catering Industry	0.45	0.63
社会服务业	Social Services	0.08	0.15
文教卫生业	Culture, Education and Health Care	0.15	0.19
其他行业	Other Industry	0.22	0.10
购置生产性固定资产支出	Expenditure for Productive Fixed Assets	4.38	3.31
税费支出	Taxes and Fee	0.11	0.07
生活消费支出	Consumption Expenditure	62.37	63.76
财产性支出	Expenditure for Property	0.12	0.04
转移性支出	Transferred Expenditure	4.20	4.85

4-13 广西国家扶贫开发工作重点县农村居民家庭平均每百户耐用消费品拥有量

Ownership of Major Durable Consumer Goods Per 100 Rural Households of National Poverty Alleviation and Development Focus Counties by Guangxi

项 目	Item	2011	2012
家用汽车（辆）	Household Automobile（unit）		2.58
摩托车（辆）	Motorcycle（unit）	74.92	74.55
助力车（台）	Man-drawn Veicle（set）		4.63
洗衣机（台）	Washing Machine（set）		36.60
电冰箱（柜）（台）	Refrigerator（set）	58.31	67.30
微波炉（台）	Microwave Oven（set）		7.09
彩色电视机（台）	Color Tv（set）	101.12	101.72
# 接入有线电视网（台）	# Access Cable Television Network（set）		28.89
空调（台）	Air Conditioning（set）		4.55
热水器（台）	Water Heater（set）		27.25
# 太阳能热水器（台）	# Solar Water Heater（set）		3.61
消毒碗柜（台）	Disinfection Cupboard（set）		4.63
洗碗机（台）	Dishwasher（set）		0.00
排油烟机（台）	Smoke Absorber（set）		1.97
固定电话（线）	Fixed Telephone（line）	193.80	18.20
移动电话（部）	Hand Telephone（unit）		200.66
# 接入互联网（部）	# Access to the Internet（unit）		33.03
计算机（台）	Computer（set）	3.93	4.71
# 接入互联网（台）	# Access to the Internet（set）		2.62
摄像机（台）	Video Camera（set）		1.07
照相机（台）	Camera（set）		0.61
中高档乐器（架）	Medium Upscale Musical Instrument（unit）		0.16
健身器材（台）	Fitness Equipment（set）		0.00
组合音响（套）	Audio System（set）		3.89

4-14 广西国家扶贫开发工作重点县农村居民家庭人均主要食品消费量

Per Capita Main Food Consumption of Rural Households of National Poverty Alleviation and Development Focus Counties by Guangxi

单位：公斤 （kg）

项 目	Item	2011	2012
谷物消费量	Cereal Consumption	173.89	157.46
# 稻谷	# Rice	135.09	127.10
玉米	Corn	35.12	26.49
薯类消费量	Potato Consumption	1.07	0.98
豆类消费量	Soy Consumption	3.70	3.39
油脂类消费量	Oil and Fats Consumption	3.79	3.21
烟叶消费量	Tobacco Consumption	0.12	0.13
豆制品	Soybean	1.44	1.54
蔬菜及菜制品消费量	Vegetables and Food Products Consumption	78.26	71.29
# 叶菜类	# Leaf	77.50	70.36
瓜类	Melons	2.47	2.05
# 西瓜	# Watermelon	1.93	1.51
水果类	Fruits	8.88	10.66
消费茶叶	Tea Consumption	0.22	0.36
坚果消费量	Nuts Consumption	0.62	0.83
肉禽及其制品	Meat, Poultry and Related Products	38.64	38.34
# 猪肉	# Pork	24.00	24.66
牛肉	Beef	1.57	1.02
羊肉	Mutton	0.28	0.30
家禽	Poultry	11.04	10.45
蛋类及蛋制品	Eggs and Eggs Products	1.53	1.89
奶和奶制品	Milk and Dairy Products	0.49	0.58
水产品	Aquatic Products	2.20	2.48
# 鱼类	# Fish	2.10	2.38
虾、贝、蟹类	Shrimp, Shells, Crabs	0.01	0.02
食糖	Sugar	0.82	0.85
酒	Wine	13.91	12.36
# 白酒	# Liquor	5.79	5.52
啤酒	Beer	6.06	5.09

4-15 广西国家扶贫开发工作重点县农村居民家庭人均农副产品生产量

Per Capita Output of Farm Products of Rural Households of National Poverty Alleviation and Development Focus Counties by Guangxi

单位：公斤 (kg)

项 目	Item	2011	2012
谷物	Cereals	333.55	349.75
薯类	Tubers	1.67	2.44
豆类	Soybeans	6.42	5.41
油料	Oil-bearing Crops	3.28	4.72
麻类	Fiber Crops		0.01
糖料	Sugar Crops	995.47	1034.62
烟叶	Tobacco	4.21	5.54
蔬菜	Vegetables	118.09	121.78
瓜果类	Melons and Fruits Crops	2.64	8.06
园林水果	Fruits of Garden	26.33	53.54
茶叶	Tea Leaf	5.99	4.38
猪肉	Pork	31.75	34.62
羊肉	Mutton	0.86	0.75
牛肉	Beef	2.54	2.05
家禽	Poultry	8.55	8.67
鱼虾	Fish and Shrimps	2.70	2.45
蛋类	Eggs	0.40	0.46
蜂蜜	Honey		0.02
蚕茧	Silkworm Cocoons	5.19	5.67

4-16 广西国家扶贫开发工作重点县社区基本情况

Basic Conditions of Community on Key Counties for National Poverty Alleviation and Development Work by Guangxi

项 目 Item	2011	2012
社区情况（个） Situation of community（unit）		
调查村个数 Number of Surveyed Villages	234	244
少数民族村 National Minority Village	220	213
政府确定的贫困村 Poor Villages Identified by the Government	126	108
有卫生站（室）的行政村个数 Number of Administrative Villages in There Are Health Stations（Room）	187	227
拥有合法行医证医生/卫生员的行政村个数 Number of Administrative Villages in Have Legitimate License to Practice Medicine Doctors/Hygienist	180	209
自然村个数 Number of Natural Village	3246	3229
通公路的自然村 Natural Village to Build Up Roads	2825	2945
主干道路面经过硬化处理的自然村 Natural Village by Trunk Road Through Hardened		1275
通客运班车的自然村 Natural Village Through Passenger Bus		823
通电的自然村 Electricity Came to Natural village	3205	3226
通电话的自然村 Telephone Came to Natural Village	2950	3018
通有线电视信号的自然村 Cable Tv Signal Came to Natural Village	2995	1735
通宽带的自然村 Broadband Came to Natural Village		818
被通信信号覆盖的自然村 Natural Village Covered by the Communication Signal		3113
有健身器材的自然村 There Are Fitness Equipment of Natural Village		27
饮用水经过集中净化处理的自然村 Purified Drinking Water Treatment of Natural Village		528
进村道路的路面状况 Condition of Go Into Village by Road Pavement		244
水泥或柏油路面 Cement or Asphalt Pavement		135
沙石或石板等硬质路面 Sand or Slate etc Hard Road Surface		88
其他 Other		21
有文化活动室的行政村个数 Number of Administrative Village Cultural Activity Room		159
有畜禽集中饲养区的行政村个数 Number of Administrative Villages in Have concentrated Livestock Feeding Area		19

4-16 续表 1 continued

项 目 Item	2011	2012
上幼儿园或学前班的便利程度如何 How to Facilitate the Extent Kindergarten or Preschool		244
村内有，且便利 Village Have, and Convenient		136
村内无，但入园较便利 Village Not Have, But More Convenient to Go to Kindergarten		44
不便利 Not Convenient		64
上小学的便利程度 Convenience Degree of go Elementary School		244
村内有，且便利 Village Have, and Convenient		195
村内无，但入学校便利 Village Not Have, But More Convenient to Go to School		27
不便利 Not Convenient		22
年内召开村民大会或村民代表大会次数（次） Number of Village Assembly Held During or Villager Congress Views in the Year（times）		750
有专业合作经济组织或行业协会的行政村个数 Number of Administrative Villages of Cooperative Economic Organizations or Industry Associations		26
人口和资源情况 Condition of Population and Resource		
年末户籍人口（人） Household Population at Year-end（person）		632148
年末常住户数（户） Number of Resident Households at Year-end（household）		145067
年末常住人口数（人） Number of Usual Residents（person）		585333
耕地面积（亩） Area of Cultivated Land（mu）	632692	638539
# 有效灌溉面积（亩） # Irrigated Area（mu）	210394	230698
园地面积（亩） Area of Garden Plot（mu）	102619	137843
林地面积（亩） Area of Forests Land（mu）	2086002	1913476
牧草地面积（亩） Area of Grassland（mu）	38419	66639
养殖水面面积（亩） Water Area of Breeding Aquatics（mu）	17584	25565
全村当年粮食总产量（吨） Total Output of Grain on Village This Year（ton）		170206
救济及社会保障情况 Situation of Relief and Social Security		
年内收到救济、救灾款物（包括实物折价）（元） Receive Relief, Relief Funds and Materials（Including In-kind Discounts）（yuan）	2573941	4440781
年内收到过救济、救灾款物的户数（户） Number of Households by Received Relief, Relief Funds and Materials（household）	15022	14050

4-16 续表 2 continued

项 目 Item	2011	2012
年内缺粮需要救济的户数（户） Number of Households by Due to Lack of Food in Need of Relief（household）	12206	12903
享受农村最低生活保障人数（人） Number of Rural Residents with Minimum Living Allowance（person）	66460	66934
参加新型农村合作医疗人数（人） Number of New Cooperative Medical System（person）	536373	551105
参加农村社会养老保险人数（人） Number of Rural Social Endowment Insurance（person）		225191
村级扶贫活动情况 **Situation of Poverty Alleviation Activities by Village-level**		
有小额信贷组织或村民互助资金组织的村（个） There Microfinance Organizations or Mutual aid Funds Organizations of Villager in the Village（unit）		28
有村级扶贫规划的村（个） There Poverty Alleviation Plan of Village-level by Villages（unit）		117
扶贫规划为村民讨论共同决定的村（个） Poverty Reduction Program for the Villagers to Discuss the Decision of the Village（unit）		113
参加过扶贫开发项目的村（个） Participated in Poverty Alleviation and Development Projects the Villages（unit）	1640	163
政府或机构拨付到位扶贫资金总额（万元） Total Amount of Government or Agencies of Poverty Funds be Appropriated in Place（10 000 yuan）	71699.20	11896.1
# 扶贫贷款 # Loans of Poverty Alleviation	3697.00	2386.80
扶贫资金的投向（万元） Poverty Alleviation Funds to Investment Direction（10 000 yuan）	71149.20	11896.10
农业 Agriculture	2745.40	556.60
林业 Forestry	470.00	64.80
畜牧业 Stockbreeding	259.80	175.40
农产品加工业 Agricultural Product Processing Industry	423.00	208.40
农村饮水安全工程 Drinking Water Safety Project of Rural	7314.00	914.60
小型农田水利及农村水电 Irrigation and Water Conservancy of Small-scale and hydropower of Rural		201.80
病险水库除险加固 Dangerous Reservoir Reinforcement		505.00
村通公路（通畅、通达工程等） Open Up Roads of Village（Smooth, Tongda Engineering Etc）	17843.00	2699.10
农网完善及无电地区电力设施建设 Perfect Power Network of Rural and Building of Power Facilities of Areas Without Electricity	250.00	445.00
村村通电话、互联网覆盖等信息化建设 Village Phone, Internet coverage Information Construction		2.50
农村沼气等清洁能源建设 Rural Biogas and so on Clean Energy Construction	1922.00	109.00

4-16 续表 3 continued

项目 Item	2011	2012
农村危房改造 Repair of Dangerous Buildings by Rural	32007	4880.9
中低产田改造、土地开发整理 Low-yielding Farmland, Land Development and consolidation	677	423
村卫生站（室）建设及设施 Construction and Facilities of Village Health Station（Room）	1700	207
农村中小学建设 Construction of Rural Primary and Secondary	1170	298.9
劳动力职业技能培训 Workforce Occupational Skill Training	118	23.24
易地扶贫搬迁 Places as a Poverty Removal		181
扶持农户数或公共项目成果（户） Support is Number of Rural Households or Public Project Results（households）		
农业 Agriculture	55590	3254
林业 Forestry	4010	1461
畜牧业 Stockbreeding	1430	929
农产品加工业 Agricultural Product Processing Industry	570	97
农村饮水安全工程 Drinking Water Safety Project of Rural	45570	5332
小型农田水利及农村水电（亩） Irrigation and Water Conservancy of Small-scale and hydropower of Rural（mu）		6649.8
病险水库除险加固（平方米） Dangerous Reservoir Reinforcement（sq.m）		3600
村通公路（通畅、通达工程等）（公里） Open Up Roads of Village（Smooth, Tongda Engineering Etc）（km）	1863.0	942.4
农网完善及无电地区电力设施建设 Perfect Power Network of Rural and Building of Power Facilities of Areas Without Electricity	40	14524
村村通电话、互联网覆盖等信息化建设 Village Phone, Internet coverage Information Construction		747
农村沼气等清洁能源建设（个） Rural Biogas and so on Clean Energy Construction（unit）	6460（户）	783
农村危房改造（平方米） Repair of Dangerous Buildings by Rural（sq.m）	23185（户）	210464.1
中低产田改造、土地开发整理（亩） Low-yielding Farmland, Land Development and consolidation（mu）	12350	325
村卫生站（室）建设及设施（平方米） Construction and Facilities of Village Health Station（Room）（sq.m）	230（个）	2585
农村中小学建设（平方米） Construction of Rural Primary and Secondary	60（个）	2945
劳动力职业技能培训（人次） Workforce Occupational Skill Training（person-times）	39790	3433
易地扶贫搬迁 Places as a Poverty Removal		96

主要统计指标解释

粮食产量 指全社会的产量。包括国有经济经营的、集体统一经营的和农民家庭经营的粮食产量，还包括工矿企业办的农场和其他生产单位的产量。粮食除包括稻谷、小麦、玉米、高粱、谷子及其他杂粮外，还包括薯类和豆类。其产量计算方法，豆类按去豆荚后的干豆计算；薯类（包括甘薯和马铃薯，不包括芋头和木薯）1963年以前按每4公斤鲜薯折1公斤粮食计算，从1964年开始改为按5公斤鲜薯折1公斤粮食计算。城市郊区作为蔬菜的薯类（如马铃薯等）按鲜品计算，并且不作粮食统计。其他粮食一律按脱粒后的原粮计算。1989年以前全国粮食产量数据主要靠全面报表取得，1989年开始使用抽样调查数据。

猪、牛、羊肉产量 指当年出栏并已屠宰、除去头蹄下水后带骨肉（即胴体重）的重量。包括全社会范围内的产量。1996年前为各级逐级上报数据。1996年第一次农业普查以后，由于畜牧业产品年报数据与普查数据之间存在一定的差距，国家统计局农调总队对畜牧业年报数据与普查数据进行衔接。1999年以后，国家统计局开展了猪、牛、羊、禽等主要畜禽品种的抽样调查，并用抽样数据作为国家定案数据使用。未开展抽样调查的品种，仍使用各级统计部门逐级上报数据。

期初（末）畜禽存栏头（只）数 指报告期初（末）农村各种合作经济组织和国营农场、农民个人、机关、团体、学校、工矿企业、部队等单位以及城镇居民饲养的大牲畜、猪、羊、家禽等畜禽的存栏数。数据上报方式及数据调整情况同猪、牛、羊肉产量。

当年出栏头数 指农林牧渔企业生产单位饲养的，供屠宰并已出栏的全部牲畜头数。包括交售给国家，集市上出售的部分。

常用耕地 是指耕地总资源中专门种植农作物并经常进行耕种、能够正常收获的土地。包括当年实际耕种的熟地；弃耕、休闲不满三年，随时可以复耕的地；开荒利用三年以上的土地。在统计口径上包括南方小于1米、北方小于2米宽的沟、渠、路和田埂。不包括临时种植农作物的坡度在25度以上的陡坡地；在河套、湖畔、库区临时开发的成片或零星土地；也不包括已列为国家和省（区、市）退耕计划但临时耕种的土地。常用耕地是国家需要重点保护的耕地，是反映我国农业综合生产能力的一个重要指标。

农作物播种面积 指实际播种或移植有农作物的面积。凡是实际种植有农作物的面积，不论种植在耕地上还是种植在非耕地上，均包括在农作物播种面积中。在播种季节基本结束后，因遭灾而重新改种和补种的农作物面积，也包括在内。它是反映我国耕地面积利用情况的一个重要指标。目前，农作物播种面积主要包括粮食、棉花、油料、糖料、麻类、烟叶、蔬菜和瓜类、药材和其他农作物九大类。

Explanatory Notes on Main Staistical Indicators

Grain Output refers to the total output in the whole country including grains produced by state farms, collective units, rural households, as well as by farms affiliated to industrial and mining enterprises and other production units. Grain includes rice, wheat, corn, sorghum, millet and other miscellaneous grains as well as tubers and bean. Output of beans refers to dry beans without pods. The output of tubers (sweet potatoes and potatoes, not including taros and cassava) was converted into that of grain at the ratio 4∶1, i.e. 4 kilograms of fresh tubers was equivalent to 1 kilogram of grain up to 1963. Since 1964 the ratio for conversion has been 5∶1. Tubers supplied as vegetables (such as potatoes) in cities and suburbs are calculated as fresh vegetables and their output is not included in the output of grain. Output of all other grains refers to husked grain. Data on grain production before 1989 were obtained through Comprehensive Statistical Reporting System. Since 1989, data from sample surveys are used.

Output of Pork, Beef, and Mutton refers to the meat of slaughtered hogs, cattle, sheep and goats with head, feet, and offal taken away. Data refers to the production of the whole country. The first agriculture census of China in 1996 revealed some discrepancy between the production of animal products from the annual reports and that from the census. Efforts were made by the Rural Socio-economic Survey Organization of NBS to adjust the output value of animal husbandry to make the figures from the annual reports consistent with the census data. Since 1999, NBS conducted sample survey for the major animal husbandry products, such as hogs, cattle, sheep and goats and fowls, and the data from sample surveys are used as national finalized data. Those products, which are not covered by the sample survey, are still reported by statistical agencies level by level.

Number of Livestock or Poultry in Stock at Beginning (or End) refers to the total number of large animals, pigs, sheep, fowls, etc. raised by rural cooperative organizations, state farms, rural individuals, government agencies, schools, industrial and mining enterprises, army, and urban residents at the beginning (or end) of the reference period. Data reporting system and data adjustment are the same as that in the output of pork, beef and mutton.

Number of Livestock Slaughtered refers to the total number of animals for butchering by farming, forestry, animal husbandry and fishery, including parts of selling to country and markets.

Regularly Cultivated Land refers to farmland among the total land resources, which is exclusively used for farming and is under regular cultivation with harvest in normal years. Included are currently cultivated land, land that has been abandoned or put in idle for less than 3 years and could be re-used for cultivation at any time, and new-claimed land that has been put into cultivation for more than 3 years. According to statistical coverage, it includes the gouges, dykes, roads and ridges of field with 1 meter wide in Southern areas and 2 meters wide in Northern areas. Excluded under this category are steep slope land over 25 degrees under temporary cultivation, land (large or small plots) that is claimed along river bends, lake sides or banks of reservoirs, as well as land that has been designated under the "Green for Grain" programme of the state and provincial governments but is still temporarily under cultivation. The regularly cultivated land is the key protection land of the nation, an important indicator reflecting the comprehensive productivity of agriculture of China.

Sown Area of Crops refers to area of land sown or transplanted with crops regardless of being in cultivated area or non-cultivated area. Area of land re-sown due to natural disasters is also included. This is an important indicator that can reflect the utilization condition of the cultivated land in China. At present, the sown area of crops mainly include the following 9 categories of crops: grain, cotton, oil-bearing crops, sugar crops, fiber crops, Tobacco, Vegetables and melons, medicinal materials and other farm crops.

第五篇 企业调查

Chapter 4 Enterprises Survey

5-1 规模以下工业主要指标

Main Indicators of Industrial Enterprises Under Designated Size

单位：亿元 (10 million yuan)

指 标	Item	2011	2012
总体估计量	**Population Estimator**		
单位数（万个）	Number of Enterprises（10 000 unit）	19.4	18.8
期末从业人数（万人）	Number of Employed Persons at the Year-end（10 000 persons）	154.8	105.1
工业总产值（当年价格）	Gross Industrrial Ouptput Value（current prices）	2531.6	1060.2
企业子总体估计量	**Population Estimator Of Enterprise**		
企业数（万个）	Number of Enterprises（10 000 unit）	1.6	1.8
期末从业人数（万人）	Number of Employed Persons at the Year-end（10 000 persons）	50.9	33.0
工业总产值（当年价格）	Gross Industrrial Ouptput Value（current prices）	945.3	487.9
主营业务收入	Revenue from Principal Business	941.6	483.1
税金总额	Total Taxes	38.9	18.7
应付职工薪酬	Employee Benefits Payable	157.5	64.5
折旧	Depreciation	37.3	43.3
个体子总体估计量	**Population Estimator Of Individual**		
单位数（万个）	Number of Enterprises（10 000 unit）	17.8	17.0
期末从业人数（万人）	Number of Employed Persons at the Year-end（10 000 persons）	103.9	72.1
营业收入	Business Income	1586.3	566.6

注：1. 以上数据是以广西为总体进行抽样调查推估而得，其中工业总产值为抽样核心指标，抽样误差较小；而其他指标不是抽样核心指标，抽样误差可能较大。

Source:1.The above data is based on a sample survey conducted in Guangxi for the overall estimate derived, where industrial output is sampled core indicators, the sampling error is small,The projected value of the indicators are certain sampling error.

5-2 服务业小微企业主要经济指标（2012年）

Main Economic Indicators of Service Industry Micro Enterprises（2012）

单位：万元 (10 million yuan)

指 标	Item	2012
企业数（个）	Number of Enterprises（unit）	41000
资产总计	Total Assets	2118.9
固定资产原价	Orginal value of Fixed Assets	447
本期固定资产折旧	Depreciation of the Year	30.2
营业收入	Business Income	405.6
营业成本	Cost of business	247.2
营业税金及附加	Tax and Addition of Business	15.2
费用合计	Total Cost	147.7
利润总额	Total Profit	1.6
应付工资总额	Total Wages Payable of the Year	102.5
从业人数（万人）	Number of Employment（person）	40.7

注：1. 以上数据是以广西为总体进行抽样调查推估而得，其中营业收入为抽样核心指标，抽样误差较小；而其他指标不是抽样核心指标，抽样误差可能较大。

Source:1.The above figures are for the whole of Guangxi estimate derived from a sample survey, in which the core operating income as indicators of sampling, the sampling error is small,The projected value of the indicators are certain sampling error.

附录一 全国及各省市区主要统计调查指标

APPENDIX Ⅰ Main Statistical Survey Indicators by Province, Municipality and Autonomous Region

附录1-1　全国及各省市区城镇居民家庭人均可支配收入

Per Capita Annual Disposable Income of Urban Households by Provinces and Regions

单位：元　　　　(yuan)

地　区	Region	2008	2009	2010	2011	2012
全　国	National	15781	17175	19109	21810	24565
北　京	Beijing	24725	26738	29073	32903	36469
天　津	Tianjin	19423	21402	24293	26921	29626
河　北	Hebei	13441	14718	16263	18292	20543
山　西	Shanxi	13119	13997	15648	18124	20412
内蒙古	Inner Mongolia	14431	15849	17698	20408	23150
辽　宁	Liaoning	14393	15761	17713	20467	23223
吉　林	Jilin	12829	14006	15411	17797	20208
黑龙江	Heilongjiang	11581	12566	13857	15696	17760
上　海	Shanghai	26675	28838	31838	36230	40188
江　苏	Jiangsu	18680	20552	22944	26341	29677
浙　江	Zhejiang	22727	24611	27359	30971	34550
安　徽	Anhui	12990	14086	15788	18606	21024
福　建	Fujian	17961	19577	21781	24907	28055
江　西	Jiangxi	12866	14022	15481	17495	19860
山　东	Shandong	16305	17811	19946	22792	25755
河　南	Henan	13231	14372	15930	18195	20443
湖　北	Hubei	13153	14367	16058	18374	20840
湖　南	Hunan	13821	15084	16566	18844	21319
广　东	Guangdong	19733	21575	23898	26897	30227
广　西	Guangxi	14146	15451	17064	18854	21243
海　南	Hainan	12608	13751	15581	18369	20918
重　庆	Chongqing	14368	15749	17532	20250	22968
四　川	Sichuan	12633	13839	15461	17899	20307
贵　州	Guizhou	11759	12863	14143	16495	18701
云　南	Yunnan	13250	14424	16065	18576	21075
西　藏	Tibet	12482	13544	14980	16196	18028
陕　西	Shaanxi	12858	14129	15695	18245	20734
甘　肃	Gansu	10969	11930	13189	14989	17157
青　海	Qinghai	11648	12692	13855	15603	17566
宁　夏	Ningxia	12932	14025	15344	17579	19831
新　疆	Xinjiang	11432	12258	13644	15514	17921

附录1-2 全国及各省市区城镇居民家庭人均消费性支出

Per Capita Annual Consumption Expenditure of Urban Households by Provinces and Regions

单位：元 (yuan)

地 区	Region	2008	2009	2010	2011	2012
全 国	National	11243	12265	13471	15161	16674
北 京	Beijing	16460	17893	19934	21984	24046
天 津	Tianjin	13422	14801	16562	18424	20024
河 北	Hebei	9087	9679	10318	11609	12531
山 西	Shanxi	8807	9355	9793	11354	12212
内蒙古	Inner Mongolia	10827	12370	13995	15878	17717
辽 宁	Liaoning	11231	12325	13280	14790	16594
吉 林	Jilin	9729	10914	11679	13011	14614
黑龙江	Heilongjiang	8623	9630	10684	12054	12984
上 海	Shanghai	19398	20992	23200	25102	26253
江 苏	Jiangsu	11978	13153	14357	16782	18825
浙 江	Zhejiang	15158	16683	17858	20437	21545
安 徽	Anhui	9524	10234	11513	13181	15012
福 建	Fujian	12501	13451	14750	16661	18593
江 西	Jiangxi	8717	9740	10619	11747	12776
山 东	Shandong	11007	12013	13118	14561	15778
河 南	Henan	8837	9567	10838	12336	13733
湖 北	Hubei	9478	10294	11451	13164	14496
湖 南	Hunan	9946	10828	11825	13403	14609
广 东	Guangdong	15528	16858	18490	20252	22396
广 西	Guangxi	9627	10352	11490	12848	14244
海 南	Hainan	9408	10087	10927	12643	14457
重 庆	Chongqing	11147	12144	13335	14974	16573
四 川	Sichuan	9679	10860	12105	13696	15050
贵 州	Guizhou	8349	9048	10058	11353	12586
云 南	Yunnan	9077	10202	11074	12248	13884
西 藏	Tibet	8324	9034	9686	10399	11184
陕 西	Shaanxi	9772	10706	11822	13783	15333
甘 肃	Gansu	8309	8891	9895	11189	12847
青 海	Qinghai	8203	8787	9614	10955	12346
宁 夏	Ningxia	9558	10280	11334	12896	14067
新 疆	Xinjiang	8669	9328	10197	11839	13892

附录1-3 全国及各省市区农村居民家庭人均纯收入

Per Capita Annual Net Income of Rural Households by Provinces and Regions

单位：元 (yuan)

地 区	Region	2008	2009	2010	2011	2012
全 国	National	4761	5153	5919	6977	7917
北 京	Beijing	10662	11669	13262	14736	16476
天 津	Tianjin	7911	8688	10075	12321	14026
河 北	Hebei	4796	5150	5958	7120	8081
山 西	Shanxi	4097	4244	4736	5601	6357
内蒙古	Inner Mongolia	4656	4938	5530	6642	7611
辽 宁	Liaoning	5577	5958	6908	8297	9384
吉 林	Jilin	4933	5266	6237	7510	8598
黑龙江	Heilongjiang	4856	5207	6211	7591	8604
上 海	Shanghai	11440	12483	13978	16054	17804
江 苏	Jiangsu	7357	8004	9118	10805	12202
浙 江	Zhejiang	9258	10007	11303	13071	14552
安 徽	Anhui	4203	4504	5285	6232	7161
福 建	Fujian	6196	6680	7427	8779	9967
江 西	Jiangxi	4697	5075	5789	6892	7829
山 东	Shandong	5641	6119	6990	8342	9447
河 南	Henan	4454	4807	5524	6604	7525
湖 北	Hubei	4656	5035	5832	6898	7852
湖 南	Hunan	4513	4909	5622	6567	7440
广 东	Guangdong	6400	6907	7890	9372	10543
广 西	Guangxi	3690	3980	4543	5231	6008
海 南	Hainan	4390	4744	5275	6446	7408
重 庆	Chongqing	4126	4478	5277	6480	7383
四 川	Sichuan	4121	4462	5087	6129	7001
贵 州	Guizhou	2797	3005	3472	4145	4753
云 南	Yunnan	3103	3369	3952	4722	5417
西 藏	Tibet	3176	3532	4139	4904	5719
陕 西	Shaanxi	3137	3438	4105	5028	5763
甘 肃	Gansu	2724	2980	3425	3909	4507
青 海	Qinghai	3061	3346	3863	4609	5364
宁 夏	Ningxia	3681	4048	4675	5410	6180
新 疆	Xinjiang	3503	3883	4643	5442	6394

附录1-4 全国及各省市区农村居民家庭人均生活消费支出

Per Capita Consumption Expenditure of Rural Households by Provinces and Regions

单位：元 (yuan)

地 区	Region	2008	2009	2010	2011	2012
全 国	National	3661	3994	4382	5221	5908
北 京	Beijing	7285	8898	9255	11078	11879
天 津	Tianjin	3825	4273	4937	6725	
河 北	Hebei	3126	3350	3845	4711	5364
山 西	Shanxi	3098	3305	3664	4587	5566
内蒙古	Inner Mongolia	3618	3968	4461	5508	6382
辽 宁	Liaoning	3814	4254	4490	5406	5998
吉 林	Jilin	3443	3903	4147	5306	
黑龙江	Heilongjiang	3845	4241	4391	5334	5718
上 海	Shanghai	9120	9804	10211	11049	12096
江 苏	Jiangsu	5328	5805	6543	8095	8655
浙 江	Zhejiang	7534	7732	8929	9965	10208
安 徽	Anhui	3284	3655	4013	4957	5556
福 建	Fujian	4662	5016	5498	6541	7402
江 西	Jiangxi	3309	3533	3912	4660	5123
山 东	Shandong	4077	4417	4807	5901	6776
河 南	Henan	3044	3389	3682	4320	5032
湖 北	Hubei	3653	3725	4091	5011	5727
湖 南	Hunan	3805	4021	4310	5179	5870
广 东	Guangdong	4873	5020	5516	6726	7459
广 西	Guangxi	2985	3231	3455	4211	4878
海 南	Hainan	2883	3089	3446	4166	4736
重 庆	Chongqing	2885	3142	3625	4502	5019
四 川	Sichuan	3128	4141	3898	4676	5367
贵 州	Guizhou	2166	2422	2853	3456	3902
云 南	Yunnan	2991	2925	3398	4000	4561
西 藏	Tibet	2200	2400	2667	2742	2968
陕 西	Shaanxi	2979	3349	3794	4492	5115
甘 肃	Gansu	2401	2767	2942	3665	4146
青 海	Qinghai	2897	3209	3775	4537	5339
宁 夏	Ningxia	3095	3348	4013	4727	5633
新 疆	Xinjiang	2692	2951	3458	4398	5245

附录1-5 广西与全国居民消费价格主要分类指数（2012年）

Consumer Price Indices by Category in Country and Guangxi（2012）

（上年=100）　　　　(preceding year=100)

指标	Item	2011 全国平均 National Average	2011 广西 Guangxi	2012 全国平均 National Average	2012 广西 Guangxi
居民消费价格指数	**Consumer Price Index**	**105.4**	**105.9**	**102.6**	**103.2**
食品	Food	111.8	114.4	104.8	105.2
粮食	Grain	112.2	117.2	104.0	103.8
肉禽及其制品	Meal, Poultry and Their Products	122.6	120.9	102.1	103.0
蛋	Eggs	114.2	113.8	97.1	97.3
水产品	Aquatic Products	112.1	117.6	108.0	104.9
鲜菜	Fresh Vegetables	100.5	107.6	115.9	119.0
鲜果	Fresh Fruits	116.4	116.4	98.8	98.1
烟酒及用品	Tobacco, Liquor and Articles	102.8	103.7	102.9	103.1
衣着	Clothing	102.1	101.9	103.1	103.6
家庭设备用品及服务	Household Facilities, Articles and Services	102.4	101.7	101.9	101.1
医疗保健及个人用品	Health Care and Personal Articles	103.4	103.5	102.0	102.0
交通和通信	Transportation and Communication	100.5	101.9	99.9	100.2
娱乐教育文化用品及服务	Recreation, Education and Culture Articles	100.4	100.1	100.5	101.5
居住	Residence	105.3	102.2	102.1	103.7
商品零售价格指数	**Retail Price Index**	**104.9**	**106.0**	**102.0**	**102.3**
食品	Food	111.9	114.2	104.8	105.2
饮料、烟酒	Beverages, Tobacco and Liquor	103.3	103.3	103.3	102.8
服装、鞋帽	Garments, Shoes and Hats	101.8	100.7	102.9	102.8
纺织品	Textiles	105.7	107.5	101.5	101.4
家用电器及音像器材	Household Appliances, Music and Video Equipment	96.9	96.6	97.7	97.0
文化办公用品	Cultural and Office Appliances	97.6	98.9	98.1	99.0
日用品	Articles for Daily Use	102.3	102.3	102.1	101.4
体育娱乐用品	Sports and Recreation Articles	100.9	100.7	101.0	100.1
交通、通信用品	Transportation and Communication Appliances	96.1	97.7	96.0	97.4
家具	Furniture	102.3	103.3	101.3	102.2
化妆品	Cosmetics	101.3	101.4	102.2	102.0
金银珠宝	Gold, Silver and Jewelry	114.3	114.2	101.0	102.5
中西药品及医疗保健用品	Traditional Chinese and Western Medicines and Health Care Articles	103.9	105.2	102.1	101.8
书报杂志及电子出版物	Books, Newspapers, Magazines and Electronic Publications	100.8	100.4	101.4	100.3
燃料	Fuels	111.1	109.7	102.9	103.9
建筑材料及五金电料	Building Materials and Hardware	105.1	106.2	100.3	99.8
农业生产资料价格指数	**Price Index of Means of Agricultural Production**	**111.3**	**112.2**	**105.6**	**103.9**

附录1-6 全国及各省市区居民消费价格指数

Consumer Price Indices by Provinces and Regions

（上年=100）　　　　(preceding year=100)

地 区	Region	2008		2009		2010		2011		2012	
		指 数 Index	排 位 Rank	指 数 Index	排 位 Rank	指 数 Index	排 位 Rank	指 数 Index	排 位 Rank	指 数 Index	排 位 Rank
全国平均	National Average	105.9		99.3		103.3		105.4		102.6	
北 京	Beijing	105.1	19	98.5	19	102.4	30	105.6	11	103.3	3
天 津	Tianjin	105.4	17	99.0	17	103.5	12	104.9	31	102.7	16
河 北	Hebei	106.2	12	99.3	13	103.1	18	105.7	9	102.6	19
山 西	Shanxi	107.2	7	99.6	12	103.0	23	105.2	20	102.5	24
内 蒙 古	Inner Mongolia	105.7	15	99.7	11	103.2	14	105.6	11	103.1	7
辽 宁	Liaoning	104.6	21	100.0	10	103.0	23	105.2	20	102.8	10
吉 林	Jilin	105.1	19	100.1	9	103.7	10	105.2	20	102.5	25
黑 龙 江	Heilongjiang	105.6	16	100.2	8	103.9	7	105.8	7	103.2	6
上 海	Shanghai	105.8	14	99.6	12	103.1	18	105.2	20	102.8	11
江 苏	Jiangsu	105.4	17	99.6	12	103.8	8	105.3	17	102.6	21
浙 江	Zhejiang	105.0	20	98.5	19	103.8	8	105.4	16	102.2	28
安 徽	Anhui	106.2	12	99.1	16	103.1	18	105.6	11	102.3	27
福 建	Fujian	104.6	21	98.2	21	103.2	14	105.3	17	102.4	26
江 西	Jiangxi	106.0	13	99.3	13	103.0	23	105.2	20	102.7	14
山 东	Shandong	105.3	18	100.0	10	102.9	27	105.0	28	102.1	29
河 南	Henan	107.0	8	99.4	14	103.5	12	105.6	11	102.5	22
湖 北	Hubei	106.3	11	99.6	12	102.9	27	105.8	7	102.9	9
湖 南	Hunan	106.0	13	99.6	12	103.1	18	105.5	15	102.0	31
广 东	Guangdong	105.6	16	97.7	23	103.1	18	105.3	17	102.8	12
广 西	Guangxi	107.8	5	97.9	22	103.0	23	105.9	4	103.2	4
海 南	Hainan	106.9	9	99.3	15	104.8	2	106.1	2	103.2	5
重 庆	Chongqing	105.6	16	98.4	20	103.2	14	105.3	17	102.6	20
四 川	Sichuan	105.1	19	100.8	4	103.2	14	105.3	17	102.5	23
贵 州	Guizhou	107.6	6	98.7	18	102.9	27	105.1	27	102.7	17
云 南	Yunnan	105.7	15	100.4	7	103.7	10	104.9	30	102.7	15
西 藏	Tibet	105.7	15	101.4	2	102.2	31	105.0	28	103.5	2
陕 西	Shaanxi	106.4	10	100.5	6	104.0	6	105.7	9	102.8	13
甘 肃	Gansu	108.2	3	101.3	3	104.1	4	105.9	6	102.7	18
青 海	Qinghai	110.1	1	102.6	1	105.4	1	106.1	2	103.1	8
宁 夏	Ningxia	108.5	2	100.7	5	104.1	4	106.3	1	102.0	30
新 疆	Xinjiang	108.1	4	100.7	5	104.3	3	105.9	4	103.8	1

附录1-7 全国及各省市区商品零售价格指数

Retail Price Indices by Provinces and Regions

（上年=100） (preceding year=100)

地区	Region	2008		2009		2010		2011		2012	
		指数 Index	排位 Rank	指数 Index	排位 Rank	指数 Index	排位 Rank	指数 Index	排位 Rank	指数 Index	排位 Rank
全国平均	National Average	105.9		98.8		103.1		104.9		102.0	
北京	Beijing	104.4	21	97.8	17	100.4	31	103.2	31	100.6	31
天津	Tianjin	105.1	17	98.9	12	103.4	10	104.7	23	103.0	2
河北	Hebei	106.7	8	99.0	11	103.1	17	105.0	16	102.2	15
山西	Shanxi	107.2	6	99.1	10	102.3	27	104.9	17	101.8	22
内蒙古	Inner Mongolia	104.7	20	99.5	7	103.0	21	104.9	18	102.5	7
辽宁	Liaoning	105.3	16	99.8	6	103.2	13	105.0	15	102.2	13
吉林	Jilin	106.2	10	99.3	9	104.1	5	104.9	19	101.7	25
黑龙江	Heilongjiang	105.8	13	98.9	12	103.1	17	104.9	28	102.2	12
上海	Shanghai	105.3	16	99.4	8	101.7	28	104.1	29	101.2	29
江苏	Jiangsu	104.9	19	98.9	12	103.2	13	104.6	27	102.1	18
浙江	Zhejiang	106.3	9	98.8	13	103.9	6	105.5	4	101.9	21
安徽	Anhui	106.3	9	99.0	11	103.2	13	105.3	10	102.1	19
福建	Fujian	105.7	14	97.9	17	103.4	10	104.8	20	101.8	23
江西	Jiangxi	106.1	11	99.1	10	102.7	25	104.8	21	102.1	16
山东	Shandong	104.9	19	99.4	8	102.7	25	104.7	25	101.6	26
河南	Henan	107.5	5	99.4	8	103.7	7	105.7	2	102.3	10
湖北	Hubei	106.3	9	98.6	14	103.1	17	105.6	3	102.6	6
湖南	Hunan	105.6	15	98.5	15	103.1	17	105.5	5	101.7	24
广东	Guangdong	106.0	12	96.8	18	103.3	12	105.1	13	102.2	14
广西	Guangxi	107.6	4	98.0	16	103.0	21	106.0	1	102.3	9
海南	Hainan	106.7	8	98.5	15	104.6	1	105.4	8	102.7	4
重庆	Chongqing	105.0	18	97.3	20	101.7	28	104.7	24	101.6	28
四川	Sichuan	105.3	16	100.1	4	103.0	21	104.6	26	101.6	27
贵州	Guizhou	107.2	6	97.6	19	103.0	21	105.5	6	102.0	20
云南	Yunnan	106.1	11	100.1	4	103.6	8	105.1	14	102.4	8
西藏	Tibet	103.9	22	99.5	7	101.0	30	103.7	30	102.9	3
陕西	Shaanxi	106.9	7	99.9	5	103.6	8	104.8	22	102.3	11
甘肃	Gansu	107.9	3	101.8	1	104.6	1	105.4	7	102.6	5
青海	Qinghai	110.6	1	101.6	2	104.3	4	105.4	9	102.1	17
宁夏	Ningxia	108.5	2	99.5	7	103.2	13	105.3	11	101.0	30
新疆	Xinjiang	108.5	2	100.4	3	104.6	1	105.1	12	103.3	1

附录1-8 全国和36个大中城市居民消费价格指数

Price Indices of Consumer in China and 36 Large and Medium-sized Cities

（上年=100） (preceding year=100)

地区	Region	2008 指数 Index	2008 排位 Rank	2009 指数 Index	2009 排位 Rank	2010 指数 Index	2010 排位 Rank	2011 指数 Index	2011 排位 Rank	2012 指数 Index	2012 排位 Rank
全国平均	National Average	105.7		99.2		103.1		105.3		102.6	
北　京	Beijing	105.1	18	98.5	18	102.4	33	105.6	5	103.3	4
天　津	Tianjin	105.4	16	99.0	15	103.5	11	104.9	34	102.7	19
石家庄	Shijiazhuang	106.7	7	100.3	6	103.0	19	105.7	2	102.8	15
太　原	Taiyuan	107.4	4	99.9	9	103.0	19	105.4	15	102.1	34
呼和浩特	Hohhot	104.6	22	100.1	8	102.6	31	105.5	9	103.1	7
沈　阳	Shenyang	104.4	23	99.9	9	102.9	25	105.4	14	103.0	11
大　连	Dalian	104.4	23	100.2	7	102.7	28	105.4	18	103.4	2
长　春	Changchun	104.4	23	99.8	10	103.6	10	105.5	13	102.3	31
哈尔滨	Harbin	104.7	21	100.2	7	103.7	8	105.6	6	103.2	5
上　海	Shanghai	105.8	13	99.6	12	103.1	18	105.2	26	102.8	14
南　京	Nanjing	106.2	9	100.1	8	104.2	2	105.4	16	102.7	23
杭　州	Hangzhou	104.9	20	98.6	17	103.9	5	104.8	35	102.5	27
宁　波	Ningbo	105.0	19	99.4	13	103.7	8	105.3	24	101.7	36
合　肥	Hefei	106.4	8	99.1	14	102.7	28	105.7	1	102.2	32
福　州	Fuzhou	104.2	25	98.7	16	103.5	11	104.9	31	102.0	35
厦　门	Xiamen	104.9	20	97.3	23	103.0	19	105.2	27	102.1	33
南　昌	Nanchang	106.1	10	99.7	11	103.3	15	105.0	29	102.9	13
济　南	Jinan	105.7	14	100.3	6	102.1	36	105.4	17	102.4	28
青　岛	Qingdao	104.7	21	100.5	4	102.2	34	105.0	28	102.7	21
郑　州	Zhengzhou	106.1	10	99.8	10	103.0	19	104.9	32	102.7	22
武　汉	Wuhan	105.7	14	99.4	13	103.0	19	105.2	25	102.8	16
长　沙	Changsha	105.2	17	99.4	13	102.9	25	105.5	12	102.3	30
广　州	Guangzhou	105.9	12	97.5	22	103.2	16	105.5	10	103.0	9
深　圳	Shenzhen	105.9	12	98.7	16	103.5	11	105.4	21	102.8	17
南　宁	Nanning	108.4	1	98.2	20	102.5	32	105.7	4	102.9	12
海　口	Haikou	105.8	13	99.9	9	104.2	2	105.4	22	103.3	3
重　庆	Chongqing	105.6	15	98.4	19	103.2	16	105.3	23	102.6	25
成　都	Chengdu	104.3	24	100.3	6	103.0	19	105.4	19	103.0	10
贵　阳	Guiyang	107.0	6	97.7	21	102.9	25	105.5	11	102.6	24
昆　明	Kunming	105.8	13	100.8	3	104.2	2	104.9	33	103.1	8
拉　萨	Lasa	106.4	8	101.7	2	102.2	34	105.0	30	103.2	6
西　安	Xi'an	106.0	11	99.7	11	103.5	11	105.6	7	102.8	18
兰　州	Lanzhou	107.2	5	99.6	12	103.8	6	105.4	20	102.4	29
西　宁	Xining	108.2	2	102.2	1	104.5	1	105.7	3	102.7	20
银　川	Yinchuan	107.6	3	99.7	11	103.8	6	105.5	8	102.6	26
乌鲁木齐	Urumqi	107.0	6	100.4	5	102.7	28	104.5	36	103.4	1

附录1-9 全国和36个大中城市商品零售价格指数

Price Indices of Retail in China and 36 Large and Medium-sized Cities

（上年=100） (preceding year=100)

地区	Region	2008		2009		2010		2011		2012	
		指数 Index	排位 Rank	指数 Index	排位 Rank	指数 Index	排位 Rank	指数 Index	排位 Rank	指数 Index	排位 Rank
全国平均	National Average	105.3		98.6		102.5		104.5		102.0	
北京	Beijing	104.4	20	97.8	22	100.4	36	103.2	36	100.6	36
天津	Tianjin	105.1	16	98.9	14	103.4	11	104.7	19	103.0	1
石家庄	Shijiazhuang	107.7	4	100.1	4	103.4	11	104.9	15	101.9	18
太原	Taiyuan	107.9	3	99.1	12	102.6	23	104.8	17	101.2	33
呼和浩特	Hohhot	105.4	14	99.9	6	102.6	23	104.7	22	101.5	29
沈阳	Shenyang	105.0	17	97.9	21	102.6	23	105.2	6	102.4	11
大连	Dalian	106.0	10	99.4	10	104.0	3	104.4	25	102.5	6
长春	Changchun	105.6	13	99.6	8	104.6	1	104.8	16	101.8	21
哈尔滨	Harbin	105.3	15	98.5	18	101.9	30	104.4	26	102.5	5
上海	Shanghai	105.3	15	99.4	10	101.7	31	104.1	33	101.2	32
南京	Nanjing	103.7	22	98.7	16	103.5	10	104.2	30	101.4	30
杭州	Hangzhou	106.0	10	98.6	17	103.7	7	104.4	27	101.9	19
宁波	Ningbo	107.1	6	98.8	15	103.9	4	105.7	2	101.8	23
合肥	Hefei	106.3	8	99.8	7	102.1	29	105.1	9	101.9	17
福州	Fuzhou	104.4	20	99.1	12	102.9	19	104.0	34	101.1	34
厦门	Xiamen	104.5	19	97.8	22	102.8	20	104.7	20	101.6	27
南昌	Nanchang	106.2	9	99.4	10	103.0	18	105.2	7	102.4	9
济南	Jinan	104.5	19	98.7	16	101.3	34	104.6	23	101.8	22
青岛	Qingdao	103.9	21	98.6	17	101.4	33	104.5	24	101.7	25
郑州	Zhengzhou	106.0	10	100.3	3	102.7	21	104.9	14	102.4	10
武汉	Wuhan	105.1	16	98.4	19	103.1	17	104.7	18	102.3	12
长沙	Changsha	103.9	21	97.7	23	103.8	6	105.4	3	101.5	28
广州	Guangzhou	105.7	12	96.8	26	103.2	14	105.1	8	101.9	20
深圳	Shenzhen	106.5	7	97.5	24	103.2	14	105.3	5	102.4	7
南宁	Nanning	107.9	3	98.5	18	102.3	28	104.9	13	101.7	24
海口	Haikou	105.6	13	99.2	11	103.7	7	105.0	11	102.8	4
重庆	Chongqing	105.0	17	97.3	25	101.7	31	104.7	21	101.6	26
成都	Chengdu	104.5	19	99.0	13	102.4	27	104.3	29	101.4	31
贵阳	Guiyang	105.4	14	98.2	20	103.2	14	105.0	10	102.0	16
昆明	Kunming	105.4	14	100.0	5	103.6	9	104.9	12	102.0	15
拉萨	Lasa	104.6	18	100.1	4	101.2	35	103.9	35	102.9	3
西安	Xi'an	105.4	14	99.5	9	102.7	21	104.4	28	102.3	14
兰州	Lanzhou	107.2	5	100.5	2	103.9	4	105.4	4	102.4	8
西宁	Xining	110.1	1	102.3	1	104.6	1	106.0	1	102.3	13
银川	Yinchuan	105.9	11	98.5	18	102.5	26	104.2	31	100.6	35
乌鲁木齐	Urumqi	108.7	2	100.1	4	103.4	11	104.1	32	102.9	2

附录1-10 全国及各省市区工业品出厂价格指数（2012年）

（上年同期＝100）

地区	Region	全年 Annual Year	1月 January	2月 February	3月 March	4月 April
全国	National	98.3	100.7	100.0	99.7	99.3
北京	Beijing	98.4	100.8	100.6	100.2	100.0
天津	Tianjin	97.0	97.1	96.0	96.6	96.4
河北	Hebei	94.7	98.9	97.1	97.7	97.2
山西	Shanxi	94.5	101.1	100.4	99.1	99.4
内蒙古	Inner Mongolia	100.2	104.4	103.5	103.1	102.3
辽宁	Liaoning	99.9	102.5	102.0	101.8	101.3
吉林	Jilin	99.1	102.8	102.5	101.5	100.2
黑龙江	Heilongjiang	100.0	105.4	104.6	104.4	103.2
上海	Shanghai	98.4	99.8	99.3	99.1	98.9
江苏	Jiangsu	97.1	99.0	98.1	97.5	97.4
浙江	Zhejiang	97.3	99.7	98.9	98.2	97.7
安徽	Anhui	98.3	100.8	100.1	100.0	99.8
福建	Fujian	98.7	100.2	99.9	99.5	99.1
江西	Jiangxi	96.5	100.8	99.7	99.1	97.5
山东	Shandong	98.4	100.3	99.7	99.5	99.2
河南	Henan	99.4	102.3	101.5	101.1	100.7
湖北	Hubei	100.3	102.3	101.9	101.5	101.0
湖南	Hunan	99.1	102.2	101.3	100.9	100.4
广东	Guangdong	99.5	100.9	100.7	100.5	100.2
广西	Guangxi	97.8	100.2	99.2	98.9	98.6
海南	Hainan	100.8	102.8	102.9	103.6	103.3
重庆	Chongqing	98.6	102.7	101.5	100.6	100.1
四川	Sichuan	101.0	104.5	103.8	103.2	102.9
贵州	Guizhou	97.9	100.9	100.3	99.6	99.2
云南	Yunnan	99.7	102.1	102.1	101.6	100.3
西藏	Tibet	99.9	102.0	101.6	101.3	100.9
陕西	Shaanxi	100.7	103.4	103.5	102.9	102.6
甘肃	Gansu	96.8	100.2	99.1	99.2	98.6
青海	Qinghai	96.9	100.2	98.6	97.4	97.6
宁夏	Ningxia	97.4	101.0	100.8	100.1	99.6
新疆	Xinjiang	96.9	101.7	100.4	100.6	100.3

Ex-Factory Price Indices of Industrial Products by Provinces and Regions（2012）

（preceding year=100）

5 月 May	6 月 June	7 月 July	8 月 August	9 月 September	10 月 October	11 月 November	12 月 December
98.6	97.9	97.1	96.5	96.4	97.2	97.8	98.1
98.7	98.2	97.5	96.8	97.0	97.0	97.2	97.3
96.1	97.0	96.7	96.4	96.9	97.9	98.5	98.9
96.0	94.8	94.0	91.7	89.6	92.0	93.6	94.4
97.8	96.6	93.9	90.9	88.2	87.6	89.0	89.6
101.8	100.6	99.8	98.5	97.6	97.5	97.0	97.0
100.4	99.5	98.4	98.0	97.9	98.6	99.4	99.7
99.1	98.4	97.4	96.8	97.2	97.5	97.9	97.8
100.0	98.3	95.7	95.2	97.4	98.3	99.8	98.5
98.5	98.0	97.6	97.1	97.4	98.1	98.5	98.6
97.1	96.6	96.1	96.0	96.0	96.8	97.3	97.5
97.3	96.5	95.9	95.7	95.9	96.8	97.3	97.6
99.1	98.0	97.1	96.1	95.8	97.1	97.6	97.8
98.6	98.2	97.8	97.7	97.6	98.1	98.7	98.6
95.8	94.2	93.3	92.5	93.3	96.1	97.3	98.6
98.7	98.5	97.7	97.1	96.9	97.4	97.9	98.1
100.0	99.3	98.5	97.5	97.2	98.0	98.4	98.7
100.4	99.5	99.2	99.1	99.1	99.5	100.2	100.3
99.5	98.4	97.7	96.9	96.9	97.7	98.3	98.6
99.8	99.2	98.5	98.2	98.3	99.0	99.3	99.5
98.6	98.0	97.1	95.8	95.4	96.7	97.3	97.9
101.3	99.7	98.7	98.2	98.8	99.6	100.8	100.1
99.4	98.4	97.5	96.5	96.1	96.5	96.5	97.6
102.1	101.5	100.1	98.9	98.2	98.8	99.1	99.2
98.7	97.7	96.9	95.8	95.4	96.5	96.7	97.5
98.9	98.0	97.9	99.3	98.6	98.9	99.4	100.0
100.3	100.0	99.6	99.0	98.5	98.4	98.6	98.6
101.4	100.4	99.1	98.0	98.5	99.5	99.8	100.0
96.5	95.1	92.6	91.5	94.0	97.7	98.7	98.9
96.3	96.7	95.2	95.1	95.2	96.4	96.6	97.1
98.9	97.6	96.2	95.2	94.8	95.0	95.2	95.1
96.7	94.7	91.7	91.1	94.2	96.5	98.6	97.3

附录1-11 全国及各省市区原材料、燃料、动力购进价格指数（2012年）

（上年同期=100）

地区	Region	全年 Annual Year	1月 January	2月 February	3月 March	4月 April
全国	National	98.2	102.0	101.0	100.1	99.2
北京	Beijing	98.7	103.8	103.1	101.0	100.4
天津	Tianjin	97.1	100.0	98.5	97.6	96.9
河北	Hebei	96.2	101.6	99.9	99.0	97.5
山西	Shanxi	98.1	102.2	101.8	100.7	100.1
内蒙古	Inner Mongolia	102.0	105.4	105.0	104.4	103.6
辽宁	Liaoning	99.0	101.9	100.8	100.5	99.8
吉林	Jilin	99.3	102.1	101.5	101.3	100.7
黑龙江	Heilongjiang	98.8	104.9	103.9	102.5	101.1
上海	Shanghai	94.7	97.8	96.8	96.3	95.5
江苏	Jiangsu	95.8	99.9	98.5	97.2	96.2
浙江	Zhejiang	96.7	100.0	99.2	98.2	97.2
安徽	Anhui	98.2	101.7	100.9	100.1	99.2
福建	Fujian	97.7	101.1	100.0	98.8	98.1
江西	Jiangxi	98.3	103.5	102.0	101.3	100.0
山东	Shandong	99.2	102.9	102.2	101.4	100.4
河南	Henan	99.2	103.0	101.9	101.2	100.6
湖北	Hubei	98.9	104.1	102.6	101.4	101.0
湖南	Hunan	100.1	103.0	102.1	101.1	100.7
广东	Guangdong	99.5	103.0	102.4	102.2	100.9
广西	Guangxi	99.2	102.0	100.8	99.7	98.8
海南	Hainan	99.6	104.4	103.7	103.4	99.9
重庆	Chongqing	100.0	105.0	103.5	102.9	102.1
四川	Sichuan	102.3	111.8	108.8	107.8	105.4
贵州	Guizhou	99.3	102.6	102.0	100.6	99.9
云南	Yunnan	-	-	-	-	-
西藏	Tibet	99.5	102.2	101.6	100.9	100.4
陕西	Shaanxi	100.0	103.1	102.2	100.6	100.7
甘肃	Gansu	98.7	108.7	105.3	103.2	101.5
青海	Qinghai	98.6	103.6	101.9	100.3	97.0
宁夏	Ningxia	99.5	104.9	104.1	102.8	101.5
新疆	Xinjiang	97.9	103.6	101.9	100.4	100.2

Indices of Purchasing Prices of Raw Materials, Fuels and Power by Provinces and Regions (2012)

(preceding year=100)

5 月 May	6 月 June	7 月 July	8 月 August	9 月 September	10 月 October	11 月 November	12 月 December
98.4	97.5	96.6	95.9	95.9	96.7	97.2	97.6
98.8	98.2	96.2	95.7	96.4	97.1	97.3	97.1
96.5	96.0	95.3	95.1	95.7	97.0	98.2	98.2
96.8	95.6	94.6	93.3	92.4	93.4	95.2	95.3
99.4	98.6	97.6	96.2	94.7	94.5	95.6	95.8
103.2	102.4	101.4	100.5	99.7	99.9	99.6	99.4
99.2	98.4	97.6	97.0	97.3	98.1	98.4	98.8
100.1	98.8	97.2	97.1	97.6	97.8	98.2	99.0
98.3	96.9	94.9	94.3	96.1	97.1	98.6	97.8
94.9	94.0	92.9	91.8	92.4	94.5	94.5	95.6
95.9	95.0	93.9	93.3	93.5	94.6	95.3	95.9
96.3	95.8	95.1	94.6	94.9	95.9	96.3	97.2
98.6	97.6	96.8	95.8	95.9	96.8	97.2	97.5
97.7	97.5	96.5	96.1	95.6	96.0	97.2	97.9
98.3	96.8	95.8	94.8	95.6	96.5	97.3	98.2
99.8	98.8	98.0	97.2	97.1	97.6	97.9	97.7
99.6	98.3	97.2	96.7	96.9	97.9	98.2	98.7
99.9	98.1	96.9	96.1	95.9	96.2	97.0	97.8
100.3	100.1	98.8	98.0	98.0	98.9	100.2	99.8
99.8	98.6	98.1	97.9	97.5	98.2	98.1	98.3
99.4	99.5	98.9	98.3	98.0	98.5	98.1	98.1
100.3	96.5	95.8	98.1	97.9	98.5	98.0	99.2
101.1	99.6	98.1	97.4	97.0	97.3	98.2	98.8
104.6	103.5	101.7	99.4	96.3	96.9	96.6	96.4
99.4	98.9	98.2	97.5	97.6	97.9	98.5	99.0
-	-	-	-	-	-	-	-
99.9	99.5	98.9	98.3	97.8	97.8	98.1	98.3
100.4	99.3	98.4	98.0	98.3	99.2	99.6	100.0
98.4	96.2	93.6	93.7	94.6	95.6	97.7	98.4
97.5	98.5	98.7	97.3	96.6	97.0	97.3	98.3
100.6	99.0	97.9	97.5	97.3	96.7	96.2	96.1
96.6	95.0	94.2	92.7	95.4	97.7	99.2	98.2

附录1-12 全国70个大中城市住宅销售价格指数（2012年）

（上年同期=100）

地区	Region	新建住宅价格指数 1月 January	2月 February	3月 March	4月 April	5月 May
北京	Beijing	100.1	99.6	99.2	99.0	98.8
天津	Tianjin	100.2	99.3	98.8	98.4	98.9
石家庄	Shijiazhuang	101.3	101.1	100.1	99.8	99.6
太原	Taiyuan	100.9	101.4	101.0	100.8	100.3
呼和浩特	Hohhto	102.2	101.5	101.1	100.3	99.8
沈阳	Shenyang	101.9	101.7	101.0	100.3	99.6
大连	Dalian	102.1	101.7	100.9	100.2	99.9
长春	Changchun	101.4	101.6	100.6	100.1	99.7
哈尔滨	Harbin	100.0	100.4	100.0	100.2	100.1
上海	Shanghai	100.7	99.6	99.2	98.7	98.4
南京	Nanjing	98.7	98.1	97.4	97.3	97.3
杭州	Hangzhou	99.3	98.3	94.1	90.8	90.2
宁波	Ningbo	98.5	97.9	97.0	94.5	92.7
合肥	Hefei	99.9	99.3	99.1	98.7	99.0
福州	Fuzhou	101.8	100.2	99.6	99.1	99.0
厦门	Xiamen	101.6	100.0	99.5	99.0	98.7
南昌	Nanchang	100.1	99.1	99.1	98.2	98.0
济南	Jinan	100.6	100.2	99.5	98.4	98.1
青岛	Qingdao	99.8	100.0	98.5	96.4	96.1
郑州	Zhengzhou	101.6	100.1	100.1	99.5	99.3
武汉	Wuhan	101.2	100.5	100.0	99.5	99.2
长沙	Changsha	102.4	101.3	100.9	100.3	99.7
广州	Guangzhou	101.1	100.3	99.7	98.8	98.4
深圳	Shenzhen	101.0	99.8	99.4	98.4	97.7
南宁	Nanning	100.2	100.0	98.9	98.3	98.3
海口	Haikou	98.8	98.6	98.7	98.5	98.4
重庆	Chongqing	99.3	98.9	98.5	98.2	98.1
成都	Chengdu	99.8	99.3	99.1	99.1	98.5
贵阳	Guiyang	102.5	102.0	101.4	100.9	100.9
昆明	Kunming	101.3	100.8	100.5	100.4	100.1
西安	Xi'an	102.2	101.6	100.5	99.9	99.8
兰州	Lanzhou	100.5	100.0	100.5	100.4	100.3
西宁	Xining	102.0	101.8	101.8	101.7	101.4
银川	Yinchuan	102.1	102.3	101.6	101.0	100.8
乌鲁木齐	Urumqi	103.8	102.7	101.9	101.6	101.1

Residential Sales Price Index in 70 Large-scale and Medium-scale Cities（2012）

（preceding year=100）

New Housing Price Index						
6 月 June	7 月 July	8 月 August	9 月 September	10 月 October	11 月 November	12 月 December
99.0	99.3	99.4	99.5	99.8	100.7	101.6
99.0	98.9	99.2	99.4	99.6	100.4	100.8
99.6	100.0	100.2	100.3	100.6	101.2	101.0
100.1	99.9	100.1	100.0	100.0	100.3	101.0
99.5	99.2	98.8	98.4	98.4	98.9	99.2
99.2	99.0	98.6	98.6	98.3	99.3	99.7
100.1	100.2	100.6	100.6	100.9	101.1	101.4
99.2	99.0	99.0	99.0	99.3	99.2	100.1
99.7	99.8	99.8	99.8	99.0	99.8	100.5
98.5	98.5	98.5	98.4	98.7	99.2	100.0
97.6	98.1	98.4	98.6	99.2	99.9	101.0
90.5	90.9	91.2	91.6	91.6	91.8	92.7
92.4	92.2	91.9	91.8	92.0	92.5	92.9
98.8	99.0	99.1	99.1	99.4	100.0	100.8
99.1	99.8	100.0	100.0	99.9	100.2	101.4
98.9	99.3	99.4	99.4	99.5	99.9	100.7
97.9	98.3	98.7	99.0	99.5	100.0	101.1
97.8	97.9	98.5	98.5	99.1	99.4	100.0
95.9	95.6	95.7	95.2	95.5	95.8	96.6
99.0	99.3	99.3	99.2	99.4	99.9	100.8
99.1	99.0	98.9	98.8	99.2	99.8	100.8
99.3	99.3	99.3	99.0	99.2	100.1	100.7
98.4	98.7	99.0	99.3	99.9	100.7	102.3
97.5	97.6	97.8	97.9	98.4	99.3	100.8
98.6	98.8	98.7	99.0	99.3	99.4	99.5
98.3	98.5	98.7	98.7	98.9	99.7	99.7
98.1	98.5	99.1	99.5	99.9	100.6	101.3
98.7	99.3	99.2	99.4	99.3	99.9	100.4
100.9	100.8	100.9	100.9	101.0	100.8	101.0
99.9	100.3	100.3	100.2	100.1	100.8	101.3
99.9	99.7	100.1	100.1	100.3	100.5	100.8
100.0	99.9	100.1	99.9	99.7	100.1	100.1
101.1	101.0	101.3	101.2	101.5	101.7	102.0
100.3	100.3	100.7	100.8	100.8	101.3	101.6
100.8	100.9	100.9	101.0	101.4	102.0	102.3

附录1-12　续表

（上年同期=100）

地　区	Region	新建住宅价格指数				
		1 月 January	2 月 February	3 月 March	4 月 April	5 月 May
唐　山	Tangshan	100.6	100.5	100.0	99.9	99.7
秦皇岛	Qinhuangdao	100.5	99.7	100.2	99.6	99.3
包　头	Baotou	100.0	99.6	99.7	99.2	99.2
丹　东	Dandong	99.5	99.2	98.5	98.3	98.0
锦　州	Jinzhou	101.6	101.0	100.5	99.6	99.4
吉　林	Jilin	100.0	100.0	100.3	99.5	99.4
牡丹江	Mudanjiang	100.5	99.7	99.7	100.1	99.7
无　锡	Wuxi	99.5	99.5	98.5	98.0	98.5
扬　州	Yangzhou	100.8	99.9	99.0	98.9	98.8
徐　州	Xuzhou	101.2	100.7	99.4	98.7	98.3
温　州	Wenzhou	92.4	92.0	91.0	87.7	85.8
金　华	Jinhua	101.0	100.8	95.4	94.7	94.3
蚌　埠	Bengbu	101.4	100.3	99.6	99.3	99.3
安　庆	Anqing	99.0	98.7	98.8	98.9	99.1
泉　州	Quanzhou	101.2	100.6	99.7	99.4	99.1
九　江	Jiujiang	100.2	99.5	98.7	97.9	98.0
赣　州	Ganzhou	98.6	98.3	99.1	99.4	99.5
烟　台	Yantai	100.3	99.5	98.5	97.8	97.7
济　宁	Jining	100.2	99.8	99.7	99.4	99.0
洛　阳	Luoyang	102.5	101.5	101.0	100.4	100.1
平顶山	Pingdingshan	100.6	99.6	100.2	100.5	100.2
宜　昌	Yichang	102.0	101.8	100.9	99.9	99.1
襄　阳	Xiangyang	101.8	100.9	99.6	99.0	98.4
岳　阳	Yueyang	98.1	98.7	99.7	99.7	99.7
常　德	Changde	100.5	100.0	100.0	99.5	99.2
惠　州	Huizhou	101.9	101.1	100.7	100.1	99.5
湛　江	Zhangjiang	102.5	101.4	100.6	100.4	100.1
韶　关	Shaoguan	102.4	101.9	102.0	101.3	100.6
桂　林	Guilin	101.6	101.0	100.0	100.0	99.8
北　海	The North Sea	100.8	99.7	98.9	98.2	98.3
三　亚	Sanya	100.6	100.1	99.6	99.4	98.9
泸　州	Luzhou	102.1	101.7	101.6	101.3	101.1
南　充	Nanchong	100.4	100.7	100.3	100.2	100.0
遵　义	Zunyi	101.9	100.9	100.8	100.8	100.4
大　理	Dali	100.6	100.6	100.7	100.6	100.5

continued

（preceding year=100）

New Housing Price Index						
6 月 June	7 月 July	8 月 August	9 月 September	10 月 October	11 月 November	12 月 December
99.7	99.3	99.3	99.5	99.5	99.8	99.9
99.1	99.4	99.8	100.0	100.2	100.3	100.8
99.4	99.7	99.5	99.6	99.8	100.3	100.6
99.0	100.0	99.6	99.7	100.0	99.4	99.9
99.1	99.5	99.4	99.5	99.3	100.0	99.9
99.3	99.5	99.1	99.2	99.3	99.8	100.0
99.7	99.7	99.7	99.5	99.6	99.9	99.9
98.5	98.9	99.5	99.5	99.7	100.2	100.2
98.8	99.0	98.9	98.8	99.0	99.2	100.2
98.2	98.4	98.2	98.2	98.3	99.1	99.5
85.1	84.4	84.0	84.5	88.2	87.6	89.3
93.8	93.7	92.8	92.5	92.4	92.7	93.8
99.3	99.2	99.3	99.2	99.2	99.3	99.9
99.0	99.1	99.1	99.2	99.3	99.6	100.0
99.1	99.3	99.2	99.1	99.1	99.0	99.1
98.1	98.3	98.1	98.1	98.5	99.2	100.2
99.4	99.4	99.6	99.2	99.1	99.2	99.6
98.2	98.0	98.0	98.0	98.4	98.7	99.2
99.1	99.5	99.7	99.8	99.7	100.2	100.3
99.8	99.9	99.4	99.0	99.0	99.2	99.7
99.9	99.9	99.9	99.6	99.7	99.5	99.8
98.9	98.6	98.6	98.8	99.3	100.0	100.4
98.0	98.0	97.9	98.1	98.3	99.0	99.5
99.7	99.0	99.0	99.0	99.2	99.6	99.9
99.1	98.7	98.7	98.8	98.8	99.1	100.3
99.5	99.7	99.6	99.4	99.6	99.8	100.2
100.4	100.7	100.7	100.6	100.8	101.3	101.7
100.4	100.2	100.2	100.6	100.6	101.1	101.4
100.0	99.8	100.1	99.7	99.6	99.7	99.8
98.4	98.7	98.8	98.8	99.0	99.5	99.4
99.0	98.9	98.9	98.9	98.9	99.1	99.6
101.1	100.7	100.7	100.4	100.0	101.0	101.5
99.8	99.3	99.5	99.7	99.9	100.4	101.3
100.3	100.3	100.6	100.3	100.5	100.6	101.0
100.4	100.1	100.0	99.9	99.7	99.6	99.8

附录1-12 续表 1

（上年同期=100）

地 区	Region	新建商品住宅价格指数				
		1 月 January	2 月 February	3 月 March	4 月 April	5 月 May
北 京	Beijing	100.1	99.5	99.0	98.7	98.4
天 津	Tianjin	100.1	99.2	98.6	98.2	98.7
石家庄	Shijiazhuang	101.3	101.1	100.1	99.8	99.6
太 原	Taiyuan	101.0	101.4	101.1	100.8	100.3
呼和浩特	Hohhto	102.2	101.5	101.1	100.3	99.8
沈 阳	Shenyang	101.9	101.7	101.0	100.3	99.6
大 连	Dalian	102.1	101.7	100.9	100.2	99.9
长 春	Changchun	101.4	101.6	100.6	100.1	99.7
哈尔滨	Harbin	99.9	100.4	100.0	100.2	100.1
上 海	Shanghai	100.8	99.4	98.9	98.4	98.0
南 京	Nanjing	98.3	97.5	96.5	96.5	96.4
杭 州	Hangzhou	99.2	98.1	93.7	90.3	89.7
宁 波	Ningbo	98.4	97.8	96.8	94.2	92.4
合 肥	Hefei	99.8	99.2	99.0	98.6	98.9
福 州	Fuzhou	101.8	100.1	99.6	99.1	99.0
厦 门	Xiamen	101.6	100.0	99.5	99.0	98.7
南 昌	Nanchang	100.1	99.1	99.0	98.1	97.9
济 南	Jinan	100.6	100.2	99.5	98.4	98.1
青 岛	Qingdao	99.8	100.0	98.4	96.2	95.9
郑 州	Zhengzhou	101.6	100.1	100.1	99.5	99.3
武 汉	Wuhan	101.3	100.6	99.9	99.5	99.1
长 沙	Changsha	102.4	101.3	100.9	100.3	99.7
广 州	Guangzhou	101.1	100.3	99.7	98.8	98.4
深 圳	Shenzhen	101.0	99.8	99.4	98.3	97.7
南 宁	Nanning	100.3	100.0	98.9	98.3	98.3
海 口	Haikou	98.8	98.6	98.6	98.5	98.4
重 庆	Chongqing	99.3	98.9	98.5	98.2	98.0
成 都	Chengdu	99.8	99.3	99.1	99.1	98.5
贵 阳	Guiyang	102.7	102.2	101.5	101.0	101.0
昆 明	Kunming	101.5	100.9	100.7	100.5	100.2
西 安	Xi'an	102.4	101.8	100.5	99.8	99.7
兰 州	Lanzhou	100.5	100.0	100.5	100.4	100.3
西 宁	Xining	102.0	101.8	101.8	101.7	101.4
银 川	Yinchuan	102.2	102.4	101.7	101.0	100.8
乌鲁木齐	Urumqi	103.9	102.7	101.9	101.6	101.1

continued

(preceding year=100)

New Commercial Housing Price Index						
6 月 June	7 月 July	8 月 August	9 月 September	10 月 October	11 月 November	12 月 December
98.7	99.0	99.2	99.3	99.7	100.9	102.0
98.8	98.8	99.1	99.3	99.6	100.4	100.9
99.6	100.0	100.2	100.3	100.6	101.2	101.0
100.1	99.9	100.1	100.0	100.0	100.3	101.0
99.5	99.2	98.7	98.3	98.4	98.9	99.2
99.2	99.0	98.5	98.5	98.3	99.2	99.7
100.1	100.2	100.6	100.7	100.9	101.1	101.4
99.2	99.0	99.0	99.0	99.2	99.2	100.1
99.7	99.8	99.8	99.8	98.9	99.8	100.5
98.1	98.2	98.2	98.1	98.4	99.0	100.0
96.9	97.4	97.9	98.2	98.9	99.9	101.3
90.2	90.5	90.9	91.2	91.3	91.5	92.4
92.0	91.8	91.5	91.4	91.5	92.1	92.6
98.7	98.9	99.0	99.0	99.4	100.0	100.9
99.1	99.8	100.0	100.0	99.9	100.2	101.4
98.8	99.3	99.3	99.4	99.5	99.9	100.7
97.8	98.2	98.7	99.0	99.5	100.0	101.2
97.8	97.9	98.5	98.5	99.1	99.4	100.0
95.7	95.4	95.4	95.0	95.2	95.6	96.4
99.0	99.3	99.2	99.2	99.4	99.9	100.8
99.0	99.0	98.8	98.7	99.1	99.8	100.9
99.3	99.3	99.3	99.0	99.2	100.1	100.7
98.4	98.7	99.0	99.3	99.9	100.7	102.4
97.5	97.5	97.7	97.8	98.4	99.3	100.9
98.5	98.8	98.7	99.0	99.3	99.4	99.5
98.2	98.5	98.7	98.7	98.9	99.7	99.6
98.1	98.5	99.1	99.5	99.9	100.6	101.3
98.7	99.3	99.2	99.4	99.3	99.9	100.4
101.0	100.9	101.0	101.0	101.1	100.9	101.1
99.8	100.4	100.3	100.2	100.1	100.9	101.6
99.8	99.6	100.0	100.1	100.3	100.6	100.9
100.0	99.9	100.1	99.9	99.7	100.1	100.2
101.1	101.0	101.3	101.2	101.5	101.7	102.0
100.3	100.3	100.8	100.9	100.9	101.4	101.7
100.8	100.9	100.9	101.0	101.4	102.0	102.4

附录1-12 续表

（上年同期为100）

地区	Region	新建商品住宅价格指数				
		1月 January	2月 February	3月 March	4月 April	5月 May
唐山	Tangshan	100.6	100.5	100.1	99.9	99.7
秦皇岛	Qinhuangdao	100.5	99.7	100.3	99.6	99.2
包头	Baotou	100.0	99.5	99.6	99.1	99.1
丹东	Dandong	99.5	99.2	98.5	98.3	97.9
锦州	Jinzhou	101.6	101.0	100.5	99.6	99.4
吉林	Jilin	100.0	100.0	100.3	99.5	99.4
牡丹江	Mudanjiang	100.5	99.7	99.7	100.1	99.7
无锡	Wuxi	99.3	99.2	98.1	97.6	98.3
扬州	Yangzhou	100.8	99.9	98.9	98.8	98.8
徐州	Xuzhou	101.3	100.7	99.4	98.7	98.2
温州	Wenzhou	92.0	91.5	90.5	87.0	84.9
金华	Jinhua	101.0	100.8	95.4	94.7	94.3
蚌埠	Bengbu	101.4	100.3	99.6	99.3	99.3
安庆	Anqing	98.9	98.7	98.7	98.8	99.0
泉州	Quanzhou	101.2	100.6	99.7	99.3	99.1
九江	Jiujiang	100.2	99.5	98.7	97.8	97.9
赣州	Ganzhou	98.6	98.3	99.1	99.3	99.5
烟台	Yantai	100.3	99.5	98.5	97.8	97.7
济宁	Jining	100.2	99.8	99.7	99.3	99.0
洛阳	Luoyang	102.5	101.5	101.0	100.4	100.1
平顶山	Pingdingshan	100.6	99.6	100.2	100.5	100.2
宜昌	Yichang	102.1	101.8	100.9	99.9	99.1
襄阳	Xiangyang	101.8	100.9	99.5	99.0	98.4
岳阳	Yueyang	95.4	96.4	97.9	97.8	98.0
常德	Changde	100.5	100.0	100.0	99.5	99.2
惠州	Huizhou	101.9	101.1	100.7	100.1	99.5
湛江	Zhangjiang	102.5	101.4	100.6	100.4	100.1
韶关	Shaoguan	102.4	101.9	102.1	101.3	100.6
桂林	Guilin	101.6	101.0	100.0	100.0	99.8
北海	The North Sea	100.8	99.7	98.9	98.2	98.3
三亚	Sanya	100.6	100.1	99.5	99.4	98.9
泸州	Luzhou	102.2	101.8	101.7	101.4	101.1
南充	Nanchong	100.4	100.7	100.3	100.1	99.9
遵义	Zunyi	102.2	101.0	100.9	100.9	100.4
大理	Dali	100.7	100.6	100.7	100.7	100.5

continued

(preceding year=100)

New Commercial Housing Price Index						
6 月 June	7 月 July	8 月 August	9 月 September	10 月 October	11 月 November	12 月 December
99.7	99.3	99.2	99.5	99.4	99.8	99.8
99.0	99.3	99.8	100.0	100.2	100.4	100.9
99.3	99.7	99.4	99.6	99.8	100.3	100.7
98.6	99.3	98.9	99.0	99.3	99.4	99.9
99.1	99.5	99.4	99.5	99.3	100.0	99.9
99.3	99.5	99.1	99.2	99.3	99.8	100.0
99.7	99.7	99.7	99.5	99.6	99.9	99.9
98.2	98.7	99.3	99.4	99.6	100.3	100.3
98.7	98.9	98.9	98.8	99.0	99.2	100.2
98.1	98.3	98.1	98.1	98.2	99.1	99.5
84.2	83.4	83.1	83.6	87.5	86.8	88.6
93.7	93.6	92.7	92.4	92.4	92.7	93.7
99.3	99.2	99.3	99.2	99.1	99.3	99.9
98.9	99.1	99.1	99.2	99.2	99.6	100.0
99.0	99.2	99.2	99.1	99.1	99.0	99.0
98.0	98.2	98.0	98.0	98.4	99.1	100.2
99.4	99.4	99.6	99.2	99.1	99.2	99.6
98.2	97.9	98.0	98.0	98.4	98.7	99.2
99.1	99.5	99.7	99.8	99.7	100.2	100.3
99.8	99.9	99.4	99.0	99.0	99.2	99.7
99.9	99.9	99.9	99.6	99.7	99.5	99.8
98.9	98.6	98.6	98.8	99.3	100.0	100.4
98.0	97.9	97.9	98.1	98.3	99.0	99.5
98.0	98.4	98.4	98.4	98.7	99.3	99.8
99.0	98.7	98.6	98.8	98.8	99.1	100.3
99.5	99.7	99.6	99.4	99.6	99.8	100.2
100.4	100.7	100.7	100.6	100.8	101.3	101.7
100.5	100.2	100.2	100.6	100.6	101.1	101.4
100.0	99.8	100.1	99.7	99.6	99.7	99.8
98.4	98.7	98.8	98.8	99.0	99.5	99.4
99.0	98.9	98.9	98.9	98.8	99.1	99.6
101.2	100.8	100.7	100.4	100.0	101.0	101.5
99.7	99.3	99.5	99.7	99.9	100.4	101.3
100.3	100.3	100.7	100.4	100.5	100.6	101.1
100.5	100.1	100.0	99.8	99.7	99.5	99.7

附录1-12 续表 2

（上年同期=100）

地区	Region	二手住宅价格指数				
		1月 January	2月 February	3月 March	4月 April	5月 May
北京	Beijing	96.9	96.3	96.6	96.8	96.9
天津	Tianjin	97.2	97.2	97.0	97.2	97.5
石家庄	Shijiazhuang	96.2	96.2	96.6	96.2	95.6
太原	Taiyuan	102.9	102.3	102.2	101.6	102.2
呼和浩特	Hohhto	101.9	101.8	101.5	101.3	101.2
沈阳	Shenyang	100.9	100.0	99.4	99.2	99.2
大连	Dalian	99.2	99.0	99.0	98.3	97.7
长春	Changchun	99.3	99.2	98.9	98.4	98.1
哈尔滨	Harbin	97.4	97.5	97.9	97.8	97.7
上海	Shanghai	100.6	99.9	99.0	98.5	98.5
南京	Nanjing	96.3	95.3	95.0	94.8	95.2
杭州	Hangzhou	94.0	93.2	92.8	92.6	92.6
宁波	Ningbo	97.2	96.4	96.0	95.3	94.6
合肥	Hefei	96.4	96.6	97.3	97.3	97.0
福州	Fuzhou	94.2	92.1	91.9	92.6	93.9
厦门	Xiamen	100.0	99.4	98.9	98.7	98.5
南昌	Nanchang	95.8	95.2	94.6	94.3	94.0
济南	Jinan	100.5	100.2	99.7	99.6	99.3
青岛	Qingdao	97.9	97.8	97.6	97.2	96.6
郑州	Zhengzhou	98.6	98.0	97.5	97.6	97.7
武汉	Wuhan	98.9	98.7	99.1	98.7	98.9
长沙	Changsha	100.0	99.9	99.8	99.8	99.7
广州	Guangzhou	100.5	99.6	99.9	98.5	98.6
深圳	Shenzhen	101.2	98.7	98.2	97.7	97.4
南宁	Nanning	99.4	99.0	99.8	99.4	99.8
海口	Haikou	97.9	97.9	98.1	98.6	97.6
重庆	Chongqing	99.3	99.5	99.0	99.3	99.3
成都	Chengdu	97.8	97.1	97.2	96.1	96.1
贵阳	Guiyang	103.4	103.3	103.3	103.2	102.9
昆明	Kunming	100.3	99.5	98.8	98.4	98.6
西安	Xi'an	99.4	99.0	98.8	98.6	99.5
兰州	Lanzhou	90.5	90.8	96.2	96.9	97.8
西宁	Xining	101.3	101.0	101.5	101.5	100.8
银川	Yinchuan	102.3	101.6	100.6	99.7	99.0
乌鲁木齐	Urumqi	102.1	101.2	99.3	98.3	98.6

continued

(preceding year=100)

Second-hand Housing Price Index						
6 月 June	7 月 July	8 月 August	9 月 September	10 月 October	11 月 November	12 月 December
97.2	97.5	97.7	98.2	98.8	99.8	101.6
97.9	98.6	99.3	99.0	99.5	102.1	102.9
95.1	94.9	94.5	94.9	96.4	97.7	98.6
102.4	102.5	103.1	103.5	104.2	104.7	105.5
100.7	100.4	100.2	100.1	100.1	100.2	100.3
99.2	99.2	98.8	98.8	98.6	99.6	99.7
98.4	99.0	99.7	100.3	100.8	103.1	103.0
97.7	97.9	97.9	98.2	98.5	99.7	100.7
97.7	97.8	97.7	97.7	97.7	98.7	99.2
98.5	98.4	98.5	98.6	99.0	99.7	100.4
96.0	96.8	96.9	97.7	98.3	99.1	100.0
92.7	93.5	94.3	94.3	95.7	96.7	98.2
95.1	94.8	94.9	94.5	94.7	94.8	95.3
96.7	96.6	96.4	95.4	96.3	98.0	99.6
93.8	95.0	95.8	96.6	97.5	98.5	99.9
98.2	98.1	98.2	98.3	98.3	99.1	100.5
94.5	94.9	96.4	97.4	98.3	100.7	101.6
98.9	99.0	99.0	99.0	99.1	99.0	99.2
96.5	96.6	97.0	97.2	97.6	98.2	98.8
98.2	98.4	98.8	99.1	99.2	99.4	100.1
99.1	99.0	99.1	99.4	99.7	100.2	100.9
99.6	99.4	99.4	99.5	99.5	99.8	100.0
99.0	99.5	99.6	99.5	100.4	101.7	102.6
97.6	98.2	98.3	98.6	98.9	100.0	101.1
99.7	99.6	100.3	100.5	100.6	100.3	100.6
97.3	97.5	97.6	97.9	98.2	98.4	99.3
99.4	99.3	99.5	99.7	100.1	100.3	100.3
96.0	96.8	96.8	97.0	97.3	98.1	98.8
102.6	101.9	101.7	100.9	100.6	100.3	100.3
99.4	101.5	101.8	101.0	101.0	101.9	103.5
99.0	98.0	97.5	97.8	98.1	98.4	98.7
97.8	97.9	97.9	97.7	97.7	98.0	99.3
100.7	100.8	100.8	100.8	101.3	101.3	101.3
98.5	98.1	98.1	98.0	98.1	98.8	99.5
98.5	98.2	98.2	98.2	98.1	98.2	98.6

附录1-12 续表

（上年同期=100）

地 区	Region	二手住宅价格指数				
		1 月 January	2 月 February	3 月 March	4 月 April	5 月 May
唐 山	Tangshan	101.6	100.7	100.3	99.2	98.8
秦皇岛	Qinhuangdao	98.7	98.5	98.1	98.0	97.9
包 头	Baotou	100.4	99.7	99.1	98.8	98.3
丹 东	Dandong	101.0	100.8	100.9	101.4	101.1
锦 州	Jinzhou	100.0	100.0	100.0	100.0	100.0
吉 林	Jilin	102.1	101.9	100.6	99.8	99.6
牡丹江	Mudanjiang	96.5	95.3	95.2	95.0	95.3
无 锡	Wuxi	102.7	102.0	101.5	100.6	100.1
扬 州	Yangzhou	99.2	98.8	98.0	97.2	96.4
徐 州	Xuzhou	96.5	96.0	95.8	96.4	96.1
温 州	Wenzhou	85.7	84.5	84.5	82.8	82.9
金 华	Jinhua	95.7	95.3	93.8	93.6	92.7
蚌 埠	Bengbu	101.1	100.7	100.5	100.0	100.4
安 庆	Anqing	96.2	96.0	95.8	95.6	95.5
泉 州	Quanzhou	98.8	97.0	96.5	96.6	96.5
九 江	Jiujiang	97.3	96.6	96.2	96.2	96.6
赣 州	Ganzhou	97.9	97.5	97.7	97.5	98.5
烟 台	Yantai	101.0	100.1	99.1	98.6	97.6
济 宁	Jining	99.4	98.9	98.8	98.8	98.8
洛 阳	Luoyang	102.9	101.9	100.7	99.7	99.1
平顶山	Pingdingshan	103.4	101.5	100.2	99.6	99.3
宜 昌	Yichang	100.5	100.3	100.2	96.9	96.8
襄 阳	Xiangyang	101.6	101.4	100.8	100.6	100.4
岳 阳	Yueyang	98.5	98.6	98.7	98.7	98.8
常 德	Changde	103.5	103.2	102.7	101.4	100.8
惠 州	Huizhou	101.1	100.3	99.2	99.6	99.6
湛 江	Zhangjiang	102.0	101.8	101.6	101.5	101.2
韶 关	Shaoguan	102.4	102.2	102.3	102.1	101.3
桂 林	Guilin	98.9	100.1	100.4	100.4	99.7
北 海	The North Sea	101.8	99.5	98.3	98.2	98.2
三 亚	Sanya	92.9	93.1	92.8	93.0	95.5
泸 州	Luzhou	101.5	101.1	101.0	100.4	99.9
南 充	Nanchong	99.1	99.1	99.0	99.1	99.1
遵 义	Zunyi	101.4	100.6	100.2	99.9	99.6
大 理	Dali	98.8	98.8	98.8	99.7	99.7

continued

(preceding year=100)

Second-hand Housing Price Index						
6 月 June	7 月 July	8 月 August	9 月 September	10 月 October	11 月 November	12 月 December
98.0	97.6	97.4	97.2	97.2	97.5	97.7
97.9	98.3	98.5	98.4	98.7	99.4	100.0
99.0	99.5	99.2	98.5	98.0	97.2	98.6
101.3	100.1	99.8	100.1	100.2	100.0	99.9
100.3	100.1	100.0	100.0	99.8	98.8	98.7
99.1	99.0	99.1	99.1	99.0	98.9	98.9
95.6	95.8	96.0	96.3	96.7	97.4	98.2
99.7	99.1	99.2	99.4	98.4	98.6	99.8
96.3	96.2	96.1	95.9	95.9	95.8	96.6
97.7	97.7	98.2	98.2	98.5	100.5	101.1
83.0	83.9	84.4	85.6	89.4	90.1	94.6
92.7	93.3	94.1	94.5	94.5	96.5	97.5
100.2	100.3	100.3	100.2	100.2	100.2	100.3
95.4	95.7	96.0	96.1	96.6	98.0	98.8
96.5	96.6	96.4	96.4	96.8	96.6	96.9
97.0	97.8	98.2	98.4	98.8	99.2	99.6
98.5	98.7	99.3	99.6	99.6	99.6	99.7
96.8	96.3	95.3	95.2	95.3	95.1	95.0
99.0	99.0	99.4	99.4	99.3	99.6	99.8
98.6	98.3	98.0	97.7	97.5	97.6	97.9
98.5	98.3	98.5	98.6	98.7	98.9	99.2
96.4	96.5	96.6	96.7	96.8	96.8	97.1
100.3	100.2	100.2	100.1	100.1	100.2	100.3
99.1	98.9	99.9	101.1	101.8	102.1	102.4
100.4	99.2	98.5	98.6	98.4	97.2	96.6
99.7	99.5	99.2	98.8	99.2	99.3	99.3
100.8	100.9	100.7	100.5	100.4	100.4	100.5
101.2	100.5	100.4	100.6	100.6	101.0	101.1
99.7	99.5	99.4	99.6	99.5	99.6	99.6
98.5	98.8	99.0	99.1	99.1	99.4	99.6
95.4	95.2	95.2	95.2	95.3	96.2	98.5
99.7	99.5	99.7	99.7	99.8	100.0	100.5
99.2	99.0	98.9	99.1	99.1	99.5	99.8
98.9	98.9	99.7	99.4	99.0	98.6	98.7
100.2	99.8	99.7	99.6	99.5	99.4	99.4

附录1-13 全国及各省市区固定资产投资价格指数（2012年）

Price Indices of Investment in Fixed Assets by Provinces and Regions（2012）

（上年=100） （preceding year=100）

地区	Region	固定资产投资 Investment in Fixed Assets	建筑安装工程 Construction and Installation	设备、工器具 Purchase of Equipment, Tools and Instruments	其他费用 Others
全国	National	101.1	101.6	98.9	102.2
北京	Beijing	101.3	99.0	97.4	104.0
天津	Tianjin	100.0	100.1	98.3	101.1
河北	Hebei	100.3	100.6	99.2	100.7
山西	Shanxi	101.2	102.0	98.9	100.7
内蒙古	Inner Mongolia	101.6	101.0	103.1	102.2
辽宁	Liaoning	101.0	101.2	99.3	103.2
吉林	Jilin	100.4	100.8	99.0	102.4
黑龙江	Heilongjiang	100.8	101.0	99.3	102.8
上海	Shanghai	99.4	98.7	98.6	101.6
江苏	Jiangsu	98.6	97.9	98.2	102.2
浙江	Zhejiang	99.2	98.6	98.5	101.5
安徽	Anhui	101.0	101.3	99.2	102.3
福建	Fujian	100.3	100.6	98.9	100.7
江西	Jiangxi	101.0	101.2	98.8	104.4
山东	Shandong	100.8	101.2	99.2	103.0
河南	Henan	101.0	101.4	99.7	101.9
湖北	Hubei	101.8	102.1	99.7	103.3
湖南	Hunan	101.7	102.2	99.6	102.0
广东	Guangdong	101.5	101.9	98.7	103.3
广西	Guangxi	100.6	100.8	99.3	101.5
海南	Hainan	102.0	102.5	98.9	102.9
重庆	Chongqing	101.8	102.1	99.1	101.9
四川	Sichuan	101.0	101.6	99.2	100.9
贵州	Guizhou	101.5	102.0	99.1	101.5
云南	Yunnan	101.4	101.7	99.3	101.9
西藏	Tibet	-	-	-	-
陕西	Shaanxi	102.6	103.4	99.1	102.7
甘肃	Gansu	102.1	102.5	100.3	102.3
青海	Qinghai	102.2	102.7	99.2	103.0
宁夏	Ningxia	101.5	101.9	99.8	100.0
新疆	Xinjiang	100.6	101.5	97.3	101.0

附录1-14 全国及各省市区工业品出厂价格指数

Ex-Factory Price Indices of Industrial Products by Provinces and Regions

（上年=100） （preceding year=100）

地区	Region	2007	2008	2009	2010	2011
全国	National	103.1	106.9	94.6	105.5	106.0
北京	Beijing	99.7	103.3	94.4	102.2	102.3
天津	Tianjin	101.5	104.1	92.5	105.1	103.8
河北	Hebei	106.9	116.7	89.1	109.0	107.7
山西	Shanxi	107.4	122.4	92.0	109.5	107.5
内蒙古	Inner Mongolia	105.6	112.5	96.2	106.7	107.8
辽宁	Liaoning	104.4	110.9	94.0	107.4	106.5
吉林	Jilin	102.7	104.9	96.1	105.2	105.4
黑龙江	Heilongjiang	105.3	114.0	87.4	115.0	112.0
上海	Shanghai	101.2	102.2	93.8	102.3	102.9
江苏	Jiangsu	102.6	104.6	95.2	107.3	106.2
浙江	Zhejiang	102.4	104.3	94.9	106.2	105.0
安徽	Anhui	103.6	108.4	92.8	109.0	108.3
福建	Fujian	100.8	102.7	95.5	103.2	103.9
江西	Jiangxi	106.2	106.4	93.0	115.2	111.3
山东	Shandong	103.3	108.6	94.1	107.1	106.0
河南	Henan	105.2	112.1	94.9	107.8	107.2
湖北	Hubei	103.8	106.1	95.6	104.9	106.6
湖南	Hunan	106.1	109.3	94.3	106.9	108.5
广东	Guangdong	101.3	103.1	95.8	103.2	103.7
广西	Guangxi	104.5	109.0	93.5	112.0	108.5
海南	Hainan	102.7	104.5	90.6	107.7	108.8
重庆	Chongqing	103.5	105.8	95.5	105.0	103.8
四川	Sichuan	103.9	109.3	96.5	104.7	107.3
贵州	Guizhou	105.0	112.4	95.1	108.8	105.4
云南	Yunnan	105.7	105.8	91.5	105.8	104.7
西藏	Tibet	101.1	105.6	98.2	103.1	104.3
陕西	Shaanxi	102.9	108.4	96.1	108.7	107.2
甘肃	Gansu	105.5	104.9	91.0	115.0	111.0
青海	Qinghai	104.2	107.6	91.3	109.3	107.4
宁夏	Ningxia	103.7	112.9	93.9	109.1	109.5
新疆	Xinjiang	106.3	116.4	85.5	125.2	114.8

附录1-15 全国及各省市区固定资产投资价格指数

Price Indices of Investment in Fixed Assets by Provinces and Regions

（上年=100） (preceding year=100)

地 区	Region	2007	2008	2009	2010	2011
全 国	National	103.9	108.9	97.6	103.6	106.6
北 京	Beijing	102.8	107.8	97.1	102.5	105.7
天 津	Tianjin	102.6	109.2	97.6	102.6	105.7
河 北	Hebei	103.8	109.6	96.5	103.7	105.5
山 西	Shanxi	104.1	113.3	98.1	103.7	105.5
内蒙古	Inner Mongolia	103.8	108.1	98.5	105.4	106.3
辽 宁	Liaoning	104.3	109.1	97.0	103.3	106.6
吉 林	Jilin	103.9	107.3	99.4	102.4	105.6
黑龙江	Heilongjiang	104.5	109.0	97.6	105.2	107.5
上 海	Shanghai	103.5	107.9	97.0	103.8	106.5
江 苏	Jiangsu	104.9	110.0	97.7	105.1	106.8
浙 江	Zhejiang	104.4	109.3	96.7	104.7	107.5
安 徽	Anhui	105.4	109.4	96.0	105.4	108.1
福 建	Fujian	105.9	105.9	98.0	103.3	106.2
江 西	Jiangxi	105.4	110.4	96.1	104.8	108.4
山 东	Shandong	104.0	107.7	96.9	103.6	106.8
河 南	Henan	104.6	109.0	96.4	103.5	107.4
湖 北	Hubei	104.1	109.4	98.8	104.7	107.3
湖 南	Hunan	105.8	109.9	99.7	104.0	107.2
广 东	Guangdong	102.4	108.6	96.7	103.0	105.5
广 西	Guangxi	102.3	107.9	97.9	103.0	106.2
海 南	Hainan	106.1	113.3	97.7	105.2	106.4
重 庆	Chongqing	104.2	107.4	97.8	102.1	105.9
四 川	Sichuan	105.5	110.2	98.3	102.5	105.2
贵 州	Guizhou	104.7	112.5	100.5	102.7	105.4
云 南	Yunnan	103.5	108.9	98.1	102.7	104.6
西 藏	Tibet	-	-	-	-	-
陕 西	Shaanxi	104.0	109.5	99.3	103.6	105.9
甘 肃	Gansu	102.8	106.7	101.5	103.5	104.7
青 海	Qinghai	104.2	110.5	100.9	103.8	106.5
宁 夏	Ningxia	103.2	109.0	100.2	104.2	107.5
新 疆	Xinjiang	104.4	111.2	98.0	104.6	107.1

附录1-16 全国粮食作物播种面积

Sown Area of Grain Crops by Regions

单位：千公顷 (1 000 hectares)

年份 Year	粮食作物播种面积 Sown Area of Grain Crops	稻谷 Rice	小麦 Wheat	玉米 Corn	大豆 Soybean	薯类 Tubers
1949	109959	25709	12515	12915	8319	7011
1952	123979	28382	24780	12566	11679	8688
1957	133633	32241	27542	14943	12748	10495
1962	121621	26935	24075	12819	9504	12171
1965	119627	29825	24709	15671	8593	11175
1970	119267	32358	25458	15831	7985	10717
1975	121062	35729	27661	18598	6999	10969
1978	120587	34421	29183	19961	7144	11796
1979	119263	33873	29357	20133	7247	10952
1980	117234	33878	28844	20087	7226	10153
1981	114958	33295	28307	19425	8024	9620
1982	113462	33071	27955	18543	8419	9370
1983	114047	33136	29050	18824	7567	9402
1984	112884	33178	29576	18537	7286	8988
1985	108845	32070	29218	17694	7718	8572
1986	110933	32266	29616	19124	8295	8685
1987	111268	32193	28798	20212	8445	8868
1988	110123	31987	28785	19692	8120	9054
1989	112205	32700	29841	20353	8057	9097
1990	113466	33064	30753	21401	7560	9121
1991	112314	32590	30948	21574	7041	9078
1992	110560	32090	30496	21044	7221	9057
1993	110509	30355	30235	20694	9454	9220
1994	109544	30171	28981	21152	9222	9270
1995	110060	30744	28860	22776	8127	9519
1996	112548	31406	29611	24498	7471	9797
1997	112912	31765	30057	23775	8346	9785
1998	113787	31214	29774	25239	8500	10000
1999	113161	31283	28855	25904	7962	10355
2000	108463	29962	26653	23056	9307	10538
2001	106080	28812	24664	24282	9482	10217
2002	103891	28202	23908	24634	8720	9881
2003	99410	26508	21997	24068	9313	9702
2004	101606	28379	21626	25446	9589	9457
2005	104278	28847	22793	26358	9591	9503
2006	105068	28938	23723	28463	9304	7877
2007	105748	28919	23831	29478	8754	8082
2008	106793	29241	23617	29864	9127	8427
2009	108986	29627	24291	31183	9190	8636
2010	109876	29873	24257	32500	8516	8750
2011	110573	30057	24270	33542	7889	8906
2012	111205	30137	24268	35030	7172	8881

附录1-17 全国粮食作物总产量

Total Output of Grain Crops by Regions

单位：万吨 （10 000 tons）

年 份 Year	粮食作物总产量 Total Output of Grain Crops	稻 谷 Rice	小 麦 Wheat	玉 米 Corn	大 豆 Soybean	薯 类 Tubers
1949	11318	4865	1381	1242	509	985
1952	16392	6843	1813	1685	952	1633
1957	19505	8678	2364	2144	1005	2192
1962	15441	6299	1667	1626	651	2345
1965	19453	8772	2522	2366	614	1986
1970	23996	10999	2919	3303	871	2668
1975	28452	12556	4531	4722	724	2857
1978	30477	13693	5384	5595	757	3174
1979	33212	14375	6273	6004	746	2846
1980	32056	13991	5521	6260	794	2873
1981	32502	14396	5964	5921	933	2597
1982	35450	16160	6847	6056	903	2705
1983	38728	16887	8139	6821	976	2925
1984	40731	17826	8782	7341	970	2848
1985	37911	16857	8581	6383	1050	2604
1986	39151	17222	9004	7086	1161	2534
1987	40298	17426	8590	7924	1247	2821
1988	39408	16911	8543	7735	1165	2697
1989	40755	18013	9081	7893	1023	2730
1990	44624	18933	9823	9682	1100	2743
1991	43529	18381	9595	9877	971	2716
1992	44266	18622	10159	9538	1030	2844
1993	45649	17751	10639	10270	1531	3181
1994	44510	17593	9930	9928	1600	3025
1995	46662	18523	10221	11199	1350	3263
1996	50454	19510	11057	12747	1322	3536
1997	49417	20073	12329	10431	1473	3192
1998	51230	19871	10973	13295	1515	3604
1999	50839	19849	11388	12809	1425	3641
2000	46218	18791	9964	10600	1541	3685
2001	45264	17758	9387	11409	1541	3563
2002	45706	17454	9029	12131	1651	3666
2003	43070	16066	8649	11583	1539	3513
2004	46947	17909	9195	13029	1740	3558
2005	48402	18059	9745	13937	1635	3469
2006	49804	18172	10847	15160	1508	2701
2007	50160	18603	10930	15230	1273	2808
2008	52871	19190	11246	16591	1554	2980
2009	53082	19510	11512	16397	1498	2995
2010	54648	19576	11518	17725	1508	3114
2011	57121	20100	11740	19278	1449	3273
2012	58958	20424	12102	20561	1302	3279

附录1-18　全国及各省市区粮食作物播种面积

Sown Area of Grain Crops by Provinces and Regions

单位：千公顷　　(1 000 hectares)

地　区	Region	2008	2009	2010	2011	2012	2012年比2011年增长 Increase Rate in 2012 over 2011	
							绝对数 Value	%
全　国	National	106792.6	108985.8	109876.1	110573.0	111204.6	631.6	0.57
北　京	Beijing	226.3	226.3	223.5	209.4	193.9	-15.5	-7.41
天　津	Tianjin	293.5	306.6	311.8	310.8	322.9	12.1	3.90
河　北	Hebei	6158.1	6216.5	6282.2	6286.1	6302.4	16.3	0.26
山　西	Shanxi	3111.3	3146.7	3239.2	3287.9	3291.5	3.6	0.11
内蒙古	Inner Mongolia	5254.5	5424.0	5498.7	5561.5	5589.4	27.9	0.50
辽　宁	Liaoning	3035.9	3124.1	3179.3	3169.8	3217.3	47.5	1.50
吉　林	Jilin	4391.2	4427.7	4492.2	4545.1	4610.3	65.2	1.43
黑龙江	Heilongjiang	10988.9	11391.0	11454.7	11502.9	11519.5	16.6	0.14
上　海	Shanghai	174.5	193.3	179.2	186.3	187.6	1.3	0.70
江　苏	Jiangsu	5267.1	5272.0	5282.4	5319.2	5336.6	17.4	0.33
浙　江	Zhejiang	1271.6	1290.1	1275.8	1254.1	1251.6	-2.5	-0.20
安　徽	Anhui	6561.1	6605.6	6616.4	6621.5	6622.0	0.5	0.01
福　建	Fujian	1210.3	1231.0	1232.3	1226.8	1201.1	-25.7	-2.09
江　西	Jiangxi	3578.1	3604.6	3639.1	3650.1	3675.9	25.8	0.71
山　东	Shandong	6955.6	7030.1	7084.8	7145.8	7202.3	56.5	0.79
河　南	Henan	9600.0	9683.6	9740.2	9859.9	9985.2	125.3	1.27
湖　北	Hubei	3906.7	4012.5	4068.4	4122.1	4180.1	57.9	1.41
湖　南	Hunan	4588.8	4799.1	4809.1	4879.6	4908.0	28.4	0.58
广　东	Guangdong	2499.9	2538.5	2531.9	2530.4	2540.2	9.8	0.39
广　西	Guangxi	2973.1	3067.5	3061.1	3072.8	3069.1	-3.7	-0.12
海　南	Hainan	421.3	430.4	437.2	430.6	438.6	8.0	1.86
重　庆	Chongqing	2215.4	2229.5	2243.9	2259.4	2259.6	0.2	0.01
四　川	Sichuan	6430.9	6419.4	6402.0	6440.5	6468.2	27.7	0.43
贵　州	Guizhou	2919.6	2984.7	3039.5	3055.6	3054.3	-1.3	-0.04
云　南	Yunnan	4095.9	4200.1	4274.4	4326.9	4399.6	72.7	1.68
西　藏	Tibet	170.6	169.4	170.2	170.2	170.9	0.7	0.39
陕　西	Shaanxi	3126.0	3134.0	3159.7	3134.9	3127.5	-7.4	-0.23
甘　肃	Gansu	2683.0	2740.0	2799.8	2833.7	2839.4	5.7	0.20
青　海	Qinghai	272.0	275.7	274.5	279.4	280.2	0.8	0.28
宁　夏	Ningxia	826.2	826.9	844.1	852.4	828.3	-24.1	-2.83
新　疆	Xinjiang	1585.2	1984.7	2028.6	2047.5	2131.2	83.7	4.09
广西居全国位次	**Order of Precedence of Guangxi in the Country**	**17**	**17**	**17**	**17**	**17**		

附录1-19 全国及各省市区粮食作物总产量

Total Output of Grain Crops by Provinces and Regions

单位：万吨 (10 000 tons)

地 区	Region	2008	2009	2010	2011	2012	2012年比2011年增长 Increase Rate in 2012 over 2011	
							绝对数 Value	%
全 国	National	52870.9	53082.1	54647.7	57120.8	58958.0	1837.2	3.22
北 京	Beijing	125.5	124.8	115.7	121.8	113.8	-8.0	-6.59
天 津	Tianjin	148.9	156.3	159.7	161.8	161.8	0.0	-0.02
河 北	Hebei	2905.8	2910.2	2975.9	3172.6	3246.6	74.0	2.33
山 西	Shanxi	1028.0	942.0	1085.1	1193.0	1274.1	81.1	6.80
内蒙古	Inner Mongolia	2131.3	1981.7	2158.2	2387.5	2528.5	141.0	5.91
辽 宁	Liaoning	1860.3	1591.0	1765.4	2035.5	2070.5	35.0	1.72
吉 林	Jilin	2840.0	2460.0	2842.5	3171.0	3343.0	172.0	5.42
黑龙江	Heilongjiang	4225.0	4353.0	5012.8	5570.6	5761.5	190.9	3.43
上 海	Shanghai	115.7	121.7	118.4	122.0	122.4	0.4	0.32
江 苏	Jiangsu	3175.5	3230.1	3235.1	3307.8	3372.5	64.7	1.96
浙 江	Zhejiang	775.6	789.2	770.7	781.6	769.8	-11.8	-1.51
安 徽	Anhui	3023.3	3069.9	3080.5	3135.5	3289.1	153.6	4.90
福 建	Fujian	652.3	666.9	661.9	672.8	659.3	-13.5	-2.01
江 西	Jiangxi	1958.1	2002.6	1954.7	2052.8	2084.8	32.0	1.56
山 东	Shandong	4260.5	4316.3	4335.7	4426.3	4511.4	85.1	1.92
河 南	Henan	5365.5	5389.0	5437.1	5542.5	5638.6	96.1	1.73
湖 北	Hubei	2227.2	2309.1	2315.8	2388.5	2441.8	53.3	2.23
湖 南	Hunan	2805.0	2902.7	2847.5	2939.4	3006.5	67.1	2.28
广 东	Guangdong	1243.4	1314.5	1316.5	1361.0	1396.3	35.3	2.60
广 西	Guangxi	1394.7	1463.2	1412.3	1429.9	1484.9	55.0	3.85
海 南	Hainan	183.5	187.6	180.4	188.0	199.5	11.5	6.12
重 庆	Chongqing	1153.2	1137.2	1156.1	1126.9	1138.5	11.6	1.03
四 川	Sichuan	3140.0	3194.6	3222.9	3291.6	3315.0	23.4	0.71
贵 州	Guizhou	1158.0	1168.3	1112.3	876.9	1079.5	202.6	23.10
云 南	Yunnan	1518.6	1576.9	1531.0	1673.6	1749.1	75.5	4.51
西 藏	Tibet	95.0	90.5	91.2	93.7	94.9	1.2	1.27
陕 西	Shaanxi	1111.0	1131.4	1164.9	1194.7	1245.1	50.4	4.22
甘 肃	Gansu	888.5	906.2	958.3	1014.6	1109.7	95.1	9.37
青 海	Qinghai	101.8	102.7	102.0	103.4	101.5	-1.9	-1.84
宁 夏	Ningxia	329.2	340.7	356.5	359.0	375.0	16.0	4.46
新 疆	Xinjiang	930.5	1152.0	1170.7	1224.7	1273.0	48.3	3.94
广西居全国位次	**Order of Precedence of Guangxi in the Country**	**15**	**15**	**15**	**15**	**15**		

附录1-20 全国及各省市区稻谷播种面积

Sown Area of Rice by Provinces and Regions

单位：千公顷 （1 000 hectares）

地 区	Region	2008	2009	2010	2011	2012	2012年比2011年增长 Increase Rate in 2012 over 2011	
							绝对数 Value	%
全 国	National	29241.1	29626.9	29873.4	30057.0	30137.1	80.1	0.27
北 京	Beijing	0.4	0.4	0.3	0.2	0.2		1.03
天 津	Tianjin	15.0	16.0	15.8	14.2	14.6	0.4	2.82
河 北	Hebei	81.5	85.1	79.7	83.0	85.9	2.9	3.52
山 西	Shanxi	1.1	1.1	1.0	1.0	1.0		1.00
内蒙古	Inner Mongolia	97.9	101.8	92.2	90.0	89.3	-0.7	-0.74
辽 宁	Liaoning	658.7	656.7	677.5	659.6	661.8	2.2	0.33
吉 林	Jilin	658.7	660.4	673.5	691.2	701.2	10.0	1.45
黑龙江	Heilongjiang	2390.7	2460.8	2768.8	2945.6	3069.8	124.2	4.21
上 海	Shanghai	108.6	108.5	108.5	106.1	105.1	-1.0	-0.95
江 苏	Jiangsu	2232.6	2233.2	2234.2	2248.6	2254.2	5.6	0.25
浙 江	Zhejiang	937.5	938.7	923.2	894.8	832.6	-62.2	-6.95
安 徽	Anhui	2218.9	2246.9	2245.4	2230.8	2215.1	-15.8	-0.71
福 建	Fujian	861.2	864.6	854.8	845.3	827.6	-17.7	-2.09
江 西	Jiangxi	3255.5	3282.1	3318.4	3317.7	3328.3	10.6	0.32
山 东	Shandong	130.7	134.6	128.2	124.5	123.9	-0.6	-0.51
河 南	Henan	604.7	611.3	628.0	638.0	648.2	10.2	1.59
湖 北	Hubei	1978.9	2045.1	2038.2	2036.2	2017.9	-18.3	-0.90
湖 南	Hunan	3932.0	4047.2	4030.5	4066.3	4095.1	28.8	0.71
广 东	Guangdong	1946.9	1959.7	1952.7	1940.9	1949.4	8.5	0.44
广 西	Guangxi	2119.2	2125.0	2094.4	2078.5	2057.6	-20.9	-1.01
海 南	Hainan	310.0	317.7	324.3	318.6	324.4	5.8	1.82
重 庆	Chongqing	673.5	682.0	683.9	686.5	687.0	0.5	0.07
四 川	Sichuan	2035.9	2027.1	2004.5	2007.9	1997.8	-10.1	-0.50
贵 州	Guizhou	691.1	698.2	695.8	681.5	683.0	1.5	0.21
云 南	Yunnan	1017.5	1039.8	1021.0	1073.5	1082.9	9.4	0.87
西 藏	Tibet	1.0	1.0	1.0	1.0	1.0		-3.00
陕 西	Shaanxi	124.6	125.3	121.6	120.9	123.3	2.4	2.01
甘 肃	Gansu	5.5	5.7	5.8		5.6	5.6	
青 海	Qinghai							
宁 夏	Ningxia	80.3	78.2	83.2	83.9	84.3	0.4	0.48
新 疆	Xinjiang	70.8	72.5	66.9	70.6	69.2	-1.4	-1.94
广西居全国位次	**Order of Precedence of Guangxi in the Country**	**6**	**6**	**6**	**6**	**6**		

附录1-21 全国及各省市区稻谷产量

Output of Rice by Provinces and Regions

单位：万吨 (10 000 tons)

地 区	Region	2008	2009	2010	2011	2012	2012年比2011年增长 Increase Rate in 2012 over 2011	
							绝对数 Value	%
全 国	National	19189.6	19510.3	19576.1	20100.1	20423.6	323.5	1.61
北 京	Beijing	0.3	0.2	0.2	0.2	0.1	-0.1	-34.90
天 津	Tianjin	10.5	11.3	11.2	10.7	11.2	0.5	4.49
河 北	Hebei	55.6	57.5	54.2	60.2	49.8	-10.4	-17.24
山 西	Shanxi	0.1	0.5	0.5	0.5	0.6	0.1	20.00
内蒙古	Inner Mongolia	70.5	64.8	74.8	77.9	73.3	-4.6	-5.96
辽 宁	Liaoning	505.6	506.0	457.6	505.1	507.8	2.7	0.53
吉 林	Jilin	579.0	505.0	568.5	623.5	532.0	-91.5	-14.67
黑龙江	Heilongjiang	1518.0	1574.5	1843.9	2062.1	2171.2	109.1	5.29
上 海	Shanghai	89.3	90.0	90.3	88.9	89.1	0.2	0.26
江 苏	Jiangsu	1771.9	1802.9	1807.9	1864.2	1900.1	35.9	1.92
浙 江	Zhejiang	660.4	666.7	648.2	649.0	608.3	-40.7	-6.28
安 徽	Anhui	1383.5	1405.6	1383.4	1387.1	1393.5	6.4	0.46
福 建	Fujian	508.8	515.3	507.9	514.1	503.8	-10.3	-2.01
江 西	Jiangxi	1862.1	1905.9	1858.3	1950.1	1976.0	25.9	1.33
山 东	Shandong	110.4	112.0	106.4	104.0	103.4	-0.6	-0.60
河 南	Henan	443.1	451.0	471.2	474.5	492.6	18.1	3.80
湖 北	Hubei	1533.7	1591.9	1557.8	1616.9	1651.4	34.5	2.13
湖 南	Hunan	2528.0	2578.6	2506.0	2575.4	2631.6	56.2	2.18
广 东	Guangdong	1003.3	1058.1	1060.6	1096.9	1126.6	29.7	2.70
广 西	Guangxi	1107.6	1145.9	1121.3	1084.1	1142.0	57.9	5.34
海 南	Hainan	143.8	145.9	138.5	145.1	155.8	10.7	7.35
重 庆	Chongqing	529.4	511.3	518.6	493.5	498.0	4.5	0.91
四 川	Sichuan	1497.6	1520.2	1512.1	1527.1	1536.1	9.0	0.59
贵 州	Guizhou	461.1	453.2	445.7	303.9	402.4	98.5	32.42
云 南	Yunnan	621.0	636.2	616.6	668.7	644.6	-24.1	-3.60
西 藏	Tibet	0.5	0.5	0.6	0.6	0.5	-0.1	-10.00
陕 西	Shaanxi	83.1	82.5	81.0	84.5	87.4	2.8	3.37
甘 肃	Gansu	3.8	3.9	4.1		3.9		
青 海	Qinghai		0.0					
宁 夏	Ningxia	66.4	64.6	70.0	70.8	71.3	0.5	0.71
新 疆	Xinjiang	41.0	48.3	59.0	60.6	59.4	-1.2	-2.05
广西居全国位次	Order of Precedence of Guangxi in the Country	8	8	8	9	8		

附录1-22　全国及各省市区小麦播种面积

Sown Area of Wheat by Provinces and Regions

单位：千公顷　　　　　　(1 000 hectares)

地区	Region	2008	2009	2010	2011	2012	2012年比2011年增长 Increase Rate in 2012 over 2011	
							绝对数 Value	%
全国	National	23617.2	24290.8	24256.5	24270.4	24268.3	-2.1	-0.01
北京	Beijing	63.9	60.6	61.6	58.1	52.2	-5.9	-10.15
天津	Tianjin	107.7	110.2	110.5	112.3	113.1	0.8	0.73
河北	Hebei	2416.1	2394.5	2420.3	2396.1	2410.0	13.9	0.58
山西	Shanxi	697.4	727.5	728.5	710.1	689.0	-21.1	-2.98
内蒙古	Inner Mongolia	452.2	528.2	566.2	567.9	609.6	41.7	7.34
辽宁	Liaoning	10.3	8.8	7.5	6.9	6.8	-0.1	-1.45
吉林	Jilin	5.7	4.1	3.6	3.2			
黑龙江	Heilongjiang	238.8	293.1	280.0	297.8	210.1	-87.7	-29.46
上海	Shanghai	44.2	57.6	49.4	59.8	56.6	-3.2	-5.30
江苏	Jiangsu	2073.1	2077.6	2093.1	2112.4	2132.6	20.2	0.95
浙江	Zhejiang	54.3	60.4	66.2	72.6	74.5	1.9	2.60
安徽	Anhui	2346.7	2355.3	2365.7	2383.0	2415.5	32.5	1.36
福建	Fujian	4.4	3.8	3.6	2.8	2.5	-0.3	-10.52
江西	Jiangxi	10.2	9.9	10.4	10.9	11.9	0.9	8.72
山东	Shandong	3525.2	3545.2	3561.9	3593.5	3625.9	32.4	0.90
河南	Henan	5260.0	5263.3	5280.0	5323.3	5340.0	16.7	0.31
湖北	Hubei	1000.6	993.4	1000.1	1013.6	1065.5	51.9	5.12
湖南	Hunan	13.6	28.4	39.2	40.4	35.3	-5.2	-12.75
广东	Guangdong	0.8	0.8	0.9	1.0	0.9	-0.1	-7.00
广西	Guangxi	3.7	4.0	4.2	1.5	1.5		
海南	Hainan							
重庆	Chongqing	189.0	168.2	150.5	138.4	125.4	-13.0	-9.40
四川	Sichuan	1286.5	1277.5	1265.7	1259.3	1234.1	-25.2	-2.00
贵州	Guizhou	262.4	262.9	260.8	257.6	259.8	2.2	0.84
云南	Yunnan	425.0	432.4	428.9	437.9	442.2	4.3	0.98
西藏	Tibet	37.3	36.8	37.1	37.6	37.7	0.1	0.35
陕西	Shaanxi	1140.0	1146.0	1148.9	1136.7	1127.6	-9.1	-0.80
甘肃	Gansu	903.5	963.9	879.7	861.6	833.9	-27.7	-3.21
青海	Qinghai	104.4	104.1	101.0	94.0	94.2	0.2	0.24
宁夏	Ningxia	204.3	218.5	211.4	202.1	179.0	-23.1	-11.43
新疆	Xinjiang	735.8	1153.9	1120.0	1078.0	1081.0	3.0	0.28
广西居全国位次	**Order of Precedence of Guangxi in the Country**	**29**	**28**	**27**	**29**	**28**		

附录1-23 全国及各省市区小麦产量

Output of Wheat by Provinces and Regions

单位：万吨　　　　(10 000 tons)

地 区	Region	2008	2009	2010	2011	2012	2012年比2011年增长 Increase Rate in 2012 over 2011	
							绝对数 Value	%
全 国	National	11246.4	11511.5	11518.1	11740.1	12102.3	362.2	3.09
北 京	Beijing	32.7	31.0	28.4	28.4	27.4	-1.0	-3.35
天 津	Tianjin	52.5	54.0	53.2	54.2	55.8	1.6	2.88
河 北	Hebei	1221.9	1229.8	1230.6	1276.1	1337.7	61.6	4.83
山 西	Shanxi	253.0	211.1	232.2	240.3	259.2	18.9	7.86
内 蒙 古	Inner Mongolia	154.0	171.2	165.2	170.9	188.4	17.5	10.25
辽 宁	Liaoning	4.9	4.5	3.7	3.7	3.2	-0.5	-13.51
吉 林	Jilin	1.8	1.0	1.2	1.3		-1.3	-100.00
黑 龙 江	Heilongjiang	89.5	116.3	92.5	103.8	70.0	-33.8	-32.54
上 海	Shanghai	18.2	22.1	19.3	24.1	22.6	-1.5	-6.39
江 苏	Jiangsu	998.2	1004.4	1008.1	1023.2	1048.8	25.6	2.50
浙 江	Zhejiang	21.2	23.2	24.7	27.0	27.1	0.1	0.37
安 徽	Anhui	1167.9	1177.2	1206.7	1215.7	1294.0	78.3	6.44
福 建	Fujian	1.5	1.1	1.0	0.8	0.7	-0.1	-9.99
江 西	Jiangxi	1.9	1.9	2.1	2.2	2.3	0.1	3.64
山 东	Shandong	2034.2	2047.3	2058.6	2103.9	2179.5	75.6	3.59
河 南	Henan	3051.0	3056.0	3082.2	3123.0	3177.4	54.3	1.74
湖 北	Hubei	329.2	331.7	343.1	344.8	370.8	26.0	7.53
湖 南	Hunan	3.2	6.4	9.9	10.2	8.6	-1.6	-16.08
广 东	Guangdong	0.2	0.2	0.2	0.3	0.3		
广 西	Guangxi	0.5	0.6	0.6	0.2	0.2		
海 南	Hainan							
重 庆	Chongqing	58.2	51.7	45.9	42.4	38.5	-4.0	-9.32
四 川	Sichuan	426.8	423.3	427.7	436.0	437.0	1.0	0.23
贵 州	Guizhou	42.8	44.5	24.8	50.4	52.4	2.0	3.95
云 南	Yunnan	83.1	92.3	46.0	98.9	88.3	-10.6	-10.72
西 藏	Tibet	25.8	24.6	24.3	24.9	24.6	-0.3	-1.33
陕 西	Shaanxi	391.5	383.1	403.8	410.9	435.5	24.6	5.99
甘 肃	Gansu	268.1	261.1	250.9	247.5	278.5	31.0	12.53
青 海	Qinghai	42.0	39.0	37.3	35.4	35.2	-0.2	-0.56
宁 夏	Ningxia	64.1	73.6	70.3	63.0	62.0	-1.0	-1.59
新 疆	Xinjiang	406.5	627.2	623.5	576.6	576.5	-0.1	-0.01
广西居全国位次	**Order of Precedence of Guangxi in the Country**	**29**	**29**	**29**	**30**	**29**		

附录1-24　全国及各省市区玉米播种面积

Sown Area of Corn by Provinces and Regions

单位：千公顷　　　　（1 000 hectares）

地　区	Region	2008	2009	2010	2011	2012	2012年比2011年增长 Increase Rate in 2012 over 2011	
							绝对数 Value	%
全　国	National	29863.7	31182.6	32500.1	33541.7	35029.8	1488.1	4.44
北　京	Beijing	146.2	150.8	149.8	140.5	132.0	-8.5	-6.03
天　津	Tianjin	159.8	165.9	168.9	169.0	179.3	10.3	6.11
河　北	Hebei	2841.1	2950.5	3008.6	3035.8	3049.1	13.3	0.44
山　西	Shanxi	1378.6	1451.2	1548.9	1646.7	1669.0	22.3	1.35
内蒙古	Inner Mongolia	2340.0	2451.2	2485.6	2669.6	2833.7	164.1	6.15
辽　宁	Liaoning	1884.9	1964.1	2093.0	2134.6	2206.7	72.1	3.38
吉　林	Jilin	2922.5	2957.2	3046.7	3134.2	3284.3	150.1	4.79
黑龙江	Heilongjiang	3593.9	4010.2	4368.4	4587.4	5190.6	603.2	13.15
上　海	Shanghai	3.6	4.2	4.4	4.2	3.8	-0.4	-9.05
江　苏	Jiangsu	398.5	399.8	403.7	414.3	418.9	4.6	1.11
浙　江	Zhejiang	25.9	27.0	27.3	30.9	62.0	31.1	100.55
安　徽	Anhui	705.1	730.7	761.1	818.8	822.5	3.7	0.46
福　建	Fujian	37.0	37.9	40.1	42.6	45.4	2.8	6.46
江　西	Jiangxi	15.6	16.1	18.2	25.7	28.1	2.4	9.14
山　东	Shandong	2874.2	2917.3	2955.3	2995.9	3018.1	22.2	0.74
河　南	Henan	2820.0	2895.4	2946.0	3025.0	3100.0	75.0	2.48
湖　北	Hubei	470.4	507.3	531.4	549.7	593.3	43.6	7.94
湖　南	Hunan	241.3	282.0	293.0	327.1	342.0	14.9	4.56
广　东	Guangdong	143.4	166.7	162.3	173.1	172.5	-0.6	-0.35
广　西	Guangxi	489.7	534.6	538.6	565.9	580.5	14.6	2.58
海　南	Hainan	17.4	18.7	21.0	23.5	27.5	4.0	17.11
重　庆	Chongqing	455.6	459.1	461.9	466.9	468.4	1.5	0.32
四　川	Sichuan	1323.8	1334.4	1355.4	1363.1	1371.1	8.0	0.59
贵　州	Guizhou	734.6	751.5	781.1	787.8	775.2	-12.7	-1.61
云　南	Yunnan	1325.8	1354.2	1417.8	1409.0	1456.9	47.9	3.40
西　藏	Tibet	4.0	4.0	4.2	4.2	4.4	0.1	3.57
陕　西	Shaanxi	1157.6	1164.0	1182.4	1177.8	1167.4	-10.4	-0.88
甘　肃	Gansu	557.2	657.8	835.5	838.7	902.7	64.0	7.63
青　海	Qinghai	2.1	5.3	12.3	20.5	22.9	2.4	11.90
宁　夏	Ningxia	208.5	215.1	223.4	231.1	245.9	14.8	6.40
新　疆	Xinjiang	585.5	598.4	653.8	728.0	855.7	127.7	17.54
广西居全国位次	**Order of Precedence of Guangxi in the Country**	**16**	**16**	**16**	**16**	**17**		

附录1-25 全国及各省市区玉米产量

Output of Corn by Provinces and Regions

单位：万吨 (10 000 tons)

地区	Region	2008	2009	2010	2011	2012	2012年比2011年增长 Increase Rate in 2012 over 2011	
							绝对数 Value	%
全国	National	16591.4	16397.4	17724.5	19278.1	20561.4	1283.3	6.66
北京	Beijing	88.0	89.8	84.2	90.3	83.6	-6.7	-7.44
天津	Tianjin	84.3	88.7	92.7	94.4	92.5	-2.0	-2.07
河北	Hebei	1442.2	1465.2	1508.7	1639.6	1649.5	9.9	0.60
山西	Shanxi	682.8	654.3	766.0	854.6	903.9	49.3	5.77
内蒙古	Inner Mongolia	1410.7	1341.3	1465.7	1632.1	1784.4	152.3	9.33
辽宁	Liaoning	1189.0	963.1	1150.5	1360.3	1423.5	63.2	4.65
吉林	Jilin	2083.0	1810.0	2004.0	2339.0	2578.8	239.8	10.25
黑龙江	Heilongjiang	1822.0	1920.2	2324.4	2675.8	2887.9	212.1	7.93
上海	Shanghai	2.1	2.4	3.0	2.8	2.5	-0.3	-10.00
江苏	Jiangsu	203.0	216.2	218.5	226.2	230.2	4.0	1.77
浙江	Zhejiang	11.1	11.7	12.2	14.6	29.1	14.5	99.52
安徽	Anhui	286.6	304.7	312.7	362.6	427.5	64.9	17.90
福建	Fujian	13.6	14.6	15.2	16.6	18.0	1.4	8.48
江西	Jiangxi	6.6	7.3	8.4	10.5	12.6	2.1	19.81
山东	Shandong	1887.4	1921.5	1932.1	1978.7	1994.5	15.8	0.80
河南	Henan	1615.0	1634.0	1634.8	1696.5	1747.8	51.3	3.02
湖北	Hubei	226.4	244.1	261.0	276.2	282.6	6.4	2.30
湖南	Hunan	128.0	159.9	168.1	188.5	197.3	8.8	4.64
广东	Guangdong	63.5	74.7	72.1	78.9	79.7	0.8	1.01
广西	Guangxi	207.2	225.2	208.7	244.7	250.6	5.9	2.41
海南	Hainan	7.0	8.0	9.1	10.3	11.3	1.0	10.11
重庆	Chongqing	246.0	244.5	251.6	257.0	256.3	-0.7	-0.29
四川	Sichuan	637.0	643.0	669.0	701.6	701.3	-0.3	-0.04
贵州	Guizhou	391.2	405.2	415.4	243.7	342.3	98.6	40.44
云南	Yunnan	529.6	542.7	613.0	598.2	700.0	101.8	17.02
西藏	Tibet	2.2	2.6	2.8	2.8	2.6	-0.2	-6.43
陕西	Shaanxi	483.6	526.1	532.2	550.7	566.9	16.2	2.94
甘肃	Gansu	265.4	312.6	390.4	425.6	504.1	78.5	18.44
青海	Qinghai	1.8	4.3	10.7	15.2	17.0	1.8	11.84
宁夏	Ningxia	149.9	156.4	165.8	172.4	191.2	18.8	10.90
新疆	Xinjiang	425.3	403.4	421.6	517.7	592.1	74.4	14.37
广西居全国位次	Order of Precedence of Guangxi in the Country	18	18	19	17	18		

附录1-26 全国及各省市区粮食作物单位面积产量

Output of Grain Crops Per Hectare by Provinces and Regions

单位：公斤/公顷 (kg/hectare)

地 区	Region	2008	2009	2010	2011	2012	2012年为2011年百分比（%）Per Centum in 2012 over 2011（%）
全 国	National	4951	4871	4974	5166	5302	2.63
北 京	Beijing	5543	5514	5177	5816	5868	0.90
天 津	Tianjin	5074	5097	5123	5207	5009	-3.80
河 北	Hebei	4719	4681	4737	5047	5151	2.07
山 西	Shanxi	3304	2994	3350	3629	3871	6.67
内蒙古	Inner Mongolia	4056	3654	3925	4293	4524	5.37
辽 宁	Liaoning	6128	5093	5553	6422	6435	0.21
吉 林	Jilin	6467	5556	6328	6977	7251	3.93
黑龙江	Heilongjiang	3845	3821	4376	4843	5001	3.27
上 海	Shanghai	6628	6296	6608	6544	6524	-0.31
江 苏	Jiangsu	6029	6127	6124	6219	6320	1.62
浙 江	Zhejiang	6099	6117	6041	6232	6151	-1.30
安 徽	Anhui	4608	4647	4656	4735	4967	4.90
福 建	Fujian	5390	5417	5371	5484	5489	0.09
江 西	Jiangxi	5473	5556	5371	5624	5671	0.84
山 东	Shandong	6125	6140	6120	6194	6264	1.13
河 南	Henan	5589	5565	5582	5621	5647	0.46
湖 北	Hubei	5701	5755	5692	5794	5842	0.82
湖 南	Hunan	6113	6048	5921	6024	6126	1.69
广 东	Guangdong	4974	5178	5200	5378	5497	2.21
广 西	Guangxi	4691	4770	4614	4654	4838	3.96
海 南	Hainan	4355	4358	4126	4367	4548	4.15
重 庆	Chongqing	5205	5101	5152	4988	5039	1.02
四 川	Sichuan	4883	4976	5034	5111	5125	0.28
贵 州	Guizhou	3966	3914	3659	2870	3534	23.15
云 南	Yunnan	3708	3754	3582	3868	3976	2.78
西 藏	Tibet	5570	5343	5360	5509	5554	0.81
陕 西	Shaanxi	3554	3610	3687	3811	3981	4.46
甘 肃	Gansu	3312	3307	3423	3581	3908	9.14
青 海	Qinghai	3743	3724	3716	3699	3623	-2.06
宁 夏	Ningxia	3985	4120	4224	4211	4527	7.51
新 疆	Xinjiang	5870	5804	5771	5981	5973	-0.13
广西居全国位次	**Order of Precedence of Guangxi in the Country**	**20**	**19**	**21**	**22**	**22**	

附录1-27 全国及各省市区稻谷单位面积产量

Output of Rice Per Hectare by Provinces and Regions

单位：公斤/公顷 (kg/hectare)

地 区	Region	2008	2009	2010	2011	2012	2012年为2011年百分比（%） Per Centum in 2012 over 2011（%）
全 国	National	6563	6585	6553	6687	6777	1.34
北 京	Beijing	6818	6316	6333	6522	6444	-1.20
天 津	Tianjin	6997	7018	7093	7528	7658	1.72
河 北	Hebei	6815	6751	6805	7249	5798	-20.01
山 西	Shanxi	1228	4386	4423	4902	5941	21.19
内蒙古	Inner Mongolia	7204	6365	8115	8657	8201	-5.27
辽 宁	Liaoning	7676	7705	6754	7658	7673	0.20
吉 林	Jilin	8790	7647	8441	9020	7587	-15.88
黑龙江	Heilongjiang	6350	6398	6659	7001	7073	1.03
上 海	Shanghai	8223	8297	8328	8379	8481	1.22
江 苏	Jiangsu	7937	8073	8092	8290	8429	1.68
浙 江	Zhejiang	7045	7102	7021	7254	7306	0.71
安 徽	Anhui	6235	6256	6161	6218	6291	1.17
福 建	Fujian	5908	5960	5942	6082	6087	0.09
江 西	Jiangxi	5720	5807	5600	5878	5937	1.00
山 东	Shandong	8449	8321	8294	8348	8346	-0.03
河 南	Henan	7328	7378	7503	7437	7599	2.18
湖 北	Hubei	7750	7784	7643	7941	8184	3.06
湖 南	Hunan	6429	6371	6218	6334	6426	1.46
广 东	Guangdong	5153	5399	5431	5651	5779	2.27
广 西	Guangxi	5227	5392	5353	5216	5550	6.41
海 南	Hainan	4641	4593	4270	4555	4802	5.41
重 庆	Chongqing	7860	7497	7583	7189	7249	0.83
四 川	Sichuan	7356	7499	7544	7605	7689	1.10
贵 州	Guizhou	6672	6490	6405	4460	5893	32.12
云 南	Yunnan	6103	6119	6039	6229	5953	-4.44
西 藏	Tibet	5204	5200	6020	6000	5567	-7.22
陕 西	Shaanxi	6668	6582	6662	6987	7082	1.37
甘 肃	Gansu	6908	6878	7050		7020	
青 海	Qinghai						
宁 夏	Ningxia	8268	8250	8416	8430	8458	0.33
新 疆	Xinjiang	5793	6665	8812	8590	8574	-0.18
广西居全国位次	Order of Precedence of Guangxi in the Country	**26**	**27**	**28**	**26**	**29**	

附录1-28 全国及各省市区小麦单位面积产量

Output of Wheat Per Hectare by Provinces and Regions

单位：公斤/公顷 (kg/hectare)

地区	Region	2008	2009	2010	2011	2012	2012年为2011年百分比（%）Per Centum in 2012 over 2011（%）
全国	National	4762	4739	4748	4837	4987	3.10
北京	Beijing	5124	5118	4610	4883	5258	7.68
天津	Tianjin	4872	4903	4814	4828	4929	2.10
河北	Hebei	5057	5136	5085	5326	5551	4.22
山西	Shanxi	3628	2902	3188	3384	3762	11.17
内蒙古	Inner Mongolia	3406	3241	2918	3010	3091	2.69
辽宁	Liaoning	4786	5114	4933	5362	4706	-12.24
吉林	Jilin	3140	2439	3473	4214		
黑龙江	Heilongjiang	3748	3969	3303	3485	3333	-4.35
上海	Shanghai	4120	3838	3897	4031	3984	-1.17
江苏	Jiangsu	4815	4834	4816	4844	4918	1.52
浙江	Zhejiang	3903	3850	3730	3720	3638	-2.20
安徽	Anhui	4977	4998	5101	5102	5357	5.00
福建	Fujian	3330	2930	2840	2883	2874	-0.31
江西	Jiangxi	1853	1922	2031	2011	1924	-4.32
山东	Shandong	5770	5775	5780	5855	6011	2.66
河南	Henan	5800	5806	5838	5867	5950	1.42
湖北	Hubei	3290	3339	3430	3402	3480	2.29
湖南	Hunan	2353	2254	2526	2525	2428	-3.83
广东	Guangdong	2892	2857	2826	3000	3226	7.53
广西	Guangxi	1351	1500	1357	1419	1333	-6.04
海南	Hainan						
重庆	Chongqing	3080	3072	3051	3063	3066	0.11
四川	Sichuan	3318	3314	3379	3462	3541	2.28
贵州	Guizhou	1631	1693	952	1956	2017	3.11
云南	Yunnan	1954	2135	1072	2258	1997	-11.57
西藏	Tibet	6899	6681	6553	6625	6512	-1.70
陕西	Shaanxi	3434	3343	3515	3615	3862	6.84
甘肃	Gansu	2967	2709	2852	2873	3340	16.24
青海	Qinghai	4026	3749	3693	3761	3736	-0.68
宁夏	Ningxia	3136	3367	3327	3116	3464	11.16
新疆	Xinjiang	5525	5435	5567	5349	5333	-0.30
广西居全国位次	**Order of Precedence of Guangxi in the Country**	**30**	**30**	**28**	**30**	**29**	

附录1-29 全国及各省市区玉米单位面积产量

Output of Corn Per Hectare by Provinces and Regions

单位：公斤/公顷 (kg/hectare)

地 区	Region	2008	2009	2010	2011	2012	2012年为2011年百分比（%） Per Centum in 2012 over 2011（%）
全 国	National	5556	5258	5454	5748	5870	2.12
北 京	Beijing	6018	5954	5621	6429	6331	-1.53
天 津	Tianjin	5275	5349	5490	5584	5155	-7.68
河 北	Hebei	5076	4966	5015	5401	5410	0.16
山 西	Shanxi	4953	4508	4945	5190	5416	4.35
内 蒙 古	Inner Mongolia	6029	5472	5897	6114	6297	2.99
辽 宁	Liaoning	6308	4904	5497	6373	6451	1.22
吉 林	Jilin	7127	6121	6578	7463	7852	5.21
黑 龙 江	Heilongjiang	5070	4788	5321	5833	5564	-4.62
上 海	Shanghai	5882	5755	6659	6603	6597	-0.09
江 苏	Jiangsu	5093	5406	5412	5459	5495	0.67
浙 江	Zhejiang	4290	4310	4455	4716	4701	-0.33
安 徽	Anhui	4065	4170	4109	4428	5197	17.38
福 建	Fujian	3687	3843	3793	3904	3971	1.71
江 西	Jiangxi	4207	4531	4642	4090	4485	9.65
山 东	Shandong	6567	6587	6538	6605	6609	0.05
河 南	Henan	5727	5643	5549	5608	5638	0.53
湖 北	Hubei	4814	4812	4912	5025	4762	-5.23
湖 南	Hunan	5305	5670	5737	5763	5768	0.08
广 东	Guangdong	4425	4481	4443	4560	4620	1.32
广 西	Guangxi	4231	4212	3875	4325	4317	-0.19
海 南	Hainan	4007	4248	4323	4376	4121	-5.83
重 庆	Chongqing	5401	5324	5446	5504	5471	-0.60
四 川	Sichuan	4812	4819	4936	5147	5115	-0.62
贵 州	Guizhou	5325	5392	5318	3094	4415	42.70
云 南	Yunnan	3994	4007	4323	4246	4805	13.16
西 藏	Tibet	5572	6343	6540	6627	6023	-9.11
陕 西	Shaanxi	4178	4520	4501	4676	4856	3.85
甘 肃	Gansu	4763	4752	4673	5074	5585	10.06
青 海	Qinghai	8738	8190	8702	7421	7411	-0.14
宁 夏	Ningxia	7191	7271	7422	7461	7776	4.22
新 疆	Xinjiang	7264	6741	6448	7111	6919	-2.69
广西居全国位次	**Order of Precedence of Guangxi in the Country**	**25**	**28**	**30**	**27**	**29**	

附录二 中国及世界主要国家和地区经济、社会统计指标

APPENDIX Ⅱ Main Social and Economic Indicators of China and Other Countries/Areas

附录2-1 国土面积与人口密度（2011年）

Country Area and Population Density（2011）

资料来源：世界银行WDI数据库。
Source:World Bank WDI Database.

国家和地区	Country or Area	国土面积（万平方公里） Country Area（10 000 sq.km）	人口密度（人/平方公里） Population Density（persons/sq.km）		
			2009	2010	2011
世　界	**World**	**13427.2**	**52.6**	**53.2**	**53.8**
中　国	China	960.0	142.7	143.4	144.1
中国香港	Hong Kong,China	0.1	6721.4	6782.9	6786.6
美　国	United States	983.2	33.5	33.8	34.1
英　国	United Kingdom	24.4	255.5	257.4	259.4
德　国	Germany	35.7	234.9	234.6	234.7
法　国	France	54.9	118.2	118.8	119.5
意大利	Italy	30.1	204.6	205.6	206.5
加拿大	Canada	998.5	3.7	3.8	3.8
日　本	Japan	37.8	350.0	349.7	350.7
韩　国	Korea,Rep.	10.0	506.5	508.9	512.7
墨西哥	Mexico	196.4	57.6	58.4	59.1
澳大利亚	Australia	774.1	2.8	2.9	2.9
新西兰	New Zealand	26.8	16.4	16.6	16.7
印　度	India	328.7	406.2	411.9	417.6
巴　西	Brazil	851.5	22.8	23.1	23.3
俄罗斯联邦	Russian Fed.	1709.8	8.7	8.7	8.7
菲律宾	Philippines	30.0	307.6	312.8	318.1
马来西亚	Malaysia	33.1	85.1	86.4	87.8
泰　国	Thailand	51.3	134.5	135.3	136.1
新加坡	Singapore	0.1	7125.1	7252.4	7405.3
印度尼西亚	Indonesia	190.5	131.1	132.4	133.8
文　莱	Brunei Darussalam	0.6	74.4	75.7	77.0
越　南	Viet Nam	33.1	277.4	280.4	283.3
缅　甸	Myanmar	67.7	72.9	73.4	74.0
老　挝	Laos	23.7	26.5	26.9	27.3
柬埔寨	Cambodia	18.1	79.2	80.1	81.0

附录2-2 土地利用（2011年）

Land Utilization（2011）

资料来源：世界银行WDI数据库。
Source:World Bank WDI Database.

单位：万公顷 （10 000 hectares）

国家和地区	Country or Area	陆地面积 Land Area	耕地面积 Arable Area	多年生作物面积 Permanent Crop Area	森林面积 Forest Area
世　界	**World**	**1297099**	**139628**	**15734**	**396334**
中　国	China	93275	11160	1472	20962
中国香港	Hong Kong,China	10			
美　国	United States	91474	16016	260	30440
英　国	United Kingdom	2419	606	5	289
德　国	Germany	3486	1188	20	1108
法　国	France	5477	1837	102	1600
意大利	Italy	2941	680	252	923
加拿大	Canada	90935	4297	493	31013
日　本	Japan	3645	425	31	2499
韩　国	Korea,Rep.	971	149	21	622
墨西哥	Mexico	19440	2549	267	6465
澳大利亚	Australia	76823	4768	40	14838
新西兰	New Zealand	2633	47	7	826
印　度	India	29732	15735	1230	6858
巴　西	Brazil	84594	7193	710	51733
俄罗斯联邦	Russian Fed.	163769	12150	177	80915
菲律宾	Philippines	2982	540	520	772
马来西亚	Malaysia	3286	180	579	2037
泰　国	Thailand	5109	1576	450	1899
新加坡	Singapore	7			
印度尼西亚	Indonesia	18116	2350	2000	9375
文　莱	Brunei Darussalam	53		1	38
越　南	Viet Nam	3101	650	370	1394
缅　甸	Myanmar	6533	1079	146	3146
老　挝	Laos	2308	140	10	1567
柬埔寨	Cambodia	1765	400	16	997

附录2-3 二氧化碳排放量

Emissions of Carbon Dioxide

资料来源：世界银行WDI数据库。
Source:World Bank WDI Database.

国家和地区	Country or Area	二氧化碳排放总量（百万吨） Total Emissions (million metric tons)		人均二氧化碳排放量（吨） Per Capita Emissions (ton)	
		2008	2009	2008	2009
世　界	**World**	**32155.9**	**32042.2**	**4.8**	**4.7**
中　国	China	7037.7	7687.1	5.3	5.8
中国香港	Hong Kong,China	38.6	37.0	5.5	5.3
美　国	United States	5656.8	5299.6	18.6	17.3
英　国	United Kingdom	522.2	474.6	8.5	7.7
德　国	Germany	786.7	734.6	9.6	9.0
法　国	France	377.0	363.4	5.9	5.6
意大利	Italy	447.4	400.8	7.5	6.7
加拿大	Canada	545.0	513.9	16.4	15.2
日　本	Japan	1207.7	1101.1	9.5	8.6
韩　国	Korea,Rep.	508.1	509.4	10.4	10.4
墨西哥	Mexico	476.6	446.2	4.1	3.8
澳大利亚	Australia	393.0	400.2	18.4	18.4
新西兰	New Zealand	33.7	32.1	7.9	7.4
印　度	India	1802.2	1979.4	1.5	1.7
巴　西	Brazil	387.7	367.1	2.0	1.9
俄罗斯联邦	Russian Fed.	1715.7	1574.4	12.1	11.1
菲律宾	Philippines	68.8	68.6	0.8	0.7
马来西亚	Malaysia	209.4	198.3	7.7	7.1
泰　国	Thailand	283.7	271.7	4.3	4.1
新加坡	Singapore	31.4	31.9	6.5	6.4
印度尼西亚	Indonesia	412.5	451.8	1.8	1.9
文　莱	Brunei Darussalam	10.6	9.3	27.4	23.5
越　南	Viet Nam	128.4	142.3	1.5	1.7
缅　甸	Myanmar	12.8	11.1	0.3	0.2
老　挝	Laos	1.7	1.8	0.3	0.3
柬埔寨	Cambodia	5.0	4.6	0.4	0.3

附录2-4 国内生产总值

Gross Domestic Product

资料来源：世界银行WDI数据库。
Source:World Bank WDI Database.

单位：亿美元 (100 million USD)

国家和地区	Country or Area	2007	2008	2009	2010	2011
世　界	**World**	**558308**	**612436**	**579417**	**632264**	**700204**
中　国	China	34941	45218	49913	59305	73185
中国香港	Hong Kong,China	2116	2193	2140	2288	2486
美　国	United States	139618	142193	138983	144194	149913
英　国	United Kingdom	28255	26489	21839	22563	24454
德　国	Germany	33238	36237	32986	32845	36008
法　国	France	25824	28318	26197	25490	27730
意大利	Italy	21272	23073	21111	20435	21940
加拿大	Canada	14241	15027	13376	15770	17361
日　本	Japan	43563	48492	50351	54884	58672
韩　国	Korea,Rep.	10492	9314	8341	10149	11162
墨西哥	Mexico	10359	10945	8797	10353	11533
澳大利亚	Australia	8503	10528	9220	11392	13794
新西兰	New Zealand	1340	1307	1174	1415	1597
印　度	India	12387	12241	13654	17109	18728
巴　西	Brazil	13660	16528	16217	21430	24767
俄罗斯联邦	Russian Fed.	12997	16608	12226	14875	18578
菲律宾	Philippines	1494	1736	1683	1996	2248
马来西亚	Malaysia	1936	2310	2023	2468	2879
泰　国	Thailand	2470	2726	2637	3189	3457
新加坡	Singapore	1684	1668	1759	2132	2397
印度尼西亚	Indonesia	4322	5102	5396	7080	8468
文　莱	Brunei Darussalam	122	144	107	124	164
越　南	Viet Nam	710	911	972	1064	1236
缅　甸	Myanmar	202	314	352	454	514
老　挝	Laos	42	54	58	72	83
柬埔寨	Cambodia	86	104	104	112	128

附录2-5　人均国内生产总值

GDP Per Capita

资料来源：世界银行WDI数据库。
Source:World Bank WDI Database.

单位：美元　　　　(USD)

国家和地区	Country or Area	2007	2008	2009	2010	2011
世　界	**World**	**8386**	**9091**	**8502**	**9171**	**10040**
中　国	China	2651	3414	3749	4433	5445
中国香港	Hong Kong,China	30552	31426	30562	32374	35156
美　国	United States	46349	46760	45305	46612	48112
英　国	United Kingdom	46330	43147	35331	36238	38974
德　国	Germany	40403	44132	40275	40164	44021
法　国	France	40342	43992	40477	39170	42379
意大利	Italy	35826	38563	35073	33787	36130
加拿大	Canada	43249	45102	39659	46212	50344
日　本	Japan	34095	37972	39473	43063	45903
韩　国	Korea,Rep.	21590	19028	16959	20540	22424
墨西哥	Mexico	9485	9893	7852	9128	10047
澳大利亚	Australia	40461	49233	42333	51629	61789
新西兰	New Zealand	31695	30611	27197	32407	36254
印　度	India	1055	1028	1131	1397	1509
巴　西	Brazil	7197	8629	8392	10993	12594
俄罗斯联邦	Russian Fed.	9146	11700	8616	10447	12995
菲律宾	Philippines	1685	1925	1836	2140	2370
马来西亚	Malaysia	7155	8399	7236	8691	9977
泰　国	Thailand	3643	3993	3838	4614	4972
新加坡	Singapore	36707	34465	35274	41987	46241
印度尼西亚	Indonesia	1859	2172	2273	2952	3495
文　莱	Brunei Darussalam	32443	37414	27390	31008	40301
越　南	Viet Nam	843	1070	1130	1224	1407
缅　甸	Myanmar	350	533	587	742	824
老　挝	Laos	712	904	954	1158	1320
柬埔寨	Cambodia	632	749	744	795	897

附录2-6　国内生产总值增长率

Growth Rate of GDP

资料来源：世界银行WDI数据库。
Source:World Bank WDI Database.

单位：%　　(%)

国家和地区	Country or Area	2007	2008	2009	2010	2011
世　界	**World**	**3.9**	**1.3**	**-2.2**	**4.3**	**2.7**
中　国	China	14.2	9.6	9.2	10.4	9.3
中国香港	Hong Kong,China	6.4	2.3	-2.7	7.0	5.2
美　国	United States	1.9	-0.4	-3.5	3.0	1.7
英　国	United Kingdom	3.5	-1.1	-4.4	2.1	0.7
德　国	Germany	3.3	1.1	-5.1	3.7	3.0
法　国	France	2.3	-0.1	-3.1	1.7	1.7
意大利	Italy	1.7	-1.2	-5.5	1.8	0.4
加拿大	Canada	2.2	0.7	-2.8	3.2	2.5
日　本	Japan	2.2	-1.0	-5.5	4.4	-0.7
韩　国	Korea,Rep.	5.1	2.3	0.3	6.3	3.6
墨西哥	Mexico	3.3	1.2	-6.2	5.5	3.9
澳大利亚	Australia	3.6	3.8	1.4	2.3	1.8
新西兰	New Zealand	3.0	-1.5	-0.5	1.9	1.1
印　度	India	9.8	3.9	8.2	9.6	6.9
巴　西	Brazil	6.1	5.2	-0.3	7.5	2.7
俄罗斯联邦	Russian Fed.	8.5	5.2	-7.8	4.3	4.3
菲律宾	Philippines	6.6	4.2	1.1	7.6	3.7
马来西亚	Malaysia	6.5	4.8	-1.6	7.2	5.1
泰　国	Thailand	5.0	2.5	-2.3	7.8	0.1
新加坡	Singapore	8.9	1.7	-1.0	14.8	4.9
印度尼西亚	Indonesia	6.3	6.0	4.6	6.2	6.5
文　莱	Brunei Darussalam	0.2	-1.9	-1.8	2.6	2.2
越　南	Viet Nam	8.5	6.3	5.3	6.8	5.9
缅　甸	Myanmar	12.0	10.3	10.6	10.4	
老　挝	Laos	7.6	7.8	7.5	8.5	8.0
柬埔寨	Cambodia	10.2	6.7	0.1	6.0	6.9

附录2-7 人均国内生产总值增长率

Growth Rate of GDP per Capita

资料来源：世界银行WDI数据库。
Source:World Bank WDI Database.

单位：% (%)

国家和地区	Country or Area	2007	2008	2009	2010	2011
世　界	**World**	**2.7**	**0.2**	**-3.4**	**3.2**	**1.6**
中　国	China	13.6	9.0	8.7	9.9	8.8
中国香港	Hong Kong,China	5.3	1.6	-3.0	6.0	5.1
美　国	United States	0.9	-1.3	-4.4	2.2	1.0
英　国	United Kingdom	2.8	-1.8	-5.0	1.4	…
德　国	Germany	3.4	1.3	-4.9	3.9	3.1
法　国	France	1.7	-0.6	-3.7	1.1	1.1
意大利	Italy	0.9	-1.9	-6.1	1.3	…
加拿大	Canada	1.1	-0.5	-4.0	2.0	1.4
日　本	Japan	2.2	-1.0	-5.4	4.5	-1.0
韩　国	Korea,Rep.	4.6	1.6	-0.2	5.8	2.9
墨西哥	Mexico	2.0	-0.1	-7.4	4.2	2.7
澳大利亚	Australia	1.7	1.8	-0.7	0.7	0.4
新西兰	New Zealand	1.9	-2.5	-1.6	0.7	0.2
印　度	India	8.2	2.4	6.7	8.0	5.4
巴　西	Brazil	5.1	4.2	-1.2	6.6	1.8
俄罗斯联邦	Russian Fed.	8.8	5.4	-7.8	4.3	4.3
菲律宾	Philippines	4.8	2.4	-0.5	5.8	2.0
马来西亚	Malaysia	4.7	3.1	-3.2	5.5	3.5
泰　国	Thailand	4.2	1.8	-3.0	7.2	-0.5
新加坡	Singapore	4.4	-3.6	-3.9	12.8	2.7
印度尼西亚	Indonesia	5.2	4.9	3.5	5.1	5.4
文　莱	Brunei Darussalam	-1.8	-3.8	-3.6	1.0	0.7
越　南	Viet Nam	7.3	5.2	4.2	5.7	4.8
缅　甸	Myanmar	11.3	9.5	9.8	9.6	
老　挝	Laos	6.0	6.2	5.9	7.0	6.5
柬埔寨	Cambodia	9.0	5.5	-1.0	4.8	5.7

附录2-8 居民消费率

Household Final Consumption Rate

资料来源：世界银行WDI数据库。
Source:World Bank WDI Database.

单位：% (%)

国家和地区	Country or Area	2007	2008	2009	2010	2011
世 界	**World**	**59.7**	**60.1**	**61.0**	**60.8**	**61.2**
中 国	China	36.0	34.9	33.9	34.6	34.4
中国香港	Hong Kong,China	59.5	60.1	61.5	61.8	64.1
美 国	United States	70.0	70.6	70.8	70.8	71.6
英 国	United Kingdom	63.5	63.3	63.9	64.2	64.6
德 国	Germany	55.9	56.2	58.6	57.4	57.4
法 国	France	56.5	56.9	58.1	58.1	57.7
意大利	Italy	58.6	59.2	60.3	60.8	61.6
加拿大	Canada	55.6	55.5	58.7	57.9	58.0
日 本	Japan	57.3	58.3	60.1	59.3	60.5
韩 国	Korea,Rep.	54.4	54.7	54.0	52.7	53.1
墨西哥	Mexico	65.6	64.6	65.8	65.4	64.4
澳大利亚	Australia	56.0	56.0	54.1	55.0	53.6
新西兰	New Zealand	58.0	58.9	59.5	58.7	
印 度	India	55.7	58.6	57.2	56.0	59.4
巴 西	Brazil	59.9	58.9	61.1	59.6	60.3
俄罗斯联邦	Russian Fed.	49.9	47.4	52.8	51.5	49.4
菲律宾	Philippines	73.5	74.3	74.7	71.6	73.7
马来西亚	Malaysia	45.2	44.7	48.8	47.5	47.5
泰 国	Thailand	53.0	56.0	54.8	53.7	55.6
新加坡	Singapore	37.3	38.4	39.3	38.7	40.0
印度尼西亚	Indonesia	62.7	62.7	56.6	56.8	56.8
文 莱	Brunei Darussalam	24.4	18.5	22.2	13.1	17.2
越 南	Viet Nam	66.7	69.4	65.9	64.9	62.8
缅 甸	Myanmar					
老 挝	Laos	70.9	70.6	68.2	68.6	69.6
柬埔寨	Cambodia	80.7	78.0	79.2	81.7	82.3

附录2-9 国内生产总值产业构成

Composition of Gross Domestic Product by Industries

资料来源：世界银行WDI数据库。
Source:World Bank WDI Database.

单位：% (%)

国家和地区	Country or Area	农业增加值占国内生产总值比重 Primary Industry as Percentage of GDP		工业增加值占国内生产总值比重 Secondary Industry as Percentage of GDP		服务业增加值占国内生产总值比重 Tertiary Industry as Percentage of GDP	
		2010	2011	2010	2011	2010	2011
世　界	**World**	**3.1**		**26.9**		**69.9**	
中　国	China	10.1	10.0	46.7	46.6	43.2	43.4
中国香港	Hong Kong,China	0.1	0.1	7.1	7.0	92.8	93.0
美　国	United States	1.2	1.3	19.8	20.2	79.0	78.6
英　国	United Kingdom	0.7		21.6		77.7	
德　国	Germany	0.9		27.9		71.2	
法　国	France	1.8①		19.1①		79.2①	
意大利	Italy	1.9		25.3		72.8	
加拿大	Canada	1.9②		32.0②		66.1②	
日　本	Japan	1.2	1.2	27.5	26.2	71.4	72.7
韩　国	Korea,Rep.	2.6	2.7	38.8	39.2	58.5	58.1
墨西哥	Mexico	3.9	3.8	34.7	36.4	61.4	59.9
澳大利亚	Australia	2.3		19.8		77.9	
新西兰	New Zealand	5.4③		25.1③		69.5③	
印　度	India	18.0	17.6	27.6	26.7	54.5	55.7
巴　西	Brazil	5.3	5.5	28.1	27.5	66.6	67.0
俄罗斯联邦	Russian Fed.	4.0	4.3	35.4	37.0	60.6	58.8
菲律宾	Philippines	12.3	12.8	32.6	31.4	55.1	55.8
马来西亚	Malaysia	10.4	11.9	41.1	40.3	48.5	47.9
泰　国	Thailand	12.4	12.4	44.7	41.2	43.0	46.5
新加坡	Singapore	…	…	27.5	26.7	72.5	73.3
印度尼西亚	Indonesia	15.3	14.7	46.9	47.2	37.8	38.1
文　莱	Brunei Darussalam	0.8	0.6	66.8	71.7	32.5	27.7
越　南	Viet Nam	20.6	22.0	41.1	40.8	38.3	37.2
缅　甸	Myanmar	36.4		26.0		37.6	
老　挝	Laos	32.8	30.8	31.8	34.7	35.5	34.5
柬埔寨	Cambodia	36.0	36.7	23.3	23.5	40.7	39.8

注：①2009年数据。②2008年数据。③2005年数据。
Note:①Data refer to 2009.②Data refer to 2008.③Data refer to 2005.

附录2-10 年中人口

Mid-year Population

资料来源：世界银行WDI数据库。
Source:World Bank WDI Database.

国家和地区	Country or Area	人口（万人）Mid-year Population（10 000 persons）				2011年增长率（%） Growth Rate in 2011（%）
		2008	2009	2010	2011	
世　界	**World**	**673718.8**	**681585.0**	**689443.6**	**697424.3**	**1.2**
中　国	China	132465.5	133126.0	133770.5	134413.0	0.5
中国香港	Hong Kong,China	697.8	700.4	706.8	707.2	0.1
美　国	United States	30409.4	30677.2	30935.0	31159.2	0.7
英　国	United Kingdom	6139.4	6181.1	6226.3	6274.4	0.8
德　国	Germany	8211.0	8190.2	8177.7	8179.8	…
法　国	France	6437.1	6472.0	6507.6	6543.4	0.6
意大利	Italy	5983.2	6019.3	6048.3	6072.4	0.4
加拿大	Canada	3331.8	3372.7	3412.7	3448.4	1.0
日　本	Japan	12770.4	12755.8	12745.1	12781.7	0.3
韩　国	Korea,Rep.	4894.9	4918.2	4941.0	4977.9	0.7
墨西哥	Mexico	11062.7	11203.3	11342.3	11479.3	1.2
澳大利亚	Australia	2138.4	2177.9	2206.5	2232.4	1.2
新西兰	New Zealand	426.9	431.6	436.8	440.5	0.9
印　度	India	119086.4	120774.0	122461.4	124149.2	1.4
巴　西	Brazil	19154.3	19324.7	19494.7	19665.5	0.9
俄罗斯联邦	Russian Fed.	14195.0	14191.0	14238.9	14296.0	0.4
菲律宾	Philippines	9017.3	9170.3	9326.1	9485.2	1.7
马来西亚	Malaysia	2750.2	2794.9	2840.1	2885.9	1.6
泰　国	Thailand	6826.8	6870.6	6912.2	6951.9	0.6
新加坡	Singapore	483.9	498.8	507.7	518.4	2.1
印度尼西亚	Indonesia	23495.1	23741.5	23987.1	24232.6	1.0
文　莱	Brunei Darussalam	38.5	39.2	39.9	40.6	1.7
越　南	Viet Nam	8512.2	8602.5	8693.3	8784.0	1.0
缅　甸	Myanmar	4725.0	4760.1	4796.3	4833.7	0.8
老　挝	Laos	602.2	611.2	620.1	628.8	1.4
柬埔寨	Cambodia	1382.3	1397.8	1413.8	1430.5	1.2

附录2-11 城市人口比重

Urban Population Percentage of Total

资料来源：世界银行WDI数据库。
Source:World Bank WDI Database.

单位：% (%)

国家和地区	Country or Area	2007	2008	2009	2010	2011
世　界	**World**	**50.1**	**50.6**	**51.0**	**51.5**	**52.0**
中　国	China	45.2	46.5	47.9	49.2	50.5
中国香港	Hong Kong,China	100.0	100.0	100.0	100.0	100.0
美　国	United States	81.3	81.6	81.9	82.1	82.4
英　国	United Kingdom	79.2	79.3	79.4	79.5	79.6
德　国	Germany	73.5	73.6	73.7	73.8	73.9
法　国	France	83.0	83.8	84.5	85.2	85.7
意大利	Italy	67.8	68.0	68.1	68.2	68.4
加拿大	Canada	80.3	80.4	80.5	80.6	80.7
日　本	Japan	87.8	88.7	89.6	90.5	91.1
韩　国	Korea,Rep.	82.0	82.3	82.6	82.9	83.2
墨西哥	Mexico	76.9	77.2	77.5	77.8	78.1
澳大利亚	Australia	88.5	88.7	88.9	89.1	89.2
新西兰	New Zealand	86.1	86.1	86.2	86.2	86.2
印　度	India	29.9	30.3	30.6	30.9	31.3
巴　西	Brazil	83.4	83.7	84.0	84.3	84.6
俄罗斯联邦	Russian Fed.	73.2	73.4	73.5	73.7	73.8
菲律宾	Philippines	48.3	48.4	48.5	48.7	48.9
马来西亚	Malaysia	69.4	70.2	71.1	72.0	72.7
泰　国	Thailand	32.8	33.1	33.4	33.7	34.1
新加坡	Singapore	100.0	100.0	100.0	100.0	100.0
印度尼西亚	Indonesia	47.5	48.3	49.1	49.9	50.7
文　莱	Brunei Darussalam	74.4	74.8	75.2	75.6	76.0
越　南	Viet Nam	28.5	29.2	29.8	30.4	31.0
缅　甸	Myanmar	30.5	31.0	31.5	32.1	32.7
老　挝	Laos	29.7	30.8	32.0	33.1	34.2
柬埔寨	Cambodia	19.4	19.6	19.7	19.8	20.0

附录2-12　劳动参与率

Labor Force Participation Rate

资料来源：世界银行WDI数据库。
Source:World Bank WDI Database.

国家和地区	Country or Area	劳动力人口（万人） Total Labor Force（10 000 persons）		劳动参与率（%） Labor Force Participation Rate（%）		女性劳动参与率（%） Female Labor Force Participation Rate（%）	
		2010	2011	2010	2011	2010	2011
世　界	**World**	**321637**	**326469**	**64.2**	**64.2**	**56.4**	**56.4**
中　国	China	79947	80603	74.2	74.1	75.2	75.1
中国香港	Hong Kong,China	370	371	59.1	59.0	59.3	59.4
美　国	United States	15749	15842	63.7	63.6	67.3	67.3
英　国	United Kingdom	3185	3211	61.9	61.9	69.3	69.6
德　国	Germany	4217	4224	59.6	59.6	70.8	71.0
法　国	France	2996	3007	56.4	56.3	66.2	66.4
意大利	Italy	2511	2525	48.3	48.4	51.0	51.3
加拿大	Canada	1900	1922	66.6	66.6	74.2	74.4
日　本	Japan	6670	6662	60.4	60.1	63.2	63.4
韩　国	Korea,Rep.	2490	2519	60.3	60.2	54.3	54.3
墨西哥	Mexico	4962	5065	61.7	61.9	46.9	47.3
澳大利亚	Australia	1171	1185	65.5	65.5	70.0	70.3
新西兰	New Zealand	235	238	67.7	67.7	71.8	72.0
印　度	India	47262	48172	55.6	55.6	30.3	30.3
巴　西	Brazil	10159	10311	69.9	69.9	64.6	64.9
俄罗斯联邦	Russian Fed.	7585	7631	62.7	63.0	68.2	68.6
菲律宾	Philippines	3871	3966	64.3	64.4	50.9	51.2
马来西亚	Malaysia	1197	1222	60.5	60.4	46.3	46.4
泰　国	Thailand	3938	3979	71.7	71.7	69.8	69.9
新加坡	Singapore	281	287	66.9	66.5	62.9	62.9
印度尼西亚	Indonesia	11796	11985	67.4	67.5	53.2	53.3
文　莱	Brunei Darussalam	20	20	66.3	66.0	58.3	58.2
越　南	Viet Nam	5114	5200	77.0	77.1	78.1	78.2
缅　甸	Myanmar	2796	2838	78.4	78.5	78.9	79.0
老　挝	Laos	317	325	78.0	77.9	80.4	80.2
柬埔寨	Cambodia	797	815	82.8	82.8	81.8	81.7

附录2-13 就业人数

Employment

资料来源：世界银行WDI数据库。
Source:World Bank WDI Database.

单位：万人 (10 000 persons)

国家和地区	Country or Area	2008	2009	2010	2011	2012
世　界	**World**					
中　国	China	75564	75828	76105	76420	
中国香港	Hong Kong,China	351	347	348	358	367
美　国	United States	14536	13988	13906	13987	14247
英　国	United Kingdom	2944	2895	2902	2917	2953
德　国	Germany	4030	4032	4057	4112	4157
法　国	France	2589	2564	2569	2578	2580
意大利	Italy	2340	2302	2287	2297	2290
加拿大	Canada	1709	1681	1704	1731	1751
日　本	Japan	6385	6282	6257	6244	6270
韩　国	Korea,Rep.	2358	2351	2383	2424	2468
墨西哥	Mexico	4318	4337	4530	4631	4785
澳大利亚	Australia	1088	1095	1119	1139	1151
新西兰	New Zealand	219	216	219	222	222
印　度	India			37429		
巴　西	Brazil	2112	2128	2202	2243	2296
俄罗斯联邦	Russian Fed.	7091	6938	6979	7073	7154
菲律宾	Philippines	3409	3506	3604	3719	3762
马来西亚	Malaysia	1072	1102	1129	1222	1254
泰　国	Thailand	3702	3771	3804	3846	3894
新加坡	Singapore	289	296	306	318	330
印度尼西亚	Indonesia	10230	10468	10781	11048	11181
文　莱	Brunei Darussalam	18	19	19		
越　南	Viet Nam	4646	4774			
缅　甸	Myanmar					
老　挝	Laos					
柬埔寨	Cambodia					

附录2-14 按产业类型划分的就业构成

Composition of Employment by Type of Industry

资料来源：世界银行WDI数据库。
Source:World Bank WDI Database.

单位：% (%)

国家和地区	Country or Area	第一产业 Primary Industry		第二产业 Secondary Industry		第三产业 Tertiary Industry	
		2009	2010	2009	2010	2009	2010
世　界	**World**	**35.0①**	**30.4**	**21.9①**	**24.4**	**42.9①**	**44.9**
中　国①	China①	38.1	36.7	27.8	28.7	34.1	34.6
中国香港	Hong Kong,China	0.2		12.4		87.4	
美　国	United States	1.5	1.6	17.1	16.7	80.9	81.2
英　国	United Kingdom	1.1	1.2	19.5	19.1	78.7	78.9
德　国	Germany	1.7	1.6	28.8	28.4	69.5	70.0
法　国	France	2.9	2.9	22.6	22.2	74.0	74.4
意大利	Italy	3.7	3.8	29.3	28.8	67.0	67.5
加拿大	Canada	2.4②		21.5②		76.5②	
日　本	Japan	3.9	3.7	25.9	25.3	69.0	69.7
韩　国	Korea,Rep.	7.0	6.6	16.4	17.0	76.6	76.4
墨西哥	Mexico	13.5	13.1	25.7	25.5	60.1	60.6
澳大利亚	Australia	3.3		21.1		75.5	
新西兰	New Zealand	6.6		20.9		72.5	
印　度	India	55.8①	51.1	19.0①	22.4	25.2①	26.6
巴　西	Brazil	17.0		22.1		60.7	
俄罗斯联邦	Russian Fed.	9.7		27.9		62.3	
菲律宾	Philippines	35.2	33.2	14.6	15.0	50.3	51.8
马来西亚	Malaysia	13.5	13.3	27.0	27.6	59.5	59.2
泰　国	Thailand	39.0	38.2	20.8	20.6	40.2	41.0
新加坡	Singapore	1.1		21.8		77.1	
印度尼西亚	Indonesia	39.7	38.3	18.8	19.3	41.5	42.3
文　莱	Brunei Darussalam						
越　南	Viet Nam	51.7③		20.2③		28.2③	
缅　甸	Myanmar						
老　挝	Laos						
柬埔寨	Cambodia	57.6	54.2	15.9	16.2	26.5	29.6

注：①2005年数据。②2008年数据。③2006年数据。
Note:①Data refer to 2005.②Data refer to 2008.③Data refer to 2006.

附录2-15 失业人数

Unemployment

资料来源：国际货币基金组织IFS数据库。
Source:IMF IFS Database.

单位：万人 （10 000 persons）

国家和地区	Country or Area	2008	2009	2010	2011	2012
中　　国	**China**	**886.0**	**921.0**	**908.0**	**922.0**	**917.0**
中国香港	Hong Kong,China	12.9	19.2	15.7	12.6	12.6
美　　国	United States	892.4	1426.5	1482.5	1374.7	1250.6
英　　国	United Kingdom	178.2	239.3	247.6	256.3	254.6
德　　国	Germany	313.6	322.8	294.6	272.7	289.7
法　　国	France	206.4	257.6	263.9	261.2	282.2
意 大 利	Italy	169.0	194.4	210.5	210.3	274.6
加 拿 大	Canada	111.9	152.0	148.5	139.3	136.8
日　　本	Japan	265.0	335.6	333.6	300.3	284.8
韩　　国	Korea,Rep.	76.9	88.9	92.0	85.5	82.0
墨 西 哥	Mexico	179.2	251.0	256.0	255.0	249.9
澳大利亚	Australia	48.3	64.9	61.7	61.1	63.6
新 西 兰	New Zealand	6.0	10.8	14.2	18.8	22.2
印　　度	India					
巴　　西	Brazil	181.3	187.2	159.1	142.6	133.8
俄罗斯联邦	Russian Fed.	480.8	635.8	561.7	502.5	413.3
菲 律 宾	Philippines	271.6	283.1	285.9	281.4	282.5
马来西亚	Malaysia	16.5	29.9	36.7	36.0	34.1
泰　　国	Thailand	51.4	57.1	40.3	25.4	26.1
新 加 坡	Singapore	0.5	1.2	0.8		
印度尼西亚	Indonesia	941.1	911.1	845.6	790.9	742.7
文　　莱	Brunei Darussalam	0.7	0.7	0.5		
越　　南	Viet Nam					
缅　　甸	Myanmar					
老　　挝	Laos					
柬 埔 寨	Cambodia					

附录2-16 失业率

Unemployment Rate

资料来源：国际货币基金组织IFS数据库。
Source:IMF IFS Database.

单位：% (%)

国家和地区	Country or Area	2008	2009	2010	2011	2012
中　　国	China	4.1	4.3	4.1	4.1	4.1
中国香港	Hong Kong,China	3.5	5.2	4.3	3.4	3.3
美　　国	United States	5.8	9.3	9.6	9.0	8.1
英　　国	United Kingdom	5.7	7.6	7.9	8.1	
德　　国	Germany	7.5	7.8	7.1	6.5	6.8
法　　国	France	7.4	9.2	9.3	9.2	9.9
意 大 利	Italy	6.7	7.8	8.4	8.4	10.7
加 拿 大	Canada	6.1	8.3	8.0	7.5	7.2
日　　本	Japan	4.0	5.1	5.1	4.6	4.4
韩　　国	Korea,Rep.	3.2	3.6	3.7	3.4	3.2
墨 西 哥	Mexico	4.0	5.5	5.4	5.2	5.0
澳大利亚	Australia	4.3	5.6	5.2	5.1	5.2
新 西 兰	New Zealand	4.5	6.4	6.5	6.6	6.9
印　　度	India					
巴　　西	Brazil	7.9	8.1	6.7	6.0	5.5
俄罗斯联邦	Russian Fed.	6.2	8.4	7.5	6.6	5.5
菲 律 宾	Philippines	7.4	7.5	7.3	7.0	7.0
马来西亚	Malaysia	3.3	3.6	3.3	3.1	3.0
泰　　国	Thailand	1.4	1.5	1.1	0.7	0.7
新 加 坡	Singapore	3.2	4.3	3.1	2.9	2.8
印度尼西亚	Indonesia	8.4	7.9	7.1	6.6	6.2
文　　莱	Brunei Darussalam	3.7	3.5	2.7		
越　　南	Viet Nam	4.7	4.6	4.3	4.5	4.5
缅　　甸	Myanmar	4.0	4.0	4.0	4.0	
老　　挝	Laos					
柬 埔 寨	Cambodia	1.7	0.1	0.4	0.2	

附录2-17 企业开业成本

Cost of Business Start-up

资料来源：世界银行《全球营商环境报告》。
Source:World Bank Doing Business.

国家和地区	Country or Area	企业开业所要办理的手续数（个） Start-up Procedures to Register a Business（unit）		企业办理开业手续所需时间（天） Time Required to Start a Business（days）		企业登记注册费占人均GNI比重（%） Cost Business Start-up Procedures as Percentage of GNI Per Capita（%）	
		2011	2012	2011	2012	2011	2012
中　　国	China	14	13	38	33	3.6	2.1
中国香港	Hong Kong,China	3	3	3	3	1.9	1.9
美　　国	United States	6	6	6	6	1.4	1.4
英　　国	United Kingdom	6	6	13	13	0.7	0.7
德　　国	Germany	9	9	15	15	4.6	4.9
法　　国	France	5	5	7	7	0.9	0.9
意 大 利	Italy	6	6	6	6	18.2	16.5
加 拿 大	Canada	1	1	5	5	0.4	0.4
日　　本	Japan	8	8	23	23	7.5	7.5
韩　　国	Korea,Rep.	5	5	7	7	14.6	14.6
墨 西 哥	Mexico	6	6	9	9	11.2	10.1
澳大利亚	Australia	2	2	2	2	0.7	0.7
新 西 兰	New Zealand	1	1	1	1	0.4	0.4
印　　度	India	12	12	29	27	46.8	49.8
巴　　西	Brazil	13	13	119	119	5.4	4.8
俄罗斯联邦	Russian Fed.	8	8	29	18	2.3	2.0
菲 律 宾	Philippines	16	16	36	36	19.1	18.1
马来西亚	Malaysia	3	3	6	6	16.4	15.1
泰　　国	Thailand	5	4	29	29	7.0	6.7
新 加 坡	Singapore	3	3	3	3	0.7	0.6
印度尼西亚	Indonesia	9	9	47	47	23.5	22.7
文　　莱	Brunei Darussalam	15	15	101	101	11.8	10.7
越　　南	Viet Nam	10	10	38	34	10.6	8.7
缅　　甸	Myanmar						
老　　挝	Laos	7	6	93	92	7.6	7.1
柬 埔 寨	Cambodia	9	9	85	85	109.7	100.5

附录2-18 新注册企业数

New Businesses Registered

资料来源：世界银行WDI数据库。
Source:World Bank WDI Database.

单位：家 (number)

国家和地区	Country or Area	2007	2008	2009	2010	2011
世　界	**World**	**2381157**				
中　国	China					
中国香港	Hong Kong,China	80935	98645	109424	139530	148329
美　国	United States					
英　国	United Kingdom	449700	326013	340170	379628	429363
德　国	Germany	64932	64840	73260	73234	
法　国	France	146686	147049	128906	132696	132293
意大利	Italy	77587	72884	68508	71003	64591
加拿大	Canada	207000	204000	174000		
日　本	Japan	122933	91635	85673	87688	89374
韩　国	Korea,Rep.	54113	50505	56337	60593	65973
墨西哥	Mexico	46120	50392	60179	67598	65016
澳大利亚	Australia	89960	89113	86133	97005	94050
新西兰	New Zealand	74247	53512	48358	44898	42447
印　度	India	51700	84800	46000	64900	70450
巴　西	Brazil	271996	315066	315645		
俄罗斯联邦	Russian Fed.	412147	391341	235449	235339	84396
菲律宾	Philippines	12285	13470	11435		
马来西亚	Malaysia	43337	41623	41638	44202	45455
泰　国	Thailand	25156	27654	27520		
新加坡	Singapore	25903	25327	26414	29798	32308
印度尼西亚	Indonesia	24938	37106	28998	38122	43775
文　莱	Brunei Darussalam					
越　南	Viet Nam					
缅　甸	Myanmar					
老　挝	Laos		80	286	265	398
柬埔寨	Cambodia	2826	2744	2003		

附录2-19 新注册企业密度

New Business Density

资料来源：世界银行WDI数据库。
Source:World Bank WDI Database.

单位：个/万人 (nuit per 10 000 persons)

国家和地区	Country or Area	2007	2008	2009	2010	2011
世　界	**World**	**36.6**	**35.4**	**31.6**	**31.3**	**34.2**
中　国	China					
中国香港	Hong Kong,China	156.6	188.2	206.9	260.6	276.8
美　国	United States					
英　国	United Kingdom	110.5	80.2	83.2	92.4	104.1
德　国	Germany	11.9	11.9	13.5	13.5	
法　国	France	35.3	35.1	30.6	31.5	31.3
意大利	Italy	20.1	18.5	17.3	17.9	16.3
加拿大	Canada	91.3	89.3	75.6		
日　本	Japan	14.8	11.0	10.4	10.8	11.0
韩　国	Korea,Rep.	15.6	14.3	15.9	16.9	18.3
墨西哥	Mexico	6.6	7.1	8.4	9.2	8.7
澳大利亚	Australia	63.8	61.3	58.0	64.4	61.7
新西兰	New Zealand	270.3	188.1	168.2	154.6	145.3
印　度	India	0.7	1.1	0.6	0.8	0.9
巴　西	Brazil	21.0	24.0	23.8		
俄罗斯联邦	Russian Fed.	41.0	38.3	23.0	23.0	8.3
菲律宾	Philippines	2.2	2.3	1.9		
马来西亚	Malaysia	27.7	23.5	23.1	24.0	24.2
泰　国	Thailand	5.5	6.0	5.9		
新加坡	Singapore	74.6	71.7	72.2	79.8	84.5
印度尼西亚	Indonesia	1.6	2.4	1.8	2.4	2.7
文　莱	Brunei Darussalam					
越　南	Viet Nam					
缅　甸	Myanmar					
老　挝	Laos		0.2	0.8	0.7	1.0
柬埔寨	Cambodia	3.2	3.1	2.2		

注：新注册企业密度是指每1万个15-64岁劳动人口中新注册企业数。
Note:New registration per 10000 people ages 15-64.

附录2-20 石油探明储量

Crude Oil Proved Reserves

资料来源：美国能源署。
Source : U.S. Energy Information Administration （EIA）.

单位：亿桶 (100 million barrels)

国家和地区	Country or Area	2008	2009	2010	2011	2012
世　　界	**World**	**13298.5**	**13400.1**	**13557.4**	**14737.6**	
中　　国	China	160.0	160.0	203.5	203.5	203.5
中国香港	Hong Kong,China					
美　　国	United States	191.2	191.2	206.8	232.7	
英　　国	United Kingdom	36.0	34.1	30.8	28.6	28.3
德　　国	Germany	3.7	2.8	2.8	2.8	2.8
法　　国	France	1.2	1.0	1.0	0.9	0.9
意 大 利	Italy	4.1	4.1	4.2	4.8	5.2
加 拿 大	Canada	1785.9	1780.9	1752.1	1752.1	1736.3
日　　本	Japan	0.4	0.4	0.4	0.4	0.4
韩　　国	Korea,Rep.					
墨 西 哥	Mexico	116.5	105.0	104.0	104.2	103.6
澳大利亚	Australia	15.0	15.0	33.2	33.2	14.3
新 西 兰	New Zealand	0.6	0.6	0.6	1.1	1.0
印　　度	India	56.3	56.3	56.3	56.8	56.1
巴　　西	Brazil	121.8	126.2	128.0	128.6	139.9
俄罗斯联邦	Russian Fed.	600.0	600.0	600.0	600.0	600.0
菲 律 宾	Philippines	1.4	1.4	1.4	1.4	1.4
马来西亚	Malaysia	40.0	40.0	40.0	40.0	40.0
泰　　国	Thailand	4.6	4.4	4.3	4.4	4.4
新 加 坡	Singapore					
印度尼西亚	Indonesia	43.7	39.9	39.9	39.9	38.9
文　　莱	Brunei Darussalam	11.0	11.0	11.0	11.0	11.0
越　　南	Viet Nam	6.0	6.0	6.0	6.0	
缅　　甸	Myanmar					
老　　挝	Laos					
柬 埔 寨	Cambodia					

附录2-21 天然气探明储量

Proved Reserves of Natural Gas

资料来源：美国能源署。
Source：U.S. Energy Information Administration（EIA）.

单位：万亿立方英尺 (trillion cubic feet)

国家和地区	Country or Area	2008	2009	2010	2011	2012
世　界	**World**	**6212.3**	**6261.3**	**6637.2**	**6707.3**	
中　国	China	80.0	80.0	107.0	107.0	107.0
中国香港	Hong Kong,China					
美　国	United States	237.7	244.7	272.5	304.6	
英　国	United Kingdom	14.6	12.1	10.3	9.0	8.9
德　国	Germany	9.0	6.2	6.2	6.2	6.2
法　国	France	0.3	0.2	0.3	0.2	0.2
意大利	Italy	3.3	3.3	2.5	2.2	2.3
加拿大	Canada	58.2	57.9	62.0	62.0	61.0
日　本	Japan	0.7	0.7	0.7	0.7	0.7
韩　国	Korea,Rep.					0.3
墨西哥	Mexico	13.9	13.2	12.7	12.0	17.3
澳大利亚	Australia	30.0	30.0	110.0	110.0	27.9
新西兰	New Zealand	1.0	1.2	1.2	1.2	1.0
印　度	India	38.0	38.0	38.0	37.9	40.7
巴　西	Brazil	12.3	12.9	12.9	12.9	14.7
俄罗斯联邦	Russian Fed.	1680.0	1680.0	1680.0	1680.0	1680.0
菲律宾	Philippines	3.5	3.5	3.5	3.5	3.5
马来西亚	Malaysia	83.0	83.0	83.0	83.0	83.0
泰　国	Thailand	11.7	11.2	12.1	11.0	10.6
新加坡	Singapore					
印度尼西亚	Indonesia	93.9	106.0	106.0	106.0	
文　莱	Brunei Darussalam	13.8	13.8	13.8	13.8	13.8
越　南	Viet Nam	6.8	6.8	6.8	6.8	
缅　甸	Myanmar					
老　挝	Laos					
柬埔寨	Cambodia					

附录2-22 石油消费量

Total Petroleum Consumption

资料来源：美国能源署。
Source: U.S. Energy Information Administration (EIA).
单位：万桶/天 (10000 barrels per day)

国家和地区	Country or Area	2008	2009	2010	2011	2012
世 界	**World**	**8450**	**8476**	**8736**	**8825**	**8881**
中 国	China	747	854	933	981	1023
中国香港	Hong Kong,China	30	35	38	37	29
美 国	United States	1950	1877	1918	1895	1855
英 国	United Kingdom	173	164	163	161	152
德 国	Germany	254	245	247	240	239
法 国	France	195	187	183	179	174
意大利	Italy	167	154	154	145	131
加拿大	Canada	222	215	226	229	229
日 本	Japan	480	441	446	448	473
韩 国	Korea,Rep.	214	219	227	223	227
墨西哥	Mexico	216	207	208	216	219
澳大利亚	Australia	99	98	99	102	104
新西兰	New Zealand	16	15	15	15	15
印 度	India	286	311	326	336	342
巴 西	Brazil	220	248	262	265	276
俄罗斯联邦	Russian Fed.	291	295	299	311	325
菲律宾	Philippines	30	30	31	32	30
马来西亚	Malaysia	67	59	60	61	54
泰 国	Thailand	73	97	101	102	101
新加坡	Singapore	101	117	138	125	119
印度尼西亚	Indonesia	123	130	138	136	128
文 莱	Brunei Darussalam	2	2	2	2	1
越 南	Viet Nam	29	29	32	37	39
缅 甸	Myanmar					
老 挝	Laos	…	…	…	…	…
柬埔寨	Cambodia	3	3	3	3	4

附录2-23 能源平衡表（2011年）

Energy Balance Sheet（2011）

资料来源：国际能源机构。
Source : International Energy Agency.

单位：万吨标准油 （10 000 ton）

国家和地区	Country or Area	能源生产量 Energy Production				进口 Imports	
		总计 Total	煤和煤制品 Coal & Coal Products	原油，凝析油和给料 Crude, NGL and Feedstocks	天然气 Nature Gas	总计 Total	煤和煤制品 Coal & Coal Products
世界	**World**		**394296**	**410635**	**281324**		**67144**
中国	China		190249	20320	8626		10057
中国香港	Hong Kong,China						798
美国	United States	179219	53970	36123	53455	69368	821
英国	United Kingdom	12980	1099	5328	4070	15097	2014
德国	Germany	12549	4614	346	900	23354	2937
法国	France	13621	9	109	51	15644	1027
意大利	Italy	3107	6	562	692	16821	1549
加拿大	Canada	40887	3361	17274	13280	8071	589
日本	Japan	4754		67	320	43668	10899
韩国	Korea,Rep.	4545	96	69	41	28164	7946
墨西哥	Mexico	22770	599	15953	4219	5114	388
澳大利亚	Australia	30833	23089	2046	4950	4633	3
新西兰	New Zealand	1596	288	231	348	728	9
印度	India		25316	4421	3837		6098
巴西	Brazil		210	11248	1417		1310
俄罗斯联邦	Russian Fed.		18779	51265	55624		1448
菲律宾	Philippines		498	72	307		652
马来西亚	Malaysia		179	3139	4612		1355
泰国	Thailand		613	1638	2335		1035
新加坡	Singapore						
印度尼西亚	Indonesia		21568	4660	7997		4
文莱	Brunei Darussalam			786	1071		
越南	Viet Nam		2493	1525	739		82
缅甸	Myanmar		78	89	994		
老挝	Laos						
柬埔寨	Cambodia						2

附录2-23　续表 1　continued

单位：万吨标准油 （10 000 tons）

国家和地区	Country or Area	进口 Imports			出口 Exports		
		原油，凝析油和给料 Crude, NGL and Feedstocks	天然气 Nature Gas	电 Electricity	总计 Total	煤和煤制品 Coal & Coal Products	原油，凝析油和给料 Crude, NGL and Feedstocks
世　界	**World**		**85607**			**-71206**	
中　国	China		2585			-873	
中国香港	Hong Kong,China		249				
美　国	United States	52367	8024	450	-23738	-6339	-1084
英　国	United Kingdom	5947	4521	75	-7719	-70	-3397
德　国	Germany	9244	7319	439	-4087	-97	-38
法　国	France	6445	4090	82	-3140	-10	-23
意大利	Italy	7845	5762	407	-2786	-19	-143
加拿大	Canada	3498	2498	125	-23941	-2005	-11863
日　本	Japan	18032	9760		-1483	-69	
韩　国	Korea,Rep.	12754	4198		-5479		-74
墨西哥	Mexico	37	1487	5	-8794	-1	-7861
澳大利亚	Australia	2597	561		-22595	-18405	-1647
新西兰	New Zealand	531			-397	-153	-239
印　度	India		1271			-196	
巴　西	Brazil		866				
俄罗斯联邦	Russian Fed.					-7804	
菲律宾	Philippines					-307	
马来西亚	Malaysia		717			-20	
泰　国	Thailand		879				
新加坡	Singapore		750				
印度尼西亚	Indonesia					-17858	
文　莱	Brunei Darussalam						
越　南	Viet Nam					-1368	
缅　甸	Myanmar						
老　挝	Laos						
柬埔寨	Cambodia						

附录2-23 续表 2 continued

单位：万吨标准油 (10 000 ton)

国家和地区	Country or Area	出口 Exports		国际运输燃料 Bunkers		库存变化 Changes in Stocks	一次能源供应量 TPES
		天然气 Nature Gas	电 Electricity	海运 Sea	空运 Air		
世界	**World**	**-85942**					
中国	China	-255					
中国香港	Hong Kong,China						
美国	United States	-3465	-129	-2687	-2182	292	220272
英国	United Kingdom	-1421	-21	-222	-1088	-147	18900
德国	Germany	-1650	-471	-270	-772	-57	30716
法国	France	-438	-567	-262	-579	-138	25145
意大利	Italy	-10	-15	-309	-307	-12	16514
加拿大	Canada	-7676	-447	-60	-102	751	25608
日本	Japan			-411	-542	-171	45815
韩国	Korea,Rep.			-882	-415	-174	25759
墨西哥	Mexico	-21	-11	-93	-274	-26	18697
澳大利亚	Australia	-2333		-63	-339	-490	11980
新西兰	New Zealand			-30	-77	-22	1800
印度	India						
巴西	Brazil						
俄罗斯联邦	Russian Fed.	-16078					
菲律宾	Philippines						
马来西亚	Malaysia	-2559					
泰国	Thailand						
新加坡	Singapore						
印度尼西亚	Indonesia	-4034					
文莱	Brunei Darussalam	-764					
越南	Viet Nam						
缅甸	Myanmar	-864					
老挝	Laos						
柬埔寨	Cambodia						

附录2-24 万美元国内生产总值能耗

Energy Consumption Per Ten Thousand USD of GDP

资料来源：世界银行WDI数据库。
Source:World Bank WDI Database.

单位：吨标准油/万美元（购买力平价法，2005年不变价） （TOE per 10 000 USD,Constant 2005 PPP）

国家和地区	Country or Area	2007	2008	2009	2010	2011
世　界	**World**	**1.9**	**1.8**	**1.8**	**1.8**	
中　国	China	2.9	2.8	2.7	2.7	
中国香港	Hong Kong,China	0.5	0.5	0.5	0.5	
美　国	United States	1.8	1.7	1.7	1.7	1.7
英　国	United Kingdom	1.0	1.0	1.0	1.0	0.9
德　国	Germany	1.2	1.2	1.2	1.2	1.1
法　国	France	1.4	1.4	1.3	1.4	1.3
意大利	Italy	1.0	1.0	1.0	1.0	1.0
加拿大	Canada	2.3	2.2	2.2	2.1	2.1
日　本	Japan	1.3	1.2	1.3	1.3	1.2
韩　国	Korea,Rep.	1.8	1.8	1.8	1.9	1.9
墨西哥	Mexico	1.3	1.3	1.3	1.3	1.3
澳大利亚	Australia	1.7	1.7	1.7	1.6	1.5
新西兰	New Zealand	1.6	1.6	1.6	1.7	1.6
印　度	India	2.0	2.0	2.0	1.8	
巴　西	Brazil	1.4	1.4	1.3	1.4	
俄罗斯联邦	Russian Fed.	3.4	3.3	3.4	3.5	
菲律宾	Philippines	1.3	1.3	1.2	1.2	
马来西亚	Malaysia	2.0	2.0	1.9	1.9	
泰　国	Thailand	2.1	2.1	2.2	2.2	
新加坡	Singapore	1.0	1.0	1.2	1.2	
印度尼西亚	Indonesia	2.3	2.2	2.3	2.2	
文　莱	Brunei Darussalam	1.8	2.0	1.8	1.8	
越　南	Viet Nam	2.2	2.2	2.3	2.4	
缅　甸	Myanmar					
老　挝	Laos					
柬埔寨	Cambodia	1.4	1.3	1.9	1.8	

附录2-25 电力装机容量（2010年）

Electricity Installed Capacity by Type（2010）

资料来源：美国能源署。
Source: U.S. Energy Information Administration （EIA）.
单位：万千瓦 （10 000 kilowatts）

国家和地区	Country or Area	总装机容量 Total	核电 Nuclear	热电 Thermal	抽水蓄能水电 Hydroelectric Pumped Storage	可再生能源 Renewables
世　　界	**World**	**482136**	**37888**	**320997**	**10445**	**112806**
中　　国	China	87769	896	65210		21663
中国香港	Hong Kong,China	1263		1262		
美　　国	United States	102540	10100	77428	2216	12796
英　　国	United Kingdom	8802	1086	6633	274	809
德　　国	Germany	14687	2048	7413	667	4560
法　　国	France	11911	6313	2437	430	2731
意 大 利	Italy	10123		7115	754	2254
加 拿 大	Canada	13148	1335	3792	18	8004
日　　本	Japan	28449	4885	18174	2546	2845
韩　　国	Korea,Rep.	8059	1772	5634	390	263
墨 西 哥	Mexico	5933	137	4447		1349
澳大利亚	Australia	5694		4499	149	1046
新 西 兰	New Zealand	948		284		664
印　　度	India	18930	412	13237		5281
巴　　西	Brazil	10621	201	1821		8599
俄罗斯联邦	Russian Fed.	22534	2324	15380	120	4710
菲 律 宾	Philippines	1558		1030		528
马来西亚	Malaysia	2524		2313		211
泰　　国	Thailand	4738		4308		430
新 加 坡	Singapore	1047		1045		2
印度尼西亚	Indonesia	3280		2673		606
文　　莱	Brunei Darussalam	76		76		
越　　南	Viet Nam	1519		968		551
缅　　甸	Myanmar					
老　　挝	Laos	186		5		181
柬 埔 寨	Cambodia	39		37		2

附录2-25　续表　continued

单位：万千瓦　　　　(10 000 kilowatts)

国家和地区	Country or Area	可再生能源 Renewables				
		水　电 Hydroelctric	地　热 Geothermal	太阳、潮汐 Solar, Tide & Wave	风　电 Thermal	生物质和废物 Biomass and Waste
世　　界	**World**	**89014**	**989**	**2094**	**14799**	**5910**
中　　国	China	19680	3	30	1600	350
中国香港	Hong Kong,China				…	
美　　国	United States	7852	238	62	3430	1214
英　　国	United Kingdom	165		3	442	199
德　　国	Germany	397	1	980	2570	612
法　　国	France	2101	…	54	450	126
意 大 利	Italy	1383	70	114	488	200
加 拿 大	Canada	7492		12	332	169
日　　本	Japan	2178	54	263	200	150
韩　　国	Korea,Rep.	162		52	35	14
墨 西 哥	Mexico	1153	96	3	48	50
澳大利亚	Australia	781		19	170	76
新 西 兰	New Zealand	538	63		50	13
印　　度	India	3960		1	1100	220
巴　　西	Brazil	7929			60	610
俄罗斯联邦	Russian Fed.	4700	8		1	
菲 律 宾	Philippines	329	195	…	3	
马来西亚	Malaysia	211				
泰　　国	Thailand	349		1		80
新 加 坡	Singapore					2
印度尼西亚	Indonesia	487	119		…	
文　　莱	Brunei Darussalam					
越　　南	Viet Nam	550			1	
缅　　甸	Myanmar					
老　　挝	Laos	181				
柬 埔 寨	Cambodia	1				1

附录2-26 发电量（2011年）

Electricity Generation（2011）

资料来源：美国能源署。
Source：U.S. Energy Information Administration （EIA）.

单位：百万千瓦时 (million kilowatt hours)

国家和地区	Country or Area	发电量 Electricity Generation					
		总计 Total	热电 Thermal	水电 Hydro	核电 Nuclear	风电 Wind	太阳能和潮汐 Solar, Tide and Wave
世界	**World**				**2507237**		
中国	China		162	687060	83030	73200	3000
中国香港	Hong Kong,China						
美国	United States	4094671	16700	325074	790225	119747	1814
英国	United Kingdom	342088		5637	65579	15525	259
德国	Germany	575553	19	18188	102572	46500	19000
法国	France	530644	10	44655	420264	12235	2542
意大利	Italy	283515	5654	45886		10140	10730
加拿大	Canada	618906		372631	86388	19687	433
日本	Japan	1050693	2646	82499	154784	4345	3799
韩国	Korea,Rep.	485076		4676	142655	858	810
墨西哥	Mexico	257917	6507	35438	9585	1383	41
澳大利亚	Australia	225465		14671		5841	814
新西兰	New Zealand	43540	6116	24828		1950	
印度	India	985443		131000	28948	26000	1000
巴西	Brazil	530607		424284	14876	2705	
俄罗斯联邦	Russian Fed.	996285	505	163282	161709	4	
菲律宾	Philippines			9346			
马来西亚	Malaysia			7334			
泰国	Thailand			8085			
新加坡	Singapore						
印度尼西亚	Indonesia			15260			
文莱	Brunei Darussalam						
越南	Viet Nam			29522			
缅甸	Myanmar						
老挝	Laos						
柬埔寨	Cambodia						

附录2-27 能源净进口占能源消费比重

Net Energy Imports as Percentage of Energy Use

资料来源：世界银行WDI数据库。
Source:World Bank WDI Database.

单位：% (%)

国家和地区	Country or Area	2007	2008	2009	2010	2011
世　界	**World**	**-2.6**	**-3.6**	**-3.5**	**-3.4**	
中　国	China	7.1	6.5	9.1	8.6	
中国香港	Hong Kong,China	99.6	99.6	99.7	99.6	
美　国	United States	28.6	25.3	22.1	22.2	18.6
英　国	United Kingdom	16.0	19.9	19.4	26.5	31.3
德　国	Germany	58.6	59.7	59.9	59.9	59.2
法　国	France	48.8	48.5	49.2	48.3	45.8
意大利	Italy	85.3	84.7	83.6	82.5	81.2
加拿大	Canada	-53.1	-53.1	-55.6	-58.0	-59.7
日　本	Japan	82.4	82.1	80.1	80.5	89.6
韩　国	Korea,Rep.	80.8	80.3	80.7	82.0	82.4
墨西哥	Mexico	-38.8	-28.9	-26.0	-27.1	-21.8
澳大利亚	Australia	-139.0	-130.5	-135.8	-149.0	-157.4
新西兰	New Zealand	17.1	14.1	12.4	7.4	11.3
印　度	India	24.1	24.8	25.2	25.1	
巴　西	Brazil	8.1	8.2	4.1	7.3	
俄罗斯联邦	Russian Fed.	-84.2	-82.1	-83.4	-84.3	
菲律宾	Philippines	41.9	42.6	38.4	42.2	
马来西亚	Malaysia	-29.6	-25.9	-23.2	-18.2	
泰　国	Thailand	41.3	39.2	39.8	39.9	
新加坡	Singapore	99.8	98.5	98.7	98.8	
印度尼西亚	Indonesia	-69.0	-73.1	-77.2	-83.5	
文　莱	Brunei Darussalam	-524.8	-482.2	-506.4	-460.0	
越　南	Viet Nam	-31.4	-25.6	-24.3	-11.2	
缅　甸	Myanmar	-53.1	-50.3	-54.2	-61.0	
老　挝	Laos					
柬埔寨	Cambodia	29.6	35.2	26.6	27.9	

附录2-28 中央政府财政收入占国内生产总值比重

Central Government Revenue as Percentage of GDP

资料来源：世界银行WDI数据库。
Source:World Bank WDI Database.

单位：% (%)

国家和地区	Country or Area	2007	2008	2009	2010	2011
世 界	**World**	**24.6**	**23.9**	**22.8**	**23.0**	**23.9**
中 国	China	16.8	11.1	11.9	11.5	
中国香港	Hong Kong,China	22.3	19.3	20.2	22.3	
美 国	United States	19.3	17.9	16.2	16.8	17.0
英 国	United Kingdom	37.0	38.6	35.6	36.2	36.8
德 国	Germany	28.1	28.3	29.5	28.5	29.1
法 国	France	42.4	42.3	41.2	42.9	42.7
意大利	Italy	37.3	37.5	38.4	37.9	37.6
加拿大	Canada	19.1	18.2	18.0	17.3	16.8
日 本	Japan	12.1	12.9	11.4	11.2	11.4
韩 国	Korea,Rep.	24.2	24.0	23.1	22.7	23.3
墨西哥	Mexico					
澳大利亚	Australia	26.5	26.7	24.6	23.5	22.9
新西兰	New Zealand	35.9	37.3	36.6	33.8	35.7
印 度	India	14.2	12.5	11.2	12.9	11.8
巴 西	Brazil	25.7	26.5	23.8	26.2	25.0
俄罗斯联邦	Russian Fed.	31.3	33.7	25.5	26.1	31.4
菲律宾	Philippines	15.2	15.2	14.0	13.4	14.0
马来西亚	Malaysia	21.0	20.8	22.3	20.1	21.1
泰 国	Thailand	19.5	20.1	18.6	20.3	21.3
新加坡	Singapore	19.6	20.7	17.5	17.4	17.9
印度尼西亚	Indonesia	17.6	19.5	15.4	15.0	16.2
文 莱	Brunei Darussalam					
越 南	Viet Nam					
缅 甸	Myanmar					
老 挝	Laos	13.2	13.5	14.2	14.4	15.2
柬埔寨	Cambodia	11.2	12.5	11.1	12.2	12.0

附录2-29 中央政府财政盈余占GDP比重

Surplus of Central Government Revenue as Percentage of GDP

资料来源：世界银行WDI数据库。
Source:World Bank WDI Database.

单位：% (%)

国家和地区	Country or Area	2007	2008	2009	2010	2011
世　界	**World**	**-0.9**	**-2.6**	**-6.9**	**-6.5**	**-5.6**
中　国	China					
中国香港	Hong Kong,China	6.5	0.6	1.1	4.1	
美　国	United States	-2.3	-5.4	-10.5	-10.4	-9.4
英　国	United Kingdom	-2.7	-4.7	-11.0	-10.1	-7.8
德　国	Germany	-0.3	-0.4	-2.2	-3.2	-0.4
法　国	France	-2.3	-2.9	-7.3	-7.0	-5.1
意大利	Italy	-1.4	-2.3	-5.0	-3.9	-3.5
加拿大	Canada	1.7	0.6	-1.4	-2.0	-1.2
日　本	Japan	-2.4	-3.0	-7.6	-6.8	-8.3
韩　国	Korea,Rep.	2.3	1.6	0.0	1.7	1.8
墨西哥	Mexico					
澳大利亚	Australia	1.6	1.9	-2.4	-4.0	-3.7
新西兰	New Zealand	3.1	3.2	-0.2	-2.8	-7.3
印　度	India	-0.5	-4.9	-5.4	-3.6	-3.7
巴　西	Brazil	-1.9	-1.2	-3.5	-1.7	-2.6
俄罗斯联邦	Russian Fed.	6.2	5.6	-4.2	-1.9	3.3
菲律宾	Philippines	-1.4	-1.2	-3.8	-3.5	-1.8
马来西亚	Malaysia	-3.2	-4.4	-6.1	-5.2	-4.8
泰　国	Thailand	0.1	0.5	-3.0	-0.6	-1.2
新加坡	Singapore	11.3	7.8	1.6	7.7	9.6
印度尼西亚	Indonesia	-1.0	-0.3	-1.7	-0.6	-1.1
文　莱	Brunei Darussalam					
越　南	Viet Nam					
缅　甸	Myanmar					
老　挝	Laos	-2.7	-2.2	-1.7	-0.8	-1.0
柬埔寨	Cambodia	-0.8	-0.3	-2.3	-3.7	-4.2

附录2-30　货币供应量

Money Supply

资料来源：世界银行WDI数据库。
Source:World Bank WDI Database.

单位：亿本币　(100 million local currency units)

国家和地区	Country or Area	广义货币 Quasi-Money and Money		准货币 Quasi-Money		货币 Money	
		2011	2012	2011	2012	2011	2012
中　国	China	851591	974149	561743	665485	289848	308664
中国香港	Hong Kong,China	63496	68459	56573	60537	6923	7921
美　国	United States	134529	141039	110865	115196	23664	25843
英　国	United Kingdom	25130	25322				
德　国	Germany	46623	46213	32849	30743	13774	15469
法　国	France	31730	32072	24711	24903	7019	7169
意大利	Italy	24270	25870	15406	16997	8865	8874
加拿大	Canada	20198①		14048①		6150①	
日　本	Japan	11220440	11470850	5806927	5862638	5413513	5608212
韩　国	Korea,Rep.	175145831	183564151	130938081	13656310	4420775	4700106
墨西哥	Mexico	45021	49595	23842	26661	21179	22935
澳大利亚	Australia	14147	15167	9625	10205	4522	4962
新西兰	New Zealand	1885②		1520②		365②	
印　度	India	688749	764829	525913	590980	162835	173849
巴　西	Brazil	30679	35557	27767	32238	2912	3319
俄罗斯联邦	Russian Fed.	287546	322264	158972	184728	128574	137536
菲律宾	Philippines	58215	62277	42961	45834	15254	16443
马来西亚	Malaysia	12207	13287	9478	10197	2729	3090
泰　国	Thailand	135139	149168	121456	133685	13683	15483
新加坡	Singapore	4434	4754	3128	3347	1306	1407
印度尼西亚	Indonesia	287721961	33046447	200096121	22806179	8762584	102402671
文　莱	Brunei Darussalam	138	140	96	97	42	43
越　南	Viet Nam	27742811		208816121		6861198	
缅　甸	Myanmar	122313	189584	55426	113234	66887	76350
老　挝	Laos	213026②		149528②		63498②	
柬埔寨	Cambodia	203455	283637	135995	194661	67460	88976

注：①2008年数据。②2010年数据。
Note:①Data refer to 2008.②Data refer to 2010.

附录2-31 年平均存款利率和贷款利率

Annual Average Deposit Rates and Lending Rates

资料来源：世界银行WDI数据库。
Source:World Bank WDI Database.

单位：% (%)

国家和地区	Country or Area	存款利率 Deposit Rates			贷款利率 Lending Rates		
		2009	2010	2011	2009	2010	2011
中　　国	China	2.3	2.8	3.5	5.3	5.8	6.6
中国香港	Hong Kong,China				5.0	5.0	5.0
美　　国	United States				3.3	3.3	3.3
英　　国	United Kingdom				0.6	0.5	0.5
德　　国	Germany						
法　　国	France	1.9	1.5	2.1			
意 大 利	Italy				4.8	4.0	4.6
加 拿 大	Canada	0.1	0.2	0.5	2.4	2.6	3.0
日　　本	Japan	0.4	0.5	0.5	1.7	1.6	1.5
韩　　国	Korea,Rep.	3.5	3.9	4.2	5.6	5.5	5.8
墨 西 哥	Mexico	2.0	1.2	1.0	7.1	5.3	4.9
澳大利亚	Australia	3.1	4.2	4.3	6.0	7.3	7.7
新 西 兰	New Zealand	4.0	4.6	4.3	6.7	6.3	6.1
印　　度	India				12.2	8.3	10.2
巴　　西	Brazil	9.3	8.9	11.0	44.7	40.0	43.9
俄罗斯联邦	Russian Fed.	8.6	6.0	4.4	15.3	10.8	8.5
菲 律 宾	Philippines	2.7	3.2	3.4	8.6	7.7	6.7
马来西亚	Malaysia	2.1	2.5	2.9	5.1	5.0	4.9
泰　　国	Thailand	1.0	1.0	2.3	6.0	5.9	6.9
新 加 坡	Singapore	0.3	0.2	0.2	5.4	5.4	5.4
印度尼西亚	Indonesia	9.3	7.0	6.9	14.5	13.3	12.4
文　　莱	Brunei Darussalam	0.7	0.5	0.4	5.5	5.5	5.5
越　　南	Viet Nam	7.9	11.2	14.0	10.1	13.1	17.0
缅　　甸	Myanmar	12.0	12.0	11.3	17.0	17.0	16.3
老　　挝	Laos	3.3	3.0		24.8	22.6	
柬 埔 寨	Cambodia	1.7	1.3	1.3			

附录2-32 国内生产总值缩减指数

Gross Domestic Product Deflator

资料来源：国际货币基金组织IFS数据库。
Source:IMF IFS Database.

2005年＝100 （2005＝100）

国家和地区	Country or Area	2008	2009	2010	2011	2012
世　界	**World**	**115.6**	**117.2**	**121.7**	**126.9**	
中　国	China	119.6	118.6	126.3	135.7	
中国香港	Hong Kong,China	103.9	103.5	103.8	107.9	112.1
美　国	United States	108.6	109.5	111.0	113.4	115.4
英　国	United Kingdom	108.4	109.8	112.8	115.5	117.1
德　国	Germany	102.7	103.9	104.9	105.8	
法　国	France	107.5	108.2	109.4	110.8	
意大利	Italy	106.8	109.0	109.4	110.9	112.7
加拿大	Canada	110.5	108.4	111.5	115.2	119.7
日　本	Japan	96.8	96.3	94.2	92.4	91.6
韩　国	Korea,Rep.	104.9	108.5	112.4	114.2	115.2
墨西哥	Mexico	119.9	124.8	129.9	137.6	143.3
澳大利亚	Australia	116.6	117.0	123.2	128.1	127.4
新西兰	New Zealand	111.0	111.9	116.9	118.7	118.1
印　度	India	122.4	129.8	141.2	152.9	164.9
巴　西	Brazil	121.7	130.5	141.2	151.1	
俄罗斯联邦	Russian Fed.	156.0	159.6	180.9	209.4	
菲律宾	Philippines	116.4	119.6	124.6	129.7	132.1
马来西亚	Malaysia	120.4	113.2	117.8	124.2	125.2
泰　国	Thailand	112.6	114.7	118.9	124.0	125.6
新加坡	Singapore	107.2	110.1	110.3	110.9	113.2
印度尼西亚	Indonesia	150.0	162.4	175.8	190.1	198.7
文　莱	Brunei Darussalam	125.4	97.7	102.9	122.8	
越　南	Viet Nam	141.8	150.4	168.2	203.3	
缅　甸	Myanmar					
老　挝	Laos	118.0	112.7	117.9	125.9	
柬埔寨	Cambodia	125.1	128.3	129.2		

附录2-33 生产者价格指数

Producer Price Indices

资料来源：联合国统计月报数据库。
Source:UN Monthly Bulletin of Statistics Database.

2005年＝100　　(2005＝100)

国家和地区	Country or Area	2008	2009	2010	2011	2012
世　界	**World**					
中　国	China					
中国香港	Hong Kong,China	111.1	109.2	115.8	126.9	125.5
美　国	United States	120.0	109.1	116.7	126.1	126.2
英　国	United Kingdom	111.4	113.2	117.9	124.5	128.0
德　国	Germany	112.7	108.0	109.7	115.9	118.3
法　国①	France①	110.3	97.4	100.0	105.4	108.3
意大利①	Italy①	115.1	97.0	100.0	105.1	109.5
加拿大	Canada	108.4	104.6	105.7	110.5	111.2
日　本①	Japan①	108.4	102.8	100.0	101.3	99.7
韩　国	Korea,Rep.	113.0	111.2	115.9	124.8	
墨西哥	Mexico	114.3	123.0	126.3	132.0	138.4
澳大利亚	Australia	119.6	113.1	115.2	119.1	118.6
新西兰	New Zealand	127.3	121.2	126.4	133.7	130.8
印　度	India	117.3	119.2	125.7	134.9	142.7
巴　西	Brazil					
俄罗斯联邦	Russian Fed.	155.7	144.5	162.2	190.9	203.9
菲律宾	Philippines	113.0	111.5	105.9	106.9	106.5
马来西亚	Malaysia					
泰　国	Thailand	118.8	112.1	119.4	128.5	129.5
新加坡	Singapore					
印度尼西亚	Indonesia					
文　莱	Brunei Darussalam					
越　南	Viet Nam	135.7				
缅　甸	Myanmar					
老　挝	Laos					
柬埔寨	Cambodia					

注：①2010年=100
Note:①2010=100

附录2-34　消费者价格指数

Consumer Price Indices

资料来源：联合国ILO数据库。
Source:UN ILO Database.

2000年＝100　　（2000＝100）

国家和地区	Country or Area	2008	2009	2010	2011	2012
世　界	**World**					
中　国	China	120.4	119.6	123.5	130.2	133.4
中国香港	Hong Kong,China	101.4	101.9	104.4	109.9	114.3
美　国	United States	125.0	124.6	126.6	130.6	133.3
英　国	United Kingdom	126.1	125.5	131.3	138.1	142.5
德　国	Germany	115.4	115.9	117.2	119.9	122.2
法　国	France	116.6	116.7	118.5	121.0	123.4
意大利	Italy	120.7	121.6	123.3	127.3	131.2
加拿大	Canada	119.7	120.0	122.1	125.7	127.6
日　本	Japan	99.5	98.1	97.4	97.1	97.1
韩　国①	Korea,Rep.①	109.7	112.8	116.1	120.8	123.4
墨西哥	Mexico	144.0	151.6	157.9	163.3	170.0
澳大利亚	Australia	128.3	130.7	134.4	139.0	141.4
新西兰	New Zealand	124.4	127.0	129.9	135.1	136.6
印　度	India	143.0	160.9	180.0	196.0	212.5
巴　西	Brazil	172.8	181.2	190.4	203.0	214.0
俄罗斯联邦	Russian Fed.	238.8	272.5	304.3	325.2	
菲律宾	Philippines	155.0	160.0	166.1	173.9	179.4
马来西亚	Malaysia	121.5	122.3	124.4	128.3	130.5
泰　国	Thailand	126.2	125.1	129.2	134.1	138.2
新加坡	Singapore	113.4	113.6	116.8	122.9	128.5
印度尼西亚	Indonesia	207.2	216.1	227.2	239.3	249.6
文　莱	Brunei Darussalam	101.0	103.8	105.1	107.1	107.6
越　南	Viet Nam	143.8	177.0	188.9		
缅　甸②	Myanmar②	142.5	144.6	155.7	163.5	
老　挝	Laos	195.9	196.0	207.7	223.4	233.0
柬埔寨	Cambodia	151.4	159.0	165.3	174.4	

注：①2005年=100。②2006年=100。
Note:①2006=100. ②2006=100.

附录2–35 食品消费价格指数

Food Consumption Price Indices

资料来源：联合国ILO数据库。
Source:UN ILO Database.

2000年＝100 （2000＝100）

国家和地区	Country or Area	2008	2009	2010	2011	2012
世　界	**World**					
中　国	China	152.8	153.9	165.2	184.7	193.6
中国香港	Hong Kong,China	114.9	116.4	119.3	127.7	135.0
美　国	United States	127.6	129.9	130.9	135.8	139.3
英　国	United Kingdom	125.2	131.8	136.0	144.0	148.8
德　国	Germany	118.3	116.8	118.5	121.8	125.8
法　国	France	119.9	120.4	121.4	123.7	127.4
意大利	Italy	125.4	127.7	127.9	131.1	134.3
加拿大	Canada	124.1	130.1	132.0	137.0	140.2
日　本	Japan	101.1	101.3	101.0	100.6	100.7
韩　国①	Korea,Rep.①	108.2	116.3	123.8	133.9	139.2
墨西哥	Mexico	154.1	167.5	174.0	183.0	196.9
澳大利亚	Australia	138.5	143.6	145.8	152.9	150.4
新西兰	New Zealand	129.0	136.9	138.1	145.5	144.8
印　度	India	143.3	162.9	182.9	194.8	207.7
巴　西	Brazil	182.3	192.9	204.6	222.7	
俄罗斯联邦	Russian Fed.	274.6	291.3	328.9		
菲律宾	Philippines	152.3	161.2	166.1	136.6	139.8
马来西亚	Malaysia	126.1	131.4	134.5	141.0	144.8
泰　国	Thailand	139.4	145.5	153.4	165.6	173.7
新加坡	Singapore	117.8	120.5	122.2	125.9	128.8
印度尼西亚	Indonesia	210.9	225.7	247.0	268.1	283.8
文　莱	Brunei Darussalam	109.9	110.7	111.6	116.6	
越　南	Viet Nam	221.4	239.9			
缅　甸②	Myanmar②	143.8	143.3	153.7	159.7	
老　挝	Laos	210.7	214.7	231.2	253.9	268.9
柬埔寨	Cambodia	100.0	99.7	104.0	110.7	

注：①2005年=100。②2006年=100。
Note:①2006=100. ②2006=100.

附录2-36 能源消费价格指数

Energy Consumption Price Indices

资料来源：联合国ILO数据库。
Source:UN ILO Database.

2000年＝100 （2000＝100）

国家和地区	Country or Area	2007	2008	2009	2010	2011
世　界	World					
中　国	China	141.8	150.9			
中国香港	Hong Kong,China	108.8	101.7			
美　国	United States	148.0	163.5	153.2	154.1	157.7
英　国	United Kingdom	172.1	204.7	217.4	211.5	234.0
德　国	Germany	148.6	165.2	161.3	161.9	177.3
法　国	France	123.4	135.2	127.3	135.7	149.7
意 大 利	Italy	126.5	140.3	133.2	130.9	
加 拿 大	Canada	134.2	143.6	133.4	139.2	144.8
日　本	Japan	104.2	110.5	105.9	105.7	
韩　国	Korea,Rep.	110.5	119.6			
墨 西 哥	Mexico	178.2	190.7			
澳大利亚	Australia	135.4	148.2	165.6	187.7	206.8
新 西 兰	New Zealand	149.5	160.2	167.4		
印　度	India	144.1	154.0			
巴　西	Brazil					
俄罗斯联邦	Russian Fed.	367.2	417.6			
菲 律 宾	Philippines	182.1	193.9			
马来西亚	Malaysia					
泰　国	Thailand	126.4	106.2	96.6	105.9	109.7
新 加 坡	Singapore	125.8	157.5	136.0		
印度尼西亚	Indonesia					
文　莱	Brunei Darussalam					
越　南	Viet Nam					
缅　甸	Myanmar	491.7	561.9	432.9	448.9	485.0
老　挝	Laos					
柬 埔 寨	Cambodia	134.1	160.9	119.2		

附录2-37 居民消费支出

Household Consumption Expenditure

资料来源：世界银行WDI数据库。
Source:World Bank WDI Database.

国家和地区	Country or Area	住户最终消费支出（现价，亿美元）Household Final Consumption Expenditure（current 100 million USD）			人均住户最终消费支出（2000年价格，美元）Household Final Consumption Expenditure per Capita（constant 2000 USD）		
		2009	2010	2011	2009	2010	2011
世　界	**World**	**344028**	**369293**	**405127**	**4347**	**4415**	**4474**
中　国	China	17735	20791	25198	946	1019	1110
中国香港	Hong Kong,China	1316	1414	1594	17718	18689	20231
美　国	United States	98459	102157	107290	29468	29751	30264
英　国	United Kingdom	13963	14485	15740	23873	24011	23638
德　国	Germany	19331	18857	20662	20285	20505	20850
法　国	France	15221	14804	16045	19766	19973	19985
意大利	Italy	12733	12421	13500	17527	17704	17654
加拿大	Canada	7858	9131	9925	20920	21363	21645
日　本	Japan	30238	32566	35683	20794	21387	21424
韩　国	Korea,Rep.	4386	5190	5743	10027	10419	10570
墨西哥	Mexico	5817	6781	7421	5022	5208	5374
澳大利亚	Australia	4996	6265	7426	20647	20806	21305
新西兰	New Zealand	695	832	952	16285	16345	16544
印　度	India	7815	9547	10551	558	598	637
巴　西	Brazil	9902	12782	14942	3384	3587	3702
俄罗斯联邦	Russian Fed.	6680	7807	9350	3606	3780	4018
菲律宾	Philippines	1257	1428	1657	973	989	1033
马来西亚	Malaysia	988	1172	1368	2938	3076	3240
泰　国	Thailand	1456	1714	1883	1627	1702	1720
新加坡	Singapore	756	809	938	11348	11836	12120
印度尼西亚	Indonesia	3167	4008	4622	927	958	990
文　莱	Brunei Darussalam	26	29	33	6136	6150	6282
越　南	Viet Nam	646	708	795	532	576	595
缅　甸	Myanmar						
老　挝	Laos	40	49	57	403	431	460
柬埔寨	Cambodia	79	91	106	478	512	556

附录2-38 居民收入分配

Personal Income Distribution

资料来源：世界银行WDI数据库。
Source:World Bank WDI Database.

国家和地区	Country or Area	年份 Year	基尼系数 GINI Index	各组占全部收入或消费的比重（%） As Percentage of Total Income or Consumption（%） 最低的20% Lowest 20%	第二个20% Second 20%	第三个20% Third 20%	第四个20% Fourth 20%	最高的20% Highest 20%
中　国	China	2009	42.1	4.7	9.7	15.3	23.2	47.1
中国香港	Hong Kong,China	1996	43.4	5.3	9.4	13.9	20.8	50.8
美　国	United States	2000	40.8	5.4	10.7	15.7	22.4	45.8
英　国	United Kingdom	1999	36.0	6.1	11.4	16.0	22.5	44.0
德　国	Germany	2000	28.3	8.5	13.7	17.8	23.1	36.9
法　国	France	1995	32.7	7.2	12.6	17.2	22.8	40.2
意大利	Italy	2000	36.0	6.5	12.0	16.8	22.8	42.0
加拿大	Canada	2000	32.6	7.2	12.7	17.2	23.0	39.9
日　本	Japan	1993	24.9	10.6	14.2	17.6	22.0	35.7
韩　国	Korea,Rep.	1998	31.6	7.9	13.6	18.0	23.1	37.5
墨西哥	Mexico	2010	47.2	4.9	8.8	13.3	20.2	52.8
澳大利亚	Australia	1994	35.2	5.9	12.0	17.2	23.6	41.3
新西兰	New Zealand	1997	36.2	6.5	11.4	15.8	22.6	43.8
印　度	India	2010	33.9	8.5	12.1	15.7	20.8	42.8
巴　西	Brazil	2009	54.7	2.9	7.1	12.4	19.0	58.6
俄罗斯联邦	Russian Fed.	2009	40.1	6.5	10.4	14.8	21.3	47.1
菲律宾	Philippines	2009	43.0	6.0	9.4	13.9	21.0	49.7
马来西亚	Malaysia	2009	46.2	4.5	8.7	13.7	21.6	51.5
泰　国	Thailand	2010	39.4	6.8	10.5	14.6	21.5	46.7
新加坡	Singapore	1998	42.5	5.0	9.4	14.6	22.0	49.0
印度尼西亚	Indonesia	2011	38.1	7.3	10.7	14.9	21.2	46.0
文　莱	Brunei Darussalam							
越　南	Viet Nam	2008	35.6	7.4	11.5	15.8	21.8	43.4
缅　甸	Myanmar							
老　挝	Laos	2008	36.7	7.6	11.3	15.3	20.9	44.8
柬埔寨	Cambodia	2009	36.0	7.9	11.4	15.3	21.0	44.5

附录2-39　农业生产指数

Agriculture Production Indices

资料来源：世界银行WDI数据库。
Source:World Bank WDI Database.

2004－2006年＝100　　　　(2004-2006＝100)

国家和地区	Country or Area	农业 Agriculture			食品 Food		
		2009	2010	2011	2009	2010	2011
世　界	**World**	**109.7**	**112.3**	**115.6**	**110.3**	**112.8**	**115.9**
中　国	China	115.0	118.3	122.6	115.3	118.9	123.0
中国香港	Hong Kong,China						
美　国	United States	105.1	105.7	101.5	106.8	106.5	102.6
英　国	United Kingdom	100.1	101.9	104.6	100.0	101.8	104.5
德　国	Germany	107.0	103.3	104.2	107.0	103.3	104.2
法　国	France	97.7	97.7	99.1	97.7	97.8	99.2
意大利	Italy	99.3	96.9	94.5	99.3	97.0	94.6
加拿大	Canada	105.0	102.8	103.9	105.0	103.4	104.5
日　本	Japan	96.2	93.5	92.6	96.3	93.7	92.7
韩　国	Korea,Rep.	108.5	101.8	100.7	108.6	101.9	100.8
墨西哥	Mexico	103.9	107.5	106.0	104.4	107.8	105.7
澳大利亚	Australia	100.6	99.5	107.7	102.7	101.5	107.6
新西兰	New Zealand	102.3	103.1	105.2	103.2	104.3	106.6
印　度	India	113.1	124.0	130.6	113.0	122.8	129.2
巴　西	Brazil	116.6	122.1	127.7	117.7	123.2	128.1
俄罗斯联邦	Russian Fed.	108.9	93.9	116.0	108.9	93.8	115.9
菲律宾	Philippines	111.9	112.5	114.7	112.1	112.7	114.9
马来西亚	Malaysia	109.4	112.1	120.3	114.3	116.7	125.0
泰　国	Thailand	113.6	114.7	122.2	115.3	116.9	124.1
新加坡	Singapore	101.9	95.3	102.7	101.9	95.3	102.7
印度尼西亚	Indonesia	119.2	120.4	124.5	120.4	121.1	124.8
文　莱	Brunei Darussalam	105.5	113.5	115.3	105.7	113.7	115.4
越　南	Viet Nam	117.0	119.8	126.7	116.2	118.6	125.4
缅　甸	Myanmar	127.9	131.4	138.1	128.0	130.9	137.5
老　挝	Laos	130.6	130.8	140.0	130.9	131.3	140.9
柬埔寨	Cambodia	136.6	148.0	154.7	136.4	147.8	154.5

附录2-40　主要农作物收获面积（2011年）

Harvest Areas of Major Farm Crops（2011）

资料来源：联合国FAO数据库。
Source:UN FAO Database.

单位：千公顷　(1 000 hectares)

国家和地区	Country or Area	谷物总计 Cereals, Total	稻谷 Rice, Paddy	小麦 Wheat	玉米 Maize	大豆 Soybeans
世　界	**World**	**697687.7**	**164125.0**	**220385.3**	**170398.1**	**102993.2**
中　国	China	91281.9	30311.3	24270.5	33560.7	7650.1
中国香港	Hong Kong,China					
美　国	United States	56730.3	1059.5	18496.4	33986.3	29799.8
英　国	United Kingdom	3076.0		1969.0		
德　国	Germany	6491.3		3248.2	488.0	1.0
法　国	France	9576.7	25.0	5827.0	1541.0	41.6
意大利	Italy	3432.6	246.5	1726.0	994.8	166.0
加拿大	Canada	13385.1		8543.6	1201.7	1542.4
日　本	Japan	1904.5	1576.0	211.5	0.1	136.7
韩　国	Korea,Rep.	925.4	854.0	13.0	15.8	77.8
墨西哥	Mexico	8765.7	34.0	662.2	6069.1	155.5
澳大利亚	Australia	19068.8	75.8	13501.8	62.2	17.4
新西兰	New Zealand	143.8		52.6	18.5	
印　度	India	99025.7	44100.0	29068.6	7270.0	9950.0
巴　西	Brazil	19215.7	2752.9	2138.2	13218.9	23968.7
俄罗斯联邦	Russian Fed.	40601.9	207.2	24835.5	1602.6	1187.4
菲律宾	Philippines	7081.3	4536.6		2544.6	0.5
马来西亚	Malaysia	692.7	683.7		9.0	
泰　国	Thailand	12958.2	11630.3	1.1	1122.1	89.7
新加坡	Singapore					
印度尼西亚	Indonesia	17062.7	13201.3		3861.4	620.9
文　莱	Brunei Darussalam	1.8	1.8			
越　南	Viet Nam	8734.6	7651.9		1081.0	181.5
缅　甸	Myanmar	8960.5	8038.0	101.8	373.9	165.0
老　挝	Laos	1029.4	817.3		212.1	9.1
柬埔寨	Cambodia	3246.0	2926.0		320.0	70.6

附录2-40 续表 1 continued

单位：千公顷 (1 000 hectares)

国家和地区	Country or Area	根茎类作物 Roots and Tubers	花生 Groundnuts in Shell	油菜籽 Rapeseed	芝麻 Sesame Seed	纤维植物 Fibres, Crops Primary
世界	**World**	**54291.3**	**21770.5**	**33645.3**	**6628.3**	**38355.5**
中国	China	9287.8	4673.4	7347.4	481.1	5182.6
中国香港	Hong Kong,China					
美国	United States	511.8	444.2	422.6		3944.9
英国	United Kingdom	146.0		705.0		9.3
德国	Germany	258.7		1328.6		1.1
法国	France	165.1		1555.9		61.5
意大利	Italy	62.6		18.8	0.2	2.7
加拿大	Canada	140.9		7471.3		24.0
日本	Japan	144.7	7.4	1.7	…	…
韩国	Korea,Rep.	44.8	4.4	1.5	25.6	…
墨西哥	Mexico	65.3	61.3	0.2	71.3	232.8
澳大利亚	Australia	33.8	7.3	2077.5		588.3
新西兰	New Zealand	12.1		2.5		4.6
印度	India	2197.8	4190.0	6506.4	1780.0	12869.1
巴西	Brazil	1959.3	106.7	42.0	8.0	1699.1
俄罗斯联邦	Russian Fed.	2202.6		839.5		65.4
菲律宾	Philippines	360.9	26.9			147.5
马来西亚	Malaysia	5.5	0.2			…
泰国	Thailand	1168.0	30.1		66.2	40.6
新加坡	Singapore	…				
印度尼西亚	Indonesia	1495.8	539.2			148.3
文莱	Brunei Darussalam	0.7				
越南	Viet Nam	748.7	223.7		47.0	24.3
缅甸	Myanmar	92.5	876.9		1584.0	368.5
老挝	Laos	57.1	32.8		13.9	2.7
柬埔寨	Cambodia	219.3	16.3		42.6	1.0

附录2-40 续表 2 continued

单位：千公顷 （1 000 hectares）

国家和地区	Country or Area	籽 棉 Seed Cotton	黄麻及麻类纤维 Jute & Jute like Fibres	甘 蔗 Sugar Cane	甜 菜 Sugar Beets	茶 叶 Tea	水果（不包括瓜类） Fruit Excluding Melons
世　界	**World**	**35225.0**	**1536.7**	**25436.9**	**5061.7**	**3256.8**	**57072.4**
中　国	China	5037.0	19.3	1730.7	226.6	1514.0	12305.2
中国香港	Hong Kong,China						
美　国	United States	3944.9		353.1	490.9		1134.8
英　国	United Kingdom				113.0		29.5
德　国	Germany				398.1		178.7
法　国	France				393.4		882.0
意大利	Italy				62.2		1216.2
加拿大	Canada				12.1		81.8
日　本	Japan		…	22.6	60.5	46.2	194.4
韩　国	Korea,Rep.	…				2.4	168.1
墨西哥	Mexico	193.5		713.8			1247.0
澳大利亚	Australia	588.3		308.1			291.8
新西兰	New Zealand						70.6
印　度	India	12178.0	691.1	4944.4		580.0	6284.0
巴　西	Brazil	1400.9	12.1	9601.3		2.3	2447.0
俄罗斯联邦	Russian Fed.		13.2		1216.2	1.2	461.5
菲律宾	Philippines	0.2		439.7			1234.2
马来西亚	Malaysia			13.0		2.5	104.3
泰　国	Thailand	6.7	3.1	1259.2		20.2	1246.1
新加坡	Singapore						
印度尼西亚	Indonesia	13.6	2.1	360.0		122.7	752.3
文　莱	Brunei Darussalam						1.4
越　南	Viet Nam	9.5	4.0	281.3		114.8	525.1
缅　甸	Myanmar	350.0	18.4	152.0		79.3	487.7
老　挝	Laos	2.1		24.8		2.4	29.4
柬埔寨	Cambodia	0.2	0.8	17.1			62.0

附录2-41 主要农产品产量（2011年）

Production of Major Farm Crops（2011）

资料来源：联合国粮农组织数据库。
Source:UN FAO Database.

单位：万吨 (10 000 tons)

国家和地区	Country or Area	谷物总计 Cereals, Total	稻谷 Rice, Paddy	小麦 Wheat	玉米 Maize	大豆 Soybeans
世　界	**World**	**258713.1**	**72276.0**	**70408.0**	**88346.0**	**26091.6**
中　国	China	52081.2	20266.7	11741.0	19290.4	1448.5
中国香港	Hong Kong,China					
美　国	United States	38678.8	839.2	5441.3	31391.8	8317.2
英　国	United Kingdom	2148.5		1525.7		
德　国	Germany	4193.8		2280.0	518.4	0.2
法　国	France	6568.8	13.2	3803.7	1570.3	12.3
意大利	Italy	1950.3	149.0	662.2	975.3	56.5
加拿大	Canada	4721.1		2526.1	1068.9	424.6
日　本	Japan	935.2	840.2	74.6	…	21.9
韩　国	Korea,Rep.	651.3	630.4	4.4	7.4	12.9
墨西哥	Mexico	2840.6	17.3	362.8	1763.5	20.5
澳大利亚	Australia	3999.2	72.3	2741.0	35.7	3.0
新西兰	New Zealand	99.9		38.3	21.0	
印　度	India	28552.0	15570.0	8687.4	2157.0	1228.2
巴　西	Brazil	7758.6	1347.7	569.0	5566.0	7481.5
俄罗斯联邦	Russian Fed.	9182.5	105.6	5624.0	696.2	175.6
菲律宾	Philippines	2365.6	1668.4		697.1	0.1
马来西亚	Malaysia	271.5	266.5		5.0	
泰　国	Thailand	3971.6	3458.8	0.1	481.7	17.6
新加坡	Singapore					
印度尼西亚	Indonesia	8337.0	6574.1		1762.9	84.4
文　莱	Brunei Darussalam	0.1	0.1			
越　南	Viet Nam	4701.8	4233.2		468.4	26.6
缅　甸	Myanmar	3476.4	3280.0	18.5	137.0	25.9
老　挝	Laos	416.4	306.6		109.8	1.4
柬埔寨	Cambodia	949.6	877.9		71.7	11.5

附录2-41 续表 1 continued

单位：万吨 (10 000 tons)

国家和地区	Country or Area	根茎类作物 Roots and Tubers	花生 Groundnuts in Shell	油菜籽 Rapeseed	芝麻 Sesame Seed	纤维植物 Fibres, Crops Primay
世界	**World**	**80693.2**	**3861.4**	**6245.4**	**409.2**	**3063.8**
中国	China	17015.3	1611.4	1342.6	60.6	697.0
中国香港	Hong Kong,China					
美国	United States	2058.6	164.9	69.9		341.3
英国	United Kingdom	611.5		275.8		1.4
德国	Germany	1180.0		387.0		0.0
法国	France	801.6		536.9		5.3
意大利	Italy	155.7		4.4	0.1	0.2
加拿大	Canada	416.8		1416.5		2.9
日本	Japan	364.7	2.0	0.2	…	…
韩国	Korea,Rep.	87.8	1.1	0.2	1.0	…
墨西哥	Mexico	168.0	8.0	…	4.1	30.0
澳大利亚	Australia	116.9	1.8	235.9		84.4
新西兰	New Zealand	53.4		0.3		0.3
印度	India	5146.2	693.3	817.9	76.9	729.4
巴西	Brazil	3014.8	31.1	5.2	0.5	206.8
俄罗斯联邦	Russian Fed.	3268.2		105.6		9.6
菲律宾	Philippines	299.0	3.0			7.6
马来西亚	Malaysia	6.6	0.1			…
泰国	Thailand	2237.3	4.8		4.9	4.2
新加坡	Singapore	…				
印度尼西亚	Indonesia	2754.6	69.1			5.9
文莱	Brunei Darussalam	0.4				
越南	Viet Nam	1171.5	46.6		2.3	10.4
缅甸	Myanmar	123.6	139.2		86.2	15.4
老挝	Laos	101.3	7.0		1.2	0.4
柬埔寨	Cambodia	448.7	2.3		3.3	0.4

附录2-41 续表 2 continued

单位：万吨 (10 000 tons)

国家和地区	Country or Area	籽 棉 Seed Cotton	黄麻及麻类纤维 Jute & Jute like Fibres	甘 蔗 Sugar Cane	甜 菜 Sugar Beets	茶 叶 Tea	水 果（不包括瓜类） Fruit Excluding Melons
世 界	**World**	**7731.0**	**309.6**	**179435.9**	**27164.5**	**466.9**	**63786.5**
中 国	China	1976.7	7.5	11512.4	1073.1	164.0	13495.1
中国香港	Hong Kong,China						
美 国	United States	819.1		2665.6	2615.2		2714.0
英 国	United Kingdom				850.4		42.3
德 国	Germany				2500.0		257.3
法 国	France				3725.9		949.2
意 大 利	Italy				354.8		1735.3
加 拿 大	Canada				70.3		76.3
日 本	Japan		…	100.0	354.7	9.5	295.8
韩 国	Korea,Rep.	…				0.3	264.2
墨 西 哥	Mexico	74.6		4973.5			1611.7
澳大利亚	Australia	215.4		2518.2			311.7
新 西 兰	New Zealand						118.1
印 度	India	1917.8	131.0	34238.2		96.7	7483.6
巴 西	Brazil	507.1	1.7	73400.6		0.4	4094.9
俄罗斯联邦	Russian Fed.		5.1		4764.3	…	291.7
菲 律 宾	Philippines	…		3400.0			1613.9
马来西亚	Malaysia			80.0		2.1	107.9
泰 国	Thailand	0.7	0.5	9595.0		7.3	1309.0
新 加 坡	Singapore						…
印度尼西亚	Indonesia	0.3	0.3	2400.0		14.2	1719.6
文 莱	Brunei Darussalam						0.6
越 南	Viet Nam	1.3	1.4	1746.5		20.7	657.3
缅 甸	Myanmar	40.5	1.8	940.0		3.2	247.6
老 挝	Laos	0.6		122.2		0.1	25.0
柬 埔 寨	Cambodia	…	…	36.6			37.3

附录2-42 牲畜饲养量（2011年）

Number of Livestock（2011）

资料来源：联合国FAO数据库。
Source:UN FAO Database.

单位：万头（只） （10 000 heads）

国家和地区	Country or Area	牛 Cattle	马 Horses	山羊 Goats	绵羊 Sheep	猪 Pigs
世界	**World**	**139990.8**	**5893.2**	**87553.0**	**104371.3**	**96304.4**
中国	China	8302.4	677.3	14223.0	13884.0	47096.1
中国香港	Hong Kong,China					
美国	United States	9268.2	1015.0	299.6	548.0	6636.1
英国	United Kingdom	993.3	38.5	8.5	3163.4	444.1
德国	Germany	1256.3	49.0	16.0	180.0	2675.8
法国	France	1907.1	42.4	138.2	763.4	1398.7
意大利	Italy	583.2	30.0	98.3	790.0	932.1
加拿大	Canada	1215.5	40.5	3.0	87.9	1278.5
日本	Japan	423.0	1.6	1.6	1.3	976.8
韩国	Korea,Rep.	335.3	2.9	24.5	0.3	817.1
墨西哥	Mexico	3293.6	635.0	900.4	821.9	1554.7
澳大利亚	Australia	2850.6	25.9	450.0	7309.9	228.5
新西兰	New Zealand	1002.1	5.7	8.6	3113.2	32.7
印度	India	21082.4	52.0	15700.0	7450.0	950.0
巴西	Brazil	21279.8	550.9	938.5	1766.2	3930.7
俄罗斯联邦	Russian Fed.	1996.8	134.1	205.9	1976.1	1721.8
菲律宾	Philippines	251.8	24.0	388.2	3.0	1230.3
马来西亚	Malaysia	92.5	0.8	54.5	12.5	169.5
泰国	Thailand	668.0	0.7	42.8	5.2	766.0
新加坡	Singapore	…		0.1		27.0
印度尼西亚	Indonesia	1482.4	41.6	1748.3	1137.2	775.8
文莱	Brunei Darussalam	0.1		0.7	0.4	0.1
越南	Viet Nam	543.7	8.8	126.8		2705.6
缅甸	Myanmar	1360.9	11.4	350.0	70.0	941.6
老挝	Laos	152.0	3.1	43.1		296.5
柬埔寨	Cambodia	340.7	2.9			200.0

附录2-43 畜产品产量（2011年）

Output of Livestock Products（2011）

资料来源：联合国FAO数据库。
Source:UN FAO Database.

单位：万吨 （10 000 tons）

国家和地区	Country or Area	肉类总产量 Meat, Total	牛肉 Beef and Buffalo Meat	羊肉 Sheep and Goat Meat	猪肉 Pig Meat	禽肉 Poultry Meat
世界	**World**	**29722.2**	**6605.5**	**1302.6**	**11001.2**	**10173.9**
中国	China	8097.1	649.1	394.0	5153.5	1744.3
中国香港	Hong Kong,China					
美国	United States	4246.3	1198.8	7.6	1033.1	1979.1
英国	United Kingdom	360.0	93.6	28.9	80.6	156.1
德国	Germany	835.9	117.0	4.0	561.6	142.3
法国	France	569.5	150.2	12.7	215.7	180.5
意大利	Italy	417.8	101.1	4.9	160.2	121.6
加拿大	Canada	437.4	115.4	1.6	195.4	122.2
日本	Japan	315.8	50.0	…	126.7	138.2
韩国	Korea,Rep.	181.1	28.0	0.1	83.7	68.6
墨西哥	Mexico	600.1	180.4	10.0	120.2	280.7
澳大利亚	Australia	407.2	211.0	53.8	34.3	105.5
新西兰	New Zealand	132.7	62.3	46.7	5.0	16.0
印度	India	622.8	258.9	89.0	32.9	224.5
巴西	Brazil	2389.0	903.0	11.3	322.7	1149.7
俄罗斯联邦	Russian Fed.	756.6	162.5	18.9	242.8	295.6
菲律宾	Philippines	282.7	30.3	5.1	164.9	80.8
马来西亚	Malaysia	169.1	3.0	0.2	23.1	142.8
泰国	Thailand	240.3	19.3	0.2	86.7	134.0
新加坡	Singapore	11.4	…	…	1.9	9.5
印度尼西亚	Indonesia	298.5	50.3	11.6	72.1	164.3
文莱	Brunei Darussalam	2.0	0.1	…	…	1.9
越南	Viet Nam	413.8	38.7	0.8	309.9	61.7
缅甸	Myanmar	197.8	23.4	4.4	58.5	111.4
老挝	Laos	13.6	4.6	0.2	6.4	2.5
柬埔寨	Cambodia	19.8	7.3		9.8	2.8

附录2-43 续表 continued

单位：万吨 (10 000 tons)

国家和地区	Country or Area	蛋 类 Eggs Primary	鸡 蛋 Hen Eggs	奶类总产量 Milk, Total	牛 奶 Cow Milk	羊 毛 Wool, Greasy	蜂 蜜 Honey
世 界	**World**	**7050.3**	**6500.3**	**72705.2**	**60666.1**	**198.6**	**163.6**
中 国	China	2847.6	2414.9	4184.8	3692.9	39.3	44.6
中国香港	Hong Kong,China						
美 国	United States	541.9	541.9	8901.5	8901.5	1.3	6.7
英 国	United Kingdom	67.8	66.2	1424.6	1424.6	6.7	0.6
德 国	Germany	77.7	77.7	3033.6	3030.1	1.3	2.6
法 国	France	84.0	84.0	2534.9	2442.7	1.4	1.6
意大利	Italy	73.7	73.7	1111.3	1047.9	0.9	0.9
加拿大	Canada	43.7	43.7	840.0	840.0	0.1	3.6
日 本	Japan	248.3	248.3	747.4	747.4		0.3
韩 国	Korea,Rep.	62.7	59.5	187.3	186.9		2.4
墨西哥	Mexico	245.9	245.9	1088.6	1072.4	0.5	5.8
澳大利亚	Australia	20.5	20.5	910.1	910.1	36.2	1.6
新西兰	New Zealand	5.6	5.2	1789.4	1789.4	16.6	1.3
印 度	India	349.0	349.0	11944.4	5250.0	4.3	6.0
巴 西	Brazil	219.3	203.7	3223.9	3209.1	1.2	4.2
俄罗斯联邦	Russian Fed.	230.5	228.4	3164.0	3138.6	5.3	6.0
菲律宾	Philippines	48.1	40.3	1.6	1.6		
马来西亚	Malaysia	55.4	54.0	7.4	6.3	…	
泰 国	Thailand	98.1	58.6	85.1	85.1		0.8
新加坡	Singapore	2.4	2.2				
印度尼西亚	Indonesia	142.7	116.6	132.9	92.6	3.1	
文 莱	Brunei Darussalam	0.7	0.7	…	…		
越 南	Viet Nam	34.5	34.5	37.7	34.5		1.2
缅 甸	Myanmar	38.2	34.2	161.8	130.0	0.1	0.2
老 挝	Laos	1.5	1.5	0.7	0.7		
柬埔寨	Cambodia	2.2	1.8	2.3	2.3		

附录2-44 鱼类产量

Output of Total Fishes

资料来源：联合国FAO数据库。
Source:UN FAO Database.

单位：万吨 （10 000 tons）

国家和地区	Country or Area	鱼类总产量 Total		海 域 Ocean Area		内陆水域 Land Area	
		2010	2011	2010	2011	2010	2011
中　国	China	3090.5	3240.9	970.8	1006.3	2119.7	2234.7
中国香港	Hong Kong,China	14.8	15.7	14.6	15.5	0.2	0.2
美　国	United States	344.2	362.4	317.5	336.1	26.7	26.3
英　国	United Kingdom	60.1	62.9	58.8	61.4	1.3	1.5
德　国	Germany	26.1	23.9	21.0	18.9	5.1	5.1
法　国	France	38.9	38.2	34.4	33.8	4.4	4.4
意大利	Italy	22.6	21.0	18.2	16.7	4.4	4.3
加拿大	Canada	64.6	61.6	60.4	58.1	4.2	3.5
日　本	Japan	348.7	341.5	342.1	335.2	6.6	6.4
韩　国	Korea,Rep.	142.8	133.0	140.2	130.3	2.6	2.6
墨西哥	Mexico	138.4	128.4	125.3	115.7	13.1	12.6
澳大利亚	Australia	15.8	16.3	15.6	16.0	0.3	0.2
新西兰	New Zealand	39.7	40.8	39.6	40.6	0.1	0.2
印　度	India	721.2	868.0	280.6	280.7	440.6	587.2
巴　西	Brazil	108.1	110.2	51.1	46.6	57.1	63.6
俄罗斯联邦	Russian Fed.	379.6	403.8	344.0	366.4	35.6	37.4
菲律宾	Philippines	301.8	303.4	235.1	237.6	66.6	65.8
马来西亚	Malaysia	137.1	141.7	121.4	125.8	15.7	15.9
泰　国	Thailand	204.0	191.5	134.4	130.4	69.6	61.1
新加坡	Singapore	0.4	0.4	0.4	0.4		
印度尼西亚	Indonesia	598.9	677.6	433.9	459.4	165.0	218.2
文　莱	Brunei Darussalam	0.2	0.2	0.2	0.2		
越　南	Viet Nam	370.6	385.9	157.2	167.4	213.4	218.5
缅　甸	Myanmar	342.4	379.2	182.8	201.7	159.7	177.5
老　挝	Laos	10.5	11.3			10.5	11.3
柬埔寨	Cambodia	49.3	52.5	5.6	6.3	43.8	46.2

附录2-45　按国家和地区分的工业生产指数

Index of Industrial Production by Country or Area

资料来源：联合国统计月报数据库。
Source:UN Monthly Bulletin of Statistics Database.

2005年＝100　　(2005=100)

国家和地区	Country or Area	2008	2009	2010	2011	2012
世　界	**World**					
中　国	China					
中国香港	Hong Kong,China	95.8	91.3			
美　国	United States	101.8	90.4	95.9	99.3	103.2
英　国	United Kingdom	97.9	89.0	90.8	90.3	88.2
德　国	Germany	112.1	93.6	104.2	110.9	110.1
法　国	France	98.8	84.8	89.0	90.8	88.7
意大利	Italy	102.3	83.2	89.0	89.2	83.8
加拿大	Canada	93.5	83.9	88.2	92.1	
日　本	Japan	103.8	81.7	94.8	92.4	92.2
韩　国	Korea,Rep.	119.9	119.7	139.3	147.5	148.8
墨西哥	Mexico	107.7	99.5	105.5	109.7	113.6
澳大利亚	Australia	108.3	108.0	112.5	111.9	114.3
新西兰	New Zealand	103.7	97.0	95.9	96.6	95.9
印　度	India	133.7	140.8	152.4	156.8	158.4
巴　西	Brazil	112.4	104.1	115.0	115.4	112.4
俄罗斯联邦	Russian Fed.	114.2	103.6	112.1	117.4	120.4
菲律宾	Philippines					
马来西亚	Malaysia	108.1	99.9	107.1	108.4	112.6
泰　国	Thailand					
新加坡	Singapore	112.5	108.7			
印度尼西亚	Indonesia					
文　莱	Brunei Darussalam	90.7	86.0	87.5	90.3	88.2
越　南	Viet Nam	131.7	141.0	156.1	166.7	173.9
缅　甸	Myanmar					
老　挝	Laos					
柬埔寨	Cambodia					

附录2–46　主要工业产品产量

Output of Major Industrial Products

资料来源：联合国数据库。联合国粮农组织数据库。
Source:UN Data. UN FAO Database.

国家和地区	Country or Area	粗　钢（万吨）Crude Steel（10 000 tons）		煤（万吨）Coal（10 000 tons）		原　油（万吨）Crude Petroleum（10 000 tons）	
		2011	2012	2011	2012	2011	2012
世　界	**World**						
中　国	China	68327	71654	298399①		20365	20700
中国香港	Hong Kong,China						
美　国	United States	8624	8869	99394	92206	39122	44257
英　国	United Kingdom	952	964	1862	1679	4857	4205
德　国	Germany	3268①		18850	19610	498	521
法　国	France	1578	1561	14	29	92	84
意大利	Italy	2867	2723			530	541
加拿大	Canada	1289	1351	6712	6656	14176	15302
日　本	Japan	10760	10723			71	67
韩　国	Korea,Rep.	6844	6907	252①			
墨西哥	Mexico	1814	1810	1372	1303	13257	13246
澳大利亚	Australia	641	490	44370		2007	
新西兰	New Zealand					211	185
印　度	India	7220	7756	56387	60662	3824	3799
巴　西	Brazil	3516	3468			9914①	
俄罗斯联邦	Russian Fed.	6840	7038	33384	35434	48857	49520
菲律宾	Philippines						
马来西亚	Malaysia			116②		2735	2786
泰　国	Thailand			2132	1807	1119	1194
新加坡	Singapore						
印度尼西亚	Indonesia			22468②		4468	4259
文　莱	Brunei Darussalam						
越　南	Viet Nam			4450	4210	1518	1674
缅　甸	Myanmar						
老　挝	Laos						
柬埔寨	Cambodia						

注：①2009年数据。②2008年数据。③2010年数据。
Note：①Data refer to 2009.②Data refer to 2008.③Data refer to 2010.

附录2-46 续表 1 continued

国家和地区	Country or Area	发电量（亿千瓦小时）Electricity（100 million kwh）		水泥（万吨）Cement（10 000 tons）		化肥（万吨）Chemical Fertilizer（10 000 tons）	
		2011	2012	2011	2012	2009	2010
世　界	**World**					**17159**	**7989**
中　国	China	41273①		206317	218405	5728	1922
中国香港	Hong Kong,China	390		154	168		
美　国	United States	41007	40545	6662	7276	1718	1858
英　国	United Kingdom	3476①		853	796	83	63
德　国	Germany	4621	4666			317	387
法　国	France			1842①		130	149
意大利	Italy	2981	2954			31	32
加拿大	Canada	5855	5949	1200	1247	1042	1381
日　本	Japan	10132	9763	5129	5474	108	91
韩　国	Korea,Rep.	4761①		5201	5261	71	80
墨西哥	Mexico	1630①		4061	4158	53	54
澳大利亚	Australia	2314②		922	958	108	108
新西兰	New Zealand					32	36
印　度	India	7564②		20687①		1459	1549
巴　西	Brazil			454①		313	297
俄罗斯联邦	Russian Fed.	10516	10641	5611	6154	1464	1796
菲律宾	Philippines					6	1
马来西亚	Malaysia	1072	1193	2114	2171	110	100
泰　国	Thailand			3842	4271	14	14
新加坡	Singapore	454①					
印度尼西亚	Indonesia					386	379
文　莱	Brunei Darussalam						
越　南	Viet Nam			5880	5760	64	70
缅　甸	Myanmar			56	53	3	2
老　挝	Laos						
柬埔寨	Cambodia						

注：①2010年数据。②2009年数据。
Note：①Data refer to 2010.②Data refer to 2009.

附录2-46 续表 2 continued

国家和地区	Country or Area	天然气（万亿焦耳）Natural Gas (terajoule)		汽车（万辆）Motor Vehicles (10 000 vehicles)		新闻纸（万吨）Newsprint (10 000 tons)	
		2011	2012	2011	2012	2011	2012
世界	**World**						
中国	China	4021956	4340808	2090		369	389
中国香港	Hong Kong,China						
美国	United States	24878316	26116716	596	821		
英国	United Kingdom	1893708	1627536	254①			
德国	Germany	496164	432636	1196	1074	246	221
法国	France	21048	18960	364②			
意大利	Italy	318672	327852	115①			
加拿大	Canada	5568480	5446116	349①			
日本	Japan	135288	134376	1432	1711	321	325
韩国	Korea,Rep.			839	834	157	151
墨西哥	Mexico	3032112	2936604	363	398	27	
澳大利亚	Australia	1604112①					
新西兰	New Zealand						
印度	India	1843788	1610040	458①		97①	
巴西	Brazil	924732②					
俄罗斯联邦	Russian Fed.	22546080	21993888	348	394	193	182
菲律宾	Philippines						
马来西亚	Malaysia	2417220	2382636	91	97		
泰国	Thailand	1143756	1265988	63②			
新加坡	Singapore						
印度尼西亚	Indonesia	3593064①					
文莱	Brunei Darussalam						
越南	Viet Nam	333072	364560	13	9		
缅甸	Myanmar						1
老挝	Laos						
柬埔寨	Cambodia						

注：①2010年数据。②2009年数据。
Note:①Data refer to 2010.②Data refer to 2009.

附录2-47　铁路运输

Railway Traffic

资料来源：世界银行WDI数据库。
Source:World Bank WDI Database.

国家和地区	Country or Area	铁路总长度（公里）Rail Lines Total (km)		铁路货运周转量（亿吨公里）Goods Transported Hauled (100 million ton-km)		铁路客运周转量（亿人公里）Passengers Carried (100 million passenger-km)	
		2010	2011	2010	2011	2010	2011
世　界	**World**			**45.3①**	**54.4**	**21.3①**	
中　国	China	66239	66239	24511.9	25626.4	7911.6	8157.0
中国香港	Hong Kong,China						
美　国	United States	228513	228513	24687.4	25245.9	95.2	95.2
英　国	United Kingdom	31471	31471	125.1①	192.3	550.2	627.3
德　国	Germany	33708	33708	1057.9	1119.8	785.8	792.3
法　国	France	33608	33608	228.4	232.4	868.5	880.6
意大利	Italy	18011	18011	120.4	115.5	445.4	405.5
加拿大	Canada	58345	58345	3227.4	2540.7	28.8	28.9
日　本	Japan	20035	20035	204.3	202.6	2442.4	2445.9
韩　国	Korea,Rep.	3379	3379	94.5	100.0	330.3	216.0
墨西哥	Mexico	26704	26704	711.4①	691.9	1.8	4.5
澳大利亚	Australia	8615	8615	641.7	596.5	15.0	18.3
新西兰	New Zealand						
印　度	India	63974	63974	6005.5	6257.2	9034.7	9785.1
巴　西	Brazil	29817	29817	2677.0	2677.0		
俄罗斯联邦	Russian Fed.	85292	85292	20113.1	21272.1	1390.3	1398.4
菲律宾	Philippines	479①					
马来西亚	Malaysia	1665	1665	13.8	15.4	15.3	9.7
泰　国	Thailand	4429	4429	31.6	24.6	80.4	75.0
新加坡	Singapore						
印度尼西亚	Indonesia	3370①		43.9①	71.7	143.4①	202.8
文　莱	Brunei Darussalam						
越　南	Viet Nam	2347	2347	39.0	41.0	43.8	45.7
缅　甸	Myanmar						
老　挝	Laos						
柬埔寨	Cambodia						

注：①2008年数据。
Note:①Data refer to 2008.

附录2-48 国际海运装货量和卸货量

International Maritime Freight Loaded and Unloaded

资料来源：联合国统计月报数据库。
Source:UN Monthly Bulletin of Statistics Database.

单位：万吨 （10 000 tons）

国家和地区	Country or Area	国际海运装货量 International Maritime Freight Loaded			国际海运卸货量 International Maritime Freight Unloaded		
		2000	2005	2012	2000	2005	2012
世　界	**World**						
中　国	China						
中国香港	Hong Kong,China	6770	8918	11459	10693	14095	15470
美　国	United States	34334	40534		83352	94160	
英　国	United Kingdom						
德　国	Germany	8602	10832	11248①	14725	16866	17706①
法　国	France	6810	10066	9986②	20273	22710	19931②
意大利	Italy						
加拿大	Canada		20176	22728①		12916	11426①
日　本	Japan	13010	17849③		80654	82907③	
韩　国	Korea,Rep.	15078	24250		41882	51245	
墨西哥	Mexico						
澳大利亚	Australia	48750	62401	101521	5418	6989	9695
新西兰	New Zealand	2214	2167	3470	1379	1844	1906
印　度	India						
巴　西	Brazil						
俄罗斯联邦	Russian Fed.	828	910	18924①	84	74	2184①
菲律宾	Philippines						
马来西亚	Malaysia	5483	7940	12851	6922	10391	15248
泰　国	Thailand						
新加坡	Singapore	32618	42266	47146④			
印度尼西亚	Indonesia	14153	27372	50118②	4504	8479	11254②
文　莱	Brunei Darussalam	10	8		102	168	
越　南	Viet Nam		3310	4500④			
缅　甸	Myanmar		451⑤	473		582⑤	1039
老　挝	Laos			467④			
柬埔寨	Cambodia						

注：①2011年数据。②2010年数据。③2004年数据。④2009年数据。⑤2003年数据。
Note:①Data refer to 2011.②Data refer to 2010.③Data refer to 2004.④Data refer to 2009.⑤Data refer to 2003.

附录2-49　空运货物周转量和客运量

Freight and Passengers Carried by Air

资料来源：世界银行WDI数据库。
Source:World Bank WDI Database.

国家和地区	Country or Area	空运货物周转量（万吨公里）Air Transport,Freight（100 million ton-km）			航空客运量（万人）Air Transport,Passengers Carried（10 000 persons）		
		2009	2010	2011	2009	2010	2011
世　界	**World**	**17550649**	**182561001**	**184022171**	**224952**	**261846**	**277665**
中　国	China	1197644	1719388	1676487	22906	26629	29216
中国香港	Hong Kong,China	1329318	1037344	1005390	2397	2835	3029
美　国	United States	3509767	3935326	3962966	67942	72050	73080
英　国	United Kingdom	661513	613829	633761	10246	10182	11193
德　国	Germany	1018772	749443	772392	10340	10185	11202
法　国	France	662489	496064	494994	5832	5574	5879
意大利	Italy	40000	78497	76065	3319	3265	3392
加拿大	Canada	134694	201059	203388	5258	6728	7025
日　本	Japan	1048567	771099	655631	8690	10955	8973
韩　国	Korea,Rep.	1516261	1294273	1238163	3417	3699	3991
墨西哥	Mexico	71406	34146	29099	1573	3127	2954
澳大利亚	Australia	276929	293831	284696	5003	6064	6254
新西兰	New Zealand	79930	46864	88802	1210	1330	1375
印　度	India	123516	175097	182799	5445	6469	7436
巴　西	Brazil	178230	130248	148258	6795	7463	8790
俄罗斯联邦	Russian Fed.	230555	353158	390012	3440	4386	5056
菲律宾	Philippines	22745	46019	47000	1048	2258	2559
马来西亚	Malaysia	285326	256466	219326	2377	3424	3822
泰　国	Thailand	213255	293867	287079	1962	2878	3152
新加坡	Singapore	739096	772387	791843	1843	2481	2646
印度尼西亚	Indonesia	27692	79220	89768	2742	5677	6779
文　莱	Brunei Darussalam	9044	14852	14958	100	126	131
越　南	Viet Nam	31150	42692	47539	1107	1438	1654
缅　甸	Myanmar	261	206	353	153	92	154
老　挝	Laos	237	12	39	30	44	53
柬埔寨	Cambodia	99	3	11	18	19	34

附录2-50 港口集装箱吞吐量

Container Port Traffic

资料来源：世界银行WDI数据库。
Source:World Bank WDI Database.

单位：万标准集装箱 （10 000 TEUs）

国家和地区	Country or Area	2007	2008	2009	2010	2011
世　界	**World**	**48981.8**	**51593.7**	**47199.2**	**54191.1**	**57220.8**
中　国	China	10382.3	11594.2	10880.0	13029.0	13973.6
中国香港	Hong Kong,China	2399.8	2449.4	2104.0	2369.9	2440.4
美　国	United States	4483.9	4241.2	3735.4	4233.8	4290.2
英　国	United Kingdom	862.5	823.7	767.1	859.0	910.1
德　国	Germany	1664.4	1718.3	1329.6	1482.2	1630.5
法　国	France	498.5	467.2	449.1	534.7	536.3
意大利	Italy	1061.1	1053.0	953.3	978.7	1014.5
加拿大	Canada	441.4	472.1	419.2	483.0	503.9
日　本	Japan	1916.5	1894.4	1628.6	1809.8	1888.7
韩　国	Korea,Rep.	1708.6	1741.8	1570.0	1854.3	2083.0
墨西哥	Mexico	166.1	331.3	287.4	369.4	389.4
澳大利亚	Australia	629.0	610.2	620.0	666.8	605.9
新西兰	New Zealand	231.2	231.8	232.5	246.3	252.2
印　度	India	739.8	767.3	801.5	975.3	998.4
巴　西	Brazil	646.5	725.6	659.0	813.9	865.0
俄罗斯联邦	Russian Fed.	296.2	337.2	242.8	320.0	377.3
菲律宾	Philippines	435.1	447.1	430.7	494.7	526.4
马来西亚	Malaysia	1482.9	1609.4	1592.3	1826.8	1991.3
泰　国	Thailand	633.9	672.6	589.8	664.9	717.1
新加坡	Singapore	2876.8	3089.1	2659.3	2917.9	3072.8
印度尼西亚	Indonesia	658.3	740.5	725.5	848.3	904.4
文　莱	Brunei Darussalam		9.0	8.6	9.9	10.5
越　南	Viet Nam	400.9	439.4	493.7	598.4	632.5
缅　甸	Myanmar	17.0	18.0	16.4	19.0	20.1
老　挝	Laos					
柬埔寨	Cambodia	25.3	25.9	20.8	22.4	23.7

附录2-51　货物出口总额

Merchandise Export

资料来源：世界贸易组织数据库。
Source:WTO Database.

单位：亿美元　　(100 million USD)

国家和地区	Country or Area	2008	2009	2010	2011	2012
世　界	**World**	**161540.0**	**125450.0**	**152890.0**	**182910.0**	**183230.0**
中　国	China	14306.9	12016.1	15777.5	18983.8	20488.1
中国香港	Hong Kong,China	3702.4	3294.2	4006.9	4555.7	4933.7
美　国	United States	12874.4	10560.4	12782.6	14804.3	15472.8
英　国	United Kingdom	4721.7	3548.9	4159.6	5025.4	4683.7
德　国	Germany	14461.7	11200.4	12589.2	14739.9	14071.0
法　国	France	6162.4	4847.8	5234.6	5964.7	5690.7
意大利	Italy	5427.5	4069.1	4473.0	5232.6	5002.4
加拿大	Canada	4564.7	3160.9	3874.8	4521.3	4548.4
日　本	Japan	7814.1	5807.2	7698.4	8231.8	7985.7
韩　国	Korea,Rep.	4220.1	3635.3	4663.8	5552.1	5478.7
墨西哥	Mexico	2912.6	2297.1	2983.1	3495.7	3709.1
澳大利亚	Australia	1872.6	1543.3	2126.3	2703.9	2568.3
新西兰	New Zealand	305.8	249.3	314.0	376.7	373.1
印　度	India	1948.3	1649.1	2263.5	3029.1	2932.1
巴　西	Brazil	1979.4	1529.9	2019.2	2560.4	2425.8
俄罗斯联邦	Russian Fed.	4716.1	3033.9	4006.3	5220.1	5292.6
菲律宾	Philippines	490.8	384.4	515.0	483.1	520.0
马来西亚	Malaysia	1995.2	1574.3	1986.1	2280.9	2273.9
泰　国	Thailand	1777.8	1524.2	1933.1	2225.8	2295.2
新加坡	Singapore	3381.8	2698.3	3518.7	4095.0	4083.9
印度尼西亚	Indonesia	1396.1	1196.5	1580.7	2007.9	1881.5
文　莱	Brunei Darussalam	103.2	72.0	89.1	124.4	135.0
越　南	Viet Nam	626.9	571.0	722.4	969.1	1145.7
缅　甸	Myanmar	69.4	66.6	86.6	92.4	94.0
老　挝	Laos	10.9	10.5	17.5	22.2	24.0
柬埔寨	Cambodia	47.1	42.0	51.4	69.5	82.0

附录2-52　货物进口总额

Merchandise Import

资料来源：世界贸易组织数据库。
Source:WTO Database.

单位：亿美元　(100 million USD)

国家和地区	Country or Area	2008	2009	2010	2011	2012
世　界	**World**	**165660.0**	**127760.0**	**155040.0**	**184870.0**	**185670.0**
中　国	China	11325.7	10059.2	13962.5	17434.8	18180.7
中国香港	Hong Kong,China	3929.6	3522.4	4413.7	5108.5	5542.2
美　国	United States	21694.9	16053.0	19691.8	22658.9	23353.7
英　国	United Kingdom	6577.8	5190.8	5910.9	6736.9	6804.1
德　国	Germany	11850.7	9263.5	10548.1	12548.7	11674.2
法　国	France	7167.9	5608.7	6096.5	7200.3	6737.1
意大利	Italy	5619.2	4151.0	4870.5	5587.9	4858.9
加拿大	Canada	4190.1	3299.1	4026.9	4634.1	4749.0
日　本	Japan	7625.3	5519.8	6940.6	8553.8	8858.5
韩　国	Korea,Rep.	4352.7	3230.8	4252.1	5244.1	5195.8
墨西哥	Mexico	3183.0	2415.2	3102.1	3610.7	3804.8
澳大利亚	Australia	2002.7	1654.7	2016.4	2437.0	2609.4
新西兰	New Zealand	343.7	255.7	306.2	371.0	382.6
印　度	India	3210.3	2572.0	3502.3	4644.6	4893.6
巴　西	Brazil	1823.8	1336.8	1915.4	2369.6	2332.7
俄罗斯联邦	Russian Fed.	2918.6	1918.0	2486.3	3238.3	3354.5
菲律宾	Philippines	604.2	458.8	584.7	636.9	653.6
马来西亚	Malaysia	1569.0	1238.3	1646.2	1874.7	1966.2
泰　国	Thailand	1792.2	1337.1	1829.2	2287.9	2475.9
新加坡	Singapore	3197.8	2457.9	3107.9	3657.7	3797.2
印度尼西亚	Indonesia	1275.4	937.9	1353.2	1762.0	1902.3
文　莱	Brunei Darussalam	25.7	24.5	24.6	29.4	34.5
越　南	Viet Nam	807.1	699.5	848.4	1067.5	1137.9
缅　甸	Myanmar	42.9	43.5	47.6	90.2	110.0
老　挝	Laos	14.0	14.6	20.6	24.0	27.0
柬埔寨	Cambodia	65.1	58.3	67.9	93.0	110.0

附录2-53 出口货物构成（2011年）

Exports by Commodity Groups（2011）

资料来源：世界银行WDI数据库。
Source:World Bank WDI Database.

单位：%　　　　　　　　(%)

国家和地区	Country or Area	农业原材料 Agricultural Raw Materials	食　品 Food	燃　料 Fuel	矿物和金属 Ores and Metals	制 成 品 Manufactures	其　他 Others
世　界	**World**	**1.8**	**8.2**	**14.6**	**4.9**	**67.0**	**3.5**
中　国	China	0.5	2.9	1.7	1.5	93.3	0.1
中国香港	Hong Kong,China	3.6	8.3	4.1	13.6	69.6	0.9
美　国	United States	2.8	10.0	10.0	4.3	63.4	9.5
英　国	United Kingdom	0.7	6.4	13.5	4.8	68.3	6.2
德　国	Germany	0.9	5.4	2.3	3.4	83.2	4.8
法　国	France	1.0	12.7	4.6	2.6	76.4	2.6
意大利	Italy	0.7	7.7	4.8	2.3	82.2	2.2
加拿大	Canada	4.1	10.6	28.6	9.1	46.2	1.5
日　本	Japan	0.8	0.6	2.0	2.7	89.1	4.8
韩　国	Korea,Rep.	1.2	1.1	9.4	2.3	85.9	…
墨西哥	Mexico	0.4	6.3	16.3	4.0	72.3	0.7
澳大利亚	Australia	2.9	11.5	29.6	37.1	14.6	4.3
新西兰	New Zealand	10.8	56.1	5.4	4.0	19.9	3.8
印　度	India	1.8	9.0	18.5	3.8	62.2	4.6
巴　西	Brazil	3.5	30.5	10.6	19.3	34.1	2.0
俄罗斯联邦	Russian Fed.	1.9	2.2	67.0	4.9	13.2	10.8
菲律宾	Philippines	1.1	10.3	2.7	5.7	58.8	21.5
马来西亚	Malaysia	3.2	14.0	17.8	2.5	62.2	0.4
泰　国	Thailand	7.1	14.1	5.4	1.4	72.0	…
新加坡	Singapore	0.3	2.2	19.8	1.2	68.7	7.9
印度尼西亚	Indonesia	7.5	16.3	34.1	7.9	34.2	…
文　莱②	Brunei Darussalam②	…	0.1	96.3	0.1	3.3	0.1
越　南①	Viet Nam①	3.4	19.3	11.1	1.0	64.7	0.6
缅　甸①	Myanmar①	10.6	19.6	38.5	0.9	30.0	0.3
老　挝	Laos						
柬埔寨	Cambodia	3.7	2.6	…	0.1	93.5	…

注：①2010年数据。②2006年数据。
Note:①Data refer to 2010.②Data refer to 2009.

附录2-54 进口货物构成（2011年）

Imports by Commodity Groups（2011）

资料来源：世界银行WDI数据库。
Source:World Bank WDI Database.

单位：% (%)

国家和地区	Country or Area	农业原材料 Agricultural Raw Materials	食 品 Food	燃 料 Fuel	矿物和金属 Ores and Metals	制 成 品 Manufactures	其 他 Others
世 界	**World**	**1.6**	**7.7**	**17.9**	**4.7**	**65.7**	**2.4**
中 国	China	4.2	4.7	16.8	14.7	56.6	3.1
中国香港	Hong Kong,China	0.6	4.4	3.9	1.8	89.2	…
美 国	United States	1.0	5.1	20.6	2.6	67.9	2.8
英 国	United Kingdom	1.2	9.6	14.4	4.1	67.0	3.7
德 国	Germany	1.6	7.4	13.3	5.2	67.7	4.8
法 国	France	1.3	8.3	16.5	3.0	70.8	0.1
意大利	Italy	2.3	9.3	19.9	5.3	61.9	1.2
加拿大	Canada	1.0	7.3	12.3	3.2	74.4	1.8
日 本	Japan	1.7	9.2	32.1	8.1	47.5	1.5
韩 国	Korea,Rep.	1.8	4.9	32.9	9.0	51.5	…
墨西哥	Mexico	1.3	7.0	10.0	3.0	76.5	2.1
澳大利亚	Australia	0.6	5.3	17.5	2.1	71.1	3.5
新西兰	New Zealand	0.6	10.8	17.3	1.8	68.7	0.8
印 度	India	1.8	3.7	38.5	6.2	46.9	2.9
巴 西	Brazil	1.5	4.5	18.6	3.4	71.9	…
俄罗斯联邦	Russian Fed.	0.9	12.3	1.8	0.9	75.0	9.1
菲律宾	Philippines	0.7	10.3	20.2	3.2	50.1	15.4
马来西亚	Malaysia	2.5	8.9	11.9	5.7	70.4	0.6
泰 国	Thailand	2.1	5.2	20.5	4.9	67.3	0.1
新加坡	Singapore	0.4	3.4	32.7	1.9	60.5	1.2
印度尼西亚	Indonesia	3.2	9.4	23.1	3.5	59.7	1.1
文 莱②	Brunei Darussalam②	0.2	17.0	1.7	1.3	79.3	0.5
越 南①	Viet Nam①	3.6	8.7	9.7	4.9	72.9	0.3
缅 甸①	Myanmar①	0.4	8.3	22.4	0.9	67.9	…
老 挝	Laos						
柬埔寨	Cambodia	1.3	6.7	13.9	1.4	76.2	0.6

注：①2010年数据。②2006年数据。
Note:①Data refer to 2010.②Data refer to 2006.

附录2-55　农产品进出口额

Imports and Exports of Agriculture Products

资料来源：世界贸易组织数据库。
Source:WTO Database.

单位：亿美元　　(100 million USD)

国家和地区	Country or Area	出口额 Emports			进口额 Inports		
		2009	2010	2011	2009	2010	2011
世　界	**World**	**11813.9**	**13664.7**	**16595.2**	**12131.5**	**13838.5**	**17452.1**
中　国	China	408.8	516.1	646.1	766.2	1082.6	1447.2
中国香港	Hong Kong,China	67.7	80.3	92.2	171.5	206.2	242.3
美　国	United States	1197.4	1425.4	1682.1	1007.5	1164.5	1371.6
英　国	United Kingdom	259.4	290.0	344.9	576.9	611.4	688.2
德　国	Germany	767.3	802.8	944.8	929.3	991.3	1181.2
法　国	France	638.5	685.1	834.4	582.9	603.8	696.8
意大利	Italy	362.8	386.3	440.1	520.8	564.0	652.6
加拿大	Canada	436.8	521.3	601.4	284.5	319.7	364.5
日　本	Japan	79.0	101.7	109.6	679.0	774.5	958.1
韩　国	Korea,Rep.	71.6	93.5	127.1	211.0	266.1	346.8
墨西哥	Mexico	165.6	187.9	229.4	202.2	235.3	292.4
澳大利亚	Australia	234.9	270.5	340.5	97.9	110.9	135.3
新西兰	New Zealand	154.0	195.7	240.7	29.1	33.8	41.3
印　度	India	163.8	231.1	343.2	142.2	178.6	225.6
巴　西	Brazil	576.6	685.9	864.6	82.1	107.6	135.8
俄罗斯联邦	Russian Fed.	206.1	213.3	295.4	290.8	348.4	408.1
菲律宾	Philippines	31.7	41.3	54.2	56.0	68.2	70.3
马来西亚	Malaysia	208.6	288.7	389.0	123.2	160.5	211.4
泰　国	Thailand	280.0	351.4	476.0	93.6	119.9	152.0
新加坡	Singapore	62.7	78.9	100.7	87.6	108.7	137.6
印度尼西亚	Indonesia	252.6	359.6	481.4	113.5	156.4	224.1
文　莱	Brunei Darussalam	0.1	0.1	0.1	4.2	4.2	5.1
越　南	Viet Nam	134.1	168.4	221.5	75.8	102.7	131.8
缅　甸	Myanmar	25.9	23.1	31.4		3.6	4.9
老　挝	Laos						
柬埔寨	Cambodia	1.0	2.1	3.4	3.8	4.2	5.6

附录2-56 服务出口总额

Commercial Service Exports

资料来源：世界贸易组织数据库。
Source:WTO Database.

单位：亿美元 (100 million USD)

国家和地区	Country or Area	2008	2009	2010	2011	2012
世　界	**World**	**38464.0**	**34973.0**	**38434.0**	**42780.0**	**43469.0**
中　国	China	1464.4	1285.3	1612.1	1820.9	1900.0
中国香港	Hong Kong,China	922.2	844.2	1039.8	1180.5	1259.6
美　国	United States	5222.3	4950.4	5396.0	5886.2	6138.0
英　国	United Kingdom	2813.7	2546.2	2637.9	2898.3	2782.1
德　国	Germany	2507.7	2330.6	2390.7	2600.1	2545.2
法　国	France	1641.7	1895.3	1911.6	2234.0	2081.8
意大利	Italy	1136.2	928.5	967.8	1052.3	1043.4
加拿大	Canada	667.3	636.0	719.6	782.2	775.3
日　本	Japan	1464.3	1258.2	1387.0	1425.5	1397.7
韩　国	Korea,Rep.	894.3	724.7	862.7	938.0	1090.8
墨西哥	Mexico	175.7	147.3	151.7	153.0	160.2
澳大利亚	Australia	445.1	403.0	463.4	509.1	527.4
新西兰	New Zealand	91.9	80.2	89.0	99.8	100.6
印　度	India	1067.5	922.2	1235.6	1370.9	1476.1
巴　西	Brazil	288.2	262.5	302.9	364.4	381.2
俄罗斯联邦	Russian Fed.	505.7	410.8	443.8	532.3	583.7
菲律宾	Philippines	97.2	110.1	141.0	154.5	177.4
马来西亚	Malaysia	302.8	287.3	326.0	358.9	378.4
泰　国	Thailand	327.1	298.9	340.9	412.8	487.5
新加坡	Singapore	990.0	932.4	1120.6	1288.9	1331.6
印度尼西亚	Indonesia	147.3	126.2	162.1	199.4	223.5
文　莱	Brunei Darussalam	8.7	9.1	10.5	12.5	
越　南	Viet Nam	69.6	56.7	73.5	87.7	93.0
缅　甸	Myanmar	2.7	2.8	3.3	5.8	
老　挝	Laos	3.6	3.7	4.9	5.3	
柬埔寨	Cambodia	16.1	14.9	16.0	21.4	26.6

附录2-57 服务进口总额

Commercial Service Imports

资料来源：世界贸易组织数据库。
Source:WTO Database.

单位：亿美元 (100 million USD)

国家和地区	Country or Area	2008	2009	2010	2011	2012
世 界	**World**	**36331.0**	**32875.0**	**36101.0**	**40249.0**	**41057.0**
中 国	China	1580.0	1580.2	1921.7	2370.0	2810.0
中国香港	Hong Kong,China	469.2	437.0	511.7	562.7	572.7
美 国	United States	3738.9	3506.2	3699.1	3948.5	4058.8
英 国	United Kingdom	1952.6	1632.4	1645.4	1745.7	1756.8
德 国	Germany	2917.0	2594.6	2664.9	2951.0	2852.2
法 国	France	1402.1	1642.9	1704.1	1900.4	1709.9
意大利	Italy	1257.2	1040.2	1080.3	1143.6	1047.3
加拿大	Canada	876.0	808.7	951.6	1043.6	1051.5
日 本	Japan	1673.3	1469.3	1556.1	1657.3	1735.9
韩 国	Korea,Rep.	954.3	795.3	949.6	982.4	1051.3
墨西哥	Mexico	239.9	208.6	218.6	251.2	251.8
澳大利亚	Australia	476.1	412.8	502.4	593.7	653.4
新西兰	New Zealand	96.7	78.4	92.1	108.0	109.2
印 度	India	878.5	796.3	1163.8	1237.5	1251.4
巴 西	Brazil	444.0	440.7	597.5	729.8	777.5
俄罗斯联邦	Russian Fed.	736.2	591.6	715.4	877.7	1021.0
菲律宾	Philippines	83.5	86.8	111.3	116.3	135.0
马来西亚	Malaysia	300.6	272.6	319.1	383.3	420.3
泰 国	Thailand	457.0	363.0	447.7	519.6	527.1
新加坡	Singapore	872.0	791.2	962.5	1138.3	1169.3
印度尼西亚	Indonesia	279.9	226.4	256.0	318.2	344.3
文 莱	Brunei Darussalam	11.8	12.2	13.6	16.0	
越 南	Viet Nam	78.8	80.5	97.7	117.1	123.5
缅 甸	Myanmar	6.0	5.9	7.5	10.7	
老 挝	Laos	1.0	1.3	2.6	3.3	
柬埔寨	Cambodia	9.3	8.3	9.7	12.9	15.3

附录2-58 货物和服务出口占国内生产总值比重

Exports of Goods and Services as Percentage of GDP

资料来源：世界银行WDI数据库。
Source:World Bank WDI Database.

单位：%　　　　(%)

国家和地区	Country or Area	2007	2008	2009	2010	2011
世　界	**World**	**29.7**	**30.6**	**26.6**	**29.0**	**30.4**
中　国	China	38.4	35.0	26.7	30.6	31.4
中国香港	Hong Kong,China	203.7	208.8	190.9	219.0	224.6
美　国	United States	11.9	13.0	11.4	12.8	14.0
英　国	United Kingdom	26.9	29.8	28.8	30.5	32.5
德　国	Germany	47.2	48.2	42.4	47.0	50.2
法　国	France	26.9	26.9	23.4	25.5	26.9
意大利	Italy	28.9	28.5	23.7	26.6	28.8
加拿大	Canada	35.0	35.1	28.7	29.4	30.4
日　本	Japan	17.7	17.7	12.7	15.2	15.1
韩　国	Korea,Rep.	41.9	53.0	49.7	52.3	56.2
墨西哥	Mexico	27.9	28.0	27.6	30.3	31.6
澳大利亚	Australia	20.0	19.9	22.6	19.6	21.2
新西兰	New Zealand	28.2	31.2	28.4	29.9	
印　度	India	20.4	23.6	20.1	21.9	23.9
巴　西	Brazil	13.4	13.7	11.0	10.9	11.9
俄罗斯联邦	Russian Fed.	30.2	31.3	27.9	29.2	30.4
菲律宾	Philippines	43.3	36.9	32.2	34.8	31.0
马来西亚	Malaysia	106.2	99.5	91.4	93.7	91.6
泰　国	Thailand	73.4	76.4	68.4	71.3	76.9
新加坡	Singapore	217.2	232.9	196.0	203.6	207.2
印度尼西亚	Indonesia	29.4	29.8	24.2	24.6	26.3
文　莱	Brunei Darussalam	67.9	78.3	72.8	81.4	81.3
越　南	Viet Nam	76.9	77.9	68.3	77.5	87.0
缅　甸	Myanmar	0.1	0.1	0.1	0.1	
老　挝	Laos	34.5	32.0	30.9	35.5	38.0
柬埔寨	Cambodia	65.3	65.5	49.2	54.1	54.1

附录2-59 货物和服务进口占国内生产总值比重

Imports of Goods and Services as Percentage of GDP

资料来源：世界银行WDI数据库。
Source:World Bank WDI Database.

单位：% (%)

国家和地区	Country or Area	2007	2008	2009	2010	2011
世　界	**World**	**29.5**	**30.9**	**26.3**	**28.9**	**30.6**
中　国	China	29.6	27.3	22.3	26.7	27.3
中国香港	Hong Kong,China	193.0	198.6	183.4	213.5	221.5
美　国	United States	17.0	18.0	14.2	16.3	17.8
英　国	United Kingdom	29.6	32.1	30.3	32.7	34.1
德　国	Germany	40.2	41.9	37.5	41.4	45.1
法　国	France	28.4	29.1	25.2	27.8	29.9
意大利	Italy	29.1	29.3	24.3	28.5	30.3
加拿大	Canada	33.0	33.6	30.4	31.3	31.6
日　本	Japan	16.1	17.5	12.3	14.0	16.1
韩　国	Korea,Rep.	40.4	54.2	46.0	49.7	54.2
墨西哥	Mexico	29.5	30.3	29.1	31.6	32.9
澳大利亚	Australia	21.1	22.0	22.1	20.0	19.7
新西兰	New Zealand	29.1	32.4	26.8	28.5	
印　度	India	24.4	28.7	25.4	26.3	30.3
巴　西	Brazil	11.8	13.5	11.1	11.9	12.6
俄罗斯联邦	Russian Fed.	21.5	22.1	20.5	21.1	21.8
菲律宾	Philippines	43.4	39.4	33.4	36.6	36.0
马来西亚	Malaysia	86.3	77.2	71.1	76.6	75.7
泰　国	Thailand	65.0	73.9	57.8	63.9	72.4
新加坡	Singapore	186.2	211.2	170.8	174.1	179.6
印度尼西亚	Indonesia	25.4	28.8	21.4	22.9	24.9
文　莱	Brunei Darussalam	27.9	27.6	35.8	32.9	29.1
越　南	Viet Nam	92.7	93.1	78.7	87.8	91.2
缅　甸	Myanmar	0.1	0.1	0.1	0.1	
老　挝	Laos	48.0	44.2	40.1	37.9	44.3
柬埔寨	Cambodia	72.9	67.8	55.9	59.5	59.5

附录2-60 外商直接投资

Foreign Direct Investment

资料来源：联合国贸发会议FDI数据库。
Source:UNCTAD FDI Database.

单位：亿美元 (100 million USD)

国家和地区	Country or Area	外商直接投资 FDI Inflows			对外直接投资 FDI Outflows		
		2009	2010	2011	2009	2010	2011
世　界	**World**	**11978.2**	**13090.0**	**15244.2**	**11751.1**	**14513.7**	**16944.0**
中　国	China	950.0	1147.3	1239.9	565.3	688.1	651.2
中国香港	Hong Kong,China	523.9	710.7	831.6	639.9	954.0	816.1
美　国	United States	1436.0	1979.1	2269.4	2669.6	3044.0	3966.6
英　国	United Kingdom	711.4	506.0	539.5	443.8	395.0	1070.9
德　国	Germany	241.6	468.6	404.0	753.9	1093.2	543.7
法　国	France	242.2	306.4	409.5	1071.3	768.7	901.5
意大利	Italy	200.8	91.8	290.6	212.8	326.6	472.1
加拿大	Canada	214.1	234.1	409.3	416.7	385.9	495.7
日　本	Japan	119.4	-12.5	-17.6	747.0	562.6	1143.5
韩　国	Korea,Rep.	75.0	85.1	46.6	172.0	232.8	203.6
墨西哥	Mexico	161.2	207.1	195.5	70.2	135.7	89.5
澳大利亚	Australia	265.5	355.6	413.2	166.9	127.9	200.0
新西兰	New Zealand	-7.6	6.4	33.7	-10.4	5.9	28.6
印　度	India	356.0	241.6	315.5	159.3	131.5	147.5
巴　西	Brazil	259.5	485.1	666.6	-100.8	115.9	-10.3
俄罗斯联邦	Russian Fed.	365.0	432.9	528.8	436.7	525.2	672.8
菲律宾	Philippines	19.6	13.0	12.6	3.6	6.2	0.1
马来西亚	Malaysia	14.5	91.0	119.7	77.8	133.3	152.6
泰　国	Thailand	48.5	97.3	95.7	41.7	54.2	106.3
新加坡	Singapore	244.2	486.4	640.0	177.0	212.2	252.3
印度尼西亚	Indonesia	48.8	137.7	189.1	22.5	26.6	77.7
文　莱	Brunei Darussalam	3.7	6.3	12.1	0.1	0.1	0.1
越　南	Viet Nam	76.0	80.0	74.3	7.0	9.0	9.5
缅　甸	Myanmar	9.6	4.5	8.5	…	…	
老　挝	Laos	3.2	3.3	4.5	…	0.1	0.1
柬埔寨	Cambodia	5.4	7.8	8.9	0.2	0.2	0.2

附录2-61 货币汇率（年平均价）

Exchange Rate（Period Average）

资料来源：世界银行WDI数据库。
Source:World Bank WDI Database.

单位：1美元合本币数 (local currency unit per US dollar)

国家和地区	Country or Area	2008	2009	2010	2011	2012
世　界	**World**					
中　国	China	6.95	6.83	6.77	6.46	6.31
中国香港	Hong Kong,China	7.79	7.75	7.77	7.78	7.76
美　国	United States	1.00	1.00	1.00	1.00	1.00
英　国	United Kingdom	0.54	0.64	0.65	0.62	0.63
德　国	Germany	0.68	0.72	0.76	0.72	0.78
法　国	France	0.68	0.72	0.76	0.72	0.78
意大利	Italy	0.68	0.72	0.76	0.72	0.78
加拿大	Canada	1.07	1.14	1.03	0.99	1.00
日　本	Japan	103.36	93.57	87.78	79.81	79.79
韩　国	Korea,Rep.	1102.05	1276.93	1156.06	1108.29	1126.47
墨西哥	Mexico	11.13	13.51	12.64	12.42	13.17
澳大利亚	Australia	1.19	1.28	1.09	0.97	0.97
新西兰	New Zealand	1.42	1.60	1.39	1.27	1.23
印　度	India	43.51	48.41	45.73	46.67	53.44
巴　西	Brazil	1.83	2.00	1.76	1.67	1.95
俄罗斯联邦	Russian Fed.	24.85	31.74	30.37	29.38	30.84
菲律宾	Philippines	44.32	47.68	45.11	43.31	42.23
马来西亚	Malaysia	3.34	3.53	3.22	3.06	3.09
泰　国	Thailand	33.31	34.29	31.69	30.49	31.08
新加坡	Singapore	1.42	1.46	1.36	1.26	1.25
印度尼西亚	Indonesia	9698.96	10389.94	9090.43	8770.43	9386.63
文　莱	Brunei Darussalam	1.42	1.46	1.36	1.26	1.25
越　南	Viet Nam	16302.25	17065.08	18612.92	20509.75	
缅　甸	Myanmar	5.44	5.58	5.64	5.44	640.65
老　挝	Laos	8744.22	8516.05	8258.77	8030.06	
柬埔寨	Cambodia	4054.17	4139.33	4184.92	4058.50	4033.00

附录2-62 国际旅游人数

Number of Arrivals and Departures of International Tourism

资料来源：世界银行WDI数据库。
Source:World Bank WDI Database.

单位：万人 (10 000 persons)

国家和地区	Country or Area	入境（过夜）旅游人数 Number of Arrivals			出境旅游人数 Number of Departures		
		2009	2010	2011	2009	2010	2011
世　界	**World**	**91672**	**97797**	**102534**	**102937**	**108754**	**114478**
中　国	China	5088	5566	5758	4766	5739	7025
中国香港	Hong Kong,China	1693	2009	2232	8196	8444	8482
美　国	United States	5496	5980	6271	6142	6027	5850
英　国	United Kingdom	2820	2830	2931	5861	5556	5684
德　国	Germany	2422	2688	2837	7230	7230①	
法　国	France	7676	7765	8141	2514	2504	2616
意大利	Italy	4324	4363	4612	2906	2982	2930
加拿大	Canada	1574	1610	1601	2620	2868	3015
日　本	Japan	679	861	622	1545	1664	1699
韩　国	Korea,Rep.	782	880	980	949	1249	1269
墨西哥	Mexico	2235	2329	2340	1410	1433	1480
澳大利亚	Australia	558	589	588	629	711	780
新西兰	New Zealand	242	249	257	192	203	210
印　度	India	517	578	631	1107	1299	1399
巴　西	Brazil	480	516	543	492	643	
俄罗斯联邦	Russian Fed.	2134	2228	2493	3428	3932	
菲律宾	Philippines	302	352	392	319	319①	
马来西亚	Malaysia	2365	2458	2471			
泰　国	Thailand	1415	1594	1923	465	545	540
新加坡	Singapore	749	916	1039	696	734	775
印度尼西亚	Indonesia	632	700	765	505	624	675
文　莱	Brunei Darussalam	16	21	24			
越　南	Viet Nam	375	505	601			
缅　甸	Myanmar	24	31	39			
老　挝	Laos	124	167	179			
柬埔寨	Cambodia	216	251	288	34	51	71

注：①2009年数据。
Note:①Data refer to 2009.

附录2-63 国际旅游收支

Expenditures and Receipts of International Tourism

资料来源：世界银行WDI数据库。
Source:World Bank WDI Database.

单位：亿美元 (100 million USD)

国家和地区	Country or Area	国际旅游支出 International Tourism Expenditures			国际旅游收入 International Tourism Receipts		
		2009	2010	2011	2009	2010	2011
世界	**World**	**9387**	**10215**	**11375**	**10252**	**11142**	**12495**
中国	China	471	598	790	426	502	533
中国香港	Hong Kong,China	157	175	191	203	272	337
美国	United States	1057	1098	1173	1495	1651	1859
英国	United Kingdom	611	614	646	386	407	459
德国	Germany	931	912	1004	475	491	534
法国	France	458	484	553	589	563	652
意大利	Italy	344	331	357	419	401	454
加拿大	Canada	302	368	410	156	183	199
日本	Japan	348	393	398	125	154	125
韩国	Korea,Rep.	164	197	217	133	138	172
墨西哥	Mexico	87	90	97	125	126	123
澳大利亚	Australia	219	275	335	280	323	342
新西兰	New Zealand	26	30	35	46	49	55
印度	India	93	105	137	111	142	175
巴西	Brazil	129	193	251	56	62	68
俄罗斯联邦	Russian Fed.	237	301	369	124	132	170
菲律宾	Philippines	33	42	44	29	32	38
马来西亚	Malaysia	72	79	108	172	183	196
泰国	Thailand	57	72	73	198	238	309
新加坡	Singapore	158	186	211	94	141	180
印度尼西亚	Indonesia	69	84	97	61	76	90
文莱	Brunei Darussalam	5			3		
越南	Viet Nam	11	15	17	31	45	56
缅甸	Myanmar	1	1	1	1	1	3
老挝	Laos	1	2	2	3	4	4
柬埔寨	Cambodia	2	3	3	12	13	18

主要统计指标解释

人口密度 指由年中人口除以国土面积得来。国土面积是指一个国家包括内陆水域和沿海水域在内的总面积。

陆地面积 是指土地的总面积，不包括内陆水域的面积。“内陆水域”的定义一般包括主要的河流与湖泊。

耕地面积 是指种植短期作物的土地面积（种植两季作物的土地面积只计算一次），供割草或放牧的短期性草场，供应市场的菜园和自用菜园，以及暂时休闲的土地（少于5年）。而转换耕作方式而休闲的土地不包括在此类。

永久性作物面积 是指有长期生长的作物而在每次收获后不需要再种植的土地面积，如可可、咖啡和橡胶；它包括生长灌木、果树、坚果树和藤本植物的土地，但不包括用材林所占的土地。

永久性牧场面积 是指有长期生长的作物而在每次收获后不需要再种植的牧场面积。

探明储量 指已探明可开采的原煤、原油、天然气的储量。

已探明可开采的储量 是将来在现有和可承受的经济条件下，已探明的可开采的吨数。

二氧化碳排放量 是指矿物燃料燃烧以及水泥制造等过程中排放的二氧化碳，包括使用固体、液体、气体燃料以及煤气时产生的二氧化碳。

国内生产总值 指生产活动总成果，等于所有常住单位创造的增加值的总和（包括产出价值中未包括的产品税，不包括各项产品补贴）。等于按购买者价格计算的货物和服务最终使用价值 （不包括中间消费）减去进口的货物和服务价值，或等于常住生产单位初次收入分配的总和。

国民总收入 指国内生产总值减去生产税和进口税净额，减去支付给国外的雇员报酬和财产收入，加来自国外的雇员报酬和财产收入（即国内生产总值减去支付给非常住单位的初次收入，加上收到的非常住单位的初次收入）。按市场价格计算国民总收入的另一种方法是各部门所有初次收入的总和（注意，国民总收入即国民生产总值，后者是以往国民核算中使用的概念）。

就业人员 为一定年龄以上，在特定短期（一周或一天）内，属于下列类型的所有人：

（1）有酬从业人员，包括两类：①正在工作的人，指在参考期内做某些工作以得到现金或实物形式工资或薪金的人员；②有工作岗位但目前不工作的人，指现在有工作，却在短期内暂时不上班，但同时与工作单位有正式联系的人。这种正式联系，可以按照如下的一项或多项标准，根据各国的不同情况，予以判断：1）持续领到工资或薪金；2）保证在暂时的不上班状态终止后返回该岗位，或对返回的时间有协议；3）在不工作的这段时间里，该从业者能得到补偿而无须接受其他工作。

（2）自营就业者，包括两类：①正在工作，指在短期时间内以利润或家庭收入为目的，从事某些工作得到现金或实物的人；②拥有企业而不工作的人，指自己拥有企业（如商业企业，农场，服务性企业），在一定时期内因特殊原因暂不工作的人。

失业人员 在调查期内，适龄劳动人口中的失业者分为：

（1）没有工作，即没有得到有报酬的工作，又没有自营就业的人；

（2）目前有工作能力，即在调查期内可从事有酬工作和自营就业的人；

（3）正在寻找工作，在最近特定时期已采取具体步骤寻求有酬工作或自营就业的人。这些具体步骤包括：在公共或私人职业介绍所登记；向雇主提出就业申请；在工地、农场、工厂大门外、市场或其他聚集地寻找工作；通过报纸刊登广告或应聘；寻求亲友帮助就业；自己开业寻找土地、厂房、机器或设备；筹集资金；许可证和执照等。

失业率 反映了失业的严重程度。失业率是参考期内（一般是特定的一天或一周）特定分组的失业人数和同一时间该组就业、失业人数之和相比得出的。

货币供应量 货币（Money）指流通中现金和除中央政府以外的常住机构活期存款构成；准货币（Quasi-Money）指除中央政府以外的外汇现汇与期汇存款和外汇现汇储蓄与期汇存款之和，即由常住居民的现汇、储蓄、与外汇存款构成。货币（Money）通称为M_1，而货币和准货币之和通称为广义货币，相当于M_2。

一次能源生产量 固体能源指硬煤、褐煤、泥炭和油岩；液体能源指原油和液化天然气；气体能源指天然气；电能指水电、核电、地热发电、潮汐发电和太阳能发电。

库存变化、进口和出口 包括所有的一次能源和商业能源。

国际运输燃料 指供给国际运输的飞机或轮船的燃料，空运燃料包括航空汽油和喷气发动机燃料，海运燃料,包括硬煤、柴油等。

能源消费量 固体能源消费量指一次形式的固体燃料消费、二次形式的燃料的净进口和库存变化；液体能源消费量指各种形式的液体能源的消费；气体能源消费量指天然气的消费、煤气的净进口和库存变化。电能消费指一次形式的电能的消费和电能的净进口。

消费量＝产量＋进口－出口－国际运输燃料－库存变化

平衡差额 在“能源平衡表”中的“平衡差额”一项是为了使能源的生产和消费总量平衡，它一般是由于排除非能源用石油和无法取得的库存数据引起的。

货物出口额 是指按美元计价的本国向世界其他国家和地区提供的以离岸价格（F.O.B）计算的货物价值总和。

货物进口额 是指按美元计价的世界其他国家和地区向本国提供的以到岸价格（C.I.F）计算的货物价值总和。

Explanatory Notes on Main Staistical Indicators

Population Density comes from population in mid-year divided by area of country soil is the total area including inland water area and marginal sea area.

Land Area（in Hectares） is a country total area, excluding area under inland water bodies, national claims to continental shelf, and exclusive economic zones. In most cases the definition of inland water bodies includes major rivers and lakes.

Arable Land includes land defined by the FAO as land under temporary crops（double-cropped areas are counted once）, temporary meadows for mowing or for pasture, land under market or kitchen gardens, and land temporarily fallow. Land abandoned as a result of shifting cultivation is excluded.

Permanent Cropland is land cultivated with crops that occupy the land for long periods and need not be replanted after each harvest, such as cocoa, coffee, and rubber. This category includes land under flowering shrubs, fruit trees, nut trees, and vines, but excludes land under trees grown for wood or timber.

Permanent Pastures is land used permanently（five years or more） for herbaceous forage crops, either cultivated or growing wild（wild prairie or grazing land）.

Proved Amount in Place is the tonnage of crude coal, crude petroleum, nature gas that has been both carefully measured and assessed.

Proved Recoverable Reserves are the tonnage of the proved amount in place that can be recovered under present and expected local economic conditions with existing available technology.

Carbon Dioxide Emissions are those stemming from the burning of fossil fuels and the manufacture of cement. They include contributions to the carbon dioxide produced during consumption of solid, liquid, and gas fuels and gas flaring.

Gross Domestic Product An aggregate measure of production equal to the sum of the gross values added of all resident institutional units engaged in production（plus any taxes, and minus any subsidies, on products not included in the value of their outputs）. The sum of the final uses of goods and services（all uses except intermediate consumption）measured in purchasers'prices, less the value of imports of goods and services, or the sum of primary incomes distributed by resident producer units.

Gross National Income is GDP less net taxes on production and imports, less compensation of employees and property income payable to the rest of the world plus the corresponding items receivable from the rest of the world （in other words, GDP less primary incomes payable to non- resident units plus primary incomes receivable from non-resident units）. An alternative approach to measuring GNI at market prices is as the aggregate value of the balances of gross primary incomes for all sectors; （note that gross national income is identical to gross national product （GNP） as previously used in national accounts generally）.

Employment comprise all persons above a specific age who during a specified brief period, either one week or one day, were in the following categories:

（1） paid employment:①at work: persons who during the reference period performed some work for wage or salary, in cash or in kind; ②with a job but not at work: persons who, having already worked in their present job, were temporarily not at work during the reference period and had a formal attachment to their job. This formal job attachment should be determined in the light of national circumstance, according to one or more of the following criteria: 1） the continued receipt of wage or salary; 2） an assurance of return to work following the end of the contingency, or an agreement as to the data of return; 3） the elapsed duration of absence from the job which, wherever relevant, may be that duration for which workers can receive compensation benefits without obligations to accept other jobs.

（2）self-employment: ①at work: person who during the reference period performed some work for profit or family gain, in cash or in kind; ②with an enterprise but not at work: persons with an enterprise, which may be a business enterprise, a farm or a service undertaking ,who were temporarily not at work during the reference period for any specific reason.

Unemployment comprise all persons above a specified age who during the reference period were: （1） Without works were not in paid employment or self-employment; （2） Currently available for work were available for paid employment or self-employment during the reference period; （3） Seeking work had taken specific steps in a specified reference period to seek paid employment or self-employment. The specific steps may include registration at a public or private employment exchange; application to employers; checking at worksites, farms, factory gates, market or other assembly places; placing or answering newspaper advertisement; seeking assistance of friends or relatives; looking for land, building, machinery or equipment to establish own enterprise; arranging for financial resources; applying for permits and licences, etc.

Unemployment Rate illustrate the relative severity of unemployment. These rates are calculated by relating the number of persons in the given group who are unemployed during the reference period （usually a particular day or a given week） to the total of employed and unemployed persons in the group at the same date.

Money Supply equals the sum of currency outside deposit money banks and demand deposits other than those of the central government. Quasi-Money equals the sum of time & foreign currency outside banks and time, savings & foreign currency deposit,comprising time,savings, and foreign currency deposits of resident sectors other than central government. The data of Money is commonly called M_1,while the sum of Money and Quasi-Money gives a broader measure of money which is commonly called M_2.

Primary Energy Production Including in the production of commercial primary energy for solids are hard coal, lignite, peat and oil shale; liquids are comprised of crude petroleum and natural gas liquids; gas comprises natural gas and natural gas liquids; electricity is comprised of primary electricity generation from hydro, nuclear, geothermal, wind, tide wave and solar sources.

Changes in Stocks, Imports and Exports refer to all primary and secondary forms of commercial energy.

Bunkers Airs bunkers refer to bunkers of aviation gasoline and jet fuel. Sea bunkers refer to bunkers of hard coal, gas-diesel oil and residual fuel oil.

Energy Consumption Including in the consumption of commercial energy for solids are consumption of primary forms of solid fuels, net imports and changes in stocks of secondary fuels; liquids are comprised of consumption of energy petroleum products including feed stocks, natural gasolene, condensate, refinery gas and input of crude petroleum to thermal power plants; gases including the consumption of natural gas, net imports and changes in stocks of gasworks and coke-oven gas; and Electricity is comprised of production of primary electricity and net imports of electricity.

Consumption=Production+Imports-Exports-Bunkers-Changes in stocks

Balance An unallocated has been created in order to balance out the difference between the results of the above formula for consumption and the total consumption. This inequality occurs primarily because of the exclusion of non-energy petroleum products as well as inadequate or unavailable stock data.

Merchandize Exports Goods which are generally reported on f.o.b. （free-on-board） basis, represent the value of all goods provided to the rest of the world. Data are usually in US$.

Merchandize Imports Goods which are generally reported on c.i.f. （cost, insurance, freight） basis, represent the value of all goods received from the rest of the world. Data are usually in US$.